# 国际法讲义

［日］小寺彰
［日］岩泽雄司
［日］森田章夫 编
梁云祥 译

南京大学出版社

INTERNATIONAL LAW 2nd Edition edited by Akira Kotera, Yuji Iwasawa, Akio Morita
Copyright © 2010 Akira Kotera, Yuji Iwasawa, Akio Morita
All rights reserved.
Original Japanese edition published by Yuhikaku Publishing Co., Ltd., Tokyo

The Simplified Chinese language edition is published by arrangement with
Yuhikaku Publishing Co., Ltd., Tokyo in care of Tuttle-Mori Agency, Inc., Tokyo

江苏省版权局著作权合同登记　图字：10-2018-143号

**图书在版编目(CIP)数据**

**国际法讲义** /（日）小寺彰，（日）岩泽雄司，（日）森田章夫编；梁云祥译. — 南京：南京大学出版社，2021.7
ISBN 978-7-305-24253-3

Ⅰ.①国… Ⅱ.①小… ②岩… ③森… ④梁… Ⅲ.①国际法－专题研究 Ⅳ.①D99

中国版本图书馆 CIP 数据核字(2021)第 036321 号

出版发行　南京大学出版社
社　　址　南京市汉口路 22 号　　邮　编　210093
出 版 人　金鑫荣

书　　名　国际法讲义
编　　者　[日]小寺彰　岩泽雄司　森田章夫
译　　者　梁云祥
责任编辑　李　博
照　　排　南京南琳图文制作有限公司
印　　刷　南京玉河印刷厂
开　　本　718×1000　1/16　印张 35.25　字数 520 千
版　　次　2021 年 7 月第 1 版　2021 年 7 月第 1 次印刷
ISBN 978-7-305-24253-3
定　　价　158.00 元

网址：http://www.njupco.com
官方微博：http://weibo.com/njupco
官方微信号：njuyuexue
销售咨询热线：(025) 83594756

\* 版权所有，侵权必究
\* 凡购买南大版图书，如有印装质量问题，请与所购图书销售部门联系调换

**"南海文库"项目学术顾问**(以汉语拼音为序)

卜　宇　高　峰　高之国　洪银兴　秦亚青　沈金龙
王　颖　吴士存　杨洁勉　杨　忠　周成虎　朱庆葆

**"南海文库"项目主编**

朱　锋　沈固朝

**"南海文库"项目编委会**(以汉语拼音为序)

陈　刚　陈晓律　杜骏飞　范从来　范　健　范金民
范祚军　冯　梁　傅崐成　高　抒　葛晨东　郭　渊
何常青　洪邮生　胡德坤　华　涛　黄　瑶　计秋枫
贾兵兵　鞠海龙　李安民　李国强　李金明　李满春
刘　成　刘迎胜　刘永学　沈丁立　舒小昀　苏奋振
孙建中　王月清　杨翠柏　易先河　殷　勇　于文杰
余民才　余敏友　张军社　张　炜　邹克渊　邹欣庆

# 序 言

朱 锋

1648年,随着"威斯特伐利亚和约"的缔结,欧洲各国因宗教纷争在德意志地区持续了三十年的混战得以终结。这不仅为德意志带来了久违的和平,也打开了人类历史新时期的大门,为近现代以主权国家为基本单位构建国际社会奠定了基础。

纵观人类历史,自霍布斯所言的"自然状态"时代开始,"万人对万人的斗争"具象为个人与个人的不断争斗、团体与团体的持续冲突以及国家与国家的讨伐与争夺。仰仗于暴力的威慑实现永无止境的征服,在人类活动的记录之中常常占有不可忽视的篇幅。战争状态与和平状态成为人类历史的一体两面。主权国家概念的诞生,为全球人类的交往提供了一个崭新的模式。在群体性的"命令与征服"模式之外,人类开始基于主权独立的基本理念,构建以国家为主体的、国家与国家之间的新互动模式和规则。虽然自"威斯特伐利亚和约"成立后的数百年内,人类群体间的战火依然没有熄灭,但总体而言,不能否认人类开始有意识地基于理性,将国家与国家之间的互动模式规则化,以尽力避免通过武力来解决争端。这不得不说是人类理性的一大胜利,也是人类文明的一种进步。

从历史的角度来看,基于主权国家这一概念发展而来的国家间互动规则,随着欧洲民族国家的整编、殖民主义的扩散、两次世界大战的洗礼和去殖民化的国际秩序的确立,逐渐从国际礼让发展成为法律规则,从单纯体现欧洲国家的意志到开始体现全球不同文化的一般性国家间法律制度,最终演变为今天所见的国际法体系。虽然这一过程中依旧充斥着人类的某些原始本能与理性之间的拉扯，但是如果与过去数百年的世界相比较，今天全球秩序的相对稳定和人类文明的飞速发展，无疑与国际法的不断发展与完善互为因果。时至今日，虽然国际法的很多规则依然存在着因无法统一解释而带来的不确定性，其强制力也依然被人诟病，但是鲜见有国家明确表示不愿遵守国际法规则，这也从一个侧面说明了国际法在当今国际社会的权威性和重要性。

对于今天的中国来说，如何接纳以及如何应用国际法规则，是一个尤为重要的时代命题。

实事求是地讲，中国人对今天的国际法规则，既熟悉又陌生。所谓熟悉，是指今天国际法规则中的很多价值体现和规定内容，早已蕴藏在中国的传统文化之中。对此，我国当代国际法耆宿王铁崖先生，曾在海牙国际法学院开设的讲座中明确指出，在春秋战国时期，诸侯国之间的一些交往规则已经呈现出与今天国际法规则相同或相似的思想和内容。从这一角度来看，应当说国际法对于我们这样一个古老的文明来说，并不是完完全全的舶来品。

然而，我们对国际法又是陌生的。在这个问题上，我们可以至少从两个方面来理解。首先，自秦统一六国开始，中国历史的发展方向已经呈现出了稳定的帝国化倾向。天下大势虽然合久必分分久必合，但是无法改变历代王朝标榜自我为中华正统的惯性思维。在此基础之上，古代中国与周边国家维系着的朝贡制度，显然与今天作为国际法基础的国家主权平等与独立的概念所不相容。也就是说，自秦以来，我国在过去的两千余年的历史之中形成的国家观和国际观，与今天的国际法体系的基本理念，存在着一定的差别。其次，国际法制度的核心逻辑虽然体现了一定程度的价值特征，但是其外在的表现与应用，定然还是通过语言的表达来体现，无法脱离一定的概念和逻辑的理论构建。鉴于现代国际法起源于欧洲，推广于殖民主义时期，欧美国家在国际社会中强势的话语权决定了现代国际法以欧洲式的话语体系叙事。这就使得我们在理解国际法的时候，不得不重新认识国际法规则中的一些具体概念和具体逻辑，而这些概念和逻辑有的是"新瓶装旧酒"，如外交关系法中对外交官员的保护制度，就与我们家喻户晓的"两军交战不斩来使"有异曲同工之妙；而有的概念和逻辑对于脱离了"合纵连横"两千余年的中国人来说则显得生疏和难以接受,如基于主权平等原则的通商条约的缔结等。这些观念上的冲突在19世纪中叶我国最初被动纳入欧洲国际法体系时尤为明显。

客观地说,我国的悠久历史和源远流长的文化传统,既塑造了我们这个多民族国家的国家认同基础,也决定了我们这个国家在面对外部环境出现剧烈变革时没有办法迅速地转身。这些现象都是由客观条件造成的,不以人的意志为转移。我们无须也无法对这一问题作出是非评价。因为从历史发展的规律来看,身处于不同认知环境的后人对于前人的某些作为,后知后觉地进行历史评价是那样地轻松和随意,却忽略了认知天花板这一不可逾越的客观条件会限制前人的选择余地。与评判前人的是非相比,对于后人来说,更为重要的是要总结前人的经验教训,修正自己的前进方向,在未来行稳致远。

自京师同文馆于1864年刊印《万国公法》至今,我国接触和使用国际法已有150余年的历史。在这150余年中,虽然我们也走过一些弯路,但是从总的方向上来看,融入国际法体系成为时代发展的主流,而我国也在国际法体系中获取了相应的国家利益。时至今日,对于国际法的研究与应用,已经成为有效维护我国国家利益的必修课。一方面,这是中国共产党第十八次全国代表大会以后,我国不断深化"依法治国"理念的客观需要。国际法对于缔约国具有法律约束力,我们签订的国际法文件最终都会转化为国内法制度的组成部分。研习国际法,无疑是深化"依法治国"理念的重要体现。另一方面,随着我国综合国力的不断提升,国际局势的日益复杂,我国需要依托国际法规则来确保我国可以长久处于和平与稳定的国际环境中。具体来说,国际法发展至今,对于任何一个国家——无论是强国还是弱国,无论是大国还是小国,都已经成为一种具有双向规范效力的规则。熟练掌握国际法,从保守的角度来说,可以帮助我们有效应对其他国家对我国发动的法律攻击,而从更广阔的角度来看,可以高效地帮助我国运用我国日益增长的影响力,通过完善国际法制度的方式,更好地推进"人类命运共同体"的建设,为我国和全球其他国家开创一个更美好的时代。这样看来,研习国际法的理论,将我国的智慧和主张构建为符合国际法规则的叙事体系,是我们这一代人有幸承担和必须承担的历史责任。

在这样一种时代责任感的感召下，南京大学中国南海研究协同创新中心与日本笹川和平财团日中和平基金共同推动了"日本优秀国际法理论著作汉译出版项目"。本项目选取了若干日本当下具有代表性的优秀国际法学者编写的专业著作，对其进行翻译出版。本书原版是以日本东京大学的几位优秀学者为首的权威国际法专家所编写的，被日本各大学国际法课程广泛采用的一部优秀的国际法教材。负责翻译本书的中方译者，是北京大学资深国际法和日本问题专家梁云祥老师。各位读者大可期待本书的质量和阅读体验。

熟悉历史的读者应该了解，日本进入欧洲国际法体系的历程与我国相似，都是源于19世纪中叶的殖民主义扩张。德川幕府"大政奉还"之后，为了给不平等条约的改订作业创造更好的外部条件，明治天皇一方面推动了"殖产兴业、富国强兵"的经济、军事发展战略，一方面也推动日本进行"宪政化改革"和"全盘欧洲化"的政治与社会改革。彼时的日本政府和学者认为，从理论层面理解和研究欧洲国际法，对于让欧洲接纳日本为具有平等地位的国家具有重要的意义。因此，自明治维新开始，日本的国际法研究便一直延续至今。虽然明治维新推动的政治和社会改革，在很大程度上只是针对彼时西方列强不断入侵而不得不采取的"画皮"似的应对策略，并没有在根本上改变日本的国家文化和社会属性，因而也无法阻止日本最终走向了军国主义的道路，但是不可否认的是，那一时期开展的国际法研究为日后日本国际法学界的发展奠定了坚实的基础。

与欧美国家对于国际法的认知不同，日本虽然信奉国际法的一些基本原理，但是并不意味着日本国际法学界的学者就完全赞同欧美国家对于国际法作出的一些解释。当然，这里需要向各位读者说明的一点是，我们常常听到的日本关于国际法的一些见解，其实是日本政府的一些政策性立场，读者们需要将这种日本政府的政策性立场，与我们接触不到的日本国际法学者们的学术见解进行区分。就日本大多数学者的立场而言，欧美国家垄断国际法解释的做法是有问题的。而日本国际法学者也常常不吝于对欧美国家的很多见解和立场进行批判。从这一角度上来说，日本国际法学界在国际法理论的发展和创新上，与我国的利益不仅不存在结构性的冲突,反而在很大程度上可能存在着一致性。东方国家普遍存在的某些共同的价值观,在这一点上显露无遗。而日本国际法学者的很多思想,往往能够折射出一丝"东西合璧"的光亮。期待读者们可以通过阅读和使用本书,对于国际法的理论和叙事获得一种不同于以往的体验。

读者在使用和阅读本书时,可能会体会到目前日本国际法学界对于国际法的一些有别于我国的体系性认知。从结构上来说,本书由18个章节构成。内容涵盖了国际法法理、国家领域法、国际环境法、国际刑事法、武装冲突法,甚至WTO法等多部门法律。这与我国通常意义上将国际法划分为国际公法、国际私法和国际经济法的做法不同,本书的内容涵盖了除国际私法外的几乎全部涉及国家权利与义务的部门法律。这种结构划分,事实上更为准确地体现了当代国际法体系的部门区分。像所有社会科学的学科发展规律一样,随着全球化的不断发展,国际法体系逐渐开始将体系内的部门法律进行进一步细致化和专业化的区分,同时也逐渐开始开拓新的法律部门。在今天的国际法体系中,传统的国际公法的界限开始变得模糊,其内部的诸多法律部门有逐渐成长为独立法律部门的趋势。而国际经济法和国际环境法以及国际刑事法等区别于传统国际公法的国际间法律体系,则伴随国家活动的多样化和常态化,加速发展成为可以与传统国际法体系部门分庭抗礼的新兴法律部门。可以预见,随着国际社会的进一步成熟,未来国际法体系的内容必将更为丰富和复杂。这就需要我们从现在开始,尽可能更加全面地认识和理解不同国际法领域的诸多规则和法理,以为后来人做好继往开来的历史传承。

本书原作者和译者分别为日中两国顶级学府的资深专家,其内容和文字的质量自不必多言。不过,作为一本面向国际法专业初学者的基础教材,本书在对国际法进行理论性介绍和讲解的同时,并没有一头扎入永无止境的法解释学和法理学的学术缠斗之中。这对于各位想要了解和学习国际法的读者来说,未尝不是一件幸事。但是这并不意味着本书在学术价值上打了折扣。相反,本书涵盖范围甚广,对基于各部门国际法的规定进行了大量的学说介绍和判例解读,本书对于那些希望可以进一步对国际法进行深入和专业研究的读者来说,无疑是一部优秀的学术指南。本书的编写和翻译以深入浅出为宗旨,以符合一般读者的阅读习惯为原则,具有较强的可读性,因此也适合那些仅仅想对国际法进行简单了解的读者,将本书作为一本科普读物进行阅读。相信渴望了解国际法与国际关系的读者,都可以在本书中寻找到自己想要的知识财富。

# 第一版前言

本书是一本从实证性和理论性论述现代国际法的教科书。

20世纪90年代初冷战的结束,给国际社会的法律制度带来了巨大的挑战,也引起了制度的重大变革。即使在进入21世纪之后,这一变革的动向不但没有丝毫改变,反而其速度和内容的变化都在加快。也就是说,仅仅对国际法律制度进行介绍和列举已经显得不够了,更加重要的是在对现存国际法各项制度进行内在深入分析的同时还要准确地研究未来国际法律制度的应有方式。换言之,我们必须清醒地洞察眼下的现象只不过是一时的现象,还是未来有可能成为国际社会新规则的发端。

国际社会出现的这一新的现象通常被人们称为全球化,跨越国境的社会性活动比如跨国公司和NGO的活动在增加,然而既基于道义性理念又基于超级大国实力的变革压力相互渗透或者相互矛盾的现象也在增加,其中一个重要的问题就在于,国家期待着国际法在现实中将能够发挥什么样的作用,或者也可以反过来说在与国际法的关系上国家本身将发挥什么样的作用。换言之,说这是如何实证性地把握近代国际法与现代国际法二者共存乃至变化现象的一个学术性智慧的问题。为了应对这样的课题和深入分析以及准确论述既有的范围广泛的国际法制度,必须有众多优秀研究人员之间的合作。非常幸运,本书就得到了在国际法不同领域具有深入研究的各位执笔者的合作,向读者展示了国际社会中的一些国际法判例,以及通过详尽探讨国家实践与国家学说展示了国际法在现代国际社会的存在。从这个意义上而言,我们可以毫不夸张地说本书可以广泛地适用于从初学者到研究人员以及实务人员等各种人群。

本书的策划,源于祝贺东京大学名誉教授筒井若水先生七十寿辰之时。筒井先生曾在成蹊大学、东京大学、一桥大学和早稻田大学从事国际法的研究和教学，2004年1月14日迎来了其七十岁生日。以此为契机，筒井先生在东京大学就职时的助教和研究生们，为了感谢师恩和祝福先生的身体康健，于是共同策划合作写作一本纪念性作品以献给先生。考虑到要继承先生所赐知识并传至后世，因此认为写一部系统性的教科书最为适合作为献礼性作品。尽管各位作者都是身居第一线且拥有各种繁忙事务的研究者，但都愉快地接受了这一写作任务，而且在时间极为紧迫的情形之下答应完全按照书写和编辑教科书的各项要求去写，因此最终呈现在我们面前的是一部高水准的国际法教科书。为此，在这里谨向各位作者表示衷心的感谢。不过，对于书中出现的各类不足与问题，则完全应该由作为主编者的我们来承担责任，并且希望得到读者的批评指正。

在本书的编辑过程中，有斐阁出版社的神田裕司先生和林直弘先生给予了我们巨大的帮助，由于要面对众多的作者，因此付出了更多的编辑工作和辛苦，也对他们表示谢意。

2004年3月22日

编　者

# 第二版前言

本书第一版是在 2004 年出版的国际法教科书,该书是为了纪念筒井若水先生七十岁寿辰而在筒井先生指导下汇集了多名从事国际法研究者从实证性和理论性角度论述国际法的一本教科书。在当时,2003 年的"伊拉克战争"使得国际社会的法律制度遭到了巨大的挑战,不过同时也发生了一些重大的制度变革,比如国际刑事法院的建立等。本书不但对现存国际法的各项制度进行了内在的深入分析,而且还对未来国际法制度的应有方式进行了比较准确的研究。非常荣幸,本书第一版作为标准的国际法教科书已经被印刷了六次,因此我们可以毫不夸张地说,本书在国际法的研究和教育以及实务方面都作出了贡献。

在国际社会法律制度不断发生剧烈变化的情形下,作为编者,我们感觉到应该对该书进行修订,于是同各位作者进行协商,其结果就像在书写第一版时一样,各位身处研究第一线的作者虽然很忙,但是都对该书修订表示赞同,并且很快完成了这一修订。经修订的第二版,除去一些最基本的更新之外,很多作者还根据最新的国际法变化对一些章节进行了补充。因此,第二版不但保持了同第一版一样高水准成体系教科书的特点,而且有了更进一步的发展。在此,对各位作者深表谢意,书中未尽之处以及出现的问题,则完全由作为主编者的我们承担责任,并希望得到读者的批评指正。

在第二版的编辑过程中,有斐阁出版社的奥山裕美女士和高桥俊文先生也给予了我们巨大的帮助,同第一版的编辑工作一样,由于也要面对众多的作者,因此付出了更多的辛苦,在此也对他们表示谢意。

2010 年 8 月 11 日

编　者

# 目 录

## 第1章 国际法的基本原理 ... 1
### 1 国际社会的法律结构 ... 1
- 1.1 国际法的概念 ... 1
- 1.2 国际法的拘束力 ... 3
- 1.3 国际社会的法律结构 ... 5

### 2 实在国际法的出现与发展 ... 8
- 1.4 实在国际法理论的出现 ... 8
- 1.5 近代国际法的特点 ... 9
- 1.6 向现代国际法的转变 ... 13

### 3 现代国际法的特点 ... 16
- 1.7 时间性秩序的相对化 ... 16
- 1.8 事项性秩序——管辖权的相互划定规则 ... 17
- 1.9 空间性秩序——从领土法向功能法的转变 ... 21
- 1.10 规范性秩序——法与非法的边界 ... 23

### 4 现代国际法的基本原则 ... 25
- 1.11 综述 ... 25
- 1.12 主权平等原则 ... 27
- 1.13 民族自决原则 ... 28
- 1.14 和平解决国际争端原则 ... 29
- 1.15 国际合作原则 ... 31

## 第2章 国际法渊源 ... 34
### 1 国际法渊源的意义 ... 34

- 2.1 国际法有关国际法渊源问题的重要性 …………………… 34
- 2.2 形式渊源的范围 ………………………………………… 35
- 2.3 实质渊源 ………………………………………………… 38

2 国际习惯 ……………………………………………………… 40
- 2.4 国际习惯在国际法中的地位 …………………………… 40
- 2.5 国际习惯的构成要件 …………………………………… 41
- 2.6 国际法院对国际习惯的判断及其特性 ………………… 47

3 条约 …………………………………………………………… 50
- 2.7 条约对于国际法渊源的意义 …………………………… 50
- 2.8 条约的概念 ……………………………………………… 51

4 其他国际法渊源 ……………………………………………… 55
- 2.9 一般法律原则 …………………………………………… 55
- 2.10 作为辅助性国际法渊源的判例和学说 ………………… 57
- 2.11 公允及善良 ……………………………………………… 59

5 国际法渊源理论的现代性课题 ……………………………… 60
- 2.12 条约与国际习惯的关系 ………………………………… 60
- 2.13 单方面行为与法律的形成 ……………………………… 64
- 2.14 不具有法律拘束力的外交文书的意义 ………………… 66
- 2.15 与国际法规相抵触的国际法秩序碎片化及其解释问题 …… 67

## 第3章 条约法 …………………………………………………… 72

1 条约法的概念 ………………………………………………… 72
- 3.1 条约法的法典化 ………………………………………… 72
- 3.2 条约法公约的范围与意义 ……………………………… 73

2 缔结条约的程序 ……………………………………………… 74
- 3.3 缔结条约的程序 ………………………………………… 74
- 3.4 国会对条约的承认 ……………………………………… 77
- 3.5 条约的生效与登记 ……………………………………… 79

## 3 条约的保留 ............................................................ 80
### 3.6 条约法公约中有关保留的定义 ............................................................ 80
### 3.7 保留的允许性判断标准的变迁 ............................................................ 81
### 3.8 条约法公约的保留制度 ............................................................ 83
### 3.9 保留与解释声明 ............................................................ 86

## 4 条约的效力 ............................................................ 87
### 3.10 条约的遵守及适用 ............................................................ 88
### 3.11 条约对第三国的效力 ............................................................ 90
### 3.12 条约的失效 ............................................................ 91

## 5 条约的解释 ............................................................ 96
### 3.13 条约解释的一般原则 ............................................................ 96
### 3.14 条约法公约的解释原则 ............................................................ 97

## 6 条约的终止及停止施行 ............................................................ 99
### 3.15 协议基础之上的条约终止及停止施行 ............................................................ 100
### 3.16 无协议条约的终止及停止施行 ............................................................ 101

# 第4章 国际法与国内法的关系 ............................................................ 105

## 1 逻辑性关系 ............................................................ 105
### 4.1 国内法优先的一元论 ............................................................ 105
### 4.2 二元论 ............................................................ 106
### 4.3 国际法优先的一元论 ............................................................ 106
### 4.4 二元论与国际法优先的一元论的相互接近 ............................................................ 107

## 2 国际法中的国内法 ............................................................ 108
### 4.5 国际关系中国际法的优先 ............................................................ 108
### 4.6 国际裁判中的国内法 ............................................................ 109

## 3 国内法中的国际法 ............................................................ 110
### 4.7 国内的效力 ............................................................ 110
### 4.8 国内适用的可能性 ............................................................ 114

4.9　间接适用 ………………………………………………… 116
　　4.10　国内的法律顺序 ……………………………………… 117
  4　国际法在日本的地位 ………………………………………… 120
　　4.11　国内效力 ………………………………………………… 120
　　4.12　国内适用的可能性 …………………………………… 122
　　4.13　间接适用 ………………………………………………… 122
　　4.14　国内的顺序 …………………………………………… 123
　　4.15　条约的违宪审查 ……………………………………… 126
  5　国内法院对外国法律的国际法适合性审查 ………………… 127
  6　欧盟法与国内法的关系 ……………………………………… 129
　　4.16　国内效力 ………………………………………………… 129
　　4.17　直接效果 ………………………………………………… 129
　　4.18　对国内法的优先 ……………………………………… 130

## 第5章　国家与国家机关 ………………………………………… 133
  1　国家的意义 …………………………………………………… 133
  2　国家承认 ……………………………………………………… 134
　　5.1　关于国家承认的学说：创设效果说与宣告效果说 …… 134
　　5.2　国家承认的各种形态 …………………………………… 138
　　5.3　加入联合国与国家承认 ………………………………… 138
　　5.4　集体性不承认 …………………………………………… 139
　　5.5　国家承认在国内法上的效果 …………………………… 140
  3　政府的承认 …………………………………………………… 141
　　5.6　政府承认的政策 ………………………………………… 142
　　5.7　政府承认的废止政策 …………………………………… 142
　　5.8　废止政府承认的意义 …………………………………… 143
　　5.9　分裂性国家 ……………………………………………… 144
  4　国家的消失 …………………………………………………… 144

## 5 国家的继承 ··· 145
- 5.10 条约 ··· 147
- 5.11 国际组织的成员国 ··· 148
- 5.12 居民的国籍 ··· 148
- 5.13 个人的权利 ··· 149
- 5.14 国家债务 ··· 149
- 5.15 外交财产和在国外的财产 ··· 150

## 6 国家机关——以外交关系法为中心 ··· 150
- 5.16 外交使馆的意义 ··· 151
- 5.17 外交使馆及其职员的法律地位 ··· 152
- 5.18 外交特权与豁免的滥用 ··· 154
- 5.19 领事机关 ··· 156
- 5.20 其他国家机关 ··· 158

# 第6章 国家管辖权 ··· 161

## 1 国家管辖权的意义与分类 ··· 161
- 6.1 国家管辖权的意义 ··· 161
- 6.2 国家管辖权概念的历史性意义 ··· 162
- 6.3 国家管辖权的分类 ··· 163

## 2 国家管辖权的适用标准 ··· 164
- 6.4 国家管辖权的空间标准 ··· 164
- 6.5 国家管辖权空间范围的扩大 ··· 165
- 6.6 国家管辖权的实质性标准 ··· 165
- 6.7 国家管辖权适用标准的分类 ··· 166
- 6.8 属地主义 ··· 166
- 6.9 效果理论 ··· 166
- 6.10 反垄断法中管辖权竞争的调整尝试 ··· 168
- 6.11 积极的属人主义 ··· 168

  6.12 保护主义 …………………………………………………… 169
  6.13 消极的属人主义 …………………………………………… 169
  6.14 普遍主义 …………………………………………………… 170
 3 国家管辖权的竞争与调整 …………………………………………… 171
  6.15 国家管辖权的竞争与调整 ………………………………… 172
  6.16 立法管辖权的竞争 ………………………………………… 172
  6.17 审判管辖权的竞争 ………………………………………… 173
  6.18 执行管辖权的竞争 ………………………………………… 174
  6.19 有关管辖权竞争与调整规则的明确化 …………………… 175
 4 国家豁免 ……………………………………………………………… 177
  6.20 国家豁免的意义与根据 …………………………………… 177
  6.21 绝对豁免主义与相对豁免主义 …………………………… 177
  6.22 相对豁免主义的适用范围 ………………………………… 179

## 第7章 国际组织法 …………………………………………………… 182
 1 国际组织的概念与分类 ……………………………………………… 182
  7.1 国际组织的概念——国际组织的构成要件 ……………… 182
  7.2 国际组织的类型与分类 …………………………………… 184
 2 国际组织的历史演变 ………………………………………………… 185
  7.3 国际组织形成与发展的社会背景 ………………………… 186
  7.4 国际组织的历史发展 ……………………………………… 186
 3 国际组织的构成 ……………………………………………………… 189
  7.5 国际组织的机构构成 ……………………………………… 189
  7.6 围绕国际组织成员资格的法律问题 ……………………… 190
 4 国际组织的决策 ……………………………………………………… 192
  7.7 国际组织的决策程序 ……………………………………… 192
  7.8 国际组织决议的法律效力和法律渊源 …………………… 194
 5 国际组织的功能 ……………………………………………………… 195

  7.9 国际组织的功能 ····················································· 195

 6 法律主体性 ································································ 196

  7.10 国际组织的法律主体性——国际法主体性与国内法主体性

    ······································································· 196

  7.11 国际组织的国内法主体性与特权豁免 ························ 197

  7.12 国际组织的国际法主体性 ········································ 198

## 第8章 国家责任 ······························································ 206

 1 国家责任的概念 ························································· 206

  8.1 国家责任法的历史 ················································· 206

  8.2 国际法体系中的国家责任法的意义 ····························· 207

  8.3 国际不法行为的责任 ·············································· 208

  8.4 国家责任法的性质与内容 ········································ 209

  8.5 基于联合国安理会决议的国家责任 ····························· 211

  8.6 国际组织及个人在国际法上的责任 ····························· 211

 2 国际不法行为责任的基本构成 ········································· 211

  8.7 国际"不法"行为责任概念的形成及其支撑其适用的诸项原则

    ······································································· 212

  8.8 与过失责任之间的关系 ··········································· 213

  8.9 解除不法的理由 ···················································· 215

  8.10 不法性与法律权益侵害 ········································· 217

  8.11 基于义务价值和性质的责任制度的差异化 ················· 219

 3 国家责任的发生要件(1)：国际不法行为(客观性要件) ········· 219

  8.12 义务的分类 ························································· 220

 4 国家责任的发生要件(2)：国家行为(主体性要件) ·············· 221

  8.13 国家行为 ···························································· 221

  8.14 国家机关的行为 ··················································· 222

  8.15 个人的行为 ························································· 225

### 5 以恢复及救济形式履行的国家责任 …… 227
- 8.16 有关履行责任方式的原则 …… 227
- 8.17 不法行为的中止 …… 228
- 8.18 防止再次发生的保证 …… 230
- 8.19 恢复原状 …… 230
- 8.20 补偿 …… 231
- 8.21 抵偿 …… 231

### 6 国家责任的追究 …… 232
- 8.22 外交保护制度 …… 233
- 8.23 构成行使外交保护权根据的法律权益侵害 …… 234
- 8.24 行使外交保护权的要件 …… 235
- 8.25 卡尔沃条款 …… 236

## 第9章 国家领土 …… 238

### 1 领土与领土主权 …… 238
- 9.1 领土:领陆、领水、领空 …… 238
- 9.2 国界 …… 239
- 9.3 领土主权的法律性质 …… 240
- 9.4 领土主权分割的可能性 …… 240
- 9.5 领土完整原则 …… 242
- 9.6 使用领土的管理责任 …… 242

### 2 领土主权的创设与转移 …… 243
- 9.7 原始领土主权的性质 …… 243
- 9.8 先占 …… 244
- 9.9 添附 …… 245
- 9.10 割让 …… 246
- 9.11 时效 …… 246
- 9.12 征服 …… 247

|  |  | 9.13 | 征服与合并 | 249 |
|---|---|---|---|---|
|  |  | 9.14 | 先占、割让与征服的关系 | 250 |
|  |  | 9.15 | 新国家的情形——国家承认 | 252 |
|  |  | 9.16 | 领土丧失 | 254 |
|  | 3 | 领土争端的解决方式 | | 255 |
|  |  | 9.17 | 领土争端与边界争端的不同 | 255 |
|  |  | 9.18 | 确定领土争端的存在 | 256 |
|  |  | 9.19 | 时际法与关键性日期 | 257 |
|  |  | 9.20 | 学术性研究与实务性研究 | 259 |

## 第10章 海洋法 ········ 263

1 海洋法的历史演变及其内容 ········ 263
2 有关海洋的具体制度 ········ 265
    10.1 基线与海洋边界的划定 ········ 265
    10.2 内水 ········ 267
    10.3 领海 ········ 268
    10.4 国际海峡 ········ 271
    10.5 群岛水域 ········ 273
    10.6 专属经济区 ········ 274
    10.7 大陆架 ········ 276
    10.8 关于专属经济区和大陆架的边界划定 ········ 279
    10.9 毗连区 ········ 281
    10.10 公海 ········ 282
    10.11 区域 ········ 288
3 海洋环境 ········ 291
    10.12 船舶海上污染 ········ 291
    10.13 海洋倾倒 ········ 292
    10.14 海难 ········ 293

4　海洋科学研究 ………………………………………………… 293
　　5　海洋争端的解决 ……………………………………………… 294

## 第 11 章　国际化地域、空域、外层空间 …………………………… 298
　1　国际化地域 ……………………………………………………… 298
　　11.1　国际化地域的分类 ……………………………………… 298
　　11.2　殖民地及其他国际化地域 ……………………………… 298
　　11.3　南极 ……………………………………………………… 300
　　11.4　国际运河 ………………………………………………… 301
　　11.5　国际湖泊沼泽 …………………………………………… 302
　2　空域 ……………………………………………………………… 305
　　11.6　领空 ……………………………………………………… 305
　　11.7　对领空的侵犯 …………………………………………… 305
　　11.8　防空识别区 ……………………………………………… 307
　　11.9　"空中自由" ……………………………………………… 308
　　11.10　航空协定 ……………………………………………… 309
　　11.11　有关航空协定的仲裁裁判 …………………………… 310
　　11.12　国际航空运输 ………………………………………… 312
　　11.13　国际法针对航空犯罪的各种应对 …………………… 313
　3　外层空间 ………………………………………………………… 315
　　11.14　外层空间的法律地位 ………………………………… 315
　　11.15　外层空间活动中的责任 ……………………………… 317
　　11.16　空间碎片 ……………………………………………… 319
　　11.17　对外空物体的管辖权 ………………………………… 320
　　11.18　外层空间活动的救助及外空物体的返还 …………… 320
　　11.19　国际空间站 …………………………………………… 322
　　11.20　外层空间基本法和外层空间的"和平利用"问题 …… 323
　　11.21　近年来围绕安全保障的问题与外层空间法的关系 …… 324

## 第 12 章　个人的管辖 ································· 327
### 1　前言 ····································· 327
### 2　个人的法律主体性 ···························· 328
　　12.1　有关个人的国际法主体性的学说 ················ 328
　　12.2　国际社会中个人地位的发展 ···················· 329
### 3　国籍 ····································· 331
　　12.3　个人的国籍 ································· 331
　　12.4　个人国籍的确定 ····························· 332
　　12.5　无国籍与多重国籍 ··························· 333
　　12.6　实际有效的国籍 ····························· 335
　　12.7　法人的国籍 ································· 336
　　12.8　船舶、航空器、外空物体与国家 ················ 337
### 4　外国人 ··································· 339
　　12.9　外国人的出入境制度 ························· 339
　　12.10　外国人的法律地位 ·························· 340
　　12.11　外国人的待遇标准 ·························· 340
### 5　罪犯的引渡和庇护 ···························· 341
　　12.12　关于引渡罪犯的国际法规则 ·················· 341
　　12.13　政治犯不引渡原则 ·························· 343
　　12.14　领土庇护权与难民问题 ······················ 344
　　12.15　移民问题 ································· 347
### 6　国际犯罪 ································· 348
　　12.16　犯罪的国际化与国际合作 ···················· 348
　　12.17　关于个人犯罪行为的国际法规则 ·············· 349
　　12.18　损害各国利益的犯罪 ························ 349
　　12.19　个人的国际犯罪 ···························· 351
　　12.20　联合国与有关个人国际犯罪的国际法的确立 ······ 352

12.21　对国际刑事程序必要性的新认识 ……………………… 353
　　12.22　国际刑事法院(ICC)的设立 …………………………… 355
　　12.23　国际刑事法院与日本 …………………………………… 356

## 第13章　人　权 ……………………………………………………… 359

1　前言 …………………………………………………………………… 359
2　国际人权法的七个特征 ……………………………………………… 360
　　13.1　权利主体的非国家性 ……………………………………… 360
　　13.2　思想性 ……………………………………………………… 361
　　13.3　地区性 ……………………………………………………… 362
　　13.4　适用的目标性 ……………………………………………… 363
　　13.5　国内法属性 ………………………………………………… 365
　　13.6　错综复杂性 ………………………………………………… 367
　　13.7　实现法律权益主体的非国家性 …………………………… 369
3　人权法与人道法 ……………………………………………………… 371
　　13.8　人权法与人道法的联系 …………………………………… 371
　　13.9　国际刑事裁判 ……………………………………………… 373
　　13.10　普遍性管辖权 ……………………………………………… 375
4　人道性干预 …………………………………………………………… 377
　　13.11　人权与武力行使 …………………………………………… 377
　　13.12　实际案例的模糊性 ………………………………………… 379
　　13.13　本章结语 …………………………………………………… 380

## 第14章　国际环境法 ………………………………………………… 383

1　国际环境法的历史演变 ……………………………………………… 383
　　14.1　环境保护与国际法 ………………………………………… 383
　　14.2　全球规模环境问题的应对 ………………………………… 384
2　环境损害的预防义务与赔偿责任 …………………………………… 387
　　14.3　国际环境法上赔偿责任的意义与限制 …………………… 387

        14.4　环境损害的国家责任的意义与限制 ·················· 388
        14.5　对环境损害的国家责任与无过失责任的原则 ·········· 389
        14.6　环境损害的民事责任的意义与限制 ·················· 391
    3　污染物限制规则 ·············································· 393
        14.7　有关污染物限制规则的共同特征 ···················· 393
        14.8　有关大气污染物限制规则的地域性应对 ·············· 395
        14.9　有害废弃物的国际性限制规则 ······················ 396
        14.10　《巴塞尔公约》 ···································· 396
        14.11　放射性废弃物的管理 ······························ 398
    4　全球环境的保护 ·············································· 399
        14.12　保护全球环境公约的必要性和特征 ················· 399
        14.13　保护全球环境公约中的实体性义务 ················· 401
        14.14　不遵守程序 ······································ 402
        14.15　国际环境法与争端解决程序 ······················· 403
        14.16　《联合国气候变化框架公约》 ······················ 404
        14.17　《保护臭氧层维也纳公约》 ························ 407
        14.18　《生物多样性公约》 ······························ 408

第15章　国际经济法 ················································ 411
    1　国际经济法的意义 ············································ 411
        15.1　国际经济秩序与国际经济法的作用 ··················· 411
    2　关于国际贸易的规则 ·········································· 413
        15.2　贸易的定义 ········································ 413
        15.3　贸易规则的历史性演变 ····························· 414
        15.4　世界贸易组织（WTO）概述 ·························· 415
        15.5　WTO 的组织结构 ··································· 416
        15.6　谈判场所 ·········································· 417
        15.7　WTO 多边规则（法律框架）概述 ····················· 419

15.8  关于货物贸易的规则 ········································ 420
   15.9  《服务贸易总协定》(GATS) ···························· 422
   15.10 《与贸易有关的知识产权协定》(TRIPS) ············ 424
   15.11 争端解决与确保履行 ··································· 425
 3 关于国际投资的规则 ················································ 427
   15.12 国际投资的定义 ········································· 427
   15.13 国际投资的构成与投资管制方式 ···················· 428
   15.14 根据国际习惯法的投资保护 ·························· 429
   15.15 从国际习惯法到双边投资协定(BITs) ············· 431
   15.16 国家契约及其国际化效用 ····························· 432
   15.17 投资争端的解决 ········································· 433
   15.18 投资自由化的现状 ······································ 435
 4 关于国际货币和金融的规则 ······································· 437
   15.19 国际货币制度及其法律意义 ·························· 437
   15.20 布雷顿森林体系与国际货币基金组织(IMF) ····· 438
   15.21 布雷顿森林体系的崩溃与 IMF 的变化 ············ 439

第16章 和平解决国际争端 ············································· 443
 1 解决争端的国际机制 ················································ 443
   16.1  什么是国际争端 ········································· 443
   16.2  国际社会解决争端的特征 ····························· 444
   16.3  和平解决与强制性解决 ································ 445
   16.4  和平解决程序的分类 ··································· 446
 2 非裁判性程序 ························································· 449
   16.5  谈判 ······················································· 449
   16.6  斡旋与调解 ·············································· 451
   16.7  调查 ······················································· 452
   16.8  调停 ······················································· 453

## 3 裁判性程序

- 16.9 仲裁裁判 ····· 455
- 16.10 司法裁判 ····· 457

## 4 通过国际组织解决争端

- 16.11 国际组织解决争端的特征 ····· 467
- 16.12 联合国安全理事会 ····· 468
- 16.13 联合国大会 ····· 470
- 16.14 联合国秘书长 ····· 470

# 第17章 使用武力的规则与国际安全保障 ····· 473

## 1 禁止战争及行使武力

- 17.1 历史 ····· 473
- 17.2 不使用武力原则的基本构成 ····· 476
- 17.3 不使用武力原则的范围 ····· 477

## 2 国际和平及安全的维护与恢复

- 17.4 从势力均衡到集体安全保障 ····· 479
- 17.5 国际联盟的集体安全保障体系 ····· 480
- 17.6 联合国的集体安全保障体系 ····· 481
- 17.7 从集体安全保障到和平及安全的维护与恢复 ····· 487

## 3 联合国维持和平行动（PKO）

- 17.8 PKO的定义 ····· 488
- 17.9 PKO的变迁 ····· 489
- 17.10 日本对PKO的参与——国际和平合作法 ····· 493

## 4 自卫权

- 17.11 单独自卫权 ····· 495
- 17.12 集体自卫权 ····· 500
- 17.13 行使自卫权的其他要件 ····· 502

## 5 其他例外主张 ····· 503

17.14　本国国民的海外保护 …………………………………… 503
17.15　人道性干涉 ………………………………………………… 504

# 第18章　武装冲突法与军备管理及裁军 …………………… 507
1　武装冲突法与军备管理及裁军的意义 ……………………… 507
2　交战法规 ………………………………………………………… 508
　　18.1　适用对象 ……………………………………………… 509
　　18.2　敌对行为的限制规则 ………………………………… 512
　　18.3　对战争受害者的保护 ………………………………… 517
　　18.4　确保武装冲突法的履行 ……………………………… 519
3　非武装冲突当事国的法律地位 ……………………………… 520
　　18.5　传统国际法中的中立法内容 ………………………… 520
　　18.6　禁止使用武力和集体安全保障体系下非武装冲突当事国的地位
　　　　　……………………………………………………………… 521
4　军备管理及裁军 ………………………………………………… 523
　　18.7　军备管理及裁军的意义 ……………………………… 523
　　18.8　有关条约的特征 ……………………………………… 524

# 第 1 章　国际法的基本原理

## 1　国际社会的法律结构

> 要点:(1) 什么是国际法？(2) 国际法是法律吗？(3) 国际社会存在公共秩序吗？

### 1.1　国际法的概念

国际法即"主要用来规范主权国家间相互关系的法律"。国际法之所以曾经被认为是"主要"用来规范"主权国家对外活动"的法律,是因为参与维护和构成现代国际秩序的行为主体并不限于主权国家,其他的一些行为主体也在一定程度上受到国际法的拘束。这样的行为主体有类似于联合国这样的一般性国际组织、作为联合国专门机构的一些职能性国际组织,以及类似于欧盟(EU)这样的正在走向统一的组织。此外,交战团体、事实上的地方性政府以及 20 世纪下半叶兴起和出现的民族解放组织等,都曾经被部分地认为具有国际法主体地位。近来,随着国际人权法规则的发展,甚至有关个人的权利和义务及其行为的规则也越来越深入地进入了国际法领域,涉及武力争端中所犯罪行而建立的国际刑事法院也被赋予了对个人的惩处权。而且,伴着国际社会的日益全球化,还出现了类似于"解决投资争端国际中心"(ICSID)这样直接给予个人以权利的国际机构,因此通过国际投资仲裁来处理国家与个人之间争端的案例也在增加。在联合国安理会通过的有关反对恐怖活动的决议中,也常常将个人作为采取制裁措施的对象。进一步而言,还有类似于跨国公司这样的国际性行为体以及开展各类国际性活动的非政府间国际组织(NGO),等等。这些处于国家和政府间国际组织之外的行为主体所进行的活动,一般并不需要通过国内法就会直接成为国际法约束的对象,或者成为国际法的权利主体,这些现象无疑对国际法的制定和实施过程产生重要的影响。

然而,国际法并非从一开始就被认为是用来规范"主权国家"间相互关系的法律。被称为"国际法之父"的格劳秀斯(Hugo Grutius,1583—1645)写作出版《战争与和平法》是在"三十年战争"正酣的1625年,当时格劳秀斯所说的国际法并没有同自然法进行截然不同的区别。要将这所谓的"各国国民之法"(或称"万民法",*jus gentium*)与自然法思想相脱离而成为主权国家之间的法律(*jus inter gentes*),则有待于国家"主权"观念的确立。

在欧美语言的语境中,国际法可以有两种不同的表述:一种是"law of nations,Völkerrecht droit des gens";另一种是"international law, internationals Recht,droit international public"。按照以主权国家的同意为基础形成了国际法的实在国际法理论,并没有对这两种不同的表述作出特别的区分,但是在考察其历史由来的时候应该对此加以注意。

国际法被定义为主权国家间的法律并与其他法律有所区别,是在国家主权概念确立并认为其对所拥有的领土及国民具有绝对的支配权之后。国际法的出现构筑起了一种法律制度,它以国家主权所及范围来相互划定领土从而对领土之外的主权行使进行限制;又将对领土范围内的国民进行支配作为国内管辖事项而排除于国际法管辖对象之外,并通过不干涉内政的原则来避免国家间争端的发生。这一国际关系的模式出现于"三十年战争"结束之后形成的"威斯特伐利亚体系",这一体系至今仍然作为国际关系的基本结构而持续存在,也可以被称为"民族国家体系"(nation-state system)。当然,仅仅以这一体系模式来把握现代国际法所发挥的全部作用是非常困难的,19世纪中叶以后,国际法逐渐开始对国家的内部统治标准提出要求,尤其是20世纪下半叶之后,出现了认为国际社会应该共同实现一种国际社会公共秩序(public order)的主张,而且伴随着人类社会跨越国界活动的日益增多,为了国际秩序的更加稳定,国际社会也在试图通过国际多边公约积极制定新的国际法规则。而且,即使在还未形成国际公约的领域,也已经就制定新的规则在做各种法律的技术准备。这种情形虽然造成了传统国际关系法律结构的脆弱性和一定程度的危险状态,但是如果没有这些新的规则,国家本身存在的正当性也会面临威胁和挑战。其实,这一多边协调的发展趋势早在1815年诞生的所谓"欧洲协调"的"维也纳体系"下关于国际河流和奴隶贸易的多国协调中就已经出现,19世纪下半叶各种国际行政性国际组织的建立,以及20世纪初国际劳工组织(ILO)的建立及有关劳工公约的缔结,尤其在20世纪下半叶,有关人权保障、保护地球环境、跨国公司的活动规则,以及最近有关防止国际恐怖活动的国际合作等,都意味着国际多边协调的进一步发展。受到这种潮流的影响,甚至有一种说法认为现代国际法也可以被称为"普遍国际法"(universal international law)了。

## 1.2 国际法的拘束力

一般认为,国际法拘束力的来源是主权国家的共同同意,即所谓"同意具有拘束力"(pacta sunt servanda)。这一原则是所谓"主权者不受自我意志之外的任何拘束"这一主权概念内在逻辑的必然体现,而且实际情形中国家在确定彼此之间的关系时最为重视的也是通过正式、庄严的方式所缔结的条约。也就是说,条约是明确彼此同意范围和内容的最为有效的方法。在现有的国际社会,还没有一个能够制定拘束各国的法律的立法机构,因此为了保障国家之间关系的稳定,就必须依赖条约这一通过彼此同意而获得的拘束力,因而实际上条约也往往能够得到遵守。作为国际法另外一种存在方式的国际习惯法,也作为各国所遵行的规则而得到遵守,这一事实充分说明通过默示的同意也可以具有拘束力。

尽管如此,还是有人对国际法的法律性质提出质疑,"国际法是法律吗?"也就是说,这些人对国际法的实效性表示了怀疑,并且提出了若干理由:

第一，在国家之间发生争端时，国际法的解释和适用并不能形成一种保证能够具有权威性地解决这些争端的审判制度。只要国家之间没有达成协议，彼此就没有通过裁判解决争端的义务，而且一般也会避免达成这种协议。甚至，对此还有着理论上的说明，即既然国家是一种主权的存在，那么当然就不应该服从更上一层的权威。

第二，国际法缺乏对违反法律的行为采取物理性强制力的制裁。也就是说，在国际社会，能够对那些违反法律的行为进行制裁的物理性力量分属于不同的国家。在一个国家的内部，为了权利的实现或者使法律得以实施，也曾经对民间暴力或所谓的报复行为给予容忍，但是随着国家主权观念的确立，这一自主救助（self-help）的行为被禁止，国家通过完备的国内法律制度完全垄断了这一物理性力量。然而，在国际社会，仍然需要自主救助，尤其是作为实施法律的手段仍然需要报复行为的存在。从这个意义上来说，国际法仍然是一种原始法律（primitive law）。而且，不可想象，国际法的发展方向会按照国内法同样的方向发展。也就是说，虽然国内原始法律的状态与现有的国际法有着相似之处，但并不意味着国际法就会按照国内法的发展轨迹去发展运行。因此，绝不能按照近代国内法的模式来评价国际法，而应该将国际法作为主权国家间法律这一特殊的法律来看待，即在制定、成立、执行以及解决争端等方面其都具有独特的程序，并以此来达到实现国际秩序稳定的目的。

第三，在"正义战争论"之下，战争被认为是为了恢复权利或行使自卫权的正当行为，即作为一种制度性的武力报复行为，其以恢复权利为理由的战争行为也是行使法律的一种制度，因此这一制度及其行为也被称为一种"恐怖的诉讼"。所谓的"正义战争论"，其前提是将交战的一方视为法律执行者，将另一方视为法律违反者，但是实际上将交战双方做如此的区分是很困难的，甚至如果去做这样的区分反而会使战争变得更加残酷或促使战争进一步扩大。所以，在19世纪时，并不关心战争有无正当理由而承认国家具有诉诸战争的自由权利，只要有战争爆发，就会将双方交战者同等看待，将战争视为所谓的"无差别战争"。

在"无差别战争"的认知之下，不但国家为恢复权利而诉诸战争是被允许的，而且即使打破现有法律及确立新的法律关系而诉诸战争也是被允许的,即以"开战宣言"开始的战争最终以"媾和条约"而结束。从战争开始到战争结束的整个战争期间,适用战时法规,所以国际法实际上包括战时法和平时法两个时间段的规则,和平时期只不过是战争间隙中暂时的一段稳定期间而已。战争前的法律关系与战争之后的法律关系并没有连续性,随着和平的恢复通常都会在媾和条约中包含领土划定条款,这些内容就是一种新设立的战后和平的基本法律框架,当然也意味着一种新的法律制度的形成。战争的制度性作用就在于,国家关系一旦到了依赖赤裸裸的实力进行竞争的地步,那么战争就成为按照实力进行权利义务再分配的工具。而且,这种法律关系又会被下一次战争所改变而形成新的法律关系。正因如此,有些极端的观点就认为,规范平时秩序的所有条约只不过是截止到下一场战争前的临时协定(*modus vivendi*)。也就是说,如果国家决意要进行战争,那么随时都可以推翻已达成的协议。不过,在实践中,决意进行一场战争并非易事,各个国家在缔结媾和条约时一般也不会挟实力竞争之胜利而对战败国提出过分无理的要求。

进入20世纪之后,国际社会努力推动的"战争违法化"(outlawry of war)取得进展,禁止使用武力的规则也确立了起来,例如《联合国宪章》的第2条第4款。但是在实践中,由于联合国及其他地区性国际组织用以保障和平而建立的集体安全保障体系还不是十分完善,所以仍然可以看到有些国家在依靠自我判断行使武力从而导致法律的实效性有所减弱的现象。

## 1.3 国际社会的法律结构

国家间关系主要通过条约来形成彼此间的法律关系,条约在这里就发挥着类似于国内个人之间所签订的合同或契约的作用。不过,在国内契约的情形之下,法律并非仅仅是为了补充契约内容或为契约条款提供解释适用标准,即所谓"任意性法律规则",而是通过所谓"强行法"(*jus cogens*)来规范契约的内容,或者取缔违反公序良俗的契约。然而在国际社会,一般认为并不存在如此的强行法。被用来拘束国家的国际习惯法属于任意性法律规则,除此之外国家之间还可以通过相互同意设定与这些规则不同的关于权利义务的条约或协定,即国际社会一般适用"特别法(条约)超越一般法(习惯法)"的原则。也就是说,国际社会很难存在固定不变的目标和公共价值或公共秩序,当然基于同样的理由,国际社会也缺乏通过刑事惩罚的方式进行制裁的观念。即使是对条约的权利与义务进行解释的标准,也往往广泛使用所谓"私法类推"(private law analogy)的方式来进行。在这样的法律结构之下,国际社会中所具有的仅仅是众多两国间条约所规定的个别权利义务关系,只要是主权同意所缔结的条约,不论其内容如何,只要能够得到遵守,就符合正义,同时也能够体现主权。

国际社会主要在由具有同质性的欧洲国家构成的时代产生,因为这些国家的国内社会具有一定程度共同的正义观念和规范意识,所以它们之间能够保证具有比较规范的国际秩序,因此那时的国际法也可以被称为"欧洲公法"。但是,随着体制完全不同于西欧的社会主义国家的出现,以及在文化与社会传统或经济发展阶段也不同于西欧国家的亚洲、非洲新兴国家大量进入国际社会,国家关系变得越来越不稳定。以西欧近代社会为前提形成的国际法中的某些规则,从理念上就遭到了社会主义国家的拒绝,这些规则被认为只是体现和照顾了发达的西欧各国的利益。有关取得领土的传统国际法规则受到挑战,有关国有化权利中也提出了对自然资源拥有永久主权的主张。特别是亚非各国促进改正实质上的不平等以及建立新的国际法规则的要求,导致了整体国际关系的重新调整和国际性收入的重新分配。因此,伴随着国家间相互依存程度的加深,国际社会也开始出现试图建立以共同价值为目标的单一共同体(international society as a whole)的想法,并且提出了一些新的法律概念,例如国际法规则的层次性、国际性强制法律规则、普遍性义务(obligation eaga omnes)和不可违背的规则(underogable norm)等。

在一个以建立具有共同目的的共同体为目标的国际社会,就需要对国家间的条约进行审查,以否定那些与国际社会的目标不一致的内容及其所具有的法律效力,比如《维也纳条约法公约》第53条所显示的那样。国际社会为了维护这一共同性,就必须通过各国在解决全球性问题上的合作,有意识有组织地制定出符合国际社会实际情形的一般国际法。为此,在20世纪,国际社会召开了很多次的国际会议以及缔结了众多的多边公约。当然,多边公约即条约,也只能够拘束批准这些多边公约的国家。不过,即使在形成多边公约还不成熟的情形下,也可以通过作为一般性国际组织的联合国作出具有法律原则性质的大会决议,对国际法的解释和适用过程产生影响,并最终促成公约的签订。这些具有法律原则性质的决议有《建立新的国际经济秩序宣言》《关于自然资源拥有永久主权的决议》《各国经济权利和义务宪章》《关于各国依联合国宪章建立友好关系及合作之国际法原则之宣言》等。此外,联合国安理会也根据《联合国宪章》第7章的规定,促成和建立了一些强制性制度和规则,例如建立了前南斯拉夫国际刑事法庭(ICTY)和卢旺达国际刑事法庭(ICTR),以及批准有关反恐的国际公约和要求完成与此相关的国内法的完备,等等。这一切制定规则的新现象,可以称为"国际立法"。同时也意味着,尽管遵守同意即等于正义的观念并未改变,但是认为同意的内容必须符合国际法的认识正在逐步提高。在这种情形之下,国际法对国家提出了新的要求,即国际法一方面是为了实现国家利益,但另一方面也是为了实现国际利益,因此国家就需要抑制短期性的国家利益而承担更多长期性的国际社会利益的责任。因此也可以说,国际社会正在出现更加符合自身目标的基于规则的共同体。如果以这一共同体的观念为前提来思考,那么国际法就正在发生变化,即作为传统国际法基本原则的领土主权的绝对性以及不干预国内管辖事务的原则就具有了相对性。在冷战结束之后,世界上出现了一些缺乏国内统治能力的所谓失败国家(failed states),并且发生了大规模、有组织的侵犯人权或种族灭绝的行为,以及饥饿、贫困和对疾病置之不理等非人道行为,因此在国际法上也提出了"保护责任"(responsibility to protect,R2P)和"人类安全保障"(human security)等概念,这些概念同传统的不干涉内政原则、领土主权的绝对性原则以及不行使武力原则往往会存在一定程度的摩擦和矛盾。正是从这个意义上而言,现代国际法正处于一个变革的过程之中,而在这样一个过程中如何能够确保国际关系的稳定,就是现代国际法面临的一个紧迫的课题。

## 2 实在国际法的出现与发展

> 要点:(1) 近代国际法是如何维持国际秩序的?(2) 为什么近代国际法维持国际秩序的结构并不完善?

### 1.4 实在国际法理论的出现

国际法的发展是伴随着国家主权的确立而同时进行的。在国家主权概念被确立之前,规范国家关系的法律拘束力,是建立在作为国家具体人格化代表的君主个人所受自然法拘束的前提之上的,因此国际法也曾经被称为"君主之间的法律"(inter-dynastic law),即君主作为人类而服从上帝的命令。而欧洲实在国际法的出现,就正是从中世纪的这一上帝自然法的观念中脱颖而出的。格劳秀斯被称为"国际法之父",具有两方面的意义:一是由于《战争与和平法》的突出贡献而使其感觉到有亵渎上帝之罪恶感;二是也说明了一个道理,即使没有上帝,就像认识"1+1=2"一样,确实存在着可以通过人类理性得到认识的法律。在这里,作为所谓"被书写的理性"的罗马法(或万民法)是其主要的依据之一。在格劳秀斯之前的一些学者那里,例如维多利亚(Francisco Vitoria,1480—1546)、苏亚雷斯(Francisco Suarez,1548—1617)和真提利斯(Alberico Gentili,1552—1608),他们主要继承了中世纪以来将自然法视为上帝命令的思想,认为人类社会普遍存在的前提就是由自然法所规范的,国际法也不过是构成了这一自然法知识体系中的一个部分而已,格劳秀斯却同这些学者们的观点有着根本性的不同。格劳秀斯的学说不同于自然法之处还在于,他引入了法律是基于全体国民意志形成并且通过国民的惯常行动来表明其存在的这一认识。尽管格劳秀斯的学说还并没有达到以所谓"人类的社会性取向"为前提以及通过主张从所谓原子理论出发的社会契约论来证明法律存在的阶段,但认为国际法是基于人类意志而存在的观点对于后世确立国家意志国际法理论的普芬道夫(Samuel Pufendorf,1632—1694)、沃尔夫(Christian Wolf,1676—1756)和瓦特尔(Emmerich de Vattel,1714—1767)等人产生了巨大的影响。不管怎么说,格劳秀斯的国际法理论同时具有针对国家和针对君主的实际目的性,比如格劳秀斯就曾将自己在1625年出版的《战争与和平法》献给了法国国王路易十三,在其理论中并未明确确立作为所谓"完全权力机构"的主权国家的观念及其同其他机构团体的区别,因此应该说格劳秀斯的国际法理论具有过渡的性质。

"威斯特伐利亚体系"确立之后,伴随着欧洲国家体系的确立,沃尔夫和瓦特尔等人关于国家拥有天然自由和自我保存特性的理论越来越具有现实性。国际法理论也不再只是将法律认为仅仅是为了劝说具有具体人格的君主之间关系所需要的存在,而是将其视为以普遍的人类社会为对象并规范现实国家间关系的实际存在的法律。从此,出现了强调国家意志的实证主义国际法理论,即实在国际法理论形成,国际法学由此进入了一个英雄时代,并且大约一直到国际联盟时代这一理论才成为近代国际法的主导性理论。也就是说,国际法被视为通过主权国家间的同意而成立,即主要通过实际有效的双边条约所形成并用来调整彼此间关系的所有规则。

### 1.5 近代国际法的特点

作为规范主权国家相互关系法律的国际法,是经主权国家的同意而建立的,或者反过来也可以说,如果没有国家相互之间的同意,就没有国际法的存在。也就是说,主权国家不受自己意志之外的任何拘束,或者说在这个意义上国家享有原始的主权自由。对于近代国际法来说,"只要没有明示性的禁止规则,就视为国际法所允许"(剩余主权原则)以及"难以推定对主权的限制"(一般性允许原则),比如像"罗杰斯号案判决"所显示的那样。

**(1) 消极性。** 近代国际法具有消极性、自律性、相互性和相对性等特点。所谓消极性,是指国际社会并不存在普遍或统一的价值,国际法也仅仅局限于能够调整和稳定一部分国家间关系,或者仅仅可以起到避免国家之间出现争端的消极作用,却缺乏为实现国际社会普遍价值积极调整国家关系的作用。当然,如果仅从人类正义的角度而言,国际法确实有不尽如人意之处,不过国际法最主要的作用和最优先的课题就是尽力制止国家之间发生争端。有争端就有可能导致战争,有战争就会有众多的人失去生命,所以制止国家之间发生争端就是实现正义的首要条件。

依据国界来划定国家行使管辖权的范围,虽然会提高对逃亡罪犯进行处罚的难度,但是也可以避免由于国家行使跨越国界追捕罪犯这一域外管辖权的扩大而带来国家间争端。在广阔的海洋上也可以分为总体上相对自由的公海部分和沿海国具有排他性主权的领海部分,这一区分制止了沿岸国为了本国利益试图将其管辖权向公海进行扩张的行为,比如这些国家有可能以追捕海盗、确保渔业资源或打击走私等理由进行这种扩张。通过这一严格的区分,就可以避免出现争端,也可以确保船舶的国际航行权利。当然,这一区分并不能完全有效地避免外国船只对沿岸国利益的损害。

平时和战时的二元论,也通过承认很不人道的所谓"战争的自由"否定了对国家间战争正义性的判断,因为围绕所谓正义与正义之间的争端,很容易难以相互妥协而导致非人道的战争。"战争的自由"原则其实是将敌对方定位为彼此对等的交战者,并要求其遵守交战法规,这样人道的概念进入了战争之中,比如在战争中要区别战斗人员与非战斗人员,要尽量减少不必要的痛苦以及对必要军事性的战斗行为进行限制,等等。此外,还通过对某些国家中立地位的确认,来防止战争行为的进一步扩大。总之,由于近代国际法的这些消极性,所以经常会受到人们从人类正义立场提出的批评,不过国际社会要对近代国际法这些内在弱点进行调整,还有待于国际社会进一步组织化的发展。

**(2)自律性**。在近代国际法中适用于两国之间的法律,是由当事国之间共同同意所签订的条约构成的,而且国家还可以自由地通过条约确立甚至不同于国际习惯法的相互关系。国家通过对条约的遵守就可以使国家关系得以稳定。

从这个意义上来说，国家既是法律的制定者，同时也是法律义务的承担者。这种情形，即使到了现代，也基本上是相同的。当然，国际强行法规则除外。也就是说，不同于国内社会，国际社会并不存在具有制定一般法律权限的固定机关，因此为了通过规范稳定同其他国家之间的法律关系，就需要通过外交谈判缔结条约，自律性地确定双方新的权利与义务关系。当然，相互同意的形成，也反映了相互之间的力量对比关系，但最为重要的是，任何国家都不可能单方面地制定任何国际法。两个国家间缔结的条约，就可以视为两个国家共同组成的一个合作机构制定法律进行自我约束的产物。通过相互同意，国家就作为国际社会合作机构的一部分发挥了制定国际法的作用。

在国际争端中，有关当事国家一般都会认为是对方国家违反了国际法义务，即以既有的法律为前提将对方国家视为法律的承受者，但是对方国家为了获得自己的利益有可能主张打破法律现状。在这种情形之下，主张打破或改变现状的国家就想要成为新的法律的制定者。有关国际争端可以区分为法律性争端和政治性争端的论述，就来源于国家在面对法律时的这种双重性。

**(3) 相互性**。国际法既反映了国际社会的基本结构，即由相互平等的主权国家之间的同意所构成，同时其内容也与国际社会的基本结构相符合，这一最为典型的现象也被称为"相互性"或"相互主义"。如果国家总是单方面地主张本国利益，那么主权国家之间就很难形成建立在相互同意基础之上的协议。既然"战争的自由"得到认可，那么就有可能通过强制手段形成协议，典型的例子就是战后缔结的媾和条约。而利用强制手段所形成的协议或条约，也更容易由于实力变化而影响其实际效用并变得不稳定。因此，为了形成长期稳定的国家关系，就需要通过相互妥协缔结具有互利内容的协议或条约。实际上，即使"战争的自由"得到认可，但是要作出进行战争的决断并不容易，而且历史上战胜国在对战败国的媾和条约中单方面强加完全有利于自己条件的情形也并不多见，当然20世纪中发生的两次世界大战之后的战后处理属于例外。

一般而言，主权国家总是自律性地试图通过协议来维持与其他国家之间的对等关系以及确立彼此之间的权利义务关系。例如，通商航海条约一般是在具有紧密经济关系的国家之间签订并用来规范两国国民通商事务基本框架的,其中所规定事项就适用所谓相互性原则,比如有关最惠国待遇和国民待遇等条款。当然,类似于沿岸运输、内水渔业、内水航行及矿业权等被认为仅仅属于本国国民排他性权利或特权的事项,缔约国则不会在通商航海条约中以相互性原则来给予第三国这些权利。此外,在被请求引渡逃亡罪犯时,除去按照条约义务进行引渡之外,国家之间也可以依据相互性原则进行引渡。在这里,引渡被作为一项国际礼让(international comity)来实施,即实施引渡罪犯的国家如果以后也发生类似需要对方引渡罪犯的事项,那么就意味着对方国家也应尊重本国主权给予配合。同样的例子,也可以在国家赔偿法或民事诉讼法中对外国判决的承认和执行中看到。即使在按照《国际法院规约》第36条第2款规定单方面接受国际法院(ICJ)管辖权的所谓"接受任择性条款声明"中,也往往会附有保留条款。在这种情形之下,当声明国以其接受管辖声明为基础进行诉讼时,被诉讼的国家就可以援引这些声明中所附保留条款。这也是一种以相互性原则为前提来平衡国家接受国际裁判义务范围的独特机制。

**(4) 相对性**。国际法的相对性,是指基于国家相互同意缔结的条约不论其内容如何有效对第三国并不具有拘束力。在近代国际社会,并不存在作为上位规范对具体协议或条约内容进行限制或使其无效的国际强行法规则。也就是说,既然国际社会并不存在固有的国际共同秩序,那么自然也就不存在维持国际公共秩序的规则。一般用来拘束国家的国际习惯法也只是在争端当事国间不存在可以适用的条约时用来规范这些国家关系的,即国际习惯法说到底也只是属于任意性规则,国家在任何时候都可以通过与其他国家缔结协议或条约来创造一种不同于国际习惯法的局部秩序。当然,这种局部秩序也仅仅适用于条约的缔约国之间,而并不影响第三国的权利和义务。

在国际法中引入强行法的概念,以及国际社会中所有国家都具有义务的普遍性义务的概念,是20世纪下半叶的事情,即从那时开始逐渐有意识地明确了一种观念:作为一个整体的国际社会(international society as a whole)。当然,国际社会中这一新观念的出现也不可能使国际法变得同以前完全不同,国际社会的基本构成单位仍然是国家,国际社会基本上仍然维持了一种以主权国家和领土国家所形成的国民国家体系。不过,以国家为中心的国际体系结构已经很难维持一个稳定的国际秩序,因此便出现了在传统国际法之上增加了新的要素的现代国际法。

### 1.6 向现代国际法的转变

**(1) 变化的孕育。** 19世纪中期以后,传统国际法向现代国际法的转变就已经开始孕育。在欧洲,维也纳会议之后的协调体系中各国围绕一些共同的问题形成了若干多边国际协议,在稳定的政治条件下形成了国际河流制度,即创设了流经多国领土的国际河流通航机制。也就是说,过去作为各国独立管理的河流管理行政事务在通航问题上具有了统一的国际行政管理事务的意义。在这种制度之下,国际性河流在国际通航方面就不再直接适用领土主权的原则。不仅如此,其后在国际交通通信领域也建立了诸如万国邮政联盟和国际电信联盟等国际行政组织。这些国际行政组织的主要功能就在于保障自由跨越国界,即在交通通信领域领土主权的藩篱被拆除了。

**(2) 战争的违法化。** 在解决国际争端方面,通过《杰伊条约》(又称《美英友好通商航海条约》,于1794年缔结)的缔结,以及"阿拉巴马号案"(1872年)依靠仲裁的解决,国际裁判有用性的认识得以提高,随之国际社会开始探索通过合理适用国际法来解决国际争端,即希望能够通过和平解决国际争端来使国际社会摆脱长期以来所处的法律与实力的双重困境。"战争的违法化"作为一个现实的政治课题,最初出现在20世纪初期,例如1907年签订的《限制使用武力以索偿契约债务(第二)公约》,即《海牙第二公约》,当时各国对通过裁判解决国际争端的信任感在增加。第一次世界大战后建立的国际联盟,以及第二次世界大战后建立的联合国,都采取了一种集体安全保障体系,禁止一般意义上的战争和行使武力,而对于违反这一原则以及对国际和平构成威胁的国家,则集合各国的力量集中给予对抗。也就是说,过去依据势力均衡政策形成的众多同盟条约,将欧洲拖入了本不愿意爆发的第一次世界大战,以此为教训,国际社会在安全保障方面开始构筑能够采取一致行动的体制。

当然即使在现代,仍然还难以说集体安全保障的有效机制已经完全建立了起来,但是不管怎么说,那种以无差别战争思维方式为前提的所谓"战争的自由"原则遭到否定,国际法也终于摆脱了所谓战时与平时的二元性时间秩序。当然,即使是为了补充《国际联盟盟约》在1928年签订的《非战公约》,以及已经将禁止使用武力原则写入其中的《联合国宪章》,也都承认自卫权是一种自然的权利。因此,在现有法律框架之内也会在自卫战争的名义之下发生不宣而战的"未达到战争的武力行使"(use of force short of war)或"事实上的战争"(de facto war)。而且,国际社会还难以通过有效的集体安全保障体系来完全制止这种武力行使行为。尤其在冷战时期,联合国的集体安全保障体系几乎没有发挥什么作用,不过在冷战状态崩溃之后,联合国安理会的作用有所增强,正在摸索建立新安全保障体系的可能性。例如,2001年美国"9·11"恐怖袭击事件之后,又新出现了如何在所谓反恐战争中面对国际恐怖组织的攻击时行使自卫权的问题。

**(3) 国际刑事法院**。第二次世界大战给国际社会带来了一系列更加深刻的问题。这场由于欧洲国家的野心所引起的战争,不但对国民国家体制形成了挑战,而且也直接否定了西欧社会历经艰辛建立起来的文明、人道即法治主义的传统。"二战"后,虽然通过纽伦堡国际军事法庭和远东国际军事法庭对战争责任者进行了惩罚,但是这也同近代国际法的逻辑产生了冲突。也就是说,国际法是规范主权国家关系的法律,战争是在国家与国家之间所发生的,所以战争的责任也应该归属于国家。对此,国际军事法庭为了对战争责任者个人进行惩罚,又新创设了"反人道罪"和"反和平罪"。战争结束之后不久所缔结的《防止及惩治灭绝种族罪公约》(1948年)就是西欧社会在受到纳粹法西斯屠杀犹太人的强烈冲击之后所缔结的一项公约。不过,在20世纪,世界各地还曾经发生过类似纳粹的大规模集体屠杀事件,但是由于没有设立公约所构想的国际刑事法院,这些罪行并没有受到惩罚,国际社会对此还缺乏有效的应对措施。只是在冷战结束之后,联合国安理会特别建立了前南斯拉夫国际刑事法庭(ICTY)和卢旺达国际刑事法庭(ICTR),以及在1998年又根据缔结的有关国际刑事法院的《罗马规约》建立了常设性的国际刑事法院(ICC)。

**(4) 对抗措施**。国际人权规则的发展对近代国际法的自律性、相互性以及相对性都带来重大的影响。首先,在近代国际法中,当发生反复违反国际义务的情况时,为了确保法律的恢复性和有效性,由于违反国际义务而具体受到权利侵害的国家可以采取对抗措施。按照《条约法公约》第60条的规定,当条约一方当事国严重违反条约义务时,其他当事国就有理由终止条约或停止实施条约。只是这一规定要有效地发挥作用,就需要考虑到条约缔约国间的利害关系,保证缔约国之间利益的相互性。不过,人权规则并不承认这种利益的相互性,即任何国家都不能以其他国家违反了人权保护标准为理由为对抗其他缔约国而降低本国的人权标准。也就是说,这里所说的所谓对抗措施,并不符合人权公约的性质。按照《条约法公约》第60条第5款的规定,对抗措施不适用于那些具有人道性质条约中有关保护人身的规定,或者禁止对受此种条约保护的人采取任何方式报复的规定,即禁止有关国家对符合条约规定者采取类似的对抗性措施。当有国家违反了人权公约的义务时,具体的受害者通常就是该国的国民,如果只有由于该国违反国际义务而遭受具体损害的其他国家才有权采取纠正违法行为的对抗措施,那么就很难有国家对违反人权规则义务的行为追究责任。从这个意义上来说,人权规则的实效性承认"第三者的对抗措施"(third-party reaction),或者就只能谋求创设其他机制来实施这些规则。

与人权规则一样,在近年来各项有关国际环境的公约中,当一个国家由于其财政能力或技术能力不足而不能够达到环境标准时,其他国家采取制裁性的对抗措施才可能是有效的。即为了确保规则的实效性,就需要通过援助或奖励的方式提高该国的技术能力,努力引导其遵守公约义务。

**(5) 强行法**。禁止种族灭绝、禁止种族隔离、禁止奴隶贸易、禁止拷问逼供,以及禁止违反联合国宪章的武力行使等,在现代都已经被视为国际法的强行法规。如果具有违反这些强行法规的内容,即使达成协议,也会被国际社会视为无效。由此看来,国际法正在成为一种具有等级性规范序列的规则。

总之，如同上述所显示的那样，近代国际法的消极性、自律性、相互性和相对性等特点，在现代国际法中已经发生了巨大的变化。

## 3 现代国际法的特点

> 要点：(1) 战时与平时的二元论是如何被克服的？(2) 伴随着国际关系的发展，国内管辖事项的范围是如何变化的？(3) 积极引入国家管辖权的竞争可以避免争端的扩大吗？(4) 依靠海洋二元论对秩序的维持为何缺乏实效性？(5) 领土支配的意义正在发生哪些变化？

### 1.7 时间性秩序的相对化

战时与平时的二元论，通过战争宣言与媾和条约明确地将国际法的时间秩序一分为二，即各自适用不同时间段的不同规则。然而，随着后来战争的违法化和禁止行使武力规则的出现，除去行使自卫权的情形，在原则上已不再允许国家行使武力。当然，同时也出现了对自卫权过度解释的倾向，比如所谓"未达至战争的武力行使"或"事实上的战争"就是试图以行使自卫权或紧迫性（necessity）为名使战争正当化。目前，又出现了新的问题，即联合国授权国家行使武力，例如海湾战争时安理会通过的 678 号决议，以及以为了防止国际恐怖活动和大规模毁灭性武器的拥有或扩散为理由而行使武力，例如对阿富汗的空袭和对伊拉克的战争。

以行使自卫权为由开始的武力行使，并不具有明确的时间性秩序。紧迫性要件对时间的开始有所限制，但是对紧迫性要件的解释实际上不仅仅依靠行使自卫权国家的判断，而且它还是一个具有相当时间性跨度的概念。虽然《联合国宪章》第 51 条将"发生武力攻击"(if an armed attack occurs)作为面临紧迫性的要件,但是实际上常常发生并没有一定要求发生武力攻击也被认为面临紧迫性的情形。此外,已经开始的武力行使也常常因为停战协定而终止,但停战协定所具有的法律性质毕竟不同于媾和条约。也就是说,国家间的对抗,促成了事实上的武力行使,也只能通过停战实际终止事实上的武力冲突,如果出现违反停战协定的情形,也常常会以自卫权的名义战事再起。依据联合国安理会决议所授权的武力行使也同样如此,即依据《联合国宪章》第 7 章第 39 条由安理会对事态的认定虽然设定了一个时间性秩序,但是实际上何时开始行使武力往往是由得到授权的国家自行判断来决定的。即使安理会在停战条件的设定方面以各种方式发挥了作用,但是何时终止武力行使也往往是由行使武力的国家来判断的。如果后来有违反停战协定的情形,其实也并不知道该追溯至哪一个安理会的决议才能够使得武力行使正当化,比如在阻止伊拉克的大规模毁灭性武器问题上,海湾战争以来安理会通过的 16 项决议,就常常被进行了对伊拉克战争的美国所援引。

在武力冲突中,适用所谓"国际人道法"的各项规则。也就是说,当国家间以自卫权为由发生武力冲突时,这些规则就开始适用。不过,因为自卫权的行使是以遭到违法的武力攻击为前提的,所以行使自卫权的一方在法律上具有正当行使武力的权利。至于在适用人道法方面要平等对待双方,即使行使自卫权的一方也同样如此,则纯粹是为了确保人道的实施。此外,即使是得到联合国授权的武力行使,或者作为联合国维持和平行动(PKO)一环派遣兵力的武力行使,也存在究竟是否适用国际人道法的问题。在无差别战争的思维方式之下,时间性秩序被从平时转变为战时,确保了交战双方的对等性。即使在战争被认为违法之后,正如曾经的正义战争论一样,将交战双方对等看待也仍然是一个涉及正当性的问题。

## 1.8 事项性秩序——管辖权的相互划定规则

为了维持平时的秩序,近代国际法依据国界来划定国家领土的范围,以此来避免国家管辖权的相互抵触,以及避免国际冲突扩散。作为一条线段的国界的观念,在历史过程中,其实并非确定无疑的。即使在欧洲,在自然共同体基础之上建立起政治秩序的时代,政治团体的边界,也一般是由大的河流、广袤的森林、沙漠、高耸的山脉、广阔的草原或冰原等阻隔人类相互交流的自然屏障所划定,人为的边界则并不是很明确。在今天的非洲大陆,之所以仍然存在众多的边界冲突,就是因为这一西欧式的边界观念在殖民主义时代被强加给了非洲的原住民,隔断人们生活范围的直线式边界线在殖民地独立时被继承了下来。即使是依靠人为边界成功建立起来的美利坚合众国,其实也是在牺牲原住民印第安人的基础上建立起来的,因此美国直到今天仍然通过建立印第安人保护居留地的方式来继承这段历史。目前,随着人权意识的增强,有越来越多有关国家建设和国民形成的历史被认为是虚构的,因此出现了有关"原住民权利"(indigenous people right)的问题,在由西欧传统占统治地位的澳大利亚和加拿大也出现了同样的问题。也就是说,帝国主义和殖民主义的既往历史正在被质疑,真实的历史不容被篡改。国际法也必须遵循真实的历史,为世界上所有的人类提供一种更美好的国际秩序。国际法的学习者必须具有这一使命感,为此就需要常常以史为鉴。

**(1) 国内管辖事项**。以国界观念为基础建立起来的国民国家体制是一种历史性的产物,近代国际法就是在以国界划定的领土范围内对本国国民进行统治,并且将此作为其国内管辖事项,即在这一领土范围内行使国家主权。同时,通过禁止国家跨越国界在他国的领土范围内行使管辖权来避免主权的相互抵触,防止国际争端的发生。不过,现代国际法在这一点上正在发生巨大变化。

首先,关于国内管辖事项(matters of domestic jurisdiction),现代国际法同近代国际法相比在针对事项和实施规则的手段方法方面正在发生根本的变化。如前所述,近代国际法是通过所划定的国界来确保在其领土范围内主权的绝对性的,而现代国际法更多地将过去被认为属于国内管辖事项作为"国际关注事项"(matters of international concern)而成为国际法规则拘束的对象。例如,即使在今天,决定赋予国籍的标准仍然是各国自主制定的国籍法,从这个意义上而言,国籍问题当然属于国内管辖事项,但是如果两国间签订有条约或协议,那么这一管辖权就会受到限制。此外,为了消除各国赋予国籍标准不同而造成的无国籍现象,或为了承担关于《消除对妇女一切形式歧视公约》的义务,与此内容相抵触的国籍法就会被认为是对国际义务的违反。在日本,也是在批准《消除对妇女一切形式歧视公约》时对自己的国籍法进行了修正,将过去的父系优先血统主义变更为父母双系血统主义,即既维持了过去以血统主义来决定赋予国籍标准这一国内管辖权,又对过去的父系血统优先违反国际义务进行了修正。也就是说,究竟什么属于国内管辖事项,随着国际关系的发展也在发生变化。这方面的例子有"突尼斯和摩洛哥国籍法令案"。

随着国际法在调整国内统治标准方面范围的扩大,过去被认为属于国内管辖事项的一些问题逐渐变成了国际关注事项。按照《国际联盟盟约》第15条第8款的规定,对于在国际法上被认为纯属国家国内管辖的事项,国际联盟无权参与。同样,根据《联合国宪章》第2条第7款的规定,除去基于第7章采取强制措施的情形之外,宪章的任何规定都不得认为授权联合国可以干涉在本质上属于任何国家国内管辖的事项。如果将《国际联盟盟约》同《联合国宪章》所使用的表述进行比较,可以发现《联合国宪章》的规定更加强调在国内管辖事项上的主权性裁量权。不过,由于联合国经济社会理事会的设置,可以看到联合国对各国的经济和社会问题的积极参与。也就是说,随着联合国管辖权限的扩大,主权国家越来越担心本来属于国内管辖的事项被联合国所干预。

近来,国际社会常常会以"人道主义干预"(humanitarian intervention)的形式,要求一些国内统治标准与国际标准严重背离的国家进行改正,或者对一些难以改正的国家施加压力甚至试图改变其政权。对于所谓的"人道主义干预",一直以来都被国际法所禁止,其理由就在于这一干预基于国家单方面的判断而有可能被滥用,其结果会导致国际关系的动荡不安。不过,之所以如此考虑,其前提是因为在最初出现国际法的西欧国际社会,各国国内社会具有同质性,而且难以想象会存在从根本上破坏这一同质性的国家政权。因此,如果要强化国际社会应该具有一致性且应该具有予以实现的普遍性价值这一认识,那么传统意义上的不干涉内政原则的法理性就相对弱化,进而出现了"国家保护责任"的主张。

当然,即使过去属于国内管辖事项的问题在被视为国际关注事项问题的情形之下,也仍然存在以何种形式才能够强制执行国际标准的问题。相对于曾经作为例外被允许的军事性干预,眼下如果不是联合国所采取的军事性措施,则绝不允许未经联合国授权国家单方面的军事干预。

**(2) 管辖权竞争的积极性介入**。在现代国际社会,国家常常为了实现共同利益而必须采取协调行动,因此以领土范围为基础的国民国家体制这一框架有时就会成为一个障碍。例如,劫机行为是通过劫持飞行器的控制权而对国际交通安全构成威胁并会损害所有国家共同利益的一种国际性犯罪。在现代社会,人们的跨区域移动主要依靠飞机来完成,通过人们的自由移动实现国际社会新的发展,因此侵犯飞机航行安全也就是损害各国的共同利益。为了防止这种国际犯罪的发生,就有必要建立一个能够使罪犯无处逃匿和必定受到严厉惩罚的机制,因此需要缔结多国间的条约,为与罪犯有关的各国设定审判义务,以及对于罪犯所在地国也必须附加一种"或者处罚或者引渡"的义务,即如果罪犯所在地国不准备将罪犯引渡给他国,那么就应该基于普遍主义的原则有义务对罪犯加以处罚。为了防止劫持民航飞机和诸如采用酷刑逼供、绑架人质、扩散核物质以及伤害外交官等行为的发生,就需要建立这样的一种机制。

迄今为止,对罪犯的审判管辖,一般是按照属地主义的原则来进行,正如《日本国刑法》第2、3、4条所规定的那样,并不主张刑法规定的域外适用。之所以如此规定,是为了避免管辖权的冲突而引起国际争端。不过,对于一些特定的国际犯罪,为了防止这些犯罪的发生和维护国际社会的共同利益,正在形成一种机制,即通过积极竞争的管辖权使某一项犯罪确实得以处罚。在《日本国刑法》第4条分条和第3条分条中,也涉及了有关国外罪犯的规定,就体现了世界主义和作为消极性属人主义的保护本国国民的精神。

在重商主义时代,海盗被视为人类共同的敌人,在公海上任何一个国家的舰船都可以对其进行拿捕。而且,这一规则至今得以维持,其原因就在于没有一个国家愿意保护破坏海洋秩序的海盗,也不必担心由于打击海盗出现管辖权的冲突而发生国际争端。因此,并没有规定国家在拿捕海盗后进行处罚的义务。但是,面对大约从2005年开始在索马里海域和亚丁湾频繁出现的海盗,联合国安理会通过1816号决议,呼吁各国在打击和处罚海盗方面进行合作。而且,面对索马里国内统治体制的崩溃,安理会再次通过1851号决议,允许各国不仅在公海上而且也可以进入索马里领海采取措施,甚至允许进入索马里领土范围内海盗的根据地进行追击。传统意义上的海盗,一般都在国家控制权难以达到的公海上进行抢劫,因此国际法承认各国军舰都有权在公海上打击海盗活动。而索马里的情形有所不同,索马里海域对国际航行而言是极其重要的,但是索马里政府没有能力打击和消除以本国为据点的海盗,所以才会发生各国派遣军舰赴索马里海域直接打击海盗的特殊事例,在国际法上还没有过这样的先例。

对于现代国际犯罪,首先需要在具有共同利益的国家范围内以国际法为标准来确定其犯罪类型并将其视为国际犯罪,当能够控制该犯罪嫌疑人的国家并无意对其进行处罚时,联合国也常常会为了达到强制引渡罪犯的目的而采取制裁措施,例如像"洛克比空难案"中所显示的那样。

### 1.9　空间性秩序——从领土法向功能法的转变

**(1) 海洋二元秩序的崩溃**。世界上的海洋自然地连接为一体,广大的海域可以被区分为领海和公海,然而仅仅以这一区分来避免管辖权的相互冲突并不能确保海洋的有效利用。为了使国际航行成为可能,就必须承认外国船舶在一国领海内的通行权。不过,外国船舶通过领海的国际航行利益常常会同沿岸国确保安全或实施法令的利益相互冲突。为此,在国际法上又确立了毗连区及追捕权等制度,在一定情形下承认沿岸国超越领海范围对管辖权的行使。在渔业方面,因为渔业资源会存在于狭窄的领海和广阔的公海之间,所以也会出现在公海上捕鱼的国家同沿岸国家围绕渔业资源产生的争端。特别是在20世纪下半叶,渔业资源已经成为沿岸国家居民重要的食物来源,海底矿物资源也作为沿岸国家的工业原料和能源,越来越具有重要性。与此同时,伴随着船舶大型化所带来的船舶对海洋环境的污染也越来越严重。在这种情形之下,依靠海洋二元秩序来调整各国之间的不同利益就变得越来越困难。因此,在国际法上又引入了"大陆架制度"和"专属经济区制度"等新的功能性海洋概念。这些新概念的主要目的,就是承认沿岸国在自然资源的勘探与开发等特定事项上具有主权性权利。特别是专属经济区,赋予沿岸国在渔业资源上的排他性管理权,其目的就是最有利地保存和利用资源。此外,关于海洋环境的保护,沿岸国拥有对进入专属经济区的航行船舶的管理权,这是对公海上的船旗国责任不充分的一种补充,沿岸国通过对本国沿岸利益的实现,同时也可以为实现海洋环境整体的利益发挥作用。也就是说,为了通过这种海洋利用国家与海洋沿岸国家之间的利益调整,进而增进国际社会的整体利益,在海洋问题上引入了功能性管辖权的概念。当然,其中仍然有可能存在着新的争端因素,不过反过来也可以说,即使是承受着爆发各种争端的危险,现代国际法还是不断地在创设着合理管理海洋秩序的法律框架。在最近,为了取缔所谓"非法、不报告、不受管制渔业"(IUU渔业)的现象,根据1995年《联合国公海渔业协定》,正在建立一种在一定情形下船旗国以外国家可以在海上对外国渔船进行登临检查的制度。

**(2) 领土管理责任**。即使是作为民族国家形成基础的领土,眼下也正在引入对其主权的绝对性加以限制的做法,即为了实现国际社会的某些合理性目标,就需要适度限制国家的领土主权。其实,即使在近代国际法中也有类似的规则,如果国家没有对在其领土范围内的私人有关行为提醒注意和加以管理而这一行为给别国带来损害,那么该国也需要承担国家责任,例如发生在1872年美国和英国之间的"阿拉巴马号仲裁求偿案"。在环境领域,也曾经由于跨境污染问题出现过同样的案例,例如1938年的"特莱尔冶炼厂仲裁案"。而且,这一观念已经被写入了1972年斯德哥尔摩《人类环境宣言》第21项原则之中,被称为"领土管理责任"。也就是说,国家负有国际法上的义务,对在本国领土范围内的私人活动进行管理,使其不能够对他国领土或者不在任何国家管辖之下的国际领土构成任何损害。应该说,《人类环境宣言》中所涉及的不在任何国家管辖之下的国际领土的提法,是近代国际法中所没有的新内容。

在现代国际法中,已经进一步要求国家为了国际社会的共同利益而对本国领土之上的活动进行必要的限制和有效的管理。例如,对难民或临时避难者的保护以及对候鸟生存湿地的保护等。不过,这些要求还没有成为对有关领土主权国家所规定的国际义务,而仅仅是对这些国家主动采取措施的要求而已。尽管如此,国际法上的这一变化给了我们一种启示,即领土并不仅仅是实现各国个别利益的空间,同时也是实现国际社会共同利益的空间。当然,领土对难民开放、接受避难者和为了保护湿地而限制开发,都会给国家带来一定的负担,不过国家之间通过国际合作来承担一些国际义务的规则意识正在逐渐形成,比如通过在关于国际河流的非航行利用中引入衡平原则等规则,就可以看到这一新的发展趋势。

### 1.10 规范性秩序——法与非法的边界

随着人类跨越国界活动的规模及范围的不断扩大,国际社会面临越来越多依靠既有国际秩序框架以及以此为前提的国际法已经难以充分解决的问题。对于一些新的活动行为,还没有形成促进国际合作所必要的行为规范,因此国际社会迫切需要制定新的行为规范。然而,在一个并不存在固有立法机构的国际社会,要制定能够在法律上拘束各国的行为规范,只能期待通过缔结多数国家普遍参加的国际公约,或者期待国际习惯法的逐渐形成。不过,多边国际公约的缔结及其生效都需要比较长的时间,而且也只能对缔约国有所拘束,传统的国际习惯法也需要相当长的时间来使一些偶发的行为规则逐渐成为统一认可的行为规则。

总之,不论是条约还是国际习惯法,都还难以适应目前国际社会的需要,因此国际社会正在探索制定国际法之外的方式。例如,联合国大会通过仅具有建议性效力的法律原则宣言或决议的形式,提出制定新规则的要求,如《世界人权宣言》和《外空原则宣言》等宣言一样,为后来进一步缔结条约奠定了基础,或者在这些宣言中使用的概念集中提出了一些规范性的要求,对以后国家缔结条约的谈判过程产生巨大的影响。这方面的例子还有,对自然资源的永久主权、可持续开发、自决权原则和深海海底制度等。然而不管怎么说,这些宣言最终也只是具有形式上的劝告和建议功能,我们也可以将其称为"软法"。当然,尽管这些宣言对未来制定规则提出了要求,但也并非总是能够形成具有实效性的法律规范。

曾经以主权性协议为基础并且通过具体而明确的内容实际有效地规范国家间关系的国际法,有时会处在一种法与非法的模糊状态,其作为规则具有拘束性的基础也有可能变得脆弱不堪。不过,一个没有变化的事实是,伴随着国际社会的发展,国际社会对规则的要求也在不断增加。因此,即使对于条约,也可以采取两种解释方法,即"目的论的解释"(teleological interpretation)和"发展性解释"(evolutionary interpretation),国际习惯法的构成要件也变得相对宽松。此外,国际法一般原则(general principle of international law)与衡平法(equity)的概念得到广泛运用,或者补充了国际法具体规则的不足,或者实质上修正了国际法适用的结果。

目前,众多的国际争端是介于法与非法二者之间的一种动态性争端。近年来,解决国际争端的途径方式越来越多样化,这一现象被称为国际关系的"法制化"或"司法化"(legalization or judicialization),或者换个角度也可以将其称为国际法的政治化(politicization of international law)。

## 4　现代国际法的基本原则

要点:(1) 现代国际法是以什么样的基本原则来维持国际秩序的? (2) 何为国际合作原则?

### 1.11　综述

随着国际社会的发展,现代国际法正在发生巨大的变化,同时也正在为维持和形成传统国际法体系所不具备的新秩序带来新的规则。传统的国际社会是以国家秩序的稳定为前提,在这些众多国家相互间关系被彼此分隔的个别秩序基础之上形成的,而现代国际社会则是作为一个整体形成和被看待的。通过国际法,国家边界进一步开放,国家的交往度提高,以及加快人员、物资、资金和信息跨越国界的流通,这被称为超国界化、无国界化或全球化。在环境领域,这一现象也被形象地比喻为"同一个地球村"(the only one earth)。在国际人权保护领域,国际法也得到发展,即从过去主要用来规范国家与其领土主权范围内本国国民的关系的规则发展成了为实现国际社会具有共同价值和同一秩序的规则。在安全领域,也从过去重视以军事为中心的国家安全保障发展到了更加重视人类的安全保障(human security)。

当然,这一现象的出现并不意味着国家从国际社会中的消失以及民族国家体系的崩溃。在全球化的世界潮流中,一方面,国家在国内统治的意义上正在发生变化;另一方面,国家也具有了更为重要的作用。国家正在通过在各个领域的统治作用成为实现国际社会总体利益的承担者,分别承担立法、行政、司法等职能的国家机构,既在不同领域各自发挥着保护本国领土范围内国民生命财产安全的作用,又发挥着作为执行国际法职能的国内机构的作用,即正在出现所谓

"国家的双重职能"(dédoublement fonctionnel)的现象。不过,国家的这一双重职能也常常没有能够充分发挥,因为一般性的国际标准有时可能会同具体国家的经济社会或文化历史条件相冲突,给一个国家的国内秩序带来重大负面影响,比如在全球化进展中的国际贸易领域出现的贸易与人权、贸易与劳动等问题,或者国际社会的要求之间有时也会相互矛盾,比如对难民的保护与作为反恐对策对强化入境审查要求之间的矛盾。在这种情形之下,国家发挥的作用往往会很现实地优先保护本国领土范围内的本国国民。也就是说,国家的双重职能表现在了将国际标准引入国内并通过国内法加以实施上面,以至于实现了国际法的法律救济,但是同时其目标又是维护国家利益和确保国民的利益。国家发挥这些职能的基础,其实仍然是国家主权平等和政治独立的观念,即民族国家体制的结构并没有发生变化,只是其意义正在发生变化。

伴随着全球化的进展,国际法所规范的领域也在逐渐扩大,国家间缔结了众多的多边公约,由国际组织所确定的一些规范规则也得到了执行,不过也出现了诸如规范对象范围重叠或规则相互矛盾等一些问题。例如,在有关环境问题的各项条约中,规定了作为强制性义务实施的贸易措施,但是这一规定与世界贸易组织(WTO)法相互矛盾。此外,还有知识产权保护同劳动人权的抵触,以及《濒危野生动植物种国际贸易公约》(CITES)同地区性渔业协定之间的抵触,等等。这些为了实现共同利益而形成的制度都试图各自实现其制度规则的效果,但是国家在实施制度规则过程中难以承担一贯性的义务,也有可能会产生相互之间的摩擦和矛盾。也就是说,通过缔结条约所创设的制度,只具有解决该条约自己领域内争端的作用,而对于其他领域的问题就会产生现实的矛盾和冲突。因此,如何避免国际法规范的碎片化(fragmentation of international law)以及跨领域地协调国际社会的共同利益,是未来国际法面临的主要课题。

现代国际社会大体上维持着近代国际法的基本原则,同时又通过建立跨越国界的各种民间活动框架,实现国际社会的共同利益,因此就处在不断提出新原则的动态变化之中。现代国际法的基本原则中,既包括来自作为民族国家体制的国际社会的稳定性结构的原则,也包括来自国际社会的共同利益或普遍利益的原则。

## 1.12 主权平等原则

主权国家在法律上是相互对等和平等的,这一原则可以被称为主权平等原则。所谓主权,是指在其领土范围内具有不受任何其他权力制约的对内最高权力,以及国家在对外关系中相互独立和除去自主决定的协议之外不受任何拘束的对外权力。构成国家间相互尊重主权和平等互惠基础的,就是所谓的"领土",因此在国际关系中绝不允许一个国家去违法侵犯他国的领土主权,这一原则即被称为"维护领土原则"。按照这一原则,除非得到国家主权的同意,否则国家在其领土范围内的统治不受制约,如果在没有同意的前提下外国强制性地介入国家对内统治的管辖事项,就会被认为违反了不干涉内政的原则。当然,虽然得到国家主权的同意,也有可能缔结不平等条约或保护条约,不过只要对条约内容的同意是国家自己作出的,就应视为是主权的行使,对所同意内容的遵守也应被视为是实现主权的表现。

现代国际法禁止国家在国际关系中行使武力,并以此来侵害其他国家的领土完整或政治独立,即如《联合国宪章》第 2 条第 4 款所表明的那样。如果违反这一原则及依靠行使武力或武力威胁得到的"强制性条约"则被认为是无效的,如《条约法公约》第 52 条所表明的那样。而在近代国际法中,战争并未遭到禁止,作为战争结果所缔结的媾和条约当然是有效的,即使是通过武力或武力威胁强制得到的条约,在国际法上也是有效的。不过即使在现代,只要是通过武力以外力量的行使,例如通过经济力量的行使所缔结的条约,就不能被视为无效。

所谓领土完整,曾经主要是指抵抗外来军事性侵略的概念,但是就像最近不断发生的一些远距离大气污染或通过国际河流造成污染的跨国界环境损害案件那样,即使是私人行为所导致,国家也应该直接承担国际法上的责任,就如同《斯德哥尔摩人类环境宣言》第 21 条原则所表明的那样,这应该说是有关领土完整这一国际法上保护国家权益原则正在发生变化的一个表现。

在国际社会,由于亚洲和非洲众多国家的加入,也部分影响到了国家主权平等的原则。也就是说,随着众多经济和社会发展阶段不同或文化背景不同的国家出现,作为主权国家的形式上的平等反而成了阻碍这些国家发展的主要原因,所以这些国家都在主张实质上的平等,一些以实现国际社会利益为目的的多边条约中也常常规定了多重标准(multiple standards)的条款,按照国家的不同发展阶段设定了不同的义务。比如,我们将为了缩小经济差距而制定的一些国际规则称为"开发性国际法"(le droit du dévelopment),在有关环境问题的条约中,也会体现"共同但有区别的责任"(common but differentiated responsibility)这一概念,根据经济开发的程度和所造成的环境污染程度设定不同程度的义务。有关这些内容,可以参考《维也纳保护臭氧层公约》第2条第2款以及《联合国气候变化框架公约》第3条第1款。

## 1.13 民族自决原则

在现代国际法中,还必须要清算殖民主义的历史遗留,因此自决权(right of self-determination)原则占据着重要的地位。所谓自决权,主要来自法国大革命以来的人民主权的主张,以及来自19世纪产生的民族主义的主张。在历史上最早形成民族国家的西欧,在继承了绝对主义王权版图的基础之上建立起了民主主义的国家,在这样的国家领土范围内,所有的人都被凝聚成为同一的国民。而在相对落后的中东欧各国,虽然也是在具有相同人种、宗教和语言的民族的基础之上形成了民族国家,但是在第一次世界大战之后通过媾和条约划定国家边界后,一些国家中出现了少数民族,因此保护少数民族成为一个重要的课题。进入20世纪之后,处于殖民主义统治之下的亚洲和非洲各国人民追求独立,在各地展开了民族解放斗争。民族自决权就是殖民地人民在摆脱殖民主义和形成民族国家过程中出现的,这一主张虽然近似于人民主权的主张,但是根据承认现状的原则,实际上只是继承了旧殖民地人为划定的行政区划边界,因此在这些国家内部遗留下了一些主体统治部族和少数部族之间的对立问题。目前非洲地区的一些边界冲突或部族对立的激化,就表明了这些新独立国家的国民意识仍然还未成熟的现状。

《联合国宪章》第 1 条第 2 款明确规定,建立联合国的目的之一就在于"尊重人民平等权利及自决原则",1966 年联合国大会以 1514 号决议形式通过的《给予殖民地国家和人民独立宣言》也明确宣布"所有的人民都有自决权"。这一原则同样在 1966 年通过的《国际人权公约》和 1970 年联合国大会 2625 号决议通过的《关于各国依联合国宪章建立友好关系及合作之国际法原则之宣言》中得到了确认。甚至,对于那些正在追求殖民地独立解放地位的交战团体或民族解放组织,尽管它们还没有建立起国家,但是联合国等国际组织就给予这些团体以观察员资格身份参与活动,并且根据《关于保护国际性武装冲突、受难者的附加议定书》第 1 条第 4 款的规定对这些团体给予保护。

构成自决权主体的所谓人民,当然并不仅仅限于上述的殖民地人民,不过一旦成为获得独立的国家的人民,尤其是那些与国民中占据支配地位的多数民众不同的少数派民众,其分离权(right of secession)即遭到否定,就只能局限于在确保其语言、宗教、文化、历史、社会等要素同一性的前提下承认其内在的自决权。所谓内在自决权的内容,当然不包括自治权。《国际人权公约》和《关于各国依联合国宪章建立友好关系及合作之国际法原则之宣言》的规定,并不能够解释为可以毁损独立国家的领土完整和政治独立。当然,国际社会也常常根据那些受到多数派压制或差别待遇的程度通过合作来采取各种纠正措施。

### 1.14 和平解决国际争端原则

跨越国界的各种活动的增多,也导致了国际争端的增加。在 20 世纪下半叶,国际社会之所以通过在贸易、资源、环境、人权、国际犯罪等领域签署众多国际多边公约来确立新的国际协调框架,就是为了尽量消除国际争端和确保自由、有规则的稳定国际秩序。从这个意义上而言,这些公约首先发挥了预防国际争端发生的作用,同时也为解决各类国际争端提供了相应的多样性规则。

和平解决国际争端的义务,是确保战争的非法化和禁止使用武力原则所必需的,这一点也在《联合国宪章》第 33 条和《关于各国依联合国宪章建立友好关系及合作之国际法原则之宣言》以及 1982 年的《关于和平解决国际争端的马尼拉宣言》等国际法文件中作为一般性的国际义务而作出了规定。不过,究竟选择哪一种和平解决方式,则一般要由当事国来进行选择,即选择程序和方式的自由。在国际社会,通过争端当事国之间的外交谈判及其达成的协议来解决国际争端是最为常见的,如果没有当事国之间的协议,那么就没有通过国际裁判来解决争端的义务。

不过,如果是在一项国际多边公约框架内所发生的国际争端,因为多边公约是为了实现国际社会共同利益而缔结的,因此该争端往往会直接或间接地影响公约各缔约国的国家或国民利益,解决争端的方式也会给多边公约框架的实效性带来影响。所以,就必须在各条约框架内确立一种机制,即当缔约国围绕条约的解释和适用发生争端时,能够确保各缔约国遵守法律和按照条约规定的义务去解决。这些解决争端的机制,其实就是为了维护条约创设的制度(regime)而形成的法律规则(control),或者也可以视作赋予争端当事国取得协议(consultation)的一种义务。这里的协议,不同于传统外交中的谈判,而是在条约规则框架内进行谈判,是在一种制度框架的监督和管理中进行的。为了确保条约能够得到履行,大部分的多边公约都会规定各种各样的履行程序。而且在最近,在条约中有关通过具有拘束力的第三方决定解决问题的各项制度也有所增加,这一现象也被称为国际关系的"法治化"(legalization)或"司法化"(judicialization)。例如,目前在国际法院(ICJ)、国际海洋法法庭(ITLOS)、国际刑事法院(ICC)之外,还有世界贸易组织(WTO)解决争端专家小组以及作为上诉程序的上诉机构、自由权利委员会、地区性国际法院、人权法院、常设仲裁法院和解决投资争端国际中心(ICSID)等国际司法机构,此外还有人提出应该创立国际环境法院。

## 1.15 国际合作原则

为了解决国际社会的各种问题,国际法也需要不断地进行调整,因此国际法规则也会出现各种变化。比如,过去国际法发挥的最主要的功能是对那些违反法律和义务的国家追究国家责任,即对违反义务导致的结果进行事后救济,而目前的国际法则更为关心导致结果的手段和方法。此外,一些新的规则也开始进入国际法,即当国家间出现争端时,作为解决这一争端的标准,不仅仅只是要解决两国间的利益冲突,同时还要通过解决争端来推进国际合作。例如,在《联合国海洋法公约》第74条第1款对划定专属经济区界限的规定中,就引入了所谓的"公平原则",即"应在国际法的基础上以协议划定,以便得到公平解决"。之所以有这样的规定,是因为专属经济区的划定实际上与沿岸国的经济生活密切相关。围绕那些条约没有确切规定的所谓"未归属权利"的对立和冲突,也要考虑国际社会的整体利益,基于公平的原则并参考所有有关事项来加以解决。在关于国际河流的非航行利用或地下水的利用等跨国资源方面,也将公平利用作为了一般性原则。在国际环境法中,除了要确保在发达工业化国家和发展中国家之间适用公平原则之外,还要考虑到"世代间的公平"(intergenerational equity),就如《联合国气候变化框架公约》第3条第1款所表示的那样,即摸索建立一个"可持续开发"(sustainable development)的法律框架。进而,在保护资源和保护地球环境之外,在世界贸易组织提出的"贸易与环境"及"贸易与食品安全"等问题上,也尝试引入"预防原则"(precautionary principle)的规则。也就是说,考虑到有可能发生一些不可能恢复的严重后果,因此就不能以缺乏科学性证据为借口不采取预防措施,就如《联合国气候变化框架公约》第3条第3款所要求的那样。尽管这一原则作为解决国家间争端的标准还缺乏更具体的内容,也未必能够成为在进行司法诉讼时可以请求作为审判基础的依据,但这项原则是协调国家间相互对立的利益与国际社会整体利益之间关系的一个标准,也可以说是引导国家在有效实现条约目的谈判过程中进行国际合作的一项原则。

在实现国际合作原则的过程中，一般国际组织的活动是不可或缺的。本来，这一原则最初是运用于安全保障领域的，即国际联盟和联合国这样的国际组织为了确立集体安全保障体制而提出这一原则，其目的在于保证战争非法化和禁止使用武力原则的有效实施。例如，《国际联盟盟约》第16条规定，对于违反联盟盟约的战争，应视为是对全体成员国的战争行为，对此每个成员国都有义务采取一致的制裁措施。《联合国宪章》第2条第5款也规定，各会员国对于联合国采取的行动均有予以协助的义务。国际社会并非简单的两国间关系，而是一个整体，而且随着这一意识的增强，国际合作原则已经成为国际法中非常重要的一项原则。国际法也不仅仅是为了确保国家利益的手段，它也要求国家为实现国际社会的利益而承担责任。而且，还必须建立一个国家承担责任均等化的机制，即如果当国家间承担的国际责任不均等时，其他国家就应该给予那些承担过度责任的国家以援助，例如联合国的制裁措施和《联合国宪章》第49条关于会员国相互援助义务的规定。在国际合作原则之下，国家负有为促进实现国际社会一般利益而进行合作的责任和义务。政府开发援助（ODA）以及战后复兴援助等项目，就可以被视为一种广泛意义上的国家责任和义务。联合国也通过促进这种国际合作、战后和平构建以及人权和人道合作，致力于国际社会的和平与稳定。

## 参考文献

岩沢雄司『WTOの紛争処理』(三省堂,1995年)

大沼保昭編『国際法,国際連合と日本』(弘文堂,1987年)

大沼保昭編『戦争と平和の法』(東信堂,1987年)

奥脇直也＝小寺彰編『国際法キーワード〔第2版〕』第Ⅰ章(奥脇直也執筆部分)(有斐閣,2006年)

小田滋『国際司法裁判所』(日本評論社,1987年)

国際法学会編『日本と国際法の100年第1巻　国際社会の法と政治』(三省堂,2001年)

国際法学会編『日本と国際法の100年第8巻　国際機構と国際協力』(三省堂,2001年)

国際法学会編『日本と国際法の100年第9巻　紛争の解決』(三省堂,2001年)

小寺彰『WTO体制の法構造』(東京大学出版会,2000年)

杉原高嶺『国際裁判の研究』(有斐閣,1985年)

芹田健太郎『普遍的国際社会の成立と国際法』(有斐閣,1996年)

高野雄一『集団安保と自衛権』(東信堂,1999年)

田畑茂二郎『国際法〔第2版〕』(岩波書店,1966年)

田畑茂二郎『国家平等思想の史的系譜』(有信堂,1961年)

廣瀬和子『国際法社会学の理論』(東京大学出版会,1998年)

広部和也＝田中忠編『国際法と国内法』(勁草書房,1991年)

藤田久一『国連法』(東京大学出版会,1998年)

藤田久一＝松井芳郎＝坂元茂樹編『人権法と人道法の新世紀』(東信堂,2001年)

松井芳郎『国際法から世界を見る〔第3版〕』(東信堂,2011年)

松井芳郎『現代の国際関係と自決権』(新日本出版社,1981年)

村瀬信也『国際立法』(東信堂,2002年)

村瀬信也＝奥脇直也編『国家管轄権』(勁草書房,1998年)

村瀬信也＝奥脇直也＝古川照美＝田中忠『現代国際法の指標』(有斐閣,1994年)

村瀬信也＝真山全編『武力紛争の国際法』(東信堂,2004年)

J. G. メリルス(長谷川正国訳)『国際紛争処理概論』(成文堂,2002年)

森田章夫『国際コントロールの理論と実行』(東京大学出版会,2000年

柳原正治『グロティウス——人と思想』(清水書院,2000年)

山本草二『国際法〔新版〕』(有斐閣,1994年)

山本草二『国際刑事法』(三省堂,1991年)

横田洋三編『国際組織法』(有斐閣,1999年)

高野雄一「国際安全保障」『法律学体系法学理論篇23』(日本評論社,1953年)

田畑茂二郎「国家主権と国際法」『法律学体系法学理論篇6』(日本評論社,1950年)

# 第 2 章 国际法渊源

## 1 国际法渊源的意义

> 要点:(1) 法律渊源的意义及其范围是如何确定的?(2) 国际法的渊源在什么情况下会成为主要的问题?(3) 是否可以将法律渊源区分为形式渊源和实质渊源?

法律渊源(sources of law)这一用语,曾经在众多意义上被使用,比如可以理解为起源(origin)的意思,也常常被等同于存在证据(evidence)的意思。不过,目前一般认为法律渊源应该区别于法律的起源或证据以及基础等用语,其意义在于确定什么是有效的国际法规则,即由国际法主体赋予权威的法律规则的形成程序或存在方式。也就是说,某一规则是否是国际法规则,要按照这些规则在具体形成过程中的条件来作出判断,而且这一形成过程意义上的法律渊源不论在国内法还是国际法上都被称为形式渊源。

### 2.1 国际法有关国际法渊源问题的重要性

在国际裁判中,围绕个别事件中当事双方所主张适用的法规,常常会有所争论,即是否能够作为国际法的渊源被承认为法规,或者如在国际法院常常有所争论的大陆架划界事件那样,当事国要求国际法院判断哪些法规可以作为适用法规。国际法的适用成为问题,其实就如同在国内法院中面对的那些相持不下的案件。

国际法上的法律渊源问题之所以重要,主要有两方面的原因。第一,在国际社会并不存在类似于国内法律制度那样由具有权力的立法机关制定法律的制度。关于这一点,对于那些仅限于个别国家之间达成的协议,只要作为立法者的当事国之间能够达成协议即不会有问题;而缺乏具有集权性质的立法机关制定适合于国际社会整体的法规却关系重大。虽然联合国大会等国际机构也在以各种方式制定通过以适合于国际社会整体为目的的国际法,但是即使联合国本身也并不具有类似于国内立法机关那样的决策权力,因此在国际法上可以发挥部分权威作用的,就是国际法渊源。

第二,国际法渊源的范围在发生变化,尤其是不同法律渊源发挥的作用以及法律渊源之间的位置在发生变化。之所以发生这样的变化,其原因在于自然法理论在眼下已经被否定,而作为国际法基础的国家间协议受到重视,所以就需要回答在理论上应该以什么为依据来确定国际法的效力。因此,在说到国际法上的规则时,实际上就是在说这些规则具有何种效力,以及这些规则具有何种性质,或者是这些规则具有什么样的适用范围,而这时就必须关注各项规则是基于何种法律渊源而取得其合法性的,其根据是什么,以及这些法律渊源被置于什么样的位置。这些问题都会是通过司法方式解决国际争端和适用法规出现争论时非常重要的争论点,因此国际法的法律渊源问题才显得更加重要。

## 2.2 形式渊源的范围

国际法的形式渊源,也在发生着历史性的变化。在国际法体系中,什么样的存在形态被视为形式渊源,其实也就基本上决定了这一体系是以什么为基础来表现的。在17世纪到19世纪国际法的形成时期,有关国际法的各种理论都依赖于各种学说。而在现代,国际法的体系化究竟应该以哪一个学说为基础,其实是很难确定的,因此法律渊源的范围和作为法律渊源的对法律形态的定位也已经发生了变化。在过去,之所以将自然法作为国际法的渊源来看待,是持有这种看法的学者将法律基础置于超越人类认知之上的缘故。不过,在重视经验性事实的所谓实证主义学者们那里,则并不承认自然法是法律的渊源。

19世纪以后,随着具有强烈排他性质的国家主权概念的确立以及众多主权国家间条约的缔结,重视作为国际法基础的国家间协议的理论越来越具有影响力,国际法的形式渊源也被限定为通过国家间协议形成的法律存在形式。也就是说,之所以被承认为法律,就是因为要求国家间缔结的这些条约要具有能够拘束作为国际法主体的国家的权威。目前国际法的主要法律渊源,已经在《国际法院规约》第38条中作出规定,即主要有基于各种程序缔结并可以拘束当事国的条约和适用于国际社会整体的被作为一般国际法的国际习惯。按照该条第1款的规定,法院对于陈述各项争端,应依国际法裁判之,裁判时应适用:① 不论普通或特别国际协议,确立诉讼当事国明白承认之规条者;② 国际习惯,作为通例之证明而经接受为法律者;③ 一般法律原则为文明各国所承认者;④ 司法判例及各国权威最高之公法学家学说,作为确定法律原则之补助资料者。该条第2款又进一步规定,在当事国取得协议的情形之下,也有可能在基于公允及善良的原则之上进行裁判。这些规定都充分说明,在按照国际法对国际争端进行裁判时,条约和国际习惯被认为是最主要的国际法渊源。

不过,目前关于国际法渊源的范围,仍然存在争论。第一,是否仅仅限于《国际法院规约》规定的法律渊源?第二,是否仅仅限于以国家间协议为基础的法律渊源?

关于第一点是否仅限于《国际法院规约》规定的法律渊源,有一种观点认为,这些规定只不过是国际法院依据国际法解决国际争端时作为适用裁判规则的法律渊源,而在国际实践中使用的规则并不限于这些形式的法律渊源,所以应该从行为准则的角度来看待法律渊源。实际上,1948年的《世界人权宣言》、1970年的《关于各国依联合国宪章建立友好关系及合作之国际法原则之宣言》和《关于各国管辖范围以外海床洋底及其底土的原则宣言》、1972年的《斯德哥尔摩人类环境宣言》、1974年的《各国经济权利和义务宪章》以及1992年关于环境与开发的《里约热内卢宣言》等联合国大会通过的决议,虽然在形式上只具有劝告建议性的功能,但是在这些文件中所确立的一些规则都被其后缔结的各项条约所采纳,或者成为某些条约的指针,对国际立法产生了一定的影响。此外,还有1975年的《欧洲安全保障与合作会议最终议定书》(即《赫尔辛基宣言》)等文件,虽然只是一些非条约形式的协议,对当事国并没有直接的拘束力,但是作为已经取得相互同意的国际文件,在外交上具有约束彼此的实际意义。对于既有法律渊源之外的文件中通过的规则所具有的作用,如果站在主张扩大法律渊源范围的立场上来说,那么就会将这些规则视为一种所谓的"软法"(soft law),并且赋予其一定的法律规范性。不过,对于这一意义上的"软法",传统的法律渊源理论却并不承认其可以成为新的法律渊源,其理由就在于,即使这些文件会成为未来促成国际立法或国际习惯的主要原因,但彼此达成协议的方式以及一旦违反这些规则如何应对的措施都不明确。当然,如果我们将所谓的"软法"视为不同于既有法律渊源作用的存在,那么也可以说它具有促使法律渊源多样化的意义。

第二,作为法律渊源基础的国家间协议,不仅仅关系到法律渊源形态的范围,而且还关系到各种不同见解究竟重视协议作用的哪一面,并以此来决定各项法律渊源特别是作为国际习惯来对待的标准范围。在对作为国际法基础的国家间协议进行论述时,主要存在着下述三种理论性的观点。一是将协议视为主权绝对性概念的严格协议主义观点,这种观点强调协议的排他性,即如果没有国家同意的规则即对该国不具有拘束力。然而这一观点遭到一些国家的反对,也有存在不足的地方,比如国际习惯一般是用来拘束国际社会全体国家的,如果需要得到全体国家同意后协议才能够形成和生效的话,那么就无法拘束那些没有参加协议的国家。二是一种不同于自然法的实在法观点,即强调国际法是在国家意志的基础之上建立的。在这种情形之下,国际法的基础就不再是一种超国家的要素,虽然这一观点不再强调协议的排他性,但对国家意志的强调同样也被认为会成为问题。因此,只要经过一般性协议形成适用于国际社会整体的国际习惯就足够了。三是从实证主义理论的角度来看待国家间协议的观点,即实际提出国际法具有拘束力的证据。对于这一观点来说,虽然国家间的协议就是最有力的证据,但是只有以其他证据来实际证明国际法具有效力,其观点才能够成立。

不过,实际中有关对国家间协议进行界定的观点,并非只有这三种,或者往往是由多种观点重合而成的。例如,作为强调国际法基础在于国家间协议的所谓"协议即具有拘束力"的基本规则,尽管构成了国际法的前提,但并不意味着当然包含未经协议的规则即不具备拘束力的排他性原则。当然,严格意义上的协议主义有强调协议排他性的一面,这是因为严格意义上的协议主义是将国际法的国家意志要素与主权绝对性结合在一起对协议进行解释。不过,在目前的国际裁判中,在对国际习惯的存在进行认定时,对国家意志要素是将其作为协议的一般性问题来判断的,在这里不如说是对国际法的国家意志基础与协议的绝对性相结合的一种否定。

### 2.3 实质渊源

在法律渊源的理论中,与法律的形式渊源相对的,是法律的实质渊源(material sources)。在这一点上,实质渊源这一概念与国内法学意义上的实质渊源相同,与所谓哲学性法律渊源、历史性法律渊源等法律渊源一样,与法律的形式渊源进行对比。那么,如何把握实质渊源以及研究这一概念具有什么意义呢?当然在这些问题上仍然存在不同观点。有一部分学说认为,法律的实质渊源其实就是将各国对于特定规则的实际态度进行展示的证据或者就是将法律形式渊源的内容进行明确展示的一种辅助性资料,比如国际法院的判决、联合国大会的决议和具有立法性质的多边条约等,就是国际法的实质渊源。不过,这些例子只是在认识法规时被使用的资料或者证据,而并非给予法律形式渊源以实质的法律渊源。此外,将上述例子作为国际法的实质渊源,对国际习惯具有意义,而对于其他的法律形式渊源则没有意义。

法律的实质渊源,一般通过形式渊源对一些法规进行权威认定并促成其形成规则,或者常常意味着赋予其有具体内容的国际关系结构或国际事务及价值原理等实质性要素。在这里,法律的实质渊源虽然用了法律渊源这种说法,但是并不意味着就是直接将特定规则转变为具有权威性法律的构成程序或存在形态。从这个意义上而言,法律渊源其实只可能有形式渊源。因此,与其说法律渊源可以区分为形式渊源和实质渊源,还不如说法律渊源就是指法律的形式渊源;与其说法律的实质渊源是法律渊源,更为正确的说法其实应该是它促成了所有法律形式渊源规则的形成,或者是为这些规则增加了内容的实质性要素。

**补充引申:关于法律形式渊源与法律实质渊源的关系**

根据以上对法律形式渊源与实质渊源的分析论述,所谓形式与实质的问题,其实不如说是构成法律渊源的法律形成过程中的形式要素和实质要素的问题。正如我们如果去看迄今为止历史上围绕法律渊源的法律形态的争论就可以了解到的那样,其实彼此争论对立的焦点并非究竟是形式还是实质的问题,而是什么样的法律存在形态才是所谓的合法性法律渊源,即是否能够作为法律渊源得到承认。历史上,随着在法律渊源理论上占据支配性地位的理论从自然法理论向实在法理论转变,自然法逐渐失去了作为法律渊源的地位,法律渊源被限定在以国家意志为基础的一种法律形态,这使得法律渊源更具有了形式性和程序性,其实质性要素所发挥的作用却在减弱,比如眼下的法律渊源在形式上对条约的过度依赖就说明了这一点。对于条约而言,其实质性要素即条约起草阶段的议论,以及适用条约中的规则时的解释都是个问题,不过决定作为法律是否具有拘束力的关键问题是有无国家间的协议。另外,就像国际习惯一样,为了能够获得超越个别国家立场的一般性协议,就很难明确其形式上的法律渊源,而实质性要素往往具有更大的作用。

## 2 国际习惯

> 要点:(1) 作为国际法渊源的国际习惯具有什么意义?(2) 关于国际习惯形成条件的对立观点的理论基础是什么?(3) 作为一般国际法的国际习惯真的会受限于习惯法吗?

### 2.4 国际习惯在国际法中的地位

所谓习惯法,其实并不限于国际法,一般可以理解为以事实上的行为为标准被规范化的法规形成的过程,或法律的存在形态。由于各种法律制度对习惯法的定位不同,所以并不能正确理解作为制度的习惯法所具有的意义。即使在国内法律制度中,也存在着两种不同的情况。一种是确立成文法体系并以将地区或者部分集团的习惯性行为纳入成文法体系中的形式来看待习惯法;另一种是像历史法学派时代的德意志大陆法中的习惯法理论或宪法本身就是习惯法的英国法一样,成文法的作用受到限制,法律体系的主要制度性问题被作为习惯法的问题进行论述。因此,在论述习惯法问题的时候,必须要注意定位不同的问题。

按照现有的国际法,国际习惯在下面三种情况下会存在问题。第一,在特定地区进行的实践是否可以被视为国际习惯,即地区性国际习惯的问题。这方面的例子有1950年国际法院对南美国家间关于对外国人实施外交庇护的"庇护权案"。第二,国际实践能否转化为适合国际社会的一般国际法规则,这也是国际习惯最常碰到的问题。有关这个问题的很多争论,都是围绕特定实践能否被确定为国际习惯来展开的,不过有时也会围绕这些实践是具有法律意义还是仅仅停留在所谓"国际礼让"(international comity)的层面来展开争论的。前者的例子有1871年美国联邦法院对"斯考奇亚号案"的判决和1927年国际常设法院对

"荷花号案"的判决等；后者的例子有英国和法国在有关承认船旗国管辖权问题上的对立，即这一现象是属于国际礼让还是国际习惯上的义务。第三，随着联合国国际法委员会起草的法典化条约的通过或者具有以联合国为中心立法性质的多边条约的通过，带来一些问题，如这些条约中的规则是否同样适用于未批准条约的国家，或者条约中的规则能否改变既有的国际习惯，以及这些规则究竟是否是国际习惯。也就是说，要将适用于特定当事国间的规则适用于国际社会的问题。例如，在1969年的"北海大陆架案"和1986年的"尼加拉瓜案"等众多国际判例中，国际法院就从这些方面涉及和论述了国际习惯的存在。从实际的状况而言，对于究竟是否存在国际习惯这样一个问题，第二种情况眼下其实已经很少见了，更多的是第三种情况，因为众多的国际法上的问题都通过签订条约的方式来解决。

国际习惯的概念作为国际法的渊源目前仍然具有重要意义，这与上述第二和第三种情况有关，国际习惯是作为一般国际法的渊源来论述的。此外，作为普遍国际法渊源所依赖的自然法理论在19世纪之后遭到否定，同时对于一般国际法来说又缺乏拥有立法权的机关，因此就需要以实在性的法律渊源来补充一般国际法的问题。当然，在将一般国际法的意义赋予国际习惯概念的阶段，却未必重视形成习惯的过程。在作为19世纪国际习惯法律基础的欧洲国际法以德国法为中心体系化时，国际习惯是以条约、判例、学说或法律理论为基础并作为未成文法来论述的。大约从20世纪初开始，法律渊源理论中的实证主义性质表现得更加强烈，习惯法作为法律形成程序的概念得到强调，《国际常设法院规约》中有关裁判准则规定的表述也极其复杂。尽管如此，国际习惯的概念，实际上是由真正的习惯和比习惯更为广义概念上的未成文法共同构成。

## 2.5 国际习惯的构成要件

**(1) 关于对构成要件进行定位的各种观点**。20世纪以后有关国际习惯的基本概念，几乎都是以国内法上习惯法的概念来进行类推的。国内法上的习惯，一般认为需要两个构成要件,即作为事实的反复多次且前后一致的行为(usage)和该行为被作为法律规范得以认可的所谓法律确信(*opinio juris sive necessitatis*)。不过,实际的构成要件理论却对此提出一些问题,即如何适应各法律体系对习惯法的不同定位来构成这些要件,以及上述的两个要件是否充分等。比如,按照历史法学派代表人物之一的普赫塔所著《习惯法》中所述,他认为构成习惯要件的理论极其复杂。在对基本概念的一般性理解和实际情形的复杂程度方面,国际法上的国际习惯也是一样的。

关于国际习惯的出现,首先从学说上来看,比较权威的看法是看重两个条件,即作为一般事实的习惯性行为和经过法律规范化形成法律的程序。而且,根据这一观点的解释,重复多次的习惯性行为或者国家实践的存在,以及这一行为被作为法律得以承认的所谓法律确信的存在,就是具体构成国际习惯的要件。例如,关于习惯性行为的要件,如果要将国家实践视为习惯性行为,那么究竟需要经过多长时间,什么样的行为才能被视为国家实践,以及需要何种程度的重复性和普遍性,等等。关于存在法律确认的要件,一般可以从明示同意或者默示同意的角度来把握,不过也存在需要所有国家同意还是多数国家同意的问题,即使是默示的同意,也同样存在什么行为或不行为可以被视为默示的同意。

不过,围绕构成要件的各种看法,并没有仅仅停留在以两个构成要件为前提并且明确具体的条件上,而是实际上包含了更为复杂的观点。首先对于如何定位两个要件的关系,以及如何构成各自的要件,与下列四个因素有关:第一,对国际法协议定位的不同理解;第二,在所有国家是否有必要都适用相同规则即是否有必要建立普遍性国际法秩序问题上的不同认识;第三,对作为法律形成程序的习惯和作为未成为成文法的习惯的不同理解;第四,对于在什么情形下习惯法的存在会成为问题也有不同的理解。

关于前面提到的两个要件之间的关系,大部分的看法都认为二者具有相同地位,不过也有与这些看法相对立的一种一元论主张,认为其中一个要件处于优先地位,或者将两个要件合二为一。这种对立性看法的理论要点,其实在国内习惯法理论中同样可以看到。

按照一元论的观点，构成国际习惯的要件只能是重复行为或者是法律确信。不过这一观点让众多将习惯视为形成法律的程序的人感到难以接受，因为这一观点立足于认为法律确信是逻辑性错误认识的重复行为一元论。而且，持有法律确信错误论观点的，并不仅仅限于重复行为一元论的学说。法律确信错误观点一直就被认为存在问题，但在国际法理论上强烈主张这一观点的，还有同时作为法哲学家的凯尔逊。凯尔逊主张将习惯视为法律的创设过程，对早期的历史法学所重视的法律确信进行了批判，这一历史法学将国际习惯的形成定位为对既存法的确认程序。如果将习惯视为法律的创设过程，那么将法律确信作为习惯形成法律的要件就会出现一种错误情形，即由自我行为创设习惯的主体就会以该行为来作为执行的标准规范，因此习惯法也就只能由产生习惯的主体来形成。此外，关于存在习惯的证明，虽然对作为事实性要素的重复性行为有可能进行确认，但是当事者意志等主观性要素很难得到证明，因此也就不需要法律确信这一要件了。当然，这一结论只是强调重复行为一元论的观点，这种观点对于那种将国际习惯定位为法律形成过程及提出两个要件的观点而言，是一个在进行解释时必须要克服的难题。与此相对的观点，是法律确信一元论的观点，即认为国际习惯的形成是通过法律确信将作为事实的实践行为转化为法律规范的过程，只有法律确信才是形成国际习惯的决定性因素。这一观点一直以来就是早期的历史法学派所主张的，不过在国际法上就如同有关利用宇宙空间的规则一样，在通过一个联合国大会的决议以及与此有关的多边条约的同时，某些规则也就即刻被视为国际习惯，从而又出现了所谓即时国际习惯的概念。

如果在以两个要件为前提条件的基础上认为重复行为是形成国际习惯的要件，那么还不如说其实就是主张法律确信或者规范意识的重要性。按照重视重复行为的观点来看，缺乏立法机构权威的习惯法规之所以具有实效性，是因为受到这些法规拘束的国家实践得到了证明，如果习惯法规不是以国家实践为基础而仅仅是依靠规范意识的话，那么就不仅仅是不具有实效性的问题，甚至都没有了国际法的规范性。而更为重视规范意识的观点，就和主张软法概念的观点一样，认为传统的要件理论对于维持既存秩序具有积极作用，但是对于适应新形势变化的国际习惯的形成具有妨碍作用,因此特别重视规范意识的变化要素。

然而,不论哪一种一元论的观点,也不论只单纯重视哪一要件的观点,作为对各种情况下解释判断习惯法的条件论,其实都存在问题。首先来看一元论,其错误之处在于它只不过是对结果的论述,即将法律确信限定为关于形成习惯的当事者的规范意识问题,甚至将判断过程限定为事实向规范转换的创设法律的过程,并仅仅将这两个要素的逻辑性关系作为问题来讨论。而实际上,当第三方为了判断争端当事方之间的主张而依据国际习惯时,以及一部分国家对其他国家主张存在国际习惯和在成文法框架中纳入习惯时,将当事方是否具有规范意识作为条件来看待其实并不存在什么问题。尤其是重复行为一元论,根本就难以对国际法上的国际习惯与国际礼让作出区分。即使是法律确信一元论,如果缺乏事实基础的法律意识难以确保作为制度的实效性,那么法律确信实际上必须依赖于某些国际实践。另外,重视两要件其中一个的观点也存在问题。20世纪中叶具有代表性的国际法学家菲德罗斯认为,实际上被视为国际习惯法规的内容是具有多样性的,这些国际习惯并不能用同一标准来说明。在国际习惯中,实际上包含具有多样性的法规,既有国际法的基本原则,也有在个别具体制度方面具有一般适用性的规则,这些规则未必都是两个要件在发挥同样的作用。也就是说,两个要件的关系要依据各个不同的原则、规则或各自的具体情况来决定。

**(2) 构成要件**。对于如何成为两个构成要件的内容,需要说明的问题有:重复行为是由什么要素组成的,法律确信是什么,以及是否可以通过一般性的同意来表明对法律确信的同意。在这些说明中具有重要意义的,是要认识到一般国际法秩序的必要性,比如在公海上的航行是否应该采用同样的规则,以及领海的宽度是否必须相同,等等。

对于重复行为,一般将其定义为在较长时期内重复某种相同的行为,而且该行为具有一种相同性的状态。这个定义包含两个问题:一个是形成重复行为的必要时间、重复的次数以及相同的程度等将实践视为重复行为的条件;另外一个是什么样的行为被视为构成重复行为的实践。

第一个成为重复性行为的条件,尽管存在一般性的定义,但是实际上大多数的学说都认为是随着事情的性质而变化的,尤其是从积极承认存在一般国际法秩序的立场来看,就是根据需要来进行操控的。在这一操控过程中,尤为具有重要意义的是相同性要素,且相同性要素并非要求完全相同而只要是具有实质上的相同性即可。之所以如此,是因为对于与时间或不断重复的要素有关的相类似行为的确定性和稳定程度而言,如果实质上相同的行为具有规范的性质,那么就可以规范性地排除与相同性实践相对立的行为。在这一点上,相同性可以与一般性进行置换。目前,之所以代替相同性重复行为的概念而使用"一般性重复行为"(general practices)的概念,就是因为一般国际法秩序的存在侧重于规则的一般性公平之上。

对于第二个问题中的重复行为究竟是指什么行为的问题,存在两种解释。其中一种是将重复行为限定在伴随有具体措施的国家行为上。根据这一解释,由于抽象性法律观点的表述不同于基于个别具体利益考虑的具体行为,因而很难保障实际的国家实践,因此不会将这些行为视为构成习惯的实质性要素。另一种解释是对构成重复行为的要素扩大化的解释。这一解释首先认为国际法院的判决会依据政府宣言或还未生效的多边条约作出,因此认为存在着国际习惯,在此基础之上将法典化的条约、多边条约中的规则、政府宣言及联合国大会决议等均确定为构成国际习惯的要素。之所以确定这些要素,是因为具体行为会由于个别事项的影响而难以像观点或声明一样保持一贯性,以及各国在对其他国家的行为表明态度时往往并不会伴随具体的行为,而且伴随具体行为的看法和抽象的看法之间并没有明确的界限,同时为了使规则的内容明确化,也需要抽象性的宣言。目前,普遍承认的看法认为重复行为中包含宣言,不过国际习惯并不仅限于针对实施具体行为的国家,而是被确定为符合国际社会的规则,这本身就是对重复行为要素的一种扩大化的解释。

关于法律确信的解释,什么样的行为被视为表明了法律确信,以及多大范围内的国家行为被视为存在法律确信的证据,其实同样存在着不同的认识。如果将这一不同与规则的普遍化结合起来看,大致可以分为两种情形:第一种情形是通过与形成普遍重复行为无关的国家如何应对这一重复行为来形成法律确信，第二种情形是将形成普遍重复行为的法律确信置于中心位置来看待。

重视来自第一种情形的法律确信，就是默示的同意论。所谓默示的同意论，也可以有两种解释。一种是以严格的同意论为基础，认为默示的同意只是同意的一种形式，与重复行为的形成无关的国家如果不是按照与重复性行为相对应的默示形式表示同意，那么就有可能阻碍国际习惯的形成，或者不受该国际习惯法规的拘束。过去的苏联和东欧各国的学说，就持有如此的观点。不过，尽管这一观点作为阻止未经自己同意的规则普遍化的理论是有效的，但在试图将自己的主张变成普遍化规则的情况下也会遭到反对。另外一种的解释是将重点置于同意推定的默示同意论。按照这一观点的理解，那些对某种重复行为并未表示否定的国家的不作为行为即可视为对该重复行为的默认，或者只要没有表示抗议，那么就推定其默示同意了该重复行为。这两种默示同意论的不同之处就在于，前者在形成一般国际法的过程中重视个别国家的立场，而后者则从一般国际法的必要性来解释与形成重复行为无关的国家的应对。从这一点来看，后者的默示同意论在关于确定一般国际法秩序方面与普遍性同意论有着相同的认识。

重视形成普遍重复行为法律确信的第二种情形，就是按照普遍性同意来进行论述的观点。这种观点认为，要想让重复行为作为习惯法规得到承认，即在各国间作为法规得到普遍承认，就必须依赖于普遍性同意的存在。并且，这一普遍性同意的存在可以在条约、国际判例、各国判例、学术主张等将重复行为作为规则加以承认的证据的普遍性中找到。这一观点虽然认为国际法的基础就是同意，但国际习惯的存在基础并非严格意义上的同意而是以一般性同意为基础。之所以如此，是因为如果按照严格意义上的同意论来分析，就会出现巴克斯特的反论问题。也就是说，如果以严格意义的同意论为基础，那么即使在大部分国家都承认普遍法律秩序的情形下，也会出现巴克斯特所指出的矛盾现象，即国际习惯就会被少数国家的意志所左右。当然，从这个意义上而言，这一观点也意味着一方面承认国际法的基础就在于同意，另一方面也承认了不同于个别同意意义上的一般国际法秩序的必要性。

从理论上而言,虽然存在上述的各种观点,不过目前立足于严格意义上同意论的观点并不多见。总体而言,对于是否存在一般性的承认这一问题,越来越多的人倾向于通过多边性的条约等规则来寻找证据。最近,在有关人权或人道的规则方面,也有一种观点认为,与其对同意这些规则的国家数量的普遍性进行解释,还不如从这些规则的强制性来解释其普遍性。这一现象充分说明,一般国际法秩序的必要性和稳定性已经得到越来越普遍的承认,同时也说明这一国际法秩序是以国际社会整体意志为基础而完全不受个别国家意志的制约。

## 2.6 国际法院对国际习惯的判断及其特性

有关国际习惯形成要件学说之间对立的问题,对国际法院实际适用这些要件来判断是否存在习惯法规并进行判决也会产生影响。我们来看一下与围绕某一特定规则是否为国际习惯法规的争论有关的案件判决,就可以看到完全相反的两个特征。

特征之一就是,在判断某一特定规则并非国际习惯法规的情形下,往往会重视与规则形成无关一方的应对,并基于严格意义上的同意论,推定并不存在习惯法规。这方面具有代表性的案例就是1927年国际常设法院对"荷花号案"的判决。关于这一案例的发生过程,先是有土耳其轮船"博兹-库特号"与法国轮船"荷花号"在公海上发生相撞事故,"博兹-库特号"沉没并造成若干土耳其船员和乘客死亡,当然"荷花号"也进行了救助,随后当"荷花号"进入土耳其伊斯坦布尔港后,该船的法国人船长同"博兹-库特号"的土耳其人船长都以过失致人死亡罪受到起诉,土耳其法院判处其有期徒刑。但法国主张船旗国的管辖权,因而成了土耳其和法国之间的外交问题,于是两国将这一问题提交国际常设法院解决。最后判决的结果,针对法国认为根据普遍性国际实践船旗国具有刑事管辖权的主张,法庭认为在此案中不作主权推定,而是围绕是否存在禁止土耳其行使管辖权的一般性规则展开争论,最后作出结论,认为并不能证明存在这样的禁止规则,因此承认土耳其对此案拥有管辖权,当然也就同时否认了船旗国具有管辖权的普遍性。类似这一案例的判决,即把重点放在反对某一特定规则并否认存在该规则习惯法规的判决,在后来国际法院1950年的"庇护权案"和1969年的"北海大陆架案"中作为争论焦点的有关大陆架划界的等距离原则问题上也可以看到。

国际法院判决的另外一个特征,是当判断某一特定规则为国际习惯法规时,往往是根据对实践同意的普遍性或规范性的强度来作出判断的,比如国际法院在1955年对拥有双重国籍者实行外交保护时有归属争议的"诺特波姆案"的判决中就认为:仲裁法官是以相同的方式解决众多有关双重国籍的案件,首先要考虑实际有效的国籍,也就是与实际状态一致的国籍,而且国际法学家的学说以及重复性习惯行为也支持这种认识。因此,在这里实际有效的国籍被判断为属于国际习惯规则。

依据制定特定规则的条约或基于其他文件的普遍性承认国际习惯法规的判断,也可以在1986年美国对尼加拉瓜军事活动是否违法的"尼加拉瓜案"判决和1996年《关于威胁使用核武器合法性的劝告意见》中看到。在"尼加拉瓜案"中,由于美国对国际法院在有关多边条约规定的争端解决中的管辖权持有保留意见,因此双方争论的焦点围绕《联合国宪章》第2条第4款规定的禁止行使武力原则究竟是多边条约规则还是国际习惯规则而展开。判决的结果是国际法院认为这一规则属于国际习惯规则,并表示:国际习惯的存在,必须通过国家实践确认具有法律确信的规则才能够证明,在这种情形之下,并不要求国家实践完全一致,各国行为一般都会同这一规则保持一致,即使与此不同的国家行为,也并不表示承认新的规则,而一般会作为对这一规则的违反来看待。据此来看,禁止使用武力原则作为国际习惯的法律确信,在各国对《关于各国依联合国宪章建立友好关系及合作之国际法原则之宣言》表示同意的态度和美国对《赫尔辛基宣言》的态度等方面都可以表现出来。在关于核武器使用的合法性劝告意见中,虽然并没有禁止使用核武器的明示性规则,但是一般认为国际人道法所禁止的武器概念也适用于核武器,因此使用核武器在原则上也被认为是违法行为。

因此可以说,国际法院在判决中对习惯法规的判断,在否定或肯定其存在时的判断依据并不相同,即同一法院有着不同的判断依据,因此不可否认就会影响国际习惯构成要件内容的明确化及适用的一贯性。不过,从另一方面而言,在各个国家立场相互对立的情形之下,国际社会仍然需要一些带有普遍性的法规,因此如果在这一认识之下一定要论证习惯法规的存在,那么这些构成要件就并非建立在严格的同意理论之上,而是必须建立在将规则的普遍性作为要件的理论之上。

**补充引申:作为普通国际法的国际习惯**

作为普通国际法的国际习惯法规,几乎并未关注迄今为止的普通国际法秩序是一种具有什么性质的法律秩序这一问题,而是以运用一致的要件理论的形式来进行论述。之所以如此,其原因就在于,国际法秩序从根本上来说是主权国家间的一种横向的秩序,因此一般法律秩序是通过主权国家间签订的条约加以改变的一种任意性法律秩序,而非个别国家间的关系处于优先地位的一种秩序。一般法律秩序的概念在理论上仅仅具有以当事者自治为原则的国内私法一般法律秩序的意义,而一般国际法秩序实际上具有多重意义。目前,禁止侵略行为或禁止种族灭绝行为等众多禁止规则或权利条款已经被规定为强制法,具有了公法性规则的意义。此外,构成国际法基本框架的国家基本权利以及所谓"同意即拘束"等原则,已经作为国际法体系化的前提条件得以确定,而并非依靠习惯形成的。而且,如果考虑到一般国际法秩序具有如此多样的性质,那么就会出现一个问题,即作为普通国际法的国际习惯法规的形成与这些不同的性质无关,且迄今为止一直只是将重复行为与法律确信规定为构成国际习惯的两个要件是否正确。眼下,为了使这些国际习惯的不同性质更加明确,出现了一种被称为"滑动标度"(sliding scale)的理论,即通过制度或规则使重复行为与法律确信这两个构成要件的相对重要性有所区分,尤其是对于法律确信的要件,不是像过去那样将各国对制度或规则的同意作为存在证据来确定,而是根据制度或规则具有一般意义上的合理性和正当性来确定,在此基础之上将作为另一要件的重复行为当作具有正当化理由并获得承认的证据来确定。

# 3 条约

> 要点:(1) 在国际法形成过程中为何要重视条约?(2)《维也纳条约法公约》中的条约概念对其他国际约定具有何种意义?(3) 在条约分类中如何确定其形式和实质的关系?

## 2.7 条约对于国际法渊源的意义

在自然法学说对国际法具有影响力的时代,条约只是以一般法为基础确定当事者之间相互权利义务关系的一种形式,其本身与其说是法律还不如说是当事者之间的一项契约。不过,19世纪下半叶以后,国际法规则的制定多以条约的形式出现,特别是由众多国家通过谈判缔结的多边条约的形式广泛出现,这不仅仅局限于设定当事者之间的权利义务,而是进一步具有了更接近一般性国际立法形成法律的作用。目前,根据《联合国宪章》第13条的规定,为了以渐进方式推动国际法的发展,在联合国大会主持下签订了一系列多边公约,比如有《联合国海洋法公约》和《气候变化框架公约》等国际多边公约。通过这些多边公约的签订,可以明显地发现条约在创设国际法方面的崭新意义,即参加法律创设过程的当事国分布在全球范围,所涉及的问题关系到创设国际社会整体法律秩序,通过的程序也由大会一致同意的方式转变为特定多数决的方式。与此同时,条约的制定过程也与过去主权国家政府间谈判完成的传统做法不同,在条约的起草过程中就拥有众多非国家行为体的参与,充分地体现了多样化的特点。

在国际法的渊源中,条约之所以受到重视,尤其是被视为接近国际立法的法律形成要素,主要是因为缔结条约的程序所具有的特性。缔结条约,一般需要经过围绕条约文本的谈判、通过签署以确定条约文本、经批准或签字使条约生效等几个过程。正是因为经历如此程序,所以首先以条约形式所规定的规则和权利义务明显对当事者具有拘束力,而不似国际习惯那样必须证明规则具有拘束力。其次,经过谈判各国的不同立场得以调整,作为规则的内容可以更加明确,其文本制作技术在外交上也更加成熟,尤其在如何确保规则的实效性方面更加有效。最后,与国内立法的情形相似,更易于采取改变或增加制度以适应情况变化的一些应对措施。缔结条约程序所具有的这些特性,也特别符合将主权者同意作为国际法基础的国际法理论,同时也提高了条约作为国际法渊源的意义。

## 2.8 条约的概念

**(1) 条约的定义**。按照《维也纳条约法公约》第 2 条的定义,条约是"国家间所缔结而以国际法为准之国际书面协定"。正如该定义所表示的那样,为了能够作为符合《维也纳条约法公约》规定的条约而得到承认,就必须要充分满足"国家间""书面形式""以国际法为准"和"国际协定"这四个条件。此外,在《关于国家和国际组织间或国际组织相互间条约法的维也纳公约》中所规定的条件中,除去主体条件的部分外,其他条件都完全相同。下面,就《维也纳条约法公约》进行详细论述。

第一,条约必须是国与国之间所缔结的。有一些即使是以书面形式所签订的国际协议,比如为了进行石油开发,一些国家与外国企业之间签订的特许协议,不能作为条约来看待。这些协定只能受国内法管辖。过去曾经有一些资本输出国提出主张,对于那些撕毁特许协议实行石油国有化的产油国的行为,应该给予那些特许协议以准条约地位而受到国际性保护,但是最终没有被国际社会所接受。此外,联合国等国际组织和国家之间,或者国际组织相互之间缔结的书面协定,虽然属于本身具有效力的国际协定,但是这些协定适用于与《维也纳条约法公约》不同而另外通过的《关于国家和国际组织间或国际组织相互间条约法的维也纳公约》,因此也不能作为《维也纳条约法公约》中所规定的条约来看待。

第二,条约必须是以书面形式缔结的。之所以将条约限定为以书面形式所缔结的协定,是因为条约特别重视明白无误能够得到证明的实际同意。当然,将条约限定为书面形式的协定,并不排除国家之间通过非书面形式所作出的口头协议对当事国的拘束。比如,在1933年的"东格陵兰法律地位案"中,国际常设法院对于挪威外相针对主张丹麦拥有全部格陵兰岛主权的丹麦公使所作的口头承诺,即"挪威政府不会为这一问题的解决制造任何障碍",认为挪威外相就其谈判权限之内事项应对方当事国外交代表要求所作的回答对挪威具有拘束力。目前,通过国家实践,已经承认国家首脑之间通过电话达成的协议也具有拘束力。当然,虽然这样达成的协议具有实际的拘束力,但毕竟不像通过书面形式达成的协定那样具有明确的内容和较强的拘束力。在这一点上,《维也纳条约法公约》中适用于条约的规则,并不适用于这些口头达成的协议。

第三,条约必须是以国际法为准的协定。所谓以国际法为准,即意味着达成的协定必定创设了国家间的权利和义务关系,或者必须创设符合国际法的国家间关系。即使是国家之间缔结的协定,比如使馆用地的购买协定或商业交易合同等,一般适用所在国的国内法,而不能被视为条约。此外,像联合宣言或联合声明等这些由政府代表所签订的协定或文件,虽然对当事国政府而言是具有重要意义的国际协定,但是如果没有确立彼此的权利义务关系,也同样不能被视为条约。

第四,条约必须是国际的协定。所谓国际的协定,是基于国家间交流基础之上的协定,而不是单方面所作的承诺。有关单方面宣布的国际承诺的案例,可以举出1974年国际法院关于法国核试验是否违法的"核试验案"判决。在这一案例中,法国曾单方面宣布"以后不再进行大气层的试验",对此国际法院回应称:"当公开表示某种愿意受到拘束的意思时,即使并非在国际谈判条件下表达的,也具有拘束力。"即公开宣示的国家不能否认承诺对自身国家的拘束力。当然,单方面的宣示并不能像国际协定一样具有拘束双方当事者的效果。

**(2) 条约的名称**。只要满足上述四个条件的协定,不论赋予这一协定什么名称,都会被视为条约(treaty)。实际上,有众多类似于《欧洲联盟条约》(Treaty on European Union)一样被直接称为条约的条约,但是也有一些并没有被直接称为条约的条约,所以一般在总的条约概念中又分为广义上的条约和狭义上的条约概念。在日语的外交用语中,广义上的条约也常常使用"国际约定"这一用语。

广义上的条约,可以被冠以各种各样的名称,比如有宪章(Charter)、规约(Covenant)、条约(Treaty)、协定(Agreement)、议定书(Protocol)、规程(Statute)、盟约(Pact)、协议(Arrangement)、交换公文(Exchange of Note)、宣言(Declaration)、声明(Statement)等等。至于如何使用这些名称,并没有明确的规则。不过,作为大致的趋势,宪章多用于建立国际组织的文件中,比如《联合国宪章》;条约多用于世界各国共同缔结的那些以制定一般国际法为目的多边协定,比如《联合国海洋法公约》或《联合国气候变化框架公约》;议定书则多用于本来已经有了主体条约但为了对其进行部分修改或更加明确化而通过的一项新协定,该协定并非有关主体条约的附属文件,而是一项新条约,不过其生效的程序一般等同于主体条约。其他诸如协议或交换公文等,虽然也都属于广义上的条约范畴,不过这些名称多用于那些仅仅依赖于签署即可生效的通过程序相对比较简单的条约。

**(3) 条约的分类**。对条约进行分类可以使用各种各样的标准,迄今为止所使用的分类标准,可以分别按照当事国数量、条约性质、是否开放、不同的加入程序、不同的目的、不同的适用范围等标准来进行分类。

具体而言,如果以当事国的数量为标准进行分类,可以将条约分为双边条约和多边条约,其中多边条约又可以进一步分为仅仅规范该条约当事国家间关系的特别条约和有可能适用于当事国以外关系的普通条约。如果按照条约的性质来进行分类,可以有类似于划界条约那样具有一次性决定性质的条约和类似于国际河流条约那样具有持续性应对性质的条约,进一步还可以按照政治与非政治性的标准,将条约分为同盟条约等政治性条约和通商航海条约等非政治性条约。如果按照是否允许在条约签订后其他国家加入的标准来分类,可以将条约分为仅限于条约通过时的当事国参加的封闭式条约和根据条约内容有可能继续允许其他国家加入的开放性条约。如果按照不同目的的标准来分类,则又可以将条约分为直接以调整当事国间各种利害关系及确定彼此间相互权利义务为目的的契约性条约和以实现各国未来共同利益及通过制定行为规范来形成国际法秩序为目的的造法性条约(law-making treaty)。当然,每一个具体的条约,往往会具有若干不同类别的特性。

尽管在这里从各个不同角度对条约的分类标准进行了分析,但是仍然很难将这些不同标准之间的关系以性质或形式等要素为基础统一对其定义。之所以如此,是因为在对特定的国际法上的问题进行讨论时要明确地将条约不同的效果和作用与分类标准结合起来进行讨论,而且围绕条约作用和效果的看法又是多种多样的。例如,同盟条约等政治性的条约容易被特定的政治状况所左右,因而在条约的履行责任方面就不是特别强烈,而通商航海条约等非政治性的条约则以持续性的法律保护为目的,所以在履行责任方面就比较强烈,因此对于单方面废除或终止条约以及涉及条约的国家继承问题时,这一分类就具有重要的意义。此外,还有两种条约也涉及条约是否可以修改的问题,即一旦达成协议就基本不会再变更的一次性决定性质的条约和随着情况变化有可能持续性应对性质的条约。由此看来,条约分类一定要着眼于条约所具有的国际法功能和效果的差异才有意义,或者也可以说,不能简单地仅仅从形式上提出可能的分类标准并按照这些标准去对条约进行分类。

**补充引申:作为普通国际法标准的条约分类标准**

目前国际法中具有特别重要意义的分类标准,是作为法律渊源的与普通国际法相关的分类标准。这里的问题在于,条约究竟是按照开放性还是封闭性、契约性还是造法性,造法性条约又可分为特别条约还是普遍条约,以及是法典化条约还是以渐进式发展为目的的条约等标准来分类。将条约分类为开放性和封闭性或契约性和造法性的标准,固然对于区分条约本身特性具有意义,但是这一分类的意义在多大程度上得到强调,其实就关系到了这一分类本身的问题。目前,有关行使武力的规则、国际海洋法秩序的形成、环境保护以及人权的国际性保护等符合整体国际社会利益的国际法规则的确立正在日益受到关注,上述的条约分类标准就为可能形成有关条约及其普通国际法规奠定了基础并提供了主要的指标。

## 4 其他国际法渊源

> 要点:(1) 一般法律原则为什么被作为国际法的渊源?(2) 什么原则可以被作为一般法律原则来适用?(3) 司法判例、学者学说和公允及善良原则的确立是基于什么而发生变化的?

在国际关系中,规范国家及其他国际法主体之间法律关系的主要法律形式渊源是条约和国际习惯。不过,在仲裁裁判或司法裁判等处理争端的过程中,作为判断的法律依据,也可以适用一般法律原则、学者学说、公允及善良原则以及联合国安理会等国际组织的决议。《国际法院规约》也规定,在裁判中可以适用文明各国所承认的一般法律原则、作为确定法律规则辅助手段的判例以及各国最为优秀的国际法学者的学说,或者如果当事者之间存在协议时也可以适用公允及善良原则。尽管这些依据并非基于形成国际法规则的明确程序,但是在不存在明确规则的情况下可以为形成国际法的判断发挥主要作用,而且也正是在这个意义上这些依据具有了国际法渊源的意义。

### 2.9 一般法律原则

**(1) 一般法律原则的意义**。《国际法院规约》继承了《国际常设法院规约》,其第 38 条第 1 款 c 项规定将"文明各国所承认的一般法律原则"作为其进行裁判的依据之一。一般法律原则与国际法的一般原则比较,其内容就类似于国内私法上的一般原则。国内法上的一般原则被适用于国际裁判或国际仲裁,是当国际法欠缺而无法裁判时所用的。一般法律原则在 19 世纪关于仲裁裁判的争端委托协议书中作为裁判规则得到适用之后,也开始作为司法裁判中的规则得到适用。

不过，一般法律原则能否作为独立的国际裁判规则得到承认，以及其内容如何确定，在和平解决国际争端中应该让司法解决方式发挥何种程度的作用，等等，围绕这些不同的看法也一直存在着观点的对立。例如，制定《国际常设法院规约》草案的法学家委员会在当时为法律争端设计了一般性义务的管辖制度，但同时又担心国际法的欠缺导致不能进行裁判的困境，所以该委员会的委员长迪康又引入了条约和国际习惯以外的法律标准，提出并确定了"文明各国依据法律良知所承认的国际法规则"。与此相对，站在同意主义立场上的美国人路德等人却提出反对，认为模糊裁判标准将损害对司法性解决争端的信任度，主张将法律标准限定在已确立的行为规范上。最终，两种意见妥协的结果，就是将所谓"文明各国所承认的一般法律原则"也确定为进行裁判的法律标准。

**(2) 一般法律原则的内容**。关于一般法律原则的内容，就如同前面对法律标准的选择中所显示的那样，不论在国家实践方面还是有关学说方面都不可能完全一致。国际常设法院和国际法院在裁判中实际依据的标准主要有对违法行为的责任原则、禁止反言原则、诚实信用原则、重视证据原则、举证责任原则和已判决效力原则等，而且在裁判过程中还产生了一些著名的法律格言。比如，在1927年的"霍茹夫工厂案"管辖权判决中，提出了"任何人都不能由于自己的违法行为而获得利益"的原则，以及"当一方当事者由于自己的某些违法行为妨碍了其他当事者履行相应义务时，或者妨碍了具有诉讼权利一方向法院提交有关事项时，则不能以其他当事者未履行义务或者未采取任何救济措施为由作为抗辩理由。这一规则已经普遍被国际仲裁法院以及国内法院所接受"。

如此说来，构成一般法律原则的标准就是国际私法上的一些原则，因此又会有人提出疑问：能够说一般法律原则是国际法的第三个法律渊源吗？关于这个问题，虽然一般法律原则根据《国际法院规约》作为国际裁判的规则得到承认，但是仍然有观点认为这些原则在内容上属于国内法因而不能被视为国际法。不过，国际法院在依据一般法律原则进行裁判时，并不会机械简单地适用国内法规，而是常常利用法律推论或者进行私法上的类推来形成对整体的判断。而且，通过采用上述各种法律原则的情形来看，在决定采用哪项原则的问题上，国际法院具有一定程度的自由裁量权。此外,即使在裁判委托同意书中并没有明确载明可以作为适用法规的一般法律原则,也不能否定依据一般法律原则在裁判中所作出的判断。也就是说,一般法律原则作为国际法的渊源具有自己的独立性。同时也表明,由于国际法规中也常常会有具有私法性质的规则,因此在处理与国际法有关的争端中也有可能援引国内私法的一些规则。

### 2.10 作为辅助性国际法渊源的判例和学说

**(1) 判例**。判例作为国际法的渊源具有什么意义,这个问题必须要从两个方面来进行论述:第一,具有通过司法裁判解决国际争端的意义;第二,具有讨论和完善国际法规的意义。

对于第一个意义中运用于裁判中的判例,就如《国际法院规约》第59条所规定的那样:"法院之裁判除对于当事国及本案外,无拘束力。"实际上是否定了严格意义上的既有判例具有拘束力的原则,即既有判例对以后的裁判并不存在当然的拘束力而具有法律渊源的意义。不过,根据对国际法院实践的研究,其实国际法院经常会在裁判中援引以前的判例,而且并不会有任何说明。与此相反,当在类似的情形下作出同以前判例不同的判决时,国际法院就会指出此次案件的特殊性以及与过去判例实际情况的不同而排除适用既有判例。由此看来,这里对既有判例的使用实际上与《国际法院规约》规定的不承认既有判例拘束力的立场正好相反,对以后的裁判形成了很大的制约。之所以出现这种情况,是基于一种要求,即承认和维护既有判例的有效性对于确保法律的实际有效性具有非常重要的意义。在这一点上,国际法院实践中的既有判例在裁判中就不仅仅具有了辅助性法律渊源的意义。当然,国际常设法院或国际法院在援引仲裁法院或国内法院的判例时,一般只是会将这些判例作为构成判断基础的证据或作为构成推论基础的手段来援引,从这一意义上而言,判例就仅仅具有辅助性国际法渊源的意义。

判例的第二个意义在于有助于讨论和完善争端过程中所适用的法律规则,

以及在讨论一般性国际法规时常常被用来作为构成各种不同看法基础的证据。作为这方面的一个很好的案例,可以举出1951年国际法院针对《防止及惩治灭绝种族罪公约》保留效果而提出的《劝告性意见》在后来起草《维也纳条约法公约》过程中完全被接受的事例,即确立了允许保留的条件与条约目的并行不悖的规则。也就是说,在这里国际法院的判断被承认为具有某种权威性。当然,并非国际法院的全部判决或劝告性意见都在法律判断方面具有如此的权威性。例如,有关在公海上船舶发生碰撞事故的对"荷花号案"的判决,仅以微弱多数票判决承认被害国的管辖权,然而在其后的条约中却否定了这一判例,即赋予船旗国具有管辖的优先权。

此外,在围绕形成国际法规的讨论需要援引判例时,并不仅仅限于国际判例,适用于国际法的国内判例也常常被作为国际习惯的证据来援引。尤其是诸如交战状态的承认、政府的承认、国家的继承、主权豁免等有关问题的争端一般都是由于国内发生了情况,因此国内判例常常会被作为作出判断的重要依据。从这一意义上来说,国内判例就不仅仅只是具有辅助性法律渊源的意义了。

**(2) 学说**。在法律渊源理论中学说所发挥的作用,随着时代的变迁也发生了巨大的变化。在所谓学说形成法律的时代,以既存的各类学说为基础形成法律就是理所当然的。不过,随着更多条约的出现和国家实践的增多,学说在法律渊源理论中所发挥的作用在逐渐降低,同时其性质也在发生变化。当然,究竟学说可以发挥多大程度的作用,以及在什么情况下有关什么问题有可能对形成法规发挥作用,各种看法并不相同。就如我们在1928年的"帕尔玛斯岛仲裁案"中所看到的那样,在仲裁裁判中常常是以集中学说成果的形式来作为判断的基础。此外,在20世纪的前半期,法国国际法学者狄戴尔的看法,就被认为对毗连区制度的形成构成了影响。也就是说,在将个别事例概念化以及对其进行制度化定位方面,学说所具有的作用是很大的。

《国际法院规约》将国际法学者的学说确定为辅助性的法律渊源,不过在裁判中并不会以学说为直接证据来论证法律形成的基础。当然,这并不意味着学说在形成判决过程中没有任何意义。一般来说,判决并不会依据某一个别的学说,判决书会以综合各种意见的形式来书写,即会有意识地避免援引个别学说。而且,在实际的审理过程中,总是会有许多国际法学者作为代理人加入其中,从而形成多数人的意见。

如果来看一下最近国际法院判决中的有关学说,可以看到两个特征。一个特征是作为对判决具有影响作用的辅助性法律渊源,国际法委员会的条约草案、世界国际法学会的决议、哈佛法典化草案等包括各种看法的学说,比起国际法学者个人的看法,具有更大的权威性。另一个特征是条约作为国际法的主要渊源,在数量上增加,在质量上也不断提高,所以学说在裁判中与其说是一种辅助性法律渊源,实际上其更大的意义在于对法律渊源的解释。

### 2.11 公允及善良

《国际法院规约》第 38 条第 2 款规定,在当事者存在同意的前提下,可以基于公允及善良(*ex aequo et bono*)原则进行裁判。所谓公允及善良,即意味着公正性和合理性的标准,当然其内容并非明确的标准,因为具体内容会依赖于个别的状况,而且易于加入判断者个人的主观因素。因此,在实施英国法与大陆法的国家之间就存在不同,前者在国内法律制度中一般会基于公平原则进行裁判,而后者则对于基于所谓公平及善良原则进行裁判持消极态度。比如,在《国际法院规约》中就规定,基于公平及善良的裁判必须要取得当事者的同意。

但是实际上,国际法院在现行法规模糊不清的情况下,即使没有取得当事者的同意,也会根据公平原则进行裁判。例如,在"北海大陆架案"和 1974 年英国与冰岛之间的"渔业权管辖案"中,国际法院并没有明确说明公平的具体内容,但是认为当事者双方都有义务基于公平原则并通过谈判解决争端。在这种情况下的公平原则,其实比过去一般意义上的公平概念更为广泛,基本上已经等同于公平及善良。

目前,正如我们在《联合国海洋法公约》第 6 部分有关大陆架划界规定中所看到的那样,为了解决那些各种复杂原因导致的制度性问题,从一开始就将公平原则以内在性法律条文的形式规定了下来。然而,如果现行法律规定模糊,或者认为现行法律缺乏实效性和公平性,那么就如下所述,为了恢复其实效性和公平性而采取的国内措施等单方面措施也会基于外在性公平的标准而被认为是正当的。从这个意义上来说,公平概念就不仅仅是当现行规则模糊不清时进行解释的一种辅助性标准,甚至可以说具有作为制定新标准的法律渊源的意义。

## 5 国际法渊源理论的现代性课题

> 要点:(1) 应该如何定位条约与国际习惯在法律渊源之间的关系?(2) 如何定位单方面行为对法律形成所发挥的作用?(3) 不具有法律拘束力的外交文件对法律渊源而言具有什么意义?(4) 应该如何解释不符合国际法规的国际法秩序的碎片化?

随着国际法规范对象的扩大和国际法秩序性质的多样化,在法律渊源理论中也出现了一些新的课题,比如对条约的国际习惯化问题中所表现出的作为法律渊源的条约与国际习惯之间的关系需要重新认识,以及应该如何从法律渊源理论的角度确定国家单方面行为是否也具有一定的法律效果。

### 2.12 条约与国际习惯的关系

条约与国际习惯的关系,从法律渊源理论而言,具有两方面的问题。第一个问题是从效果上分别将条约确定为特殊法以及将国际习惯确定为普通法所产生的问题。另一个问题是以既有国际习惯为基础并采取以普通国际法法典化为目的的书面化条约的形式通过所产生的问题,以及同样以形成新的普通国际法秩序为目的所通过的条约首先须受到条约法法理约束所产生的问题。

**(1) 普通法与特殊法**。一般而言,同时作为法律渊源,国际习惯被认为属于普通法,而条约则属于特殊法,而且从效果上来说,特殊法适用破坏了普通法的原则。不过,截止到 20 世纪上半叶,并没有对所谓普通法和特殊法在法律渊源上作明确的区别,尤其是并没有将条约明确地区别为特殊法。立作太郎将国际法渊源区分为作为国际法基础的第一渊源和作为国际法规发生和具有效力形式的第二渊源,这里的第二渊源即指条约和国际习惯,第一渊源就是普通国际法,作为第二渊源的条约和国际习惯则是第一渊源的渊源,即被确定为普通国际法的渊源。如果按照这样的分类,国际习惯基本上就会被视为第二渊源,而条约则又可以区分为属于第二渊源的条约和不属于第二渊源的条约,后者就是那些在特定国家间所签订的带有契约性质的条约等特殊法。因此,多边性的带有立法性质的条约被确定为普通法,而并不是简单地认为普通法就是国际习惯,条约就是特殊法。

根据法律渊源明确区分普通法和特别法,开始于以严格的同意原则为基础的条约法理论具有影响力之后,比如《维也纳条约法公约》就基本上是建立在这一同意原则基础之上的。而在这一公约通过前后,签订的条约即使是带有立法性质的普通条约,也不会被视为普通国际法,而是被作为特殊国际法来看待。田畑茂二郎曾说:"自从进入 19 世纪以后,缔结了越来越多的所谓立法性条约,尤其最近,通过国际法委员会审议的所谓国际法典的编纂正在加快进行,在所有国际法中条约所占的比重正在大幅提高。不过,条约本来就是以国家间同意为前提形成的,而并不适用于没有同意的国家,所以任何条约都有其适用的范围,要形成适合于国际社会整体的条约其实并不容易。因此,能够适用于国际社会整体的普通国际法目前就只能是国际习惯了。"在这里,由于对同意原则定位的变化,在概念上就将普通法视为国际习惯,而将条约视为特殊法。

但是,目前已经不再将国际习惯和条约在概念上严格区分为普通法和特殊法了,而是将条约分成了三类,即习惯宣言条约、习惯结晶化条约和习惯创设条约,并以此来讨论条约与国际习惯的关系。这里的习惯宣言条约,即公开宣布既有习惯法规的条约;习惯结晶化条约,即通过该条约一些新的习惯法规更加明确的条约;习惯创设条约,即由于条约的通过而具有事后创设新习惯法规作用的条约。在这里,之所以要讨论作为法律渊源的条约和习惯二者之间的关系,是因为即使是条约的规则也已经被作为普通国际法规再次得到了承认。也就是说,作为适用于国际社会整体法规的普通国际法的概念,与习惯形成法律的过程无关,为了依据并非基于严格意义同意原则的法规的一般性适用条件进行裁判,即使在形式上是条约的规则,那么也有可能作为普通国际法来进行讨论。

**(2) 法典化条约、联合国立法性条约与国际习惯。**条约与国际习惯结合,尤其是条约与国际习惯概念结合的强化,其原因在于一些法典化条约和以渐进推进国际法编纂发展为目的的条约通过,这些条约或者是基于联合国国际法委员会的国际法法典化工作而提出的,或者是通过联合国大会提出的。

根据《联合国宪章》第13条的规定,联合国大会有权建议和提倡推动国际法的法典化和编纂。法典化的工作,首先要在联合国大会的组织下由国际法委员会进行起草的工作,在这里会就法典化的各项课题及其制度进行起草工作,比如外交关系制度、条约法制度、条约的国家继承制度、主权豁免制度、对人类和平与安全的犯罪以及国家责任制度等。当然,这些条约的最终通过,还需要联合国大会或在联合国主持下举行的国际会议。作为法典化的条约,已经生效的有《维也纳条约法公约》等若干条约,而且这些条约已经被确定为普通国际法规。同时,渐进推进国际法编纂发展的工作,也在联合国大会的组织下通过政府间谈判在进行。比如,经过第一次到第三次的联合国海洋法会议,在既有海洋法基础上最终通过了能够更为适应新国际环境的《联合国海洋法公约》,此外在联合国组织下还通过了两个《国际人权公约》,以及在一些新型问题领域还通过了《联合国气候变化框架公约》等有关环境保护的若干条约,《国际刑事法院规约》等关系到国际社会整体利益的条约。总之,在联合国的组织主持下,关系到国际社会整体问题的制度化建设正在稳步推进。

在国际法的法典化与渐进推进国际法编纂发展之间,存在一些概念的区别和通过程序的不同。有关二者在程序上的不同虽然并没有太多的争论,但是有关概念的问题,特别是有关法典化的概念,存在一些看法上的不同。一般而言,法典化的意义就在于将既有的习惯法规进一步明文化,但并不承认变更既有法规等包含新立法内容在内的成文化,但是渐进推进国际法的编纂发展,其定位本来就是为了创设新的国际法。不过,法典化是否可能在国际关系的变动中使既有的习惯法规完全的明文化,以及是否能够完全排除不断适应情况变化的法律变化,也会成为争论的焦点。我们来看看有关《国家责任条款草案》,实际上不可能将法典化的工作严格地限定在将既有法规的完全明文化,也就是说在进行法典化工作的时候很难避免包含有某些立法的内容。不过,即使存在这些问题,也并不能因此否定法典化与渐进推进国际法编纂发展之间的基本不同。

法典化条约及渐进推进国际法编纂发展的立法性条约,其目的都在于将国际社会关注的问题的制度化。不过,这些条约在通过之后仍然都会存在着一些共同的问题。尽管这些条约的目的都是使一般国际法规明文化和确立,但是为了能够作为条约获得通过,就必须要将其置于条约法制度的制约之下,对未批准该条约的国家则缺乏直接的拘束力。其结果是,为了能够使这些条约中的规则对包含那些非当事国在内的整个国际社会都具有拘束力,就必须再次提到国际习惯法规。在这个问题上主要引起争论的具有代表性的案例就是1969年的"北海大陆架案"。

在丹麦、荷兰与联邦德国之间围绕大陆架划界发生争端的该案中,双方主要争论的焦点在于1958年《大陆架公约》第6条确定的"中间线原则"是否属于国际习惯规则。最终的判决认为,"中间线原则"并非已经确立的国际习惯规则,不过丹麦与荷兰为了使其主张正当化,认为虽然"中间线原则"没有被承认为国际习惯规则,但是由于在《大陆架公约》中被采纳,所以已经具有了国际习惯法规的性质,或者说虽然在《大陆架公约》通过时这一规则还未被承认为国际习惯规则,但具有规则创设功能的"中间线原则"在后来的国家实践中也常常被视为国际习惯规则。因此,为了进一步分析条约与国际习惯之间的关系,后来又出现了一些新的分析概念,比如习惯法宣言条约、习惯法确立条约、习惯法创设条约等概念。

这三种分类的意义,就在于是对条约中的规则在被视为一般国际法规则的过程所进行的分类。不过,如果将条约按照特定的标准进行规定,那么当然就要按照这些特定标准对条约进行分类,但是这里的三种分类并非这种意义上的分类。也就是说，一项条约即使被明确宣布为国际习惯，也不会自然成为习惯法宣言条约，条约之所以被判断为习惯法宣言条约，是因为其通过过程可以被认为是满足了作为一般国际法的标准。因此，这样的分类有可能按照符合一般性的标准来进行。从这个意义上来说，对条约和国际习惯之间的关系进行分类，必须要明确构成分类前提的一般国际法的标准。

### 2.13 单方面行为与法律的形成

一项条约或国际习惯是在多个国家之间相互行为的基础上形成的。不过，对于这个问题，近来又出现了如何确定国家单方面行为所具有的法律效果的问题。当然，单方面行为本身具有法律效果并不是一个新的问题，在国际法中有关国家和政府的承认行为中，就存在按照现有制度程序所进行的单方面行为，而且也被赋予了法律效果。而这里所受到关注的新的单方面行为，并非现有制度程序之下所实施的单方面行为，而是在国际法律制度还不明确的情况下某一国采取单方面国内措施时，如何赋予其国际法上的效果，即单方面的国内措施如何形成国际法并发挥作用的问题。当然，这个意义上的单方面行为的法律效果，仍然存在两个方面的问题。其中一个是单方面行为对行为国所具有的法律效果，即在此情况下单方面行为是否能够拘束行为国家，同时其他国家能否要求行为国遵守该单方面行为的内容。另外一个问题是单方面行为对其他国家所具有的法律效果，即行为国是否能够基于单方面的措施要求限制其他国家的权利或者要求其他国家遵守义务。

首先，与第一个问题有关的是1974年国际法院对"核试验案"的判决。该案件原告澳大利亚的请求目标在于阻止法国在南太平洋进行的核试验，不过最终的判决认为，根据法国单方面的宣告，将终止在南太平洋地区大气层内的核试验，法国实际上已经承诺不再进行核试验，因此作为原告的请求目标实际上已经不再存在。对此次判决可以解释如下，即由单方面行为所公开发布的宣言，即使没有经过国际谈判的过程，其中有关接受拘束的承诺也具有拘束力。在这种情况下,就像该案中的法律行为符合纯粹的单方面性质一样,宣言的实施并不需要得到其他国家的同意或其后的接受和回应。进一步而言,不论是何种法律渊源,关于设定和履行法律义务的一个基本原则就是诚实守信的原则,通过单方面宣言接受国际义务的拘束就是基于这一原则,而有关国家则具有认知这一单方面宣言并对此给予信任和要求宣言国遵守其义务的权利。例如,如同该案判决所说,单方面宣言基于诚实守信原则对行为国具有拘束力,其他国家也具有要求行为国遵守其承诺的权利。

当然,对于该案的判决结果,也有一些批评的声音,比如单方面宣言在一般性地实施于国际社会时与有关国家之间缺乏承担义务的相互性,在这一点上宣言的效果难以针对特定国家,以及包括作为和不作为宣言在内的所有宣言是否具有拘束力并不明确,仅仅依靠抽象性的诚实守信原则是否就能够确立拘束力的基础,等等。因此,从承认单方面宣言具有积极意义的立场来看,也有必要就在赋予单方面宣言法律效果时作为条件的宣言发布国的意思表达、宣言条理、是否需要对宣言表示同意等等进行充分的讨论。此外,对于作为法律拘束力基础而援引的诚实守信原则,也不是一般抽象性地引用,而是要明确目标国家,确保拘束力,以保持法律的稳定性。

其次,与单方面行为的第二个问题有关的是1951年英国和挪威之间引起争议的"渔业案"。在本案中,双方争议的焦点在于,根据直线基线的划定方法,挪威在一般承认的领海范围之外划定其渔业区的敕令在国际法上是否有效力。最终的判决,否定了英国认为领海基线一般应该为低潮线和直线基线则仅仅适用于湾口在10海里以内海湾的主张,认为基线不应该明显脱离海岸一般方向的规则是一般规则,只要在该一般规则的范围之内就可以选择直线基线,而且认为挪威一贯采取直线基线,而直线基线方式早已得到以固有权利的历史性结果为基础的各国的接受,因此作为对抗英国的措施,承认单方面国内措施对其他国家具有拘束力。在这里,判决对于拘束力的承认,是就在一般原则框架内规则不明确时通过国内措施来确定规则,而并非针对脱离一般原则的规则。而且,在本案中,之所以给予单方面国内措施以拘束力,是因为这项规则得到了一般性的承认,而并非单方面措施当然地就应该具有拘束力。

目前,常常可以看到,通过国内法的形式设定范围更大的领海宽度、渔业区和专属经济区等水域,以至于在《联合国海洋法公约》之前就已经先行实现了立法化,从而以单方面国内措施改变了既有的普通国际法。因此,就出现了一种新的主张,认为某些国内措施也具有形成新的普通国际法的功能。也就是说,这一主张认为,随着国际关系的急剧变化,当普通国际法不能够满足需要时,某些改变现状的国内措施也具有针对其他国家既存要求的拘束力,当然这一拘束力要满足资源分配均衡以及平等性的标准。确实如此,在国际关系急剧变化的情况下,常常会有既有的普通性法规由于其公平性或其他理由而失去了其持续存在的价值的情形,因而需要新的普通性法规。在这种情况下,就会像专属经济区及领海宽度的扩大那样,国内措施对改变普通国际法规则起到了决定性的作用。

不过,上述关于国内措施在既有法规不充分情况下以及在符合公平性标准的前提下对形成普通国际法规则所发挥的作用,在有关法律渊源理论方面的论述还不充分。因此,有必要就单方面国内措施具有何种程度的拘束理由等制度固有的正当化基础进行探讨,比如既有普通性法规正当化的基础是什么,在新形势下既有普通性法规的问题在哪里,以及新的普通性法规的正当化基础应该是什么,等等。此外,从法律秩序理论来看,在普通性法规被确立之前,是否仅仅基于特定国家单方面措施就承认其权利要求,也是一个应该讨论的问题。在这一点上,要对单方面国内措施是否具有形成普通国际法的功能作出判断,就必须要特别设定该项措施在构成问题情况下国际法规则的普通化方向及其范围。

## 2.14 不具有法律拘束力的外交文书的意义

在外交行为中,常常会有政府首脑间的联合宣言或联合声明及联合公报等并没有采取条约形式的国际协议。这种形式的协议一般适用于先试图达成暂时性意见一致的情况,比如在首脑间达成一些原则宣言,具体问题的解决则必须依赖于事后的谈判交涉,或者为一些包含有新的无法预测因素在内的事态确定一般性的方针，具体的对应处理则希望通过时间来解决。

这种形式的国际协议，因为没有采取条约的形式，所以并不具有作为国际法的法律拘束力，也不属于国际法的法律渊源。不过，尽管这些协议文件并不具有法律拘束力，但在长期的外交过程中，这些文件仍然能够对外交当局者产生一定的约束，可以向对方国家要求遵守这些文件。反过来如果无视这些文件，除非遇到特殊情况，否则就会遭遇国际社会正当化的危机。从这个意义上来说，这些国际协议对达成协议的国家也具有外交上的约束力。当然，迄今为止的法律渊源理论只是以解决具体问题时能否作为权利义务的判断依据来作为标准进行论述，因此并不承认这些在形式上不太明确的协议为法律渊源。尽管如此，在实践中这种形式的文件被广泛使用，而且在外交上也常常需要在存在各种各样不确定因素的情况下必须解决问题，考虑到这些情况，仅仅将规范性问题限定在既有法律渊源理论内论述，就只能按照特定形式来论述规范性标准的存在，而要对复杂问题进行应对在形式上就显得过于薄弱。

实际上，不具有法律拘束力的外交文件的广泛使用，长期以及阶段性来看对国际法的形成是非常必要的，或者也可以说这一状况同时也说明法律渊源理论需要具备更加多样性的选择，以便能够及时应对各种问题并对作为法律渊源的标准作出合适的判断。

### 2.15　与国际法规相抵触的国际法秩序碎片化及其解释问题

作为与法律渊源理论有关的问题而受到新的关注的，是国际法秩序碎片化（fragmentation）的问题。这一问题，实际上又包含着两个方面的问题。第一个问题是处理和解决国际争端机构之间管辖权的竞争所造成的碎片化问题。比如在通过《联合国海洋法公约》的同时又设立了处理有关适用解释该公约争端的国际海洋法法庭，WTO也规定了有关处理WTO协议争端的争端处理程序，在各个不同的公约或协议中都规定了各自特有的争端处理程序，其结果当然各个争端处理机构都会基于管辖权对公约或协议的适用进行解释。这样一来，对同一类问题甚至对同一个案例,都会作出不同的判断,从而产生了碎片化的问题。这一碎片化的主要问题,是关于对同一类问题或同一个案例中法律的适用进行解释时哪一个争端解决机构在管辖权方面具有优先权。例如,前南斯拉夫国际刑事法庭(ICTY)在处理"塔蒂奇案"时,认为国际法院(ICJ)在"尼加拉瓜案"中对国家责任的解释是错误的,即表明在不同的案例中对于同一个规则的解释是相互对立的。还可以举出各种不同判断之间的争论,比如英国核处理工厂运转的违法性及在英国与爱尔兰之间引起争端的"MOX工厂案",对于该案就存在《东北大西洋海洋环境保护公约》(OSPAR公约)仲裁法院、《联合国海洋法公约》仲裁法庭、国际海洋法法庭、欧盟法院等四个机构的不同判断。

另外一个问题,是国际环境保护、国际人权保护、国际人道法及国际通商制度等各不相同的国际法制度所制定的法律规范在运用到具体问题时相互抵触所造成的碎片化问题。也就是说,当各种制度在具体适用过程中与其他制度的规则发生抵触时,一般并不会去解决这些规则之间的相互抵触问题,而是会优先适用某一特定制度的规则,这样就会损害其他制度规则适用的整体性,或者由于并无明确规定各制度间适用的优先权,也会损害国际法作为一个整体其适用的整体性,从而出现碎片化的问题。这种不同制度之间在规则适用上的抵触,导致目的不同的制度都会把重点放在达到其目的之上,在形成的过程中很难去相互调整其规则。而且,这种法律规则的抵触是司空见惯的。例如,欧洲人权法院针对瑞士对《欧洲人权公约》所作的保留,排除了《维也纳条约法公约》中承认的有关保留的一般性原则的适用;围绕国际通商预防原则的适用问题,美国和欧盟之间出现的"牛肉荷尔蒙案"纠纷中,WTO上级委员会将环境保护制度与WTO规则之间相同原则的地位进行了区别对待,认为预防原则并非一般国际法规则,因此并不适用WTO的制度。

这两个方面的碎片化的问题,从理论上来说,不论是处理和解决国际争端机构之间管辖权的竞争还是不同规则间的相互抵触,只要在国际法律制度规范间存在着类似于国内宪法秩序那样的秩序,或者争端解决机构的权限存在垂直排序的情况下,这些问题都有可能得到解决。不过,考虑到当前国际争端处理制度下国际法院的管辖权作为原则也比较随意,所以不可能通过作为实际问题基于争端处理机构垂直性序列的管辖权的来统一得到解决。因此,在目前的情况下,大部分有关解决碎片化问题的议论,不论在理论上还是实际中,其重点都在于如何解决规范之间相互抵触的问题。

首先,就如何解决规范间发生抵触而产生的碎片化问题,大体上可以分为以下两种观点。其中一种观点,就如同国际法委员会(ILC)的碎片化问题研究小组在其报告书中所表示的那样,主张按照《维也纳条约法公约》所确定的有关条约适用优先次序的规定来决定相互抵触时的适用次序。根据这一观点,条约的效力以及条约的关系,是《维也纳条约法公约》所规定的问题,在此认识的基础之上,将这一问题分类为下列四种关系:① 一般法与特别法;② 前法与后法;③ 与强行法有关的层次性相关法律;④ 与适用《维也纳条约法公约》第31条第3款c项规定的条约解释方法的规范性环境相关的法律。并且,又进一步将其结果区分为优先、无效和统一性解释来加以论述。其中,环境保护制度与通商制度的抵触、人权保护与环境保护制度的抵触等不同制度在适用过程中发生抵触时,为了有效地解决这些矛盾,各自不同的条约争端处理机构在适用条约时与其他条约规则若发生相互抵触,则要采取一种统一性的解释方法,即在考虑其他条约规则目的的同时对自己的条约规则进行适用解释。

另外一种观点是一种立宪主义的观点,即以国际法秩序中具有宪法性功能的一些原则为基础,重新将国际法秩序作为层次性法律秩序确立,以此来解决规则相互抵触的问题。

不过,这些理论观点对于解决国际法秩序碎片化问题是否实际有效,其实也是存在疑问的。对于试图以条约法公约的规定来解决法律规范抵触带来的碎片化问题,因为《条约法公约》只是以条约效力和条约签订等为主要内容的一种制度,因此它并不适合承担维护国际社会共同利益以及解决具有普遍国际法地位的各种制度之间相互抵触的任务。在通过统一性的解释解决这些相互抵触的情形下,为了避免出现对同类问题不同争端处理机构作出不一致解释的结果,就必须提出与条约间效力关系有所不同的公共秩序论。此外,关于试图通过引入宪法论观点形成层次性法律秩序的观点，因为要以国际法的宪法性原则为基础来整合性地解决维护国际社会共同利益各项制度间相互抵触的问题，如果考虑到具有宪法性作用原则的限制，其实解决起来是非常困难的。因此，对于规范抵触所导致的国际法秩序的碎片化问题，为了能够在统一性解释的基础之上解决，就必须从理论上弄清楚维护国际共同利益的各项制度是基于何种规范性的正当化依据之上的，在此基础之上再定位各项制度之间的关系，以及进一步将各项制度统一整合作为构成国际法秩序的制度加以确定。当然，这个问题也是一个需要进一步深入讨论的问题。

当然，在实际的条约中，为了解决这些规范相互抵触的问题，也可以采取一些简便的方法来处理。其中一个方法就是，对于那些有可能出现抵触的条约，预先在签署条约时通过确定有关抵触条款的内容来确定条约的适用关系。不过，这一方法可能只对那些规范相似问题的条约会有效，比如《公海公约》《大陆架公约》和《联合国海洋法公约》等条约，很难运用于维护国际共同利益的全部条约。另一个方法，例如在有关环境保护的各项条约的履行过程中所看到的那样，对于在制度履行过程中所产生措施抵触，在缔约国会议等有关条约机构之间通过调整其措施的履行来解决。不过，这一方法也只是在制度履行抵触发生在个别性利害关系抵触的范围之内才是有效的，如果抵触涉及原则性的问题而必须进行调整时，就必须要在国际法秩序的整体框架内来进行，从这个意义上来说，解决规范相互抵触的问题，与国际法秩序的形成有着极大的关系。

## 参考文献

中村耕一郎『国際「合意」論序説』(東信堂，2002年)

村瀬信也『国際立法』(東信堂，2002年)

奥脇直也「国連法体系における国際立法の存在基盤」大沼保昭編『国際法，国際連合と日本』(弘文堂，1987年)所収

小森光夫「国際連合における規則作成と一般国際法の形成への影響」国際法外交雑誌94巻5・6号(1996年)

小森光夫「解釈の構成問題としての国際法規の一般的妥当」北大法学論集56巻3号(2005年)

小森光夫「国際法秩序の断片化問題と統合への理論課題」世界法年報 28 号(2009 年)

竹内真理「国際法における一方的行為の法的評価の再検討(一)(二)」法学論叢 150 巻 6 号(2002 年),151 巻 4 号(2002 年)

藤田久一「現代国際法の法源」長尾龍一他編『現代法哲学』3(1983 年)

Clark, Ian, *International Legitimacy and World Society* (Oxford University Press, 2007)

Lepard, Brian D., *Customary International Law* (Cambridge University Press, 2010)

Schachter, Oscar, *International Law in Theory and Practice* (Dordrecht, Nijhoff, 1991)

Thirlway, H. W. A., *International Customary Law and Codification* (Sijthoff, 1972)

Villiger, Mark, E., *Customary International Law and Treaties* (Nijhoff, 1985)

# 第 3 章　条约法

## 1　条约法的概念

要点:(1) 什么是条约法? (2) 关于条约法的《维也纳条约法公约》意义何在?

有关条约的缔结以及生效、解释、效力、终止等国际法规则被统称为条约法。条约法最早是以国际习惯的形式存在着的。除了在 19 世纪下半叶费尔兹和布隆奇利等国际法学者以个人的力量编纂的部分法典可被称为条约法之外,其实并没有任何试图将其体系化的尝试。

### 3.1　条约法的法典化

条约法的法典化,是进入 20 世纪之后才开始的。这方面的例子,有 1928 年第六次美洲国际会议上通过的《哈瓦那条约法公约》和 1935 年由哈佛法学派所起草的《哈佛条约法公约草案》。前者作为一项地区性特别条约曾实际生效,后者虽然因为是由民间学术团体起草而并不能被称为条约,但由于其具有较高的权威性所以直至今日仍然被不断地参考使用。

国际法委员会从一开始就将条约法的法典化设定为一项优先课题,并在 1966 年完成了最终的条文草案。以此为蓝本,1968 年及 1969 年联合国在维也纳主持召开的条约法会议上通过该草案,并正式签订了《维也纳条约法公约》。

《维也纳条约法公约》是关于条约的条约(treaty on treaty),即具有所谓"元规则"的性质,因此这些规则在总体上应该采取何种形式并非十分明确。在国际法委员会,其实也存在着争论,即这些规则究竟是应该采取条约的形式还是应该采取以说明条约法为目的的法典(expository code)的形式。持后一种立场的,有作为从事条约法公约法典化第三位特别报告人的费茨莫里斯,他认为因为条约法是有关条约的规则,所以应该具有不同于条约的其他基础,大部分条约法规则也不一定适合采取条约的形式。不过,费茨莫里斯在被选为国际法院的法官并离开国际法委员会之后,放弃了这一立场。并且,在强调下列理由的基础之上将条约法公约采取了条约的形式:① 如果采取非条约形式,那么无论如何巧妙地将其格式化,其都很难具有类似于条约的实效性;② 最重要的考虑是,采取条约形式可以为第三世界各国直接参与构建国际法提供机会。

### 3.2 条约法公约的范围与意义

条约法公约第 2 条第 1 款 a 项对条约的定义是:国家间所缔结而以国际法为准之国际书面协定。因此,国家与国际组织以及国际组织间缔结的条约,或者不是以书面形式达成的国际协议,并非条约法公约所约束的对象。

此外,条约法公约第 73 条规定将国家继承、国家责任以及战争爆发对条约所造成的影响等问题排除在外。前二者被排除在讨论之外,是因为在通过条约法公约时这两个问题已经开始作为个别法典化的课题在进行讨论;后者关于战争爆发对条约所造成的影响问题,则是因为这个问题涉及正在讨论的《联合国宪章》规定行使武力的效果问题,因此认为不应该将其纳入公约框架内来讨论。当然,直到 2004 年,国际法委员会仍然提出了法典化课题"武力冲突对条约的影响"并进行了审议。甚至,公约第 4 条规定条约法公约原则上不溯及以往,所制定的大部分规则也具有任意性规则的性质。因此,公约为每一个条约当事国都保留了相当宽泛的自由裁量权。

简单来看,似乎会认为条约法公约的适用范围受到了相当的限制,不过公约作为有关条约的普通国际法内容,在今天已经确定无疑地占据了最重要的位置。公约的规定不仅具有既有国际习惯的宣言性的性质,而且具有促使国际法渐进式发展的性质,因为国际习惯独立于公约而适用已经得到明确承认,国际法的渐进式发展也对个别国家的实践产生了很多影响,而且二者都对法律的进一步合理化产生了作用。在条约法公约的规定中,有很多可适用于《关于国家在条约方面的继承的维也纳公约》和规范国家与国际组织以及国际组织间相互缔结条约的《关于国家和国际组织间或国际组织相互间条约法的维也纳公约》的内容,由此可见其重要性已得到承认。因此,下面将主要以《维也纳条约法公约》为中心来说明。

## 2 缔结条约的程序

要点:(1) 如何表明同意接受条约的拘束? (2) 为何条约要经过国会承认? 在日本,什么样的条约被包括在需要得到国会承认的条约范围内?

条约法公约第 2 部分是关于"条约的缔结及生效"问题。这一部分的规定虽然作了部分的改进,但大体上仍然是按照习惯规则制定的,即考虑了对象问题的广泛性和重要性,再次提出了有关保留一节。

### 3.3 缔结条约的程序

**(1) 条约的缔结能力与条约的缔结权人。** 为了有效地缔结条约,首先,国家必须具有缔结条约的能力。条约法公约第 6 条虽然规定了国家的缔结条约能力,但与其说是规定了国家的权利,其实还不如说只是下了一个定义。在草案第 5 条第 2 款中曾规定,该草案在得到联邦宪法承认的情况下,该联邦构成成员即具有缔结条约的能力。不过,当时正值加拿大魁北克省与法国签订协议而遭到加拿大政府的不满,因此加拿大在会议上对这一提案内容提出反对,结果删去了第 2 款,最终形成了现行公约所确定的内容。当然,这一结果一般并不会被视为否定联邦国家的条约缔结能力。

在缔结条约的最初阶段,必须确定进行缔结条约谈判的国家代表的权限。通常情况下,通过全权委任证书(full powers)来对这些谈判代表作为缔结条约的国家代表的身份进行确认。全权委任证书曾经具有非常重要的意义。使节可以在被赋予权限的范围内行动,等于是被赋予了拘束主权者的权限。不过,全权委任证书的重要性在后来逐渐降低,其原因在于绝对王权本身的衰落以及通信交通手段的飞速发展,谈判者很容易确认自己的权限,而且国家间也频繁地通过各种简单的形式来签订各种协议。

以这种倾向为背景,条约法公约对于全权委任证书作了较为软性的规定,即按照公约第 7 条第 1 款的原则规定,国家间不必提交全权委任证书也可以签订现代意义上的协议。此外,公约第 7 条第 2 款采用已经确立的国际习惯,即在职务上如国家元首、政府首脑以及外交部部长不必提交全权委任证书,外交使团团长以及派遣到国际会议、国际组织及其内部机构的国家代表也具有代表本国的权限。当然,根据公约第 7 条第 2 款的其他规定,这一权限仅仅被限定于所谓"条约文本的通过"。此外,公约第 8 条还规定,即使不具有这一权限的人实施了有关缔结条约的行为,但只要得到该行为人所属国家的事后承认,该行为人的行为同样被视为有效。

**(2) 条约文本的通过与确定**。按照传统的做法,经过谈判所达成的条约文本须经所有有关国家同意后才能够获得通过。即使在今天,双边条约或缔约国数量有限的条约,仍然适用这一原则,条约法公约第 9 条第 1 款也对此进行确认。不过,在由众多国家参加的国际会议上,这一古典式的传统规则却不具有现实性,因此公约在第 9 条第 2 款又规定,条约文本可由出席会议及参加表决国家的三分之二多数通过。这一规定就是一个国际法渐进发展的事例。

在国际法委员会及条约法会议上集中讨论的问题,其实并非上述问题,而是有关第 9 条第 2 款的限制性内容,即在采用不同规则通过条约时是否同样要求三分之二的多数。在联合国,这一程序性规则的变更是按照纯粹的多数决的原则来进行,因此问题更趋复杂。最终,围绕这一草案中表述的"参加会议国家"的三分之二,经妥协被修改为"出席及参加表决的国家",即弃权和缺席的国家都不被包括在内。

在条约文本被通过之后,还需要对此进行所谓"真正且最终的"条约文本确定(authentification)。根据条约法公约第10条的规定,在没有特别协议的情况下,这一确认可以通过全权代表的签字(signature)、要求追加的签字(signature ad referendum)或临时性草签(initialing)来进行。

**(3) 关于受条约拘束的同意性声明**。国家可以通过各种各样的形式来表明同意接受条约的拘束。条约法公约第11条具体列举了这些方法,第12条以下则设计了一些详细的规定。在最初国际法委员会的草案中,并没有第11条的内容,但在条约法会议上以反映最近多样性国家习惯的形式得到补充。也就是说,在传统上,国家一般通过批准条约来表明同意接受条约的拘束,条约则一般在各签字国交换或交存批准书之后生效,如公约第14条和第16条所表明的那样。不过,如果根据公约第12条签署生效条约的规定,在目前以行政性与技术性权力为中心的情形下,签署即可表明国家同意接受条约的拘束。此外,根据公约第13条有关交换公文或文件的规定,以交换构成条约的文件,也可以表明同样的意思。虽然这些条约总体上可以被称为"简略形式的条约",不过条约法公约的规定就是为了应对这种形式的协议的增多而设置的。公约第14条第2款是第二次世界大战后发展来的一种方式,即接受或承认条约。这里所谓的接受或承认,虽然实质上等同于国际法上的批准,但也可以说是国家基于国内法上的要求所发展而来的一种制度。此外,对于那些未参加条约谈判或未进行签署的国家,其后以表明同意的方法加入条约,公约第15条也作了规定。

除此之外,公约第18条还规定了各种义务,即当国家通过批准、接受或承认签署条约或交换构成条约的文件时,从此时开始到明确表明不愿意成为条约当事国的这段时间,或者在表明同意接受条约拘束的情况下,从表明同意之时到该条约生效的期间,要尽量避免从事那些足以损害条约宗旨及目的的行为。条约法公约草案的第 15 条还规定,国家从为了缔结条约同意开始进行谈判时起就负有义务,即应避免从事具有妨碍条约宗旨倾向的行为。不过,由于这一义务超越了现行法的内容,所以在条约法会议上遭到众多批评,最终被修改为目前的内容。

### 3.4 国会对条约的承认

**(1) 外交的民主性统制**。条约的缔结权过去一直是属于政府的专有权力,但美国在宪法第 2 条第 2 节第 2 款规定缔结条约"须由参议院出席议员三分之二的赞同"之后,众多具有民主体制的国家也逐渐承认了国会参与缔结条约这一方式。其结果是有关缔结条约的批准所具有的意义发生了根本变化。在过去,批准的权限被认为属于进行缔结条约谈判的君主使节,因此这一权限只是一种受到限制的形式上的手段,即并非为了对条约给予承认的行为,而只是对参加缔约谈判的使节有无进行谈判权限的一种确认手段。因此,如果没有任何形式上的不完备情况,作为君主的一方就具有批准的义务。但是在今天,对条约的批准已经成为国会对政府的条约缔结权进行控制的一种手段。在所谓"外交的民主性统制"手段中,作为一种最为重要的制度性保障,批准的作用发生了巨大变化。

当然,对条约进行审查需要花费一定的时间,因此如果国家缔结的所有条约都要经过国会批准承认,那么就有可能难以迅速应对正在变化的国际形势。而且,国会的能力也是有限的,要对所有的条约进行审议和批准承认实际上是一件非常困难的事情。因此,实际上很多政府就会更多地基于自己的权限缔结那些不需要得到国会批准承认的行政协议。例如,美国政府就常常缔结那些被称为"executive agreements"或"administrative agreements"的协议。在日本,政府也基于《宪法》第 73 条第 2 款所规定的内阁处理外交关系的权限,缔结了很多行政协定。

**(2) 日本"国会承认条约"的范围**。那么,什么样的条约必须得到国会的批准承认,什么样的协定只需要基于政府权限就可以缔结呢? 换言之,应该如何理解宪法第 73 条第 3 款规定的根据"事前或根据情况事后"必须经过国会批准承认的"条约"呢?

有关这个问题,在 1973 年第 71 次国会上审议《日美原子能协定修正议定书》时,围绕如何对待交换公文问题的审议出现纷争,以此为契机,在第二年的众议院外交委员会上,通过当时的大平外务大臣的答辩,这个问题得以被统一确定。也就是说,在日本,以下三类条约必须经过国会的批准承认。第一,有关法律事项的国际约定,这类国际约定就是具有宪法第 41 条所规定的与有关国会立法权有关内容的条约;第二,有关财政事项的国际约定,比如第二次世界大战后日本与东南亚各国之间签订的赔偿协定以及经济合作协定,这类协定属于按照宪法第 85 条所规定的国费支出须基于国会决议的规定而签署的协议;第三,在政治上重要的国际约定,即具有法律上规定国家间基本关系重要意义的国际约定,以及为了使其生效而必须批准的国际约定,比如《日韩基本关系条约》和《日苏共同宣言》等。

以上的统一做法,虽然沿用了既有的宪法解释,但是还是第一次如此明确地对这一问题进行了说明。当然,围绕其中的第三类国际条约,也存在一些批评的声音,即是否将批准作为生效的必要条件取决于国家的意志,因此以此作为应该由国会承认的条约的标准是不合适的。

此外,日本宪法还规定,在国会就条约的承认进行讨论时,如果众议院与参议院作出不同决议,那么要召开两院协议会进行意见调整,如果调整不成,那么众议院的决议应该具有优先地位。之所以如此规定,是因为按照日本宪法,日本国会采用两院制,而且承认众议院决定的优先地位。另外,在有关条约承认的法律决议问题上采用更易于通过的预算决议程序,也是基于一种考虑,即条约在经过与对象国谈判后尽管还有完善的余地但其内容已经确定,从尊重国际关系的角度出发,以众议院的决议为准也是为了尽快完成条约的缔结。

不过,在日本宪法之下,过去并没有基于这一程序对条约进行的承认,直到 2008 年 4 月对关于日本方面负担驻日美军驻扎经费的新特别协定予以承认,才出现了按照宪法规定众议院决议应该优先的最初案例。也就是说,这一特别协定在众议院获得通过,但是在参议院遭到否决,虽然两院召开协议会进行协调,但并没有成功,于是由当时的众议院议长河野洋平宣布众议院的决议应该处于优先地位,特别协定得以被批准承认。这一事例,也反映了最近日本国内政治状况的变化。

### 3.5　条约的生效与登记

**(1) 条约的生效**。根据条约法公约第 24 条第 1 款和第 2 款的规定,在条约本身没有特别规定的前提下,条约的效力产生于确定同意接受条约拘束之时。关于同意可以采取的具体方式,已经被规定在了公约的第 11 条中。不过,有关条约文本的确定和国家确定同意接受条约拘束以及条约生效方式等规则,从逻辑上而言,在条约本身生效之前就已经开始有效了。因此,公约第 24 条第 4 款规定,上述这些事项从条约文本通过之时就开始适用。不过,这一内容在草案中并没有,是在条约法会议上被增添的。

**(2) 条约的登记**。条约法公约第 80 条第 1 款规定,已经生效的条约须送交联合国秘书处进行登记或记录及公布。根据《联合国宪章》第 102 条第 1 款规定,在秘书处登记的条约,会在联合国的条约集中发布。这一制度是在继承《国际联盟盟约》第 18 条的基础之上形成的。不过,由于《国际联盟盟约》规定条约送交国联秘书处进行登记对成员国而言是条约生效的必要条件,因此对于那些国联成员国与非成员国之间缔结的条约来说,就会成为问题,即如果是没有登记的条约,即使对于国联的非成员国而言已经是生效的条约,也有可能被国联成员国担心和理解为没有效力。因此,《联合国宪章》第 102 条第 2 款规定,未登记的条约不得在联合国机构中被援引。不过,为了避免公布后的制约以及各种麻烦,眼下仍然有相当多的条约并不进行登记,只不过很多国家都采取尽可能缩小条约概念范围的做法,通过签订各种协议的方法规避条约登记。

## 3 条约的保留

要点:(1) 判断允许保留的标准是如何变化的? (2) 条约法公约中的保留制度具有什么样的结构? (3) 保留与解释性声明有何不同?

国家在缔结条约的时候,常常会有一种情况,即虽然对条约整体的宗旨和目的表示赞同,但其中的部分规定对于本国并不合适而难以接受。在这种情况下,从法律上考虑排除或变更条约这一部分规定对本国的适用,这一法律过程就是条约的保留。

从19世纪下半叶开始,保留就已经出现。在于1899年和1907年两次召开的海牙国际和平会议上,通过了一系列条约,对这些条约的保留,合计就有73项之多。也就是说,伴随着多边条约的增加,保留也变得越来越普遍。当然在国际实践中,双边条约也有保留的事例,比如对于1953年的《日美通商航海条约》,当日本国会正在对此进行审议时,美国政府基于其参议院的决议,附加了保留条件。不过,双边条约中的保留,实际上是缔约的一方为了对条约进行修改向缔约的另一方所提出的谈判提案,因此并无讨论的必要。条约法公约对保留的规定,也是以多边条约为前提来设计的。

### 3.6 条约法公约中有关保留的定义

《维也纳条约法公约》第2条第1款对保留的定义为:在条约特定规定对本国的适用上,"一国于签署、批准、接受、赞同或加入条约时所做之片面声明,不论措辞或名称如何,其目的在摒除或更改条约中若干规定对该国适用时之法律效果"。

关于这一定义,需要注意下面的三点。第一,保留是国家单方面的声明,即具有单方面的性质。当然,为了使保留具有效果,就必须被其他缔约国通过明示或暗示的方式予以接受。第二,保留与实际使用的语言或名称无关。也就是说,国家在缔结条约时,一般会发表声明表示对有关特定事项及其规定的了解,其中既有明确表明其立场的内容,也可能会有试图采取保留立场的内容。在过去,这样综合性的声明都可以被称为保留,但是条约法公约将保留视为关系到条约规定法律效果如何的问题,并且将其区别于单纯提供解释的"解释性声明"。关于这一问题,将在后文叙述。第三,保留不仅仅用于"摒除"条约规定的法律效果,还包含用于"改变"条约规定的法律效果的作用。所谓"改变"是考虑到声明条约规定义务的扩大而加入的,不过保留的本质在于对基于条约义务的限制,因此这里的所谓改变其实并非真正意义上的保留。

### 3.7 保留的允许性判断标准的变迁

由于有保留,所以国家更容易成为条约的当事国。特别是那些带有所谓立法性质的公约,有众多国家成为当事国就显得更加重要,即符合了普遍性的要求。不过,如果使用过多的保留,就会导致每一个当事国在条约义务上的不同,因此又会出现要求在条约义务上尽可能取得一致的愿望,即要符合一致性的要求。因此,就需要明确哪些保留是被允许的,以及哪些保留是不被允许的。有关保留的讨论,就是围绕这一允许的标准来展开的。

**(1) 战前的代表性方式**

(a) 国际联盟习惯方式。在第一次世界大战之前,要想获得对条约的保留,就必须通过谈判来得到全体缔约国对这一保留的接受。但是,在国际联盟建立之后,伴随着条约形成方式的变化,允许保留的问题就不再成为问题了。也就是说,从1925年奥地利想要附带保留条件加入第二次《国际鸦片公约》时起,就出现了一个具体的问题,即没有参加为通过条约而举行的外交会议的国家能否之后在单方面附带保留条件的情况下加入该公约。对此,1927年国际联盟理事会通过决议,认为允许保留必须得到条约全体缔约国的同意。这一规定的方式被称为"国际联盟习惯方式"或者"全体当事国一致原则",应该说也是当时外交会议通过全体一致进行决策的一种逻辑性结果。

(b) 泛美机构方式。不过,即使在当时,所谓国际联盟习惯方式也并非具有普遍性,在一些地区内仍然存在例外。其代表性的例子,就是所谓"泛美机构方式"。这一方式是,当某一缔约国在缔结多边条约并要求保留的情况下,就需要与接受这一保留的缔约国之间建立带有保留条件的条约关系,而与其他对此保留提出异议的缔约国之间则条约关系不予成立,只有在不持保留的缔约国之间才能够建立没有保留的条约关系。这一方式在1932年通过的全美理事会决议中被固定了下来,而且这一方式不同于国际联盟习惯方式,其做法具有伸缩性,所以也被认为是一种适合"契约性条约"的制度。不过,这一方式也受到一些批评,认为导致了缔约国之间法律关系的复杂化,其实是将多边条约分解成了若干的双边条约。

**(2)"《防止及惩治种族灭绝罪公约》保留事件"带来的"并立性原则"的固定化**

联合国成立之初,对保留问题仍然依照国际联盟习惯方式进行处理,但是对于1948年通过的《防止及惩治种族灭绝罪公约》,以苏联为首的东欧八个国家主要依据规定国际法院管辖权的第9条,共提出了合计18项保留条件。对此,当然有一部分国家提出了异议,因此就出现了一个问题,即该公约第13条规定的生效所需要的20个国家中是否应该包括这些交存带有保留条件批准书或加入书的国家。因此,联合国大会请求国际法院对此作出法律咨询意见,这就是所谓的"《防止及惩治种族灭绝罪公约》保留事件"。这一事件,对于条约法公约保留制度的形成,发挥了决定性的作用。

国际法院认为,尽管有部分国家对保留制度提出了异议,但是只要保留与条约的宗旨目的不相违背,保留国就仍然可以被视为《防止及惩治种族灭绝罪公约》的当事国。正如国际法院咨询意见以7∶5的微小差距通过的多数意见所显示的那样,咨询意见中提出的"并立性原则"在当时并无任何先例,也并没有基于各个国家的实践,甚至国际法委员会当初对此也持批评态度。不过,为条约法公约提供最初草案的沃尔多克就任第四任的特别报告者之后,国际法委员会的立场发生了根本变化。

沃尔多克之所以提出如此带有伸缩性的提案,主要基于以下理由:① 1951年国际法委员会所展示的确认国际联盟习惯方式的报告书并未被联合国大会善意地接受;② 随着国际社会的快速扩展,国际联盟习惯方式已经不能适应这一变化,其实行的难度越来越大;③ 1952年之后实际上具有伸缩性的保留制度已经越来越普遍化;④ 即使采用具有伸缩性的保留制度,也不会在保留国与对保留提出异议的国家之间建立起条约关系,保留国对接受该保留的国家援引本国提出保留的条约规定时,基于相互主义的原则,每一当事国的利益都可以得到保护;⑤ 伸缩性的制度虽然确实会增加保留条件的提出,但不应该过分夸大保留对条约一体性的影响。

### 3.8 条约法公约的保留制度

条约法公约第19条规定:"一国得于签署、批准、接受、赞同或加入条约时,提具保留,但有下列情形之一者不在此限:(a) 该项保留为条约所禁止者;(b) 条约仅准许特定之保留而有关之保留不在其内者;或(c) 凡不属(a)及(b)两款所称之情形,该项保留与条约目的及宗旨不合者。"也就是说,在这里其实承认了"并立性原则"。

关于接受保留以及对保留提出异议,公约第20条第1款规定:"凡为条约明示准许之保留,无须其他缔约国事后予以接受,但条约规定须如此办理者,不在此限。"以及第20条第2款规定:"倘若谈判国之有限数目及条约之目的与宗旨明确为全体当事国间适用全部条约是每一当事国同意接受条约拘束之必要条件时,保留须经全体当事国接受。"作为这方面例子的条约,可以举出有关经济合作或建设水电大坝等一些少数国家间确定紧密合作关系的条约。根据公约第20条第3款的规定:"如条约为国际机构之组织约章,除条约另有规定外,保留须经该机构主管机关接受。"也就是说,条约法公约虽然在第5条中一般性地规定"本公约适用于为一国际组织组织约章之任何条约及在一国际组织内议定之任何条约",但为了使有关组织约章的保留问题更加明确化,特意作出了上述规定。

根据公约第 20 条第 4 款的规定:"凡不属以上各项所称之情形,除条约另有规定外……一俟至少有另一缔约国接受保留,即发生效力。"在其他缔约国对保留提出异议的情况下,"保留经另一缔约国反对,则条约在反对国与保留国间并不因此而不生效力,但反对国确切表示相反之意思者不在此限"。此外,根据公约第 20 条第 5 款规定:"除条约另有规定外,倘一国在接获关于保留之通知后十二个月期间届满时或至其表示同意承受条约拘束之日为止,两者中以较后之日期为准,迄未对保留提出反对,此项保留即视为业经该国接受。"

关于保留的成立,按照公约第 21 条第 1 款规定,"对保留国而言,其与该另一当事国之关系上照保留之范围修改保留所关涉之条约规定",不过该条第 2 款同时规定,"此项保留在条约全体当事国相互间不修改条约之规定",以及该条第 3 款也规定,"倘反对保留之国家未反对条约在其本国与保留国间生效,此项保留所关涉之规定在保留之范围内于该两国间不适用之"。因此,采取排除条约规定法律效果这种形式的保留,实质上就是对保留的接受。

按照上述条约法公约中所规定的保留制度,即使有其他缔约国对保留提出异议,在没有特别表明反对的情形下,并不妨碍彼此条约关系的建立。在这一点上,更类似于泛美机构方式,或者说是一种更加重视和确保条约普遍性的带有伸缩性的制度。其实,在草案阶段,这一规定与现在的规定完全不同,认为在其他缔约国对保留提出异议的情形下,除非有特别明确意思的表示,否则条约将不发生效力。但是,在条约法会议上,根据苏联提出的议案,修改成了现在我们所看到的样子。最终,在对保留接受的问题上,默示接受所发挥的作用极度扩大,在保留国与对保留存在异议的国家间继续维持条约关系也变得更加容易。

**补充引申:异议的效果**

为了能够使条约法公约的保留制度更加有效地发挥作用,也需要其他缔约国对保留能够提出适当的异议,不过从国家对保留提出异议的实践来看,有些异议已经超出了条约法公约的结构框架。也就是说,条约法公约规定所预想的,仅仅是两种情况,即公约第21条第3款规定,即使有缔约国对保留提出异议,也并不因此否定该国同保留国之间的条约关系,而是由两国在保留的限度内对有关保留的规定进行修改,以及公约第20条第4款中规定,对保留有异议则反对国与保留国之间的条约关系不能够成立。前者被国际法委员会称为"具最小效果的异议",后者则被称为"具最大效果的异议"。但是实际上,在对保留提出异议时,也常常在与保留国的关系中否定那些与保留无关的规定的效力,这种异议方式被称为"具中间效果的异议",或者认为保留无效但是仍然要求保留国维持该条约的缔约国地位,这种异议方式则被称为"具超级效果的异议"。国际法委员会在对"条约的保留"进行审议时,就有关这些习惯行为不断地寻求各国的看法。

有关保留的撤回以及对保留提出的异议的撤回,根据公约第22条的规定,除条约另有规定或另经协议外,可随时作出撤回决定。此外,根据公约第23条第1款规定,保留、明示接受保留及反对保留,均必须以书面提具并致送缔约国及有权成为条约当事国之其他国家。

**补充引申:围绕保留的"允许性学派"同"对抗性学派"之间的对立**

即使与条约的宗旨与目的不符的保留,但是被其他缔约国所接受,那么这一保留是否有效,这是作为条约法公约解释问题引起争论的一个难题。按照允许性学派(permissibility school)的观点,判断条约的宗旨及目的与保留的并立性问题,与其他缔约国对保留的接受并非同一个问题,即并立性的问题是一个先决性和法律性的问题,而其他缔约国对保留的接受却是一个政策性的问题,依据条约的宗旨及目的保留被允许之后,其他缔约国的接受才会成为一个问题。而按照对抗性学派(opposability school)的观点,通常情况下并不存在能够权威判断条约的宗旨及目的与保留之间并立性问题的机构,因此保留的有效性完全依靠其他缔约国的接受,其结果是即使保留并不符合条约的宗旨及目的,但只要被其他缔约国所接受,就是有效的。

这两个学派之间观点上产生对立的原因,不同于"《防止及惩治种族灭绝罪公约》保留事件",在条约法公约中特意要求表明保留要能够与条约的宗旨及目的同时并立,关于对保留提出的异议,则考虑到来自政策性观点的异议,略去了这一要件。也就是说，保留的允许性与接受保留的可能性相分离，所谓"能够与条约的宗旨及目的相互并立的保留必须被接受"的解释并不能成立。

### 3.9 保留与解释声明

当条约的规定及其语言允许作出多种解释的情况下，缔约国从各种解释中选取最符合本国的解释并作出特定的声明，即解释声明，或称"简单的解释声明"。虽然条约法公约中并无有关解释声明的定义，但这一概念与条约规定法律效果的排除或变更并无关系，因此与保留有所区别。例如，对于1958年《大陆架公约》第2条第4款所规定的"定着类之有生机体"，法国在发表一项这一概念并不包括虾和蟹类生物的解释声明后加入了该公约。之所以特意就虾和蟹类生物作出该解释声明，是因为虾和蟹类生物有可能用脚进行一定范围的移动，因此从该公约的起草阶段就对此有所议论。

不过，不同于上述的这种解释声明，也有很多采取特定解释作为加入条约条件的所谓"有条件的解释声明"，这类声明实质上就相当于保留。在条约法公约中，对保留的理解并不在意其名称如何，国家对此实际使用的名称或其表述各式各样。因此，在具体情形之下，判断某项国家声明究竟属于保留还是解释声明，其实是一个很困难的问题。在面对《联合国海洋法公约》那样禁止保留的条约时，国家往往就会采用解释声明的方式来表明自己的态度，不过问题在于这些解释声明中的很多内容实质上就类似于保留。

**当今世界：保留的允许性判断权**

依据条约法公约的制度，条约宗旨及目的与保留之间的并立性是由每一缔约国来判断的，因此缔约国作出的判断就有可能各不相同。为了进行更加客观的判断，在条约法会议上日本提出了一项修正案，即对于过半数缔约国反对的保留不予承认。不过，这一修正案以较大票差遭到否决。此外，还有一些类似于《消除一切形式种族歧视国际公约》的条约，规定三分之二多数缔约国所反对的保留不符合本公约的宗旨及目的，并被视为妨碍本公约设置的各机构活动的行为。不过,这类条约并不多见。

1994年,《公民权利和政治权利国际公约》委员会提出一般性意见,表明对于该公约保留的允许性判断权在于委员会。这一意见,是特别针对该公约以及人权公约的特殊性而提出的,即由于缔约国间相互性的缺乏而条约法公约所规定的保留制度很难发挥作用,以及存在着对《公民权利和政治权利国际公约》的实施进行监督的机构。不过,英国、美国和法国等国对此提出激烈的反对批评意见,认为即使人权公约具有不同于一般条约的性质,委员会也不具有《公民权利和政治权利国际公约》所没有规定的权限,即对保留的允许性判断权。

条约法公约对基于"并立性原则"所建立起来的保留制度给予了高度评价,当然,该公约有关规定也在若干问题上遗留了一些不明确的部分。面对这些问题,国际法委员会在1994年将"对条约的保留"增加为法典化的课题,并选举培雷为特别报告者。1997年,通过了初步结论(preliminary conclusion),其要点如下:① 条约法公约第19条至第23条应该是对条约保留制度的规范;② 在对保留的允许性进行判断时,其与条约宗旨及目的的并立性是最为重要的标准;③ 条约法公约的保留制度同样适用于包括人权公约在内的一些立法性条约;④ 当保留不被允许时,由保留国承担撤销或修改保留的责任;⑤ 在设立履行条约监督机构时,除去条约规定之外,该机构对保留的允许性仅仅具有评论及劝告的责任。1998年开始,国际法委员会促成关于条约保留指南以及注释的初步通过,截止到2009年已经有171个国家给予了承认。

## 4 条约的效力

要点:(1) 条约法公约对于给予第三国权利和规定其义务的条约确立了哪些不同的制度? (2) 什么是条约的无效原因? 这些原因所发挥的作用有何不同? (3) 战争的违法化对条约的无效原因造成了什么样的影响?

条约法公约第三部分的内容为"条约之遵守、适用及解释",第五部分的内容为"条约之失效、终止及停止施行"。其中,有关条约的解释,因为其具有应该单独探讨的内容,所以将在后面另辟一节加以论述。

### 3.10 条约的遵守及适用

**(1) 条约的遵守**。条约法公约第 26 条规定:"条约必须遵守,凡有效之条约对其各当事国有拘束力,必须由各该国善意履行。"该条规定将"条约必须遵守"(*pacta sunt servanda*)的法律原则固定了下来。其中"凡有效之条约"也包括公约第 25 条规定的暂时适用的条约。由于这一原则具有诚实履行条约的基本性质,所以国际法委员会对此进行研究,是应该将其放在现在的位置还是放在前言的位置。如果将该条放在前言部分,与其他具有引导性内容的规定并无什么关系,但是也必须强调这一原则的重要性。最后的结果,就同《联合国宪章》一样,在条约法公约的前言中特别着力提及了这一原则,条约法会议也接受了这一原则并将其写在了公约前言中。

此外,公约第 27 条规定,国家不得援引其国内法规定为理由而不履行条约。这一原则在国际常设法院"上萨瓦及节克斯自由区案"等国际判例中早已经确立。

**(2) 条约的适用**。条约通常不能溯及以往。条约法公约第 28 条对此有原则规定:"关于条约对一当事国生效之日以前所发生之任何行为或事实或已不存在之任何情势,条约之规定不对当事国发生拘束力。"不过,当事国间另有协议者除外。关于这个问题,第 28 条并没有使用通常的"除条约有特别规定外"的说法,而是使用了"除条约表示不同意思,或另经确定外"的表述,这并非针对每一项规定,主要目的在于从条约性质本身来思考条约的溯及效力问题。

此外,条约法公约第 29 条规定:"条约对每一当事国之拘束力及于其全部领土。"曾经,对领土有本土领土和殖民地之区别,很少有条约会有将殖民地排除在适用对象之外的所谓"殖民地条款"。目前,事实上已经不再存在殖民地,但在一些特殊经济关系事项方面,还是会将一些岛屿地区或距离本土较远的地区排除在条约的适用对象之外。第29条所使用的文字表述,同第28条一样,也比较具有伸缩性地反映了当事国的意图。

**(3) 关于同一事项先后所订条约的适用**。随着条约订立过程在功能和地域上的多元化,出现了一种新的情况,即关于同一事项有可能会先后签订若干条约。关于这一问题,条约法公约第30条规定:"关于同一事项先后所订条约之适用,以不违反联合国宪章第103条为限,就同一事项先后所订条约当事国之权利与义务应依下列各项确定之。""遇条约订明须不违反先订或后订条约或不得视为与先订或后订条约不合时,该先订或后订条约之规定应居优先。""遇先订条约全体当事国亦为后订条约当事国但不依第59条终止或停止施行先订条约时,先订条约仅于其规定与后订条约规定相合之范围内适用之。""遇后订条约之当事国不包括先订条约之全体当事国时:(a) 在同为两条约之当事国间,适用第三项之同一规则;(b) 在为两条约之当事国与仅为其中一条约之当事国间彼此之权利与义务依两国均为当事国之条约定之。"

不过,尽管公约第30条对这一问题已经作了明确的规定,但是仍然存在一些模糊之处。首先,是所谓"关于同一事项"这一用语的解释问题,即对这一用语存在着严格意义上和宽泛意义上的两种解释。如果从条约法公约的起草过程来看,一般认为比较侧重于严格意义上的解释,然而采取严格意义上的解释,规定所发挥的作用就会受到相当的限制,其结果是这一条内容所发挥的意义也不得不受到限制。其次,是应该基于什么标准来判断条约的所谓"前后"问题,一般认为这一时间不是以条约的生效日而是通过日来确定的,但是即使如此也存在问题,即应该如何判断同一天所通过条约的先后顺序。此外,如果两个条约之间是一种普通法与特别法的关系,那么就需要不同于该条内容的法律原则。

### 3.11 条约对第三国的效力

**(1) 条约效力的一般原则。** 条约法公约第 34 条规定:"条约非经第三国同意,不为该国创设义务或权利。"这一条内容即对所谓"协议对第三方既无益也无害"(*pacta tertiis nec nocent nec prosunt*)这一法律原则的具体体现。在国际法情形下,这一原则完全符合国家主权及独立的事实,而且在"上萨瓦及节克斯自由区案"等国际判例中也得到承认。当然在实际上,也有一些条约会对第三国造成影响。不过,关于这一问题,条约法公约对第三国所承担的义务和被赋予的权利作了区别性的规定,尤其在承担义务方面,认为应该采取非常慎重的程序。

**(2) 为第三国附加义务的情形。** 根据条约法公约第 34 条规定,条约非经第三国同意,不能为该国附加义务。这一原则在国际常设法院"东卡累利阿案"等国际判例中都得到了一贯的承认。如果要对第三国附加义务,条约当事国就必须向第三国表明为其增加义务的意图以及必须得到第三国明确表示接受这一义务的书面同意。按照公约草案第 31 条规定的条约解释,在满足这些条件的情形下,条约当事国与该第三国之间就会在实质上形成附带性协议。该第三国所担负之义务,并非条约本身,其基础在于附带性协议。

**(3) 为第三国赋予权利的情形。** 与上述情形相反,对于那些赋予第三国权利的条约,是否需要得到该第三国的同意,其实也存在着争论。也就是说,有一种观点认为,同附加义务的情形一样,对于赋予第三国权利的条约,也应该通过条约当事国与该第三国之间的附带性协议来赋予权利。但另一种观点则认为,在国际法上并无禁止为第三国创设权利的原则,只要条约当事国有此意愿就可以为第三国赋予权利,上述"上萨瓦及节克斯自由区案"判决其实也显示了这一观点。当然,这两种观点的不同也只是表现在学术领域,实际效果几乎没有任何变化。因此,条约法公约第 36 条第 1 款规定:"如条约当事国有意以条约之一项规定对一第三国或其所属一组国家或所有国家给予一项权利,而该第三国表示同意,则该第三国即因此项规定而享有该项权利。""该第三国倘无相反之表示,应推定其表示同意,但条约另有规定者不在此限。"

关于取消或变更第三国的义务或权利,按照公约第 37 条的规定,对于第三国所担负义务,"该项义务必须经条约各当事国与该第三国之同意,方得取消或变更,但经确定其另有协议者不在此限"。对于第三国所享受权利,"倘经确定原意为非经该第三国同意不得取消或变更该项权利,当事国不得取消或变更之"。对于义务与权利,公约规定所显示的是不同的考虑。

此外,公约第 38 条还规定,条约所载规则由于其成为国际习惯而对第三国具有拘束力。在这种情况下,对第三国具有拘束力从理论上而言是因为国际习惯而非条约。当然,要对条约和国际习惯进行区别也并不容易,比如这种情形已经由国际法院"北海大陆架案"等国际判例予以承认,充分显示了条约与国际习惯之间的相互渗透现象。

### 3.12 条约的失效

**(1) 失效原因的类型化。**

条约对当事国具有拘束力,当事国也必须要诚实地履行条约。不过,当事国意志的完全重合其实是难以真正做到的,因此当条约出现某些问题时,则无此限制。条约法公约列举了 8 项导致条约失效的原因,被认为包括了所有的失效原因,其中又可以区分为当事国可以作为失效原因加以援引的原因,即相对性失效原因,和从最初就已失效的原因,即绝对性失效原因。这一区分反映了公约第 44 条关于条约的可分性问题以及公约第 45 条有关援引失效原因权利的丧失问题。此外,公约第 42 条规定,条约的有效性及国家关于同意接受条约拘束的有效性只能通过条约法公约的适用来否认。对于那些主张失效的条约,当事国必须按照公约第 65 条及以下规定的程序进行。

**(2) 相对性失效。**

(a) 违反国内法。关于缔结条约时表明的同意违反国内法情况下条约的效力问题,一直就存在着各种讨论。一种观点认为,表明接受条约拘束意思的机构和程序是通过国内法来决定的,因此这一表明的意思如果违反了国内法,条约当然应该失效。另外一种观点则认为,国际法的功能之一就是特意为了条约的拘束力而外在地表明国家意思,因此即使条约违反了国内法也不影响其在国际法上的有效性。此外,还有一种介于二者之间的折中观点。当然,作为一项原则,条约法公约采取了重视国际社会普遍性条约效力的立场,不过在其第46条第1款规定:"违反之情事显明且涉及其具有基本重要性之国内法之一项规则者,不在此限。"关于对违反的判断,公约第46条第2款同样作出规定:"违反情事倘由对此事依通常惯例并秉善意处理之任何国家客观视之为显然可见者,即系显明违反。"

(b) 表明同意权限的逾越。条约法公约第47条规定:"如代表表示一国同意承受某一条约拘束之权力附有特定限制,除非在其表示同意前已将此项限制通知其他谈判国,该国不得援引该代表未遵守限制之事实以撤销其所表示之同意。"该条款不能适用于那些以批准、接受或承认为条件的条约,这类条约在代表签名或交换批准书之后,国家就会明确选择接受或拒绝该项条约。在接受该项条约的情况下,代表权限的逾越就自然不存在了。

(c) 错误。一般很少有主张将错误作为条约失效原因的案例,比如国际法院在"隆端古寺案"中所显示的那样,几乎都是有关地图的问题。不过,条约法公约第48条还是出于全面列举条约失效原因的考虑而对错误作了规定:"一国得援引条约内之错误以撤销其承受条约拘束之同意,但此项错误以关涉该国于缔结条约时假定为存在且构成其同意承受条约拘束之必要根据之事实或情势者为限。""如错误系由关系国家本身行为所助成,或如当时情况足以使该国知悉有错误之可能,第1款不适用之。""仅与条约约文用字有关之错误,不影响条约之效力,在此情形下,第79条适用之。"对条约文字错误进行更正。

(d) 欺诈。公约第49条所列的欺诈导致的条约失效的案例也极其罕见。在第49条草案中所附的注释说明中,也没有举出任何案例。实际上,即使存在这样的案例,受到欺诈的国家也会认为是自己的不明智导致的,而不会以被欺诈为由来主张条约无效。所谓欺诈,不仅仅是一项极端的错误,其实已经是一种违法行为,因此当遇到欺诈行为时,根据公约第44条第4款的规定,援引这一失效原因的国家就有关条约规定可分离的问题具有更多的选择。此外,进行欺诈的国家,则不适用公约第69条第2款有关条约失效效果的规定,而被限定于适用公约第69条第3款的规定。

(e) 收买。公约第50条规定所列由于收买而成为条约失效原因的案例至今没有出现过。这一规定只是在条约法公约草案最终的完成阶段才被加入。关于是否应该将收买规定为条约失效的原因之一,也存在着各种争论,有批评意见认为收买并非一项独立的条约失效原因。不过,多数委员对有关收买的规定给予了支持。有关条约的可分离性以及条约失效的效果,则适用于与收买和欺诈相同的规定。

**(3) 绝对性失效。**

(a) 对一国代表的强迫。公约第51条规定:"一国同意承受条约拘束之表示系以行为或威胁对其代表所施之强迫而取得者,应无法律效果。"这一原则已经得到普遍的承认。不过,实际上有时要将对国家本身的强迫与对代表个人的强迫进行区别是比较困难的。当然,从法律的观点来看,应该对二者进行区别,对此也应该有不同的规定。而且,强迫也不仅仅是针对国家代表个人而言的,也包含了对代表个人的损害以及对其家人的伤害等。

(b) 对国家的强迫。对国家本身进行强迫所缔结的条约,在传统上仍然被视为有效,比如终结战争的媾和条约的效力并不受到影响。当然,传统理论是在战争被认为合法的时代所确立的,随着战争的违法化,传统理论的基础也开始发生动摇。条约法公约第52条就规定:"条约系违反联合国宪章所含国际法原则以威胁或使用武力而获缔结者无效。"国际法院在1973年的"渔业管辖权案"的判决中也确立和承认了这一原则。不过,作为当事国之一的冰岛认为与英国之间的交换文件是在英国海军的压力之下所缔结,因此单方面又撤回了这一文件。对国家的强迫也与对国家代表强迫的情形一样,条约所有内容从一开始就无效,而且也并不适用公约第45条有关丧失援引无效原因权利的规定。

**补充引申：关于条约法会议上被作为强制结果缔结条约的诸项问题**

关于强制缔结条约的问题，围绕下面几个问题在条约法会议上进行了讨论。一个问题是围绕公约第52条中"force"一词而展开的。这个词通常都会被译为"武力"的意思，但是在条约法会议上有国家提出修正案，给这个词又附加了包含政治经济压力的意思，从而引起了争论。具体而言，以叙利亚为代表的亚洲、非洲及拉丁美洲19个国家提出了修正案，主张"force"一词包含停止援助或召回经济专家等几乎所有类型的压力。而与此相对，西方各国提出不同看法，认为从《联合国宪章》起草过程来看，"force"一词就是"武力"的意思，即意味着物理性和军事性能力，如果按照修正案提出的对该词作宽泛意义上的理解，则会损害条约的稳定性。双方的严重对立有可能导致会议的失败，因此最终这一修正案并未付诸表决，而是全体一致通过了《关于禁止使用军事、政治、经济手段强迫缔结条约的宣言》。这一宣言的通过，也可以被视为是对修正案立场给予一定程度考虑的妥协。至于这一宣言所应有的法律地位，虽然也存在着各种争论，但是无疑已经被包含在了对条约进行解释的文件之中，即公约第31条第2款所规定的文件中。

另外一个问题是公约第52条所规定的规则是何时所确立的。条约法公约第4条规定，公约在原则上不溯及既往。然而，在该条草案附带的注释中，却认为这一规则从逻辑上而言并非仅仅适用于条约法公约通过之后所缔结的条约，而是至少应该适用于《联合国宪章》生效以后所缔结的条约，而且还认为明确这一规则何时确立也并非国际法委员会的任务。不过，在条约法会议上，以捷克斯洛伐克为代表的14个国家对此提出了一份修正案，将该条草案中"违反联合国宪章各项原则"修改为"违反联合国宪章规定的各项国际法原则"(the principles of *international law embodied in* the Charter of the United Nations)。按照这一修正案的目的，就有可能在对该条所规定的规则进行解释时将这一规则回溯至《联合国宪章》之前。而且，这一修正案以多数赞成获得通过。其结果是该条所规定的规则究竟何时确立，其实更加使人感到模糊了。

(c) 违反强制规则。条约法公约承认强制规律(*jus cogens*)的存在，并且在其第 53 条中规定:"条约在缔结时与一般国际法强制规律抵触者无效。"在具有分权性质的国际社会,曾经只存在着一些任意性的规则,但是条约法公约承认了过去仅仅停留在学说层面的强制规则的存在,并作为实在法予以承认。按照该条的规定,所谓"一般国际法强制规律"即"国家之国际社会全体接受并公认为不许损抑且仅有以后具有同等性质之一般国际法规律始得更改之规律"。对存在强制规则的承认,关系到对国际社会结构的重新认识。因此,该条规则的出现可以说极大地改变了过去传统的思维方式。

当然,第 53 条并没有具体陈述存在哪些强制规则。之所以如此,是因为担心在列举具体规则时无论如何慎重都难以将其一一列举,且对某些规则的法律地位会产生误解。此外,如果有选择性地列举这些规则,那么就必须要对此作长期性的研究,而这已经超出了条约法的范围。不过,在围绕这一规则起草阶段就已经涉及并且被各国所了解和得到公认的一些规则,就属于强制规则,比如禁止违反《联合国宪章》的武力行使、禁止种族灭绝、禁止海盗行为以及禁止贩卖奴隶等。在这些规则之外,当然还存在着一些模糊的地方,比如该条所谓"仅有以后具有同等性质之一般国际法规律始得更改之规律"的说法,虽然提到了今后有可能出现新的强制规则的前提条件,但是关于经过何种程序出现新的强制规则,在逻辑上其实很难说明。此外,该条最前面"条约在缔结时"的表述,在条约法会议上附加了美国所提出的修正案,即明确本条规定不溯及以往。"国际社会全体接受并公认之规律"的表述,在条约法会议上也被附加了修正案。所谓"国际社会全体"其实也并非所有国家,而只是大多数国家而已。"接受并公认"的表述,其实也是按照《国际法院规约》第 38 条第 1 款有关条约与国际习惯的规定而相应作出规定的。

## 5 条约的解释

> 要点:(1) 传统的条约解释方法同条约法公约的解释规则有何不同？(2) 条约法公约的解释规则同解释的补充手段是一种什么样的关系？

### 3.13 条约解释的一般原则

关于条约的解释,一直存在着众多的研究。例如,有所谓"文本主义的解释"或也称为"客观性解释"的方法,和所谓"意思主义的解释"或也称为"主观性解释"的方法。前者重视条约文本对当事国意思的表达以及按照确定的意思进行解释,而后者则通过发现不同于条约文本的当事国的真实意思来进行解释。从后一种方法的立场出发,往往就会对于参考所谓"条约的准备工作"(*travaux préparatoires*)持积极的肯定态度。甚至,还有一种被称为"目的论解释"的方法,这一方法重视条约的宗旨及目的,由此对条约进行合理的解释。这种方法反对对条约规定进行静态的解释,主张按照对象事由的性质及其法律发展的角度动态性地进行解释。国际法院在"利比亚和乍得领土争端案"等判决中所支持的"实效性原则"其实也可以在这一方法中看到。

上述的这些方法并非相互排斥,要清晰地将它们截然区分也并非易事。例如,试图发现当事国真实意思的方法其实也并不是不重视条约文本。此外,重视条约宗旨及目的的方法其实也是因为常常被条约前言等内容所引导。条约法公约虽然基本上是采用了文本主义解释的方法,但是也通过巧妙地采纳其他方法来试图避免各种不同方法之间的对立。

### 3.14 条约法公约的解释原则

**(1) 解释的基本原则**。条约法公约第 31 条第 1 款规定:"条约应依其用语按其上下文并参照条约之目的及宗旨所具有之通常意义,善意解释之。"第 26 条也规定公约当事国须"善意地履行条约"。因此,从逻辑上来说善意的解释是进行解释的前提。公约第 31 条作为关于解释的一般性规则,已经对此进行明确。此外,解释须"以用语之通常意义"的表述也说明公约基本上是采取文本主义解释的方法。当然,所谓"用语之通常意义"并非通过语法分析而抽象出的概念,而是根据条约上下文对该用语进行探讨并根据条约的宗旨及目的而得到的具体概念。关于这一点,国际常设法院通过"梅梅尔地区规章解释案"等国际判例已经承认。

所谓"上下文",按照公约第 31 条第 2 款的规定,除去包括有前言及附件在内的全部条约内容之外,还应该包括:(a) 全体当事国间因缔结条约所订与条约有关之任何协定;(b) 一个以上当事国因缔结条约所订并经其他当事国接受为条约有关文书之任何文书。这些规定的主要目的,是说明单方面的文书不仅仅同条约的缔结有关,而且如果没有得到条约有关当事国的接受就难以构成条约的所谓"上下文",只不过这些有关的协议或文书并不一定构成条约不可分割的一部分,并且最终要由条约的当事国来决定。总之,这些协定或文书只要能够达到"用语通常的意义",就可以构成"上下文"的一部分。

应该与上下文同时考虑的,还有:(a) 当事国嗣后所订关于条约之解释或其规定之适用之任何协定;(b) 嗣后在条约适用方面确定各当事国对条约解释之协定之任何惯例;(c) 适用于当事国间关系之任何有关国际法规则。也就是说,在条约缔结前或缔结时签订的有关特定规定解释的协议被视为构成条约的一部分,已经成为一项确立的原则。上述(a)项内容就是表示在条约缔结后当事国间有关条约规定解释所达成的协议也有权对条约进行解释;(b)项内容就是表示有关条约解释当事国间确立协议之后所出现的国际惯例即可成为条约所规定意义的客观证据;(c)项内容则表示在进行解释时也应该考虑国际法的有关规则。(c)项的这一规定本来关系到时际法(intertemporal law)的问题,在公约草案中曾被放在了第31条的第1款中,但是也有批评认为这一规定并没有充分考虑法律发展对解释的影响,所以在排除时际法的基础上完成的最终草案中,这一规定被放在了第3款中。当然,也可以说正因为如此所以这一规定的宗旨稍微有些不够明确。

此外,公约第31条第4款规定:"倘经确定当事国有此原意,条约用语应使其具有特殊意义。"虽然也有意见怀疑这一规定的必要性,但不能否认其也有一定的作用,因此最终被规定了下来。

**(2) 解释的补充手段**。在条约用语意义明确并上下文意思明确的情况下,并不需要诉诸其他解释手段。这一原则在国际常设法院"关于但泽市波兰邮政业务案"等判例中已得到确认,在国际法院的判例中也同样得到了承认。当然,在即使适用公约第31条所规定的解释的基本原则也难以给出明确合理意义的情况下,就必须诉诸如同条约准备工作那样的外在补充性解释手段。因此,条约法公约第32条就解释的补充手段作了如下的规定:"为证实由适用第31条所得之意义起见,或遇依第31条作解释而:(a) 意义仍属不明或难解;(b) 所获结果显属荒谬或不合理时,为确定其意义起见,得使用解释之补充资料,包括条约之准备工作即缔约之情况在内。"这一条所规定中的"补充性"的表述,并不是要提供一种替代第31条的自律性解释手段,其目的完全是对第31条规定的原则进行进一步的补充,而且也避免了对条约准备工作进行定义的问题。因此,在这个问题上留下了灵活应对的余地。此外,关于多边条约,其准备工作是否应该只能在参加缔结条约谈判的当事国间援引,或者准备工作是否应该被限定在公开发表的内容,对这些极易引起争论的问题,都没有作出规定。

**(3) 复数语言与条约解释**。以复数语言起草制定条约是极其常见的现象。在双边条约的情况下,条约一般用两种语言书写,而且都被作为作准约文而具有效力。在联合国体制之下签订的多边条约,全部以联合国的工作语言起草作成,且具有同等效力,比如条约法公约即以汉语、英语、法语、俄语和西班牙语作成且每种语言文本都具有同等效力。当条约以复数语言起草作成时,一般会预先规定各种语言文本所具有的法律地位,如果没有类似的规定,那么不同语言文本的条约都具有同等权威地位。为了反映各种语言的平等,条约法公约第33条第1款规定:"条约约文经以两种以上文字认证作准者……每种文字之约文应同一作准。"

不过,条约法公约第33条第1款同时规定,如有条约规定或当事国间协议当不同语言的条约文之间遇有意义分歧时应以某种约文为根据,则不受此限。例如,1957年日本同埃塞俄比亚之间的友好条约,就规定当遇有不同解释时应以法语条约文本为准;1965年的《日韩基本关系条约》,也规定以英语文本为准。对于条约译文,公约第33条第2款则规定:"以认证作准文字以外之他种文字作成之条约译本,仅于条约有此规定或当事国有此协议时,始得视为作准约文。"

此外,公约第33条第3款规定:"条约用语推定在各作准约文内意义相同。"同时第4款也规定:"除依第1款应以某种约文为根据之情形外,倘比较作准约文后发现意义有差别而非适用第31条及第32条所能消除时,应采用顾及条约目的及宗旨之最能调和各约文之意义。"关于这一规则,已经在国际法院2001年的"拉古兰特诉讼案"判决中得到确认。不过,对此也存在着激烈的批评声音,认为不论是国际判例还是理论学说,都应该重视由最初语言构成的条约文本,即在缔结条约谈判中所使用的语言,而其他语言文本则可视为准备工作所需的翻译文本。

# 6 条约的终止及停止施行

要点:(1) 条约的终止与停止施行有何不同? (2) 条约法公约规定的条约的终止原因有哪些?

众多情况下条约会基于自身的规定而终止,即预先规定期限或如果发生特定事态而终止,以及在一定期限之后承认当事国单方面的废弃通告等。在这种情况之下,或者在事后其他当事国也同意终止条约的情况下,一般不会有什么问题。在没有协议情况下的终止,围绕其要件及其程序,则一直存在众多不同意见。条约法公约全面地规定和列举了以下条约的终止原因,即公约第42条第2款规定:"终止条约、废止条约,或一当事国退出条约,仅因该条约或本公约规定之适用结果始得为之。"

### 3.15 协议基础之上的条约终止及停止施行

**(1) 基于条约的终止及停止施行**。根据公约第54条(a)款规定:"依照条约之规定,得终止条约或一当事国得退出条约"公约第57条(a)款也规定:"依照条约之规定,条约得对全体当事国或某一当事国停止施行。"条约的终止意味着条约不再存在,而条约的停止施行,则意味着虽然免除了当事国履行条约的义务但条约本身还存在,即如公约第72条第1款规定:"除条约另有规定或当事国另有协议外,条约依其本身规定或依照本公约停止施行时:(a)解除停止施行条约之当事国于停止施行期间在彼此关系上履行条约之义务;(b)除此以外,并不影响条约所确定当事国之间法律关系。"此外,公约第72条第2款还规定:"在停止施行期间,当事国应避免足以阻挠条约恢复施行之行为。"

**(2) 事后同意的终止及停止施行**。根据公约第54条(b)款规定,"无论何时经全体当事国于咨询其他各缔约国后表示同意"即可终止条约或一当事国可退出条约。同样,公约第57条(b)款规定,"无论何时经全体当事国于咨询其他各缔约国后表示同意",即条约可对全体当事国或某一当事国停止施行。这些规定,重点并不在于当事国同意的形式,因此没有使用"新条约"而是选择使用了"全体当事国的同意"的表述,因为过去曾经有过一种主张,认为条约只有在采取完全相同形式的协议之下才能够终止。但是实际上,后订条约明确规定前订条约终止的事例非常罕见,反而后订条约就前订条约中的同一事项提出新规定的事例比较多见。在这种情况之下,实质上就成为多边条约的修正或部分修正,即公约第41条与第42条规定的内容。此外,还有可能是后订条约导致了前订条约默示性终止,即根据公约第 59 条第 1 款规定:"任何条约于其全体当事国就同一事项缔结后订条约,且有下列情形之一时,应视为业已终止:(a) 自后订条约可见或另经确定当事国之意思为此一事项应以该条约为准;(b) 后订条约与前订条约之规定不合之程度使两者不可能同时适用。"

### 3.16 无协议条约的终止及停止施行

**(1) 重大违约**。针对某些国家违反条约而其他当事国采取一定措施的行为,不论是从国家实践还是理论上,都是被承认的。同时这样做也是"对不履行义务者也不应该履行义务"(*inadimplenti non est adimplendum*)法律原则在条约关系上的实际运用。当然,对于什么样的违反以及按照什么程序可以采取措施进行抵制,从来就存在不同的争论。如果只是轻微地违反条约而其他当事国就采取终止条约或停止施行条约等措施,那么显然会损害法律的稳定性,因此条约法公约将违约行为仅仅限制在"重大违约"行为,而且将条约分为双边条约和多边条约并作了如下规定,即公约第 60 条第 1 款规定:"双边条约当事国一方有重大违约情事时,他方有权援引违约为理由终止该条约,或全部或局部停止其施行。"这里的"有权援引"的目的并不是要强调他方当事国有权可以随意终止条约,有关这个问题应该等同于下面的一些规定。

在多边条约的情形之下,如果某一当事国发生重大违约情况,根据公约第 60 条第 2 款(a)项规定:"多边条约当事国之一有重大违约情事时:其他当事国有权以一致协议:(ⅰ) 在各该国与违约国之关系上,或(ⅱ) 在全体当事国之间,将条约全部或局部停止施行或终止该条约。"以及第 2 款(b)项规定:"特别受违约影响之当事国有权援引违约为理由在其本国与违约国之关系上将条约全部或局部停止施行。"甚至,第 2 款(c)项还规定:"如由于条约性质关系,遇一当事国对其规定有重大违反情事,致每一当事国继续履行条约义务所处之地位因而根本改变,在违约国以外之任何当事国皆有权援引违约为理由将条约对其本国全部或局部停止施行。"这里的"条约性质",是指那些比较重要的条约,比如裁军条约或具有"一体化性质的条约"。

所谓重大违约(material breach)，公约第60条第3款规定："就适用本公约而言，重大违约系指：(a)废弃条约，而此种废弃非本公约所准许者；或(b)违反条约规定，而此项规定为达成条约目的或宗旨所必要者。"关于违反的类型，如果使用"根本性"的表述，可能担心仅仅会被理解为是对与条约中心目的直接相关规定的违反，但即使用其他的规定，也必须要表明是对为履行条约所必须规定的违反，因此采用了"重大"的表述。不过，公约第60条第5款规定："第1款至第3款不适用于各人道性质之条约内所载关于保护人身之各项规定，尤其关于禁止对受此种条约保护之人采取任何方式之报复之规定。"国际法院在其"纳米比亚案"中，就认为公约第60条的规定在很多方面是对国际习惯的法典化结果。

**(2) 后发性不可能履行**。按照公约第61条第1款规定："倘因实施条约所必不可少之标的物永久消失或毁坏以致不可能履行条约时，当事国得援引不可能履行为理由终止或退出条约。如不可能履行系属暂时性质，仅得援引为停止施行条约之理由。"这一条规定所想象的情形，可以有岛屿沉没、河流干涸、大坝等水力发电设施的破坏等等。有一种意见认为，后发性不可能履行与下一条规定的情况改变原则的区别只是相对的，不过国际法委员会认为应该对此进行法律区别。此外，公约第61条第2款还规定："倘条约不可能履行系一当事国违反条约义务或违反对条约任何其他当事国所负任何其他国际义务之结果，该当事国不得援引不可能履行为理由终止、退出或停止施行条约。"

**(3) 情况的基本性改变**。在各个国家的国内法中，承认如果某项契约的情况发生了根本性的改变即可以终止该契约。同样的理由，在国际法上也可以终止条约。我们一般将这一原则称为"情况变化原则"(*clausula rebus sic stantibus*)。这一原则在终止那些已经不符合现状的条约及完成法律改变方面具有一定的意义。当然反过来说，如果滥用这一原则，就会严重影响国际关系中的法律稳定性。因此，很多人主张应该限定这一原则的适用范围以及严格规范其适用要件。

条约法公约通过对这一原则的消极性表述对其进行了限定性的规定，公约

第62条第1款规定:"条约缔结时存在之情况发生基本改变而非当事国所预料者,不得援引为终止或退出条约之理由,除非:(a)此等情况之存在构成当事国同意承受条约拘束之必要根据;及(b)该项改变之影响将根本变动依条约尚待履行之义务之范围。"以及第62条第2款规定:"情况之基本改变不得援引为终止或退出条约之理由:(a)倘该条约确定一边界;或(b)倘情况之改变系援引此项理由之当事国违反条约义务或违反对条约任何其他当事国所负任何其他国际义务之结果。"该条第3款还规定:"倘根据以上各项,一当事国得援引情况之基本改变为终止或退出条约之理由,该国亦得援引该项改变为停止施行条约之理由。"总之,公约第62条通过国际法院的"渔业管辖权案"与"加布奇科沃-大毛罗斯项目案"等国际判例而被认为是一项国际习惯的反映。

**(4) 一般国际法新的强制规律的产生**。条约法公约第64条规定:"遇有新一般国际法强制规律产生时,任何现有条约之与该项规律抵触者即成为无效而终止。"这一条规定,是对作为条约无效原因之一进行规定的公约第53条所述一般国际法强制规律的一个逻辑归纳。也就是说,第53条对强制规律所下定义——"国家之国际社会全体接受并公认为不许损抑且仅有以后具有同等性质之一般国际法规律始得更改之规律"——就是想象有可能出现新的强制规律,在此种情况下与新强制规律相抵触的条约自然将归于终止。比如一个明显的例子,就是过去那些有关奴隶贸易的条约,随着国际法上规定所有形式的奴隶制都为违法而终止。当然,这一条的情况,是指条约的终止发生在新的强制规律产生之后,而并非第53条规定那样认为与一般国际法强制规律相抵触的条约自始无效。对于第53条的情况,公约第71条第1款规定:"条约依第53条无效者,当事国应:(a)尽量消除依据与任何一般国际法强制规律相抵触之规定所实施行为之后果。"与此相对,对于第64条的情况,公约第71条第2款也作了规定:"遇有条约依第64条成为无效而终止之情形,条约之终止:(a)解除当事国继续履行条约之义务;(b)不影响当事国在条约终止前经由实施条约而产生之任何权利、义务或法律情势,但嗣后此等权利、义务或情势之保持仅以与一般国际法新强制规律不相抵触者为限。"

## 参考文献

小川芳彦『条約法の理論』(東信堂, 1989年)

経塚作太郎『条約法の研究』(中央大学出版部, 1967年)

経塚作太郎『続条約法の研究』(中央大学出版部, 1977年)

国際法事例研究会『条約法』(慶應義塾大学出版会, 2001年)

坂元茂樹『条約法の理論と実際』(東信堂, 2004年)

小川芳彦「国際法委員会条約法草案のコメンタリー(一)〜(六・完)」法と政治(関西学院大学)18巻4号(1967年), 19巻3号〜194号(1968年), 20巻1号〜20巻2=3=4号(1969年), 21巻1号(1970年)

小和田恆「条約法における留保と宣言に関する一考察」大沼保昭編『国際法, 国際連合と日本』(高野雄一先生古稀記念論文集)(弘文堂, 1987年)

坂元茂樹「国際機関による留保の許容性決定」山手治之=香西茂編集代表『国際社会の法構造:その歴史と現状』(東信堂, 2003年)

条約法研究会「条約法条約の逐条コメンタリー(一)〜(五)」法学論集(関西大学)53巻2号〜53巻3号(2003年), 55巻1号〜55巻3号(2005年), 56巻4号(2006年)

中村道「条約法条約の紛争解決条項に対する留保」山手治之=香西茂編集代表『国際社会の法構造:その歴史と現状』(東信堂, 2003年)

ペレ(坂元茂樹訳)「条約の留保に関する法及び実行についての第一報告書(一)(二・完)」法学論集(関西大学)45巻6号(1996年), 47巻1号(1997年)

ペレ(坂元茂樹訳)「条約の留保に関する第二報告書(一)(二)」法学論集(関西大学)47巻5号(1997年), 48巻2号(1998年)

薬師寺公夫「自由権規約と留保・解釈宣言」桐山孝信=杉島正秋=船尾章子編『転換期国際法の構造と機能』(石本泰雄先生古稀記念論文集)(国際書院, 2000年)

柳井俊二「条約締結の実際的要請と民主的統制」国際法外交雑誌78巻4号(1979年)

Aust, A., *Modern Treaty Law and Practice* (2nd ed.) (Cambridge University Press, 2007)

McNair, L., *Law of Treaties*, 1961 (Reprinted in 2000) (Oxford University Press)

Reuter, P., *Introduction to the Law of Treaties* (Kegan Paul International, 1995)

Rosenne, S., *Developments in the Law of Treaties* 1945-1986 (Cambridge University Press, 1989)

Sinclair, I., *The Vienna Convention on the Law of Treaties* (2nd ed.) (Manchester Univesity Press, 1984)

Villiger, M. E., *Commentary on the 1969 Vienna Convention on the Law of Treaties* (Nijhoff 2009)

# 第4章 国际法与国内法的关系

## 1 逻辑性关系

> 要点:有关国际法和国内法逻辑性关系的学说是如何对立的?

关于国际法与国内法的逻辑性关系,从19世纪一直到20世纪就以欧洲大陆为中心进行着激烈的争论。迄今为止的学说,大致上可以分为将国际法与国内法视为相互独立的不同法律秩序的"二元论"(dualism)和将二者视为一个统一法律秩序的"一元论"(monism),而"一元论"又可以进一步分为国际法优先的一元论和国内法优先的一元论。在这里,将按照国内法优先的一元论、二元论、国际法优先的一元论的顺序对其一一说明。

### 4.1 国内法优先的一元论

这一学说是佐恩和文策尔等人所主张的,他们认为国际法与国内法同样都是基于国家单独意志的法律,即只不过是一种"对外性的国家法",国际法的基础就在于国内法,所以国内法处于优先地位。按照这一学说,作为拘束国家意志的国际法的存在就没有了基础,这无异于是对国际法的否定,因此现在并没有人支持这一学说。

## 4.2 二元论

这一学说主要由一些德国和意大利的学者提出,其主要提倡者有德国的特里佩尔和意大利的安齐洛蒂,在日本也得到了立作太郎等人的支持。在提出这一主张的19世纪末期,国际关系还不像今天这样紧密,众多国家之间的多边条约也很少。这一学说将国内法和国际法分别作为不同的法律秩序来看待,因此被称为"二元论",由于存在着众多不同国家的国内法秩序,所以这一学说有时也被称为"多元论"。根据这一学说,国际法与国内法是性质完全不同的法律。第一,二者的存在依据不同,国内法是依据国家的单独意志存在的,而国际法是依据国家间的共同意志存在的。第二,二者规范的对象不同,国内法规范的对象是个人相互间的关系以及个人与国家之间的关系,而国际法规范的对象是国家间的关系。第三,二者的法律适用形式不同,国内法是国家对个人采取命令方式适用的,而国际法则并非一方对另一方的命令式适用。正是因为国际法与国内法有着完全不同的性质,所以二者构成了完全不同而相互独立的法律秩序。其结果是国际法与国内法都具有相互独立的法律效力。一般认为,如果在国内法中不承认国际法的效力,那么国际法在国内就不具有效力;反言之,国内法也同样丧失了在国际法上的效力。

## 4.3 国际法优先的一元论

这一学说是由属于维也纳学派的凯尔逊和菲德罗斯以及法国人塞尔等人提出的。在日本,该学说也得到横田喜三郎等人的支持。这一学说出现在20世纪早期,那时的国际关系已经非常紧密,过去被认为属于国内问题的一些事项也越来越成为国际法规范的对象。根据这一学说,国际法与国内法构成了一个统一的法律秩序,而且国际法处于比国内法更高的位置。也就是说,尽管国际法与国内法有可能相互抵触,但二者同属于一个统一的法律秩序,在这种情形之下,二者的关系可以有三种存在形式：两者处于相同的地位，国际法处于优先地位，或者国内法处于优先地位。不过，只要不是以超越国际法和国内法的第三种法律秩序为前提，就不可能看到国际法和国内法处于相同地位，因此只有可能是国际法优先或者国内法优先。凯尔逊最初认为从理论上来说何者优先都是可能的，但后来主张国际法优先，国内法只是基于国际法而在各自国家的范围内具有效力。也就是说，国内法的存在价值来自国际法，在这里国际法具有合法的"赋予优先"。而且，认为国际法与国内法属于同一法律秩序以及国际法优先，其结果就自然导致国际法在国内也具有效力以及与此相抵触的国内法就会归于无效。

### 4.4 二元论与国际法优先的一元论的相互接近

二元论和国际法优先的一元论都很难接受极端的形式，所以在现实中二者都处于温和的中间位置。当国内法与国际法发生抵触时，有关国家就会由于违反国际法而承担国家责任，因此在这一点上必须承认国际法要优先于国内法。不过从另一方面来说，实际的历史经验和国家意识并没有承认国内法的有效性来自国际法，因为在国际法出现之前国家就已经存在，因此一个国家国内法的有效性不可能来自国际法。而且在现实中必须承认，国际法当然不能像国内法那样在国内具有效力。也就是说，国际法在国内的效力，是由各国的国内法来决定的，当国际法与国内法相互抵触时在国内应该适用何种法律其实也是由各国的国内法来决定的。一般来说，在一国国内，法律要优先于条约，即使与某些国际法相抵触的国内法也不一定当然无效。

由此看来，有不少人赞成二元论和国际法优先的一元论二者折中的观点。例如，菲德罗斯将自己的观点称为"相对一元论"，认为国际法当然在国内不具有效力，即使与国际法相抵触的国内法也不必然导致无效。相反，还有像鲁道夫这样的一些学者在对二元论进行修正的基础上提出了"相对二元论"的观点。因此，由于二者的相互接近，其实它们之间几乎已经不存在什么不同了。正因如此，所以有人认为有关国际法与国内法关系的争论已经不再重要，重要的问题在于应该实际去探讨现实是什么样的。

**补充引申：调整理论（等位理论）**

英国学者费茨摩里斯等人所提出的"调整理论"在1985年通过山本草二的《国际法》一书被作为"等位理论"得以介绍。根据这一理论，国际法与国内法在各自的领域都处于最高地位，作为法律体系二者不可能相抵触，不过在法律义务方面却有可能出现相互抵触的现象。而且作为其结果，只不过是以追究国家责任的形式进行国际法上的"调整"，国内法自然不可能失去效力。在英国和日本，这一理论相对得到了广泛的支持。这一理论认为国际法与国内法在各自领域处于最高地位因此作为法律体系不可能相抵触的观点，其实质上已经接近二元论了。

## 2 国际法中的国内法

> 要点：(1) 国家为了使其不履行国际义务的行为正当化是否可以援引国内法？(2) 如何保证国际法对国内法的优先？(3) 在国际司法裁判中是如何看待国内法的？

### 4.5 国际关系中国际法的优先

一般而言，在一国国内其宪法等法律要优先于国际法，不过在国际关系中一般所承认的基本原则是国际法要优先于国内法，即国家并不能为了使其不履行国际义务的行为正当化而援引国内法。这一原则，早在1872年的"阿拉巴马号案"仲裁判决中得到承认，国际常设法院和国际法院在这一点上也一直坚持了这一原则，如1930年"希腊-保加利亚地区社会案"的判决中指出："在条约缔约国之间的关系中，国内法规定不能优先于国际法规定，这是一项一般承认的国际法原则",在1932年的"上萨瓦及节克斯自由区案"和"关于但泽的波兰国民问题案"以及1988年的"联合国总部协定案"等案例中也反复强调了这一原则。而且,在《维也纳条约法公约》也将这一原则写入其中,即公约第27条规定:"一当事国不得援引其国内法规定为理由而不履行条约。"

总之,在国际关系中国际法优先于国内法,当然这并不意味着与国际法相抵触的国内法就当然无效。国际法对国内法的优先地位,并不等同于在国内法中所见到的"宪法—法律—命令—行政处罚"这样的先后顺序,国际法对国内法的优先地位,只是以如果不履行国际义务即需要承担国家责任的形式来保证的。从这个意义上来说,国际法对国内法的优先地位,其实效性要比国内法中所看到的优先顺序关系弱得多。

### 4.6 国际裁判中的国内法

国际法院是适用国际法的场所,因此一般并不适用国内法。对于国际法院来说,国内法只不过是在认定国家是否遵守国际义务时作为证据的一项事实。国际常设法院在1926年的"在波兰上西里西亚的某些德国人利益案"中即指出:"国内法令与法院的判决及行政措施一样都只不过是表明国家意志和构成国家活动的基本事实。"不过,国际法院如果为了作出判断国家是否遵守了国际义务,也可以对国内法进行解释。当然,国际法院未必了解国内法,因此争端当事国必须对其国内法作出详细解释。而且,国内法院对国内法所作的解释对国际法院同样也具有拘束力。

国际法院无法判断国内法令在国内法上的有效性,即使认为国内法令违反了国际法,也不能宣布该国内法令在国内法上无效。比如,在领海划定、确定专属经济区、赋予国籍、行使管辖权等相关国内法令不符合国际法标准的情况下,国际法院只能够要求这些国内法令不得对其他国家造成利益损害,而不能宣布这些国内法令无效。例如,1955年的"诺特波姆案"就是这方面的一个案例。

不过,国际法院可以通过各种方式对国内法进行参考适用,比如国际法院在对国际习惯进行认定时就经常参考各国的国内法作为证据。此外,国际法院在遇到国内法概念的问题时,也会参考和尊重国内法。例如,在1970年的"巴塞罗那电力公司案"中,国际法院在涉及股份公司制度时就指出:"在这一领域,国际法须承认并求助于国内法制度。"甚至,国际法院有时也会适用国内法,比如在1929年的"塞尔维亚公债案"中,国际常设法院就针对塞尔维亚政府与法国国民签订的融资协定的有效性问题作出判断,最后就是依据和适用了塞尔维亚法律得出了结论。

## 3　国内法中的国际法

> 要点:(1) 围绕国际法在国内法中的地位存在哪些争论点?(2) 国际法在各国国内法中具有什么样的地位?(3) 在什么情况下国际法可以直接适用于国内?

关于国际法在国内法中的地位问题,一般被分为两个问题来考察,即国际法在国内的效力问题和国际法在国内的序列问题。不过,国际法在国内适用的可能性是最为重要的问题。关于日本的情况,将另辟一节加以探讨。

### 4.7　国内的效力

国际法在国内的效力即是否承认国际法在国内作为法律的拘束力,或者说国际法是否作为法律存在于国内社会。关于这个问题,其实是由各国的国内法来决定的。也就是说,国际法依靠自身的力量当然无法获得国内法上的效力,而是必须经过国内法将其纳入。这一纳入过程,由于各国立场和做法不同,一般可以有"接受"(reception)、"并入"(incorporation)、"采纳"(adoption)、"转换"(transformation)等多种称呼。如下述内容所见,国际法在很多情况下可以具有国内效力,不过即使如此它也并非依靠自身力量获得国内效力,而只不过是依照宪法等国内法的规定来获得国内效力。

国际法从内容上来说为国家规定了各种义务,但是其实施方法一般依赖于国家的自由委托。国家虽然有义务将国际法实施于国内,但是国际法的实施方法千差万别。如果国际法的内容通过转换为国内法令的形式在国内得以实施,那么国际法本身即使在国内不具有法律效力也不可能被违反。

**(1) 国际习惯**。英国一直以来就承认国际习惯在国内的法律效力。国际法被认为是"国家法律的一部分"(part of the law of the land)的这一原则早在1769年就因布莱克斯通的阐述而被人们所熟知,而且英国法院自18世纪以来也多次确认了这一原则。例如,在1737年的"巴沃特诉巴比特案"中,英国法院就认为国际法是英格兰法的一部分,从而承认了外交豁免权。

这一原则也在继承了英国法的美洲殖民地各州得到承认。虽然美利坚合众国的宪法并没有涉及国际习惯在国内的效力问题,但是美国从建国时起就承认了国际习惯在国内的法律效力。例如,美国最高法院在1900年的"帕克特·哈瓦那号案"中就指出:"国际法是我国法律的一部分,当基于国际法的权利问题被正式向具有适当管辖权的法院提出并请求其作出判断时,法院一般必须确定和适用国际法。"从而认为美国对西班牙渔船的拿捕违反了国际法。

第一次世界大战之后,将国际法作为国家法律一部分的原则被越来越多的国家写入了其宪法之中。例如,德国1919年的《魏玛宪法》第4条就规定:"普遍承认的国际法规则作为构成德国具有拘束力法律的一部分具有效力。"1949年的《德意志联邦共和国基本法》第25条规定:"国际法的普遍规则是联邦法的一部分。"此外,还有奥地利宪法第9条、菲律宾宪法第2条第2款、意大利宪法第10条第1款、葡萄牙宪法第8条、韩国宪法第6条第1款、俄罗斯宪法第15条第4款等,都明文规定普遍性地接受国际习惯为其国内法的一部分。法国、比利时、瑞士等国虽然没有在其宪法中作出明文规定,但是按照其惯例,也承认国际习惯在其国内的法律效力。

也就是说,世界上几乎所有的国家都承认国际习惯在其国内具有法律效力。

不过，国际习惯在最初如何确定并不容易，其内容也在不断发展变化，因此如何认定及适用国际习惯最为方便的方法就是委托法庭和行政当局去进行。

**(2) 条约**。关于条约在国内的适用，根据各国的宪法体制可以分为以下的三种类型：

(a) 自动接受。即条约只要被批准并公布，就自动获得国内的法律效力，即使是那些必须得到国会承认的条约，其承认也并不会采取法律的形式。美国是这种类型的代表性国家，按照美国宪法第2条第2节第2款的规定，条约由总统在获得参议院的建议和同意后缔结；第6条第2款又规定，如此缔结的条约被视为"国家的最高法律"(the supreme law of the land)。如下所述，日本也属于这种类型。

(b) 承认性接受。即通过法律的形式由国会对条约给予承认，在有关法律中明确规定条约具有国内的法律效力。也就是说，条约只要得到国会的批准，就基于有关法律获得了国内的法律效力。德国、意大利、法国、比利时等欧洲大陆的众多国家属于这种类型。

(c) 个别接受。即条约即使被国会批准也不会当然地获得国内的法律效力，而必须通过对每项条约的特别立法才可以被接受为国内法律。至于采取的形式，则或许是修改既有法律，或许是制定加入条约条文的特别法律。属于这种类型的国家有英国和加拿大、澳大利亚、新西兰等英国的前殖民地国家和斯堪的纳维亚国家。南非在传统上本来也属于个别接受的国家，但是根据其1994年的宪法已经改变为承认条约的国内法律效力。

选择自动接受的国家常常被称为一元论的国家，选择个别接受的国家则常常被称为二元论的国家，不过如果按照相对一元论或相对二元论的观点来看，其实任何体制的国家都可以用这些理论来进行解释，因此以一元论或二元论来区分不同宪法体制的做法并不可取。

选择承认性接受的国家，因为条约的国内法律效力是基于法律承认基础之上的，所以在日本一般将自动接受以及承认性接受的国家共同称为"接受性"国家。不过，在承认性接受的国家中，也有像德国和意大利这样通过法律承认将条约转变为国内法的转换型国家。德国和意大利虽然承认条约在国内的法律效力但也被称为二元论的国家,其原因也正在于此。

与此相对,在日本常常将英国等采取个别接受的国家称为转换型国家,因为在英国条约本身一般并不具有国内的法律效力,但是会将条约的内容转换为国内法的内容。不过,在英国有时也会制定将条约条文作为附则的特别法,并且通过规定附则所载条文具有法律效力的方式来赋予条约条文法律效力。如果将英国这样类型的国家称为转换型体制的国家,那么就很容易忽视通过制定特别法使条约具有国内法律效力的做法。

**补充引申:转换**

在日本有一种倾向,即将国际法用国内法用语改写并以国内法形式加以实施的方式称为"转换"。然而在其他国家,则一般将国际法具有国内效力的过程中即使没有形式的变化但只要在性质上转变为国内法就称为"转换"。也就是说,围绕国际法在国内具有法律效力的问题,存在着两种观点的争论,即究竟是通过诸如宪法规定或承认性法律等所谓"接受机制"将其转换为国内法并具有国内法的效力呢,还是将其仍然作为国际法而具有国内法律效力呢。

对于这个问题,特别是在德国,其争论围绕法律承认是否将条约转换为国内法而展开。通过法律承认将条约转换为国内法的观点就被称为"转换(Transformation)理论",而认为法律承认只不过是通过命令使条约在国内实施以及条约仍然保持了国际法性质的观点则被称为"采纳(Adoption)理论"或"实施(Vollzug)理论"。根据采纳理论,条约是按照国际法的解释原则来进行解释的,而根据转换理论,条约则是按照国内法的解释原则来解释的,二者实际上是不同的。在德国,传统上占统治地位的是转换理论,不过目前采纳理论也正在越来越受到重视。

在英国,认为国际习惯具有国内法律效力的观点被称为"并入(Incorporation)理论",而认为国际习惯只有通过制定法律、判决或确立惯例等方式才能具有国内法律效力的观点则被称为"转换理论"。虽然有些人认为英国的判例已经从并入理论转变为转换理论,但实际上仍然在坚持并入理论,比如

1988年"国际锡理事会案"的法院判决就是这方面的事例。

### 4.8 国内适用的可能性

所谓国内适用的可能性,或者在国内直接适用的可能性(direct applicability),其实就是指国际法在不经过任何程序或方式的前提下是否能够直接适用于国内的问题。比如,有关规范劳动条件或人权状况等国内社会生活领域的国际条约在增加,不过这些条约当然不能够全部直接适用于国内。一般而言,各国很难就具体明确的规则达成协议,条约只会规定一些普遍性的原则,其进一步的具体化则需要由国内法来完成。

这个问题,因为"藤井案"而受到了普遍的关注。所谓"藤井案",是一名叫藤井整的日本人在美国的加利福尼亚州买入了一块土地,但是依据《外国人土地法》该块土地被州政府没收,于是藤井整向加利福尼亚州法院提起诉讼,法院最终裁定《外国人土地法》基于人种对日本人有所差别对待,因而违反了《联合国宪章》。这项判决给美国的学界和政界带来了巨大的冲击,各种议论也随之而起。1952年,加利福尼亚州最高法院对此案重新作出判决,认为《联合国宪章》并非所谓"自动执行"(self-executing)的法律,因此其即使与州法律相抵触也不能够取代州法律。以此案为契机,"自动执行"这一用语被欧洲各国和日本等承认条约具有国内法律效力的国家所接受。

除去条约,国际习惯以及国际组织的决议也有国内适用可能性的问题,不过其如何适用都等同于条约。

**(1) 国内效力与国内适用可能性的区别**。一般而言,自动执行即并不需要经过任何国际法立法就可以在国内具有法律效力。在自动接受的国家,条约只要被批准和公布,不需要采取任何立法措施即具有国内效力,因此这类国家被称为自动执行的国家。而在承认性接受或个别接受的国家,如果没有经过立法,条约就不具有国内效力,因此这类国家被称为非自动执行的国家。在这种情形下的所谓自动执行,并非指条约的性质,而是表明了关于条约在国内实施的宪法体制。不过,这一做法会造成国内效力与国内适用可能性二者概念的混淆,所以要避免出现此种情况并严格区别二者。

在条约被赋予国内效力的情形下,一般的判例或学说都会认为,只有自动执行的条约才具有国内效力,而非自动执行的条约则必须通过国内法的实施才能够被赋予国内效力。比如1996年南非宪法第231条第4款就规定:"条约中自动执行之规定……为共和国法律。"这一做法,是把国内适用的可能性当作了国内效力的前提。其实,还不如反过来说,应该将国内效力视为国内适用可能性的前提,因为国际法要在国内具有效力就是为了使其能够直接适用。当然,并非所有具有国内效力的国际法都可以直接适用于国内,所谓直接适用,只不过是国际法能够在国内发挥的作用之一。在赋予国际法国内效力的国家,应该认为所有的国际法都可以获得国内效力,否则国际法在国内可能产生的其他作用(比如有可能成为国内法合法性审查的标准或国内法的解释标准)就会丧失。

**(2) 国内适用可能性的概念**。直接适用的可能,也常常被定义为可以通过国内法院来创设个人的权利义务并加以执行。不过,国际法在国内直接适用,并不限于创设个人权利义务的情形,创设个人权利义务不应该被包括在直接适用可能性的概念之中。

**(3) 国内法的问题**。国内适用可能性常常被认为既是一个当事国意愿的解释问题,又是一个国际法的问题。不过,从当事国意愿而言,很少有国家认为条约的直接适用是可能的,即国际法在国内适用的可能性问题就如同国际法的国内效力或国内法律的优先顺序一样,应该是一个国内法决定的问题。从实际上来看,各国的决定标准大体上是相同的。

**(4) 国内适用可能性的标准**。为了确定国际法在国内适用的可能性,在这里将各国适用或应该适用的标准分为主观性标准和客观性标准来进行考察。

(a) 主观性标准

(ⅰ) 当事国的意愿。当事国的意愿常常被作为直接适用可能性的标准,即当条约被推定为不可能直接适用但当事国表达了反对的意愿,条约就被认为可能直接适用。不过,在目前多边条约越来越多的情况下,如果将当事国的意愿作为决定性的标准,那么绝大部分的条约就很难直接适用。之所以如此,是因为当事国一般并不关心国际法在国内如何实施,即其实几乎并不存在当事国的意愿。应当假定,国际法在被赋予国内效力的基础上可以直接适用。如此一来,应该探讨一种排除性标准,而不是国内适用可能性的标准。如果是这样一种排除性标准,那么当事国的意愿也就具有了意义,因为如果当事国在条约中对国内适用可能性表达了否定的意愿,那么当然应该尊重这一意愿。

(ⅱ)国内立法者的意愿。国内立法者在实施国际法的法律中也有可能否定国际法在国内适用的可能性。对于国内立法者的这一意愿,当然也必须予以尊重。

(b) 客观性标准

(ⅰ)明确性。决定国际法是否能够在国内直接适用的主要标准就是规范的明确性,权力分立的原则被作为其依据,因为制定法律是立法机构的任务,如果行政机构或司法机构适用的规范是模糊不清的,那么就有可能侵蚀立法机构的权限。国际法不能够直接适用,一般是由于其内容不明确或者缺乏有关必要执行机构或程序的规定。

(ⅱ)事项。有关某些宪法特定事项,比如财政或刑法等事项,在需要通过狭义的法律来决定的情况下,可以排除有关这些事项的国际法在国内适用的可能性。

### 4.9 间接适用

国内法院或行政机构参考国际法作为国内法的解释标准并且以适合国际法的方式来解释国内法,即可以称为国际法的间接适用。这种做法不同于国内立法者将国际法内容改写为国内法并试图在国内加以实施的做法。以适合国际法的方式对国内法进行解释的原则,已经被大多数国家所认可。比如,1996年的南非宪法第233条就明文规定了这一原则,西班牙和罗马尼亚等国的宪法也规定,宪法中有关人权的规定必须要以适合国际人权法的方式加以解释。

为了实施国际法而制定作为解释对象的国内法时,国际法当然应该被作为解释的标准。不过,当国内法与国际法的制定是相互独立完成的情况下,那么就会出现何者为"前法"和何者为"后法"的问题。如果国内法为后法,立法者则会在无意违反国际义务的前提下制定有关国内法律,国际法作为其进行解释的标准也不会有任何问题。不过如果国内法为前法,其制定的过程就完全不同了。在这种情况下,国际法作为解释标准的作用就常常会被否定。

在实施间接适用时,所参考的国际人权文件的法律性质一般不会成为问题。一些并未采取条约形式的国际人权文件,比如《世界人权宣言》和《联合国非拘禁措施最低限度标准规则》等文件虽然从形式上来看并无法律拘束力,但是这些文件毫无疑问都会成为是否能够成为国际习惯的重要参考。当然,由于被参考国际文件性质的不同,作为国内法解释标准的权威性也自然不同。

通过间接适用,实际上也常常会带来与直接适用相同的结果。一般而言,国内法院的法官并不熟悉国际法,因此对国际法的直接适用并不十分积极,而间接适用却是在对国内法进行解释的原则之下实施的,所以法官们反而会更为大胆地依据国际法进行审判。

### 4.10 国内的法律顺序

所谓国际法在国内的法律顺序,即国际法在国内法律不同等级秩序中被确定为什么位置的问题。在日本,这一问题一般被称为"效力顺序"或"效力关系"等。国际法的国内法律顺序,是一个由各国国内法来决定的问题,而不同的国家又会有各种不同的情形。

**(1)国际习惯**。在英国,国际习惯被确定为处于国会制定法律的下位法的位置。例如,在 1906 年的"莫腾森诉彼得斯案"中,苏格兰法院就明确地认定,英国国会的法律要优先于国际习惯。英国法院也在 1939 年的"钟志强案"中认为,国际习惯只有在不违反判例法时才可以被适用。

在美国宪法中,并没有有关国际习惯法律顺序的规定,不过一般认为国际习惯处于联邦宪法的下位法位置,但是又优先于各州法律。因此,关键的问题是国际习惯与联邦法律之间的关系问题。当然,一般认为,国际习惯同样位于联邦法律的下位法位置。不过,在1980年"关于国际关系法的第三声明"草案中,却认为国际习惯与联邦法律处于同等地位,因此这一观点受到了人们的关注。但是,在1986年的"佳露西亚米亚案"中,联邦上诉法院基于美国最高法院对"帕克特·哈瓦那号案"的判决,认为联邦法律以及政府行为或判例法优先于国际习惯。当然,由于美国最高法院对"帕克特·哈瓦那号案"的判决中认为"即使没有免除渔船遭受捕获的行政或立法行为以及判例"也必须适用国际习惯,所以其实联邦上诉法院以及众多的研究者们是错误地理解了美国最高法院对"帕克特·哈瓦那号案"判决的主要含义。

在比利时和荷兰等国,一般也认为当国际习惯与国内法律相抵触时国内法律处于优先地位。而在德国,则给予国际习惯较高的法律顺序位置,比如《德意志联邦共和国基本法》第25条明文规定:"国际法普遍规则优先于联邦法律。"从而国际习惯优先于联邦法律。甚至,在德国还有人主张国际习惯应优先于联邦宪法,不过基本法第25条所说国际习惯应优先于"Gesetze",是指狭义上的法律,因此一般认为国际习惯相对于法律处于上位法的位置,而相对于宪法则处于下位法的位置。

此外,在乌兹别克斯坦和白俄罗斯等前苏联加盟共和国以及希腊,其宪法也明文规定国际习惯优先于法律。在意大利、葡萄牙等国,宪法虽然对此没有明文规定,但是在习惯上也是将国际习惯优先于法律。

**(2) 条约**。在需要通过个别立法接受条约的国家,比如英国等国家,一般都认为条约并不具有国内法律效力,在这种情况下自然就不会产生法律顺序的问题。而如果条约具有国内法律效力,就需要承认赋予条约国内法律效力的立法形式的顺序,通常是国会通过的法律的顺序。

美国宪法第6条第2款明文规定条约相对于各州法律处于优先位置:"所有条约均为国家的最高法律。即使各州宪法或法律中有相反的规定,各州法官也受此拘束。"不过却没有规定条约与联邦法律之间的关系。然而,根据判例来看,一般认为条约与联邦法律处于同等的位置。也就是说,条约与联邦法律之间,适用于"后法优先"的原则。至于条约与宪法之间的关系,判例会倾向于宪法优先,不过在实践中并没有以违宪为由导致条约无效的事例。

《德意志联邦共和国基本法》对于条约的规定不同于国际习惯,并没有明文规定条约在国内的法律地位,不过也有人认为条约与国际习惯处于同等地位,也应该优先于联邦法律,而实际上更被人们所接受的观点是条约与联邦法律处于同等地位。

在法国,根据其宪法第55条的规定,以相互主义为条件条约相对于法律处于优先地位,所以条约相对于法律明显处于优先地位。不过,其宪法第54条又规定,当条约包含有违反宪法的条款时,在批准条约前必须要对宪法进行修订,所以实际上条约处于宪法下位法的地位。

其他一些国家,比如希腊、西班牙和一些中南美洲国家,以及象牙海岸等以前为法国殖民地的非洲一些国家,其宪法也明文规定了条约相对于法律处于优先地位。此外在保加利亚等一些东欧国家以及俄罗斯、爱沙尼亚、哈萨克斯坦、塔吉克斯坦等前苏联加盟共和国,其宪法也同样规定了条约对法律的优先地位。而在罗马尼亚、斯洛伐克和捷克等一些东欧国家的宪法中,规定并非所有条约而只有有关人权问题的条约才优先于国内法律。

一般来说,很少有国家会承认条约与宪法处于同等地位或优先于宪法。不过,奥地利与荷兰在这个问题上的做法需要给予关注。在奥地利,对于改变宪法的条约,与修订宪法一样需要国会三分之二以上多数同意的决议,在此基础之上则承认其具有与宪法同等的效力。在荷兰,则规定在国会两院三分之二多数同意和承认的条件下条约可以同宪法相抵触,而且这样的条约即使在其后宪法进行修订后也仍然处于优先地位。

总之,在国内法中,国际法并非一定优先于国内法,还不如说是宪法或法律优先于国际法。因此,国际法就有可能在国内得不到完全的实施。不过,大部分国家都承认一项原则,即应该尽可能地按照国际法来解释其国内法,所以实际上国际法在国内难以实施的情形并不多见。

**补充引申：国际组织的决议**

关于国际组织的决议在国内的法律地位，通常情况下，除去欧盟（EU）之外的国际组织的决议，一般不会成为一个问题。不过，由于联合国安理会通过的很多经济制裁的决议，以及欧盟之外的国际组织通过的很多带有拘束力的决议，则使这一问题开始成为一个实际的问题。有些国家的宪法明文规定和承认了国际组织决议在国内的法律效力，比如荷兰和葡萄牙。有些国家的宪法则规定了向国际组织的主权转让，这样的规定一般被解释为是将国内法律效力赋予了国际组织的决议。如果宪法对于国际组织的决议没有作出任何规定，那么即使在承认条约具有国内法律效力的国家，也并不意味着国际组织的决议就当然地具有国内法律效力。不过，也有一些国家在批准赋予国际组织具有通过拥有拘束力决议权限的条约的情况下，会以此为根据承认国际组织的决议在国内的法律效力。当然，即使承认国际组织的决议在国内具有法律效力，也不会被直接适用。总之，国内适用的可能性，是以国内效力为前提的，有关国际组织的决议，也与条约一样具有共同的问题。

## 4 国际法在日本的地位

要点：国际法在日本具有怎样的地位？

### 4.11 国内效力

在《明治宪法》中，并没有有关国际法在国内效力的任何规定，因此有关条约是否具有国内法律效力也存在不同看法。不过，政府以及法院承认条约在国内的效力，判例也承认国际习惯在国内的效力，比如1928年有关主权豁免问题的"松山案"。

第二次世界大战后的《日本国宪法》第98条第2款规定:"日本国所缔结之条约及确立之国际法规,必须诚实遵守之。"不过这一规定其实并不清晰,围绕其解释的学说也各种各样。

(a) 曾经有一种主张认为,第98条第2款并非承认国际法在国内法律效力的规定,而是在条约规定法律事项时有必要制定特别的法律。不过,这一学说并不符合政府见解以及实际判例,所以目前并没有得到支持。

(b) 另外一种学说认为,第98条第2款虽然并非承认国际法在国内法律效力的规定,但是因为在《明治宪法》下是承认国际法在国内的法律效力的,因此没有必要改变这一解释。

(c) 绝大多数人承认的一种学说认为,第98条第2款应该解释为承认国际法在国内的法律效力。也就是说,在宪法中规定国家对外应该遵守国际法是天经地义的,这一规定中也包含了在国内的国家机关或个人也应该遵守国际法的内容,因此其实就是承认了国际法在国内的效力。

**(1) 条约**。日本政府一贯是按照宪法第98条第2款认为条约具有国内法律效力来理解的,在对《国际人权公约》的审查报告中也明确地表明了这一点。在判例中,也承认了条约在国内的法律效力并可直接适用。对于那些并不需要得到国会承认的行政协定,虽然也存在否定其国内法律效力的说法,但是这些协定也相当于宪法第98条第2款所指的"条约",所以一般认为其与国会承认的条约一样都具有国内法律效力。

**(2) 国际习惯**。日本宪法之下,国际习惯也被承认具有国内法律效力。宪法第98条第2款之"确立之国际法规"一般被理解为国际习惯。而且,作为日本宪法之下适用国际习惯的具体判例,有1969年东京地方法院判决的"尹秀吉案",即援引作为国际习惯的"政治犯不引渡"原则撤销了法务省要求其离境的强制命令。

### 4.12 国内适用的可能性

在日本,从 20 世纪 60 年代开始就已经有了有关自动执行或直接适用可能性的概念。不过,法院开始使用这一概念却是在 20 世纪 80 年代末。1993 年,东京高等法院在"西伯利亚长期滞留补偿请求案"中,对国际法的国内法律效力与国内适用可能性作了清晰的区别,并且详细探讨了与 1949 年日内瓦第三公约《关于战俘待遇之日内瓦公约》第 66 条及第 68 条所规定本国国民战俘补偿原则内容相同的国际习惯在国内适用的可能性。在该案中,法院对于国内适用可能性的标准,作出了如下表述:"不言而喻,条约缔约国的具体意志如何表达是最为重要的因素,规定的内容必须要明确。"不过,以条约缔约国的意志为标准,就会出现如前所述那样的疑问,比如东京高等法院最终认定该案在实体性要件和程序性要件上缺乏明确性,从而否定了本国国民战俘补偿原则在国内适用的可能性。

日本法院在面对《经济、社会和文化权利国际公约》和《关贸总协定》时也否定国内适用的可能性。比如,在 1989 年的"盐见案"中,最高法院判定涉及社会保障问题的《经济、社会和文化权利国际公约》第 9 条所载内容"并非确定应该给予个人即时性具体权利的法律"。对于《关贸总协定》,京都地方法院则在 1984 年的"西阵领带案"的判决中指出:"对于违反关贸总协定的缔约国,会受到其他有关缔约国采取的对抗措施的影响,也会被要求进行协商,但是该协定并不具有更高的法律效力。"在有关战后补偿的案件中,《海牙陆战法规和惯例公约》第 3 条的国内适用可能性问题也已经成为人们争论的一个问题。

### 4.13 间接适用

日本最高法院在 2008 年曾判决国籍法第 3 条第 1 款对非婚生子女的差别对待违反了宪法第 14 条。不过,当时实际涉及了《公民权利和政治权利国际公约》和《儿童权利公约》中的规定,以及提到"围绕我国的国内国际社会环境的变化"。

作为国际法间接地适用于个人间关系的案例,有发生在 2002 年的"小樽浴场案"。然而一般来说,国际法就如同宪法一样,其中有关人权的规定,除去特意适用于个人间的一些情形外,并不能直接适用于个人,而只能通过民法等法律规定间接地加以适用。在"小樽浴场案"中,札幌地方法院就个人相互间关系,虽然认为"不能够直接适用"《国际人权公约》和《消除一切形式种族歧视国际公约》,但是根据民法第 1 条和第 90 条,这些公约却可以作为对有关不法行为各项规定进行"私法规定解释的一项标准",因此认定该案中拒绝外国人入浴属于不法行为。

还有一种看法认为,国际法在国内适用的间接适用与人权条款适用于个人的间接适用是不同的,不过二者在条约内容被反映在国内法解释中这一点上是一致的,所以在本质上并无什么不同。实际上,在欧盟法中,间接效果或间接适用主要就是发生于个人之间,即在欧盟法中将按照更适合用欧盟法来解释国内法的现象称为间接效果或间接适用,以此来区别直接效果或直接适用。而且,一般认为,虽然规定禁止差别等强制性规定并无水平性直接效果,即不能够在个人间直接适用,但是具有间接效果,即国内法的解释必须要适合这些强制性的规定。

### 4.14 国内的顺序

**(1) 条约**。(a) 与法律的关系。一般认为,在《明治宪法》之下,条约与法律具有同等地位。而《日本国宪法》第 98 条第 2 款,只是规定对国际法"必须诚实遵守之",而对国际法在国内的法律顺序并没有明确加以规定。不过,依据宪法中作为基本原则之一的国际协调主义、宪法第 73 条第 3 款规定条约须经国会承认以及"诚实遵守"这一表达的含义来解读,可以理解为条约要优先于法律。也就是说,条约与法律相比处于上位法地位。日本政府在审议宪法时,也承认了条约对法律的优先地位。日本的法院也对此予以支持,比如法院在判决中也会以条约优于法律为前提来作出判断,很少主张法律对条约的违反。作为承认条约优先地位的实际案例,有1997年松江地方法院滨田法庭对"大同号案"的判决,认为《日韩渔业协定》优先于领海法因此宣布韩国渔民无罪,当然该案在上诉过程中又被推翻。

(b) 与宪法的关系。有关条约与宪法的关系,大致有两种学说,即条约优先说与宪法优先说。条约优先说的主要论据如下:① 宪法第98条第2款规定对条约的"诚实遵守",如果宪法优先于条约,则不可能诚实地遵守条约;② 关于违宪审查权的宪法第81条和规定宪法最高法规性的第98条第1款中都不包括条约;③ 承认条约的优先地位符合宪法的国际协调主义精神。

对此提出反论的宪法优先说则有下列论据:① 较之宪法修改程序,缔结条约的程序要简单得多;② 宪法第98条第2款并没有规定违宪的条约也应该遵守;③ 宪法第98条第1款之所以将条约排除在外,就是因为在第2款中对条约作了区别对待;④ 宪法第81条虽然并没有将条约作为违宪审查的对象,但是将条约也列入法律来说明,当然就认为条约同样也可以是违宪审查的对象。

认为缔结条约的程序极其简单,是认为宪法应该优先于条约的决定性理由。按照日本宪法第96条第1款的规定,修改宪法并不容易,首先需要国会三分之二以上多数的赞成,然后将提案交给国民,必须国民投票过半数才能够实现。而对条约的承认,仅需要国会过半数的决议即可完成。而且,在对预算案的议决程序中,甚至比对法律的议决更为容易。也就是说,当参议院和众议院作出不同决议,而且即使通过召开两院协调会也难以使意见取得一致时,即可以将众议院的决议作为国会的决议。日本宪法虽然标榜国际协调主义,但是与此同样重要的一项原则就是国民主权。条约种类繁多,既有多边条约也有双边条约。日本政府通过比修改宪法更为简单容易的条约缔结程序缔结双边条约,甚至有时会改变宪法的基本原则。比如,以《日美安全保障条约》的签订为契机,这一问题终于有了结果,就和前述承认条约与宪法具有同等地位或优先于宪法的奥地利与荷兰一样,要求以修改宪法相同的程序去进行缔结条约的活动。

日本最高法院在涉及《日美安全保障条约》合宪性问题的"砂川案"中明确承认了宪法优先说,而日本政府却强调应该将条约区别对待。按照后者的看法,认为包含有确立国际法规的条约以及投降书等与国家安危有关的条约应该优先于宪法,而对于一般的双边政治性或经济性的条约,则应该宪法优先。

**当今世界:对宪法优先说的再探讨**

第二次世界大战刚刚结束之后,出于对战争的强烈反省,有横田喜三郎和宫泽俊义等著名国际法及宪法学者倡导条约优先说。然而,在20世纪50年代后半期出现《日美安全保障条约》合宪性问题之后,宪法优先说逐渐占据主导地位,目前已经成为大部分国际法及宪法学者们的共同主张,比如高野雄一和芦部信喜等学者。20世纪80年代之后,尽管日本的法院频繁地援引日本所参加的人权公约,但是日本最高法院对于那些以违反人权公约为理由的上诉案,常常简单地以"属于仅仅违反法令的主张"为由予以驳回。在这种情形之下,又开始出现了对宪法优先说进行再探讨的趋势。

**(2) 行政协定**。在日本,有关行政协定在国内的顺序,并不是一个很大的问题。一般认为,行政协定当然应该与国会承认的条约处于同样的法律顺序,即优先于法律。也就是说,政府基于国会承认条约授权所签订的行政协定,与构成其基础的条约无疑具有同等的优先于法律的地位。不过,对于政府在现行法令范围内或预算范围内签订的行政协定,则一般认为应该与政府发布的命令处于同等位置。

**(3) 国际习惯**。一般认为,国际习惯在国内的顺序等同于条约,即要优先于法律。例如,在前述的"尹秀吉案"一审中以"政治犯不引渡"作为国际习惯原则撤销法务省强制离境命令的判决,就可以说是一项承认国际习惯优先于法律的判决。

在条约与宪法关系上主张宪法优先说的人中,也有主张国际习惯不同于条约而应该优先于宪法的。尤其对于国际法中的强行规则,不仅在国际法,而且在国内法中都被承认具有优先于条约的地位。当然,是否所有的国际习惯都被承认优先于宪法,也是值得怀疑的。国际法上的国际习惯和条约具有同等效力,国家按照特别法优先或后法优先的原则有时也会缔结有悖于国际习惯的条约。尽管如此,仍然很难说明为何在日本国内要承认国际习惯优先于条约。

**补充引申:"宪法优先说"并非"国内法优先的一元论"**

在日本国内,有观点认为宪法第 98 条第 2 款的规定是一种并不承认条约国内效力的二元论,也有观点认为是承认条约国内效力的一元论,以及其中又可以将条约优先说视为国际法优先的一元论,将宪法优先说视为国内法优先的一元论。不过,关于国际法与国内法相互理论关系的争论,以及有关国际法在日本地位的宪法解释上的争论,则是另外一个维度的问题。总之,如果将"宪法优先说"视为"国内法优先的一元论"是错误的。

### 4.15 条约的违宪审查

关于条约是否可以作为违宪审查的对象,也有各种学说。根据条约优先说,条约当然不能够作为违宪审查的对象。在宪法优先说中又可以分为否定说与肯定说,前者认为条约不能作为违宪审查的对象,而后者则认为条约应该作为违宪审查的对象。宪法优先说中的否定说之所以否认条约可以作为违宪审查的对象,主要依据如下:① 日本宪法第 81 条规定所列举的最高法院可进行合宪性审查的法令中并不包括条约;② 条约具有国家间协议的性质,仅仅根据一个国家的意志不能使其丧失效力;③ 条约多含有非常政治性的内容。与此相对,承认条约可作为违宪审查对象的肯定说,其主要依据如下:① 宪法第 81 条所说之"法律"应包括条约,或者并无明文规定不包括条约,因此条约自然应该作为违宪审查的对象;② 条约具有的国家间协议的性质,并不意味着可以否定对条约在国内效力的审查;③ 条约的政治性属于"自由裁量论"或"统治行为论"的问题。

在 1959 年的"砂川案"中,日本最高法院认为《日美安全保障条约》"对于作为主权国家的我国的生存基础应该具有极其重要的影响且具有高度政治性,对于其内容是否违宪的法律判断,在很多方面与内阁……国会的高度政治性和自由裁量性的判断密不可分,因此关于是否违宪的法律判断,如果不是那种一看就非常明确其违宪无效的情形,就不属于法院实施司法审查权的范围"。最终,认定《日美安全保障条约》并非那种一看就非常明确其违宪无效。

最高法院的所谓"一看就非常明确其违宪无效",暗示了对条约可以行使违宪审查权,即可以理解为最高法院在该案中承认了宪法对条约的优先权以及条约可以被作为违宪审查的对象。不过,无法想象经过极其慎重的程序缔结的条约会"一看就非常明确其违宪无效",所以即使按照最高法院的逻辑来看,实际上不可能将条约作为违宪审查的对象。

**补充引申:国内适用可能性与违宪审查**

高野雄一提出主张,自动执行的条约应该成为违宪审查的对象,非自动执行的条约则不应该成为违宪审查的对象。这一主张也得到了小林直树等宪法学者的支持。这一观点是基于如下理解,即只有自动执行的条约才具有国内法律效力,非自动执行的条约则不具有国内法律效力。不过,如前所述,这种理解本身就很难使人信服。

## 5 国内法院对外国法律的国际法适合性审查

> **要点:国内法院能否审查外国法是否符合国际法?以及是否必须进行审查?**

在国内法院的涉外事件中,往往会涉及围绕私人权利义务的争论,这时外国法的国际法适合性就会成为一个问题。比如,被国有化财产的原所有者在目前财产所在的第三国提起诉讼,主张实施国有化的外国法令违反了国际法,并要求自己对这些财产的所有权,要求返还财产。在这种情况之下,国内法院是否可以审查外国法是否符合国际法,以及是否必须要进行审查。当然,这一问题并不同于国内法的域外适用或国家裁判权的免除这些问题。

**(1) 学说**。有人主张国内法院可以审查外国法的国际法适合性,其中甚至有人主张国内法院必须要对外国法的国际法适合性进行审查。认为国际法应该优先于国内法,以及国内法院应该具有实施国际法的功能,其依据就在于此。当然,与此相对的学说认为,国内法院无权对外国法的国际法适合性进行审查,其依据则在于,如果否定外国国家行为的效力就违反了国家平等的原则,因此国内法院不应该将自己对国际法的解释强加给其他国家。

**(2) 判例**。国内法院的应对各不相同。在美国,法院通过判例承认了有节制地对外国行为有效性进行审查的"国家行为理论"(Act of State Doctrine)。美国最高法院在1964年的"萨巴蒂诺案"中也支持了这一理论。不过,当时对此所作的表述是以这一理论为依据以求得所谓权力分立,而非强调以尊重国家主权等国际法规则处理此案。此外,一般而言,如果国际法的内容明确,美国最高法院就可以对外国法的国际法适合性进行审查,只不过在该案中美国最高法院自我克制了这一审查。因此,美国国会对其对外援助法进行了修改,规定当国家征用的国际法适合性成为问题时,法院不得拒绝进行国际法适合性的审查,比如在"希肯卢勃修正案"中所看到的那样。在英国,也通过判例承认了与美国的"国家行为理论"相同的理论。

与此相对,大陆法系各国的法院却常常基于国际私法规则来处理外国国有化行为的有效性问题。也就是说,虽然前提是承认对位于外国领土内的财产进行处置的外国国家行为的有效性,但是否认这些行为的域外效力,即使对位于境内的财产,在外国行为违反国际法的情况下,也会以违反法庭所在地国公共秩序的理由否定其效力。日本法院在对伊朗石油国有化问题上也表示"不得进行有效或无效的审查",但是同时又认为这一规定也不应该适用于所谓违反公共秩序的情况,比如1953年东京高等法院对"英伊石油公司诉出光兴产案"判决中所看到的那样。

**(3) 归纳总结**。由此看来,各国国内法院对这一问题的对应各不相同,因此很少有国家会因为本国法被其他国家的法院认定违反国际法而进行抗议。鉴于这种情形,国际法一般会认为应该由国内法院来处理这一问题,即国际法并不禁止国内法院对外国法律是否符合国际法进行审查,对此采取比较宽容的态度。因此,国内法院对其他国家国际法适合性的审查并不违反国际法。虽然也有人认为限制国内法院对外国国家行为有效性审查的"国家行为理论"已经成为国际习惯,但并非如此。当然,国际法也并没有赋予国家对外国法律的国际法适合性进行审查的义务。也就是说,当国内法院遇到外国法律是否符合国际法的问题时,法院并非一定要进行审查。

## 6 欧盟法与国内法的关系

要点:欧盟法与国内法的关系同国际法与国内法的关系二者有哪些不同?

欧盟法由一级法(有关欧盟运行的条约),二级法(规则、命令、决定),以及拘束欧盟的条约所构成。对于这一法律,欧盟成员国均有义务在其国内加以实施,因此就会出现一个问题,即欧盟法与国内法的关系。从形式上来看同样属于国际法与国内法的关系,不过,欧盟法作为具有统一性质的法律,在与国内法的关系上,并不完全等同于国际法与国内法的关系。

### 4.16 国内效力

欧盟法在其成员国的国内毫无疑问具有法律效力,即赋予欧盟法以国内效力是每一个成员国的义务。而对于国际法,虽然每个国家在国内实施方法方面都具有广泛的裁量权,但是不同于欧盟法。即使是对于国际法采取个别接受的欧盟国家,也必须通过立法来保障欧盟法在国内的效力。例如,英国在1972年通过承认欧共体法以及在国内立法对位于共同体成立条约下的共同体法赋予了其法律效力。

### 4.17 直接效果

欧洲法院在1963年的"范·昂卢斯案"宣判中认为,成立欧洲经济共同体条约第 12 条产生了所谓"直接效果"(direct effect)。欧盟法中的"直接效果"的概念,是与上述有关国际法同国内法的关系直接适用可能性相对应的一个概念。在欧盟法中,"直接效果"常常被定义为"创设了国内法院必须加以保护的个人权利",不过与国际法一样,将创设个人权利作为概念要素的做法也遭到了各种疑问。

在欧盟内部,将欧盟法直接适用于个人与国家之间的关系被称为"垂直性直接效果",而直接适用于个人之间的关系则被称为"水平性直接效果"。也就是说,"水平性直接效果"意味着对个人之间关系的直接适用,或者对应着人权对于个人发挥效力的直接适用。通过欧洲法院的判例,可以看到指令会具有垂直性直接效果,而难以具有水平性直接效果。

按照《欧盟运作条约》第 288 条第 2 段的规定,"规则可以直接适用于所有成员国"(shall be...directly applicable)。不过,并非所有的规则都能够创设国内法院必须加以保护的个人权利,因此这一规定只能被解释为"规则在所有成员国国内都具有直接效力"。需要注意的是,在欧盟法中,"直接效果"就意味着国际法具有直接适用的可能性,或者说"直接适用可能性"(direct applicability)就意味着国际法在国内的直接效力。

根据欧洲法院的规定,欧盟法具有直接效果所需要的要件为明确与无条件。至于欧盟法的规定是否具有直接效果,涉及欧盟法的解释问题,则由欧洲法院来作出决定,其结论在每一个国家都是相同的。在这一点上,则不同于国际法。

此外,欧盟法还承认一项原则,即国内法必须要作出适合欧盟法的解释。这一效果在欧盟法中常常与直接效果相比较而被称为"间接效果"。指令就被认为虽然不具有水平性直接效果但具有间接效果。这种情形下的间接效果,就等同于对于个人发挥效力的间接适用。

### 4.18 对国内法的优先

欧洲法院在 1964 年的"科斯塔案"中认为,"欧盟法不能因国内法的任何规定而无效",即确认欧盟法优先于包括宪法在内的国内法,各成员国及其国内法院有法律义务承认欧盟法对国内法的优先地位。在国际法上,国际法对国内法的优先只有通过国家责任才能够被证实,国际法在国内的法律顺序则每个国家并不相同。而在欧盟法那里,所有成员国在国内必须承认欧盟法对包括宪法在内的国内法的绝对优先地位,比如英国就是按照1972年的欧共体法,规定包括以后制定的法律在内的国会法律必须以承认欧共体法的法律效力为条件而有效,从而保证了欧共体法的优先地位。

综上,在欧盟法那里,其国内效力、直接适用可能性即直接效果以及法律顺序等,都由欧盟法本身作了规定。在这一点上,则不同于国际法,即必须作为一个国内法的问题来处理,并且由国内法来作出规定。

**参考文献**

岩沢雄司『条約の国内適用可能性——いわゆる'self-executing'な条約に関する一考察』(有斐閣,1985年)

畝村繁『英米における国際法と国内法の関係』(法律文化社,1969年)

斎藤正彰『国法体系における憲法と条約』(信山社,2002年)

庄司克宏『EU法——基礎編』(岩波書店,2003年)

高野雄一『憲法と条約』(東京大学出版会,1960年)

広部和也=田中忠編『国際法と国内法』(山本草二先生還暦記念)(勁草書房,1991年)

B・ミルキヌ=ゲツェヴィチ(小田滋=樋口陽一訳)『憲法の国際化』(有信堂,1964年)

横田喜三郎『国際法の基礎理論』(有斐閣,増訂版,1949年)

岩沢雄司「アメリカ裁判所における国際人権訴訟の展開(一)(二・完)——その国際法上の意義と問題点」国際法外交雑誌87巻2号,5号(1988年)

経塚作太郎「条約の国内実施および適用をめぐる若干の問題」国際法外交雑誌56巻1号(1957年)

田畑茂二郎「国際法の国内法への『変型』理論批判」『法理学及国際法論集』(恒藤博士還暦記念)(有斐閣,1949年)

寺谷広司「『間接適用』論再考——日本における国際人権法『適用』の一断面」坂元茂樹編『国際立法の最前線』(藤田久一先生古稀記念)(有信堂高文社,2009年)

広部和也「国際法における国内裁判所についての一考察」国際法外交雑誌 75 巻 2 号(1976 年)

三浦武範「法体系の調整に関する一考察(一)(二・完)——国際法と国内法の関係についての『調整理論』を中心に」法学論叢 142 巻 2 号(1997 年),143 巻 5 号(1998 年)

水上千之「条約の国内的編入と国内的効力」広島法学 16 巻 4 号(1993 年)

山本草二「国際法の国内的妥当性をめぐる論理と法制度化——日本の国際法学の対応過程」国際法外交雑誌 96 巻 4＝5 号(1997 年)

Iwasawa, Y., *International Law, Human Rights, and Japanese Law: The Impact of International Law on Japanese Law* (Oxford, Clarendon Press, 1998)

Iwasawa, Y., "The Doctrine of Self-Executing Treaties in the United States: A Critical Analysis", *Virginia Journal of International Law* 26 (1986)

# 第 5 章  国家与国家机关

## 1  国家的意义

作为国际法基本主体的国家的构成要件,有① 永久性居民、② 明确的领土和③ 政府三个要素。也就是说,国际法意义上的国家是由永久性居民或国民、一定范围的领土以及实际有效的政府组成的团体。

① 国家构成要件之一的永久性居民或国民,是由各国自行决定的。② 明确的领土虽然也表明国家在一确定的范围内存在,但本国领土的国境线并不一定全部划定。③ 实际有效的政府则意味着不但对内具有排他性的领土支配权,而且对外也不从属于任何国家。

构成国家的要件,除去上述的三项要件之外,有一些学说认为还应该有所谓"与他国建立良好关系的能力",即外交能力或独立性、主权性等第四要件。不过,这些能力其实已经作为政府要件中的一部分被包含在内。

此外,在目前还必须要考虑国家与自决权之间的关系。按照联合国大会1960 年 12 月 14 日通过的 1514 号(ⅩⅤ)决议《给予殖民地国家和人民独立宣言》,对于殖民地而言,其可以通过殖民地居民的意志和愿望获得独立并建立国家。而一些否定殖民地居民自决权的团体,即使满足包括永久性居民在内的上述三项要件,也不能够成为一个国家,比如 1965 年由白人少数人政权通过单方面宣布独立的南罗德西亚就是这方面的例子。另外,一些非殖民地国家的一部分地区的居民虽然有分离性独立的意志和愿望,但其在国际法上也不同于殖民地,即没有保障实现这种分离性独立的原则。之所以如此,是考虑到了国际法上领土完整原则的作用。当然,从法律上而言这种分离性独立并不能被禁止。这种情形,与殖民地的"独立"有所区别,一般被称为"分离"(session),比如有1971年孟加拉国从巴基斯坦的分离,以及1991年后一些国家从苏联的分离,至于对分离的评价,则已经不是国际法的问题了。

## 2 国家承认

要点:(1) 对新国家的承认在国际法上具有什么样的效果?(2) 国家承认具有什么样的形式?(3) 国家承认在国内法和国际法上的效果是否不同?

有新国家宣布独立并获得其他国家承认是经常出现的现象,这一现象即被称为"国家承认"。国家承认,最初出现在17世纪荷兰独立时其他欧洲国家对荷兰的承认,其后19世纪由于中南美各国的独立而进一步扩大,直至今天仍然存在。

对于国家承认,有观点认为只要被承认对象具备一定的条件,其他国家的承认就是一项义务,不过在国家实践中,却一直将国家承认作为一项国家的自由裁量行为。如何在法律层面理解这一以国家自由裁量为前提的国家承认,以及与此相关的政府承认,将是下面论述的话题。

### 5.1 关于国家承认的学说:创设效果说与宣告效果说

关于国家承认,即国家的成立具有何种法律效果的问题,一直存在两种对立的学说。第一种学说是"创设效果说",即如果没有第三国的承认,新国家就不能成立,或者说即使某一团体具备了我们前述的永久性居民等要件,但如果没有得到第三国的承认,就不能成为国际法意义上的国家。而第二种学说则与此相反,被称为"宣告效果说",认为即使没有第三国的承认,但只要具备我们前述的构成国家的要件,国家就可以成立。也就是说,按照宣告效果说,在国际法上,国家的成立与第三国的承认没有丝毫关系。

在19世纪的国际社会,欧洲地区之外存在着的统治团体并没有自动获得所谓"国际法上的国家"的资格,也就是说是否将这些统治团体作为国际法上的"国家"来对待则完全取决于欧洲国家的意志。因此,这些统治团体只有得到欧洲国家的承认才能够得到国际法上的"国家"地位。被承认为具有了"国家"的资格,也就意味着加入了由欧洲国家组成的所谓"欧洲国际法团体"。在当时,欧洲列强承认某一特定统治团体为国家,该统治团体才能够具有国家资格,因此承认就自然具有了法理意义。

其实,对于承认是否是构成国家的要件,可以作如下理解。按照创设效果说,某一团体为了能够成为一个国家,除去需要具备前述的一些客观性要件之外,还需要具备进入国际社会的其他主观要件。19世纪的国家观认为要承认一个国家,其必须是所谓的"文明国家",或者说它们是以所谓文明国家正统主义的国家观为前提来决定是否承认一个国家。而宣告效果说的国家观则是一种现实主义的,即只要能够满足前述的一些客观要件,就承认是一个国家。

在现代国际社会,民族自决原则已经成为国际社会的一项基本原则,这一原则意味着每个国家的人民都可以自由地决定自己国家的政治和社会体制。当然,作为民族自决权主体的"人民"(people)究竟指什么,其实是一个比较难回答的问题,尤其对于殖民地之外地区的人民,更是缺乏明确的定义。此外,自决权的内容虽然包括殖民地人民要求独立争取政治地位的决定权即对外的自决权,但是否还应该包括殖民地以外的人民对自己在本国国内政治地位的决定权即对内的自决权,以及是否为了追求对外的自决权就一定要损害人民的对内自决权,其实是不明确的。既然民族自决原则是国际法的基本原则,那么一个国家的成立及其政治体制的确立,就不应该交由第三国来判断是否合适。对于一个国家来说,除去前述的三项要件之外,曾经的所谓"文明国家"的主观性要件其实也是不需要的。进而言之,即使有一部分国家不予承认,即虽然满足了作为国家的三要件但没有得到一些国家的承认,而这一行为从国家自由裁量的角度来看并不违法,但是并不能因此认为该未被承认的"国家"与不予承认的国家的关系就不是国家关系。例如,一部分未承认以色列的阿拉伯国家同以色列之间的关系就是如此。也就是说,在现代国际法上,宣告效果说被认为比较符合实际情形。虽然创设效果说也曾经占据过主导地位,但也只能说是由于这一学说反映了当时国际社会的现实状况。

不过,如果宣布独立的国家能够得到美国等强大国家的承认,或者得到众多国家的承认,那么就会提高新独立国家的国际正统性,同时无疑也会强化其国内的政权基础。也就是说,通过承认,事实上强化了新国家存在的基础,因此承认虽然并非在法律上但在事实上又具有了"创设"国家的作用。从这个意义上而言,能够得到众多国家的承认,本身就是国家成立的一个证据。

**补充引申:创设效果说与作为其背景的国际法观念**

创设效果说之所以具有一定影响,就在于当某一国家或严格的说法应该是某一领土范围的居民团体宣布独立时,其他国家会分成承认国家和不承认国家两派。比如,19世纪墨西哥的独立,就得到了法国的承认,但墨西哥的宗主国西班牙对此不予承认。其实最初国家承认成为一个问题,就是宗主国不承认独立国家但另外一部分第三国给予了承认。在这种情况下,宣布独立的团体与承认国之间的关系当然就是国家关系,但与未承认国家之间的关系就比较复杂,这就是所谓"国家的相对性"问题。

也就是说,国际社会常常会感觉到现实的矛盾而不得不采纳创设效果说并接受承认的相对性,不过如果要探讨有关这一问题的学说情况,应该说正是因为承认的相对性才出现了对创设效果说的强有力主张,即认为作为新的国际法主体的国家的出现当然应该经过既有国家承认的程序,新国家在与其他国家的关系上要承受国际法上的权利和义务,其前提就是必须要得到其他国家的承认。如果能够推定由国家所构成的国际社会具有实体性或者说国际社会是作为一个实体而存在的,那么国际社会就可以决定对国家的承认。不过如果按照认为个别国家的意志是国际法基础的法律实证主义的极端观点,只有得到各国的承认,国家才能够成立。

即使在民族自决的基本原则已经得到承认的20世纪中叶,仍然有著名的国际法学家劳特派特强烈主张创设效果说,甚至认为应该将承认作为一种义务来看待。而且,这一主张在日本也得到了高野雄一的支持,他提出了比较绝对的看法,认为如果没有国家的承认,新国家就无法产生。将创设效果说视为法律原理的这一思考方法,其逻辑推理是假定通过个别国家的意志也可以推定独立客观的国际法,甚至想假定一个具备实体的国际社会并加以否定。在今天,宣告效果说已经被广泛接受,这也许可以说是认为国际法是独立于个别国家意志的客观存在以及具备实体的国际社会已经得到普遍承认的一个证据。

**当今世界:围绕科索沃及南奥塞梯的承认问题**

2008年2月17日,作为塞尔维亚一部分的科索沃宣布独立。第二天,美国、英国和法国就对此进行了承认,其后又有一些国家承认,截止至2010年7月,已经有69个国家承认了科索沃的独立。不过,塞尔维亚坚决反对科索沃的独立,而且因为没有得到俄罗斯和中国的承认,所以科索沃难以实现加入联合国的愿望。2008年10月,根据塞尔维亚的提案,联合国大会向国际法院提出提供咨询意见的要求,即科索沃单方面提出的独立宣言是否符合国际法。2010年7月22日,国际法院发表咨询意见,认为科索沃的独立宣言并未违反国际法。

而与此相对,2008年8月,俄罗斯与格鲁吉亚之间爆发武力冲突,8月26日俄罗斯宣布承认自1992年以来就一直试图脱离格鲁吉亚独立的南奥塞梯,但大多数国家对此都没有给予承认,只有委内瑞拉、尼加拉瓜和瑙鲁在俄罗斯之后承认了南奥塞梯。

对于科索沃,虽然直到现在也仍然没有被世界上绝大多数的国家所承认,但在国际法院作出咨询意见之后承认的国家会逐渐增多,而对南奥塞梯给予承认的国家数量增加的可能性极小。俄罗斯一直以南奥塞梯的独立和科索沃的独立进行比较,但很多西方国家对此提出反驳,认为南奥塞梯与科索沃并没有可比性。

## 5.2 国家承认的各种形态

国家承认,有国家单独作出的单独承认,也有通过集体形式作出的集体承认。当然,即使是集体承认,也不过是若干国家单独承认的一种集体进行形式,在承认效果上并无任何不同。而且,承认国与被承认国之间一般会缔结条约,其中会写入关于承认的规定等内容,在这种情况下承认作为一种单方面行为的性质仍然未变。

承认一般是承认国通过公开声明明确表示对被承认国的承认,这种形式被称为"明示承认"。也有些国家只是与被承认国之间缔结条约或相互派遣或接受外交使团,而这些行为一般是在国家承认之后才会进行的行为,在这种情况下这些行为也被认为是一种承认,即"默示承认"。然而,不论是明示承认还是默示承认,二者的效果都是一样的。

一般来说,承认一旦作出就不能撤回,不过当新国家的成立还不能完全确定或者其形势仍然处于不稳定状态时,也可以作出仅仅具有暂时效果的"事实上($de\ facto$)的承认"。与此相对的则是"法律上($de\ jure$)的承认"。事实上的承认的效果不完全等同于法律上的承认的效果,而且也可以根据形势的变化予以撤回。例如,在事实上的承认阶段,就不会进行两国间缔结条约或派遣、接受外交使团的行为,如果进行这样的行为,就会被解释和理解为法律上的承认。事实上的承认,也可以有明示的承认和默示的承认。

此外,不论是法律上的承认还是事实上的承认,如果在新独立国家还未获得完全有效的统治之前就加以承认,那么就会被认为是一种"过急的承认"而被国际法所禁止。

## 5.3 加入联合国与国家承认

一般认为,在现代国际社会,只要加入了联合国,适用作为国际社会宪法文件的《联合国宪章》，就会成为国际社会的正式成员。但是，一个国家加入联合国并不意味着联合国既有成员国对该国的承认。例如，以色列是联合国的成员国，但并不意味着不承认以色列的一些联合国内的阿拉伯国家对以色列的承认，日本对朝鲜的立场也是同样。

### 5.4 集体性不承认

在第二次世界大战之后，国际社会又出现了对某些国家的集体不承认现象，即联合国安理会通过决议对某一新独立国家不予承认，联合国成员国根据该决议也对该国不予承认。也就是说，对于违反国际法的独立宣言，联合国安理会会要求成员国对此不予承认。具体而言，这方面著名的案例有1965年宣布独立的"南罗德西亚"和1983年宣布独立的"北塞浦路斯土耳其共和国"，前者是英国在非洲南部的一个殖民地，虽然作为宗主国的英国反对其独立，但是作为少数派的白人史密斯政权还是无视作为多数派的黑人居民宣布了独立；后者则是土耳其军队入侵塞浦路斯北部并支持该地土耳其居民宣布了独立。当然，也有人认为，"北塞浦路斯土耳其共和国"的事例并不典型，因为如果没有土耳其军队的支持，当地的土耳其居民就根本无法独立，所以本来就缺乏作为国家要件的"政府的实际有效统治"。

在这两个案例中，联合国安理会代表国际社会认定它们所发表的独立宣言违反了国际法，因此要求成员国对独立宣言所涵盖的领土范围不予承认。当然，对此也有不同看法，即北塞浦路斯土耳其共和国和南罗德西亚究竟是因为缺乏实际有效统治和违反了民族自决的国际法原则而无法成立国家呢，还是因为各国按照安理会的决议不予承认而导致其无法成立国家呢。比较合理的解释应该是，考虑到违反国际法的不同程度，联合国安理会认定其独立的违法性并要求各国不予承认，正是各国遵照安理会要求所作出的不承认，导致了它们违反国际法的独立而难以成立国家。

也就是说，一般意义上的国家承认，目前的理解就是其仅仅具有宣告性的效果,但是如果各国基于联合国安理会的要求作出了不承认,就意味着否认其国家的成立,这种情况下将承认理解为具有创设性效果也无不可。

### 5.5 国家承认在国内法上的效果

在国际关系中,不论是否给予承认其实都不影响彼此间展开各种外交活动,比如日本直到现在不论在事实上还是法律上都没有承认朝鲜,但是2002年小泉纯一郎首相前往朝鲜并且同朝鲜领导人金正日国防委员长共同发表了联合声明,2003年日本又同美国、中国、俄罗斯、韩国及朝鲜一起举行了"六方会谈"。即使有这样的外交接触,但日本政府并没有给予朝鲜国家承认,所以日本并不承认"朝鲜民主主义人民共和国国籍",也无法进行两国间的援助。这种对国家的不承认,虽然也会有国际法上的效果,但其实国内法上的效果更为明显。

美国和英国的法院,长期以来对于未承认国家的法律不予适用,即不承认这些国家的行为为"国家行为",因此也不承认这些国家享有司法豁免权,总之并不是以所谓的"国家行为理论"来对其他国家主权行为是否合法作出判断。也就是说,在面对国家承认问题的时候,美英法院的这种应对与其政府的应对是不同的。

而德国和瑞士的法院,则承认未承认国家行为的主权性,即认为有可能适用司法豁免权或国家行为理论。在适用法律的问题上,即使是未承认国家所制定的法律,只要是实际实施的法律,就应该适用。对此,日本的法院也是同样的处理方式。关于法院适用的法规,德国和日本等国法院认为,决定要素并非有没有国家承认,而是应该适用对被提起诉讼案例最为合适的法律。美国和英国的法院近年来也有所改变,即尽可能不违反政府的政策,即使是未承认国家的法律,也可以加以适用。

总之,国家承认与否在目前常常会具有一定国内法意义上的创设效果,不过这一效果正越来越受到限制。

## 3 政府的承认

> 要点:(1) 对新政府的承认具有国际法上什么样的效果？(2) 应该如何理解废止政府承认的政策？

当发生一个国家的旧政府未经宪法规定的正当程序被颠覆并出现新政府的情况时,就会发生其他国家对新政府的承认问题,即"政府承认"。如果是按照宪法正当程序所进行的政府首脑更换,则被认为属于政府自身的延续,因此不会发生政府承认的问题。

政府承认同国家承认一样,既可以有明示的承认和默示的承认,也可以有单独的承认和集体性承认。此外,即使是面对一个实际有效政府的成立,其他国家也并没有必须承认的义务,即承认与否是各个国家的自由选择,即使通过缔结条约作出明示性承认,也不会改变承认所具有的单方面行为的性质。同国家承认一样,如果在一个新政府具备实际有效统治之前就予以承认,那么也会被认为过急承认而遭到禁止。

关于政府承认的效果,也同国家承认一样,一直就存在着创设效果说和宣告效果说之间的争论。在国家存在为前提的政府承认的情况下,每个国家有什么样的政府是该国主权范围内的事项,因此并不考虑第三国意愿而承认政府更迭的宣告效果说比较符合实际,比如1923年"蒂诺科特许权仲裁案"所显示的那样。

虽然国际法不同于国内法,其权利主体是国家,但是代表国家的是政府,所以政府承认也就具有了国内法上的效果问题。对其他国家而言,由哪个政府代表国家行使权利和承担义务,将直接由政府承认来决定。从这个意义上来说,在国内法上,政府承认就具有了创设性的效果。

### 5.6 政府承认的政策

关于政府承认的政策,很早就在频繁发生政变或革命等以非宪法程序更迭政府的南美洲国家出现。首先,有 1907 年由哥伦比亚前外长托巴提出的"托巴主义"(Tobar Doctrine),主张对于那些通过政变实现的政府更迭要延缓或不予承认,否则会加强新政府的正统性,甚至会诱发更多的政变活动。其次,是 20 世纪 30 年代由墨西哥外长艾斯特拉达提出的"艾斯特拉达主义"(Estrada Doctrine),认为政府形态属于各国的主权事项,是否适合并非由外国判断,否则就是干涉内政,即主张对出现的新政府不予判断和承认。托巴主义和艾斯特拉达主义虽然都是从政府承认所带来的政治性效果来考虑的,但是前者采取积极利用的态度,而后者则采取消极对待的态度,二者的思维态度正好相反。不过,这些国家采取的政策,都表明了政府承认只不过具有宣告的效果,以及被其他国家承认在事实上具有强化新政府统治基础并有利于新政府成立的政治效果,同时也可以说提供了政府成立的证据。

### 5.7 政府承认的废止政策

20 世纪 70 年代后期,美国和英国提出了废止政府承认的政策,其后众多的欧洲国家实际上也采取了同样的政策,比如瑞士、意大利和澳大利亚等国。

英国在很长时间里一直奉行"实际效果原则",采取基于事实主义的政策,即只要判断新国家或新政府确立了实际有效的统治,就予以承认。但是,英国对加纳有可能实施大规模屠杀的新政权予以承认,以及在柬埔寨问题上,在 1976 年越南支持的韩桑林政权已经确立实际上的统治权之后,英国政府仍然继续承认进行了大规模屠杀的波尔布特前政权,因此遭到了英国国内的巨大谴责。当然,英国政府之所以不承认韩桑林政权的理由,是认为该政权是越南建立的傀儡政权,缺乏实际有效统治的要件。英国的在野党指责英国政府通过政府承认使得那些集体性屠杀正当化,对此英国政府的回答是,只不过是按照一贯采取的实际效果原则维持对柬埔寨波尔布特政权的政府承认,以及对加纳新政府的承认。不能否认英国政府的承认行为确实加强了这些政府的国际正统性,因此英国政府也改变了过去那种对非宪法正式程序所成立的新政府给予"政府承认"的政策,除非在政治上必须,否则一般不进行承认,而只是根据外交关系的判断来进行处理。

美国也大致如此,过去一直也在实施政府承认的政策,但是从20世纪70年代后期开始,废止了政府承认的政策,仅仅根据对外交关系的判断来进行处理。美国进行政策改变的理由,也同英国一样,即为了避免由于政府承认出现对被承认政府政策的评价和接受。另外,如果在由于政变或革命出现旧政府势力与新政府势力并存的情况下如果仍然实施政府承认的话,就只能与旧政府或新政府的某一方进行正式接触,而在面对如此情况下能够自由地与新旧政府接触才最符合美国的利益。因此,美国就放弃了选择某一方政府给予承认的政策。当然,美国也同英国一样,并不是未来不进行任何的政府承认,而是根据需要在必要的情况下进行政府承认。

也就是说,英国与美国政策的同样之处在于,两国都从过去常常进行政府承认的政策转变为仅仅在认为有必要的情况下进行政府承认。不过,需要注意的是,英国与美国在所谓"废止承认"政策背后的动机上是不同的。

### 5.8 废止政府承认的意义

那么,英国与美国对政府承认的"废止"是否真的是完全废止对政府的承认呢?对此也可以解释为只不过是在认为不方便进行承认的情况下不作出明示的承认而代之以默示的承认,如果是真的完全废止对政府的承认,就必须要完全废除通过承认改变对代表某国政府接受的制度。

英国采取的政策其实并不明确,即并不知道在某国新政府发生更替的哪个时间点上决定是否给予承认。按照其外交部的解释,只不过是从过去的明示承认改变为现在的默示承认,不过英国的法院却因为英国政府政策的改变不得不发生变化,即过去一直是根据英国政府对其他国家的承认与否来决定政府的代表资格及适用法规,而现在由于英国政府不再进行明确的政府承认而只能由法院自己进行判断了。因此,英国对政府承认的废止,对英国国内法院的判断产生了巨大影响。如果考虑到英国法院的这一改变,也可以说英国的政策改变不是从明示承认改变为默示承认,而是完全废止了政府承认。

美国对政府承认的废止,其意在于同时与某国并存的两个以上的政府具有正式的关系,在这种情况下,也可以理解为是对政府承认的完全废止。

### 5.9 分裂性国家

一般而言,每一个国家只可能有一个政府存在,政府承认是在代表国家的政府通过革命等非宪法程序发生改变时才需要进行的。如果革命在短时间内完成,那么一个国家内有两个以上政府并存的时间也不会长,但是根据不同情况,一个国家内有两个以上政府长期并存的情况仍然存在。

## 4 国家的消失

**要点:(1) 什么是国家的消失? (2) 什么是国家的消失在国际法上的效果?**

在国际社会,国家的消失虽然并不像国家的诞生那样频繁,但也并非没有。具体而言,以下三种情形就可以视为旧国家的消失:① 一个国家分裂为若干新国家;② 一个国家被别的国家合并成为该国的一部分;③ 两个以上国家合并成为一个新国家。在这几种情况之下,一般认为消失的国家与仍然继续存续或新诞生的国家间已经没有了同一性,即国家已经消失。政府的消失则与国家具有同一性,即会随着国家的消失而消失。当然,对于是否具有同一性,并没有一般性的统一标准,而是需要根据每一个不同情况来进行判断。

"冷战"结束之后的南斯拉夫分裂成若干国家,就属于上述的第①种情况,民主德国和联邦德国的合并及新德国的诞生属于上述的第②种情况,1990年南北也门合并后成立的也门则属于上述的第③种情况。

一个国家的消失,会引起旧国家所具有的权利义务及私人财产乃至国民的国籍发生改变而成为问题,这些问题可以被归纳在后面将要叙述的国家继承中来解释。

此外,政府消失的情况也频繁发生。所谓政府承认的问题,就是因为政府消失以及新政府成立而出现的。不过,即使政府消失,作为国际法权利义务主体的国家仍然继续存在,因此并不影响国家在国际法上的权利和义务。比如,在第一次世界大战中实行帝制的俄罗斯发生政权更迭以及苏联诞生之后,苏联以苏联不等同于帝制俄罗斯为同一国家而试图否认帝制俄罗斯时期与其他国家之间的债务,但有关国家当然不予承认,因为在这些国家看来,帝制俄罗斯向苏联的政权更迭只是政府变更而并非国家改变。

"冷战"结束之后,虽然苏联解体以及众多国家诞生,不过俄罗斯之所以自动继承了苏联在联合国尤其是在安理会的席位,是因为苏联与俄罗斯具有同一性,俄罗斯同其他联合国成员国都认为这只不过是一次政府变更,即俄罗斯只是改变了苏联的国名而已。

## 5 国家的继承

要点:(1) 何为国家继承以及国家继承时会发生什么问题?(2) 关于国家继承的一般国际法有哪些规则?(3) 国家继承实际上是以何种形式解决的?

国家继承,是对一定领土范围进行支配的国家发生更替时出现的一种现象。通过国家继承,旧国家的权利义务是否能够转移给新国家,或者在继承的情形下会在什么样的条件下以及在何种范围内进行权利义务的继承,等等,这些问题都会成为国际法上的问题。在国家领土暂时被其他国家占领的情况下,由于领土的统治权仍然由被占领国继续拥有,因此并不会发生国家继承的问题。

国家继承,具体而言,在下列四种情形下发生:① 既存国家领土的一部分出现一个新的继承国家,即独立或者分离;② 既存国家分裂不再存在并被分为两个以上的继承国家,即分立;③ 既存的两个以上国家合并为一个新的国家,即合并;④ 国家领土的一部分转让给其他国家,即割让。第①种情形的"独立"或"分离",要由新诞生的继承国的领土是否是殖民地来决定,战后由殖民地而产生的众多国家就可以被视为"独立",这些国家一般也被称为"新独立国家",而20世纪90年代由于苏联解体而产生的诸如格鲁吉亚、哈萨克斯坦等国家则被视为"分离"。国家继承不仅仅适用于旧国家消失和新国家出现的情形下,在既有国家之间发生领土割让转移的时候也会被适用。

在适用国家继承时涉及重要权利义务的内容主要有:① 被继承国所缔结的条约;② 国际组织成员国的地位;③ 居住在被转移到继承国领土内居民的国籍;④ 被转移领土内个人的权利和资格;⑤ 被继承国的债务;⑥ 外交财产。

从很早之前就不断地有领土割让的现象,因此国家继承也一直是国际法上议论的问题。特别是第二次世界大战之后,从20世纪50年代至60年代,众多殖民地独立建立国家,90年代前半期一些国家发生分裂,国家继承成为国际法上一个重大的问题。经过联合国国际法委员会的审议,1978年通过了《关于国家在条约方面继承的维也纳公约》,1983年通过了《关于国家对国家财产、档案和债务的继承的维也纳公约》。这两项公约都并非将国际习惯完全的法典化,其"国际法的渐进式发展"色彩较为浓厚。尤其是关于债务继承的公约,在通过时众多西方发达国家都投了反对票或弃权票,因此其法律价值较低。

## 5.10 条约

在新独立国家出现的情形下,关于作为继承国的新独立国家的条约继承问题,一般继承国与被继承国之间会缔结新的条约,比如缅甸、尼日利亚等国都是如此。另外,也有继承国单方面发表声明的情形,比如1958年埃及和叙利亚合并建立阿拉伯联合共和国。当然,这些条约或者声明并不能对被继承国之外的其他条约当事国产生拘束力。不过,一般情况下,如果其他条约当事国对这些条约或声明给予默认,那么也可以认为实际上这些条约或声明的内容得到了继承。

在独立的情形下,继承国对于被继承国的条约,一般按照所谓"白板原则"(clean slate)来进行,即作为原则,可以不予继承。《关于国家在条约方面继承的维也纳公约》第16条也规定从殖民地独立的"新独立国家"适用白板原则。在分离的情形下,虽然也有人认为可以适用白板原则,但是20世纪90年代东欧各国在进行国家继承时对双边条约大都自动给予了继承。此外,虽然《关于国家在条约方面继承的维也纳公约》第34条对于独立和分离进行了区别并且规定在分离的情形下继承国应该继承被继承国的条约,即所谓"持续性原则",但是在实际操作时其实很难清晰地区分独立与分离的不同。

在被继承国的领土被割让给继承国的情形下,原则上继承国的条约适用于该领土。在某一被继承国被既存国家合并的情形下,作为继承国的既存国家的条约也可以适用于已经消失的被继承国的领土。在若干被继承国合并为一个新的继承国的情形下,则没有一般性的国际法规则。

此外,《关于国家在条约方面继承的维也纳公约》第11条规定,即使在适用白板原则的情形下,确定边界的条约也作为例外应该被继承。不言而喻,公约中依据国际习惯确定的有关规则,与是否继承条约无关,而是作为国际习惯对继承国有拘束力。

### 5.11 国际组织的成员国

既然在原则上条约尤其是多边条约的法律地位无法继承,那么由条约所建立的国际组织成员国的地位也就无法继承。第二次世界大战后的新独立国家,在加入联合国的时候,都需要履行作为新成员的加入手续。即使是 20 世纪 90 年代分裂的南斯拉夫,虽然在当时还保留了南斯拉夫的国名,但新旧两个南斯拉夫其实是两个不同的国家,所以还需要以新成员的资格重新履行加入联合国的手续。也就是说,在新的继承国出现的情形下,即使是独立之外的其他情形,也需要履行新成员加入的手续。

### 5.12 居民的国籍

关于领土转移情形下居住于该领土上的居民的国籍问题,首先是一个有关被继承国和继承国国内法上国籍法的问题。在被继承国还存在但其特定领土的支配国发生变化的情形之下,在该领土上居住居民的国籍,一般会采用自动从被继承国国籍转变为继承国国籍的方法进行转换,或者由该转换领土上的居民自己选择国籍。有一种观点认为,因为国籍被认为是个人基本自由权利之一,因此在国家继承时一般都由被转移领土上居民自己选择国籍,给予这些居民国籍选择权利是被继承国和继承国双方的义务。不过,认为给予居民国籍选择权利是义务还不能被视为国际习惯。

在两个以上被继承国合并形成一个继承国且被继承国消失的情形之下,居民的国籍自动就会转换为继承国的国籍。在被继承国分裂为两个以上继承国的情形之下,居民应该获得新诞生的继承国中哪一国的国籍,则并无任何国际法上的规则。

### 5.13 个人的权利

在与国家继承有关的问题中,很早就有保护包括外国人在内个人权利的内容,特别是对由被继承国认可的特许权地位的保护。关于被继承国给予个人的权利在国家继承之后能否受到保护,有一种观点认为,按照一直以来所谓的"既得权利的法理",这一权利应该受到肯定。不过,作为国际法上的原则得到承认的不仅仅有对外国人财产权的保护,同时国家也可以为了公共目的征用外国人的财产,在进行国家继承时国家的征用权也并不会比平时受到更多的限制。关于外国人的财产,继承国只要满足一定条件就可以进行征用,当然即使继承国有这样的权利,但是从国际法上来说对此一般还是加以保护的,即使被征用,外国人也有要求和接受补偿的权利,不过在发生国家继承时并不能按照"既得权利的法理"来得到特别的保护。

### 5.14 国家债务

在独立的情形之下,继承国并不需要继承被继承国的债务。不过,如果是为了该地而借入并用于该地的道路建设等,那么继承国当然应该承担其相应的部分。此外,在被继承国合并消失的情形之下,被继承国的国家债务应该由继承国继承。在被继承国分裂为两个以上继承国的情形之下,被继承国的债务无疑应该由继承国继承,不过同时还要考虑不同继承国所获得的收益比例等因素,即基本上每一个具体案例都会有不同的处理。一般来说,筹措到的金钱如果被用于某一特定地区,那么该项债务就应该由统治这一地区的继承国继承。不过,除此之外的情形,对于是否应该继承或如何确定继承比例,国际法上并无明确规则,而是一般需要通过国家之间的协议来决定和解决。

### 5.15 外交财产和在国外的财产

关于被继承国驻外大使馆等外交财产以及位于国外的财产,因为国家为其所有者,所以在继承国独立但被继承国仍然存在的情形之下,并不受影响,仍然为被继承国的财产。作为例外,外交财产之外的在分离、独立领土上的固有财产,应该由继承国继承。

另外,如果被继承国消失,那么就会有不同的情形。如果被继承国合并为一个新的国家,那么被继承国的外交财产由继承国继承。如果被继承国分裂为若干新国家,对于外交财产如何在这些国家之间进行分配,则缺乏国际法上的规则,那么就只能由分裂后的若干国家之间自己决定如何分配。

## 6 国家机关——以外交关系法为中心

**要点:(1) 何为涉及国际法上地位的国家机关?(2) 外交使馆的法律地位具有什么样的特色?(3) 领事机关的法律地位与外交使馆比较具有什么特色?**

关于外国的国家机关,其外交使节或其领事的法律地位从很久之前开始就已经被人们所关注,后来随着国家行动范围的进一步扩大,一些从事经济活动的国家机关或国营企业也开始在外国有所活动,这些行为体的法律地位同样也成为人们关注的问题。第二次世界大战之后,因为存在外国军队大规模且长时间驻扎国外的现象,比如驻日美军和驻欧洲的北约军队,以及通过国际组织进行的各种外交活动,所以就会出现诸如国际组织的常驻使团、国家参加国际会议或国际组织的临时使团以及外国驻军等形态更加多样的国家机关的法律地位问题。

## 5.16 外交使馆的意义

外交使馆是代表国家并承担国家间交流任务的重要机关。在国际法上，很早就有有关外交使馆的规则，因此在这方面国际习惯较为发达。不过，1961年制定通过的《维也纳外交关系公约》目前一般被认为是有关外交领域的普通国际法。

外交使馆是代表派遣国在接受国进行活动的机关，一般由作为首长的全权大使或公使以及外交职员、技术职员等构成。根据《维也纳外交关系公约》第3条第1款的规定，外交使馆的任务，主要有下列五项：(a) 在接受国中代表派遣国；(b) 于国际法许可之限度内，在接受国中保护派遣国及其国民之利益；(c) 与接受国政府办理交涉；(d) 以一切合法手段调查接受国之状况及发展情形，向派遣国政府具报；(e) 促成派遣国与接受国间之友好关系，及发展两国间之经济、文化与科学关系。

在国际关系中，常常会有利用外交使馆的驻地接纳庇护接受国政治流亡者的事例，即所谓"外交庇护"(diplomatic asylum)。这方面最为著名的一个案例，就是1948年秘鲁与哥伦比亚之间发生的"庇护权案"，即秘鲁政变未遂者托雷进入哥伦比亚驻秘鲁大使馆请求避难并被庇护而引起的两国法律争端。不过，外交庇护并非外交使馆正当的工作内容，在国际法上也没有被承认，如1950年国际法院对"庇护权案"判决所显示的那样。不过，也有观点认为在美洲存在着承认外交庇护的地区国际习惯，如果这一观点得到肯定，那么外交庇护就有可能在美洲地区合法化。此外，即使派遣国行使了外交庇护的行为，接受国的官员及执法人员不经派遣国同意也不能进入外交使馆的公务驻地强行扣押被庇护者，这一点涉及了将在后面论述的外交使馆公务驻地的不可侵犯性。

国家曾经被赋予所谓的"使节权"，即不论接受国意向如何，派遣国都可以按照自己的意愿派遣外交使团，但是《维也纳外交关系公约》第2条的规定："国与国间外交关系及常设使馆之建立，以协议为之。"目前则必须在得到接受国同意的前提下才能够派遣外交使团,即接受国并无必须接受的义务。而且,国家对于接受的同意也常常有可能撤回,如果接受国撤回了同意,那么派遣国就必须在合理的期间内撤回其外交使团。

### 5.17 外交使馆及其职员的法律地位

外交使馆及其职员在接受国可以享受特权豁免。这里的所谓"豁免"与"特权",有时也被区别为将排除接受国领土管辖权称为"豁免",而将除此之外通常给予外国人的特别待遇称为"特权",不过将二者进行特别区分并无实际意义。

作为决定外交使馆在接受国法律地位的基本理论,有三种观点:① 治外法权说;② 国家代表说;③ 职务必要说。按照治外法权说的观点,既然外交使馆是派遣国的机关,那么就不应该承认接受国的管辖权而应完全处于派遣国的管辖权之下。国家代表说的观点认为,既然外交使馆代表派遣国,那么当然应该给予国家代表相应的特权与豁免。职务必要说则认为,既然接受了外交使馆,那么接受国当然就应该给予使馆人员执行职务所必要的特权与豁免。如果按照治外法权说的观点,接受国的管辖权完全不能及于外交使馆及其职员,但是如果按照国家代表说和职务必要说的观点,就可以理解为以接受国的管辖权可以及于外交使馆及其职员为前提而只是对部分管辖权的豁免。至于国家代表说和职务必要说之间的差别,则体现了给予外交使馆特权与豁免的细微不同之处。

《维也纳外交关系公约》在其前言中规定,给予特权与豁免的目的在于"确保代表国家之使馆能有效执行职务",即采用了公约通过之前的国际习惯,排除了治外法权说,比如公约第 41 条规定:"在不妨碍外交特权与豁免之情形下,凡享有此项特权与豁免之人员,均负有尊重接受国法律规则之义务。此等人员并负有不干涉该国内政之义务。"并在承认职务必要说的前提下又吸收了国家代表说。目前外交使馆及其职员的特权与豁免就是以此为基础而形成的,其主要内容包括:① 使用国旗和国徽的权利;② 接受国应为派遣国开设使馆馆舍提供便利;③ 使馆馆舍不受侵犯;④ 使馆馆舍免交各种捐税;⑤ 使馆档案及文件不受侵犯;⑥ 接受国应给予使馆执行职务充分便利;⑦ 接受国应确保使馆人员行动及旅行的自由;⑧ 使馆通信自由;⑨ 使馆办理公务所收费用免征一切捐税;⑩ 外交代表及其家属人身不受侵犯;⑪ 外交代表及其家属的居所、文件、信件、财产不受侵犯;⑫ 外交代表及其家属享有刑事与行政管辖豁免权;⑬ 外交代表及其家属免于适用接受国施行的社会保险办法;⑭ 外交代表及其家属免纳一切对人或物课征的捐税;⑮ 对外交代表及其家属免除一切个人劳务和所有各种公共服务及军事义务;⑯ 免除使馆和外交代表及其家属一切关税和检查。此外,对于行政与技术职员及其家属,公约第 37 条第 2 款规定,除去享受公务活动行为中的民事与行政诉讼管辖豁免之外,也可以享受公约第 29 条至第 35 条规定的特权与豁免。对于使馆事务职员和使馆人员的私人仆役,按照公约第 37 条第 3 款和第 4 款的规定,也享有在一定限定范围内的特权与豁免。

也就是说,外交特权与豁免不仅仅限于派遣国的外交使馆及其职员,甚至也可以及于事务职员及其家属乃至私人仆役。

这些外交特权与豁免,由特别的保护和管辖权的豁免所构成,通常并不会给予一般的外国团体或外国人。所谓豁免,一般是以接受国的立法管辖权所及事务为前提,针对其司法管辖权和行政管辖权给予豁免,然而关于课税的豁免则是将其视为与司法权一样为国家本质性功能而给予的豁免,所以应该是来自立法管辖权的豁免。

对于给予外交代表个人的外交特权与豁免,一般认为并非给予个人而是给予国家的一项权利。因此,派遣国有权在不考虑外交代表等人意愿的情形下放弃给予其外交代表等人的司法管辖豁免。

由于外交使馆职务原因而给予使馆职员的司法豁免,其实反映了比外交特权豁免更为优越的性质,是给予国家机关的所谓"对物"(*in rem*)权利,即使在作为使馆职员的职务结束之后这一权利原则上仍然存在,而给予使馆职员个人行为的豁免是一种所谓"对人"(*in personaem*)权利,这一权利将伴随着作为使馆职员职务的结束而结束。

**补充引申：课税豁免**

在"美国使馆职员案"中，主要的问题是日本政府对美国大使馆征收作为使用者的预扣税款，日本法院也明确判定日本无权对美国政府附加缴纳预扣税款的义务。虽然《维也纳外交关系公约》第 23 条规定了对外交馆舍的捐税豁免，但是对于外交使馆是否具有缴纳预扣税款的豁免则没有规定。根据公约前言中"凡未经本公约明文规定之问题应继续适用国际习惯法之规例"的规定，日本法院认为应该适用有关外交关系中的国际习惯规则，判决接受国必须免除外交使馆缴纳预扣税款的义务。

### 5.18 外交特权与豁免的滥用

通过外交特权与豁免，外交使馆就可以在很大程度上免受接受国的管辖，因此也有必要采取措施防止出现滥用这一权利的危险。《维也纳外交关系公约》就通过一系列的规定来防止外交特权与豁免权的滥用。比如，公约第 2 条规定："国与国间外交关系及常设使馆之建立，以协议为之。"因此接受国在任何时候都有权撤回这一同意并断绝彼此的外交关系。此外，公约第 4 条还规定："派遣国对于拟派驻接受国之使馆馆长人选务须查明其确已获得接受国之同意。"即使馆馆长在被派遣前如果没有获得接受国的同意则不能被派遣。公约第 9 条规定："接受国得随时不具解释通知派遣国宣告使馆馆长或使馆任何外交职员为不受欢迎人员或使馆任何其他职员为不能接受。"通过这些规定及其措施，一方面维持了外交使馆的特权与豁免，另一方面也一定程度上减少了外交使馆职员利用这一特权与豁免损害接受国权益的可能性。

那么，在面对外交特权与豁免的滥用时，是否允许接受国不通过采取上述措施而作为一般国际法上的对抗措施采取不履行义务的态度呢？这个问题在国际法院 1980 年对"美国驻伊朗使馆人质事件案"审判中成为一个现实的问题。这次事件的主要问题在于，在伊朗政府的默许之下，伊朗民众违法将美国驻伊朗使馆和领馆的职员监禁在使馆和领馆内，如何解救这些人员。事件发生之后，伊朗政府向国际法院缺席递交了陈述自己主张的法律文件,认为伊朗的行为是对美国长期以来干涉伊朗内政行为所采取的对抗措施。对此,国际法院驳回了伊朗所谓对抗措施的主张,认为即使美国滥用了外交特权与豁免,也应该通过长期以来所建立起来的外交法律体系及采取外交关系法特有的措施来处理,首先可以宣布美国外交人员为"不受欢迎的人",最终可以断绝两国的外交关系。国际法院之所以作出如此解释,是因为认识到通过外交使馆的特权与豁免所保障的外交关系对于国际社会的平稳运行是必不可少的,而不应该以采取对抗措施为由轻易地停止履行国际义务。也就是说,作为采取对抗措施国家的义务,必须要尊重外交人员或领事人员及其馆舍、公文文件的不可侵犯性,否则就需要承担国家责任。国际法院将外交法领域建立起来的防止滥用措施称为"自我完成机制"(self-contained regime),即在某些可以被定性为"自我完成机制"的特定领域,只能通过特定的保障措施来对抗这一领域内的权利滥用。不过,国际法院虽然提出了所谓"自我完成"的概念,但是需要注意的是,当通过外交关系中特有的防止滥用措施也仍然难以充分应对侵权行为时,就不一定只允许采取这些措施。因此,所谓"自我完成机制"的内容仍然有许多不清晰之处。

在1984年发生于英国伦敦的利比亚驻英大使馆有人开枪杀害警察事件中,虽然英国政府向利比亚政府提出引渡罪犯的要求,但是遭到了利比亚政府的拒绝。因此,英国政府要求利比亚撤销其驻英使馆,并且在利比亚使馆撤销之后进入该使馆内进行现场检查。当然,利比亚也同样要求英国撤销其驻利比亚使馆,两国间一度断绝了外交关系。

**补充引申:外交邮袋的滥用及对抗措施**

为了确保通信自由,所以外交邮袋享有检查豁免的权利,但是也曾发生过外交邮袋被滥用的事件,比如利用外交邮袋将用安眠药催眠的人违法运出国外或者利用外交邮袋走私。对于这样的权利滥用,虽然《维也纳外交关系公约》并没有制定防范措施,但是在前述英国与利比亚外交冲突的事件中,英国政府出于对生命的重视,打开外交邮袋救出了被绑架者。目前,当英国政府怀疑外交邮袋被滥用时,就会采取透视装置进行检查。对于领事机关利用的领事邮袋,《维也纳领事关系公约》第 35 条第 3 款规定:"领馆邮袋不得予以开拆或扣留。但如接受国主管当局有重大理由认为邮袋装有不在本条第 4 款所称公文文件及用品之列之物品时,得请派遣国授权代表一人在该当局前将邮袋开拆。如派遣国当局拒绝此项要求,邮袋应予退回至原发送地点。"但是对于外交邮袋则没有明确规定可以采取的措施,因此防止滥用领事邮袋的措施能否适用于外交邮袋,对此有着不同的看法。

### 5.19　领事机关

根据《维也纳领事关系公约》第 5 条的规定,领事机关是派遣国在接受国内以保护派遣国及其国民利益为目的而派遣的国家机关。最初,领事官员曾经由商会派遣,但是在近代之后改为由国家派遣。

关于领事机关的法律地位,有 1963 年作为规范领事关系法典化条约的《维也纳领事关系公约》,目前这些内容已经被视为国际习惯。不过,在很多国家之间也有双边领事条约,比如日本与中国在 2008 年签订了《中日领事协定》,在存在这样条约的情形之下,其中的规定要优先于《维也纳领事关系公约》。

作为领事的具体任务,公约第 5 条也作了规定,主要有:① 增进派遣国与接受国间商业、经济、文化及科学关系的发展;② 以一切合法手段调查接受国内商业、经济、文化及科学活动及发展状况并向派遣国政府具报;③ 向派遣国国民发给护照及旅行证件,并向拟赴派遣国旅行人士发给签证或其他适当文件;④ 帮助及协助派遣国国民。

领事机关并非像外交使馆那样承担着代表国家的任务,因此接受国所给予的特权与豁免仅限于能够使其顺利完成任务,即所谓"职务必要说",其特权与豁免与外交特权与豁免相比要受到很多限制。按照领事关系公约的规定,领事机关及其人员的特权与豁免当然不同于外交特权与豁免,不过历来领事机关及其人员所享受的特权与豁免是非常优厚的,其实比较接近于外交特权与豁免的内容。

领事机关中的领事,可以是由本国派遣的职业领事,也可以是在派遣国具有声望和能力而被任命的名誉领事。名誉领事只能享受职务行为上的豁免,而职业领事则在职务行为之外也可享受豁免,当然其豁免与外交豁免相比仍然受到一些限制。

具体而言,职业领事享受的豁免与外交豁免相比,有下列一些限制:① 领事官员不得予以逮捕候审或羁押候审,但遇犯严重罪行情形下,依主管司法机关的裁判执行者不在此列;② 一般情况下对领事官员不得施以监禁或以其他方式拘束其人身自由,但为执行有确定效力司法判决者不在此列;③ 在民事诉讼中,领事官员职务之外的行为不能够享受豁免,即使是职务行为,也因为并未明示或默示以派遣国代表身份订立契约所引起的诉讼,或因为车辆船舶等原因在接受国造成意外事故并要求损害赔偿所引起的诉讼,则不能享受豁免;④ 有作为证人出庭作证的义务。

**补充引申:领事通报权**

《维也纳领事关系公约》第36条第1款(b)项规定:"遇有领馆辖区内有派遣国国民受逮捕或监禁或羁押候审、或受任何其他方式之拘禁之情事,经其本人请求时,接受国主管当局应迅即通知派遣国领馆。受逮捕、监禁、羁押或拘禁之人致领馆之信件亦应由该当局迅予递交。该当局应将本项规定之权利迅即告知当事人。"然而,在"布雷亚尔案""拉古兰特案"和"阿韦纳案"中,作为三案当事人国籍国的巴拉圭、德国和墨西哥在美国法院已判该三案当事人死刑的情形下担心美国当局并未按照公约第36条第1款(b)项规定通告当事人有关权利,因此请求国际法院在审理本案的同时采取临时保全措施,国际法院也因此要求美国在本案作出判决前停止对案件当事人执行死刑,但美国并没有依照国际法院的要求去做,仍在国际法院作出判决前对"拉古兰特案"和"阿韦纳案"的当事人执行了死刑,对"布雷亚尔案"当事人则在国际法院作出判决前撤回了起诉。因此,国际法院在最终判决中认为,美国有关当局在"拉古兰特案"和"阿韦纳案"中并未向两国领事机关通知拘禁两国国民的事实,违反了公约第36条第1款(b)项所规定的向受刑者通知其权利的义务。尤其是国际法院在2001年就"拉古兰特案"的终审判决中,涉及领事保护的问题,认为美国违反了公约所规定的当事人所具有的被通知权,其中明确承认个人享有国际法上权利的内容受到了普遍关注。不过,国际法院并没有对于该项权利是否属于基本人权作出判断,因此学术界围绕该项权利是否属于基本人权展开了热烈的讨论。

### 5.20 其他国家机关

在国际习惯上,国家元首与政府首脑享受全面的豁免。至于外交部长,当然同样应该享有豁免,不过享有豁免的范围并不明确。国际法院在2000年刚果民主共和国诉比利时的"逮捕令案"中,对于比利时政府依据1949年《日内瓦公约》关于重大战争犯罪嫌疑对现任刚果外交部长发布逮捕令的问题,要其确认该行为的违法性。国际法院认为,虽然并无关于外交部长特权与豁免的国际习惯法规,但是从一般的外交特权与豁免进行类推,外交部长一般应该享有刑事豁免,而且在国际习惯上也没有得到承认的例外案例,从而肯定了外交部长享有刑事豁免。当然,这些豁免权同其他外交使馆职员的豁免权一样,其个人行为所具有的豁免权在离开该职位之后即同时丧失。例如,在1999年的"皮诺切特案"中,英国最高法院认为,既然刑讯逼供是国际法上的犯罪行为,那么该行为应该被排除于公共权力之外,从而否定了皮诺切特在担任国家元首期间进行刑讯逼供的行为应该享受主权豁免。

关于外交使馆和领事机关以及国家元首、政府首脑、外交部长之外的国家机关有无豁免权,国际习惯法规并无明确规定。关于国家的临时外交使团以及常驻或临时派遣国际组织的外交使团的豁免权问题,虽然联合国国际法委员会制定和提出了若干多边性公约,比如有1969年制定并于1985年生效的《联合国特别使团公约》和1975年制定的《关于国家代表与普遍性国际组织关系的维也纳公约》,但是批准这些公约的国家并不多,所以还不能认为这些规则已经成为国际习惯法规。因此,包括驻扎在外国的军队在内的这些国家机关在外国的法律地位问题,其实并无特别的国际习惯法规,而通常只是按照一般国际法上的原则以职务必要性或国家代表性为基础而给予特权与豁免。派驻国际组织的常驻使团或派遣外国长期驻扎的军队,其法律地位通常都需要通过缔结特别条约来规定。

关于派驻联合国的成员国代表或其常驻使团及其职员的法律地位,首先《联合国宪章》第105条作了原则规定,在此基础之上又签订了一项多边公约《联合国特权和豁免公约》,联合国又同总部所在地国美国签订了《联合国总部协定》,即意味着联合国在美国也同样适用《联合国特权和豁免公约》。联合国专门机构也仿照这一做法,通过签订各种条约以及国际组织与所在地国间的协定来规定成员国代表或其常驻使团及其职员的法律地位。根据这些条约或协定,成员国的代表或其常驻使团及其职员被赋予了大致以外交特权与豁免为标准的特权与豁免。

关于派驻外国的军队的法律地位,主要有《日美地位协定》和《北约部队地位协定》这些详细规定驻留军队法律地位的协定。第二次世界大战之后新出现的军队驻扎国外现象,其特点在于涉及时间长和规模庞大,因此上述这些协定详细规定了军队所在基地及其军人的法律地位。大部分协定原则上都会规定被驻扎国对驻扎基地及其人员的国家管辖权,并以此为前提给予一些特别的特权与豁免,但是实际上军队都需要驻扎在范围广大的军事基地内,所以不可否认被驻扎国对军事基地内部的国家管辖权实际上受到了极大的限制。

**参考文献**

王志安『国際法における承認』(東信堂,1999年)

大沼保昭『在日韓国・朝鮮人の国籍と人権』(東信堂,2004年)

国際法事例研究会『外交・領事関係』(慶應義塾大学出版会,1996年)

国際法事例研究会『国家承認』(日本国際問題研究所,1983年)

国際法事例研究会『政府承認・国交再開』(慶應通信,1988年)

芹田健太郎『普遍的国際社会の成立』(有斐閣,1996年)

本間浩『在日米軍地位協定』(日本評論社,1996年)

横田喜三郎『外交関係の国際法』(有斐閣,1963年)

横田喜三郎『領事関係の国際法』(有斐閣,1974年)

植木俊哉「瀋陽日本総領事館事件と国際法」法学教室263号(2002年)

臼杵英一「領事関係と国際法上の不承認」国際法外交雑誌98巻3号(1999年)

臼杵英一「国家とは何か」法学セミナー661号(2010年)

森川俊孝「国家の継続性と国家承継」横浜国際経済法学4巻2号(1996年)

森川俊孝「非植民地化と既得権の法理(一)(二)」国際法外交雑誌81巻4号(1982年),82巻1号(1983年)

# 第 6 章 国家管辖权

## 1 国家管辖权的意义与分类

> 要点:(1) 国家管辖权在国际法上具有何种意义?(2) 国家管辖权有哪些类型?

### 6.1 国家管辖权的意义

在现代国际法中,过去传统国际法中国家主权的绝对性和排他性等性质已经发生巨大变化。在传统国际法中,国际法主要被理解为是用来规范国家对外关系的法律,即国际法不能够介入由国家主权所控制的内政范围。但是,在现代国际社会,为了协调各个国家之间的利益或者为了实现国际社会的共同利益,国际法就有可能强行介入传统上由国家主权所控制的领域。也就是说,按照目前的理解,国家主权已经不再是绝对无限制的一种权利,而是反映了国际法规则不断扩大和深化以及国际法所承认的国家多样性权利的集合。所谓国家管辖权,就是在这一意义下作为由国际法所规范的国家权利集合的国家主权。

**补充引申:国家主权的相对化**

对国家主权绝对性观念的颠覆,是进入 20 世纪之后的事情。国际常设法院在 1923 年的"突尼斯和摩洛哥国籍法令案"中对《国际联盟盟约》第 15 条第 8 款规定的"按诸国际法纯属该国国内管辖之事件"的表述进行解释时,认为某事项是否服从国家专属性的管辖是一个"本质上相对性的问题"并且依赖于国际关系的发展而变化。甚至,国际常设法院还进一步认为,即使某事项在服从国家专属性管辖的情形之下,其国家的裁量权也由于与他国之间的协议而受到制约,此时国家的专属性管辖就会受到国际法规则的限制。在该案例中,国际常设法院对《国际联盟盟约》中关于国际联盟理事会介入国际冲突权限进行限制的规定进行了解释,而并非直接对一般国际法上国家主权的相对化作出判断。不过,该项判决所显示的随着国际法的发展国家专属性管辖事项相对化的思考方式,是一种否定国家主权绝对性的思考方式,具有划时代的意义。

### 6.2 国家管辖权概念的历史性意义

如果对国家管辖权进行一般性的定义,就是指国家对一定范围的人或现象适用和执行其国内法时国际法上的权限。随着国际法的发展,国家管辖权的内容和功能也越来越被具体化和进一步细化,关于国家管辖权所覆盖的范围也形成了各种各样的规则。目前,对于同一个人或现象若干国家管辖权之间常常会出现竞争性适用的情况,对此进行调整已经成为国际法上的重要课题。

作为其背景,主要是以下的一些原因,随着产业社会的发展,19世纪时期自由放任主义的思考方式在逐渐消退,国家为了维持社会秩序,开始通过制定各种公共法律来介入市民社会,发挥了调整社会关系的积极作用。其结果是造成了国内公共法律规则的多样化,而且国家为了确保规则的实际有效性,根据不同情况有时不得不对域外的人或现象也适用这些规则。而且,随着第二次世界大战后经济全球化的急速进展以及个人跨越国境的经济活动对于国家经济而言已经变得不可或缺,进一步助长了这一倾向。

正因如此,围绕国家管辖权竞争和调整的国际冲突,也不断地出现在各个不同领域。为了解决这些冲突,仅仅依靠传统国际私法即冲突法的处理方法和各国的自我克制或国际礼让已经难以做到,因此有必要重新设计国际法自己独立的调整标准。

## 6.3 国家管辖权的分类

国家管辖权可以与国家在国内法的制定、解释适用和执行中的作用相对应，进行三种类型的分类：① 立法管辖权，指立法机关或行政机关、法院制定国内法律法规以及就一定现象规定判断其合法性标准的权力；② 审判管辖权，指司法机关及行政法院在民事或刑事程序方面规定审判管辖范围并通过解释适用国内法对具体案件进行审理和判决的权力；③ 执行管辖权，指法院或者行政机关通过逮捕、搜查、强制调查、关押、拘留等物理性手段执行国内法的权力。审判管辖权与执行管辖权合起来有时又被称为强制管辖权。这里对管辖权三种类型的分类，并非与宪法上的立法、司法、行政三权分立相对应，而不如说是与在国内法律的制定、解释适用与执行方面的国家作用相对应的功能性分类。

尽管如此，在立法管辖权、审判管辖权与执行管辖权相互之间仍然具有关联性。例如，如果立法管辖权即使及于领土之外但审判管辖权或执行管辖权不能及于领土之外，那么要确保法令的遵守是非常困难的，即不能保证该法令的实际有效性。不过，由于国际间相互依存程度的加深，国家已经具备了在审判管辖权和执行管辖权之外保证立法管辖权在域外适用具有实际有效性的各种手段。比如以国际通商领域为例，如果想要进入某个国家的市场进行经营活动，而且希望即使在域外也以本国法令为依据进行经营活动，即立法管辖权的域外适用，那么就可以通过拒绝违法者进入国境、对该国国内的子公司进行非利益处分以及采取从政府采购契约中将其排除出去等非利益手段，来获得实际有效性。

因此，立法管辖权、审判管辖权和执行管辖权相互关联，但是其内容以及实际作用并不相同。此外，对于管辖权的行使，在国际法上被承认的国家权力及其裁量的范围，以及为了就对违法行为进行救济的方法加以认定而需要的主要条件等，国际法规则的内容和程度会由于管辖权类型的不同而不同，因此有必要对此进行明确的区别。

## 2 国家管辖权的适用标准

> 要点:(1) 从空间上对国家管辖权的适用进行规范的标准是什么?(2) 从实质性角度对国家管辖权的适用进行规范的标准是什么?

### 6.4 国家管辖权的空间标准

在传统国际法那里,将国家管辖权的适用对象范围分为国家领土及其之外的国际公共区域,二者在国际法上适用不同的标准。在国家领土范围内,基于领土主权的原则,适用领土国排他性的执行管辖权和审判管辖权,除非在国际法上有特别的规定,这一管辖权即所谓"属地管辖权"。而在公海等国际公共区域,特定国家的领土主权受到限制,在这里平行行使的管辖权是基于国籍或注册的各国的"属人管辖权"或"船旗国管辖权"。

国家能够行使排他性管辖权的范围,在原则上仅限于其领土范围之内。在没有条约或其他特别规定允许的情况下,在国际法上国家被禁止在其他国家的领土范围内行使管辖权,主要指执行管辖权和审判管辖权。不过,在承认由执行管辖权和审判管辖权构成的所谓"属地管辖权的优先地位"的同时,国家也具有对其领土范围之外的人或事项行使立法管辖权的自由,这一自由仅仅受到国际法上特别禁止规则的制约。例如,在这里可以参阅1927年国际常设法院对"荷花号案"的判决,其依据的原则即"剩余主权论"。

**补充引申:剩余主权论**

"荷花号案"判决中所述"剩余主权论",其前提是基于一项原则,即对于国际法上没有明示禁止的事项,同样国际法也允许国家行使立法管辖权。这样的思维方式其实是将以个人自律为原则来调整个人间法律关系即运用于私法领域的冲突法的原理适用在了作为公法领域的立法管辖权的规则中。不过，私法主要是以对基于个人自律的私人法律关系中产生的冲突进行事后处理为对象，而公法的目的则是预先传达给法律调整对象规则内容并命令其遵守，如果法律调整对象违反了这些规则就对其制止和惩罚。从这个意义上而言，如果将剩余主权论无条件地适用于公法领域中的立法管辖权的域外范围，那么就会存在允许立法管辖权过度扩张的危险。实际上，后面将要论述的美国人在竞争法领域提出的"效果理论"以及作为这一理论的适用标准而提倡的"关于管辖权的合理规则"，就是以关于决定立法管辖权范围的主权裁量为前提，主张将管辖权的适用作为自我克制的国际礼让的标准，不过这一主张遭到了其他国家的强烈反对。

### 6.5　国家管辖权空间范围的扩大

相对于传统国际法上将管辖权的空间标准分为国家领土和国际公共区域的二分法，现代国际法已经从过去认为必须保护每个国家所共有的国家利益进一步增加为承认国家管辖权在国际公共区域的扩大。这方面典型的例子，就是对于在领海与公海二分法下并以适用船旗国主义为原则的公海上的外国船舶，沿岸国也被认为有权行使一定的国家管辖权。

### 6.6　国家管辖权的实质性标准

除了对在国际公共区域的本国国民和本国船舶进行管辖之外，对于领土外的外国人实施的行为，只要在国际法上不禁止的范围内，国家都可以自由地将其作为立法管辖权的对象。其结果是，在跨越国境的人与财产以及服务的流动日益增加的今天，就会越来越多地出现若干国家对于同一事项都要求行使国家管辖权的案例。在这种情形之下，决定哪个国家的管辖权具有优先地位，一般并非一定推定为领土国家的属地管辖权处于优先地位，而是按照是否与具体作为对象的事项存在实质性和真正的关联以及按照各国利益的比较平衡等因素来决定,即适用国际法上特别的标准。

## 6.7 国家管辖权适用标准的分类

作为国家管辖权的主要适用标准,可以举出以下几点。问题在于,这些标准在国际法上能否有效地对抗其他国家的国家管辖权。

## 6.8 属地主义

这项原则是指某项犯罪或其他违法行为在本国领土范围内实施,则不考虑其实施者的国籍而基于领土主权原则对其行使本国国家管辖权的原则,例如日本刑法第1条第1款所规定的那样。不过,属地主义也逐渐被解释为可以适用于一些特定的国外行为,因此就会出现与其他国家的国家管辖权发生竞争与冲突的可能性。例如,在国内开始在国外终结的犯罪,比如在国内共谋但在国外实施的恐怖活动,可以适用主观性属地主义;相反在国外开始在国内终结的犯罪,比如在国外持枪射击位于国内的人,则可以适用客观性属地主义。也就是说,对于那些构成要件的一部分存在于外国的犯罪,也可以将其视为国内犯罪,并基于属地主义的原则适用国内法。

## 6.9 效果理论

甚至,有些国家认为,即使是外国人在国外实施的行为,或者有意要实施该种行为,但如果对国内秩序构成直接或实质上可能预见的影响,那么也可以适用国家管辖权。这种看法实际上是以对本国国内的影响为依据的一种扩大的客观性属地主义,即承认在某种行为对本国造成影响时可以适用国家管辖权。例如,美国在反垄断法上采取的所谓"效果理论"就认为,在外国实施的限制竞争性行为如卡特尔等行为,如果影响到了本国国内,或者当事者具有这样的意图,那么就可以依据本国的反垄断法对该行为者行使管辖权。这个问题,可以参考美国联邦最高法院对1945年"美洲铝业公司案"的判决。不过,对于效果理论,也存在着强烈反对的声音,认为据此作出可以适用国家管辖权的判断具有主观性,而且侵犯了行为实施地国家的属地管辖权。例如,英国等国家通过对抗性立法拒绝美国基于效果理论对审判管辖权和执行管辖权的适用,比如英国在1980年制定了《通商利益保护法》,拒绝美国法院依据反托拉斯法作出的惩罚性赔偿支付命令。

在此之后,美国法院开始采取有关管辖权的合理规则,即认为在决定反托拉斯法的适用范围时应该依据考虑有关各要素进行合理的判断,显示出了通过严格适用效果理论标准来限制该理论适用的姿态,如1976年美国联邦上诉法院对有关洪都拉斯木材加工公司"廷伯伦案"的判决。不过,美国联邦最高法院在1993年的"哈特福德案"判决中又一次采用了效果理论,使人感觉到美国国内判例的判断并非一以贯之。另外,在美国之外也有一些国家在本国反垄断法的适用方面采用了效果理论,比如联邦德国在1958年、奥地利在1972年、希腊在1977年,都以效果理论规定了本国在反垄断法上的适用管辖。

**补充引申:欧盟(EU)的对应**

欧洲法院在1988年的"木材纸浆出口卡特尔案"中,对于北美与欧洲木材纸浆制造业团体实施的出口卡特尔行为,认为适用欧共体条约第85条,即禁止企业和企业团体通过协议来阻碍共同体成员国间的通商活动。对这一案例,欧洲法院认为,域外业者在欧共体范围内销售木材纸浆属于实施出口卡特尔行为,因此适用基于客观性属地主义的欧共体条约第85条。不过,欧洲法院在其他案件的判决中,不论域外业者在欧共体范围内有无子公司或分公司等经营机构,只要在欧共体范围内进行出口或销售,即适用欧共体条约第85条,实际上也是采用了与效果理论同样的理由。

## 6.10 反垄断法中管辖权竞争的调整尝试

不论是采取客观性属地主义还是采取效果理论,在超越基于严格属地主义适用范围而适用反垄断法的情况下,即使对域外的外国企业的垄断行为,也在一定范围内适用反垄断法。而且,反垄断法的适用不仅仅属于立法管辖权,同时伴随着审判管辖权和执行管辖权的行使,不可避免会出现与适用对象企业本国属地管辖权之间的竞争。因此,就需要采取措施,基于有关国家之间的协议来避免或减轻由于管辖权竞争而带来的冲突。特别是美国,常常因为本国反垄断法在域外适用而引起国际纠纷,因此作为一种避免纠纷的措施,其先后在1976年与联邦德国、1982年与澳大利亚、1984年与加拿大、1991年与欧盟、1999年与日本等国缔结了关于适用反垄断法的合作协定。以《日美禁止垄断合作协定》为例,其中对有关管辖权的规则作了合理的规定,比如缔约国在执行反垄断法时如果有可能影响到其他缔约国国家重要利益时具有通报的义务以及在执行方面进行合作,在其他缔约国领土范围内实施的垄断行为影响到本国重要利益时该国也有权利要求这些国家有关当局采取合适的执行活动。这些规定都并非为当事国行使管辖权的限制规定义务,而是基本上维持了美国所主张的基本立场,即基于国际礼让对行使管辖权的自我克制。在此基础之上,通过公开通告形式的请求,或通过非正式的协议,在有关竞争当局之间进行实质性的调整,以此来达到限制管辖权行使的目的。

## 6.11 积极的属人主义

所谓"积极的属人主义"或者也可以称为"属人主义",是指不考虑实施地域而只是按照实施者的国籍适用国家管辖权的原则。这一原则同属地主义原则一起,长期以来被传统国际法广泛视为适用国家管辖权的基本标准。例如,对于在公海或其他国际公共区域对本国国民或本国船舶行使国家管辖权,《联合国海洋法公约》第 94 条等有关条款承认了基于船旗国主义原则的这一排他性管辖权。此外,在国际刑事法领域,至少限于有关重大的犯罪,一般承认基于这一标准适用于对在外国民的管辖权,例如日本刑法第 3 条的规定。不过,基于这一标准承认域外适用管辖权的类型仅仅是立法管辖权。关于审判管辖权与执行管辖权,作为原则得到承认的是犯罪地国的属地管辖权优先,在该国领土范围内犯罪嫌疑人的国籍国当局则无权进行逮捕或其他执行活动。在这种情况下,犯罪嫌疑人的国籍国可以请求犯罪地国引渡犯罪嫌疑人。

### 6.12 保护主义

对于那些侵犯本国安全及其他重大国家利益的犯罪,不管其实施者的国籍和行为地,该国也应该实施管辖的原则,就被称为"保护主义"原则。一般而言,这一原则适用于外国人在国外所犯罪行,比如引发内乱或外患等破坏活动、损害本国领土完整或政治独立、伪造货币等损害国家经济基本秩序等。日本刑法第 2 条对此也作出了同样规定。

保护主义作为属地主义的例外得到了广泛适用。之所以如此,是因为作为适用对象的犯罪并非是对行为地国的犯罪,因此在行为地国往往被免于处罚,遭受法律权益损害的就是适用这一原则的国家。

### 6.13 消极的属人主义

外国人在国外犯罪的受害者为本国国民或本国法人,以此为理由主张对该罪犯行使国家管辖权的原则,就是"消极的属人主义"原则。不过,是否采用这一原则,或者即使采用这一原则那么什么范围的犯罪适用这一原则,并没有确立统一的国家实践。在日本,2003 年通过刑法第 3 条第 2 款确立了新的规则,即有关杀人等重大犯罪,如果是外国人在国外所犯但受害者为日本国民,则适用该刑法。其实,在这种情况下,一般应该按照前述的"保护主义"原则或将要在后面提到的"普遍主义"原则来应对。不过,当该犯罪行为以特定国家政府或国籍为对象对本国国民或法人进行恐怖行为或其他有组织的犯罪时,在国际法上承认这一原则的适用。例如,《制止恐怖主义爆炸的国际公约》第6条第2款对此作出规定,当犯罪的受害者是本国国民时,该国可以对该项犯罪确定审判管辖权。

### 6.14 普遍主义

对于损害国际社会共同利益的犯罪,不论其罪犯的国籍,也不论其犯罪行为地,所有国家都可以行使国家管辖权,对罪犯拘留审判,这一原则即"普遍主义"原则。

其实一直以来,对于那些侵犯或损害人道、公序良俗、海上通商的自由和安全等被认为属于国际社会共同利益的犯罪,很多国家基于普遍主义的原则在行使国家管辖权。不过,对于按照普遍主义原则应该加以惩治的犯罪范围,在国家实践上并没有取得一致意见。

对于适用普遍主义原则一致的意见,是对作为人类共同威胁的海盗的惩治。根据《公海公约》第19条和《联合国海洋法公约》第105条的规定,对于公海上的海盗船只,所有国家都有权行使立法、审判和执行管辖权,即对其可以实施捉拿、逮捕、拘押、起诉、处罚等各种惩治。不过,对于贩卖奴隶或妇女儿童劳工、毒品交易等犯罪,普遍主义原则的适用并没有得到完全的承认。对此,在最近通过的对付与国际恐怖主义有关的劫机、绑架人质、恐怖分子使用炸弹等重大犯罪的国际多边公约中,如在《关于制止危害民用航空安全非法行为的公约》第5条、《反对劫持人质国际公约》第5条第1款和第2款以及《制止恐怖主义爆炸的国际公约》第6条第4款等条款中,在规定缔约国为确保对这些违法行为进行处罚有义务制定相应国内法的同时,也承认了基于属地主义、积极的属人主义或消极的属人主义以及普遍主义原则对管辖权的设定,其目的就是为了能够对这些犯罪实施切实的处罚,并通过公约的形式直接规定了犯罪的构成要件。由于这些公约的制定,实质上从国际法的角度限制了国家的立法裁量权,不过制定公约的目的在于通过各国国内法的统一(unification)乃至协调(harmonization),避免发生管辖权的抵触和国际冲突,以便能够切实消除侵犯国际社会共同利益的重大犯罪。

**补充引申:国际犯罪**

在对第二次世界大战中纳粹德国对犹太人的大规模屠杀进行反省的基础之上,1948年国际社会通过了《防止及惩治种族灭绝罪公约》,根据该公约第6条规定,对于种族灭绝罪的审判管辖权,属于该行为发生地国具有权限的法院和基于公约新设立的国际刑事法院。但是,因为一直到2003年才设立国际刑事法院,所以在此之前行为地国的国内法院就具有了基于属地主义原则的专属性审判管辖权,公约的实际有效性受到了明显的制约。而在此之后缔结的有关劫机和劫持人质等国际犯罪的公约中,不仅仅直接规定了犯罪的构成要件,而且还根据各自不同的犯罪特性规定了若干与犯罪具有实质关系国家实施审判权的义务,如《关于制止危害民用航空安全非法行为的公约》第4条第1款和《反对劫持人质国际公约》第5条第1款的规定,甚至还规定了犯罪嫌疑人目前所在国的审判权义务,如《关于制止危害民用航空安全非法行为的公约》第4条第2款和《反对劫持人质国际公约》第5条第2款的规定。这些规定潜在性地使所有缔约国法院都具有了普遍性的审判管辖权,逐步确立起了能够确保不论犯罪嫌疑人逃亡至哪个国家都会受到处罚的机制。

## 3  国家管辖权的竞争与调整

> 要点:(1) 国际法上不同管辖权导致的不同竞争与调整标准有何不同?
> (2) 国际法所承认的国内法令域外执行的边界在哪里?

### 6.15 国家管辖权的竞争与调整

在若干国家的国家管辖权处于竞争的情形之下，一般需要基于国际法上的标准，或者依据各国的自我克制或国际礼让来进行调整。用来调整国家管辖权竞争的国际法上的标准，由于国家管辖权类型的不同而表现得也有所不同。

### 6.16 立法管辖权的竞争

关于立法管辖权的适用范围，国家具有广泛的自由裁量权，在国际法上的限制也相对较弱。其中尤其是对于以私法关系的国外行为为对象的立法管辖权，原则上并不存在国际法上的限制。以此为前提，规范私法性质涉外关系的各国国际私法也承认通过国内法院对外国私法进行适用及承认其效力。另外，刑法、行政法、租税法、反垄断法、证券交易法等有关行使公权力的立法管辖权，在国际法上则仅限于在具有正当证据或与该案例之间具有真正关联的情形下才可以在域外适用。在这些公法关系领域，原则上国家并不能适用外国法令，其法院也只能适用国内公法。

伴随着跨国经济活动的日益兴盛，在反垄断法或出口管理法、经济制裁关系法等有关规范经济活动的公法领域，国家对外国人在国外的行为进行管理和规范的事例也在增多，与此相适应，立法管辖权竞争发展转变为国际纠纷的事例也在增加。比如，前述围绕美国关于反垄断法的效果理论而出现的国际纠纷。此外，在1982年还出现了围绕出口管理法域外适用的"西伯利亚输油管事件"。在这一事件中，为了铺设将西伯利亚的天然气供给西欧的输油管道，西欧国家的企业与苏联签订了向苏联出口有关机器的合同，但是美国担心这一输油管的建设会导致西方联盟的分裂，于是对正在直接压制波兰"团结工会"运动的苏联实施了经济制裁，美国基于1949年制定并在1979年和1982年经过修正的出口管理法，采取措施禁止出口美国制造以及使用美国技术数据在外国制造的机器，导致美国与西欧各国之间出现纠纷。为了对抗美国采取的限制措施,英国基于1980年制定的《通商利益保护法》向本国企业发出命令,禁止其遵守美国禁止出口的措施,法国和联邦德国以及意大利也采取了同样的对抗措施。

**当今世界:美国的经济制裁措施**

作为对古巴经济制裁措施的一环,美国在1992年基于《古巴民主主义法案》禁止美国企业在外国的子公司向古巴出口。甚至,在1996年以古巴军机在古巴领空之外击落美国民航飞机为契机,制定了《赫尔姆斯-伯顿法》,即《古巴自由和民主声援法》,其中规定:① 对于所有使用古巴革命之后被古巴政府没收的美国资产者,作为真正所有者的美国国民,可以在美国国内法院提起诉讼并要求金钱赔偿;② 拒绝发签证给那些参与没收和使用这些资产的外国人。据此,经济制裁的对象,就扩大至了范围广泛的外国人。对此,欧盟和加拿大提出抗议,欧盟向世界贸易组织(WTO)提出磋商请求,同年11月世界贸易组织决定为此建立解决冲突的专家小组。1997年4月,美国政府以要求国会延期适用上述规定换得了欧盟同意终止世界贸易组织专家小组程序,到1998年7月专家小组在没有任何进展的情况下宣布解散。此外,美国还对缅甸、伊朗和利比亚也制定了同样的法律,比如1996年美国马萨诸塞州的《缅甸制裁法》禁止州政府同与缅甸进行商业交易的所有有关内外企业签订采购合同,以及同一年的"伊朗、利比亚制裁法"禁止向对伊朗或利比亚进行一定数额以上投资的所有企业实施出口,因此同这些国家之间也产生了纠纷。

为了解决这些纠纷,就必须要明确在国际法上域外适用的正当依据是什么,以及明确法令与针对对象之间真正的关联是什么,总之必须要明确有关立法管辖权竞争与调整的国际法规则。

## 6.17　审判管辖权的竞争

有关审判管辖权竞争的国际法形式不同于刑事审判或各种民事审判。一般而言,承认有关刑事审判的审判管辖权优先地位,仅限于适用外国人在国内犯罪的属地主义原则或者本国国民或法人在国外犯罪的积极性属人主义原则的情形之下。从历史上来看,虽然曾经存在过本国领事机关对居住在外国的本国国民行使审判权的所谓"领事裁判制度",但这一制度在今天已经不再被承认。

为了对外国人在国内的犯罪行使审判管辖权,就必须得到对象国的同意,即在国际法上是否存在特别依据的法规。例如,即使外国人在国外的犯罪,如果其构成犯罪要件的一部分发生在国内,即客观性属地主义,那么在国际法上即承认该国具有行使审判管辖权的正当性。此外,在根据条约或国际习惯承认基于普遍主义的审判管辖权的情形之下,扣押外国人罪犯的国家也可以对该罪犯行使审判管辖权。为了能够切实对重大犯罪进行追诉和处罚,依据条约,扣押罪犯的国家有义务或者将罪犯引渡至有关国家或者自己进行起诉和处罚。例如,对于劫机犯罪,《关于制止非法劫持航空器的公约》第4条第2款规定,当被指称的罪犯在缔约国领土内而该国未按有关规定将此人引渡给有关国家时,该缔约国应同样采取措施对这种罪行实施管辖权。

关于民事等其他方面的审判,在国际法上并没有比刑事审判管辖更为合适的规则。虽然一般承认基于国内法对审判管辖的设定,但是调整由此带来的审判管辖权竞争的国际法规则却并不明确,因此就有可能会产生国际性的诉讼竞争。日本最高法院在1981年"马来西亚航空案"的判决中认为,在目前国际法规则并不明确的现状之下,应该按照当事者间的公平和审判的公正以及迅速的理念来决定审判管辖权。

### 6.18 执行管辖权的竞争

国际法上对若干国家在执行管辖权竞争方面进行调整的标准,较之立法管辖权和审判管辖权方面要明确得多。罪犯的逮捕、召回令的颁布、强制搜查、提交文件命令的送达与执行等这些基于执行管辖权的强制措施,原则上只限于在各自国家领土范围内实施,即属地主义处于优先地位。进入外国领土行使执行管辖权,则需要与对方国家之间签订有关司法互助和搜查互助的特别条约,或者需要得到对方国家明示或默示的同意。

不过,属地主义的优先地位,并非常常可以推定,在执行管辖权出现竞争的情况下,有时必须基于国际法上的标准来决定哪个国家的执行管辖权处于优先地位。例如,《维也纳外交关系公约》第31条第1款规定承认,外交代表不论是否执行公务都无条件地对接受国之刑事管辖享有豁免,与此相对应就排除了基于接受国属地主义的执行管辖权。同样,有关驻军特权豁免事项,以及有关在领海上无害通过航行中的外国船舶内的规则事项等,在国际法上其执行管辖权属于军人的国籍国和船旗国而所在地国并无执行管辖权。此外,如果在驻留军人出走且与驻在国没有任何实质性真正关联的情形下,一般基于驻军国家与驻在国之间的协议,外国人的国籍国具有专属执行管辖权,基于属地主义的驻在国的执行管辖权则常常被排除在外。

### 6.19 有关管辖权竞争与调整规则的明确化

调整管辖权竞争最为明确的方法就是在有关国家之间达成协议并缔结包括多边和双边在内的各种条约。当然,即使没有缔结条约,如果存在与此事项有关的国际机构的决定,那么也会有利于调整管辖权的竞争,不过条约是避免由于管辖权的竞争出现国际冲突以及在出现冲突时提供调整和解决的最有效手段。在迄今为止的若干领域,人们一直试图通过双边条约来调整管辖权之间的竞争。此外,为了避免国际双重征税,很多国家之间都缔结了双边租税条约,通过缔约国间确定共同的收入规则以及减免对投资所得源泉地国的源泉征收税率来相互制约有关课税的立法管辖权,以避免发生国际的双重征税。

调整管辖权竞争的多边条约或国际机构并不是很多,很早之前所缔结的一般都是有关用来调整私法领域审判权和执行管辖权的司法互助协议,1968年在海牙国际私法会议上通过的以有关涉外民事事项司法互助便利化为目的的《海牙送达公约》和《海牙国外取证公约》就是这方面具有代表性的国际协议。在反垄断法领域,联合国大会在1980年通过了《关于控制限制性商业惯例的公平原则和规则的多边协议》,其中规定跨国企业应该遵守所在国有关限制性商业习惯的法令,强调了所在国的立法、审判和执行管辖权的优先地位。同样的规定,也写入了1976经济合作与发展组织(OECD)通过的《跨国公司行为准则》中。未来的课题,是将这些原则被进一步细化,并将其归纳写入多边条约之中。

**当今世界:贸易与竞争政策**

世界贸易组织通过1996年在新加坡召开的第二届部长级会议决议建立了"有关贸易与竞争政策相互作用工作组",就贸易与竞争政策的关系进行探讨。这一工作组的活动,其目标并非直接筹划签订有关竞争政策的多边公约,而是仅限于整理和探讨有关这一领域的问题。之所以如此,是因为发达国家之间存在意见分歧,发展中国家也强烈反对筹划签订多边公约。在当时,众多发展中国家并没有制定反垄断法,如果要签订多边公约,那么这些国家就必须为适应公约制定国内反垄断法,而这样做对这些国家的立法、行政和法院来说都是一项巨大的负担。此外,如果签订了多边公约,作为这些国家开发战略一环目前采用的各项限制竞争的政策,比如对特定产业或特定企业的优待措施等政策将难以维持,所以这些国家对此采取强烈的反对态度。不过,经过工作组五年时间的探讨,在2001年多哈举行的第四届部长级会议上宣布,从2003年9月坎昆第五届部长级会议后应该开始在WTO内部就制定多边规则谈判进行准备工作。具体而言,将限定在下列一些议题中进行探讨,即透明性与无差别性等主要原则,有关核心卡特尔的规定,为了促进《日美禁止垄断合作协定》等双边条约一般规定的竞争当局进行自发性合作的机构,发展中国家反垄断法和竞争政策的逐渐强化,等等。不过,在2003年的第五届部长级会议上,最终由于在农业领域及其他领域的对立,这一设想宣告失败,在第二年的WTO总理事会上又宣布将贸易与竞争政策从多哈谈判议题中删除。因此,有关签订竞争政策多边公约的谈判之路仍然还很遥远。

## 4 国家豁免

> 要点:(1) 国家不服从外国审判管辖权即国家豁免的意义与根据是什么?
> (2) 国家豁免的范围从绝对豁免向限制豁免转变的背景是什么?

### 6.20 国家豁免的意义与根据

在国际法上,一般而言,国家的行为及财产不接受外国的审判管辖权。尽管国家以及一部分国家机关有可能作为被告在外国法院被提起诉讼,但除了自己主动放弃豁免愿意参加诉讼外,不会在自己未同意的前提下被作为被告提起诉讼而接受外国的审判管辖权。这种现象即被称为"国家的审判豁免权"或"国家豁免"和"主权豁免"等。

在19世纪以前,就作为国际习惯存在着对外交使节或君主的豁免,但是作为抽象意义上的国家豁免国际习惯的形成是进入19世纪近代市民国家出现之后的事情。而且,对于这一原则的来源也有各种不同的解释,比如英国是从所谓"国王无答责原则"类推而来,美国是将美国各州对联邦管辖权豁免的法理类推于外国国家,法国则是对所谓"相互主义"的适用。对此,1812年美国联邦最高法院在"斯库诺交易号诉麦克法登案"判决中认为,在由具有独立对等地位主权者所构成的国际社会,主权者在任何情况下都不应该服从于其他主权者,由此明确提出了以国家主权为依据的国家豁免法理原则,对于其后各国的判例和国家实践及学说都产生了巨大的影响。

### 6.21 绝对豁免主义与相对豁免主义

围绕国家豁免的对象与范围,存在着"绝对豁免主义"和"相对豁免主义"两种观点的对立,前者主张所有的国家行为和财产都应该享受豁免,后者则认为只有部分国家行为和财产可以享受豁免。

在国际法出现的初期,占据国家豁免制度主流观点的是绝对豁免主义,即认为国家豁免的根据在于国家主权,因此国家在行使主权过程中的国家行为和国家财产在原则上应该无条件地享受国家豁免。然而进入20世纪之后,随着国家活动领域的扩大,国家也开始进入过去一直属于个人活动范围的经济领域。此外,在苏联建立之后出现的社会主义国家中,国家机关或国营企业等部门几乎垄断了对外的经济活动,其结果逐渐造成了国家活动与个人活动的区别越来越模糊。如果不顾及这一变化而继续维持绝对豁免主义,那么就会使与外国国家具有商业交易关系的个人处于明显不利的地位,因此就出现了相对豁免主义的主张,即将国家行为分为"主权性行为"和"管理性行为",而只有前者才应该属于国家豁免的范围。而且,大陆法系的一些国家在20世纪初以及英美法系的一些国家在第二次世界大战之后,都逐渐地向相对豁免主义转变。

英美法系国家从绝对豁免主义向相对豁免主义转变的一个明确标志,是1952年美国国务院发布的关于采用相对豁免主义的正式文件,即"泰特公函"。这份文件明确提出采用相对豁免主义,除去一部分例外情况,在国家实践上不再支持绝对豁免主义,而且解释说之所以如此,就是因为政府从事商业活动的事例在增加,因此有必要给予与政府进行商业交易者以权利上的司法保护。而且,美国的法院也按照这一文件的方针作出了若干判决。1976年,美国制定了《外国主权豁免法》,正式从法律上确认和采用了相对豁免主义。其后,以英美法系国家为主的众多国家都采取了相对豁免主义并相应制定了国内法,比如英国在1978年、新加坡在1979年、南非和巴基斯坦在1981年、加拿大在1982年、澳大利亚在1985年都先后制定了有关法律。在目前的国际社会,相对豁免主义正在逐渐取得主流的地位。不过,仍然有一些国家,顾及和考虑到国家豁免给本国对外经济活动所带来的利益,在今天仍然坚持绝对豁免主义。尽管如此,随着20世纪80年代末中东欧社会主义国家开始向市场经济体制的转型,联合国国际法委员会起草提出并经十余年讨论的《国家及其财产的管辖豁免条款草案》在

1991年终于获得了通过。

**当今世界：绝对豁免主义向相对豁免主义的转变——日本的判例改变**

日本的法院在1928年大审院对"松山案"的判决中，采用的是绝对豁免主义，在此之后法院很少再遇到个人与外国政府之间发生纠纷的案例，所以很长时间里日本都一直采取了绝对豁免主义的原则。当然，日本福冈地方法院1956年也曾经在一起与驻日美军食堂员工有关的案例中认为，该员工雇佣合同属于私法上的契约，因此其行为并非公法上的行为，从而作出了否定国家豁免管辖的判决。日本最高法院在2002年的"横田基地诉讼案"判决中，虽然认为美军军机夜间训练属于主权行为从而承认了其对民事审判的豁免，但是同时也在阐述判决理由的部分涉及了对主权行为之外的行为的看法，即谈到了在国家实践中已经有越来越多的国家采用了相对豁免主义的原则。2006年，日本最高法院在"巴基斯坦贷款案"的判决中，终于开始明确采用了相对豁免主义，即该判决认为目前大部分国家已经采用了相对豁免主义的原则，2004年国际社会又通过了《联合国国家及其财产管辖豁免公约》，从而否定了绝对豁免主义的国际习惯性质，因此只要不涉及有可能损害他国主权的特别事态，该国家就不能免除日本对其民事审判权的管辖。

### 6.22 相对豁免主义的适用范围

在适用相对豁免主义时，最主要的问题在于如何区别承认国家豁免的主权行为和不承认国家豁免的管理性行为。对于这个问题，存在着两种相互对立的主张，一种是以国家行为的目的来作为标准进行区分的主张，即"行为目的说"，另一种是以国家行为及其结果所产生的法律关系的性质来作为标准进行区分的主张，即"行为性质说"。例如，有关购置军队装备的合同，如果按照"行为目的说"，该行为作为与国防有关的行为就应该是豁免的对象，但是如果按照"行为性质说"，该行为只不过是个人也可以实施的一项合同而已，因此当然不能够成为豁免的对象。

对于"行为目的说"而言,有批评的声音认为,该主张缺乏明确的区别标准,即国家行为多多少少都会带有主权性的目的,因此要严格区别主权性目的还是管理性目的其实是非常困难的。在目前,注重对象行为客观性质的"行为性质说"占主导地位,该主张将国家行为中那些诸如履行合同或某些不法行为等个人也可实施的行为视为管理性行为,从而否定了国家豁免。例如,美国的《外国主权豁免法》和英国的《国家豁免法》都是基于行为性质说列举出了一些不承认豁免的国家行为及类型。

**补充引申:《联合国国家及其财产管辖豁免公约》**

联合国国际法委员会在1991年归纳整理的《国家及其财产的管辖豁免条款草案》中,列举了各种不承认其豁免权的行为,比如商业交易、雇佣合同、对外国个人的民事赔偿、有关外国不动产的诉讼、知识产权、参加公司或其他法人等,即基于行为性质说设定了管辖豁免的标准。不过,利用该草案在决定某项不承认豁免的行为或合同是否属于所谓"商业交易"时首先需要考虑该行为或合同的性质,即使判断该行为属于商业交易,在国家实践上也会考虑适用该项规定时该行为或合同的目的,如果被认为具有公共政策上的目的,比如为了救济饥饿而采购粮食,为了对付传染病对医药品的采购等,即规定应该其给予其豁免,因此在这里其实也采纳了行为目的说的主张。之所以会出现这种情形,说明该草案也反映了发展中国家的意向,即尽可能扩大承认国家豁免的范围。该项草案最终在2004年12月2日在联合国大会上以《联合国国家及其财产管辖豁免公约》的形式得以通过。日本在2007年1月签署了该公约,2009年4月依据该公约内容又制定公布了国内法《关于对外民事审判权的法律》。

**参考文献**

奥脇直也=小寺彰編『国際法キーワード〔第2版〕』第Ⅳ章(中川淳司執筆部分)(有斐閣,2006年)

小原喜雄『国際的事業活動と国家管轄権』(神戸大学研究双書刊行会,1993年)

本庄資『国際租税法〔四訂版〕』(大蔵財務協会,2005年)

村瀬信也=奥脇直也編集代表『国家管轄権——国際法と国内法』(山本草二先生古稀記念)(勁草

書房,1998 年)

山本草二『国際刑事法』(三省堂,1991 年)

岩沢雄司「国家免除」総合研究開発機構編『経済のグローバル化と法』(三省堂,1994 年)

奥脇直也「国際法の実現過程——変容する国家管轄権の機能」村瀬信也＝奥脇直也＝古川照美＝田中忠『現代国際法の指標』(有斐閣,1994 年)

小寺彰「独禁法の域外適用・域外執行をめぐる最近の動向」ジュリスト1254 号(2003 年)

野村美明「域外適用の法と理論——国際法と国内法の交錯」阪大法学 47 巻(1997 年)

山本草二「国家管轄権の機能とその限界」寺沢一＝内田久司編『国際法の基本問題』(有斐閣,1986 年)

Meessen, Karl, M. ed., *Extraterritorial Jurisdiction in Theory and Practice* (Kluwer Law International, 1996)

Ryngaert, Cedric, *Jurisdiction in International Law* (Oxford University Press, 2008)

The American Law Institute, *Restatement of the Law*, *Third*, *The Foreign Relations Law of the United States*, *Part Ⅳ*, *Jurisdiction and Judgments*, Chapters 1 - 6 (American Law Institute Publishers, 1987), Vol. 1, at pp. 235 - 524

Dodge, W. S., "Extraterritoriarity and Conflict-of-Laws Theory: An Argument for Judicial Unilateralism", *Harvard International Law Journal*, Vol. 39, No. 1(1998), pp. 101 - 169

# 第7章 国际组织法

## 1 国际组织的概念与分类

要点:(1) 所谓的国际组织是一些什么样的组织? (2) 国际组织有哪些类型?

### 7.1 国际组织的概念——国际组织的构成要件

对于国际组织,应该如何定义以及成为国际组织应该满足哪些要件呢?

第一,国际组织是由国家所构成的组织,与那些由个人所组成的国际民间团体,如所谓"非政府间国际组织"(NGO)相区别。在国际法上,提到国际组织,一般就是指由国家或代表国家的政府所构成的"政府间国际组织",一般不包括所谓的"非政府间国际组织"(NGO)。这一概念已经在1969年通过并在1980年生效的《维也纳条约法公约》中以"international organization"所表述。不过,日语中对该公约"international organization"一词的翻译,却使用了"国际机构"一词。而且在眼下,也有一些例外承认个人具有一定代表资格的国际组织存在,比如国际劳工组织(ILO)中的雇佣者团体代表和劳工团体代表、欧盟的欧洲议会议员和欧盟委员会的委员等,不过这种情况也并没有改变具有这些组织正式成员资格的仍然是国家的现象。此外,还有欧共体(EC,根据2009年12月生效的《里斯本条约》解体并被统一于EU)在根据《马拉喀什协定》建立的世界贸易组织(WTO)中被承认具有作为国际组织成员资格,以及苏联解体以前联合国内并无严格意义主权的白俄罗斯和乌克兰也被承认具有加入国际组织的资格,不过这些情况可以说都是一些极其例外的事例。

第二,国际组织是基于国家间协议而创设的,这些协议可以被称为国际组织的"创设性条约"。例如,有关创设联合国的《联合国宪章》或者设立联合国教科文组织(UNESCO)的《联合国教科文组织宪章》,都属于这一类"创设性条约"。这类条约虽然从形式上来看是国家作为当事者的国家间条约,但是同时又有着基本法的性质,即对于该组织而言,是规定了该组织的目的、作用、权限、组织结构等基本框架的基本文件。

第三,国际组织是为了实现各自不同的目的和发挥一定作用人为创设的团体。因此,国际组织是为了发挥一定作用的功能性团体,而非具有固有领土的行为体,在这一点上与具有领陆、领海和领空即领土的国家有着本质上的区别。至于国家与国际组织之间的关系,则可以做如此的理解,即国家是国际社会最初的本源性的法律主体,而国际组织则是基于国家间协议创设的二次派生性的法律主体。也就是说,国际社会中国家与国际组织的关系,就如同国内社会中个人与法人之间的关系。

第四,国际组织必须具有常设性机构。这一要件是国际组织区别于国际会议最重要的标志,国际会议是必要时召集起来开会任务完成后即予以解散的特别组织体。而且,常设化的国际组织机构,充分显示了该组织经过一定讨论程序形成了与个别成员国有所区别的独立意志,这一独立意志的显示过程被称为国际组织的意志决定程序。不过,曾经的"欧洲安全保障合作会议"(CSCE)变成了"欧洲安全保障合作组织"(OSCE),目前的"亚太经济合作组织"(APEC)也有可能从国际会议发展成为国际组织。

因此,目前的国际组织,一般认为须具备上述的四个基本要件:① 国家为构成成员;② 国家间协议即"创设性条约"构成了其法律基础;③ 为实现组织的目标发挥一定的作用;④ 具有常设性机构并形成自己独立的意志。

### 7.2 国际组织的类型与分类

那么,满足以上各要件的国际组织,具有哪些类型以及应该如何进行分类呢?

**(1) 普遍性国际组织与地区性国际组织。**首先,国际组织按照其成员国的地理范围可以分类为"普遍性国际组织"和"地区性国际组织"。所谓"普遍性国际组织",就像目前的联合国及其17个专门性机构一样,对其成员国的地理范围并不限定,即承认世界上所有地区的国家都具有加入的资格。对于这些普遍性国际组织而言,重要的问题在于要通过尽可能多国家的加入来提高该组织的普遍性,因此一般来说加入普遍性国际组织的条件就相对宽松。例如,对于联合国来说,加入的实质性条件由《联合国宪章》第4条第1款加以规定:"凡其他爱好和平之国家,接受本宪章所载之义务,经本组织任务确能并愿意履行该项义务者,得为联合国会员国。"以及加入的程序性条件也由同条第2款加以规定:"准许上述国家为联合国会员国,将由大会经安全理事会之推荐以决议行之。"当然,在联合国刚刚创立之初,由于东西方阵营的对立,一些国家加入联合国的申请没有得到承认,不过在之后的过程中,提出加入的申请一般都会自动获得承认。

与此相对,将成员国的范围限定在诸如欧洲、美洲、非洲、亚洲、太平洋各国或东南亚各国等满足一定地理性条件的组织,则被称为"地区性国际组织"。这类国际组织有:欧洲的欧共体及欧盟与欧洲议会,美洲大陆的美洲国家组织(OAS),非洲的非洲统一组织(OAU)及在2002年改组后的非洲联盟(AU),亚洲的东南亚国家联盟(ASEAN),等等。此外,"欧洲安全与合作组织"(OSCE)或"北大西洋公约组织"(NATO)等以特定地区安全保障为目的的组织也可以包括在这些地区性国际组织中。

**(2) 一般性国际组织与专业性国际组织。**此外,根据各国际组织的目的和任务目标及领域范围,还可以将其分类为"一般性国际组织"和"专业性国际组织"或"功能性国际组织"。前者指那些对组织的目的和任务并没有限定在某些特定的专业领域而是在从政治、经济到社会、文化等广泛领域进行活动的国际组织。例如，作为普遍性国际组织的联合国和作为地区性国际组织的美洲国家组织或非洲联盟等国际组织都是一般性国际组织的代表性例子。而那些将组织目的和任务的范围限定在某些特定专业性领域的国际组织就是"专业性国际组织"，这方面的例子可以举出普遍性国际组织中的各专门机构。例如，这些专门机构中，有像联合国教科文组织这样以促进教育、科学及文化领域国际合作为目的的国际组织，也有像万国邮政联盟（UPU）在邮政领域、国际电信联盟（ITU）在信息通信领域、国际民航组织（ICAO）在民用航空领域、世界卫生组织（WHO）在保健卫生领域、世界气象组织（WMO）在气象领域等各专业领域开展以促进国际合作为目的活动的国际组织。当然，在地区性国际组织中也存在着这样的专业性国际组织，比如"亚洲开发银行"或"美洲开发银行"以及"欧洲复兴开发银行"等地区性国际组织，就是作为普遍性国际组织专门机构的"世界银行"（IBRD）在各个地区的专业性国际组织。

如果再进一步按照国际组织的目的及任务的内容来分类，可以将那些以维持国际和平与安全为目标的组织例如北大西洋公约等组织称为"政治性国际组织"，除此之外在其他领域以促进国际合作为目的的国际组织则被称为"非政治性国际组织"，兼具二者任务功能的国际组织也通常被称为"一般性国际组织"。

## 2　国际组织的历史演变

要点：(1) 国际社会中国际组织诞生的社会背景是什么？(2) 从历史上来看国际组织是如何发展变化的？

## 7.3 国际组织形成与发展的社会背景

18世纪下半叶以后,由于欧洲各国发生的工业革命为科学技术及产业贸易奠定了坚实的基础,同时由于市民革命其社会结构也发生了巨大变化,因此到了19世纪前期,人员与物资的跨国交流现象大幅度增加。其结果是在国际社会尤其在欧洲各国之间就产生了一种需求,即需要一些能够规范这些跨国活动的新的方法和框架。为此,作为具体的方式,为了实现各国共同的利益,基于各个国家之间的协议创设了国际社会新的组织体,以便通过这些组织体的活动来实现各国的共同利益,或者称之为国际共同利益。也就是说,19世纪后主要以欧洲国家为中心创设的这类新的组织体,就是"国际组织"(international organization)。

从19世纪以后直到今天,国际社会已经出现了各种各样的国际组织,其数量和所承担的任务范围也在不断增加和扩大,即国际组织大量涌现并得到快速发展。之所以会出现这种情况,其原因主要在于,随着国际社会国家间的相互交流与相互依存程度的加深,各个国家通过创设国际组织并采取行动统一处理出现的各种问题,较之各个国家单独面对和处理这些问题要更为有利。下面,我们就来具体地探讨一下国际组织的历史发展。

## 7.4 国际组织的历史发展

**(1) 国际河流委员会与国际卫生理事会**。19世纪出现在历史上最早的国际组织,是为了管理欧洲一些国际河流而创设的被称为"国际河流委员会"的若干国际组织。国际河流委员会是为了实现有关国际河流沿岸各国的共同利益,即确保在国际河流上所有船舶的安全而创设的国际机构,也是满足了本章前述国际组织要件的最为早期的国际机构。同时,为了确保国际河流上船舶的安全及顺利航行,就必须通过创设国际性机构来确保对有关河流适用统一的规则。

为了实现这一目的,在19世纪围绕欧洲的主要国际河流都先后创设了国际河流委员会。例如,围绕莱茵河1831年创设了"莱茵河中央委员会",围绕多瑙河则根据克里米亚战争后1856年的《巴黎条约》创设了"欧洲多瑙河委员会"。尤其是"欧洲多瑙河委员会"不但直接行使了一些行政执行权力,比如航行税的征收,为维持和确保船舶航行安全的工程的计划和实施,还行使了一种立法权力,即制定了可直接拘捕个人的航行规则,因此一直到第二次世界大战后这一权力受到限制之前,该委员会行使了非常大的权力,以至于曾经被称为"河流国家"(River State)。

与国际河流委员会同时出现的,还有19世纪作为国际机构创设的"国际卫生理事会"。这一理事会是为了实现当时有关国家防止霍乱等传染病蔓延这一共同利益,在19世纪当时奥斯曼土耳其所管辖的主要城市如君士坦丁堡、丹吉尔、亚历山大等地设立的国际机构。而且,国际卫生理事会也被赋予为防止传染病蔓延而制定直接拘捕个人规则的权力。其后的历史沿革,一般认为该理事会履行和承担了今天作为联合国专门机构之一的世界卫生组织(WHO)工作的一部分。

不过,需要注意的是,国际河流委员会与国际卫生理事会虽然从形式上来看是为了实现所有国家共同利益而创设的国际机构,即为了确保国际河流船舶的安全航行及防止传染病的国际蔓延,但是在这些组织中实际上英国、法国这些当时欧洲的强国拥有巨大的发言权,因此这些国际组织在现实中还承担着实现当时大国利益的政治性功能。

**(2) 国际行政联盟**。在19世纪下半叶,通信、邮政、交通、商业、工业、农业、卫生、科学技术等各个领域的跨国交流活动越来越频繁与活跃,因此为了跨国性地处理各领域专业性和技术性的问题,几乎与上述国际河流委员会与国际卫生理事会同时出现了被称为"国际行政联盟"(international administrative)的国际组织。这些组织中的绝大部分都成为今天一些专门机构的前身。例如,作为最早国际行政联盟于1865年创设的国际电信联盟就是今天国际电信联盟的前身,1874年创设的普通邮政联盟就是今天万国邮政联盟的前身,并且目前都各自成为联合国属下的专门机构。1883年创设的"工业产权保护同盟"及1886年创设的"著作权保护同盟"目前已经合并为"世界知识产权组织"(WIPO),并同样成为联合国的专门机构。此外,1890年创设的"国际关税同盟"经第二次世界大战后的"关税及贸易总协定"(GATT)构成了今天世界贸易组织(WTO)的前身,1905年创设的"国际农事协会"和1907年创设的"公共卫生国际事务局"也分别同目前已经成为联合国专门机构的"联合国粮食及农业组织"(FAO)和"世界卫生组织"(WHO)有关。

19世纪下半叶上述这些作为国际行政联盟一部分的国际组织的出现,其背景就在于,随着各个领域国际交流的日益活跃,仅仅以一个国家的国内法来处理各领域出现的问题已经越来越困难。我们来想象一下跨国邮政或跨国电信的问题,就非常容易理解,如果没有国际协调和制度性的框架,将很难处理这些跨国性的问题。当然,这些国际行政联盟尽管有权在各有关领域制定专业技术性标准,但其效力只能及于愿意接受其制约的组织成员国,而且对成员国的权力也一般仅限于对各有关领域方面的情报收集或公开。此外,在涉及军事、产业等国家根本利益的领域,几乎看不到类似于国际行政联盟创设的国际机制现象。不过,在思考和回顾国际组织的历史及其发展时必须承认,19世纪下半叶国际行政联盟的出现对于20世纪后国际组织的进一步发展而言具有重要意义,即为后来的发展提供了有利的前提条件。

**(3) 国际联盟与国际劳工组织**。在20世纪初1914年至1918年发生的第一次世界大战,由于是在以科学技术巨大发展为背景的军事技术及其武器性能高度发展为前提发生的,所以给人类造成了比过去的战争更为惨烈的灾难,然而同时也成为改变国际社会根本结构的一次巨大契机。作为重要的一个变化,就是人类历史上第一个带有普遍性和一般性的国际组织"国际联盟"(League of Nations)的诞生,以及与国际联盟同时建立的总部设在瑞士日内瓦的"国际劳工组织"(ILO)。

尤其是国际联盟的建立,在国际组织的发展历史中具有划时代的意义。国际联盟的成员国几乎包括了当时除美国等极少数国家之外的所有独立国家,其权限范围也包括了从和平解决国际冲突到通过制裁等手段实施的强制性解决、裁减军备以及一些人道性、社会性和经济性任务等非常广泛的领域。在20世纪20年代,国际联盟通过1925年制定的《洛迦诺公约》和1928年制定的《非战公约》承担了维持国际和平与秩序的主要责任。

然而,进入20世纪30年代之后,在世界经济危机之下各国的经济都陷入了极大的危机之中,为了应对这一危机,世界各地出现了经济集团化的动向以及法西斯的兴起,国际联盟在维持世界和平方面所发挥作用的局限性也显露了出来。比如,作为联盟中强有力成员国的日本和德国的退出,以及面对意大利对埃塞俄比亚的侵略,联盟并未采取任何实质有效的制裁措施,这些都在国际社会面前暴露了国际联盟的软弱无力。1939年9月纳粹德国入侵波兰导致第二次世界大战爆发之后,虽然国际联盟还继续存在并且在1940年以入侵芬兰为由采取措施将苏联开除出了联盟,但是当时的国际联盟已经没有能够制止世界大战的有效手段,因此其存在的价值实际上已经丧失。

在第二次世界大战期间,国际社会就开始构想建立取代国际联盟的带有普遍性和一般性的国际组织。在日本投降之前的1945年6月,同盟国家在美国的旧金山召开联合国家会议,通过了《联合国宪章》,同年10月该宪章生效,据此延续至今的联合国正式建立。

## 3 国际组织的构成

> 要点:(1) 国际组织由哪些机构所组成?(2) 国际组织的成员国资格是如何决定的?

### 7.5 国际组织的机构构成

大部分的国际组织都是由①成员国②由所有成员国代表所组成的大会和

③由日常执行该组织任务的职员组成的事务局这三部分所构成。除此之外，在联合国及其各专门机构这些成员国较多的国际组织中，在大会之外，一般还会有④由一部分成员国代表所组成的理事会。例如，在联合国内，除了大会之外，还有安全保障理事会、经济社会理事会和托管理事会等，其中的托管理事会由于所托管的地区均已完成了独立的任务，所以目前实际上已经完成了其历史使命。

在关于理事会的问题上，始终存在着一个问题，即应该如何选出构成理事会的理事国。这一问题涉及如何建立一个能够民主性地反映国际组织内部各成员国意志的框架结构的问题。因此，理事国的产生，一般采用成员国大会选举的方式，比如联合国经济社会理事会的理事国和安理会中的非常任理事国的选举就是典型的例子。另外，也有一些国际组织，由于某些成员国在作用和责任方面的原因，在制度设计上承认这些特定的成员国可自动获得理事国地位，比如国际联盟理事会早期的常任理事国英国、法国、意大利和日本及后来又增加的德国和苏联，以及目前联合国安理会的5个常任理事国等，就是这方面的典型例子。此外，在一些专门机构中，比如国际货币基金(IMF)和世界银行(IBRD)，分别由24名和12名理事组成理事会，其中的5名理事由5个最大出资国任命，其余的理事则由成员国选出。

### 7.6 围绕国际组织成员资格的法律问题

**(1) 成员国获得资格的开始**。作为国际组织成员的资格，原则上只有具有主权的国家才能够拥有这一资格。不过，在1945年联合国建立之时，尚未正式独立的印度和菲律宾以及当时构成苏联的15个加盟共和国中的乌克兰和白俄罗斯也作为"创始会员国"，地位得到承认。此外，一些专门机构，比如万国邮政联盟和国际电信联盟等机构，或者地区性开发银行，对其成员资格的所谓"国家性"要件标准并非极其严格，国家的个别地区或还未正式独立的一些海外领地也被承认具有部分成员资格。目前，随着地球上几乎所有的殖民地都已经获得独立,所以这样的问题也正在成为过去,不过即使在今天,也有一些国际组织,比如世界卫生组织就承认一些所谓"准成员国"的部分成员资格。

国际组织的成员国可以分为"创始成员国"和"新成员国"两类,即作为该组织创设条约缔约国并创设该国际组织的国家和该国际组织建立之后新申请加入的国家。其中,新申请加入的国家为了获得成员国资格,必须要经过该国际组织创设条约所规定的承认加入的程序。例如,要成为联合国的成员国,按照《联合国宪章》第4条第1款规定的加入联合国的实质性要件为:① 接受宪章所载义务;② 组织认为确能并愿意履行宪章义务;③ 爱好和平的国家。还有第4条第2款规定的加入必要程序为:① 安理会的推荐;② 大会的决定。此外,有很多作为专门机构的国际组织,为了确保组织的普遍性所以希望有尽可能多的国家加入,因此往往会对新申请加入国家自动予以承认。

**(2) 成员国资格的终止**。除去上述有关国际组织成员国资格获得的问题之外,还有成员国资格的终止或中止,以及成员国的退出、除名、权利中止等问题。作为国际组织成员国资格的终止原因,通常有退出和除名两种情况,其中基于成员国自我意志终止其成员国资格的是退出。大部分的国际组织,都在其创设条约中规定了有关成员国退出的条款,但是在《联合国宪章》中并没有有关成员国退出的明确规定。之所以如此,主要是对过去国际联盟的历史性教训的反思,即主要国家的退出会导致组织功能弱化。不过,在1945年《联合国宪章》通过之际,如果某一成员国不能接受宪章的修正,或者联合国只有在牺牲法律和正义的情况下才能够维持和平,那么其实是允许成员国退出组织的。而所谓除名,则是违反成员国自身意志使其丧失成员国的资格,同时也具有作为组织防御而采取制裁的性质。《联合国宪章》第6条规定:"联合国之会员国中,有屡次违反本宪章所载之原则者,大会经安全理事会之建议,得将其由本组织除名。"不论退出还是除名,都是终止了成员国的资格。权利中止则是成员国在组织内的权利与资格暂时被停止,但仍然保留了其后恢复这些权利和资格的余地,比如《联合国宪章》第5条规定:"联合国会员国,业经安全理事会对其采取防止或执行行动者,大会经安全理事会之建议,得停止其会员权利及特权之行使。此项权利及特权之行使,得由安全理事会恢复之。"

进一步而言,在国际组织自身不再存在的情形之下,当然该组织成员国的资格也随之消失。作为国际组织消亡的事由,主要有:① 自发解散,如 1946 年国际联盟的解散;② 破产倒闭,如 1985 年"国际锡理事会"的破产。然而,不论哪一种情形,都有可能发生该组织的财产及债务的继承等问题。

此外,与上述国际组织成员国资格问题不同的另外一个问题,是有关国际组织成员国的代表权问题。所谓代表权问题,是当某一成员国内存在若干政府并都主张自己的正统性时,应该承认哪个政府具有代表该国参加组织的资格的问题。

## 4 国际组织的决策

**要点:(1) 国际组织的决策程序是以何种形式进行的?(2) 国际组织的决定或决议具有何种法律效果?**

### 7.7 国际组织的决策程序

国际组织的决策程序,大致可以区分为:① 全体一致表决制;② 多数表决制,又可分为一国一票制或加权投票制;③ 协商一致制。全体一致制是从国际组织产生最初时期起就一直在使用的一种决策方式,同时从尊重和保障成员国国家主权的角度来看也可以说是一种最为适合的决策方式。当然另一方面,如果严格采取这一方式,只要成员国中有一个国家反对,就难以作出决策,所以从有效完成国际组织任务的观点来看,就有可能导致国际组织的效率低下。因此,目前有很多国际组织内部都开始采取或至少部分开始采取多数表决制,在决策程序方面进行了各种各样的探讨和尝试。

也就是说,目前大部分国际组织都采取了上述的第二类决策方式,即多数表决制,当然这些国际组织中的多数表决制在具体内容上也表现多样化。例如在联合国,按照《联合国宪章》第 9 条和第 18 条第 1 款的规定,在联合国大会上的表决是按照所有成员国"一国一票制"为前提进行的,同时第 18 条第 2 款和第 3 款又规定,在所谓"重要问题"上采取"三分之二多数决",而在所谓"非重要问题"上则采取"过半数多数决"。此外,安理会的决策程序,按照宪章第 27 条第 2 款规定,采取在所谓"程序事项"上须有 15 个理事国中 9 个理事国赞成的"特别多数决",同时第 27 条第 3 款又规定,在一些所谓非常重要的"非程序事项"或"实质性事项"上,则在同样采取 15 分之 9 的"特别多数决"基础上,又增加了须有所有常任理事国同意的必要条件。因此,联合国安理会在决策所谓"非程序事项"或"实质性事项"时,似乎只是要求常任理事国的"全体一致表决",但实际上就是通常所理解的被赋予中、美、英、法、俄五大常任理事国的"否决权"。此外,需要注意的是,在国际货币基金(IMF)和世界银行(IBRD)等金融财经领域的专门机构,也是采取基于与各成员国出资额相适应的"加权表决制"的"多数表决制",也就是说即使同样采取多数表决制,也会根据不同国际组织各自的目的和任务选择最为合适的方式来进行决策。

最近,还有一些国际组织在进行实际决策时是按照"协商一致制"来进行的。作为国际组织决策方式的所谓"协商一致制",首先要通过事前非正式的磋商来调整成员国之间的利益冲突和对立并找出相互妥协点,然后在正式进行决策时由主持者提出按照"协商一致方式"形成的提案并在确认没有反对意见的基础上以"非投票"的形式进行决策。这种决策方式,曾经在联合国第三次海洋法会议上起草《联合国海洋法公约》的过程中被采用过,而且目前在联合国内部的各个机构或委员会进行决策时也在广泛采用,但是其实在《世界贸易组织协议》第 9 条第 1 款中已经明确规定了这一决策方式。通过所谓协商一致方式进行决策,其优点在于,成员国之间的矛盾对立变得不再明显,事前的相互妥协也有可能使决策的执行比较顺利,但同时这一方式也受到指责,即作为相互妥协结果的最终决策内容会变得模糊而不明确。

## 7.8 国际组织决议的法律效力和法律渊源

以上所探讨的有关国际组织决策程序的问题,实际上与国际组织的决定乃至决议的法律效力问题有着非常密切的关系。之所以如此说,是因为当某些国际组织的决议对其成员国具有法律效力时,如果该决议并非全体一致表决通过而是在多数表决制下通过,那么就有可能由于大部分成员国与对该决议持有不同意见的成员国之间围绕国家主权限制而出现问题。另一方面,当某些国际组织的决议对该组织成员国本无法律拘束力时,即使以多数表决制通过了该决议,也不会出现损害成员国主权的问题。

在现代国际社会,国际组织的决议被承认为对其成员国具有法律效力,典型的例子就是基于《联合国宪章》第7章及有关条款规定的安理会的决议。而对于联合国大会的决议,一般认为,至少按照《联合国宪章》第4章的有关规定来看,对联合国的成员国并无法律拘束力。此外,一些专门机构所通过的带有一定技术性的规则,也被承认对其成员国具有法律拘束力,比如国际民航组织理事会通过的国际标准或建议措施,以及世界卫生组织大会所通过的卫生条例等,不过《国际航空协定》和《世界卫生组织宪章》有关条款也规定,在面对这些规则时如果成员国不能够遵守这些规则,也可以通过申请"排除适用"(contract-out)的方式来免除这些规则对自己的拘束力。

如果从国际法渊源的观点来考虑国际组织的决定及决议的法律定位,可以举出确定国际法院审判规则的《国际法院规约》第38条第1款所规定的作为"确定法律原则辅助手段"的"司法判例"及"学者学说",但是国际组织的决定或者决议没有被包括在内。不过,即使如此也并不意味着国际法院不承认具有法律拘束力的联合国安理会决议的适用性。例如,作为国际法院的判例之一,在1992年"洛克比案"中所发布的有关临时保全的命令,就是在安理会的决议之后作出的。

## 5 国际组织的功能

要点:(1) 国际组织所发挥的功能有哪些?(2) 在现代国际社会中国际组织应该发挥什么样的作用?

### 7.9 国际组织的功能

在现代国际社会,国际组织在现实中所发挥的功能有哪些呢?

国际组织存在的理由,正像前面已经指出的那样,是为了完成组织基本法即创设条约所规定的一定任务而发挥作用。现代国际组织所发挥的实际作用,大致可以分为两个,一是促使国家之间"合作"(cooperation)的作用,另外一个是促使国家之间"统一"(integration)的作用。

其中,促进国家之间"合作"的作用,是以目前由主权国家构成的国际社会基本结构为前提,由国际组织通过各个国家间的合作来应对处理全球化进展所带来的各种现代问题,在这个意义上可以说是一种现实性和渐进性的作用。而促进国家之间"统一"的作用,则是将从来由主权国家行使的一部分职能让渡给了国际组织并代替国家行使这一职能。具有这种"统一"作用的组织,可以认为目前只限于欧洲的欧盟(EU),从学术上来说可以将发挥这种国家间"统一"作用的组织体定义为"超国家组织"(supranational organization),并且与仅仅发挥国家间"合作"作用的"国际组织"(international organization)相区别。

如果按照上述的理解,除了归类为"超国家组织"的欧盟之外,绝大部分国际组织的作用从本质上而言都在于促进国家间的"合作"。作为发挥这种促进国家间"合作"作用的具体手段,一般认为包括各国际组织在自己所管理领域:① 信息的收集、传达及发表;② 一定标准的制定及劝告;③ 公开场合的讨论;④ 一定业务活动的进行等。例如,联合国安理会所采取的强制行动也可以被视为以维持国际和平与安全为目标的联合国发挥作用的活动。

## 6 法律主体性

要点:(1) 国际组织在国际法及国内法上具有什么样的法律权利?(2) 国际组织所具有的国际法上的权利与国家所承认的权利有何异同?

### 7.10 国际组织的法律主体性——国际法主体性与国内法主体性

国际组织为了以不同于该组织成员国的独立主体地位在国际社会开展活动,就需要以组织自身的名义成为具有法律权利及义务的主体。关于国际组织的法律主体地位,有必要在此分为两个问题来探讨,即可以成为具有国际法权利义务主体地位的"国际法主体性"问题和可以成为具有国内法权利义务主体地位的"国内法主体性"问题。

一般而言,国际组织在其各自的创设条约中都规定自身具有法律人格,不过实际上这些规定大部分都只是有关该组织"国内法人格"的规定。例如,《联合国宪章》第 104 条规定:"本组织于每一会员国之领土内,应享受于执行其职务及达成其宗旨所必需之法律行为能力。"即联合国具有在国内法上的法律能力。此外,很多专门机构也在其各自的创设条约中有类似的规定,比如《国际民用航空公约》(也称《芝加哥公约》)第 47 条和《世界银行协定》第 7 条的规定,或者援引《联合国宪章》第 104 条的规定,比如《联合国教科文组织宪章》第 12 条。而有关国际组织的国际法主体性,却很少有国际组织在其创设条约中明确规定自身具有一般意义上的国际法主体性,只有《非洲开发银行协定》第 50 条有这样的规定,或者即使在该组织创设条约中规定了具有法律人格,也很少会被解释为意味着被赋予了国际法人格或国际法主体性。因此,可以说大部分国际组织作为国际法主体的法律地位是在为实现该组织的目的及完成任务所必要的范围内通过默示的形式得到承认的。

### 7.11 国际组织的国内法主体性与特权豁免

**(1) 国际组织的国内法主体性。** 国际组织在国际社会进行实际活动的场所一般都会在特定国家的领土范围之内,因此国际组织为了在国际社会开展活动就必须获得作为国内法主体的一定法律地位。例如,前述《联合国宪章》第104条所规定的联合国为执行任务及达致目的应在其会员国领土范围内享有必需的法律能力。这里所规定的联合国在国内法上的所谓"法律上的能力"(legal capacity)的具体内容,被规定在了1946年2月通过、同年9月生效的《联合国特权和豁免公约》第1条"法律人格"标题下的第1节中:"联合国具有法律人格。联合国并有行为能力:(a) 订立契约;(b) 取得和处分不动产和动产;(c) 提起诉讼。"此外,联合国以外的国际组织,比如有关专门机构的国内法人格,也与上述对联合国的规定一样,被规定在了1947年11月通过、1948年12月生效的《专门机构特权和豁免公约》第2条第3节中。因此,国际组织具有国内法人格的具体内容,一般可以解释为具有:(a) 订立契约的能力;(b) 取得及处分不动产及动产的能力;(c) 作为诉讼当事者的能力。

**(2) 国际组织的特权与豁免。** 国际组织为了能够不依赖其他法律主体独立有效地完成自己的任务,其自身以及为完成任务而工作的职员及专家等人就需要获得一定的特权与豁免。因此,国际组织及其财产和职员的特权与豁免就会成为一个法律问题。有关这些特权与豁免的内容和范围,主要有上述《联合国特权和豁免公约》和《专门机构特权和豁免公约》中的一些具体规定。例如,《联合国特权和豁免公约》第2条第2节规定,联合国的财产、款项和资产原则上对于所有形式的诉讼程序享有豁免;同条第3节规定,联合国的房舍不可侵犯,其财产和资产不论位于何处均不能被搜查、征用、没收和征收;第7节规定,联合国的资产、收入及其他财产原则上免除一切课税。此外,《联合国特权和豁免公约》对联合国的职员和专家所享有的特权与豁免的具体内容也作出了规定,主要体现在该公约的第 5 条和第 6 条中。除此之外,在各个国际组织与其总部所在地国之间缔结的总部协定中,比如联合国和美国在 1947 年 6 月签署、同年 11 月生效的《联合国总部协定》中,也会规定该国际组织与所在地国之间的关系以及享受特权与豁免的具体内容。

### 7.12 国际组织的国际法主体性

**(1) 综述**。与国际组织的国内法主体性相区别的一个问题,就是有关国际组织的国际法主体性的问题。所谓国际法主体,一般的理解即意味着具有国际法上权利义务的主体地位。而所谓法律人格的概念,本来是一个国内法上的概念,因此适用国际法上的法律人格即所谓"国际法人格"这一概念是否合适,还存在一些争议。不过,国际法院在 1949 年的"执行联合国职务时遭受伤害赔偿案"的咨询意见中,使用了"国际法人格"(international personality)的概念,而且是在认为联合国具有作为国际法主体的国际权利与义务能力意义上使用这一概念的。甚至,该咨询意见还提出了在联合国与非会员国间关系中也同样承认的"客观性国际人格"(objective international personality)的概念。以国际法院该项咨询意见为转折,目前一般意义上的理解都承认至少普遍性的国际组织具有国际法人格。当然,不论是承认国际组织的国际法主体性,还是承认国际组织具有国际法人格,各个国际组织在国际法上具体被承认的职能及内容,按照各个组织的目的或职能以及任务、权限范围等,其实并不完全相同。这也可以说是国际组织不同于国家的一个最大的特征,因为在国际法上国家被赋予了相同内容的法律职能。作为国际法所承认的国际组织的具体职能,一般被认为主要有:① 一定的外交能力及使节权;② 制定国际法职能,尤其是条约缔结权;③ 国际请求能力及国际责任能力;④ 一定领土范围的管理职能;等等。下面,将就国际组织的这些具体职能,逐一地进行探讨。

**(2) 国际组织的外交能力和使节权**。一般而言,所谓外交能力,就是具有通过与其他国际法主体进行交往谈判以及派遣和接受外交使节、缔结条约等方式与其形成国际法上关系的能力。对于国家来说,其基于一般国际法意义上的外交能力在原则上具有,但是国际组织拥有的外交能力只限于基于该组织创设条约为实现其目的和完成其任务的必要范围之内。

国际组织作为国际社会独立法律主体进行各种各样的具体活动时,一个不容忽视的问题就是,国际组织自身要进行谈判以及缔结条约等活动,就会出现国际组织行使使节权的问题。国际法上的使节权可以分为两种,即能动性使节权和被动性使节权,前者指派遣外交使节的权利,后者指接受外交使节的权利。首先,关于接受其他国际法主体派遣外交使节的被动性使节权,几乎所有的国际组织都在行使,即接受本组织成员国所派遣的代表团或常驻使团。1975年通过但还未生效的《维也纳关于国家在其对普遍性国际组织关系上的代表权公约》对成员国向普遍性国际组织派遣代表团或常驻使团的法律地位及特权与豁免等问题,作出了一些规定。例如,在纽约的联合国总部和在日内瓦的联合国欧洲总部,都设置了各会员国政府的代表处,并有众多会员国派遣了常驻外交使团。此外,还有类似于在经济合作与发展组织(OECD)中有欧盟(EU)的常驻代表部那样,一个国际组织接受其他国际组织所派遣的常驻使节。其次,关于国际组织的能动性使节权,即向其他国际法主体派遣外交使节,却并不是很多。不过,也有像欧盟向世界贸易组织(WTO)等国际组织派遣代表团的现象,以及联合国为了解决或仲裁、调停某一特定冲突也常常向冲突地现场派遣临时性外交使团,而且这一使节权的行使实际上是联合国或其他地区性国际组织在现实中为和平解决国际争端所采取的重要手段之一。

**(3) 国际组织的制定国际法职能及其条约缔结权**。国际组织对制定国际法的参与,可以有多种方式,比如通过国际组织的内部规则或决议,提供场所促成国家间条约的缔结,联合国国际法委员会(ILC)对条约草案的起草,以及联合国大会通过各种公约,等等。如果国际组织自身成为直接的条约当事者,那么国际组织就更是直接参与了国际法的制定。

当国际组织自身成为条约当事者时,该条约的其他当事者有可能是国家也有可能是其他国际组织。例如,按照《联合国宪章》第43条的规定,为了建立依宪章第7章内容之下的联合国军,安理会与联合国会员国间应该缔结关于提供兵力的特别协定,以及按照宪章第63条的规定,联合国经济及社会理事会与各专门机构间应该订立关系协定。其中,前者是作为联合国这一国际组织中一个机构的安理会与作为联合国会员国的国家之间的条约,而后者则是作为联合国一个机构的经济及社会理事会与各专门机构两个国际组织之间的条约。前者所指的特别协定迄今为止还没有实际缔结的事例,而后者所指的关系协定则已经在经济及社会理事会与17个专门机构之间订立。

此外,在其他情况下联合国也会同有关国家缔结有关协定,例如联合国向有关国家派遣参加维持和平行动(PKO)的部队时,实际上一般都会与接受国之间就确定各种派遣条件签订驻留协定。这种以联合国为中心所缔结的协定,虽然并非以宪章的具体性规定为依据,但是为了达致该组织的目的及完成任务,就需要在必要范围内承认其"默示性权限"(implied powers)并赋予其法律依据。作为地区性国际组织的例子,欧共体也在其创设条约中详细规定了共同体与其他国际组织或国家之间缔结条约时的内部程序,并且这一规定也被后来的欧盟及其《欧洲联盟运行条约》所继承。

总之,在目前的国际社会,国际组织自身成为条约缔结主体的事例并不罕见。不过,实际上国际组织所具有的条约缔结权的具体内容,却由于各组织的目的、功能及任务等不同以及按照各组织创设条约给予组织的权限而具有巨大差异。在这一点上,国际组织不同于国家在缔结条约时法律上具有完全相同权利的情况,因此国际组织在缔结条约时面临一些难以解决的问题。为了解决有关国际组织缔结条约时的一些法律问题,联合国国际法委员会起草了《国家和国际组织间或国际组织相互间条约法的维也纳公约》并且在1986年获得了通过,不过该公约仍未生效。在该公约中,并没有明确承认国际组织具有一般性缔结条约能力的条款,而只是根据该公约第6条规定:"国际组织缔结条约的能力依照该组织的规则。"

**(4) 国际组织的国际请求能力及国际责任能力**。当国际组织被承认为具有国际法上权利义务的主体地位时,紧接着的问题就是当这一国际法上的实体性权利义务关系遭到破坏时国际组织的在所谓程序法上的主体性问题。对于这个问题,首先需要明确的是,当国际组织自身所具有的国际法上的权利遭到侵犯或损害,即成为国际违法行为的受害者时,是否具有国际法上的请求能力,即国际请求能力。其次,还需要明确,当国际组织侵犯或损害了其他国际法主体具有的国际法上的权利时,该国际组织是否有能力承担国际法上的责任,即国际责任能力。上述两个法律问题,实际上是表里一体的关系,各自构成了国际组织的国际法主体性的一个重要侧面。

首先,国际组织在其国际法上的权利遭受到侵害时,或成为国际违法行为的受害者时,国际组织是否具有以自己的名义在国际法上进行请求的能力。有关这一问题的案例,可以举出前述1949年国际法院在"执行联合国职务时遭受伤害赔偿案"中提出的咨询意见。在该咨询意见中,国际法院在承认联合国具有"国际法人格"(international personality)的基础上,还承认了联合国具有一般性国际请求能力,对于联合国调停官员贝纳多特伯爵在执行任务中被暗杀的具体案例,认为联合国对于其本身及其职员个人所受到的损害具有行使"功能性保护"(functional protection)的权利,即在本案中可以对该事件的责任当局即具体指以色列政府进行国际请求。以国际法院该项咨询意见为转折,一般都认为至少像联合国及其专门机构这样的普遍性国际组织自身具有与其会员国不同的国际请求能力。另外,一些地区性国际组织,比如像东南亚国家联盟(ASEAN)那样权力有限及统一程度相对较低的国际组织,以及像欧盟(EU)那样具有较大权力及统一程度较高的国际组织,其自身是否也具有国际请求能力,则不能够简单地一概而论。

其次,当国际组织从事了国际违法行为时,国际组织是否可以被作为国际请求的对象以及被追究国际责任呢? 关于国际组织的国际责任问题,联合国国际法委员会(ILC)从2003年起就开始起草有关条文草案,并且在2009年一读暂时通过了《国际组织的国际责任》草案。此外,国际法协会(ILA)也在2004年通过了有关"国际组织问责制"的建议规则及习惯草案。国际社会有关这方面的实践,可以举出联合国在实施维持和平行动(PKO)时出现的一些由于违法行为造成损害的事例。比如,在1956年"苏伊士运河危机"时派往当地的联合国第一次紧急部队(UNEF-Ⅰ)脱离本来的任务范围违法占据和使用土地,对此联合国最终同意由联合国进行赔偿。此外,还有1960年"刚果危机"时被派遣至刚果的联合国维和部队(ONUC)实施的行动,实际上也引起了众多要求联合国进行赔偿请求的诉讼,联合国在面对造成损害原因确系维和部队违法行为的证据面前,实际上也承认联合国自身的赔偿责任并支付了赔偿。甚至,联合国对于那些联合国维和部队违法活动造成损害的住在刚果的外国人或外国企业,也与有关国家比利时、瑞士、意大利等国签订了相应的支付赔偿协定。

此外,在最近的一些条约中,也出现了将国际组织在一定情况下作为赔偿责任主体的一些规定。例如,1972年签署生效的《外空物体所造成损害的国际责任公约》第22条第3款明确载明国际组织基于该项公约负有损害责任,以及规定当国际组织负有责任时应首先自身提出损害赔偿请求,如果在6个月内仍然未能完成支付赔偿责任,那么就可以向该组织成员国且同时为该公约缔约国的国家提出损害赔偿请求。值得注意的是,国际组织和其成员国都需要承担各自的责任,国际组织本身承担第一次责任,其成员国承担第二次责任。此外,在1982年通过并于1994年生效的《联合国海洋法公约》附件3第22条中,也规定作为组织管理国际海底区域及其资源的国际海底管理局在行使权力及完成任务时,对其违法行为所造成的损害应该负有责任(responsibility)或赔偿责任(liability)。

不过,虽然承认国际组织自身具有国际责任能力,也可以被作为赔偿责任的主体,但是在现实中国际组织的财政一般依赖于成员国的出资,因此往往很难作出实际上的赔偿,甚至在一些极端的情况下,国际组织还有可能由于过度的债务而破产。在这种情况之下,是否应该由该国际组织的成员国来承担这些债务呢?有关国际组织的破产问题,现实中可以举出1985年"国际锡理事会"(ITC)破产的事例。国际锡理事会是为了稳定作为初级产品的锡的国际价格而建立的国际组织,但是当时国际市场上锡的价格持续暴跌,于是为防止价格持续下跌锡理事会买入了大量的锡,导致出现大量债务而最终破产。结果,向国际锡理事会提供大量贷款的债权者在国际锡理事会总部所在地英国的国内法院提起诉讼,诉讼对象为国际锡理事会的成员国,要求其偿还国际锡理事会的债务。对此,当时相当于英国最高法院的上议院以国际锡理事会具有法律人格等为由驳回了这一诉讼请求,不过之后依靠国际锡理事会成员国新的筹资偿还了国际锡理事会的一部分债务,才平息了这次事件。然而,这次围绕国际组织破产问题的前后应对,对于国际组织的法律主体性和法律人格,以及特别是与第三者间的关系具有什么样的法律效果等方面,都具有非常重要的启示意义。

(5) 国际组织的领土管理职能。在考虑作为国际法主体的国际组织与国家之间的不同时,历来强调的都是,国家是以一定领土范围为其实质性基础的"领土性团体",而国际组织则是为发挥一定作用及完成一定任务人为设立的"功能性团体"。领土是与政府和国民一道构成国家三要素中的要素之一,不可想象会存在没有领土的国家,而国际组织则并非领土性团体,因此不可能拥有领土。

不过,国际组织在一些特定领土范围内行使管理职能的事例在很早之前就一直存在。比如,国际联盟时代的"委任统治地区"以及国际联盟对萨尔地区和但泽自由市行使监督权等,都是早期的一些例子。其后,联合国对"托管统治地区"的监督也是这方面的例子。特别是最近,作为联合国维持和平行动(PKO)的一种方式,联合国在特定领土范围内和一定时期内行使行政权或其他管理权的事例在不断增加。例如,在围绕西伊利安地区荷兰与印度尼西亚之间发生冲突时,联合国在 1962 年 10 月到 1963 年 5 月期间,通过"联合国临时政府"(UNTEA)开创性地对西伊利安地区行使了行政权。其后,联合国又针对南非违法占据纳米比亚问题,通过建立"联合国纳米比亚理事会"对纳米比亚行使了行政权,并直至纳米比亚于 1990 年完成独立。不过,当时的纳米比亚实际上由南非违法占据,联合国的管理也仅仅是名义上或形式上的管理。此外,在柬埔寨问题上,基于1991年签订的《巴黎和平协定》,从 1992 年 3 月到 1993 年 9 月宪法颁布及新政府成立期间,"联合国柬埔寨临时权力机构"(UNTAC)将柬埔寨各行政机构都置于其领导之下,行使了包括监督停战、难民返乡及实施选举在内的一系列综合性行政权力。其后,在2002年9月东帝汶宣布独立时,以及在2001年11月塔利班政权崩溃之后的阿富汗和2003年7月侯赛因政权之后的伊拉克等地,联合国都参与了对这些国家的管理。当然,联合国参与对这些国家直接管理的方式也在政治上引起了巨大的争论。然而不论怎样,上述联合国在特定领土范围内对某种管理权的行使,都是作为联合国解决冲突功能的一环而具有临时的性质,与国家所拥有的领土主权具有完全不同的法律性质。不过另一方面,认为国际组织既然不是国家就不能够在特定领土范围内行使行政权的看法,在现代社会已经明显变得不再合适了。

此外,国际组织的所谓"总部辖区"(Headquarters District)即其总部所在地国对领土管辖权的行使受到一定限制的地区,也可以理解为具有类似于国际组织自我管理领土性质的地区。不过严格来说,国际组织总部所在地国对所谓总部辖区仍然具有领土主权。一般而言,对于总部辖区,会按照该国际组织与其总部所在地国之间缔结的"总部协定",比如1947年联合国同美国之间缔结生效的《联合国总部协定》,承认该国际组织享有一定的特权与豁免,因此作为实际的结果,该国际组织就会被承认在一定范围内行使一定管理的权力。

**参考文献**

黒神直純『国際公務員法の研究』(信山社,2006年)

国際法学会編『日本と国際法の100年第8巻　国際機構と国際協力』(三省堂,2001年)

佐藤哲夫『国際組織法』(有斐閣,2005年)

藤田久一『国連法』(東京大学出版会,1998年)

最上敏樹『国際機構論〔第2版〕』(東京大学出版会,2006年)

柳原正治編『国際社会の組織化と法』(内田久司先生古稀記念論文集)(信山社,1996年)

山田哲也『国連が創る秩序——領域管理と国際組織法』(東京大学出版会,2010年)

横田洋三『国際機構の法構造』(国際書院,2001年)

横田洋三編著『新国際機構論(上)(下)』(国際書院,2006年)

横田洋三編『国際組織法』(有斐閣,1999 年)

Amerasinghe, C. F., *Principles of the Institutional Law of International Organizations*, Second Edition(Cambridge University Press, 2005)

Kirgis, Jr., Frederic L., *International Organizations in their Legal Setting*, Second Edition (West Publishing Co., 1993)

Klabbers, Jan, *An Introduction to International Institutional Law*, Second Edition (Cambridge University Press, 2009)

Reinisch, August, *International Organizations before National Courts* (Cambridge University Press, 2000)

Sands, Philippe and Klein, Pierre, *Bowett's Law of International Institutions*, Sixth Edition (Sweet & Maxwell, 2009)

Scharf, Michael P., *The Law of International Organizations: Problems and Materials*, Second Edition(Carolina Academic Press, 2007)

Schermers, Henry G. and Blokker, Niels M., *International Institutional Law*, Fifth Edition (Martinus Nijhoff Publishers, 2011)

Wellens, Karel, *Remedies against International Organisations* (Cambridge University Press, 2002)

White, N. D., *The Law of International Organisations* (Manchester University Press, 1996)

# 第 8 章　国家责任

## 1　国家责任的概念

> 要点:(1) 什么是国际法上的责任? (2) 国际法上的责任与国内法上的责任有何异同?

国家责任法是用来规范"国际不法行为"(internationally wrongful act)造成的法律后果的法律,即按照国际法被视为国家的行为(作为与不作为),由于国家不履行或违反国际义务时对国家进行追究的法律。

### 8.1　国家责任法的历史

从近代到 19 世纪,自然法学者们从报复制度或正义战争论的角度开始谈论有关国家责任法的一些原则。例如,格劳秀斯依据罗马法提出了"过失责任"的原则,并且在经过一定修正之后被其后的学说及国际实践所继承。从 19 世纪末到 20 世纪初,以领土主权为国家责任依据的国家责任理论趋于体系化。例如,有安齐洛蒂、特里佩尔、夏恩和斯特鲁普等人的理论,还有 1872 年的"阿拉巴马号案"以及为解决该案英美两国在 1871 年形成的"华盛顿三原则"中有关中立国为防止在本国管辖范围内出现原则规定行为所承担的义务以及违反这一义务所应该承担的责任,1928 年"帕尔马斯岛仲裁案"中有关领土主权国家有义务保护他国权利及其为居于外国领土上的本国国民提出国家请求的权利。在此期间,随着个人国际经济活动的扩大,当外国人在所在国由于违法行为而遭受身体、生命、财产的损害时,比如被所在国警察违法逮捕或虐待而所在国法院又拒绝审理时,该外国人的国籍国有权行使"外交保护权",即追究所在国在国际法上的责任。也就是说,国家责任问题越来越受到关注,而且仲裁裁判及混合请求委员会不断积累的判例也促进了国际实践的发展。

在1930年的海牙国际法编纂会议上,以及联合国建立后由其国际法委员会(ILC)所促成的法典化过程中,都提出了导致外国人遭受损害的国家责任问题,比如1953年的《加西亚·阿马多尔草案》(又称《国家对国际不法行为的责任条款草案》)。在1963年以后,国际法委员会以促进其体系化为目标,将国家责任法与有关国家在国际法上承担义务内容规定的所谓"初级规则"相区别,将所有有关违反或不履行"初级规则"义务导致法律结果的规定命名为"二级规则",并于1996年通过暂定条款草案,2001年又通过了正式条款草案。

## 8.2　国际法体系中的国家责任法的意义

目前,国家责任法已经不仅仅局限适用于外交保护的情形,而是已经成为适用于国际法所有领域的一项一般性原则。正如所有法律体系都包含规范违法结果的法律制度一样,国家责任法也可以视为在国际法上发挥着根本性职能的法律。不过,国家责任法也反映了国际法的一些特殊性。

第一,由于在国际法秩序中并不存在权威性的立法及解释和适用的机构,因此也并不存在规范所有国际事务的国际义务。或者说,即使存在有关国际义务的规定,那么也是一些软性的规定,如果基于主权国家自己的解释去追究国家责任,反而常常会因为不同的解释而成为相互冲突的原因。第二,国际法并没有能够像国内法那样在各个领域都具有有效的责任法,比如并没有详细确立区分民法、刑法及行政法上的责任,而是与国际法秩序的性质密切相关,在其国家责任法中包含了多种多样的功能。也就是说,国家责任法在国际法秩序的不完全性及可塑性被给定的条件下,去追求在个别具体场合确定国际义务的内容并灵活性地进行利益思考。

### 8.3 国际不法行为的责任

**(1) 国际不法行为。** 即使违反了国际法，但是那些无效行为或对抗引起冲突的行为并不能成为国家责任的原因。对于领土权限的取得、赋予国籍的标准以及国家管辖权的行使等问题，并非追究国家责任的问题，还不如说是不存在国际法上权限，或者不能满足国际法要求的基本条件，才导致了无效行为或对抗引起的冲突。即使确实违法，比如违反了确定法律行为效果发生要件的规则时，但是如果没有伴随着相应的权利侵害，而只是没有发生该法律行为的效果，那么也不会发生国家责任的问题。

**(2)"合法"行为责任。** 所谓合法行为责任，是一个与国际不法行为责任不同的概念，即并不是以违法性和过失为构成要件的责任。特别是对于那些伴随着高度危险且技术复杂的行为，要证明其过失是非常困难的，而且也不可能以违法为由去禁止那些有益的活动。因此，随着国内法上有关危险责任和客观责任的发展，在国际法上也有人主张引入合法行为责任的概念。1978 年，联合国国际法委员会起草了《国际法不加禁止的行为所产生的损害性后果之国际责任》草案。对于这一草案及其起草过程，从一开始就有人提出疑问，即如何与对待"违法"行为责任的国家责任条款草案及其起草过程相区别。联合国国际法委员会虽然后来又开始进行防止损害义务的探讨起草工作，但是在《国际法不加禁止的行为所产生的损害性后果之国际责任》的理论框架上仍然存在着疑问。虽然在 2001 年通过了《预防危险活动的越境损害条款草案》，2006 年又通过了《国际法不加禁止的行为造成损害结果的损失分担原则草案》，但在这方面实现条约化的预想仍然未能实现。

在国际实践中，只有《空间物体所造成损害的国际责任公约》第 2 条有可能被解释为规定了国家的合法行为责任，即"发射国对其空间物体在地球表面，或给飞行中的飞机造成损害，应负有赔偿的绝对责任"。除此之外，针对海洋污染问题,有1969年通过的《国际油污损害民事责任公约》和1976年通过的《勘探、开发海底矿产资源油污损害责任公约》,针对核能污染问题,有1962年通过的《核动力船舶经营人责任公约》和1963年通过的《关于核损害民事责任的维也纳公约》,这些公约都是规定无过失责任的公约。不过,这些公约规定了行为主体在国内法上的无过失责任,即使在国家承担的情形之下,这些行为也属于国内法上的无过失责任。

合法行为责任概念所希望发挥的作用,有时也可以通过适用违法行为责任的原则来实现。例如,证明责任的减轻和转换、促进由提醒义务客观化造成的被害者救济。在此限度之内,甚至可以实现有益活动所造成损害的社会性分配。由此看来,围绕合法行为责任概念展开的争论,不可否认对于违法行为责任原则也造成了重要的影响。

**(3) 作为国际不法行为责任根据的一般原则**。即使具体的活动是合法活动,但是如果这一活动造成了有害的后果,国家违反了在国际法上所承担的义务,那么就有可能被追究违法行为的责任。后面将要论述的基于领土主权的责任或"使用领土的管理责任原则",甚至在环境保护领域得到发展的"管辖或管理国的防止国际损害原则"等一般性原则如果能够得到充分适用,那么将进一步强化违法行为责任制度的基础。在国家实践方面,其实也很少按照合法行为责任的概念来行事,而通常会利用防止一般性国际损害义务的灵活性,主张选择违法行为责任,比如1974年新西兰诉法国的"核试验案"中新西兰的诉讼请求。

## 8.4 国家责任法的性质与内容

关于国家责任法的性质,有三种不同的说法。第一是国际不法行为国的一种救济义务,第二是救济义务同与其相对的请求救济权利之间的法律关系,第三是追究国家责任的国家对负有国家责任的国家单方面的制裁。

其中,第一种和第二种说法,可以归纳起来理解,不过需要确认的是,有关国家之间关于救济义务的协议,实际上并不容易达成。另一方面,作为国际不法行为的法律结果,救济义务同与其相对应请求权利这一对法律关系的存在,一般是得到承认的,并且已经作为国际习惯得以确立,比如在"霍茹夫工厂案"中所显示的那样。

第三种说法是强调基于特殊法律概念的单方面制裁,不过这一说法是否具有一般意义上的适用性值得怀疑。当然,这一说法也并非没有意义,即对所谓"合法关系说"真正地提出了实际的怀疑。也就是说,在现有国际法制度之下,对国际不法行为的认定或对发生国家责任的认定,基本上还是依靠每个国家的个别判断来决定,因此如果有关国家之间达不成协议,请求救济的国家就难以得到救济,从而就有可能诉诸复仇,其结果就具有激化国际冲突的危险性。不过,对于第三种说法所描述的现实危险性,首先应该完善和确认相互之间的法律关系以及完善国家责任的认定程序。

国家责任的性质与其内容相互关联,但是在传统上,国家责任法的内容是以责任国的救济义务为中心来论述的。当然,谋求确保国家责任法上救济义务得以履行的复仇,也构成了国家责任法问题的一环,不过在这里,将把国家责任法与制裁和复仇加以区别并按照将其置于国际法体系中的学说来论述。

关于这个问题,联合国国际法委员会在起草2001年通过的《国家责任条款草案》过程中,起初认为受害国具有请求履行救济义务的权利,并将受害国采取的所谓"对抗措施"的合法性问题也作为国家责任的一项内容,但最终只是作为"实施"国家责任的问题,留下了比较简单的一些条款,并体现在了《国家责任条款草案》第49条以下的条款中。

联合国国际法委员会对于导致国家责任原因的国际不法行为的意义,比如前面所看到的有关无效或对抗的问题,以及与违反确定法律行为效果要件规则的区别与不同等问题,其实都并不十分明确。因此,认为所有的国际不法行为都会发生国家责任问题,并且为了确保履行由国家责任引起的救济义务而采取对抗措施。如果立足于联合国国际法委员会的这一观点上,那么国家责任的规则和制度就会缺乏普遍性而呈现出多样化的样态,即就会成为由于违反具有多样化目的与功能的个别条约的条约义务而承担国家责任。此外,还有些国家自我实施了排斥国家责任法一般原则的制度,仅仅接受了国家责任法的一部分原则。至于联合国国际法委员会想要将所谓对抗措施包括在国家责任法框架内的做法是否合适,则取决于各个国家对下列问题能否有共同的理解并将其运用于实践,即对于国家责任条款规定的国家责任概念以及以确保国家责任法上履行救济义务为目的的对抗措施与其他对抗措施的区别,能否取得共识。

### 8.5 基于联合国安理会决议的国家责任

海湾战争之后,联合国安理会根据其第 687 号决议成立了"联合国赔偿委员会",并决定伊拉克要向科威特以及其他受到损害的第三国进行赔偿。这就是联合国对伊拉克实施制裁而引起的典型的国际法上的国家责任。

### 8.6 国际组织及个人在国际法上的责任

有关个人在国际法上的责任问题,国际法已经取得了重大进展,即已经实现了国际刑事法院对个人国际犯罪的追诉和审理。国际组织当然也是国际法上的责任主体,因此也可以追究国际组织的责任。关于这些问题,将在其他章节中论述。

## 2 国际不法行为责任的基本构成

> **要点:**(1) 基于实在法学的国家责任法的特征是什么?(2) 联合国国际法委员会将国家责任发生要件归于国际不法行为,这一做法如何影响了国家责任法的基本构造与特征?

基于实在法学的国家责任法,具有统一体系化和单纯简单构造的特征。《国家责任条款草案》的起草方针是尊重"初级规则"的多样性，即不涉及"初级规则"，只涉及作为"二级规则"的所谓"全部"有关国家责任法，但是将过失和法律权益侵害都从国家责任要件中排除了出去。如此形成的国家责任条款的单纯化以及仅仅针对国际不法行为的国家责任要件的一元化，出于为实现法典化的实际考虑，最终采用了实在法学的单纯统一性的国际不法行为责任法的体系。如果将发生国家责任的要件全部归结为国际不法行为，那么国际不法行为的概念就会由于同历来国际实践被视为国家责任发生要件的其他原因的关系而更加倾向于这些原因所具有的意义。下面，将从各个不同的角度来审视有关国家责任法基本结构的各个问题。

### 8.7 国际"不法"行为责任概念的形成及其支撑其适用的诸项原则

在过去，曾经有观点认为，因为国家主权之间缺乏相互协调，所以否认与国家主权有关的责任概念，但是其后随着主权国家自身开始考虑对违反自我承诺义务而承担责任的问题，所以国家责任与主权二者经过相互协调在逻辑上取得了一致。甚至，还产生和规定了若干有关国家义务和责任的一般性原则。例如，有领土主权国家责任原则，即领土主权国家在其领土范围内具有排他性的权力，作为其逻辑结果，当然也负有国际法上在其领土范围内保护外国及其外国人利益的义务；使用领土的管理责任原则，即国家无权使用或允许本国领土从事损害他国法律权益的事情，这方面的案例有 1938 年到 1941 年期间的"特莱尔冶炼厂案"和 1949 年的"科孚海峡案"；管辖与管理国的责任原则，即国家对于在本国管辖或管理下所进行的活动负有责任，以确保不会损害他国或国家管辖之外地区的环境，这方面的例子有《联合国斯德哥尔摩人类环境宣言》"共同信念"第 21 原则、《里约热内卢环境与发展宣言》第 2 原则、《保护臭氧层公约》前言、《联合国气候变化框架公约》前言以及《联合国海洋法公约》第 194 条第 2 款等内容。

这些原则对领土主权国家或管辖与管理国家规定了要千方百计防止出现损害的各种义务，在此前提之下，如果发生了造成国际损害的行为，那么就有了国际不法行为承担责任的依据,即在损害发生之后如果没有给予相应的国内救济则需要承担国家责任。

当然,在缺乏立法机构的国际法秩序之下,常常会出现一种情况,即缺乏能够拘束造成损害国家的国际法,因此即使没有能够规范损害行为承担具体国际义务的实在法,也有可能通过一般原则的适用来对违反国际义务的行为追究国家责任。例如,在"切尔诺贝利事故"发生之际,虽然有可以使用的公约,即1979年通过的《远程跨界空气污染公约》,但苏联并非该公约的当事国,因此很难主张苏联违反了特定的国际义务,然而即使如此也仍然可以对其违反使用领土管理责任原则义务而追究其国家责任。

此外,如同在合法行为责任概念所涉及的内容中也表明的那样,通过利用防止国际损害一般性义务的可塑性和灵活性,就会扩大对违法行为责任进行追究的可能性,受到这一制约,国家就会减少依据合法行为责任概念开展活动的动机。

## 8.8　与过失责任之间的关系

在传统的国家责任法那里,一直将过失作为要件之一,即"过失责任理论"。例如,以格劳秀斯为代表的主张过失论的学者,还有奥本海、仲马、布莱尔利等人;承认部分过失作用的学者,也有斯特鲁普、夏恩、德维舍尔、采马内克等人。在仲裁裁判或混合请求委员会的实践中,也一直采用的是过失责任理论。不过,由于受到安齐洛蒂、凯尔逊、古根海姆和布朗利等人的实在法学"客观责任"国家责任理论的批判,所以一种更有说服力的看法是将过失包含在违反国际义务之中。也就是说,缺乏过失的要求被客观地反映在了规则和标准中,如果存在过失,那么就可以认定违反了这些规则或标准,因此一般认为没有必要一定要求以过失作为要件。《国家责任条款草案》的第1条和第2条也并未将过失视为国家责任的独立要件。

在过失的含义及其意义的问题上,格劳秀斯将过失视为君主个人的心理性原因,其臣子及臣民的侵害行为通过君主的容忍或宽恕变成了由国家承担的行为,从而引起国家责任。当然,将过失视为个人的心理性原因或者尽管国家与真正的行为者分属国际法和国内法不同的法律体系但也承认可以相互转移承担责任的看法,在今天已经没有人再赞成。按照现代意义上的过失理论,是将过失视为现代国家体制下有关国家机构的问题,并且将其含义定义为国家意志的选择乃至意愿性主要原因,或者将其含义定义为无法满足警示标准的原因。不过,不论强调哪一种含义,对过失的认定结果都不可能相差很大。例如,当国家难以进行自我意志选择时,如遭遇不可抗力、危难或紧急情况等情形时,就很有可能出现国家警示能力也难以控制的状况,因为不论依据哪一种有关过失的含义,都很容易得出没有过失的结论。

如果国际法明确具体地规定特定内容的义务,过失的作用就会更加深入有效。当可以通过义务规定的内容与国家作为或不作为在客观事实上的相互分离来认定违反义务时,"客观责任"理论比较符合实际情况。不过,其中的义务规定中规定了被统一为规则化和标准化的警示义务,如果在接受这一义务时认为各个国家放弃了自我意志选择,那么应该说过失的主要内容已经被反映在了义务规定之中。"客观责任"理论主张的重点也在于能够客观地定义和认定过失,从这个意义上而言,不可否认违反义务的责任已经被包含在了过失责任的主要内容之中。

实际上,很多国际法规则采取"适当措施"或"必要措施"的义务或付出"相当注意"的义务等措辞,留有余地考虑具体情形下的个别具体事情,对义务作出了灵活性的规定。在认定违反这一义务时,则不能无视过失所固有的作用。例如,在美国驻伊朗大使馆的"人质事件"中,国际法院认定伊朗违反了《维也纳外交关系公约》第22条第2款关于采取"所有适当措施"的义务,即认定伊朗的不作为与该公约第22条第2款的义务内容事实上相分离,而且同时还考虑了伴随该不作为行为出现的对义务的认识、手段的保持及损害的增大等可预见性原因。此外,国际法院在"尼加拉瓜诉美国案"中也认定美国违反了国际人道法上的义务,并作了同样的考虑。

### 8.9 解除不法的理由

解除理由在内容上以及在有关不法性认定的原因上与过失在某种程度相互重叠,因此对于这一问题常常会同过失结合在一起来讨论。

首先,关于解除什么的问题,即解除发生国家责任结果的理由,一般可以分为两种不同的观点,即解除其"不法性"还是解除其"责任"。《国家责任条款草案》中采取了解除"不法性"的观点,其理由就在于,如果解除"责任",那么虽然原因行为"违法"但也不会发生责任问题,这明显违背了"所有国际不法行为都会引起国家责任"的基本原则。当然,如果没有如此理由,就会引起国家责任,也就会出现上述基本原则所描述的结果。因此,将解除理由称为责任解除在逻辑上其实并不矛盾,或者也可以说联合国国际法委员会的解释性说明没有意义。

诚然,对于究竟是否违法,或者是否承认解除已经出现的违法,对于否定责任发生效果而言,其实没有区别的意义。不过,对于那些一旦被认定为违法的国家来说,就会受到利益损害。

作为解除国家责任的理由,可以举出同意、自卫、对抗措施、不可抗力、危难和紧急情况等。其中,所谓危难,主要指当事者在危险紧急状态下维护自己或受其保护者的生命安全而又没有其他合理办法;所谓紧急情况,主要指面临重大且迫在眉睫的危险或者为维护国家根本利益只能采取唯一方法的状态,而并不会对承担义务的对方国家或国际社会的整体共同根本利益造成巨大损害。对于紧急情况,其实存在很多质疑,认为这一状态很容易受到国家主观判断的左右,比如在1997年匈牙利诉斯洛伐克的"加布奇科沃-大毛罗斯项目案"中,国际法院依据1996年临时通过的《国家责任条款草案》第33条讨论了是否充分具备紧急情况的要件并最终对此进行了否定。

有关不可抗力、危难和紧急情况,还有一种观点认为,"过失"也可以作为解除国家责任的理由。如果存在这些理由,就会妨碍国家的自由选择意志,同时也意味着超越国家警示能力或者这一警示从根本上来说没有意义,所以不能够说存在过失。

如果将过失考虑作为认定违反义务的一部分,那么如果没有过失,也就没有违反义务。不过在前述"人质事件"和"尼加拉瓜诉美国案"中被认定是违反了义务。如果是这样的话,那么在这些理由之下,发生的违法并不是被"解除",而是可以说就没有违法。按照国际法的规则,要求"采取适当措施",就正是因为考虑到了个别具体情况和国家能力以及国家的意志选择,所以规定了很多可以认定违反义务的规定。如此来看,当发生不可抗力、危难或紧急情况时,当然就在具体状况面前无法采取规定之外的措施,因此对于所谓违反了采取"适当措施"义务的说法能否成立,还存在疑问。

另一方面,与其他理由相比较,自卫及对抗措施这些理由与其说重点在有关违法行为的事情上,其实还不如说更倾向于对同一个事实作出判断,即究竟是违法行为及其措施,还是满足一定要件的合法事实及其措施?在将自卫作为解除责任的理由方面,对于使用武器这同一个事实,其实就存在分歧或困惑,是遵守国际法禁止使用武力的规则,还是在行使作为自卫权的合法权利呢?对抗措施也同样如此,面对一个违法的事实,如果满足要件可以采取对抗措施,那么当然就会认为存在解除责任的理由而采取对抗措施这一合法措施,不过即使如此,也存在对方当事国是否同意的问题,而且根据《国家责任条款草案》第 26 条的规定,在违反强制法的情况之下,任何行为都不能成为解除责任的理由。

**补充引申:解除不法的理由与条约效力的停止施行及终止原因**

在 1990 年的"彩虹勇士号仲裁案"裁定中,涉及了条约法上有关条约效力停止施行及终止原因与国家责任法上解除理由之间的关系问题,不过二者在制度目标和保护法律权益方面各不相同。条约的停止施行及终止原因,具有衡量条约关系稳定性和确定遭遇难以履行条约义务的当事国利益的作用,而国家责任法上的解除理由,在具体的权利义务关系上,却对于不履行或违反特定国际义务,具有考虑恢复合法状态及救济受害国和同时考虑加害国利益的作用。条约法的要求在于对同意原则的尊重,但这只是出于对条约关系稳定性的考虑,而并非对具体状况中履行特定义务的尊重。

## 8.10 不法性与法律权益侵害

(1)《国家责任条款草案》并没有将所谓"法律权益的侵害"作为引起国家责任的要件。当然,所有违反义务的行为都常常伴随着相应的主观性权利侵害,因此其主要目的就在于不需要作为独立要件的规定。是否将法律权益的侵害作为引起国家责任的独立要件,将关系到国家责任法的性质和作用。

也有观点认为,在引入"法律损害"的概念之后,所有的违反义务行为,都会伴随着对请求履行该义务法律权益的侵害,因此可以依据国家责任法要求对受到的法律损害进行补偿。"法律损害"观点的核心逻辑,不同于被作为国家无形法律权益损害的对名誉威信的侵害或者对主权的侵害,当其他国家违反了自己所承担的义务时,要求其履行义务的法律权益即受到侵害。按照这一观点,如果A国违反了其对于B国所承担义务时,B国有权要求A国就法律权益侵害进行补偿并追究A国的国家责任。如果这一义务是普遍性义务,那么这里的B国可以是国际社会的所有国家,如果这一义务是具有多边性且难以在两国间实施的多边条约义务,那么B国可以是所有的条约当事国。在这里,国家责任法不仅仅是适用于两国间相互关系的法律,同时还具有可适用于多国间法律的性质。

进一步说,侵害法律权益的要件,同国家责任法的作用相关。按照"法律损害"的观点来看,作为国家责任法的作用,即使通过侵害法律权益的救济,也难以真正从实质上恢复其合法性。当然,即使是发生有形法律权益损害及明显具有典型救济作用的事例,比如违反使馆不可侵犯义务而导致使馆遭到损坏,当其物理性原状得到恢复时,同时也就恢复到了合法状态。同时,有关无形法律权益损害,即对国家名誉、威信或主权的侵害,其救济既是对于这些固有法律权益侵害的救济,同时也具有恢复合法状态的意义。也就是说,国家责任法的作用不仅仅在于对救济或恢复合法状态二者进行选择,而是根据不同情况其所占比重有可能发生变化。

(2)法律权益侵害是否引起国家责任的独立要件,实际上被作为同违反义务同时发生的主观性权利侵害,在无形法律权益受到侵害时尤其会成为问题。

在实践中,对于特定的国家法律权益侵害,如属于领土主权侵害的"科孚海峡案""彩虹勇士号仲裁案"和"核试验案"中澳大利亚的请求,以及属于船旗国名誉侵害的发生在1913年的"迦太基案"和"马努巴案"等,通过道歉、违法判决以及象征性金钱赔偿的方式,成为国家责任法上的救济对象。国家的无形法律权益侵害,是由众多个人法律权益侵害所构成,比如一国飞机遭受侵害,该飞机以及乘坐其上的个人和搭载其上的货物也会同样遭受侵害,对于这种侵害,也有人认为是对国家主权的一种侵害。

对于那些没有受到由于违反多边性义务或普遍性义务而发生的固有法律权益侵害的国家来说,问题在于是否会受到请求履行义务法律权益的侵害,这方面的案例有1923年的"温布尔顿号案"、1970年的"巴塞罗那电力公司案"、1966的"西南非洲案"和1995年的"东帝汶案"等,这些案例都很难被理解为是国家就"法律损害"请求国家责任而获得法律救济的案例。

在这些案例中那些没有受到固有法律权益侵害的国家,也具有要求法院对规定义务作出权威性解释的法律权利,比如"温布尔顿号案"以及"西南非洲案"中杰赛普审判员和克莱兹基审判员的反对意见所显示的那样。像"温布尔顿号案"这样有关国际河流自由航行制度的案例,也被认为是承认请求认定违反历来共同监督义务法律权益的案例。在"巴塞罗那电力公司案"中,国际法院虽然也认为普遍性义务是针对全体国际社会的义务,所有国家都应该受到这一法律权益的保护,但是并没有将其视为作为国家责任法救济对象的法律权益的侵害。在"东帝汶案"中,也只是承认在普遍性义务上各国具有法律权益,但并不意味着改变管辖权的同意原则。

(3) 是否存在对国家本身的无形法律权益侵害,关系到个人或国家何者的法律权益侵害问题。例如,一直就存在一项争论,即究竟是仅仅制定违反国际法的国内法就会引起国家责任,还是将具体适用作为国家责任的要件呢?在通过国内立法对外国人实行一般差别性的政策时,就可以说是对外国国家本身的法律权益侵害。例如,在1926年的"杰恩斯案"中,由墨西哥和美国两国代表组成的"一般请求委员会"认为,面对杰恩斯的被害,墨西哥在事后对罪犯的逮捕和追诉问题上都表现懈怠,对于这种由于政府态度而造成的对安全与信赖的破坏,应该要求获得合理和实质性的救济。在领事关系公约中,也规定接受国在对派遣国国民进行逮捕或拘留时负有向派遣国领事机关进行通报的义务,但违反这一义务不仅仅是侵害了派遣国接受通报并适当保护国民的利益,同时也是对该国国民权利的侵害,比如在 2001 年"拉古兰特案"的判决中所显示的那样。

### 8.11 基于义务价值和性质的责任制度的差异化

联合国国际法委员会在起草《国家责任条款草案》的过程中,并没有将引起国家责任的要件仅仅归结于国际不法行为,而是以义务的价值和性质为理由,将所谓"不法性"差异化,并在责任这一法律结果中也引入了差异化的概念。1996 年联合国国际法委员会的《暂定国家责任条款草案》第 19 条所规定的国家的国际犯罪概念就反映了差异化的意思。该草案将保护国际社会基本利益视为国际义务,严重违反这一义务即为国家犯罪,而且对国家犯罪设定了不同于一般情况下国际不法行为的法律结果。不过,这一条款遭到一些国家的强烈反对,担心其权力过于集中以及在实际上也缺乏认定国家犯罪及确保履行责任的制度性保障,因此在 2001 年的《国家责任条款草案》中即删除了有关国家犯罪的规定,而是在其第 40 条和第 41 条就严重违反国际法强制性规范、第 42 条(b)及第 48 条有关违反对一国家集团或整个国际社会所承担义务的法律结果作出了规定。

## 3 国家责任的发生要件(1):国际不法行为(客观性要件)

要点:(1) 义务的分类有哪些? (2) 义务分类在国家责任法上有何意义?

国家责任的出现,其前提必须是存在国际不法行为。也就是说,不论该义务的起源或特性是什么,违反国际义务都是引起国家责任的要件,也可以称其为"客观性要件"。

### 8.12 义务的分类

**(1) 结果义务、防止发生特定事态的义务、方法及实施的义务**。在 1980 年通过的联合国国际法委员会《国家责任暂定条款草案》中,按照义务的性质进行分类,在其第 20 条至第 23 条的规定中,将义务分类为结果义务、防止发生特定事态的义务和方法及实施的义务。但是,2001 年的《国家责任条款草案》并没有采用这一分类。如果国家责任法规定了义务的性质分类,那么这些规定就应该在国家责任法上具有意义,尤其是《国家责任条款草案》第 2 部分"一般国际责任的内容"就应该反映这一意义,但是如果没有这样的规定,那么就没有必要按照性质对义务进行分类。

当然,尽管在对义务的性质进行解释时肯定会受到特定有限范围的限制,但作为认定违反义务的一个标准,也不能完全否认这种分类的意义。或者说,这一分类方法超越了国家责任法上的意义,在义务分类上显示了国际法对主权国家进行规范的程度和样态。

**(2) 结果义务与防止发生特定事态的义务**。结果义务是虽然要求要有结果但其方法手段完全依赖国家裁量权的一种义务,而方法及实施义务是要求采取特定方法手段的一种义务,比如采取立法措施、许可制度或给予相当注意等方法手段的一种义务。防止发生特定事态的义务虽然也可以说是结果义务的一部分,但是所谓"结果"是由国家完成的,而所谓"特定事态"是属于个人的行为或者由自然灾害引起的事态,国家只是防止出现这些事态。

防止发生特定事态的义务对于因为个人行为引起的国家责任具有不容置疑的意义。对于个人所实施的有害行为及其所造成的结果,国际法视其为所谓"特定事态",当国家不能够防止其发生时,就作为违反了对其进行防止的义务而需要承担国家责任。例如《维也纳外交关系公约》第 22 条规定各国具有保护外交馆舍不受侵犯的义务,如果由国家自身行为使外交馆舍受到侵犯,即违反了公约第22条的第1款,如果由个人对外交馆舍进行袭击并占据该馆舍,即发生所谓"特定事态"的情况下,如果国家没有采取适当措施防止这一事态发生,那么就是违反了公约第22条的第2款,比如前述伊朗和美国之间发生的"人质事件"。

**(3) 按照时间对国际不法行为的分类**。在1980年的《国家责任暂定条款草案》中,有若干按照时间对国际不法行为进行分类的规定,比如其第24条和第25条。这些规定将不法行为区分为非持续性行为和具有持续性的行为,又进一步将后者区分为持续性行为、合成性行为和复合性行为。不过,由于这一分类太过于复杂和抽象而没有获得足够的支持,《国家责任条款草案》第14条只是作出了非持续性行为和持续性行为的区别,以及第15条也保留了关于持续不断违反义务行为的规定。此外,关于持续性不法行为的概念,正如我们在后面将要看到的那样,对于请求中止不法行为会具有意义。

## 4 国家责任的发生要件(2):国家行为(主体性要件)

> 要点:(1) 什么是国际法上的国家行为?(2) 被视为事实上的国家行为的要件和判断标准是什么?(3) 国家对于个人的有害行为承担责任时的要件是什么?

国家责任将国家行为造成的国际不法行为作为要件,或者将某些行为归于国家,这一般被称为"主体性要件"。在以国家为法律主体的国际法中,特别是在国家责任法中,这是一个最具有特征性的问题。

### 8.13 国家行为

按照立足于实在法学基础之上的国家责任法,具有国际法上的行为能力并有可能实施国际不法行为的,原则上只能是国家。因此,存在国家实施的国际不法行为是引起国家责任的要件,如《国家责任条款草案》第 2 条和第 4 条所规定的那样。国内法上的国家机关的行为即被视为国家行为,但只是因为国际法作了这样的规定,所以决定国家责任法上国家行为的是国际法,尤其对于所谓"事实上的国家行为",只有国际法才能确定其定义和标准。当然,也不仅仅特定限于国家行为,对国家行为与个人行为单纯一分为二的区分,在实际适用时常常伴随着极大的困难。

### 8.14 国家机关的行为

**(1) 原则**。国家机关的行为,一般被视为国家行为。曾经有观点认为,没有外交权限的立法机关的行为不会引起国家责任。审判机关虽然也没有外交权限,但是有可能因为对外国人的所谓"拒绝裁判"而出现国际不法行为。目前,侵害外国人法律权益的立法行为及其国内法,都有可能成为国际不法行为,对国家机关也不加区别,其所有行为都被视为国家行为。此外,与国家机关的地位高低也没有关系,构成联邦国家的基本单位或地方公共团体以其资格所实施的行为,即使在形式上是独立于国家之外的实体的行为,但只要是行使公权力(government authority)的行为,即被视为国家行为,如《国家责任条款草案》第 4 条和第 5 条所规定的那样。

对于立法机关或审判机关而言,各自作为立法或审判处罚机构的固定行为,有可能成为国家责任的原因。行政机关则有可能因为一个警察的行为或者因为政府缔结国家契约及其废弃或财产征收等行为,成为引起国家责任的各种各样的原因,特别是因为行政机关同外国人接触的机会较多,所以很多由于侵害外国人法律权益而引起国家责任的事例,都与行政机关的行为有关。

**(2) 各机关的行为**。作为立法机关实施国际不法行为的事例,有可能是没有制定为履行国际法义务所必需的国内法,如"阿拉巴马号案",也有可能是违反条约义务制定对外国人征收税金的法律,或者制定废除外国人财产权的法律等等。当然即使如此,也有一个问题,即一经制定有关的国内法就会引起国家责任呢,还是只有在实际适用该法律并造成具体法律权利损害时才会引起国家责任。仅仅通过制定国内法当然不会发生有形法律权益侵害,不过认为是否发生了法律权益侵害,则取决于如何定义和看待法律权益及其侵害。

作为审判机关实施国际不法行为的事例,就是所谓"拒绝裁判"(denial of justice),其中又可包括对外国人审判保护的限制,比如否定或限制外国人的诉讼权,以及审判程序的不恰当延迟,被差别或偏见所影响的判决,拒绝执行对外国人有利的判决,等等。例如,1930年的"马蒂尼仲裁案"就是如此。

作为行政机关实施国际不法行为的事例,有可能是撕毁与外国人之间的契约,而且不仅仅违反了契约上的义务甚至有可能违反了其财产保护权的义务,以及随意驱逐外国人,或者未通过公正合法程序对外国人的逮捕或虐待以及对外国船舶的捕获或拘留。甚至,还曾发生过国家秘密机关奉其国防部的命令在外国港口炸毁第三方船舶的事例,即被认定为由国家机关行为导致的对外国的主权侵害,比如1987年"彩虹勇士号仲裁案"中联合国秘书长对此案的裁定。

**(3) 逾越权限的行为**。对于逾越国家机关权限的行为是否也要归因于国家,曾经有观点认为,如果将逾越国家权限的行为归因于国家而引起国家责任,那么这一责任的根据是在选择和监督过程中的过失还是不以过失为根据的客观责任。目前,即使是逾越权限的行为,也会要求按照谋求责任国与责任追究国之间利益平衡的特定原则和目标来设定其归因于国家行为的责任要件。很久以来,因为国家机关逾越权限的行为被归因于国家,所以一般认为必须是在形式上按照该权限实施的行为,或者是以与其资格相适应的权限或方法实施的行为,比如1929年法国和墨西哥之间的"凯尔案"所显示的那样。此外,还有1926年的"约曼斯案",即未将违反命令的军人的行为视为个人行为而承认为国家责任的一个案例。《国家责任条款草案》第7条只是规定"若以此种资格行事",这一表述看起来似乎可以解释为对其要件的宽松要求,但实质上这一规定的条约化就已经意味在实践上确立了这一规则。比如,《海牙陆战法规和惯例公约》第3条也规定,所有武装部队人员的行为都由其交战国承担责任。

**(4) 非国家机关行为主体的行为被视为国家行为的情形。**即使不是正式国家机关的行为,也有可能被视为国家行为,根据《国家责任条款草案》第 9 条、第 4 条、第 8 条和第 11 条的规定,这些行为分别有:① 当正式国家机关不存在或缺席而难以发挥作用时,事实上行使部分统治权的个人的行为,如伊朗革命政府建立后的两天,民间武装团体强制驱逐美国人的事件,即后来在 1987 年美国公民诉伊朗的"耶格求偿案",在该事件中伊朗政府是否知晓并不重要,但至少没有反对,这些民间武装团体行使了部分政府权力,所以被推定为事实上行使了政府的权力;② 充分符合国际法上的要件并被视为事实上的国家机关的个人行为;③ 事实上基于国家的指示或者按照国家的指挥或命令行事的个人行为;④ 国家承认或授权的个人行为。

作为最近的审判实践,同上述②与③所指行为相对应,在"尼加拉瓜案"中,国际法院认为,个人要成为事实上的国家机关并且其行为被视为国家行为,需要在二者之间存在完全的支配与依存关系,即国家机关对这些个人团体的建立及其财政或训练给予支援并对其进行实际的支配。具体而言,国际法院认定美国参加了布设水雷及攻击尼加拉瓜的策划、指挥、支援和实施,因此将民间团体(UCLA)的行为归咎于美国。不过另一方面,在有关违反人道法行为方面,国际法院认为虽然美国参与了对有关团体的资金供给、训练、补给、装备和策划等,但美国缺乏对特定作战实际有效的支配,因此反政府团体"康特拉"(Contra)的行为则不能归咎于美国。此外,虽然并不属于认定国家责任的问题,但是在 1999 年"塔蒂奇案"判决中认为,具有武装团体式的组织性及阶层性结构的集团,对于其行为被视为国家行为,并不需要特定行为的指示,只要存在不仅仅给予财政支援和装备供给还会介入军事行动的组织、调整、计划等全面性支配,那么就足以被视为国家行为。在"防止及惩治灭绝种族罪公约适用案"中,国际法院沿袭了"尼加拉瓜案"的判决,否认了由民间团体所实施的灭绝种族行为应归咎于前南斯拉夫的指控。

上述第④种行为以"人质事件"为契机被写入了《国家责任条款草案》。在这一事件中,国际法院认为,以伊朗最高政治领导人霍梅尼为首的政府高官多次通过正式声明表明了学生占领美驻伊朗使馆符合政府政策并表示支持和承认,而且在学生团体袭击美国使馆后又继续占据使馆并扣押了人质,因此这些行为实际上已经转变为国家机关的行为。也就是说,国际法院认为,在伊朗学生团体袭击美使馆初期阶段,伊朗政府多次发表的声明仅仅是泛泛地表示了一些一般性的态度,因此并不认为那时的伊朗政府承认学生团体的行为,对使馆的袭击还属于民间行为,伊朗政府的行为仅仅是违反了同民间行为有关的国际义务。在这一"人质事件"之后,《国家责任条款草案》第11条规定,经一国确认并当作其本身行为的个人行为也被归于国家行为。正像"人质事件"中所显示的那样,如果不仅仅是对"持续中"的民间行为,甚至对已经结束的民间行为,国家也给予了承认和支持,那么在事后这些行为都会归于国家行为。

如果将归于国家的行为进一步扩大,那么为了避免由于民间个人行为归于国家而引起国家责任,国家就有可能会更大程度地去干预民间个人的行为。然而,对于归于国家行为的扩大在理论和实践上是否得到了普遍的支持,目前还难以作出判断。

**(5)叛乱团体的行为**。在一个国家的内战或革命过程中的叛乱团体的行为,不会被视为国家行为,新政府则需要为内战中集团成员的行为承担溯及性的责任。不过,在1987年的"肖特诉伊朗求偿案"中,在伊朗革命政府建立的三天之前,曾有民间的革命组织强制要求在伊朗的美国人离境,但是既不能够将实施这一强制行为的革命组织作为特定的被告,也不能认为革命领导人的反美宣言就是对该革命组织反美行为的承认,因此否定了伊朗的国家责任。当然,也有革命成功后建立的新政府对于内战发生后旧政府的行为也愿意承担责任的例子,比如1928年的"乔治·平森求偿案"。除此之外,对叛乱团体的行为均按照同个人行为相同的原则来对待。

## 8.15 个人的行为

按照中世纪集体责任的观念,对于个人的行为,也应该由其所属的集体来承担责任。而按照近代的过失责任理论,国家或君主对于国民或臣民的行为,只有在对有害行为事前防止或对行为者事后处罚不力的情形下才会将该有害行为视为国家应该承担的责任,即该有害行为归咎于国家并因此而承担国家责任。

按照立足于实在法学立场的国家责任法理论,国家只对自己的行为承担责任,即国家与个人分别受到国际法和国内法各自不同法律秩序的规范,因此并不接受国家为个人行为承担责任的观念。也就是说,个人行为并不归属于国家,所以国家对此并不负有责任。国家只有在违反了与个人行为有关的自己所承担的国际义务时才需要承担国家责任。

至于国家由于个人有害行为而违反国际义务是因为作为还是不作为所导致,则与具体的个人有害行为有关,并依赖于对该项义务的解释适用。在"人质事件"中伊朗政府没有防止学生团体袭击美国使馆的不作为,以及在"科孚海峡案"和"尼加拉瓜案"中没有通报存在水雷的不作为,都被认定为违反了国际义务,此外在"尼加拉瓜案"中还被认定由于违反了确保尊重人道法义务即所谓"不鼓励其违反的义务",因此须为此作为承担责任。

所谓"承担说",与认为个人同国家分属完全不同的法律秩序之内因此国家只是在违反与个人行为有关的自己所承担的国际义务时才需要承担国家责任这一观点之间,实际上是否存在着不同呢?从逻辑上而言,确实存在着国家与个人是否处在同一法律层面的问题,但是不论以哪一种观点来看,应该说它们之间的相同之处就在于,如果没有能够防止个人的有害行为,或者没有对此加以处罚,那么就是对国际义务的违反并需要承担国家责任。

**补充引申:个人行为引起的国家责任中的救济范围**

从救济范围的观点来看,几乎没有任何理论或实践会将个人有害行为的结果同由于未尽到防止该有害行为发生义务的国家行为的结果相区别并只是将后者作为国家责任法上救济对象。当然,也有进行这种区别的例子,比如有"杰恩斯案"。即使对个人行为和国家行为进行区别,但如果国家在与个人有害行为有关方面违反了自己所承担的国际义务,那么国家同样负有包括个人有害行为结果在内的救济义务,比如像"人质事件"和"尼加拉瓜案"等案例中所显示的那样。

如果按照承担说的观点,由于国家的承担,个人的有害行为即成为国家自身的行为,因此这一结果从逻辑上来说可以一以贯之地加以说明。也就是说,在这里适用防止发生特定事态义务的概念,即国家负有防止个人有害行为这一所谓"特定事态发生"的义务,国家对于所谓"未能防止特定事态发生"的所有结果负有救济义务,即恢复到未发生特定事态时的原状。

## 5  以恢复及救济形式履行的国家责任

> 要点:(1) 在国家责任法上责任国履行所担负义务的方式有哪些?(2) 什么是不法行为的中止及防止再次发生的保证?

按照国际实践及其学说,作为国际不法行为结果的救济义务制度早已确立,比如"霍茹夫工厂案"。责任国所担负的救济以及恢复合法性的义务同责任追究国与此相对应的权利,共同构成了国家责任法上的法律关系。国家责任法具有救济与恢复合法性的功能,责任国则具有这些义务。下面,我们就来看看责任国有哪些担负履行义务的方式。

### 8.16  有关履行责任方式的原则

责任国履行所担负义务的方式,主要有恢复原状、补偿和抵偿等。传统上,在这些方式中,恢复原状处于优先地位,如"霍茹夫工厂案"所显示的那样。《国家责任条款草案》第35条、第36条和第37条的规定也是按照恢复原状、补偿和抵偿的先后优先顺序来规定的。

实际上,不论在实践中还是在外交的处理上,大部分的案例是通过补偿即金钱赔偿的方式来进行救济的。之所以如此,一方面是操作比较方便,另一方面对于向责任国就其恢复原状义务以及特定行为提出的要求也易于控制。

恢复原状、补偿和抵偿的主要内容,就是对由于国际不法行为所产生的法律权益侵害进行救济。作为实施救济原因的法律权益侵害,是指与国际不法行为具有相互因果关系的法律权益侵害,即直接损害,而由此派生产生的间接损害则不能成为救济的对象,比如在1989年美国同意大利之间的"西西里电子公司案"中,国际法院特别法庭就驳回了美国的主张,即对于美国认为由于意大利的征用导致企业破产的主张不予支持,其理由就是无法证明二者之间具有相互的因果关系。

### 8.17　不法行为的中止

《国家责任条款草案》第30条对不法行为的中止及防止再次发生的保证同恢复原状及救济做了区别。下面,我们就来一个一个考察。

将不法行为的中止视为一项救济措施的看法,受到了以下的各种质疑:① 因为存在初级规则上的义务,所以不法行为的中止就只是其效果;② 如果将不法行为的中止视为实施救济的一种方式并承认对其他救济方式的选择,那么就有可能导致初级规则上的义务难以履行,比如在"彩虹勇士号仲裁案"中新西兰的主张;③ 不法行为的中止如果仅仅是将违法拘留的外国人予以释放,那么这一救济并不充分,因为还涉及对外国人身体和财产的损害等。

然而在实际上,当不法行为持续发生时,受害国会首先要求中止不法行为,比如"人质事件"中原告的请求,以及"西南非洲案"中原告针对南非违法占据纳米比亚的请求。对于上述所列举的各项质疑,其实也有不同的看法。即使作为救济方式之一的恢复原状,其实也包含着合法状态的恢复,同时也具有实现初级规则效果的意义。即使承认有取代不法行为中止的履行责任方式,比如金钱补偿的方式,也不会影响初级规则的效力。如果仅仅依靠不法行为的中止还得不到充分的救济,那么就可以增加其他的救济方式。因此,不应该将不法行为的中止排除出救济方式。《国家责任条款草案》第29条在确认继续履行初级规则义务的基础上,其第30条又规定了不法行为中止的义务。不过,仅仅依靠不法行为的中止,在实际上往往得不到充分的救济,比如对于被违法扣押的船只,即使通过不法行为的中止得到释放,但在被扣押期间发生的法律权益损害、如由于货物运输延迟造成的损害却难以得到救济。

在国际实践中,有着各种各样的具体案例,比如有像"人质事件"这样的案例,在认定违反义务和需承担国家责任的同时以及在公开宣布结束不法状态义务基础上又判罚其承担金钱补偿的义务;也有像"尼加拉瓜案"这样的案例,在认定若干违反义务的基础上判罚其在不法行为中止义务之外再加上金钱补偿的义务;还有像"彩虹勇士号仲裁案"这样的案例,在不法行为持续期间其义务仍然具有效力,但在此期间之后由于义务的终结,作为请求不法行为中止根据的原有效力也不再存在,因此最终驳回了原告不法行为中止的请求。

**补充引申:国际不法行为的持续性**

违法行为的中止作为初级规则效果的体现,具有所谓"回归初级规则上的合法关系"的意义,同时也正因为如此所以当然还具有进行救济的意义。也就是说,一般认为:① 不法行为具有持续性性质,一般会一直持续到认定救济的时候;② 正在被违反的国际义务在认定救济时仍然有效。因为在认定救济时国际不法行为仍在持续,所以国际义务当然必须有效,所以②的要件已经被包含在了①中。

所谓持续性,并非行为的持续性,比如维持与参加条约相矛盾的国内法、对外国官员的违法拘留、通过武力对殖民地的占领、在外国沿岸进行违法性的封锁等等,同时也并非行为结果的持续性,比如警察或军队对外国人身体的伤害及其后果、对外国人的剥夺所造成外国人财产暂时或永久的消失及其后果、对中立性船舶或航空器的损毁及其后果等等。不过,二者之间的区别往往并不是很明确。例如,就像在"摩洛哥磷矿案"中所显示的那样,当垄断性立法侵害到了条约所保证的缔约国乃至缔约国国民的经济自由时,通过立法造成的违法行为已经完结,在此之后通过拒绝个人取得许可证或拒绝裁判等方式损害经济自由的行为,就可以视为只不过是其后果。另一方面,如果将垄断性立法视为导致和维持垄断这一持续性状态的原因,那么其实也就是一种行为的持续。如果将违法行为的中止作为国家责任法上的一种救济方式来看待,那么就会重视侵害法律权益及其侵害的方式,所谓"不受垄断影响确保经济自由"的法律权益,由于垄断法律体制的存续而持续受到侵害,这一现象也可以被视为持续性的违法行为。

### 8.18 防止再次发生的保证

在这方面,既有责任追究国要求责任国保证防止再次发生的实际事例,也有将这一保证作为精神抵偿的一环来看待的学说。当然,如果认为国家责任法中已经包括了有关防止再次发生保证的规则,那么也会出现以下的一些疑问:① 规范违法行为持续或违法行为事后发生法律后果的国家责任法是否有义务对履行未来义务给予保证;② 即使给予保证,如果未来出现不履行或违反义务的情形时,在没有保证情况下的不履行或违反义务甚至违反保证,是否有特别的法律后果,以及是否仅仅涉及同被给予保证国家之间的关系等等,在这些方面并不是非常明确。

对于不履行《维也纳领事关系公约》第36条第1款(b)项规定的通报及通告义务的行为,在前述的"拉古兰特案"的判决中,虽然接受了原告的主张,即认为仅仅道歉并不能给予受害者以充分的救济,但是并没有明确规定这项义务属于国家责任法上的一项救济方式,而只是承认了一般性的防止再次发生的保证义务。不过,法院对于原告要求通过特定手段保证防止再次发生的请求,却以具体手段的选定属于国家裁量权的理由予以驳回。

### 8.19 恢复原状

作为救济的方式,恢复原状的优先地位在"霍茹夫工厂案"之后已经被反复得以确认。不过,其优先地位并没有被严格适用,在众多情况下仍然认定金钱补偿的救济方式,在当事国之间处理有关事宜时也经常通过金钱补偿的方式来完成救济。

所谓恢复原状，可以有法律性的恢复原状，比如合法状态的恢复、废除违反义务的国内法或行政行为以及取消国内法院的判决等，如在"马蒂尼仲裁案"中作为救济手段其国内判决被命令取消。此外，还可以有物质性的恢复原状，比如恢复被违法破坏的对象物或释放违法逮捕的个人等。不过，违反外国使馆不可侵犯的义务并对此造成破坏时的物质性恢复原状，或者释放被违法拘留的外国人等物质性恢复原状，其实同时也意味着法律合法状态的恢复原状。

然而，对于恢复原状，也有两种不同的看法，是恢复到违法行为的事前状态还是在违法行为消除后未来实现的一种状态。前述"霍茹夫工厂案"的判决，就可以解释为后一种看法，即在消除违法行为的后果后又恢复到了一种没有违法行为后存在的状态。在 2002 年的"刚果诉比利时逮捕令案"中，国际法院也同样确认了这一看法。

### 8.20 补偿

补偿的救济方式、即金钱补偿的救济方式实际上是使用最多的一种方式。当然，在有的案例中法院判决会计算给定具体的补偿金额，比如"温布尔顿号案""霍茹夫工厂案""科孚海峡案"和"彩虹勇士号仲裁案"等判决，而在另外一些案例中则仅仅认定金钱补偿的义务，具体的补偿金额则通过其他特定程序来决定，比如对"人质事件"和"尼加拉瓜案"的判决。

《国家责任条款草案》第 36 条第 2 款规定了金钱补偿额的计算方法："这种补偿应该弥补在经济上可以评估的任何损害，包括可以确定的利润损失。"此外，第 38 条还规定："为确保充分赔偿，必要时，应支付根据本章所应支付的任何本金金额的利息。"

### 8.21 抵偿

抵偿或精神抵偿主要是在出现无形法律权益侵害时所采用的一种救济方

式。在国际实践中,有各种各样不同形式抵偿方式的案例,比如有责任国正式道歉的案例,有原告请求名义上的金钱补偿但却以认定违法来进行救济的案例,如作为违法拿捕外国船舶案例的"迦太基案"(the Carthage Case)和"马努巴案"(the Manouba Case),还有通过审判机关的违法认定和公告违法宣判的案例,如"科孚海峡案""刚果诉比利时逮捕令案""核试验案"中原告的请求及"彩虹勇士号仲裁案"的裁定等。这些案例都是一些侵犯国家名誉、威信和尊严,或者侵犯领土主权和违反主权豁免使国家遭受法律权益侵害的案例,即对并不包括个人法律权益损害在内的国家固有法律权益损害的案例。

当然,也有法院判决采用抵偿方式与其他方式一并使用来进行救济的案例。例如,有的案例在认定侵害国家名誉、威信与尊严等无形法律权益损害与法律损害的基础之上,认为仅仅依靠违法公告还难以得到充分救济,因此仲裁法庭就会建议为了恢复和维持当事国间的友好关系而由责任国出资设立基金,如对"彩虹勇士号仲裁案"的裁定。有的案例在违法公告之上再增加对防止再次发生保证义务的认定,如"拉古兰特案"。还有的案例对于颁发违反国际法的逮捕令的违法行为,在认定造成他国无形法律权益侵害基础之上再公告其违法判决,并通过自己选择的方法撤销逮捕令及进行通告来认定责任国履行恢复原状的义务,如"刚果诉比利时逮捕令案"等案例。

## 6 国家责任的追究

要点:(1) 外交保护是一种什么样的权利,其主体是什么? (2) 追究国家责任时的要件是什么?

国家责任,一般需要经过当事国间的谈判、非司法程序和司法程序等过程来进行追究。尤其是,在追究由于对位于本国的外国人造成损害而引起的国家责任时,确立了外交保护的制度。

### 8.22 外交保护制度

当外国人在其居留国受到侵害而又不能够依靠居留国国内程序得到适当的救济时,该外国人的国籍国为了本国国民而追究居留国的国家责任,就被称为"外交保护"。这一制度的出现与形成,主要是在19世纪到20世纪,当一些发达国家的国民在一些发展中国家进行经济活动或其他活动遭到身体和财产侵害时,这些国家将其作为干预发展中国家的理由而加以利用。

联合国国际法委员会在2006年通过了《外交保护条款草案》,这是一份关于外交保护的定义、国籍要件和国内救济原则等内容的条款草案。

外交保护是一项国家的权利,即是否行使外交保护权是根据国家的裁量来决定的,而并非国际法规定的义务之一,受害人个人也并不具有国际法上请求本国外交保护的权利。

国家之所以对给本国国民造成损害的居留国追究国际法上的国家责任,是因为由于本国国民的利益损害,国家自身在国际法上的权利也同时受到损害。这里所说的国家自身的权利,就是所谓"本国国民要求在外国受到符合国际法适当待遇的权利"。当本国国民在外国受到利益损害且得不到该外国的国内救济时,其实就是对国家本身权利的侵害。这样的观点,立足于实在法学的二元论,即基于在国际法这一平面上只有国家才能够成为主体的原则。根据这一观点,其实是以个人受到损害为契机,将涉及具体个人的矛盾或冲突变成了国家之间的事情,也就有可能追究国际法上的国家责任。在国际司法实践中,不论是国际常设法院还是国际法院,也都一贯确认了这一观点。例如,在"马弗罗马提斯特许权案""霍茹夫工厂案""巴塞罗那电力公司案"和"西西里电子公司案"等案例中所显示的那样。

对于在国内法上个人是否具有对本国请求外交保护的权利和具有哪些程序,以及行使外交保护权的结果和个人对于外国支付赔偿是否具有请求个人应得部分的权利及其具体程序等,国际法并不关心这些内容。例如,在法国,将有关行使外交保护权的国际关系事项作为"统治行为",但是却将国内赔偿的分配视为"act détacheable"(可拆解行为),而且是一种可以向法院起诉国家机关超越权限的行为。

当然,随着有关个人国际法主体的议论以及国际人权保障的发展,将外交保护权仅仅视为国家权利的观点在今天是否仍然适用,其实还有很大可以再考虑的余地。在对2006年通过的《外交保护条款草案》的评注中其实也已经注意到了这一点,认为应该通过国内法给国家增加行使外交保护的义务。

### 8.23 构成行使外交保护权根据的法律权益侵害

行使外交保护权的国家在行使这一权利时,虽然是为了本国国民行使外交保护权,但是以自身权利受到侵害为依据来行使这一权利的。因此,即使被认定需要承担国家责任,在裁定需要进行金钱补偿的情况下,个人所遭受的损害充其量也不过是在衡量法律权益损害时应该考虑的一个标准而已,比如像"霍茹夫工厂案"所显示的那样。

国家是由于本国国民的利益损害所以自身才受到了国际法上的权利侵害。这里的本国国民即个人所受到的损害,并非事实上的损害,而必须是权利或者受到法律保护的利益的损害,比如"巴塞罗那电力公司案"第二阶段的判决,以及国际常设法院对"奥斯卡·钦恩案"的判决。不过,这里的所谓"法律"究竟是指国际法还是国内法,在裁判实践中其实并不明确。

**补充引申:个人法律权益损害的依据法律**

如果个人的损害必须是权利或者受到法律保护的利益的损害,那么也会有一个问题,即在这里依据的法律是国际法还是国内法。在实践中,虽然承认"保护个人既有权利"为国家在一般国际法上的义务,但对于赋予个人既有权利所依据的法律却并不明确,比如前述的"奥斯卡.钦恩案"中所显示的那样。虽然存在着规定要给予外国人符合国际法待遇国际义务的规则,但是即使按照这些规则将外国人的法律权益视为国际法上的权益,这些规则也并没有具体规定个人法律权益的内容及其实质。再来看国内法,虽然同样制定了"国内法各法律体系都一般接受的规定",但是否定了所在国对外国人股东特定的保护义务,即有些案例否定了原告基于外国人股东国籍国的外交保护而提出请求的资格,如"巴塞罗那电力公司案"第二阶段的判决,以及作为相反例子的在"西西里电子公司案"判决中的肯定。甚至,还有的案例不承认外国人在所在国国内法上的精神性损害,虽然也主张被追究责任的所在国应该按照国际程序依据其国内法来认定和计算法律权益损害,但是认为不能够用国内法来否定国际法,而应该以基于各国同意的国际法来认定和计算法律权益的损害,如"杰恩斯案"所显示的那样。

### 8.24 行使外交保护权的要件

**(1) 持续国籍的原则**。外交保护权是由法律权益受到侵害的个人的国籍国来行使的。作为受害者的自然人或法人、船舶或航空器必须在法律权益受到侵害时到进行国际请求为止的期间内持续具有该国的国籍。

赋予国籍的要件,属于主权国家裁量来决定的事项。不过,在1955年的"诺特波姆案"判决中,认为国籍必须能够反映个人同国家之间真正的结合关系,而该案中一位名为诺特波姆具有德国国籍的个人因位于危地马拉的财产遭到侵害而寻求外交保护,但因为其担心德国与危地马拉在战争中的敌国关系而实际在列支敦士登居住数月后取得该国国籍,因此列支敦士登对其行使外交保护权,对危地马拉提出诉讼,但最后败诉。如果并非能够反映个人同国家之间真正结合关系的国籍,那么也就意味着不能够通过行使外交保护权这一国际法上的手段来同其他国家对抗,不过这并不意味着该国籍在国内法上的无效。

关于外国人股东的国籍国,正如前述所示,既有否定其外交保护权的案例,如"巴塞罗那电力公司案",也有对其加以肯定的案例,如"西西里电子公司案"。

**(2) 用尽国内救济的原则**。行使外交保护权的另外一个要件,是在行使外交保护权之前,作为受害者的个人必须用尽加害国国内法上可以利用的所有救济手段(local remedies)。这一要件不但在国际裁判实践中已经被反复确认,比如在"国际工商业投资公司案"判决中所看到的那样,而且正在成为国际习惯法上的一项原则。对国内救济原则的例外,只有可能出现在难以期待通过上诉审判撤销原判决的情况,比如1939年的"赛杜提斯基斯铁路案",以及由于法官的偏见或差别对待难以期待得到国内救济的情况。

当国家的法律权益受到直接侵害时,并不适用国内救济原则。因此,为了避免适用国内救济原则,一些原告国家并不是以本国国民法律权益受到侵害为理由,而是主张国家自身法律权益受到了直接侵害,不过法院对此会采取非常严格的态度来应对,比如像"国际工商业投资公司案"和"西西里电子公司案"判决中所显示的那样。

### 8.25　卡尔沃条款

所谓"卡尔沃条款",是指被赋予特许权的外国人在与该国订立契约时必须承诺只能请求该国国内救济而不能援引本国外交保护的条款。这一条款由一些中南美国家所主张,其目的在于避免一些发达国家对本国的干预。不过,如我们前面所述,外交保护权是国家的专属权利,这一权利的行使也属于国家裁量的范围,因此个人无权放弃这一权利,所以一般认为"卡尔沃条款"在国际法上是无效的。

当然,关于个人与国家之间在契约方面发生的冲突,也存在一些有效发挥作用的国际机构或程序,如"解决投资争端国际中心"等,正在向着对个人给予救济的方向发展。

**参考文献**

田畑茂二郎『国際法Ⅰ〔新版〕』(有斐閣法律学全集,1973年)第2編第5章

山本草二『国際法〔新版〕』(有斐閣,1994年)第3部第3章

山本草二『国際法における危険責任主義』(東京大学出版会,1982年)

安藤仁介「国際法における国家の責任」『基本法学5・責任』(岩波書店,1984年)

臼杵知史「越境損害に関する国際協力義務——国連国際法委員会におけるQ.バクスターの構想について」北大法学論集40巻1号(1989年)

小畑郁「国際責任論における規範主義と国家間処理モデル——法典化史の批判的考察」国際法外交雑誌101巻1号16頁(2002年)

兼原敦子「国際違法行為責任における過失の機能」国際法外交雑誌96巻6号(1998年)

兼原敦子「国家責任法における『一般利益』概念適用の限界」国際法外交雑誌94巻4号(1995年)

兼原敦子「国家責任法の『一般原則性』の意義と限界」立教法学55号(2000年)

兼原敦子「法実証主義の国家責任法論の基本原理再考」立教法学59号(2001年)

兼原敦子「行為帰属論の展開にみる国家責任法の動向」立教法学74号(2007年)

川崎恭治「国家の国際責任法における『被害国』概念について(一)～(三・完)」修道法学11巻2号(1989年), 12巻1号(1990年), 13巻2号(1991年)

田畑茂二郎「国際責任における過失の問題」横田先生還暦祝賀『現代国際法の課題』(有斐閣, 1958年)

田畑茂二郎「私人行為に依る国家の国際責任(一)」法学論叢39巻5号(1938年)

西村弓「国家責任法の機能」国際法外交雑誌95巻3号(1996年)

松井芳郎「国際連合における国家責任法の転換——国家責任法の転換(二・完)」国際法外交雑誌91巻4号(1992年)

松井芳郎「伝統的国際法における国家責任の性格——国家責任法の転換(一)」国際法外交雑誌89巻1号(1990年)

薬師寺公夫「越境損害と国家の国際適法責任」国際法外交雑誌93巻3＝4合併号(1994年)

山田卓平「ILC国家責任条文草案における不可抗力・遭難規定」神戸学院法学32巻2号(2002年)

山本草二「国家責任成立の国際法上の基盤」国際法外交雑誌93巻3＝4合併号(1994年)

湯山智之「国際法上の国家責任の機能変化」法学59巻4号(1995年)

Brownlie, Ian, *System of the Law of the Nations*, State Responsibility Part I (1983)

Crawford, James, *The International Law Commission's Articles on State Responsibility Introduction, Text and Commentaries* (2002)

# 第9章 国家领土

## 1 领土与领土主权

要点:(1) 领土由哪些要素构成？(2) 领土范围内的领土主权属于什么性质的权利？(3) 国家对于领土应该遵守的原则有哪些？

### 9.1 领土:领陆、领水、领空

作为国家排他性支配区域的领土或国家领土的概念,是在近代国际法上才出现的概念。即使在比肩竞争"近代国际法之父"称号的维多利亚和格劳秀斯那里,其实这一概念也并不是非常明确。应该说,这一概念在18世纪才逐渐成形,在19世纪前半期大体上被固定下来。

领土起初是由作为土地的领陆和作为水域的领水两部分构成。其中,领水又被区分为由河流、港湾等构成的内水和领海两部分。后来,随着飞机的出现,到了20世纪初,又出现了领空的概念。

领土的基本部分是领陆。可以有没有领水的国家,但是不可能有没有领陆的国家。此外,领空也不可能独立存在,而是附着在领陆或领水之上而存在的。从这个意义上而言,领陆可以被称为领土的主要部分,领水和领空则可以被称为领土的附属部分。

一个国家开发自然资源的权利被视为主权权利,但是其大陆架和专属经济区则一般并不被包括在领土范畴之内。

国际公共区域或国际管理区域等区域,主要是指国际运河或国际河流、南极大陆、公海、深海海底和宇宙空间等。这些区域究竟属于领土范围还是非领土范围,对此仍然存在着争论,而且其性质也多种多样。

## 9.2 国界

划定领陆界限的线即狭义上的国界,而广义上的国界,指划定包含有领水和领空范围在内的所有领土范围的界线。关于国界的划定,可以有两种划定方法:可以通过签订条约或其他谈判会谈的方式来定义和决定边界线,这种方法可以被称为"划定边界"(delimitation);也可以在地面上实际划出边界线并通过立界桩等物理性手段明确设定边界,这种方法可以被称为"具体的边界设定"(demarcation),例如1988年埃及与以色列之间"塔巴仲裁案"的判决就采用了这一划界方法。

国界可以有自然国界和人为国界。所谓自然国界,即边界线同地面上的自然物,比如河流湖泊、山脉或海岸线等相重合,而人为国界则是并不考虑国界线地表的特征,只是通过在地表设定一些物理性的标记线来划定。

领海的外部界限是一条其每一点同基线最近点的距离等于领海宽度的线。相向或相邻海岸国家之间的领海边界通常为其中间线。领空的边界,则限于同其领陆与领海边界在水平方向上相一致的垂直性宇宙空间之下。不过,所谓宇宙空间下限的具体范围并不确定。

**补充引申:"明确的领土"与国界**

根据1933年《蒙得维的亚国家权利与义务公约》第1条的规定,国家资格的要件一般由四个要素构成:明确的领土、永久的居民、政府和处理与其他国家关系的能力即外交能力。其中明确的领土,当然是指由国界所划定的领陆、领水和领空。不过,在一个新的国家出现的时候,并非所有的国界都可以立刻划定。因此,所谓明确的领土,其实仅仅是指国家的核心区域,国界附近的一些区域则不一定包含在内。

## 9.3 领土主权的法律性质

在领土范围内,也就是领土主权所及的范围。不过,有关领土主权的法律性质在历史上一直存在着争论,其中最主要的就是"客体说"与"权限说"的对立。前者也可以称为"所有权说",即认为领土主权就是一种类似于所有权一样的对物的权利。后者也可以称为"空间说",即认为领土主权就是一种支配权。目前,一般会将领土主权视为二者结合的一种权利,即既是一种将本国领土作为客体而领有及处分的权利,也是一种对本国领土内的所有人及物实施支配的权利。

当然,领陆、领水和领空的领土主权各自的内容并非完全一样。例如,在作为领水一部分的领海上被承认的"无害通过权"这一国际法上的一般性权利,目前在领陆、内水和领空范围内没有得到承认。18世纪末之前,在他国领土上的军队通行权常常会成为一个问题,但是在19世纪之后,除了飞地领土外,这一权利已经被明确地否定,如1960年国际法院在"印度领土通行权案"判决中所显示的那样。在领空范围内也同样如此,在没有特别条约的情形下,外国的飞行器,不论是民用飞行器还是军用飞行器,都无权自由通过。因此,领陆、内水和领空与领海之间在领土主权的内容方面其实并不完全一样,及于领海的国家权利并非和领陆、内水和领空一样的完全的国家主权,所以也有人主张国家在领海上的权利只是一种管辖权,或者也可以称为地役权。

## 9.4 领土主权分割的可能性

如果按照上述的理解来看待领土与领土主权,那么在同一个领土范围之内只能够有一个拥有完全主权的国家,其主权不仅仅及于该领土范围,甚至可以及于更广泛的领域。也就是说,在这里所承认的原则是"一个领土,一个国家"(one territory, one state),在一个领土范围内只能有一个主权在发挥作用,两个以上的国家不可能存在于同一个领土之内。

然而实际上,作为例外情形,也有主权被分割的时候。比如,共同领有或共同管理,或外国对部分领土的施政权即转让施政权,以及租借抵押或残存主权,等等。不过,被认为"一个领土,一个国家"原则真正意义上的例外的,一般只限于共同领有和残存主权。

(1) 所谓共同领有或共同管理,是指有若干国家共同在某一领土范围内行使主权。历史上作为共同领有或共同管理区域著名的例子,有苏丹、新赫布里底诸岛、坎顿岛和恩德伯利岛等,目前仍然处于共同领有或共同管理状态下的区域有位于法国和西班牙之间的基济岛和菲吉湾、德国和卢森堡之间的边界地带、哥斯达黎加和尼加拉瓜之间的北圣胡安以及位于萨尔瓦多、洪都拉斯和尼加拉瓜附近的丰塞卡湾。不过,对于如何看待和把握这些区域的法律性质,随着历史的不断变迁,人们的看法也在变化,即使是现在国际法学者们的看法也并不一致。此外,在国内法上适用的可能性、审判管辖权、适用条约的可能性以及条约缔结权等众多法律问题上,国家实践也并不一致。

(2) 所谓转让施政权,是指一国在维持对某一特定领土范围内主权的情况下只将该领土的施政权或统治权转让给外国,比如1878年到1914年间处于英国施政权之下的土耳其领土塞浦路斯,以及1878年到1908年间处于奥匈帝国施政权之下的土耳其领土波斯尼亚和黑塞哥维那。此外,所谓租借地,是指一国通过与其他国家之间的特别协议将其领土的一部分租借给他国的区域,而且一般会规定一定期限的租期。

**补充引申:残存主权与施政权的转让及租借地**

从1952年到1972年,关于冲绳的地位,日本所主张的即残存主权。也就是说,那时的冲绳虽然处于美国的统治之下,但日本对冲绳拥有残存主权。这里的残存主权理论的成立前提是承认领土主权有可能被分割。当然,究竟是分为法律上的主权与事实上的主权,还是分为将领土作为客体进行领有及处分的权利与对领土内所有人和物进行支配的权利。不论如何区分都可以适用,即日本拥有前者的权利,而美国则拥有后者的权利。

与此相对,传统意义上的施政权转让和租借地的理论的成立前提是领土主权不能被分割。也就是说,在任何情况下,转让施政权的国家或出租土地的国家都拥有对领土的主权,被转让国或承租土地的国家仅仅是以行使施政权的形式在进行事实上的统治。在施政权转让期间,领土主权当然就成了一种"裸露的权利"或者"没有实体的权利",但是在转让施政权或租借期结束之后,就会自动回复到过去完全的领土主权。

## 9.5 领土完整原则

所谓领土完整,即丝毫不变地维持领土现状。这是基于国家主权和不行使武力原则的一项原则,同时也是适用于所有国家领土的一项原则。也就是说,各国相互之间都负有尊重其他国家领土完整的义务。目前,这项原则已经被规定在了《联合国宪章》第2条第4款和1970年的《关于各国依联合国宪章建立友好关系及合作之国际法原则的宣言》等国际法文件中。而且,这一原则也常常与政治独立和反对所有武力干涉相结合,被视为以维持国际和平与安全为目的的集体安全保障的中心课题之一。边界不可侵犯的原则,就是从领土完整原则派生而来的。此外,在1960年的《给予殖民地国家和人民独立宣言》中,也规定了"附属国人民的领土完整"或新独立国家的领土完整。目前,为了应对那些以非武力方式进行的侵犯领土或跨国环境损害等行为,也常常用到领土完整的概念。

## 9.6 使用领土的管理责任

国家虽然在其领土范围内拥有各种权利,但是也必须承担一些义务。例如,1972年的《人类环境宣言》第21原则规定:"按照联合国宪章和国际法原则,各国有自己的环境政策开发自己资源的主权;并且有责任保证在他们管辖或控制之内活动,不致损害其他国家的或在国家管辖范围以外地区的环境。"1992年的《里约热内卢环境与发展宣言》第2原则也作出了大致相同的规定。这些原则规定,都是来自一项自然正义的原则,即"人们在行使自由权时,绝不允许损害他人的自由"。此外,在 1941 年的"特莱尔冶炼厂仲裁案"、1949 年国际法院在"科孚海峡案"的判决、1957 年的"拉努湖仲裁案"判决以及 1949 年"挪威与苏联边界协定"等文件中,都涉及了这项原则。而且,这项原则不仅仅关系到限制行使领土主权,而且在国际环境保护领域也发挥了巨大的作用。

## 2 领土主权的创设与转移

> 要点:(1)原始领土主权论是适用于什么情形下的理论? (2)征服可以被视为原始领土主权的一部分吗? (3)合并可以被视为原始领土主权的一部分吗? (4)新国家成立时如何获得领土?

### 9.7 原始领土主权的性质

不论是在古典国际法还是在现代国际法那里,在讨论某个区域应该归属于哪块领土的问题上,一般都会将其纳入"原始领土主权"这一法律框架之内来讨论。对原始领土主权,有着各种各样的定义,一般而言其意即能够成为取得领土根据的事实。从上述关于领土的性质来看,原始领土主权其实就是判断某块土地归属于哪一块领土的问题,海洋或天空则是附属在土地上作为附属物而获得的。

至于通过何种方式来作为原始领土主权得到承认,需要从历史的变迁中来发现。一般而言,从 19 世纪后半叶到 20 世纪前半叶,作为原始领土主权得到承认的方式主要有五种,即先占、添附、割让、时效和征服。如果对这些适用原始领土主权获得方式的情形进行具体的考察,可以发现其中存在两种性质完全不同的情形。当既有国家将尚未成为领土的区域作为新的领土纳入本国领土范围时,被称为"原始取得",当既有国家之间发生领土转移时,被称为"继承取得"。先占与添附适用于前一种情形,割让、时效和征服则适用于后一种情形。除去征服,其他四种方式的原始领土主权都是将古代罗马法中所有权取得方式类推适用于国际关系的理论。

## 9.8 先占

领土主权达不到的区域被视为"无主地"。对无主地进行有意识的占领并实施了有效统治的国家,即可以获得该无主地并将其作为自己的领土。也就是说,取得无主地需要两个要件,即取得该领土的意愿和能够证明存在该意愿的国家活动——"实际有效的统治"。这就是17世纪后晚于西班牙和葡萄牙进入殖民地竞争的荷兰、英格兰、法国等国取代"发现"原则而主张对无主地进行"先占"的原始权利。

所谓无主地,也指那些虽然居住着已经具有某种程度社会政治性组织的原住民,但还未达到类似于西欧文明阶段的地区。适用于这一看法的典型例子是澳大利亚大陆,如1901年制定的《澳大利亚联邦宪法》第127条的规定,完全无视原住民的存在,只有在统计人口时才将原住民计算在内。这一段历史为我们讲述了将住有原住民的澳大利亚土地视为无主地的历史过程。不过,在1975年的"西撒哈拉案"中,国际法院的咨询意见却认为,从19世纪末出现的国家习惯来看,即使只有原住民居住的地区,只要其具有固定的社会政治性组织,并且存在具有代表原住民权力的酋长进行统治,就不能被认为是无主地。

至于需要何种程度的实际有效统治,起初被理解为对土地的使用、居住和殖民等行为,但从19世纪下半叶起逐渐有了需要确立地方性统治权的意味。甚至,实际有效统治的标准也需要根据无主地的状况来确定。对于那些无人或几乎没有居民的土地,国际判例也对那些灵活解释实际有效的标准给予了承认,比如在"帕尔马斯岛仲裁案""克利伯顿岛仲裁案"和"东格陵兰案"中所看到的那样。

**补充引申：先占理论的派生理论**

先占理论派生而来的理论，在历史上也存在着各种理论。例如，有"流域理论"，即认为占有海岸一定部分的国家就可以拥有直至流入该海岸的河流发源地的上游水域；有"中间距离理论"，即发现某块土地并占有一定部分的国家与其后离开若干距离同样占有该块土地的国家之间的国界，以中间线来划分；还有一种"背后地理论"，即主张只要占有海岸，就可以拥有其背后的内陆部分；还有主张对占有区域邻接区域同样可以拥有的"邻接性理论"；以及认为占有某岛屿即拥有其附属岛屿的"附属物理论"和主张为确保所发现区域居民安全而拥有全部区域权利的"政治性考虑理论"。在这些理论中，目前仍然被人们所关注的，是一部分国家主张适用"邻接性理论"来处理南极地区。

## 9.9 添附

所谓添附理论，是将古代罗马法中的附合理论类推适用于国际关系而来的。即使在 19 世纪，仍然有很多学者并没有涉及这一理论，或者即使在承认这一理论的学者中，也对于在多大范围内承认添附未能取得一致。作为具体的问题，主要是如何看待缓慢形成的沙洲或急速形成的沙洲，以及岛屿的形成和旧河床等。但是，对于此种自然现象的陆地扩大为何与领土的得失直接相关，却没有给予充分的理论说明。因此，其理论根据，最终仍然只能从罗马法的附合理论中去寻找。

从 20 世纪开始，对于修筑河岸堤防或在海岸边的填海造地等人工添附一般也被视为添附而得到承认。不过，在河岸进行修筑活动，必须得到河岸对面国家的事前同意，而在海岸边的填海造地活动则并不需要得到海岸对面国家的同意，即可自动获得对填埋土地的主权。然而，为何通过人工添附也能够自动取得领土，要对此进行理论性的说明，比起对自然现象的添附进行说明，还要更加困难。

### 9.10 割让

依据条约一个国家将其领土的一部分让渡给其他国家的行为即被称为"割让"。其中,又可以表现为各种各样的形态,有通过媾和条约的割让;有赠予,如1907年的刚果;有出售,如1867年的阿拉斯加和1898年的菲律宾诸岛;还有交换,如1911年法德之间关于非洲地区的交换条约;等等。也有出于外交的理由或国家威信等理由,让渡国单方面放弃或遗弃而受让国单方面取得该地的情形。目前,违反不使用武力原则所缔结的条约被认为无效,如根据《维也纳条约法公约》第52条的规定:"条约系违反联合国宪章所含国际法原则以威胁或使用武力而获缔结者无效。"因此也有一些带有割让条款的条约被认为无效。

### 9.11 时效

在国际法上是否存在时效制度,其实是一个非常有争论性的问题。所谓时效,大体上又可以被分为取得时效和消灭时效。原始领土主权论中所讨论的时效,是指取得时效。对于取得时效,又可以有主张所谓"超记忆性占有"的情形和主张作为罗马法上"使用取得"(*usucapio*)概念类推的情形。前者意味着作为本国固有领土自古以来即从超越记忆的时代开始就已经存在,而后者则是一般在法律上规定时效,在经过这一时间之后即可以以取得时效获得该区域。不过,国际法不同于国内法,即并没有规定时效的具体期限,因此取得时效的效果也并非取决于期限,而是基于他国的默认。因此,取得时效这一名称应该说可能并不合适。此外,国际法院在1999年博茨瓦纳诉纳米比亚的"卡西基利岛/塞杜杜岛案"判决中,提出了两当事国都承认的取得时效的四个要件,即主权的行使、和平持续地占领、公共性占领和一定期间的持续占领,而且在经过历史考察和法律讨论之后认为纳米比亚所提出的时效取得未能满足这些条件。

## 9.12 征服

**(1) 作为原始领土主权的征服**。在取得原始领土主权的五种方式中,最容易引起争论的,是"征服"的原始权利问题。在古典国际法之下,战胜国可以通过条约直接被让渡取得战败国的领土,或者不通过条约也可以取得领土。前者的情形通常可以以割让的原始权利来说明,但是对于后者的情形应该如何作出法律上的说明? 在19世纪的国际法学者们那里,围绕是否能够以取得或丧失领土原始权利的"征服"来说明,大体上分成了两种看法,即肯定说与否定说。大致而言,英美法系的学者们比较倾向于肯定征服的原始权利。当然,即使是持肯定说的学者,其所持观点也有区别,一些学者认为征服与先占或割让等领土取得方式属于同一范畴,即承认其作为原始领土主权,而另一些学者却认为征服与其他领土取得方式完全不同,而是一种战争的后果。

而否定征服为一种原始权利的学者们,却认为征服必然伴随着行使武力的严峻现实,同时也与法律秩序形成了强烈的反差,因此征服不应该具有原始法律权利。如果按照这种观点,仅仅是征服这一事实,就已经构成了对外国领土的非法占领,因此征服本身并不能够形成原始领土主权,不过在实行军事占领之后基于与被占领国之间缔结的条约将被占领土纳入本国领土的做法却得到承认。

然而,那些承认征服为国际法上一项制度的学者,认为如果以行使武力为理由否定征服的原始权利,那么就意味着否定国际法上的战争,但是在国际法上不可能完全否定战争。因此,如果存在遵守一定规则的法律制度,即根据不同情形有所限制的法律制度,那么就有可能由此产生法律权利。如果按照这种观点,当然就会出现一个结果,即承认"实力创设法律"或"事实创造法律"的原则,不过在这里并不是承认完全无规则的行使武力,也不是承认不遵守任何规则的征服。

**(2) 征服的要件**。如果站在肯定国际法上征服的立场上,那么下一个需要回答的问题就是,承认征服的要件是什么。对此,大部分站在承认征服立场的学者们都认为,所谓征服,就是发生在战时以及战争当事者有意识地对敌国领土的全部或部分实施的军事占领,当然这里的军事占领就是指行使武力。在这种情况下,必要条件之一就是不论是敌国还是其盟国都已经无意再为恢复被占领土而战,即意味着必须通过缔结媾和条约或其他方法结束战争。也就是说,战时实际有效的军事占领、被征服国及其盟国已无意恢复被占领土和战争的结束,被视为征服的三项要件。

**(3) 征服在国际法上的限制**。有关征服最大的一个问题,就是在国际法上是否存在对征服的限制。也就是说,不论是在自由地行使战争权利,还是作为自助手段被迫应对战争,只要战端一起,作为战争的结果就有可能出现征服国将被征服国领土变为本国领土的征服,那么国际法对这样的征服是否存在一些限制,还是任其自由毫无限制呢?

不论是将征服视为国际法上一项获得原始领土主权的方式,还是将其视为一种战争的后果,要对其承认就应该适用国际法上的原则,即应该满足国际法上使征服有效的一些要件。如果不能满足这些要件,那么也就不能承认其为国际法上有效的征服。

然而更为重要的是,对于征服的限制,是否仅仅在于能够满足国际法上的要件呢。在这个问题上,仍然存在各种不同的意见。根据1905年出版的第一版《奥本海国际法》的表述,认为"势力均衡"就是对于征服的一个限制。根据奥本海的观点,征服者不可能毫无限制地将被征服者的领土变为自己的领土。在势力均衡的状况濒临危机的情况下,或者其他国家面临生死存亡的情况下,第三国就会出面干涉,或者会具有干涉的意图,在历史上就存在众多这种干涉的例子。总之,奥本海认为,第三国干涉的可能性就是对征服的一项限制。如果存在干涉的可能性,那么从一开始征服就不会进行,或者在已经有了实际的征服后进行干涉,那么这一征服就有可能趋于无效。

当然,这种对征服的限制,并不是国际法上的限制,而只不过是事实上的限制。其实,奥本海本人也承认,征服者原始权利的有效性并不依赖于他国的承认,而且第三国单纯的抗议也并无法律价值。换言之,征服是并不需要得到他国承认或者默认的单方面行为,只要能够满足国际法上征服所需要件,就应该承认其为国际法上的有效行为。第三国的干涉或者抗议如果只是针对不满足这些要件而言,那就具有了国际法上的意义。不过,仅仅以势力均衡状况濒临危机为理由进行干涉,对征服国来说并不会构成法律限制。另一方面,第三国的干涉即使采取了行使武力的方式,按照承认战争自由权利的观点,也不能认为这一干涉是违反国际法的行为。当然,对于被干涉国即征服国而言,并不存在必须接受这一干涉的义务,反而会认为有权在国际法上对这一干涉采取有效的对抗措施。也就是说,每一个国家都各自拥有主权,也被认为拥有自保权,所以如果受到干涉,可能会引起新的武力冲突,甚至发生战争。因此,目前并不存在对征服限制的法律制度。

### 9.13 征服与合并

如何看待和把握征服与合并的关系,在19世纪的学者们中间其实就已经有了严重的对立。大体上来看,主要存在两种观点,即承认和不承认合并是取得原始领土主权的一种方式。按照承认合并是取得原始领土主权的观点来看,合并作为原始领土主权的方式之一与征服相互独立,而且具有若干种形态。其中的一种形态,就是伴随着行使武力的合并,即通过单方面声明或者通过强制性的缔结条约将他国领土的一部或全部进行转移。根据这一观点,其实所谓的"征服"就已经全部被包括在了"合并"之中,从而其独立的原始权利没有得到承认。

而另一种形态的合并,是基于国家间的协议对全部领土的转移。如果只是转移部分领土,那就应该称为割让而非合并,二者的区别就在于转移的领土是全部还是一部分。因此,伴随武力行使的领土全部转移即被称为征服,即强制性的合并,而前述基于国家间协议的合并则被称为任意性或狭义上的合并,这两种意义上的合并也可以共同被称为广义上的合并。

与此相对,不认为合并是取得原始领土主权方式之一的观点,也有若干种形态。其中的形态之一,虽然承认合并是形成国家的一种方式,但是与原始领土主权属于不同的问题领域。也就是说,作为条约或宪法上的一种措施,一国有可能去合并其他国家,其结果是其他国家消亡,新国家出现,这时候就必须按照对新国家进行国家承认的问题来处理。也就是说,领土主权的取得与丧失并非原始领土主权领域的问题,而是被视为与国家建立有关的问题,只要去考虑国家承认出现的问题就可以了。如果按照这一观点来看,以和平方式发生的领土全部转移,并不属于原始领土主权的涉及范围,而是被视为以合并形式出现的新国家的建立。并且,以和平方式发生的领土部分转移被称为"割让",只有以行使武力方式对领土全部或部分的转移才被作为"征服"这一原始领土主权而被承认。

另一种形态的"合并",则认为这一用语从根本上来说是一个政治性的用语,而不应该作为一个法律用语来使用。根据这一观点,以行使武力方式对他国领土全部或部分进行的转移被视为"征服",而以和平方式对他国领土全部或部分进行的转移都被视为"割让"。

综上,关于合并与征服之间的关系,存在着四种不同的看法,这些不同看法之间的对立,并不单纯是分类的问题或者用语的问题,而是涉及了如何看待国际法中的武力行使以及如何看待国家领土的全部转移即国家消亡的问题等对国际法而言都是一些根本性的问题。而且,正像后面将要论述的那样,对于探讨新国家的建立与适用传统原始领土主权这两种非常相近甚至相同的问题,也具有启示意义。

## 9.14 先占、割让与征服的关系

以原始领土主权来看待征服的立场,不论其自身是否非常清晰明了,但基本上已经被接受。不过,实际上如果想象一下适用作为原始领土主权的征服,就会产生疑问,即与其他的原始领土主权,特别是与先占或割让之间是否具有本质的不同。

作为先占对象的"无主地",正像前面所叙述的那样,是指"虽然居住着已经具有某种程度社会政治性组织的原住民,但还没有达到类似于西欧文明阶段的地区"。正是在这样的认识之下,澳大利亚大陆、北美大陆和非洲大陆的一部分地区被视为无主地,即成为先占的对象。而且,是使用武力对这些所谓的无主地实行实际有效的统治,并且将其纳入了本国领土。然而,这种所谓对无主地的先占,与西班牙和葡萄牙对中南美地区、英国对印度和缅甸、荷兰对东印度地区以及俄罗斯对中亚的"征服",是否有本质的区别呢,其实是存在着巨大的疑问的。

此外,西欧各国通过与原住民的酋长之间的协议或媾和条约等"割让条约",也造成了领土的变更。但是不能否认,这些协议或条约其实是通过强迫原住民来缔结的,或者是由于这些原住民对于西方近代意义上的领土以及条约等观念的无知才缔结。因此在此意义上来说,实际上这些协定或条约都带有很强烈的"强制性割让"的意味。此外,是否将原住民的"国家"视为与西欧各国具有完全相同意义上的国际法上的主权国家,即作为条约的对象国,其实也存在着巨大疑问。但不管怎么说,为了从原住民手中夺取土地,采取了割让条约的形式,至少是采取了一种所谓合法的手段来达到目的。

关于美洲印第安人问题,不论是在美国独立前还是独立后,美国基本上都是通过这种割让的形式去占领了大量印第安人的土地。例如,从1785年到1819年期间"切诺基国"与美国之间的一系列条约。此外,对于新西兰来说,1840年英国君主与原住民毛利人之间缔结了《怀唐依条约》,将全部主权权力让予英国国王。当然,也有人指出其实条约的英语版本与毛利语版本存在差异。

西欧各国将非欧洲地区原住民居住的土地视为无主地,并基于国际法上先占、割让和征服等三种在国际法上被认为有效的手段,合法地将这些土地纳入了本国领土。如此看来,这三种手段之间实际上几乎没有本质上的差别。

如上所述,按照19世纪至20世纪初的古典国际法理论来看,其实有关取得原始领土主权方式的各种概念都存在诸多疑问,比如征服这一原始权利是否能够作为根本的原始权利得到承认,或者不能作为原始领土主权但是否可以作为战争结果得到承认,以及作为对原始领土主权的承认其可以由什么样的原始权利来构成,是否能够与其他的原始领土主权进行本质的区别,是否存在国际法上的限制,等等。这些问题直接关系到如何确定国际法上战争的地位,甚至国际法是否能够与国家主权并列存在等有关国际法生存的问题。

进入20世纪之后,随着战争非法化以及禁止使用武力原则的确立,通过行使武力的征服已经被视为国际法上的违法行为。目前,不论作为原始领土主权还是战争结果的征服都不再被承认,这已经被视为国际法上确立的一项原则。比如,最近的一个案例,就是2004年国际法院对"巴勒斯坦隔离墙案"所作的咨询意见。当然,目前仍然存在着一些没有解决的重要问题。例如,不行使武力原则是否可以被称为"强制法规则",如果回答是肯定的,那么征服者即侵略者的劣迹如何能够通过其他国家的承认或默认来消除呢,以及作为基于自卫权行使武力结果的领土取得能否被承认的问题,比如按照1970年《关于各国依联合国宪章建立友好关系及合作之国际法原则之宣言》,作为行使武力结果的所有领土取得都是无效的,那么是否也就是说即使被侵略国以武力取得侵略国的领土也是不被允许的呢。其实,对于通过武力取得他国领土的问题,至今也没有得到完全的解决。

### 9.15 新国家的情形——国家承认

某个地区被承认为国家领土,其实并非仅限于上述的各种情形。当新国家出现的时候也会出现有关领土的问题,即当一个新国家出现时,其领土应该按照什么理论根据来承认的问题。

对于这个问题,目前一般的解释是"作为其建立是基于实际有效的统治和得到其他国家承认的当然结果,即被认为取得了原始领土主权",即实际上并不需要前述的五种方式中的任何一种方式。不论是合并还是分离独立或分裂等任何形式导致新国家的出现,都被认为是可以接受的。一般而言,作为国家资格的要件之一,除了永久性居民、政府和其外交能力之外,还必须拥有明确的领土。也就是说,在新国家出现的时候,必须能够在一定的领土范围内进行实际有效的统治,即作为国家资格要件的拥有明确的领土。并且,以此事实为基础,既存国家对新国家进行"国家承认",作为结果,新国家即取得国际法上的国家地位,其领土也得到承认。在这一过程中,并非基于先占、添附、割让、时效或征服的任何一种方式来取得原始领土主权,而是基于对某个区域的实际有效统治以及据此得到的既存国家的国家承认。在这里,仍然需要说明的是,所谓"对某个区域的实际有效统治"中的"区域"主要是指陆地。如果对一定范围的陆地能够行使实际有效的统治,那么该陆地即被称为其领陆,附属于该陆地的一定范围的海洋与天空,即领水和领空,总之由一定范围的陆地及附属其上的领水和领空共同构成了"明确的领土"。

那么,为什么要对直接适用原始领土主权和新国家的出现有着不同的看待呢?对此一般的解释是,国家之间对原始领土主权效力的争论并非由于新国家出现,而是因为伴随着既存国家领土的扩大或缩小,所以将新国家的出现与适用传统的原始领土主权方式作了区别。不过,即使在新国家出现的情况下,就像在分离独立情况下所看到的典型现象那样,会伴随着既存国家领土的缩小。目前,其实还不如说,既然已经几乎没有了所谓的无主地,那么新国家的出现就只能采取将既存国家领土的全部或部分纳入自己领土范围的方式。既然如此,那么在领土变更的问题上尽管新国家的出现和适用传统的原始领土主权并无什么不同,但是要从理论上解释二者为什么采取了两种不同的理论构成还是很困难的。

然而,将这个问题分成两个不同领域的问题来看,与其说是理论上的不同,其实还不如说是历史的原因导致的。原始领土主权论是适用古代罗马法关于所有权转移法理对除征服以外既存国家间领土变更进行类推而形成的理论,因此如果按照这一理论,为了有效行使既存国家领土自身应有的领土主权而强调其原因或依据,从根本上来说当然没有丝毫问题。换言之,这一理论是将既存欧洲各国领土视为当然的前提确立的,它适用于欧洲各国之间发生的领土变更,甚至也适用于将非欧洲地区的土地并入欧洲国家领土的情形。

与此相对,国家承认的理论是随着19世纪中南美地区不断有新国家出现的情况,欧洲国家想要确保对这些新国家是否给予国际法主体的选择权而出现的理论。这一理论的主要着眼点在于是否承认这些新国家为国际法上的主体。换句话说,这些新国家是否属于符合欧洲标准的国家,即所谓文明国家。如果是这种意义上的国家,那么当然就会承认其实际有效统治下的区域为其领土。

综上,原始领土主权论与国家承认理论是在各自不同的历史背景下形成的理论,而且各自也都发挥了不同的作用。不过,在目前这些传统性作用正在渐渐失去的情况下,作为有关既存国家之间领土变更理论的原始领土主权论与基于新国家出现时国家承认导致的领土确定,在理论上能否继续维持这一二元论的存在,值得怀疑。

**补充引申:近代国际法形成时存在着的国家领土**

应该如何解释近代国际法形成时存在着的若干国家即法国、英格兰等欧洲国家的领土呢。对此,正像前述说明的那样,从根本上来说,这些既存国家的存在是国际法形成的前提条件,因此这些国家的领土一般被视为原始领土主权论框架之外的存在。也就是说,国家的存在与国际法的出现其实是表里一体的一种历史现象,如果没有一定数量的国家存在,那么就不可想象会有国际法的出现。当然,也存在与此不同的解释,其中的一种解释就是所谓"自古以来的原始权利乃至最初的原始权利",比如在"明基埃和埃克荷斯群岛案"中英国与法国的主张,这也是一种在原始领土主权框架内的解释。甚至,还有一种解释认为,国家长时间地对某一区域行使主权,就会得到其他国家的默认。

## 9.16 领土丧失

不同于将领土取得作为问题的原始领土主权论,国家在什么情况下会丧失领土也会成为问题。之所以如此,是因为领土的取得与丧失通常并非完全一致。作为领土丧失的原因,可以举出的有割让、放弃、自然作用、时效消失、征服和叛乱等。

所谓放弃,只有在放弃本国部分领土的实际行动与表明永远放弃的意思二者都存在的前提下才能够成立。也就是说,仅仅有放弃的行动还不能构成作为领土丧失的放弃,比如1931年对墨西哥与法国之间"克里帕顿岛仲裁案"的判决那样。被放弃的土地通常会被视为无主地,并且可以成为其他国家先占的对象。此外,所谓叛乱,是指叛乱导致部分领土的分离,比如1822年巴西脱离葡萄牙的分离,以及 1830 年比利时脱离荷兰的分离。在被分离的区域建立新国家时,就会遇到对该新国家的承认问题。作为国家承认的结果,即将该区域视为新国家的领土。

## 3 领土争端的解决方式

要点:(1) 领土争端与边界争端属于不同种类的争端吗?(2) 如何确定争端的存在?(3) 时际法或关键日期适用于何种情况?(4) 通过国际裁判解决领土争端时的标准是什么?

### 9.17 领土争端与边界争端的不同

一般认为,应该对边界争端与领土争端进行区别,前者指相邻国家对划定边界的争端和确定具体界线的争端,后者则是围绕领土归属的争端。据此来看,边界争端是对存在争议土地的分割,而领土争端则是对某一区域整体要求主权归属的问题。而且,在领土争端中可以适用传统的原始领土主权论,而在边界争端中却适用不同于原始领土主权论的理论。也就是说,在完全利用自然性边界或依靠特别协定的情况下,比如按照河流中间线划界的"主航道原则"或者"承认现状原则"及"实际占有原则"来作为划定边界的标准并据此划定边界线以及以此为依据来决定边界周边地区的归属,那么就并不需要传统的原始领土主权方式,而是按照划定边界时的固有方式来决定边界地区小范围的领土。总之,二者的区别基本上就类似于国内法中甲地所有者与乙地所有者之间围绕界线之争与围绕某块土地所有权之争的区别。而且,国际法院也在 1969 年的"北海大陆架案"中对边界划定问题与决定一定范围区域的归属进行了区别。

当然,对于这一区别是否合理,在近来的国际判例中也有很多议论。正像我们后面将要解释说明的那样,在国际裁判中,并非只是依靠原始领土主权来考虑问题,而是采取综合考虑各种原因来解决争端的方法。如此一来,对领土争端和边界争端进行严格区别的意义就不再存在。例如,在近来的国际判例中,以1986年"布基纳法索和马里边界争端案"中国际法院的判决为开端,在1992年"陆地、岛屿和海洋边界争端案"和1994年"利比亚和乍得领土争端案"中,国际法院即出于这样的考虑而在判决中否定了二者的区别。

### 9.18　确定领土争端的存在

只有存在争端才会有解决争端的问题。如果不存在争端,那么当然也就不会有解决争端的问题。不过实际上,围绕领土以及国家边界的划定,对于是否存在争端本身,常常在两个国家之间也会有不同的看法。例如,与日本有关日本的几个领土问题,就由于有着各自不同的处理方式而一直存在很大的争议。

**(1) 北方领土**。关于北方领土,在1961年苏联部长会议主席赫鲁晓夫写给当时的日本首相池田勇人的信中,曾表示"领土问题已经通过一系列国际协定早已得到解决"。此后苏联也长期一直坚持在苏日之间并不存在领土问题的立场。这种状况的变化,发生在30年之后于1991年4月9日两国签署的《日苏联合声明》中。其后,两国之间断断续续地为解决这一问题签署过一些协议,也曾经就划定两国边界提出过各种解决方案,但这一问题至今没有解决。

**(2) 竹岛(韩国称独岛)**。关于竹岛,韩国政府明确表示,不论从历史上还是从国际法上来看,都是韩国的领土,而日本的立场则只能是对于韩国不承认日本对竹岛拥有主权的主张表示遗憾。也就是说,韩国并不承认围绕竹岛存在领土争端。对此,日本政府的一贯基本立场是,不论是从历史事实还是从国际法上来看,竹岛都明确属于日本的固有领土,因此不断地通过各种文件或口头发言表达主张,并不断地要求韩国撤去在岛上的建筑物和官员警察。

那么,究竟应该如何来确定是否存在领土争端呢?如果一个国家单方面主张不存在争端,是否就以此为依据承认不存在争端呢?对此,国际法院虽然并非直接就有关领土争端问题发表意见,但在一些判例中表明,国际争端的存在属于应该客观决定的事项,通过单方面否定争端的存在并不能证明争端不存在,比如1950年国际法院在"关于对保加利亚等国媾和条约解释的咨询意见"中所表明的那样。此外,国际法院还通过案例表明,对于一个国家提出是否存在争端的主张,必须要有其他当事国以可信的形式提出自己的看法后才能够判断,比如国际法院在1962年的"西南非洲案"的判决中所显示的那样。当然,实际上当一方当事者主张不存在争端时,往往双方就难以为此争端展开谈判,所以要解决这样的难题仍然是非常困难的。

### 9.19 时际法与关键性日期

所谓"时际法",即认为某项行为的效果应该由实施该行为时的法律而非请求诉讼时的法律来决定的原则。简单而言,该原则的主要内容也可以被视为一项否定溯及立法的原则。如果将这样的时际法适用于条约,那么对条约的解释就必须基于条约在缔结时即有效这一国际法上的一般性原则。如果从历来被视为任意性法规的国际法的性质来看,或者从作为国家间偶然同意结果集合体的国际法来看,就会认为上述一般不承认溯及效果的看法是合理的。

如果将时际法适用于原始领土主权,那么判断某个国家是否取得了领土,要根据该国将该区域纳入本国领土时有效的有关原始领土主权的国际法原则来判断。在众多的领土争端中,双方的争论焦点一般都会围绕追溯到过去数个世纪以前的事实或国家实践来展开。不过,正如我们在发现或根据媾和条约的割让以及征服等原始权利的典型案例中所看到的那样,如果时代发生变化,那么国际法的原则也会随之发生变化。因此,适用何时的国际法来解决争端,尤其在解决领土争端方面,就显得更加重要。例如,根据征服的原始权利获得的领土,不能因为后来的国际法不再承认征服这一原始权利就认为对该领土的占有是非法的,比如1961年印度与葡萄牙之间发生的"果阿领土争端"。

所谓"关键日期",即争端已经形成的标准日期,在此日期之后争端当事国为提供对本国有利的证据而实施的行为,法院不会将其作为证明其实际有效的主权性证据予以采纳。当然,即使在关键日期之后,如果被认为是在此日期之前行为的"通常性延续",而并非以改善当事国法律立场为目的的行为,则另当别论,比如国际法院在"利基丹岛和西巴丹岛主权争端案"中的判决。此外,即使是同一案例,当存在着不同事项的两项争端时,每一争端的关键日期有可能并不一样,比如国际法院在"尼加拉瓜和洪都拉斯领土和海洋边界争端案"中的判决。法院在考虑了领土割让条约的生效日期和实施先占的日期等各种要素后认定了关键日期。当然,根据案情的不同,也有些案例也没有规定关键日期。

**补充引申:时际法的扩大适用**

一般认为,时际法扩大适用的案例,是 1928 年国际常设仲裁法院在"帕尔马斯岛仲裁案"中所作出的判决。该案的仲裁法官为瑞士法学家马克斯·胡伯。在这个案例中,胡伯明确认为,19 世纪末的国际法与中世纪末的国际法相比已经有了很大不同,法律事实并非按照围绕这一事实争端发生的时点或解决时的法律,而应该按照与事实同时代的法律来进行评价。不过,胡伯又进一步论述,将所谓"权利的创设"(creation)与"权利的存续"(existence)作了区别,并且认为必须要考虑不同情形下对时际法的适用。

其实,像胡伯那样承认在权利存续的情形之下也可以扩大适用时际法的看法,也受到了诸多批评,即实质上在理论上承认了有可能导致否定创设权利时原始权利有效性的结果。不过,胡伯对这一问题的提起,使得传统原始领土主权所具有的理论局限受到了人们的关注。也就是说,当某个国家比如 A 国通过传统的原始领土主权的某种方式将某个区域有效地纳入本国领土之后,其他国家比如 B 国也有可能主张该区域应归属本国领土。在这种情况之下,按照胡伯的想法,A 国权利的存续必须符合 AB 两国发生争端时有效的国际法原则。换言之,即使 A 国曾经通过有效的原始权利获得了领土主权,但是如果其后未能满足主张领土主权所必需的要件,那么也不能承认其领土主权的存续,即不能以此来对抗 B 国。具体而言,如果我们站在至少截止到 16 世纪前半期还承认发现为有效原始权利的立场上来看,那么按照传统理论,一旦通过这一发现确定了其有效的原始领土主权,当然就可以有效地与后来的竞争主张相抗衡。不过,到了18世纪中叶以后,发现作为独立原始权利的性质遭到否定,而仅仅被视为一种"不完整的原始权利",同时确立了为主张领土主权就必须要实际有效统治的原则。也就是说,现行国际法已经不再承认仅仅以发现这一原始领土主权为理由并通过行使排他性影响力来保留该地域的权利。总之,按照胡伯的想法,通过发现的原始权利获得的领土主权,还需要有权利的存续,如果这一权利不能够随着法律的发展来满足被要求的各项条件,那么这一权利的有效性就会被否定。

如果完全按照传统的原始领土主权论来做,那么当然应该只是承认适用权利创设时的时际法,但是现实是发现的原始权利所看到的那样,对于权利的存续也承认时际法的适用。换句话说,并非所有的案例都是通过传统的原始领土权利论与狭义的时际法来决定领土的归属。

### 9.20 学术性研究与实务性研究

20世纪之后,领土争端和边界争端的案例不断出现,已经成为国际裁判中的主要问题。尤其是最近,如果将大陆架和专属经济区的划界问题也包括在内,那么领土争端和边界争端的案例就占了国际法院和国际海洋法法庭审判案例的相当一部分。而且,在这些司法机构的判决中,直接适用传统的原始领土主权论作为判决理由的案例并不多,那么这又是什么原因呢?

正像我们前面已经说明的那样,传统的原始领土主权论存在着各种各样的问题,特别是这一理论常常难以对实际的争端发挥有效的作用,其原因就在于如何理解原始领土主权的性质。一般而言,原始领土主权被作为"绝对的原始权利"乃至"普遍的原始权利"来看待,即如果满足了各种方式的原始领土主权的要件,就立刻具有了对抗其他国家的力量,当然也就有利于其获得乃至占有领土。如果按照这一想法,不论是先占、征服或时效这样单方面的行为还是割让这样的相互间的行为,都只要满足了各自原始权利的要件,就会被承认所谓"领土归属与行使属地性权利的法律效果",即具有了"普遍的"效力。而且,也确实有很多案例是用这种方式来确定一定区域的领土归属的。

不过,如果考虑到围绕一定地域若干国家都各自主张该地域的归属而发生争端时的情形,那么其实很难通过比较性地考察各自主张作为绝对原始权利的原始领土主权的有效性,并看哪一方主张的原始领土主权能绝对满足其要件这种方式来决定领土归属。或者反过来说,往往是因为并不明确是否绝对性地满足了要件,所以才产生了众多争端。在迄今为止的国际判例中,其实就一直存在着与传统的原始领土主权不同的理论。

作为其开端的,就是前述1928年国际常设法院对"帕尔马斯岛仲裁案"的判决。胡伯法官仅仅将先占与时效这些原始领土主权共同的"持续且平稳对领土主权的表示"作为问题,在判决中采用了既不问先占又不问时效的方式。

作为原始领土主权,先占的对象是无主地,时效的对象是其他国家的领土,在法律上区别这两种不同的原始权利无疑是正确的。而且,对于一定的地域,如果通过先占或时效来确定领土归属并且其他国家对此也未提出异议,那么在国家实践上也丝毫没有问题。不过,在实际争端的案例中,即假定有若干国家都对某一地域主张主权,那么这一地域从根本上来说究竟是无主地还是曾经被确定为某一国家的领土,这些争端国家其实也常常并不清楚。因此,将这一地域划归领土的原始权利归结为先占还是时效,其实是非常困难的。此外,作为先占要件的"实际有效的统治"与作为时效要件的"持续且平稳对领土主权的表示",如果暂且不论其时间经过的长短,作为其实际状态,或者换句话说,从现实占有的观点来把握,可能也并没有错。

类似于"帕尔马斯岛仲裁案"判决那样的处理方式,之后在1933年国际常设法院的"东格陵兰案"判决中和1953年国际法院的"明基埃和埃克荷斯群岛案"判决以及1975国际法院的"西撒哈拉案"咨询意见中,都被沿袭了下来。甚至,2002年国际法院在"利吉丹岛和西巴丹岛主权争端案"判决中也明确主张"作为主权者的行动意图及其权利的现实性行使或者发现"是必要的。

不过,法院对"持续且平稳对领土主权的表示"这一实际有效性要素的强调,仅限于根据边界划界条约等条约仍然无法明确确定其疆界的情况,比如2001年国际法院对"卡塔尔和巴林海洋划界及领土争端案"中的判决。在2002年国际法院对"尼日利亚和喀麦隆领土海洋边界争端案"的判决中,也采取了重视根据条约所划定边界的立场,从而否定了尼日利亚提出的实际有效性主张。

此外,在国际常设法院1933年的"东格陵兰案"中,使用了"禁止反言"的法律原则,在以有关国家的默认或承认为判断标准的前提下作出了判决。类似的判决案例,还有1962年国际法院在泰国和柬埔寨之间的"隆端寺案"中的判决。还有一些判决,适用默认的法律原则,重视是否存在有关国家的抗议等反应,比如国际法院在新加坡和马来西亚之间的"佩德拉布兰卡案"和"白礁岛、中岩岛和南礁岛主权案"中的判决。从以上案例中可以看出,法院一直采取的态度就是以条约、默认、承认或抗议等有关国家的协议或意志表达等第一判断为标准。甚至,在1953年的"明基埃和埃克荷斯群岛案"中,国际法院在判决中并没有确定任何一项绝对性的原始权利,而是通过衡量当事国各自所主张的原始权利的相对重要程度来解决争端。

在国际法学者中间,也一直有人提倡建立以修正或转换传统原始领土主权论为目标的理论。例如,查理·德维舍在参考了1951年国际法院对"英挪渔业案"判决的基础之上,提出了"历史性原始权利高度集中"的理论。这一理论的前提,是认为关系到多种多样国家利益或国际关系的事例各不相同,其中也包括那些具有将一定地域归属特定国家效果的国家利益,其判断标准,则是从领土的稳定性这一主要原因来着手,看这些要素在具体的事例中如何造成原始权利的高度集中。

詹宁斯·瓦茨也继承了这一理论的基本思考方式,主张并不通过五项原始领土主权中的任何一项来解决争端,而是主张在综合考虑每个案例中各种原因的基础之上解决争端。而且,作为这些需要考虑的因素,列举了下列十一点:① 持续且实际有效的统治;② 默认与抗议;③ 竞争性主张的相对性强弱;④ 时际法的各项效果;⑤ 原始领土主权及边界稳定性的原则;⑥ 地域性的各项原则,比如"实际占有原则";⑦ 地理性和历史性因素;⑧ 国际社会的态度;⑨ 基于自决的各项要求的可能性;⑩ 占有起源非法的可能性;⑪ 征服本身已经是不被承认的原始权利。

　　关于领土论,也常常被区分为"学术性研究"和"实务性研究"。前者为确立了作为绝对性原始权利的原始领土主权理论的一部分学者的研究,而后者则是试图解决现实性争端的一些法官或从事实际事务者们的研究,而且在实际解决领土争端的过程中也并非在绝对性原始权利之间进行选择,而是将原始领土主权视为"相对性原始权利"或"优越性占有权"(better right to possess)。因此,我们必须要认识到,传统的原始领土主权论在理论上并非非常完备,从根本上来说这一理论只是包含有众多内在结构性问题的理论。

**参考文献**

伊藤隆監修,百瀬孝著『史料検証　日本の領土』(河出書房新社,2010年)

国際法学会編『日本と国際法の100年第2巻　陸・空・宇宙』(三省堂,2001年)

国際法事例研究会『日本の国際法事例研究(3)領土』(慶応通信,1990年)

太寿堂鼎『領土帰属の国際法』(東信堂,1998年)

波多野里望=筒井若水編著『国際判例研究領土・国境紛争』(東京大学出版会,1979年)

許淑娟『領域権原論——領域支配の実効性と正当性』(東京大学出版会,2012年)

奥脇直也「現状承認原則の法規範性に関する一考察」法学新報109巻5・6号(2003年)

深町朋子「現代国際法における領域権原についての一考察」法政研究61巻1号(1994年)

柳原正治「幕末期・明治初期の『領域』概念に関する一考察」松田竹男=田中則夫=薬師寺公夫=坂元茂樹編集代表『現代国際法の思想と構造Ⅰ　歴史,国家,機構,条約,人権』(東信堂,2012年)

Distefano, G., *L'ordre international entre légalité et effectivité: Le titre juridique dans le contentieux territorial* (Paris, 2002)

Jennings, R. Y. & Watts, A. (eds.), *Oppenheim's International Law* (Harlow, 9th ed., 1992), Vol. 1, Parts 2 to 4

Kohen, M. G., *Possession contestée et souveraineté territoriale* (Paris, 1997)

# 第 10 章 海洋法

## 1 海洋法的历史演变及其内容

> 要点:(1) 如何调整船旗国与沿海国之间有关航行、资源分配(生物与非生物)、环境保护与科学调查等不同领域的法律权益?(2) 海洋法中有关国际社会的整体法律权益是如何被制度化的?

海洋法的历史已经非常久远,有可能追溯至数百年前。在 17 世纪,格劳秀斯与塞尔登之间有过关于海洋自由的著名争论,其争论的实质性焦点在于沿岸国是否具有排他性的渔业权,不过这场法律争论是以主张"海洋自由论"还是"海洋封闭论"的形式围绕海洋的法律地位而展开的。其后,从 18 世纪到 19 世纪初,基于狭窄领海与广阔公海的二元体制,确立了公海自由的原则。这种制度的建立,主要是对沿岸国法律权益与船旗国的法律权益相互对立进行调整的一个结果,即既要确保沿岸国的和平、安全与秩序这些法律权益的同时又要确保船旗国的航行自由及其军事行动等法律权益。海洋法其后的历史,其实也就是在新的法律权益的要求之下对这二者不断平衡和再调整的过程。

对海洋法的发展发挥了极其重要作用的,是在第二次世界大战之后举行的三次联合国海洋法会议(United Nations Conferences on the Law of the Sea)及其所通过的各项法典化的公约。第一次会议是在 1958 年举行,第二次是在 1960 年举行,第三次是在 1973 年至 1982 年举行。

首先,第一次海洋法会议的成果,是"日内瓦海洋法四公约",即《领海及毗连区公约》《公海公约》《公海渔业和生物资源保护公约》和《大陆架公约》。这些公约在将国际习惯法典化的同时，也对过去传统国际法未给予充分考虑的一些法律权益，比如海洋资源的利用和分配给予了一定的关注。不过，关于领海的宽度，在这次会议上仍未解决，甚至在专门以此为议题的第二次海洋法会议上也未能解决。

其后，在"日内瓦海洋法四公约"通过后不久的20世纪60年代，尤其从60年代后半期开始，国家间有关海洋利用方面的争端日益激化，以至于通过立法解决这些问题成为国际社会的一项重大课题。而且，以海洋科学技术的发展为背景，不仅仅有关海洋资源利用和分配的对立更加激化，而且出现了一些有关海洋环境和科学调查等新的争端原因。

在上述背景之下，从1973年开始联合国召开了第三次海洋法会议。由于海洋问题具有密切联系的特点，因此这次会议的目标，是要签订一项包括各个有关海洋问题的综合性的公约。因此，从程序上来说，应该在实质性问题上尽可能地通过协商一致的方式达成协议，在内容上也是想要通过"一揽子交易"的方式签订一份各方都同意的公约，而且对此禁止保留。这次会议经过长时间的谈判，终于在1982年通过了《联合国海洋法公约》。这项公约是一项综合性的法典化的公约，其中包含了领海宽度、国际海峡的过境通行制度、群岛水域、专属经济区、对大陆架的重新定义、海底资源问题、海洋环境、关于科学调查的管辖权问题、解决争端的规定等众多新的国际法规定。不过，在公约被通过之前，发达国家就对公约第11部分关于国家管辖范围以外的海床和洋底及其底土即所谓"区域"的有关规定展开了激烈的批评，导致发达国家与发展中国家之间产生了严重的对立，最终没能按照当初所设定的协商一致方式通过公约，而是通过多数决的方式才通过了公约。甚至，即使在公约通过之后，由于发达国家几乎全体一致地延缓公约的批准，公约的生效时间被大幅度推迟，最终通过双方的相互妥协，对条约进行了实质性的修改，即在1994年重新签订通过了一份关于公约第11部分的实施协定。这份协定被大部分发达国家所接受，至此带有普遍性的海洋法体制终于诞生。不过，在这之后，又出现了一些公约所没有规定或规定不充分的问题,或者随着后来形势的变化又出现了一些新的争端。例如,关于公海渔业资源的利用和分配,由于渔业技术的进一步发展,仍然持续不断地成为引起国际争端的原因。

下面,将依据《联合国海洋法公约》,就有关各项制度进行说明。

## 2 有关海洋的具体制度

> 要点:如何确定海洋各部分的定义与范围、法律地位、管辖权的分配以及界线的划定?

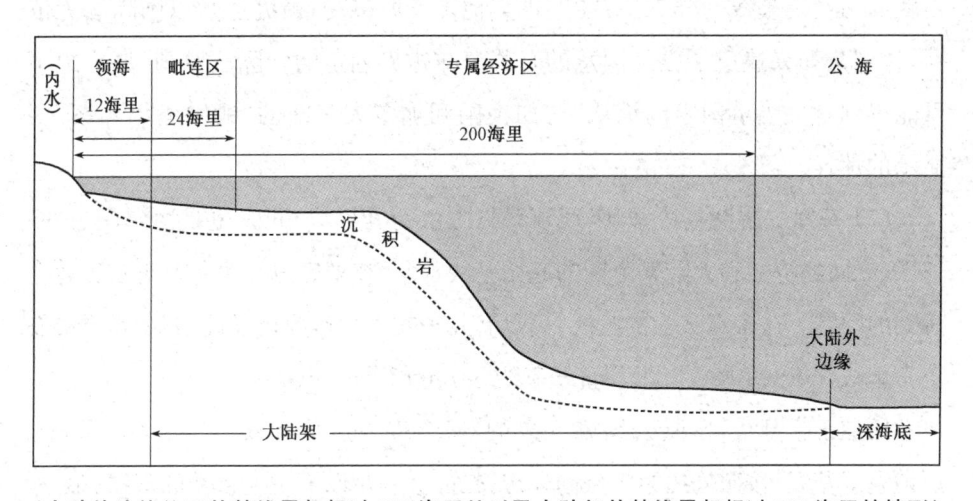

(大陆外边缘位于从基线量起超过200海里处以及大陆架从基线量起超过200海里的情形)

### 10.1 基线与海洋边界的划定

**(1) 总论性说明**。有关海洋的边界,目前基本上分成了两个大的问题,而且其法律性质完全不同,一个是国家的领海或专属经济区及大陆架等沿岸海域与公海和深海底土之间的边界问题,另一个是相邻或相向国家之间的领海或专属经济区及大陆架等沿岸海域的边界划定问题。

其中,属于领土的内水和领海乃至属于沿岸国功能性管辖权所及海域的专属经济区或大陆架等边界的划定标准,即基线及其外侧边界的设定,基本上属于沿岸国的单方面行为。不过,为了能够要求其他国家对国际法的有效性给予尊重,就必须要规定一些适合的实在国际法规,比如在"英挪渔业案"中所显示的那样。这些法规的性质,属于原始权利的范围问题。换言之,在不依据实在国际法规的范围内,上述的那些单方面行为就会失去作用。

而相向或相邻国家之间的海洋划界问题,则是以原始权利的重复为前提来划定有关当事国的权限范围,这方面的案例有"北海大陆架案"和"格陵兰-扬马延海洋划界案"。划定海洋边界的行为虽然有时也会是单方面的行为,但是就如同设定基线一样,是否能够被其他国家所接受,最终还须以国际法为依据,特别是如果违反了已经同意的有关海洋边界划定的国际法原则,那么绝不可能得到有关当事国家的承认,比如美国和加拿大之间的"缅因湾划界案"所显示的那样。

**(2) 基线**。所谓基线,即区别领海与内水的分界线,同时也是决定领海、毗连区、专属经济区和大陆架范围的起始基线,因此在划定海洋边界时是首先就会遇到的问题。这个意义上的基线,可以有几种类型。作为代表性的基线,主要有正常基线(normal baseline)和直线基线(straight baseline)。

所谓正常基线,按照公约第 5 条的规定,即海岸低潮线(low-water line)。所谓直线基线,按照公约第 7 条的规定,是能够满足以下一定条件的基线:第一,海岸线明显曲折或沿海岸线近距离有一系列岛屿的地方;第二,不能明显偏离海岸的一般方向;第三,内侧的海域必须充分接近陆地领土以便使其接受内水制度的制约。

这一直线基线的概念已经在"英挪渔业案"中得到承认。其后作为必要条件的进一步充实被一般条约所采纳。日本也在 1996 年制定的《领海及毗连区法》中采用了直线基线,而且在据此新划定的领海范围内还发生了与韩国之间由渔业监督管理引发的"大同号案"。

## 10.2 内水

所谓内水(internal waters),即邻接沿岸直到领海基线范围内属于国家领土的水域。

**(1) 定义与范围**。按照《联合国海洋法公约》第 8 条第 1 款的规定,领海基线向陆一面的水域构成国家内水的一部分。此外,根据公约第 9 条和第 10 条的规定,有关内水中满足一定条件的河口或海湾,则承认其为特别的基线。

与上述情况不同的是,对于一定的水域,以他国的默认等条件为依据,也可以主张主权,即所谓"历史性水域"。《联合国海洋法公约》也在其第 10 条第 6 款中规定,所谓"历史性海湾"作为例外不适用于上述规定。对于这样的历史性水域或历史性海湾,已经不能适用一般国际法单一制度来规范,而是需要针对各自具体事例的特别制度来规范,比如"突尼斯诉利比亚大陆架案"中所显示的那样。不过,还有一些涉及这一概念的个别具体案例,反而成为国际争端的对象,比如俄罗斯的彼得大帝湾和利比亚的锡德拉湾。

在这方面,对于日本而言,特别关注的一个问题,是关于濑户内海的法律地位问题。濑户内海有若干出入口,因此并不符合海湾的概念,但是日本认为濑户内海与其沿岸领土已经构成一体,而且长期以来已经得到国际社会的承认,因此以此为依据将濑户内海视为所谓"历史性水域",即将其作为内水来看待,比如在"特克塞达号案"中所显示的那样。而且,日本在 1977 年开始实施的《领海法》中也明确将濑户内海规定为日本的内水,国际社会对此也没有提出异议,因此应该说濑户内海作为内水的法律地位已经得到国际承认。

**(2) 法律地位与管辖权的分配**。内水为国家领土,即根据《联合国海洋法公约》第 2 条第 1 款规定,内水被承认为沿岸国的领土主权。

内水不同于领海,其最为不同的一点是外国船舶没有无害通过权。不过作为例外,根据公约第 8 条第 2 款的规定,按照直线基线使原来并未认为是内水而目前成为内水的区域,仍然像过去一样存在无害通过权。

对于内水内的外国船舶,沿岸国能否行使刑事裁判权,一直就存在两种观点的对立,即开放性的"英国主义"与限制性的"法国主义"之间的对立。不过实际上,一般来说这一问题通过领事条约等双边条约即可得到处理,所以讨论的实际意义并不大。作为近来针对这一问题的一个新的动向,对于进入港口的外国船舶,会作为一定条件要求其必须接受所在国防止污染等规定。

## 10.3 领海

所谓领海(territorial sea),即邻接内水海洋一侧并属于国家领土的带状水域。

**(1) 定义与范围**。根据《联合国海洋法公约》第3条的规定,领海是由沿岸国自行设定的从基线量起不超过12海里范围的海域。

作为历史性的过程,自从18世纪由宾刻舒克提出"大炮射程说"以来,有关领海具体宽度的问题就一直受到人们关注。在传统上,出于军事和通商上的考虑,像英国和美国这样作为海上军事强国或通商大国的国家,都会积极支持拥有更广阔的公海。而关于领海,在19世纪后半期,基本上确立了允许范围为3海里的原则,超出这一宽度的主张则一般不具有有效性。不过在后来,尤其在第二次世界大战之后,随着科学技术的发展,以及由于沿海国对安全保障利益的强化和资源分配、防止污染等问题的出现,又出现了一些强烈要求超越3海里的主张,比如有4海里、6海里、9海里和12海里等各种主张。其中,虽然经过了1930年在国际联盟主持下的国际法编纂会议以及第二次世界大战之后在联合国主持下的两次海洋法会议,但是屡次想要确定领海宽度的尝试都失败了。然而在此之后,试图扩张领海的动向却丝毫没有停止,有很多国家都主张12海里,甚至出现了一些主张200海里的国家。当然,对于这些单纯扩张领海宽度的主张,由于领海作为领土主权的适用领域对其他国家的各种法律权益也会造成影响,所以反对的声音也非常强烈。因此,围绕领海宽度要取得一致的国际谈判极其困难。不过,在联合国第三次海洋法会议上,通过设定专属经济区制度和保障国际海峡的航行与飞越权利等,调整了沿海国与航行船旗国之间的利益,对领海的法律权益作了严格的规定,最终达成了12海里宽度的协议。

日本是在1870年普法战争时期以"太政官布告"形式发布的"中立宣言"中第一次设定沿岸海域的概念,并开始就其宽度进行探讨。在第二次世界大战之前,日本规定其领海宽度为3海里,但是在1977年制定的《领海法》中,将领海宽度扩展至了12海里,当然同时规定一些特定海峡除外,这些海峡包括宗谷海峡、津轻海峡、对马海峡东西水道和大隅海峡。目前实施的《领海及毗连区法》也延续了这一规定。

**(2) 法律地位与管辖权的分配**。领海属于沿海国的领土主权范围,其权利行使得到承认,以便可以保护沿海国的安全以及经济等其他各种法律权益。

不过,领海最主要的一个特点就是,外国船舶在这里有"无害通过权"(right of innocent passage),从而构成了行使领土主权的一项重要限制。这一权利虽然反映了船旗国的航行利益,但是更为重要的是这些国家与沿海国在安全保障和渔业资源等法律权益方面的对立,而且这一对立主要反映在了双方对行使这一权利的条件认定。

对于无害通过权来说最为重要的,首先就是通行的效果要能够保证,也就是说对于沿海国和船旗国的权利和义务要加以特别规定。从沿海国的角度来看,其权利和义务主要有下面的一些规定。

首先来看沿海国的义务,按照《联合国海洋法公约》第24条的规定,"沿海国不应妨碍外国船舶无害通过领海"而且"沿海国应将其所知的在其领海内对航行有危险的任何情况妥为公布"。甚至,根据公约第27条和第28条的规定,除了一定情形以外,不承认针对外国船舶的刑事裁判权和民事裁判权,这也是无害通过权最为重要的效果。

而作为沿海国的权利或管辖权,根据公约第21条的规定,具有对有关无害通过事项制定各项法令的权利;根据公约第22条的规定,有权要求通过船舶使用被指定或规定的海上通道或采用分道通航制;以及根据公约第25条的规定,具有为防止非无害通过而采取必要措施的权利;同样根据公约第27条和28条的规定,还具有一定范围的刑事和民事裁判权。对于这个问题,日本采取的方式是进行特别对应,即在有关不承认"通过"的部分,是按照《关于外国船舶在领海等处航行的法律》来对应的。

作为这些权利义务前提的无害通过的要件,就是要求"通过"是"无害"的。所谓"通过",按照公约第18条的规定,是指:(a)穿过领海但不进入内水或停靠内水以外的泊船处或港口设施;或(b)驶往或驶出内水或停靠这种泊船处或港口设施。而且,此时的通过,必须是继续不停和迅速地进行。所谓"无害",按照公约第19条的规定,即不能危害沿海国的和平、秩序和安全,当外国船舶在领海内从事某些公约规定不能允许的活动时,将被视为危害了沿海国的和平、秩序和安全。

**补充引申:无害通过权中的无害性**

虽然存在上述有关公约的各项规定,但是围绕认定无害性要件的法律标准和性质,仍然一直存在着严重的对立。具体而言,一种看法认为应该按照"行为方式限制"为标准来判断和认定是否无害,即按照船舶通过时的具体行为方式来看其是否对沿海国的法律权益造成了损害,比如在"科孚海峡案"中,尽管是军舰的通过,但也被承认具有无害通过权,当然其中也有国际海峡特殊性的原因。另一种看法则认为,应该以"船舶类型限制"为标准来判断和认定是否无害,即按照通过船舶的性质是否对沿海国的法律权益具有危险性来作出判断和认定。按照《联合国海洋法公约》的解释,虽然在其第19条第2款中基于行为方式限制列举了一些行为活动,但是根据其第1款所允许的无害通过是否承认对这些列举行为活动之外的活动也要限制,或者在承认的情况下是仅仅承认基于同样行为方式下的限制还是也承认不同行为方式下的限制,这些其实都是一些难以回答的问题。一般而言,行为方式限制是关于无害通过的较为缓和性的规则,作为一般性规则,也易于被沿海国所承认接受,而船舶类型限制则是非常严厉的规则,试图将这样的规则作为一般性规则至少在文字表述上就很难被接受。不过,反过来对于船舶类型限制进行一般性的禁止也同样无法通过语言表述来进行判断,从《领海公约》起草的过程中来看,不如说其实留下了制定这些规则的余地。因此,船舶类型限制也有可能被接受。从现状来看,实际上主要通过国家间双边关系来处理。

关于这个问题,最大的问题在于对军舰的管理限制。对此,在"日内瓦海洋法四公约"之一的《领海与毗连区公约》通过时就存在着严重的对立,在条文的语言表述上就非常困难,虽然其中第 3 节 A 款规定了"适用于一切船舶之规则",但仍然有很多国家主张一律不承认军舰的无害通过权,或者主张实行事前许可制度。

日本在这个问题上采取的立场是,并不承认军舰一般性的事前许可制度,并以此为前提,不认为进行搭载核的船舶具有无害通过权。

此外,对于运输钚及其他核废料的船舶,从《联合国海洋法公约》第 23 条及其起草过程来看,当然并不能认为其当然有害,但在公约签订之后,随着国际社会对环境问题的进一步关注,沿海国的态度也进一步强硬,甚至成了一个新的争端原因。

**(3) 海上的边界划定**。与其他国家领海之间的边界划定,一般发生在相向或相邻国家之间。然而,不论是哪一种情况,根据公约第 15 条的规定,在没有特别协定的情况下,双方都不能够越过等距离中间线扩张领海,除非因历史性所有权或其他特殊情况而有必要不适用这一规则。此外,因为领海宽度相对比较狭窄,而不像后面将要论述的大陆架和专属经济区那样,因此原则上围绕领海的争端相对较少。

## 10.4 国际海峡

地理意义上的国际海峡,在历史上多为国际航行的主要通道。因此,在《领海公约》第 16 条第 4 款和《联合国海洋法公约》第 45 条中已经作出规定,即规定了这些海峡的"不应停止的无害通过权",对于这些国际海峡的通航给予了强有力的保障。不过,即使是如此得到强化的无害通过权,根据《领海公约》第 14 条第 6 款和《联合国海洋法公约》第 20 条的规定,潜水艇和其他潜水器在通过时仍然需要承担上浮的义务,而且根据沿海国的领空主权原则也否定了飞越其上空的权利。因此,将领海宽度扩展至 12 海里的一个结果,就是很多过去一直作为公海上国际航行重要通道的国际海峡现在变成了新的领海,从而对过去得到保障的国际航行造成了巨大的阻碍。因此,如果要像过去一样来保证国际航行的畅通无阻,就必须要建立能够保障自由航行的制度,其中就包括继续实施无害通过权的制度。正因如此,《联合国海洋法公约》在同意将领海宽度扩展至 12 海里的同时,在其第 3 部分第 2 节中还设立了国际海峡新的过境通行制度,即较之无害通过权更为强有力的保障国际航行的制度。

在这里,主要就适用这一过境通行制度的国际海峡进行说明。

**(1) 定义与范围**。根据公约第 37 条的规定,所谓适用过境通行制度的国际海峡,即位于公海或专属经济区的一个部分和公海或专属经济区的另一个部分之间用于国际航行的海峡。

不过,也存在一些例外情形。首先,公约第 36 条规定:"如果穿过某一用于国际航行的海峡有在航行和水文特征方面同样方便的一条穿过公海或专属经济区航道,本部分不适用于该海峡。"之所以作出如此的规定,是为了能够维持在这些航道内的自由航行,比如日本在一些特定海峡仍然实行 3 海里的领海权,就是这一例外的具体体现。

其次,根据公约第 38 条第 1 款和第 45 条的规定,那些被赋予不应停止的无害通过权的海峡,只能分别适用于国际航行中的两类海峡:(a)海峡是由海峡沿岸国的一个岛屿和该国大陆形成,而且存在该岛向海一面有在航行和水文特征方面同样方便的一条穿过公海或穿过专属经济区的航道的海峡,如意大利本土与西西里岛之间的墨西拿海峡等;(b)位于公海或一国专属经济区的一部分和外国领海之间的海峡,如亚喀巴湾的蒂朗海峡。

此外,按照公约第 35 条(c)款的规定,还有一些长期以来一直存在由特别条约规范的海峡,如土耳其海峡、丹麦海峡和麦哲伦海峡等。

**(2) 法律地位与管辖权的分配**。根据公约第 34 条的规定,适用过境通行制度的国际海峡,并不影响航行以外其他方面该海峡水域的法律地位以及沿岸国的领土主权和管辖权等。

根据公约第 38 条的规定,在这些国际海峡中,所有船舶和飞机都享有过境通行权,这一权利不应受到阻碍,当然这一过境通行权所赋予的自由航行及飞越的权利只能是为了继续不停和迅速过境而行使。

更加具体的权利义务,如下所示。

沿岸国具有以下的权利和义务,即根据公约第 44 条的规定,海峡沿岸国不应妨碍和停止过境通行,而且负有义务,即应该将其所知的海峡内或海峡上空对航行或飞越有危险的任何情况妥为公布。这一内容,也是过境通行制度最为重要的作用。而作为沿岸国的权利,根据公约第 41 条和第 42 条的规定,为了安全航行的需要,海峡沿岸国可于必要时为海峡航行指定海道和规定分道通航制,以及有权制定与过境通行有关的法令。

另一方面,过境通行的船舶和飞机,也需要承担下列义务。根据公约第 39 条的规定,船舶和飞机在行使过境通行权时应该毫不迟疑地通过或飞越海峡。关于潜水艇的潜水航行问题,则仍然存在争论,不过作为以上述制度的确立为背景的实质性依据,在语言表述上可以理解为既存在公约第 38 条第 2 款中的"航行和飞越自由",又要符合公约第 39 条第 1 款(c)项的"过境的通常方式"。

### 10.5 群岛水域

在世界上,存在整体由一个或两个以上群岛构成的"群岛国家",如菲律宾、印度尼西亚、斐济、巴哈马和巴布亚新几内亚等。根据公约第 46 条的规定,与这些群岛相关联的水域被作为群岛水域(archipelagic waters),在《联合国海洋法公约》中被赋予了特别的地位,以便对这些由于群岛与其水域紧密相连所形成的地理性、经济性、政治性和历史性存在进行保护。

**(1) 定义与范围**。具体而言,群岛水域就是指由群岛外侧的岛礁所连成的直线基线即群岛基线内侧的水域。根据公约第 48 条的规定,在确定群岛国家的领海、毗连区、专属经济区和大陆架的宽度时,这一群岛基线与普通基线发挥的作用完全相同。不过,根据公约第 47 条的规定,作为要件之一,也严格规定属于群岛水域的区域内水域面积和陆地面积的比例应该在 1∶1 至 9∶1 之间,以及基线长度原则上不应超过 100 海里。这一切,都是为了避免侵害过去属于其他国家的一些权利。

甚至,在群岛水域内,同样也可以划定内水范围。也就是说,群岛水域从地理上来说居于内水同领海之间。

**(2) 法律地位与管辖权的分配**。根据公约第 49 条的规定,群岛国的主权及于其群岛水域及其上空、海床和底土以及所包含的资源。

同时,群岛国也负有义务承认外国船舶在群岛水域的通过权及进行其他活动的权利。对于通航的问题,除根据公约第 52 条规定承认外国船舶的无害通过权之外,根据公约第 53 条和第 54 条规定,还须承认类似于过境通行权的"群岛海道通过权"。此外,还必须承认邻国的传统捕鱼权及进行其他合法活动的权利,以及有义务尊重其他国家已经铺设的海底电缆。如此规定,也是考虑到了其他国家此前在这里的权利。

## 10.6 专属经济区

《联合国海洋法公约》通过创设专属经济区制度,赋予了沿岸国家对其临近水域资源进行管理和利用及分配的权利,以及对其他一些事项可以行使的管辖权。

**(1) 定义与范围**。根据公约第 57 条的规定,专属经济区(exclusive economic zone)是由沿岸国自行设定的从其基线量起不超过 200 海里范围的水域。日本也在《联合国海洋法公约》被批准生效后基于 1996 年制定的《专属经济区及大陆架法》设立了专属经济区,而在此之前,只有包含一部分专属经济区功能的渔业水域。

不过,专属经济区的定义仍然有模糊的地方,比如根据公约第 121 条第 3 款的规定:"不能维持人类居住或其本身的经济生活的岩礁,不应有专属经济区或大陆架。"日本的"冲之鸟礁"就存在这样模糊的问题。

**(2) 法律地位与管辖权的分配**。根据公约第 55 条的规定,专属经济区是不同于领海和公海并具有特殊地位(*sui generis*)的水域,适用公约第 5 部分的特别规定。根据此规定,可以对专属经济区作如下理解:①在专属经济区内,沿岸国的主权权利和船旗国自由使用公海的权利被详细加以规定和分配,其中最为重要的是②根据公约第 59 条的规定,在公约未将在专属经济区内的权利或管辖权归属于任何一方而发生争端时,其管辖权不属于任何一方,而应在公平的基础上参照一切有关情况来解决。

在《联合国海洋法公约》生效之前,其实就有一些判例是将这种专属经济区制度作为国际习惯的一部分来适用的,比如在"利比亚马耳他大陆架案"判决中,其主要部分适用的就是国际习惯。

关于管辖权的分配,根据公约第 56 条的规定,沿海国对公约所规定某些特定事项具有主权权利和管辖权。至于专属经济区的主权权利和管辖权在概念上有何不同,当然并不明确,从而也存在各种争论。不过,从公约条款及其起草过程来看,至少可以整理如下说,有关以资源为主的经济指向性活动的权利即主权权利,除此之外因为具有重要利害关系所以沿海国希望在该水域行使的各种特定权利就是管辖权。

具体而言,根据公约第 56 条第 1 款(a)项规定,沿海国在专属经济区内具有对自然资源进行勘探、开发、养护和管理等主权权利。其中,有关生物资源的规定非常详细。这些内容也反映了沿海国与远洋捕鱼国之间围绕排他性渔业管辖而长期争端的历史性结果,即最终赋予了沿海国广泛的管理权利。比如,根据公约第 61 条第 1 款的规定,沿海国有权决定其专属经济区内生物资源的可捕量。当然,公约第 61 条第 2 款和第 3 款规定也同时对沿海国附加了义务,即沿海国有义务通过正当的养护和管理措施来维持生物资源的"最高持续产量"(Maximum Sustainable Yield)。甚至,根据公约第 62 条的规定,为了促进专属经济区内生物资源最适度利用的目的,沿海国应该决定本国的捕捞能力,在没有能力捕捞全部可捕量的情形下,应准许其他国家捕捞可捕量的剩余部分,而且承认其在准许其他国家进入时具有考虑各种有关因素的广泛裁量权,以及在与其他国家的有关争端程序问题上也占有优势。此外,根据公约第 62 条第 4 款的规定,虽然沿海国具有制定和执行法令的权利,但是根据公约第 73 条的规定,即使是违反沿海国法令的船只及其船员,也应该在提出适当保证书或其他担保后,迅速获得释放。日本从 1977 年开始,曾经按照《渔业水域临时措施法》来对 200 海里水域内的渔业进行管理,不过目前已经按照新制定的《专属经济区渔业主权权利法》和《海洋生物资源养护管理法》来进行管理。

根据公约第 56 条第 1 款(b)项的规定,沿海国还具有关于人工岛屿、设施和结构的建造和使用,海洋科学研究及海洋环境的保护和保全的管辖权。为此,日本也制定了其国内法《海洋设施安全水域设定法》。

而对于其他国家来说,根据公约第 58 条的规定,则可以在此享受类似规定于公海部分的航行及飞越自由,以及铺设海底电缆和管道的自由,在其他方面只要不违反专属经济区的规定,都可以适用规范公海的规定。

关于发生冲突的问题,如前所述,根据公约第 59 条的规定,在公约未将专属经济区内的权利或管辖权归属于任何一国而发生冲突的情形下,应该在公平的基础上考虑到当事国及整个国际社会利益的重要性来解决。而且,将这一问题更加具体化,应该是今后的一个课题。

## 10.7 大陆架

沿海国对其大陆架(continental shelf)上的自然资源具有排他性的利用权利。不过,这一概念的出现及其变迁,经历了以下的历史过程。

在第二次世界大战末期,随着科学技术的进步,对于领海海底之外的地质学意义上的大陆架进行开采,在技术上已经变得可能。在这一背景之下,1945 年美国发布了《杜鲁门宣言》即《美国关于大陆架底土和海床自然资源政策宣言》,其中提出沿海国对其大陆架的自然资源享有一定权利。以此为开端,众多国家也开始主张同样的权利,但是这些主张并没有立即成为新的国际法规则。对大陆架的主张实际转化为实在国际法,是经过联合国国际法委员会讨论起草后在第一次海洋法会议上通过的《大陆架公约》。

不过,其后又增加了有关开发大陆架可能范围的标准问题,即随着海洋开发技术的提高,在现实中沿海国对大陆架管辖权的范围也在急剧扩大。因此,特别是由于对深海海底的开发,终于在第三次海洋法会议上就大陆架范围标准进行修正展开了谈判。在《联合国海洋法公约》中,对大陆架的定义重新进行了规定,并通过新设置的委员会对大陆架的范围边界也作了规定。

**(1) 定义与范围**。如上所述,《联合国海洋法公约》对大陆架的定义与范围,实际上是对《大陆架公约》中的定义与范围作了修改。

根据《大陆架公约》第1条的规定,大陆架是邻接包括岛屿在内的海岸但在领海以外的海底区域的海床及底土,其上覆水深不超过200米或虽超过此限度但仍有可能对其海底资源进行开发的区域。这一定义的依据,在当时可以被理解为因为与陆地的邻接性,但是对于"可能开发"标准的具体适用,却从一开始就存在争议,即是否可以无限延长至与其他国家的主张发生碰撞。不过,关于法律依据,将此视为沿海国领土自然延伸的观点易于被接受,比如在"北海大陆架案"中就决定性地采用了这一观点。而且,在第三次海洋法会议上,以领土自然延伸理论作为法律基础,对与所谓"深海海底"的关系以及由于"可能开发"标准带来的问题都不得不同时获得了解决。

而《联合国海洋法公约》中的大陆架定义,基本上就是指大陆边外缘(continental margin)。根据公约第76条的规定,沿海国的大陆架包括其领海以外依其陆地领土的全部自然延伸,扩展到大陆边外缘的海底区域的海床和底土,如果从测算领海宽度的基线量起到大陆边的外缘的距离不足200海里,则扩展到200海里的距离,当超过200海里时,其外部界线各定点不应超过从基线量起的350海里或不应超过连接2 500米等深线100海里。在不足200海里的情况下,仅仅以距离作为标准,这时大陆架的范围就会与专属经济区相互重叠。而对于超过200海里的大陆架,其详细的测定标准及其程序,则应交由联合国"大陆架界限委员会"来决定和提出建议,并在此基础上划定大陆架的界限。

日本的《专属经济区及大陆架法》也是以公约为依据,规定其大陆架为:① 从基线量起到 200 海里线为止海域;② 200 海里以远但依据《联合国海洋法公约》第 76 条所确定海域的海底及其底土。当然,如果该界限超越了与外国之间的中间线,就采取中间线原则,同时对于超越 200 海里大陆架上的非生物资源开发,也按照公约第 82 条的规定,必须通过管理局进行费用或实物的支付。因此,日本也在 2008 年依据《联合国海洋法公约》第 76 条,向联合国大陆架界限委员会提出了有关设定超过 200 海里大陆架的资料,预定今后将对此进行具体的审查。

**(2) 法律地位与管辖权的分配**。大陆架是沿海国行使主权性权利的区域。这里所谓主权性权利的说法,正像下面将要表示的那样,是在《大陆架公约》中最初作为不同于主权的一种概念来使用的。

首先,这一主权性权利,如果是针对沿海国而言,根据公约第 77 条第 1 款和第 3 款的规定,那么是当然且不需要通过任何明文公告就应该拥有的权利,比如"北海大陆架案"判决所显示的那样。

不过,按照公约第 77 条第 1 款和第 2 款的规定,这一主权性权利的范围被限定于勘探和开发自然资源,而且在这一范围内是排他性的。因此,根据公约第 78 条的规定,沿海国对大陆架的权利不影响上覆水域或水域上空的法律地位,不得对其他国家的航行及其他利益造成侵害。在这个问题上,日本的判决却显示出完全等同于具有综合性和排他性的领土主权,即对大陆架上矿物资源进行勘探开发赋予必要的甚至与此有关的全部主权性权利,包括立法、行政及司法权利,虽然在目的上有所限制,但是在目的范围内具有完全的权利,比如对"奥德科日本公司案"的判决。

因此,《大陆架公约》第 1 条至第 3 条所规定的大陆架制度的基本部分,作为国际习惯反映在了类似于"北海大陆架案"和"奥德科日本公司案"等判决中,其中的第 2 条和第 3 条被《联合国海洋法公约》第 77 条和第 78 条所继承,已经具有了很广泛的普遍性。

除此之外,根据公约第 80 条及比照适用第 60 条的规定,沿海国对大陆架范围内的人工岛屿、设施及结构也具有管辖权。

## 10.8 关于专属经济区和大陆架的边界划定

专属经济区和大陆架之间有着非常密切的关系。在此,将就二者的边界划定问题进行综合性的论述。

**(1) 专属经济区边界划定与大陆架边界划定相互间的关系**。关于海洋边界的划定,首先需要厘清专属经济区与大陆架各自划界之间的相互关系。然而,根据公约第56条第1款(a)项规定,专属经济区制度涵盖了其海床及其底土。此外,根据公约第76条第1款的规定,大陆架则可以自动扩展至200海里。因此可以看出,二者在地理上有所重叠。虽然公约第56条第3款的规定对此进行了调整,但是在实际进行划界时仍然存在很多困难。目前,出于当事国的请求或者为了实际上的便利,在很多判例中都会将二者的边界划定以单一边界线来进行处理,比如"缅因湾划界案""格陵兰-扬马延海洋划界案"和2009年罗马尼亚诉乌克兰的"黑海海洋划界案"。当然,也有一些国家是将大陆架与其上覆水域即渔业区分别划界来处理的。也有一些观点认为,从理论上来说,大陆架与专属经济区虽然有联系,但其利益性质并不相同,因此以单一界线来进行划分并不合适。

**(2) 边界划定标准**。有关大陆架划界的标准问题,最初出现在《大陆架公约》中,按照该公约第6条的规定,同一大陆架邻接两个以上海岸相向国家的领土时,各国之间的界线由有关各国以协议决定,如果没有协议,除因特殊情况应另定界线外,以每一点均与其基线上最近各点距离相等的中央线为界线,即等距离标准或中间线标准。但是,国际法院在联邦德国与荷兰、丹麦争端的"北海大陆架案"判决中,否定了《大陆架公约》中的等距离标准为一项国际习惯规则,而是按照"公平原则"并考虑一切相关情况,同时要求争端当事国有承担进行谈判的义务。当然,对于所谓公平原则的法律性质和内容,在当时也有着各种各样的议论,但是其中认为应该考虑一切相关情况并公平地划定边界的原则已经被普遍接受。

在起草《联合国海洋法公约》的过程中,围绕海洋边界划定的标准,所谓等距离原则派与公平原则派之间的对立就一直没有停止。最终,按照公约第74条和第83条的规定,专属经济区和大陆架的划界"应在国际法院规约第38条所指国际法的基础上以协议划定,以便得到公平解决"。甚至还为有关各方规定了义务,即尽一切努力作出不危害或阻碍达成最后协议的实际性的临时安排。由此我们就可以理解,这些规定其实就是等距离原则派与公平原则派之间相互妥协的产物,而且还遗留下了一些模糊的地方。不过,要理解这些内容,非常重要的一点就是,要看"北海大陆架案"之后的国际判例是如何解释和适用这些划定海洋边界的实在国际法的。这些重要的国际判例有"英法大陆架划界案""突尼斯诉利比亚大陆架案""缅因湾划界案""利比亚马耳他大陆架案""格陵兰-扬马延海洋划界案"等。不过,国际法院在2009年作出判决的"黑海海洋划界案"尤其引人注目,因为该案在划定大陆架和专属经济区单一界线时提出了可以称为对过去判例集大成的"划定边界的方法论",从而对《联合国海洋法公约》作出了充分的解释。在该案的第一阶段,首先基于严格的地理标准设定一条临时的等距离线;在第二阶段则根据公约第74条和第83条的要求,为实现公平解决争端的目的,探讨是否存在需要调整乃至移动临时等距离线的因素;在最后的第三阶段,即在考虑到所有有关事项并进行调整后,对以此确定的界线再次进行探讨,看有关海岸长度的比例与暂定界线所构成的有关各国海域间的比例是否会带来显著的不均衡和不公平的结果。此外,对于有关沿岸在法律上的两种不同功能也需要进行说明,即为了决定对该海域的重叠请求,必须对有关沿岸进行特别确定,以及在上述划定边界过程最后阶段的第三阶段,必须探讨确认各当事国沿岸的长度比例和划定边界线后各当事国所得到的海域是否存在不均衡现象。当然,在今后,对所谓构成有关事项的具体原因进行探讨,应该说仍然是一项重要的课题。

**(3) 日本的边界划定实践**。日本与周边国家之间的海域距离有很多地方不足400海里,因此在这些海域就出现了原始权利的重叠部分,也因此不得不面临如何划定彼此边界的问题。在这里,仅就日本与韩国以及与中国的关系进行说明。

首先,是关于专属经济区的问题,在日韩与中日之间,仅仅就渔业问题缔结了与专属经济区有关的新协定。因此,其实只是设定了一种临时性水域,而并非划定边界,即设定了有关渔业但被视为专属经济区的所谓"协定水域"的界线。也就是说,彼此之间并没有就专属经济区的所有有关事项达成协议并划定边界。

其次,关于大陆架的问题,日韩之间在《联合国海洋法公约》通过前的1974年就签订了《日韩关于确定邻接两国的北部大陆架边界协定》(简称"北部协定")和《日韩关于共同开发邻接两国的南部大陆架协定》(简称"南部协定"),部分划定了两国的大陆架边界,但是仍然有很多地方并未划定。而日中之间则在这一问题上存在不同原则立场,至今仍未划定。

## 10.9 毗连区

所谓毗连区(contiguous zone),即连接领海的海域,是沿海国为了确保某些特定国内法的履行而行使管理权的区域。

**(1) 定义与范围**。根据《联合国海洋法公约》第33条第2款的规定,毗连区从测算领海宽度的基线量起,不得超过24海里。日本也根据其1996年制定的《领海及毗连区法》设定了24海里的毗连区。

**(2) 法律地位与管辖权的分配**。毗连区是沿海国只限于可以对下列一些事项行使某些权利的功能性海域。根据公约第33条的规定,在毗连区内,沿海国只能够对其领土或领海内违反其海关、财政、移民或卫生等事项行使必要的管制,并有权对违反上述法律和规章的行为进行惩治和处罚,即为了消除对沿海国领土的特定危险而被允许沿海国在此具有一定的权限。

不过,当外国船舶并不进入领土或领海内而仅仅存在于毗连区内时,沿海国对上述列举的毗连区管辖事项有无进行管理和处罚的立法管辖权,对此则存在着两种相互对立的观点,即"立法管辖权说"和"执行管辖权说"。前者对此持肯定的态度,而后者则认为这种一般性的权利行使显然违反了对防止违法和进行处罚的不同表述,而且《领海公约》中的表述也被《联合国海洋法公约》所继承,因此不应该被解释为拥有这种权利,当然会具有"事实上的管制"。不过,因为只有符合法律的权利才会被认为能够确保其实际有效性,所以沿海国"事实上的管制"其实也就是在行使符合法律的权利,而对于以实力对抗这一权利的情形,不论从哪一个立场出发,都会承认为了确保该项规则的实际有效性而行使受到一定限制的立法管辖权。甚至,即使是立足于上述"执行管辖权说"的观点,但如果是在确保更为广泛列举事项法律权益实现的范围内,那么承认限制性行使立法管辖权的观点即"限制性立法管辖权说"的解释性可能更强。

**(3) 边界划定**。关于与其他国家之间毗连区的边界划定,根据《领海公约》第 24 条第 3 款的明确规定,在没有其他协议的情况下,不能够越过等距离中间线扩大毗连区。但是在《联合国海洋法公约》中并没有相对应的规定,因此就会产生各种各样的解释:①与《领海公约》同样的解释;②在毗连区内没有立法管辖权而只有管制权利,因此不会与其他国家产生实质性的抵触,也因此没有必要进行边界划定;③应该与专属经济区划界相一致。

日本在《领海及毗连区法》第 4 条第 2 款的规定中,将等距离中间线作为划定毗连区边界的标准,不过对于按照《联合国海洋法公约》规定方法得到承认的超过中间线的海域部分,除了外国领海海域,则规定从基线量起到 24 海里处为其毗连区。这一条款的主要目的是允许行使权利的重叠,虽然并非反映了全面性的立法管辖权,但是充分反映了一种作为限制性权利的性质。

## 10.10 公海

所谓公海(high seas),即国家管辖权达不到的传统水域。

**(1) 定义与范围**。根据《联合国海洋法公约》第 86 条的规定,狭义上的公海是指不包括在国家的专属经济区、领海或内水或群岛国的群岛水域内的全部海域。

**(2) 法律地位与管辖权的分配**。公海被规定为适用公海自由原则的水域。根据公约第 89 条的规定，任何国家不得有效地声称将公海的任何部分置于其主权之下。这一规则来源于"自由拥有"或"万民共有物"（res communis omnium）的概念，并构成了以下使用自由的基础。

所谓使用自由，根据公约第 87 条的规定，即公海对所有国家开放，并可自由使用，其中特别包括航行自由、飞越自由、铺设海底电缆和管道的自由、建造国际法所容许的人工岛屿和其他设施的自由、捕鱼的自由及科学研究的自由。

此外，根据公约第 88 条的规定，公海应只用于和平目的。不过，这里的和平目的，并非像《南极条约》那样规定了具体特定的禁止行为，一般并不会被理解为禁止所有军事目的的"非军事性（non-military）目的"，而是被理解为不违反禁止使用武力原则的"非侵略性（non-aggressive）目的"。

**(3) 管辖权的具体性分配**。正如上述，公海被禁止行使领土主权以及类似的管辖权，而是对所有国家开放。这样规定的结果，也会出现一些问题，即如何分配对公海上活动的具体管辖权。

对于这个问题所采取的原则，就是依靠船旗国主义。所谓船旗国主义，根据公约第 92 条、第 95 条和第 96 条的规定，即船舶在原则上服从其注册登记并悬挂国旗国家的排他性管辖权。此外，根据公约第 91 条第 1 款的规定，每个国家有权决定对船舶赋予本国国籍及其注册登记和悬挂本国国旗的权利条件，船舶则要按照这些条件悬挂该国的国旗。这一船旗国主义的提出，是重视国际航行实现迅速安全这一重大利益的结果。

对于船旗国与船舶之间的关系，由于受到"诺特波姆案"的影响，自《公海公约》签订以来，就要求必须要具有真正的国籍关系，《联合国海洋法公约》第 91 条对此也作了规定。不过，特别从起草这一条款的过程来看，其主要目的在于确保船旗国所承担的国际义务能够有效落实，因此也有案例并不重视船旗国注册登记的效力问题，比如"塞加号案"。当然，这只是一个非常例外的案例，但是其影响也确实成为今后的一个问题。总之，不管怎么说，《联合国海洋法公约》第 94 条，以及对于船舶污染问题加以规范的第 211 条第 2 款，都详细规定和强调了船旗国的义务。之所以如此，是因为在发生海上石油污染时作为造成事故船舶的船旗国与这些船舶之间缺乏实质性的关系而仅仅是一些所谓的自由注册登记国，因此如何对待这些自由注册登记国是海洋运输需要应对的重大问题。

不过，作为船旗国主义的例外，还存在一个问题，即是否应该承认船旗国之外的国家行使所谓的"海上警察权"。从航行自由的观点来看，这一权利的行使意味着依靠船旗国主义建立起来的秩序并不充分，而且在一些极其紧急的情况下也会受到诸多限制。下面，就《联合国海洋法公约》中所规定的一些对船旗国主义构成重大干涉并扩大沿岸国法律权益的行为进行说明，这些行为有紧追权以及可以被称为狭义公海海上警察行为的登临权和扣押权。

根据公约第111条的规定，紧追权（right of hot pursuit）是沿岸国对于违反本国法令并从其内水、领海、毗连区、专属经济区、大陆架、群岛水域等沿海海域向外离开的外国船舶进行追逐并一直持续至公海上的一种权利。

**补充引申：持续紧追权的要件**

持续的紧追权，必须充分具备以下各项固有的要件：

（ⅰ）有充分理由确信外国船舶违反了本国法令；（ⅱ）此项追逐须在外国船舶或其小艇之一在追逐国的内水、群岛水域、领海或毗连区内时开始；（ⅲ）追逐未曾中断；（ⅳ）在外国船舶视听所及的距离内发出视觉或听觉停驶信号后，如果不发出信号而进行实弹射击，则被认为属于违法，比如"塞加号案"；（ⅴ）开始于毗连区的追逐只有在设立该区所保护的权利遭到侵犯时才可进行；（ⅵ）紧追权在被追逐的船舶进入其本国领海或第三国领海时立即终止；（ⅶ）其执行行为是为了达到登船、搜查、扣押及押解至港口的目的，因此该权利的行使应该遵守"必要且合理的实力"（necessary and reasonable force）原则。从这一观点来看，故意击沉，属于违法，比如"孤独号案"，不注意射击方式对船上人员构成生命危险也同样属于违法，比如"红十字军号案"。

日本与此有关的内容，主要体现在其《领海及毗连区法》第3条和第5条以及《专属经济区和大陆架法》第3条第1款的第4项中。

关于狭义的公海海上警察行为，其可以为此而采取的措施，目前正在变得越来越复杂细化，不过其宗旨是尽量减少对自由航行的过度干预。

首先，所谓登临权，即当某国的船舶或飞机对他国的船舶或飞机进行监督管理时为确认其是否存在问题而对船舶或飞机内的文件或状态实施检查的一种强制行为。根据公约第110条的规定，在公海上的登临权，仅限于对具有下列嫌疑的船舶才能够实施，即海盗船舶、从事奴隶贩卖的船舶、未经许可的广播船舶、无国籍船舶、滥用国旗或拒不展示旗帜的本国船舶。其中，对未经许可的广播船舶的登临权，只有船旗国、设施登记国、广播人所属国、可以收到广播的任何国家或无线电通信受到干扰的任何国家才可以实施。

其次，所谓扣押权，即一国的船舶或飞机抓捕其他国家船舶或飞机的强制行为。过去传统上唯一被承认在公海上的扣押权，只有针对海盗行为。但是在《联合国海洋法公约》第109条第4款规定中，第一次承认了对未经许可的广播船舶的扣押权，当然同登临权一样，对实施这一权利的国家同样有所限制。

在目前，除去后面将要涉及的《促进公海渔船遵守国际养护和管理措施的协定》之外，一般的多边条约都强调对船旗国权利的尊重，比如1988年的《禁止非法买卖麻醉药品和精神药物公约》第17条第4款、2000年的《联合国打击跨国有组织犯罪公约防止偷运移民议定书》第8条第2款，以及2005年的《制止危及海上航行安全非法行为公约》(SUA)修正议定书第8条第2款第5项(b)。同时，有关合作义务、援助请求权、确定许可干预请求权与同意干预的程序以及在一定条件下承认在公海上对外国船舶"干预"行为的一些公约都相继通过，甚至建立了在一定条件下给予许可的体制，比如可以参考SUA修正议定书的宣言条款和美国就针对毒品扩散提出的安全保障构想(PSI)而缔结的一系列双边条约。

**当今世界：国际法上的海盗**

海盗也被称为最为古老的海上犯罪，同时也是唯一基于普遍主义原则在立法、司法和执行所有方面的管辖权都得到承认的一项犯罪。这项犯罪对于作为船旗国法律权益的海上交通构成了普遍性的危险，因此作为国际社会的共同利益，这项犯罪被视为"人类共同敌人"(hostis humani generis)而必须予以取缔。

不过在日本,长期以来并未建立可以及于普遍主义原则行使这一取缔权利的国内法律制度,所以一直对于外国船舶对外国船舶实施的海盗行为缺乏相应的应对措施。特别是有关司法管辖权的行使,因为一直都没有基于普遍主义原则进行处罚的法律依据,所以在批准"日内瓦海洋法四公约"和《联合国海洋法公约》时,也并未认为其中的一些有关规定属于义务性规定,因此仍然对国内法没有作出任何完备性的修改。然而,从20世纪90年代开始,特别是在东南亚的马六甲—新加坡海峡,不断出现类似于"海盗行为"的行为,多为不同于国际法意义上的海盗概念的"攻击船舶的武装强盗",而且多发生在领海之内。从那时以来,国际社会开始通过各国的合作来应对,比如在日本主导下签订的《亚洲地区反海盗及武装劫船合作协定》(ReCAAP)。

进入21世纪之后,伴随着索马里社会治安恶化而出现的索马里海域的海盗问题,因为其航路的重要性以及海盗的重武装化等,这一问题已经成为包括日本在内的国际社会共同面临的重大问题。针对这一情况,日本先是采取海上护卫行动为与本国有关的船舶护航,2009年又制定了《应对和处罚海盗行为法》,日本终于有了基于普遍主义原则的司法和执行管辖权依据。特别具有意义的是,有关基于普遍主义原则的司法管辖权的规定,在明治时代以来的日本法制史上,虽然也曾经有过若干草案,但这次是第一次尝试实际法律的制定。不过,这项法律采用了限定性的构成要件,所以对于近来"国际环境团体"对捕鲸船舶进行的攻击行为没有被包括在内。对此,日本国内仍然存在各种疑问,即这种行为是否属于国际法上的"海盗行为",为此仍然需要继续探讨,不过日本的基本立场是将这些行为视为应该受到《制止危及海上航行安全非法行为公约》约束的行为。

**补充引申:公海渔业**

关于公海捕鱼自由的问题,随着渔业技术的进步,乱捕现象所导致的渔业资源枯竭已经成为一个重大的问题。在这个问题上,正在通过各种地区性乃至根据不同鱼类所签订的渔业协定,来分配捕鱼量,从而强化船旗国应尽的义务。由于专属经济区制度的建立,公海渔业的范围大幅度缩小,因此制定公海渔业规则正在成为目前的一个重要问题。

按照《联合国海洋法公约》第 7 部分第 2 节的有关规定,作为对公海捕鱼自由的一种内在制约,就公海生物资源的养护和管理作出了规定。其中特别是按照公约第 116 条、第 117 条、第 118 条和第 119 条,赋予各国具有在公海上捕鱼的权利,但这一权利也受到一定的限制,即有关公海的条约义务,特定沿海国家的权利、义务和利益,为养护公海生物资源对本国国民采取措施的义务,国家间就养护和管理生物资源进行合作的义务,以及在对公海生物资源决定可捕量和制定其他养护措施时应给予考虑的事项,等等。尤其是,要求各国在决定可捕量和养护措施时,应使捕捞的鱼种数量维持或恢复到能够生产最高持续产量(MSY)的水平。不过,从生物资源的养护和管理的角度来看,这些规定作为实体法相对来说较为温和,作为程序法又缺乏对船旗国的判断进行客观约束,因此实际上要进行充分的监督管理是十分困难的。上述有关公海捕鱼"自由"的范围其实也并非十分清楚。

对此,1995 年签订的《促进公海渔船遵守国际养护和管理措施的协定》为了促进对《联合国海洋法公约》第 63 条和第 64 条有关跨界性鱼种和高度回游鱼种规定的有效实施,对公约规定的一般性养护和管理义务应该采取的措施进行了特别强化。之所以如此,是因为存在着被称为"IUU 捕捞"即非法(Illegal)、不报告(Unreported)和不受管制(Unregulated)的方便旗渔船的无秩序作业。其中,作为特别受到关注的实体性规则,还规定了预防措施的适用和公海措施与沿岸国措施的"一致性"(compatibility)原则。此外,作为其程序性的一面,还规定了进行合作的一些措施,其中尤其重要的是,对于区域机构或协定的非成员国或者不同意这些机构或协定所采用的养护管理措施的国家所属的船舶,规定将不能接近这些资源并必须接受检查。当然,如何平衡沿岸国同公海渔业国之间的法律权益,仍然是一个问题。不过,日本也在 2006 年加入了该协定。

除此之外,目前还缔结了很多有关应对进入 200 海里时代公海捕鱼的渔业条约。在这些条约里,除了对鱼期、捕鱼方式等传统的管理方法作出规定之外,还规定了为保护资源禁止的捕获方式或决定可捕量并在缔约国之间进行资源分配的方式。

最近，有一项日本作为国际裁判当事者的有关公海捕鱼的国际争端受到关注，即"南方蓝鳍金枪鱼案"。这项争端发生在同为《南方蓝鳍金枪鱼养护公约》成员国的日本与澳大利亚和新西兰之间，即澳大利亚和新西兰基于《联合国海洋法公约》对于日本单方面进行的试验性捕鱼提起诉讼，从而引发了争端。不过，国际海洋法仲裁法庭在规定临时措施后，作出了否认其管辖权的仲裁判决，之后日本与澳大利亚和新西兰之间就对南方金枪鱼进行管理与养护达成了一定的协议。

## 10.11 区域

20世纪60年代后半期，随着科学技术的进步，有可能对大陆架之外公海海床底土中蕴藏的资源进行开发的问题也被提上了议事日程。而且，根据一些报告指出，对于含有锰结核的镍和钴等稀有金属的开发利用，有可能产生巨大的财富。因此，有很多国家担心这些资源被发达国家所分割和垄断。在这样的背景之下，马耳他驻联合国大使帕尔德在联合国大会上提出提案，建议将公海海床底土作为"人类共同遗产"并建立国际制度来进行开发。其后，发达国家之间也为了避免由于自由竞争带来的冲突危险而同意建立国际开发制度。1970年，联合国大会通过了《关于各国管辖范围以外海床洋底及底土的原则宣言》，并且在联合国第三次海洋法会议上对此进行了讨论和谈判。

在1982年通过的《联合国海洋法公约》第11部分，对有关公海海床底土资源开发的管辖权进行了分配，并且确立了"人类共同遗产"的概念。这一制度改变了公海一直被视为"万民共有物"的属人主义即船旗国主义的观念，特别从蕴藏于此的矿物资源是为了充分满足全人类利益的观念出发，将开发及其所获利益的分配置于了国际制度之下。但是，以美国为首的一些具有实际开发技术的发达国家，在会议快要结束的时候对有关海床底土规定的公约第11部分展开了严厉的批评。这些国家对这一部分规定表示强烈不满，主要是认为对进行开发条件附加的过重负担会阻碍国家的开发意愿，以及国际海底机构管理局的决策方式和公约的修订方式无法充分反映发达国家的意见。结果,公约未能够采取全体一致通过的方式,而只能采取多数决的方式通过。而且,即使在公约通过之后,发达国家与发展中国家之间的严重对立仍然持续,发达国家几乎一致延迟对公约的批准,以至于公约迟迟难以生效。不过,在公约通过并开放签署之后,围绕开发的经济环境有所恶化,大部分国家都意识到实际的开发只能以较小规模进行,较大规模的开发仍然是未来的事情。因此,1994年发达国家与发展中国家双方达成妥协,通过重新签订《联合国海洋法公约第11部分实施协定》对公约过去的第11部分进行了实质上的修订。据此,发达国家的不满在实质上基本被消除。

**(1) 定义与范围**。根据《联合国海洋法公约》第1条第1款(1)项的规定,区域(Area)是指国家管辖范围以外的海床和洋底及其底土。

**(2) 法律地位与管辖权的分配**。根据公约第136条的规定,"区域"及其资源,是人类的共同继承财产(common heritage of mankind)。

具体而言,根据公约第137条的规定,任何国家不应对"区域"的任何部分或其资源主张或行使主权或主权权利,任何国家或自然人或法人,也不应将"区域"或其资源的任何部分据为己有。

此外,根据公约第141条的规定,"区域"应开放给所有国家并专为和平目的而利用。不过,对此并没有更为具体的规定,其内容应该是依靠《联合国宪章》来解释,即一般认为与公海一样,所谓和平利用并非指非军事性目的,而是指非侵略性目的。作为一项多边性条约,1971年由一些国家签订的《禁止在海底和洋底及其下面设置核武器和其他大规模毁灭性武器条约》也规定,禁止在海岸线12海里以外的公海海底中放置、试验核武器和大规模毁灭性武器,并且还规定了以相互监督为主要内容的监督程序。这里的所谓公海海底,其实已经包括了大陆架。

**(3) 管辖权的具体分配**。以上述法律地位为前提,所要特别关注的问题就是有关资源开发的具体权利的分配。

首先是关于国际海底管理局的权限问题。根据公约第156条的规定,设立了国际海底管理局对"区域"资源即海底资源进行管理。根据公约第137条第2款的规定,对"区域"内资源的一切权利属于全人类,并且由管理局代表全人类行使这一权利。也就是说,在法律形式上,根据公约第157条第1款的规定,组织和管理"区域活动"的权限集中于管理局。

关于管理局的决策,根据《联合国海洋法公约第11部分实施协定》的规定,原则上采取全体一致方式,有关实质性问题则由出席且参加投票国家的三分之二多数来决定。不过,特别是在理事会中,不论采用被规定的四种投票方式中的哪一种方式,都必须是理事会的过半数成员通过。

关于具体的开发方式,根据公约第153条的规定,采用由管理局企业部(enterprise)直接开发方式与由管理局向缔约国或其企业等"合同约定者"颁发许可证方式的二元开发体制或"并行方式"。之所以采取这种二元开发的并行方式,其实就是发展中国家与发达国家之间的一种相互妥协,发展中国家支持前一种方式,发达国家则支持后一种方式。根据这一《实施协定》,作为"合同约定者"的国家或企业的负担将有所降低,管理局企业部也会减少投入并通过与前者的协作使开发变得相对容易。

对于确保"区域"秩序,原则上规定由实施开发的"合同约定者"直接对管理局承担责任。对此,为企业进行担保的国家负有责任确保这些企业能够遵守条约义务以及当责任得不到履行时负有赔偿损害的责任,不过如果事前履行了确保遵守条约的义务,即使造成损害,也不需要承担赔偿的责任。

此外,接受《联合国海洋法公约》成员国一定程度担保的开发者可以被作为"先驱投资者"进行注册登记,并且在其被分配的矿区内具有排他性的勘查权利,较之其他潜在投资者占据更有利的地位。日本也基于《区域矿业临时措施法》建立了对作为先行投资者进行海床底土开发的公司(DORD)提供担保的体制。不过,由于该法是在《实施协定》之前通过的一项临时性法律,是为了回应发达国家试图在《联合国海洋法公约》框架之外进行开发而确立的协调体制而制定的,因此为了确保与公约之间的一致性,今后必须要对此进行修改。

## 3 海洋环境

根据公约第 192 条的规定,每个国家都有保护和保全海洋环境的义务。而且,作为有关保护和保全海洋环境的具体方式,公约还对污染海洋环境的原因作了各种各样的分类规定。其中,尤其重要的是,对下列三种污染方式作出了规定。这些规定围绕监督管理的必要性和对国际航行的影响进行衡量,详细地规定了监督管理的方式和程度。

### 10.12 船舶海上污染

所谓船舶海上污染,即船舶在海上航行时所排放的污染。在联合国第三次海洋法会议上,虽然原则上仍然坚持了基于传统公海自由的船旗国主义,但是围绕对这一原则应该作多大程度的修改,在船旗国主义派和沿海国家派之间却形成了严重的对立,双方围绕如何协调保证船舶自由航行利益与实际确保防止船舶海上污染利益二者之间的矛盾形成了对立。不过,公约对各种管辖权的分配作了详细的规定,特别是为了保护海上的航行自由,通过公约第 223 条至第 233 条的内容,规定了对沿海国和港口国执行权限的各种保障措施,比如非常重要的一项内容就是列举了早期释放制度的适用对象。根据公约的这些规定,对立双方的矛盾得以解决。下面,就管辖权的分配进行论述。

对于船旗国来说,基于船旗国主义的原则,当然对本国船舶具有整体上的权利,但是问题在于,这些船舶也必须承担防止海洋污染的义务。因此,根据公约第 211 条第 2 款和第 217 条的规定,有关各国都有义务为了实施防止海洋污染的国际规则和标准而制定和执行有关必要的法令。

对于沿海国来说,在一定条件下,承认其对外国船舶的监督管理权。比如,按照公约第 211 条第 4 款和第 5 款的规定,为了防止、减少和控制外国船舶对海洋的污染,沿海国有权制定与国际规则和标准相一致的法令,以及按照公约第220条第1款、第2款和第6款的规定,沿海国对外国船舶在符合国际规则和标准的前提下还具有执行权。这些国际规则和标准的意义就在于,因为船舶属于移动的物体,所以沿海国对外国船舶的监督管理乃至执行的标准都是国际统一标准。当然,对于国际规则和标准的内容,会存在各种各样的解释,不过由国际海事组织(IMO)主持通过的类似于《防止船舶造成污染国际公约》(MARPOL)等条约及其国际标准得到了各国的普遍承认。

对于港口国来说,根据公约第218条的规定,同样也承认其在一定范围内对进入港口的外国船舶具有监督管理乃至执行权。港口国的这一权利,不同于沿海国的权利,即将对本国海域以外的污染作为监督管理和执行的对象,或者至少对于公海上是污染,可以基于普遍主义的原则行使立法管辖权。

## 10.13 海洋倾倒

根据公约第1条第1款(5)(a)的规定,所谓海洋倾倒(dumping),是指从船只、飞机、平台或其他人造海上结构故意处置废物或其他物质的行为,或者故意处置船只等其他人造海上结构的行为。

有关海洋倾倒,已经得到承认的重要规则有,根据公约第210条第5款的规定,沿海国在其领海和专属经济区或大陆架对其他国家的倾废行为有权进行准许、规定和控制;根据公约第216条第1款(a)的规定,沿海国对于在其领海和专属经济区或大陆架的倾倒,具有执行的权利。作为这一国际规则和标准的代表性条约,有在国际海事组织主持下制定的《伦敦倾废公约》即《防止倾倒废物及其他物质污染海洋公约》等有关国际法文件。这一公约经过数次修订之后,根据其最新的1996年议定书的规定,原则上禁止海洋倾倒,但同时也有限度地列举了一些例外的物品,即在严格的条件之下这些物品被允许倾倒,不过禁止在海上焚烧任何倾倒物品。

**10.14 海难**

所谓介入权,是指当发生海难时沿海国在超越领海范围为防止和消除海洋污染而可以采取措施的权利。比如,1969年通过的也被称为《介入权公约》的《国际干预公海油污事故公约》和1973年通过的《干预公海非油类物质污染议定书》中都规定了这一权利。而且,《联合国海洋法公约》第221条在原则上也确认了这一权利,只不过在文字表述上相对缓和。这些国际法文件之所以能够形成,其主要原因在于,1967年"托利卡尼翁号事故"发生之后,国际社会认识到了依靠传统实在国际法应对海难事故的局限性,以及考虑到了船旗国难以实际有效地履行其义务与责任的实际状况。

## 4 海洋科学研究

在联合国第三次海洋法会议上,主张自由进行海洋科学研究的国家,其中主要是一些在海洋开发方面的发达国家与主张沿海国有权进行监督管理的国家主要是发展中国家,二者之间发生严重对立。之所以会出现这种情况,主要是因为虽然对海洋的基础性科学研究属于全人类的利益,但是通过这些科学研究也可以获得沿海资源状况等重要情报,所以沿海国从利益的角度考虑要求将与本国沿海有关的情报置于自己的管辖之下。因此,《联合国海洋法公约》对此规定了一定的原则,特别是对于双方的对立,就进行海洋科学研究的国家与沿海国之间权利和义务的分配作了详细的规定,由此双方的对立得以解决。

不过,仍然存在最大问题的是在专属经济区内或大陆架上的科学研究。其中,需要对沿海国与研究国之间的微妙利益进行平衡。也就是说,根据公约第246条第1款的规定,沿海国对此具有管辖权,即有权规定、准许和进行在其专属经济区内或大陆架上的海洋科学研究。然而,根据公约同一条第3款的规定,沿海国也负有义务在一定条件下同意其他国家或有关国际组织专为和平目的和为增进海洋环境科学知识而进行的研究。不过,公约同一条第5款又规定了沿海国有权按照本国判断不予同意的一些事项理由,以避免沿海国对滥用科学研究这一权利的担忧。甚至,因为在公约中并未能够对"科学性研究"进行明确定义,比如所谓"军事性研究"是否也被包括在内等,沿海国对此的管辖权范围并不明确,因此这一问题仍然是引发争端的一个主要原因。

## 5 海洋争端的解决

《联合国海洋法公约》不同于日内瓦海洋法的四项公约,该公约在其本体的第15部分规定了有关解释和适用公约的争端解决程序。这样做的主要目的,就在于强有力地保证公约的整体性与客观性。下面,将对争端解决程序的具体构成进行说明。

首先,根据公约第279条和第280条的规定,争端当事国可以自由选择任何以和平方式解决争端的方法。而且,根据公约第281条的规定,如果利用自己选择的方法仍未解决争端以及在争端各方之间的协议并不排除任何其他程序的情形下,并且以公约第282条规定的优先按照一般性、区域性或双边协定等其他具有拘束力方式解决争端为条件,可以适用公约第15部分的程序。有关这一问题,在"南方蓝鳍金枪鱼案"中,仲裁法庭以公约第281条第1款为依据,认为《南方蓝鳍金枪鱼养护公约》的解决争端程序已经排除了其他程序的可能性,因此承认了日本先决性的抗辩,并以此结束了诉讼程序。

其次,公约第15部分第2节的基本程序,是"导致有拘束力裁判的强制程序"的一种解决争端程序。关于这个问题,根据公约第287条的规定,争端当事国为解决争端可以选择国际海洋法法庭、国际法院、仲裁法庭和特别仲裁法庭四个法庭中的任何一个或一个以上法庭。不过,在争端双方没有取得协议的情况下,一般认为只能够选择仲裁法庭,比如"南方蓝鳍金枪鱼案"就是在双方未取得协议的情况下进行的。总之,争端当事国的义务之一就是通过协议选择和委托法庭解决争端,在没有取得协议选择法庭的情况下,争端只能够提交仲裁法庭。

不过,在公约第 15 部分第 3 节中,又规定了对适用第 2 节一定条件的限制和例外,其主要目的是确保公约的普遍性。首先,根据公约第 297 条第 2 款和第 3 款的规定,确认限制适用第 2 节的争端类型;其次,根据公约第 298 条第 2 款和第 3 款的规定,确认根据公约缔约国声明可以任意选择例外的争端类型。

公约第 290 条的"临时措施"之所以受到关注,是因为其不同于《国际法院规约》,不但是为了保全争端各方的各自权利,而且也是为了防止对海洋环境造成严重损害。作为采取临时措施的一个案例,在 1999 年的"南方蓝鳍金枪鱼案"中,国际海洋法法庭曾对日本发出命令,禁止日本以科学研究为名捕获超出其应捕获比例数量的蓝鳍金枪鱼。

此外,特别受到关注的另外一个问题,还有公约第 292 条规定的对船只和船员的"迅速释放制度"。也就是说,根据公约第 73 条第 2 款和第 226 条的规定,当一国当局扣留了其他国家的船只后,只要被扣留国提交适当的保证书或支付了保证金后,就应该迅速予以释放,但对于违反规定的行为,被扣留国可以向扣留国所接受的法院或国际海洋法法庭提出申诉。特别是国际海洋法法庭,自从 1997 年的"赛加号案"以来,已经接受和审理了众多有关案例,比如日本也基于这一制度向国际海洋法法庭提出了"第 88 丰进丸案"和"第 53 富丸案"的诉讼,因此国际海洋法法庭对促进国际社会对这一问题的重视发挥了重要的作用。不过,在如何计算保证金以及如何看待没收船只等问题上,之前的判决是否具有法律上的正当性,以及是否能够作为判例被加以援引,仍然是今后的一个课题。

**当今世界:第 88 丰进丸案和第 53 富丸案**

2006 年 11 月初,在堪察加半岛海域的俄罗斯 200 海里海域内,俄罗斯拿捕了日本渔船"第 53 富丸"并一直扣押船只没有返还。而且,在 2007 年 6 月初,俄罗斯又拿捕了日本另一艘渔船"第 88 丰进丸"并将其船只和船员都进行了扣押。因此,日本基于"迅速释放制度"将这一事由起诉至国际海洋法法庭。经过审理,法庭作出判决,认定合理的保证金额应为 1 000 万卢布,约合 4 600 万日元,是俄罗斯当初要求金额的 40%，此外还要求俄罗斯无条件释放船长及其船员并允许这些人回国。不过，针对"第 53 富丸"，在双方口头辩论之后，俄罗斯国内审判程序结束，决定没收船只，因此国际海洋法法庭以日本方面的请求目的已经不再存在为理由，驳回了日本的诉讼请求。在这一案例中，特别是对于后半部分的判决，极易引发争论，即如何在两个不同的诉讼中对"迅速释放制度"进行整合。

**参考文献**

井口武夫『深海底の新しい国際法』(日本海洋協会，1989 年)

小田滋『海の国際法　下巻〔増訂版〕』(有斐閣，1969 年)

小田滋『海の資源と国際法（Ⅰ）（Ⅱ）』(有斐閣，1971 年，1972 年)

小田滋『注解国連海洋法条約　上巻』(有斐閣，1985 年)

小田滋『海洋法の源流を探る』(有信堂，1989 年)

海上保安協会編『海上保安国際紛争事例の研究』第 1—3 号(2000—2002 年)

海上保安協会編『海洋法の執行と適用をめぐる国際紛争事例研究』(2008 年)

海上保安協会編『海洋権益の確保に係る国際紛争事例研究』第 1—2 号(2009—2010 年)

外務省編『海洋法と海洋政策』第 1—9 号(1—4 号は『日本の海洋政策』)(1978—1986 年)

栗林忠男『注解国連海洋法条約　下巻』(有斐閣，1994 年)

栗林忠男＝杉原高嶺編『海洋法の歴史的展開』(有信堂，2004 年)

栗林忠男＝杉原高嶺編『海洋法の主要事例とその影響』(有信堂，2007 年)

国際法学会編『日本と国際法の 100 年第 3 巻　海』(三省堂，2001 年)

島田征夫＝林司宣編『海洋法テキストブック』(有信堂，2005 年)

杉原高嶺『海洋法と通航権』(日本海洋協会，1991 年)

杉原高嶺＝山本草二編『海洋法の歴史と展望　小田滋先生還暦記念』(有斐閣，1986 年)

鷲見一夫＝布施勉＝岩間徹＝磯崎博司『深海海底資源と国際法』(明星大学出版部，1979 年)

芹田健太郎『島の領有と経済水域の境界画定』(有信堂，1999 年)

高林秀雄『海洋開発の国際法』(有信堂，1977 年)

高林秀雄『領海制度の研究——海洋法の歴史〔第 3 版〕』(有信堂，1987 年)

高林秀雄『国連海洋法条約の成果と課題』(東信堂，1996 年)

日本海洋協会『船舶の通航権をめぐる海事紛争と新海洋法秩序』1，2 号(1981，1982 年)

日本海洋協会『新海洋法条約の締結に伴う国内法制の研究』1―4号(1982―1985年)

日本海洋協会『新海洋法制と国内法の対応』1―4号(1986―1989年)

日本海洋協会『海洋法・海事法判例研究』1―3号(1990―1992年)

日本海洋協会『海洋法事例研究』1,2号(1993,1994年)

日本海洋協会『海洋法関係国内法制の比較研究』1,2号(1995,1996年)

日本海洋協会『海洋法条約体制の進展と国内措置』1,2号(1997,1998年)

林久茂『海洋法研究』(日本評論社,1995年)

林久茂=山手治之=香西茂編『海洋法の新秩序』(東信堂,1993年)

林司宣『現代海洋法の生成と課題』(信山社,2008年)

水上千之『船舶の国籍と便宜置籍』(有信堂,1994年)

水上千之『日本と海洋法』(有信堂,1995年)

水上千之『海洋法――展開と現在』(有信堂,2005年)

水上千之『排他的経済水域』(有信堂,2006年)

水上千之編『現代の海洋法』(有信堂,2003年)

村瀬信也=江藤淳一編『海洋境界画定の国際法』(東信堂,2008年)

山本草二『海洋法』(三省堂,1992年)

山本草二編『海上保安法制』(三省堂,2009年)

横田喜三郎『海の国際法 上巻』(有斐閣,1967年)

# 第 11 章 国际化地域、空域、外层空间

## 1 国际化地域

> 要点:(1) 什么是国际化地域？(2) 国际化地域与联合国有什么关系？(3) 南极在国际法上具有什么样的地位？(4) 如何看待法律地位未定的地域？

### 11.1 国际化地域的分类

陆地的绝大部分都是国家领土,除此之外还有:① 殖民地领土、租借地和共有领土;② 国际联盟的委任统治地和联合国的托管地以及非自治地域;③ 由和平条约创设的隶属于特别行政体系下的地域;④ 南极等具有特殊法律地位的地域以及由于国际争端等原因而法律地位未定的地域。此外,有关水域部分,也有法律地位不同的各种存在,比如有具有特别法律地位的国际运河,还有法律地位未定或共有的国际湖泊。以上这些"并未确立单一国家排他性管辖权的陆地和水域"就可以简单方便地被称为"国际化地域"。当然,从这个意义上来说,公海、国际海底和宇宙空间等区域也可以被称为国际化地域,不过在这里这些区域是被排除在外的。

### 11.2 殖民地及其他国际化地域

所谓殖民地领土,在今天基本上已经不存在。所谓租借地,即一个国家通过

## 第11章 国际化地域、空域、外层空间

有偿或无偿形式租借他国部分领土的地域,这一方式也往往被视为殖民地统治的一种形式。美国拘禁塔利班士兵的关塔那摩海军基地,是1903年美国从古巴手中获得永久租借权的地域,不过目前古巴一直要求美国归还。所谓共有领土,即两个以上国家共同拥有主权的地域,比如南太平洋上的新赫布里底群岛,从1906年以后就处于英国与法国的共同主权之下,不过1980年这里以瓦努阿图的名义获得独立。

所谓国际联盟的委任统治地和联合国的托管地以及非自治地域,主要是指那些虽然也属于殖民地但处于国际组织监督之下的特殊地域。联合国托管地随着1994年帕劳的独立已经不再存在。非自治地域目前仅有仍徘徊于独立还是成为摩洛哥一部分的西撒哈拉,以及像圣赫勒拿岛、关岛、直布罗陀等小岛或小范围地域。

**补充引申:西南非洲(纳米比亚)问题**

围绕委任统治地和非自治地域,国际社会所面对的最大的一个问题,就是"西南非洲问题",该问题从1968年后又改称为"纳米比亚问题"。西南非洲最初是国际联盟按照《国际联盟盟约》第22条第6款C方式委托南非作为被委任国进行统治的地域。在1946年的联合国大会上,曾经对南非提出建议,将西南非洲置于联合国的托管制度之下,但被南非所拒绝,南非主张随着国际联盟的消亡其委任统治制度也不再存在而长期占据西南非洲。1950年国际法院《关于西南非洲国际地位的咨询意见》中,认为南非作为委任统治国的义务并未结束。后来曾经作为国际联盟成员国的埃塞俄比亚和利比里亚向国际法院提起以南非为对象的诉讼,请求作出对南非具有拘束力的判决,尽管在1962年有关管辖权的判决中承认了国际法院的管辖权,但是在1966年的第二阶段判决中,即"西南非洲案"的判决中,否定了原告的诉讼资格。同样也是在1966年,联合国大会通过决议,结束了南非对西南非洲的委任统治,而且决定这里作为联合国的非自治地域置于联合国的直接统治之下。1970年,联合国安理会通过第276号决议,认为南非对纳米比亚的占领为非法,其在纳米比亚所采取的措施也非法和无效,但是南非仍然对此采取了无视的态度。对此,国际法院在1971年关于"纳米比亚案"

的咨询意见中认为,南非对纳米比亚的占领为非法,而且南非负有义务结束这一占领。其后,根据1988年的《布拉柴维尔协议》,南非结束了对纳米比亚的占领,1990年纳米比亚独立。

所谓由和平条约创设的隶属于特别行政体系下的地域,是指第一次世界大战后根据《凡尔赛和约》处于国际联盟监督之下的萨尔地区和但泽自由市,以及第二次世界大战后根据盟国与意大利之间的和平条约将的里雅斯特规定为联合国监督下的自由港城市,不过这一方案最终并未实际实施,根据1975年的《奥西莫条约》,的里雅斯特由意大利和南斯拉夫所分割。

### 11.3 南极

南极的一大半为陆地,即南极大陆。对于这块大陆,最早对南极进行探险的英国、法国和挪威,以基于探险的发现和先占为依据,南半球靠近南极大陆的澳大利亚、新西兰和智利,以基于靠近原则的"扇区理论"为依据,即靠近南极的沿海国主张南极极点与各沿海国海岸所构成的扇形部分为本国领土的理论,提出了对南极部分领土的主权要求。而美国和苏联等国不但自己不主张对南极的主权要求,而且也反对上述这些国家对南极领土的主权要求。根据1959年由多国签署并于1961年生效的《南极条约》的规定,对南极地区的领土请求权被冻结,而且各国可以自由地在南极地区进行科学性调查并且应该为此目的进行国际合作。对南极地区领土请求权的冻结,其实就是对上述仍然持续存在的两种主张的一种相互妥协的协议,即既没有将南极地区视为国际公地(res communis),也没有将南极地区视为无主地(res nullius)。总之,这一规定的主要的目的并非要禁止那些有利于确立原始领土主权的活动。不过,根据该条约第4条第2款的规定,这些活动并不能构成对南极领土主张、支持或否认主权要求的根据和基础,当然主张主权的这些国家仍然有人在南极地区居住以及进行开发活动。

根据《南极条约》第1条的规定,南极地区应仅用于和平目的,即禁止任何军事性措施,比如建立军事基地、举行军事演习以及试验任何类型的武器。

南极地区拥有丰富的矿物和生物资源,因此围绕开发引起的环境问题也同对主权的争议一样,成为一个非常重要的问题。为保护南极地区的环境,1972年曾签订了《南极海豹保护公约》,1980年签订了《南极海洋生物资源养护公约》,想要对以磷虾为主的生物资源进行保护。1988年,又签订了《南极矿物资源活动管理公约》,但是法国和澳大利亚等国以该公约并未充分保护环境为由撤回了对该公约的承认,导致该公约在规定期限内未能生效。为代替该项公约,1991年又签订了《关于保护环境的南极条约议定书》。根据该议定书的规定,50年内禁止在南极地区进行除科学性调查之外的矿物资源开发。随着该议定书在1998年的生效,日本也开始制定和实施有关保护南极地区环境的法律。

上述有关南极地区的各项公约等国际法文件,并非在联合国主持下制定,而是在南极条约缔约国会议上制定和执行的,这一会议最初由12个国家组成,目前已经增加至了28个国家。《南极条约》的成员有54个国家,《关于保护环境的南极条约议定书》的成员有37个国家,其中大部分都属于发达国家,即大部分发展中国家并非这些公约或国际法文件的当事国。不过,也有一部分像马来西亚这样的发展中国家,在1982年以来多次要求将《南极条约》置于联合国的管理之下,而且提出将南极地区作为"人类共同遗产"来看待。对此,联合国大会也从1982年开始关注南极问题,并且在1994年全体一致通过大会决议,其中包含了认为《南极条约》符合《联合国宪章》的目的和原则的内容。在此之后,再没有出现围绕南极问题的严重对立。

## 11.4 国际运河

有关国际运河,最为著名和最为重要的主要有苏伊士运河和巴拿马运河。关于苏伊士运河,1888年的《苏伊士运河自由通航公约》第1条的规定:"不论战时或和平时期,苏伊士海上运河将对悬挂任何国家国旗的任何商船或军舰永远自由开放。"1956年,并非该条约9个当事国中的埃及宣布对苏伊士运河国有化,不过第二年又单方面承认了该条约的有效性,其后该条约一直延续至今。

关于巴拿马运河,基于1903年美国和巴拿马之间缔结的《海约翰-瓦里亚条约》,美国获得了巴拿马运河区域的租借权以及对运河的管理权。1977年,美国同巴拿马之间签订《巴拿马运河条约》,该条约也被称为《托里霍斯-卡特条约》,其中规定,在1999年12月31日正午,美国将把运河区域归还巴拿马,之后将由巴拿马对运河进行管理。至于巴拿马运河的通航问题,早在1901年英国和美国之间签订的《海约翰-庞斯福特条约》中就规定了运河的自由通航制度,其后的《海约翰-瓦里亚条约》对此也给予了确认,在1977年美国同巴拿马之间签订的《巴拿马运河地位和永久中立条约》中也有明确规定,为了确保运河不论在平时还是战时都能够在完全平等的条件下对所有国家船只和平通航安全地开放,巴拿马宣布将保证运河的永久中立。1999年12月31日,美国将巴拿马运河的管理权归还给了巴拿马。

有关南极地区与上述的两条国际运河,确定其法律地位的条约的当事国其实并不多,甚至只有像《巴拿马运河条约》那样的双边条约。虽然有人提出主张"应该作为国际习惯法规来确立南极地区与国际运河的法律地位",但是由于这一领域的特殊性而很难使其成为现实。因此,按照"条约之外的第三国不受该条约拘束"的一般原则,非当事国是否并无义务尊重这些条约所确定的法律地位呢。不过,在此应该加以注意的是,有关南极地区或国际运河的条约都是一些属于创设"领土性法律制度"的条约,所以即使是非当事国也应该尊重其基本规定事项。对确定领土问题的条约给予尊重,有利于国际社会的法律稳定性,比如根据《维也纳条约法公约》第62条第2款(a)规定,对于确定边界的条约不能够援引情况之基本改变的原则而退出条约。

## 11.5 国际湖泊沼泽

所谓国际湖泊沼泽,是指位于两个以上国家之间的湖泊沼泽。关于国际湖泊沼泽的法律地位,只能由沿岸国来决定,非沿岸国则无权决定其法律地位,不过在所有沿岸国都同意并取得协议的情况下,也可以将决定该国际湖泊沼泽法律地位的权利委托给第三方来决定,比如国际法院。然而实际上,国际湖泊沼泽的法律地位,一般是通过沿岸国之间来确定,或者难以确定。在法律地位得到确定的大部分国际湖泊沼泽中,这些湖泊沼泽一般都会被沿岸国所分割,分别成为若干沿岸国的国家领土。作为这方面的例子,有美国和加拿大之间的"五大湖"、马拉维和莫桑比克之间的"马拉维湖"、肯尼亚、坦桑尼亚和乌干达之间的"维多利亚湖"、玻利维亚和秘鲁之间的"的的喀喀湖"等。不过,也有像德国和奥地利之间的"博登湖"那样,沿岸部分被双方分割但是湖水部分共同占有。如果在进行分割的情况下,一般来说往往是按照"等距离原则"来分割的。当然,若干国家"共同占有"(condominium)并确定其法律地位的一片比较罕见的并非湖泊沼泽的水域,有国际法院在 1992 年萨尔瓦多、洪都拉斯及尼加拉瓜之间的"陆地、岛屿和海洋边界争端案"判决中根据历史性因素而非等距离原则确定由三国共同占有的丰塞卡湾。在这里应该注意的是,如果对某处湖泊沼泽或其他水域难以确定,并不意味着共同占有。

**补充引申:里海**

在法律地位仍未确定的湖泊中,就有由于蕴藏有丰富的石油和天然气而受到国际社会关注的里海。在苏联解体之前,作为里海沿岸国的国家只有苏联和伊朗两个国家,但是在苏联解体之后,沿岸国却增加到了俄罗斯、阿塞拜疆、哈萨克斯坦、土库曼斯坦和伊朗五个国家。虽然阿塞拜疆、哈萨克斯坦和土库曼斯坦在 1991 年的《阿拉木图宣言》中承诺要继承苏联与外国所缔结的条约,但是在苏联与伊朗所缔结的双边条约中根本就没有关于里海法律地位及其矿物资源分配的规定。也就是说,在苏联和伊朗于 1921 年缔结的《苏俄波斯友好条约》中,只是规定和承认了两国船舶在里海的自由通航权,在 1940 年两国缔结的《苏联伊朗贸易航海条约》中,也只是规定了两国在本国沿海 10 海里范围内的单独渔业权。一直以来,对里海就存在着两种主张,应该在沿岸国之间进行分割或应该由沿岸国共同占有。目前,除伊朗之外的其他国家都主张对里海进行分割。俄罗斯在过去本来也主张共同占有里海,但在 1998 年态度发生转变,同哈萨克斯坦签订了分割里海地下资源的协定,2002 年和 2003 年又分别同阿塞拜疆和土库曼斯坦签订了同样内容的协定。当然,伊朗也曾表明有可能接受对里海有条件的分割。不过,对于如何分割的具体方法,各国之间仍然存在不同见解。

此外,围绕阿塞拜疆首都巴库附近水域,已经开始进行里海的油田开发。1994 年,阿塞拜疆国营石油公司同 10 家外国石油企业之间签订了被称为"世纪合同"的资源分配协定。这一对法律地位未定水域单方面进行的资源开发,虽然还不能肯定地说就是违反了国际法,却是一种具有风险的行为。也就是说,如果里海的法律地位确定,这种行为或许就会被认为是违反了国际法,企业之间的合同就有可能归于无效。当然,如果存在利害关系的国家对于这种单方面进行的资源开发保持沉默,那么就有可能被理解为默认,就像 1962 年国际法院在"隆端古寺案"判决中所认为的那样,应该或者尽管有可能采取行动但没有采取行动而保持沉默,就应该视为默认。因此,抗议就成为国际法上必要的行为。实际上,对于阿塞拜疆在其附近水域所进行的资源开发,伊朗和土库曼斯坦进行了抗议。

不过,2018 年 8 月,里海五国终于签署了《里海公约》,赋予了里海"非海非湖"的特殊法律地位,即规定沿岸各国均可获得 15 海里的领水,由领水向外再延伸 10 海里为各国专属捕鱼区,捕鱼区外则为公共水域,沿岸各国船只可自由通航,但非里海国家舰船禁止驶入域内,非里海国家不得在里海驻扎军队,里海国家不得将本国领土提供给第三国来从事危害其他里海国家的军事行动。

## 2 空域

> 要点:(1) 领空与防空识别区具有什么样的法律性质?(2)"空中自由"在国际法上具有什么意义?(3) 有哪些围绕国际民用航空运输的争端?(4) 在国际法上是如何应对航空犯罪的?

### 11.6 领空

所谓领空,即领陆及领海的上空。国家对于领空具有完全排他性的主权。领空与领海在法律地位上的最大不同在于,在领海外国船舶具有无害通过权,而在领空外国飞机则没有所谓无害通过的权利。因此,如果一个国家的国家航空器未经领土国许可而进入其领空,那么就会发生侵犯领空的违反国际法的情况。根据1919年通过的《巴黎航空公约》第1条的规定,承认领土国对于其领空具有完全排他性的主权,不过同时该公约第2条又规定,在一定条件的限制下承认外国航空器的无害通过权。然而,在1944年通过的《国际民用航空公约》也就是《芝加哥公约》中,否认了领空的无害通过权,其第1条重申"缔约各国承认每一国家对其领土之上的空气空间具有完全的和排他的主权"。此外,关于不定期航班,虽然《芝加哥公约》第5条规定在遵守本公约规定的条件下不需要事先获得领土国许可也有权飞入或飞经其领空,但是实际上,就像同条但书所表述的那样,为了安全或机场空中通道等原因,不经事先许可的飞行是不可能的。

### 11.7 对领空的侵犯

对于侵犯领空的外国航空器,领土国应该采取什么样的应对措施呢?首先,如果这一航空器是军用飞机,那么就需要紧急起飞战斗机并命令侵入领空的外国飞机降落,如果对方不服从这一命令,那么最终并不排除击落该机的可能性。不过,如果是因为遭遇暴风雨等原因而侵入领空的外国航空器,则可以消除其违法性。甚至,按照《芝加哥公约》第25条的规定,缔约各国对在其领土内遇险的航空器,在其认为可行的情况下,应该采取必要的援助措施。不过,问题在于,进入一个国家领空的外国航空器究竟是真的遇险航空器还是伪装成遇险航空器的侦察机,在现实中要对此加以区别是很困难的。

围绕领土国如何应对侵入领空的民用航空器成为一个重大国际问题的,是1983年9月发生的苏联"击落大韩航空客机事件",苏联在萨哈林附近海域上空的苏联领空击落了一架进入这一空域的大韩航空客机。这一事件发生之后,苏联遭到了国际社会的一致谴责,西方各国甚至采取对抗措施,禁止俄罗斯航空的飞机进入。其实,在《芝加哥公约》的附件2中,就有关于"拦截"的规定,国际民用航空组织(ICAO)理事会对此也曾经指出:"要尽量避免对民用航空器进行拦截,或者应该仅仅作为最后的手段来使用,而且在进行拦截时所使用的可视信号要让全世界的民用及军用航空器都能够正确理解,并要求各国航空器要严格遵守这些可视信号所约定的意思。"甚至,在作为ICAO理事会特别要求的附件A中,还详细规定了对侵入领空航空器的识别、通信联络和引导等内容,其中对于武器的使用提出了特别注意,即"进行拦截的飞机在对民用航空器进行拦截时应该慎重使用武器"。当然,这些要求也仅仅具有建议性的效力。因此,在"击落大韩航空客机事件"发生的时候,还很难断言这一击落民航客机事件就是违反了国际法。不过,在事件发生的第二年,即1984年,《芝加哥公约》修订补充了有关规定,明确禁止击落侵犯领空的民用航空器,同时也将其作为国际习惯固定了下来。

对于如何处理侵犯领空的航空器,可以将日本处理1976年9月苏联米格-25军用飞机的飞行员叛逃而强行降落日本函馆机场的事件来作为参考。日本政府认为,从国际法上来说,当领空受到侵犯时,被侵犯国为了判明事实上是否对国家安全构成损害,对侵犯领空的航空器及其人员都可以进行调查。而且还认为，外国军用飞机在得到许可的情形下进入日本领土，将与军舰一样具有不可侵犯性，但是在未经许可进入日本领土的情形下，则不会承认这一不可侵犯性。于是，日本以此为依据，并且还援引了具有同样内容的《巴黎航空公约》第32条规定，认为该条内容是国际习惯法的成文化条款。该事件的最后结局是在对飞机进行彻底的检查并拆解后归还给了苏联，而且日本政府表示："在国际法上并没有禁止为进行合理和必要的检查而对侵入领空的外国飞机进行拆解。"

### 11.8　防空识别区

所谓防空识别区（ADIZ），是为了更容易地识别航空器并以实际有效地应对处理侵犯领空行为为目的而基于单方面的国内措施在接近领空的公海上空设置的特别空域。对于进入这一空域的航空器，要求其通报预定目的地及预定时间，对于违反规定的航空器则采取军机紧急起飞措施予以应对。美国、日本、加拿大、印度、巴基斯坦都设立了防空识别区。不过，防空识别区的设立，绝对不能同《联合国海洋法公约》第87条第1款(b)以及第58条第1款所规定的公海及专属经济区水域上空的飞行自由相抵触。日本大体上是根据驻日美军设定的防空识别区，在1966年通过防卫厅关于防空识别区飞行要领的训令，设定了大约从150海里至300海里的防空识别区。日本在2010年6月对防空识别区进行了修改。如果有不明航空器进入防空识别区，就会采取军机紧急起飞来应对。2013年11月，中国在东海上空也设立了防空识别区。不过，中国的防空识别区与日本的防空识别区存在一些不同。日本的防空识别区内容包括：① 仅以接近领空的航空器为对象；② 仅限于"要求"进入防空识别区的航空器提供飞行计划；③ 对于未按照飞行计划飞行的航空器，也仅限于目视确认。而中国的防空识别区内容则包括：① 不仅仅以接近领空的航空器为对象，而是以进入其防空识别区飞行的所有飞行器为对象；② 提供飞行计划的规则为必须"强制"执行的义务；③ 对于不予配合的航空器，将采取"防御性紧急措施"。也就是说，同为防空识别区，其实也有很大的不同。

## 11.9 "空中自由"

正如上述所指出的那样,在公海上空任何国家的航空器都可以自由飞行,不过仍然会存在一些问题,即在外国领空的飞行及起飞与着陆的问题。国际法上所谓的"空中自由"(freedom of the air),当然并不意味着可以在外国的领空自由飞行,正如前述,国家具有领空主权,未经许可进入外国领空飞行即为侵犯领空,除非基于对方国家的同意或通过对方国家单方面国内措施赋予在其领空飞行或起飞与着陆的特权。此外,根据《芝加哥公约》第17条的规定,航空器具有其登记的国家的国籍。

"空中自由"的内容,通常可以举出下列五项。第一项自由是"通过上空的自由",即不降落通过对方国家领空的特权,比如日本的飞机从日本成田机场起飞经过西伯利亚上空一直到巴黎不间断飞行的特权。第二项自由是"技术着陆(technical landing)的自由",即仅仅因为加油、飞机维修、机组人员替换等技术性目的在对方国家领土着陆的特权,比如日本的飞机从日本成田机场飞往巴西的圣保罗,途中为了在美国洛杉矶加油就具有着陆的特权,不过在此不能够上下乘客和装卸货物。第三项自由是"面向他国运输的自由",即将在本国领土范围内搭乘的乘客和装载的货物运送至对象国领土范围内卸载的特权,比如日本的飞机将在日本成田机场搭乘的乘客和装载的货物运送至美国夏威夷火奴鲁鲁卸载的特权。第四项自由是"面向本国运输的自由",即将对象国领土上搭乘的乘客和装载的货物运送至本国领土卸载的特权,比如日本的飞机将在火奴鲁鲁搭乘的乘客和装载的货物运送至日本成田机场卸载的特权。第五项自由是"从对象国至第三国间运输的自由",即将在对象国领土内搭乘的乘客和装载的货物运送至第三国领土内卸载的特权,或者将在第三国领土内搭乘的乘客和装载的货物运送至对象国领土内卸载的特权。其中,第五项自由中从本国至对象国再至第三国顺序的运送,被特别称为"延远权"(beyond rights),比如美国的飞机从旧金山起飞到达成田机场后搭乘新的乘客和装载新的货物后再飞往新加坡卸载的特权。第一项和第二项自由被称为"通过权",而第三、第四和第五项自由则被称为"运输权"。

此外,"空中自由"有一项重大例外,即"禁止国内载运"的权利。根据《芝加哥公约》第 7 条的规定:"缔约各国有权拒绝准许其他缔约国的航空器为取酬或出租在其领土内载运乘客、邮件和货物前往其领土内另一地点。"比如,日本有权拒绝美国航空公司运营只是从成田至大阪的国内航线。当然,也有可能承认外国航空公司在国内的运营权,但是如果只是承认特定国家航空公司的这种权利,那么同样违反公约该条的规定,因为如果承认外国航空公司的国内运营权,那么就必须在最惠国待遇的基础之上对所有国家的航空公司平等开放门户。因此,除去极少的例外,各国一般都会保留其"禁止国内载运"的权利,即使像美国那样拥有巨大国内航空市场并强烈主张国际航空运输自由化的国家也不例外。

有关"空中自由"的协议,主要有一些多边条约,比如有作为《芝加哥公约》附属协定的《国际航空运输协定》,其中就规定了前述的全部五项空中自由,不过参加该协定的国家只有 11 个。此外,还有同样作为《芝加哥公约》附属协定的《国际航班过境协定》,其中只是承认了前述第一项和第二项自由的通过权,参加该协定的国家有 129 个。由此看来,作为所谓"空中自由"核心内容的运输权,需要基于两国间专门的航空协定来承认。

## 11.10 航空协定

有关两国间的航空协定,一般会围绕运输权和通过权等有关"空中自由"的事项以及运费、机场使用费、航空保安、争端解决等各事项作出规定。具有特点的是,有关运输航路、航班数、机种等有关运输权的详细内容,一般会在协定所附的附表中加以规定。

根据作为航空协定核心内容的运力条款,可以将航空协定分为四种类型:① 事后审查;② 自由决定;③ 事前决定;④ 其他。第①种类型是在 1946 年签订的《英美航空协定》即《百慕大协定Ⅰ》中开始形成。《百慕大协定Ⅰ》是主张自由竞争的美国与主张建立一定规则的英国之间相互妥协的产物,即有关运力条款,在当时规定由各个航空公司自行决定,不过事后要接受审查。1952年,日本与美国之间也签订了《日美航空协定》,这一协定以及一些类似的协定后来成了众多航空协定的一个样本。第②种类型是对两国间的航空运输地点、路线和航班数等不作任何限制,即在运力方面完全自由化。这一类型是在1992年《米兰航空协定》进行修订的基础上开始出现的。美国也从1995年开始强力推动所谓"开放天空"政策,并且与有关国家签订了100多项"开放天空"的协定。第③种类型是两国的航空管理当局在事前就对运力作出规定。日本在20世纪70年代以后签订的大部分航空协定都属于这种类型。不过近年来,日本也开始采纳"开放天空"的政策,截止到2014年2月,已经先后同美国、加拿大、新西兰、英国、法国、荷兰、韩国、新加坡、泰国、马来西亚、越南等27个国家或地区之间签订了第②种类型的"开放天空"协定。

此外,在两国间的航空协定中,一般还会包含有"国籍条款",即如果对方国家所指定的航空公司的"实质性所有及实际有效支配"者并非对方国家或其国民,那么将不会承认其进行运营的权利,即拒绝其进入本国。例如,在A国的航空公司X被B国的航空公司Y所购买的情况下,本来基于A国与C国间的航空协定允许X公司进入C国进行运营,但这时C国有权拒绝X公司进入。当然,对于究竟取得多大比例的股权才能够算得上具有"实质性所有及实际有效支配",其实也并没有统一的解释标准。不过,2009年11月,美国、欧盟(EU)以及新加坡等国基于相互主义原则就放弃采用"国籍条款"权利达成了实质性的协议。

### 11.11 有关航空协定的仲裁裁判

在两国间的航空协定中,通常都会包括当围绕对航空协定的解释和适用发生争端而通过两国间谈判仍然难以解决时委托仲裁的规定。在过去,曾经有五个根据这些委托仲裁条款对有关航空协定进行仲裁的案例,这些案例都涉及一个单一的主题,很值得关注。① 在1963年的"美法航空协定仲裁判决"中,对于美国航空公司对"延远权"的行使,双方对附表中有关"近东"(Near East)的解释出现分歧,最后判决认为虽然土耳其和伊朗不能被包括在"近东"的范围内,但是由于法国的默认所以承认了美国航空公司的运营权。② 在1965年的"美伊航空协定仲裁判决"中,围绕协定中所谓"乘客、货物及邮件"的表述究竟是否属于货物专用航班出现分歧,最后判决认为应该属于货物专用航班。③ 在1978年的"美法航空协定仲裁判决"中,双方围绕美国航空公司在第三国中间地点变换机种以及美国对法国禁止该航班着陆行为采取对抗措施是否违反协定出现分歧,最后判决认为美国航空公司变换机种及美国采取对抗措施均为合法。④ 在1981年的"比利时-爱尔兰航空协定仲裁判决"中,围绕两国之间的航空运输,比利时以运力过剩及恢复公平和机会均等理由要求爱尔兰方面减少航班,最后的判决认为,在承认存在过剩运力的前提下,要求双方共同减少航班。⑤ 在1992年的"英美航空协定仲裁判决"中,对于英国伦敦希斯罗机场上调使用费是否违反协定的问题,最后的判决认为,该行为违反了协定中有关尽最大善意努力的义务。

**补充引申:《日美航空协定》**

1952年签订的《日美航空协定》,曾经被认为是一项不平等条约。虽然协定规定两国具有平等性,但是如果考虑到协定附表以及1959年的《秘密协议备忘录》,其实双方严重不对等,对一部分美国航空公司条件过度优惠,行使"延远权"的航空公司大部分是美国的公司。日本从20世纪70年代中期就一直要求对协定进行正式的修改,不过日美两国之间围绕航空运输出现激烈摩擦是在90年代初期到中期的时间里。特别是对于美国航空公司过度不当行使"延远权",日本方面认为美国航空公司违反了协定第12条的运力条款,因此要求对其加以限制。对此,美国方面则认为是日本采取的措施违反了协定,因此主张对日本采取制裁措施,这一问题也成了当时日美经济摩擦的核心问题之一。同样的争端也出现在了日本与澳大利亚之间。不过,日美之间经过谈判,1998年6月达成了谅解备忘录,彼此的争端暂时得以解决。该备忘录主要就放宽对"延远权"数量限制以及共同承运达成了协议,总之向着自由化的方向双方达成了一致。甚至,日美两国在2009年12月就缔结"开放天空"协定达成了实质性协议,并且在2010年11月签署了谅解备忘录。

### 11.12 国际航空运输

围绕国际航空运输最近的一些动态来看,主要存在下面的一些问题。第一,国际航空运输虽然是一种服务贸易,但是同时也特别关系到国家的安全保障和国家的威信,因此从事国际航空运输的多是一些国营公司,甚至也有很多国家不计成本不考虑盈亏地在经营国际航空运输。因此,国际航空运输并不适用世界贸易组织(WTO)的《服务贸易总协定》(GATS)所规定的一些基本规则,比如最惠国待遇的一般性义务以及市场准入和国民待遇等特别约定,而是在达成一致的《关于航空运输服务的附件》中作出特别规定,即对飞机的修理和保养服务、航空运输服务的销售和交易以及电脑预约系统服务三项业务可以适用GATS,但作为核心利益的运输权则不适用这一协定。有关进一步的自由化,比如如何开展外包服务的自由化等,曾经在"多哈回合"中提出讨论,但并未取得任何特别的进展。美国虽然一直在强力推进"开放天空"的政策,但是不肯开放"禁止国内载运",而且因为美国海运能力缺乏国际竞争力,所以美国也反对海运的自由化,甚至对这方面服务贸易的谈判都加以抵制。此外,所谓"开放天空",对于美国那样有着巨大的国内市场和众多航线的国家,或者像荷兰、新加坡那样既有较强航空运输的国际竞争力但又没有国内航线的国家,都是有利的,但是对于那些航空运输国际竞争力较弱的国家来说,就有可能导致本国的航空公司面临生存危机。

第二,航空协定一般是在两国之间缔结的,不过2005年5月,美国、文莱、新加坡、新西兰和智利五国缔结了一项多边航空协定,主要内容就是"开放天空"。

第三,虽然目前各航空公司之间就里程优惠合作及共享航班等跨越国界的合作已经非常普遍,但是较大规模航空公司之间的合作至少要得到美国和欧洲双方禁止垄断当局的承认。在这种情况下,当然就必须让出一部分机场的空中通道,尤其是在希斯罗机场那样繁忙的作为空中枢纽的机场。

第四,在欧盟(EU)内部,一直在推进区域内航空运输的自由化,比如欧盟内部 A 国的航空公司也可以只经营从 B 国到 C 国的航空运输,这种行为也被称作"第七项自由"。而且,欧洲委员会主张缔结航空协定的权限不在各成员国而在委员会并且要求欧洲法院给予判决承认。2002 年 11 月,欧洲法院承认了委员会的这一主张,并且判定某些欧盟成员国与美国之间缔结的"开放天空协定"中的一些规定侵害了委员会的权限,违反了《欧共体条约》。在欧洲法院的这一判决之后,欧洲委员会与美国政府进行了航空谈判,在 2007 年 4 月,双方签订了第一阶段《美欧航空协定》并于 2008 年 3 月生效,其主要内容也包括"开放天空"。对于一些仍未解决的问题,双方又进行了第二阶段的谈判,并且在 2010 年 6 月签订了第二阶段的协定。

## 11.13 国际法针对航空犯罪的各种应对

飞机或机场最容易成为恐怖行为的目标,因此从这个意义上来说航空恐怖行为也是恐怖主义的主要活动内容。

应对航空犯罪的多边条约,主要有 1963 年的《关于在航空器内的犯罪和犯有某些其他行为的公约》(《东京公约》),1970 年的《制止非法劫持航空器公约》(《海牙公约》),1971 年的《制止危害民用航空安全的非法行为的公约》(《蒙特利尔公约》),1988 年的《制止在为国际民用航空服务的机场上的非法暴力行为的议定书》,以及 1991 年的《关于在可塑炸药中添加识别剂以便侦测的公约》。

虽然《东京公约》规定机长可以对在航空器中的犯罪嫌疑人采取必要的管束措施,也有权将嫌疑人引渡给航空器降落地国家或强制嫌疑人离开航空器,但并没有对嫌疑人所在国规定"引渡或起诉"(*aut dedere aut judicare*)的选择义务,所以在 20 世纪 60 年代发生了多起由乘客或机组成员实施的劫机事件,并没有实际有效地防止航空犯罪。正因如此,所以才又签订了《海牙公约》,即专门用来特别应对劫机的一项公约。而且，为了应对航空器爆炸等劫机之外的航空犯罪，又签订了《蒙特利尔公约》。《海牙公约》与《蒙特利尔公约》的主要特点在于，在要求各缔约国为加重处罚航空犯罪而进一步完善国内法的同时，也承认有关国家的审判管辖权，比如包括飞机登记国、着陆国、租赁航空器企业的主要营业场所地国以及犯罪地国等，而且也规定了嫌疑人所在国选择"引渡或起诉"的义务。《制止在为国际民用航空服务的机场上的非法暴力行为的议定书》的签订则是因为1985年11月在罗马和维也纳两个国际机场发生的爆炸事件，即为了从法律上应对机场恐怖活动而签订的，其主要目的也是将《蒙特利尔公约》体制扩大至应对机场恐怖活动。《关于在可塑炸药中添加识别剂以便侦测的公约》的签订，也是因为1988年12月发生的"洛克比空难"，美国一架民航飞机在苏格兰上空爆炸的事件。也就是说，为了防止将爆炸品带上航空器，该公约规定各国爆炸品制造业者在进行生产时有义务在产品中添加识别剂，即从技术角度对《蒙特利尔公约》进行了补充。

在西方七国首脑会议上，也多次就如何应对航空犯罪进行了探讨。在1978年首脑会议上发表的《波恩宣言》中，与会国家达成共识，即对于拒绝引渡或起诉劫机罪犯的国家和拒绝返还被劫持航空器的国家，将采取措施拒绝其航空器进入。在1981年的渥太华首脑会议上，虽然对阿富汗适用《波恩宣言》达成了一致，但是实际上当时仍然与阿富汗有关系的英国、法国和联邦德国采取了比较慎重的态度，即根据航空协定的废止条款需要在一年之后才能够终止航空运输关系。当然，英国等国之所以如此做，也是考虑到该首脑会议的宣言并没有法律拘束力，并不能用来立刻对第三国形成对抗，所以并未按照一般国际法意义上的逻辑"以针对违反国际法的对抗措施来阻止其违法性"。在1987年的威尼斯首脑会议上，与会国又达成协议，即在违反《蒙特利尔公约》的情况下可以适用《波恩宣言》。此外，在《芝加哥公约》第17附件第5.1.5及5.1.4中关于应对劫机时作为优先保护生命的义务要求阻止起飞以及允许降落的建议决议也分别在1986年和1989年被通过。在1988年的多伦多首脑会议上，这一阻止起飞的规定受到欢迎。

针对 1988 年的"洛克比空难",1992 年联合国安理会通过第 748 号决议,认为由利比亚所参与的这一事件是"对和平的威胁",并且同意对利比亚采取有限的非军事性强制措施,1993 年安理会再次通过第 883 号决议重申了这一点。最终,在位于荷兰的美军基地设立苏格兰刑事法院并依照苏格兰刑法对两名利比亚嫌疑人进行了审判,2001 年 1 月审判结束,其中 1 名嫌疑人由于证据不足而无罪释放,另外 1 名嫌疑人以杀人罪被判终身监禁并被关在苏格兰监狱,不过在 2009 年 8 月以病情恶化为由将其释放并返回了利比亚。

2001 年 9 月 11 日,在美国发生连环恐怖袭击,而且前所未闻地采取了以飞机为工具撞击大厦的犯罪方式,不过这种罪行明显地属于违反《芝加哥公约》前言及第 4 条内容,构成对航空器的滥用。

2010 年在北京签订的《制止与国际民用航空有关的非法行为的公约》(《北京公约》),在《蒙特利尔公约》之上又增加了犯罪,将类似于"9·11"连环恐怖袭击那样使用航空器作为犯罪工具的行为也纳入了管理惩罚对象。

## 3 外层空间

要点:(1) 外层空间具有什么样的法律地位? (2) 针对外层空间活动的责任具有什么样的特点? (3) 宇宙飞船及太空基地面临什么样的法律问题? (4) 在国际法上是否可以自由地发射人造卫星或进行导弹试验?

### 11.14 外层空间的法律地位

外层空间法是国际法中一个新出现的领域。过去曾经只被作为梦想故事而存在的宇宙活动的开展,是从 20 世纪 50 年代后半期才开始出现的。有关外层空间的基本原则,基于 1962 年联合国大会第 1963 号决议,1967 年制定通过了

《关于各国探索和利用包括月球和其他天体在内外层空间活动的原则条约》(《外层空间条约》)。从当时几乎没有任何国家实践而能够通过如此一项条约来看,《外层空间条约》具有划时代的特殊意义。

外层空间法常常被人们与航空法相联系起来论述,不过需要注意的是,空域与外层空间在法律地位上完全不同。也就是说,所谓空域,其基本原则在于具有我们上面所叙述的领空主权,而外层空间的基本原则是建立在否定所有主权要求的基础之上的。不过,问题在于,上空至哪里属于空域,以及从哪里开始属于外层空间,在国际法上并没有划定二者的边界。虽然有一种被称为"功能说"的观点认为,并不需要划定二者的边界而只要在外层空间活动中适用外层空间法就可以了;但另外一种被称为"空间说"的观点认为,应该确定二者间的边界,不过即使是持有这种观点的人对于究竟应该在距离地面多高划定二者间的边界也有不同的看法,甚至在联合国和平利用外层空间委员会也难以达成一致。

作为与外层空间有关的主要条约,除去《外层空间条约》外,还有1968年签订的《营救宇宙航行员、送回宇宙航行员和归还发射到外层空间的物体的协定》(《营救协定》),1972年签订的《空间物体损害赔偿责任公约》(《责任公约》),1974年签订的《关于登记射入外层空间物体的公约》(《登记公约》),以及1979年签订的《关于各国在月球和其他天体上活动的协定》(《月球协定》)。《外层空间条约》与其他四个条约或协定,不仅仅是前订条约与后订条约的关系,同时也是一般性条约与特定条约的关系。在这些开放性的条约之外,进行外层空间活动的国家之间也在1988年和1998年分别签订了《外层空间基地协定》和《新外层空间基地协定》。

按照《外层空间条约》第1条的规定,外层空间及其天体为"全人类可开发范围",即所有国家都可以自由地进行探索和利用。当然,在自由探索利用的同时,根据条约第2条的规定,各国不得通过主权要求,使用或占领等方法,以及其他任何措施,把外层空间据为己有。因此,从这个意义上来说,外层空间及其天体是与公海及其深海海底一样超越国家管辖权的领域,或者说是依照国际法规则被国际化的领域。不过,实际上有能力利用外层空间及其天体的只限于发达国家等一部分国家,在这一点上又与公海有很大的不同。而且,即使按照条约第2条规定外层空间及其天体不能成为国家管辖权的对象,但是并没有禁止国家或得到国家许可的个人在外层空间设立太空基地等设施,也没有禁止从外层空间取得自然资源。针对这种情况,《月球协定》第11条作出规定,月球及其自然资源均为"全人类的共同财产",因此月球任何部分的自然资源均不应成为任何国家或个人的财产,而当有可能对月球自然资源进行开发时应当建立指导此种开发的国际制度。不过,参加该协定的当事国仅仅有16个国家,因此这些规定还不能被视为国际习惯法规。

《外层空间条约》第3条规定,缔约各国在进行探索和利用外层空间活动时应该遵守国际法,第4条关于和平利用外层空间的规定,禁止对外层空间及其天体进行军事性的利用。也就是说,禁止在外层空间绕地球轨道放置和部署核武器或其他大规模毁灭性武器,以及为了绝对用于和平目的而禁止在天体上建立军事基地和设施、试验任何类型的武器及进行军事演习。不过,这一规定并不禁止使用军事人员进行科学研究。此外,为了确保外层空间的和平利用,条约第11条还规定缔约国有义务向联合国秘书长、公众和国际科学界提供有关外层空间活动的情报,第12条则规定,月球及其他天体上的所有驻地、设施设备及宇宙飞行器应都以互惠基础对其他缔约国开放。

## 11.15 外层空间活动中的责任

有关外层空间法律中的责任原则,不同于国际法上有关国家责任的一般性原则,而具有下面的两个特点。第一个特点,是"国家责任集中原则"。根据《外层空间条约》第6条的规定,各缔约国对其不论是政府部门还是非政府团体在外层空间所从事的活动,要承担国际责任。也就是说,即使是私人企业的活动,也会被视为国家本身的活动而要求国家承担责任。这项原则显然不同于国家对个人行为责任归属的一般性原则,之所以要如此将责任集中于国家身上,是因为外层空间的活动必须要经过国家的许可,以及外层空间活动是具有高度危险性的活动,因此给予许可的国家也应该承担重大的责任。第二个特点,是对外层空间活动损害的"无过失责任原则"。根据《责任公约》第2条、第3条和第4条第1款(a)的规定,由于外层空间活动对别国造成损害所需承担的责任被分为"无过失责任"和"过失责任"。发射国对其空间物体在地球表面或给任何飞行中的飞机造成损害,应负有赔偿的绝对责任,即"无过失责任";如果发射国的空间物体在地球表面以外的地方对另一发射国的空间物体或其所载人员财产造成损害时,只有在前者存在过失的条件下才对损害负有责任,即"过失责任",当然如果损害发生在地球表面则需要承担"无过失责任"。之所以在外层空间活动上需要承担"无过失责任",主要是因为既然承认这一具有高度危险性的活动是一种特权,那么当然就应该承担这一责任,而且实际上要让第三方来举证过失责任是不可能的。如果从事外层空间活动的国家不共同对第三方进行特别保护以避免第三方受到损害,那么就又会回到国家责任的一般性原则。根据《责任公约》第1条(a)的规定,虽然损害被限定为有形的损害,但是并不能排除可以要求一般国际法上所承认的利益损失及其赔偿费。

**补充引申:"宇宙954号"事件**

1978年苏联核动力卫星"宇宙954号"的坠落,就是有关外层空间活动损害的一个重要案例。当时,坠落在加拿大境内的苏联核动力卫星"宇宙954号"虽然没有造成人员的伤害及直接的物质损害,但是对加拿大土地造成了放射性污染,因此加拿大担心未来发生损害。对此,加拿大包括搜寻和回收卫星碎片等所花费用及已经判明的损害,总共向苏联要求支付约604万加元的赔偿。作为提出这一要求的依据,加拿大列举了《责任公约》第2条、第12条和《外层空间条约》第7条以及法律的一般性原则,而且对于将来可能产生的损害保留请求的权利。对此,苏联认为应该对《责任公约》的规定作出严格的解释,而且放弃了要求加拿大归还其卫星碎片的要求。1981年4月,苏联与加拿大两国达成协议,苏联向加拿大支付约300万加元赔偿。通过这一事件,充分说明《营救协定》第5条的规定还存在不足,按照该协定,如果发射国不提出回收归还的要求,那么依据该协定第5条第4款的规定,物体坠落领土国只能接受发射国进入其领土范围自己进行回收作业,而且也并没有规定领土国可以向发射国要求回收的费用,但是允许发射国进入就有可能对领土国的安全保障构成巨大威胁。加拿大也正是因为考虑到了这一点,所以并没有援引这一规定,而是自己进行了回收作业。

### 11.16 空间碎片

在外层空间开发活动中,不仅仅存在着人造卫星或火箭坠落地面的问题,还有一个更为令人担忧的问题,即有数量巨大的空间物体残骸碎片即太空垃圾(space debris)在外层空间高速运转,甚至有可能与人造卫星相撞,而且已经有了实际发生的事例。在已有的有关外层空间开发的条约中,虽然涉及了宇宙环境并作出了一般性的规定,但是并没有处理空间碎片的明确规则。在处理空间碎片的问题上,由于技术上的难度和需要大量的费用,所以实际上所有发射国对此都没有积极应对。

作为针对空间碎片的国际性对策,也有一些进展和成就,比如国际外层空间机构间空间碎片协调委员会(IADC)在 2002 年通过了《空间碎片减缓指南》,而且这一指南在 2007 年得到联合国和平利用外层空间委员会(COPUOS)的承认,2008 年又通过联合国大会决议得到承认。这项指南的主要内容有:① 限制正常操作释放出的碎片;② 将操作阶段发生爆炸的可能性降到最低;③ 减少轨道上发生碰撞事故的概率;④ 避免有意识的破坏及其他有害性活动。虽然这项指南并没有国际法上的拘束力,但是美国和英国等国家已经将其作为颁发外层空间开发许可证的要件之一,国际标准化组织(ISO)也已经接受了这一指南,并且正在积极推进制定应对处理宇宙垃圾的国际标准化规则。

作为国际法领域国际学术团体的国际法协会(ILA)曾经在 1994 年以条约草案的形式提出了一份应对空间碎片的建议方案,认为国家为了防止和减少可能产生空间碎片活动所带来的风险而负有采取适当措施的义务,发射国对其空间碎片所带来的损害负有国际赔偿的责任。当然,要想充分有效地应对处理空间碎片的问题,就必须对产生空间碎片负有责任的发射国增加采取清理除去这些空间碎片的义务,如果不采取措施,那么其他按照一定程序代替发射国采取措施清理除去这些空间碎片的国家就有权向发射国要求一定费用,以及对那些在空间碎片问题上采取消极态度的国家或企业,可以禁止其向外层空间所进行的发射活动。

### 11.17 对外空物体的管辖权

关于对外空物体的管辖权,根据《外层空间条约》第8条的规定,外空物体的登记国对该外空物体具有管辖权。以及根据《登记公约》第2条的规定,登记国有义务进行国内登记以及通知联合国秘书长。按照《登记公约》第1条(c)的规定,登记国是指将外空物体登入其登记册的发射国。根据公约第4条的规定,登记国负有义务尽快向联合国秘书长提供有关登入登记册外空物体的有关信息。虽然对外空物体具有管辖权的登记国仅限于一国,但是按照《责任公约》第1条(c)的定义,对外空物体活动负有责任的发射国则有可能是若干国家,即(ⅰ)发射或促使发射外空物体之国家;(ⅱ)外空物体自其领土或设施发射之国家。在这种情况之下,根据该公约第5条的规定,有关发射国都需要承担连带责任。近来,委托发射通信卫星等外层空间商业化活动日益增多,因此就更需要明确一旦发生事故时的管辖权及其责任归属。由于俄罗斯常常从哈萨克斯坦的拜科努尔航天发射场发射空间物体,所以两国在1994年12月10日缔结的协定中规定,哈萨克斯坦不承担作为发射国的责任。不过,这样的规定对于第三国来说是否有效,仍然值得怀疑。

### 11.18 外层空间活动的救助及外空物体的返还

根据《外层空间条约》第5条的规定,各缔约国应把宇宙航行员视为人类派往外层空间的使节,因此在宇宙航行员发生意外、遇难或紧急降落等情况下,各缔约国应向他们提供一切可能的援助,而且应立即安全地将他们交还给宇宙飞行器的登记国。该条约的第 8 条也作了同样的规定。有关这方面更为详细的规定,主要反映在《营救协定》中。该项协定的主要内容有:第一,协定第 1 条规定:"每个缔约国获悉或发现宇宙飞船人员在其管辖的区域、在公海、在不属任何国家管辖的其他地方,发生意外,处于灾难状态,进行紧急或非预定的降落时,要立即通知发射当局和通知联合国秘书长。"当然,如果获悉或发现此种情形发生在其他国家管辖领土范围之内,则并无通知的义务。第二,协定第 2 条规定:"宇宙飞船人员如因意外事故、遇难和紧急的或非预定的降落,降落在任一缔约国管辖的区域内,该国应立即采取一切可能的措施营救飞船人员并给他们一切必要的帮助。"这是一种与对空难救助和海难救助相比要求更为严厉的规定,比如根据《芝加哥公约》第 25 条的规定,对于遇险航空器也只是"在认为可行的情况下采取援助措施",以及根据《联合国海洋法公约》第 98 条的规定,对于海难救助也限定于"在不严重危及其船舶、船员或乘客的情况下"。第三,关于空间物体的回收与返还,《营救协定》第 5 条已作出规定,不过这条规定存在的不足也在前述的"宇宙 954 号"事件中作了说明。第四,对于在外层空间发生事故情况下对其人员的救助,已经不属于这一协定的范围,而是需要建立国际合作体制。此外,关于宇宙飞船的紧急着陆,美国为了确保紧急着陆场以及规定紧急着陆的相关事项,先后同塞内加尔、西班牙、法国、智利、摩洛哥、冈比亚、德国、日本缔结了双边协定。其中,与日本的协定采取了交换公文的形式,日本政府在 1980 年 1 月 28 日的公文中表示:"为了救助被迫紧急着陆情况下宇宙飞船上人员的生命,日本政府将在本国领土内为设置合适进行这一着陆场所而给予一切可能的援助,而且充分理解基于《外层空间条约》第 5 条规定日本所承担的义务。"不过,日本的这一表示与其他国家的协定相比较,内容非常简单,也并没有明确地标明所谓的紧急着陆场。美国也曾希望与加拿大缔结有关的双边协定,但是在 1998 年被加拿大拒绝。

### 11.19　国际空间站

《国际空间站协议》是1988年美国、日本、加拿大和欧洲航天局(ESA)当时的11个成员国之间所缔结的,并且于1992年生效。之后,俄罗斯也加入了这一太空基地计划,于是在1998年又缔结了新的《国际空间站协议》并于2001年生效。从1999年开始,在地球轨道上建立国际空间站(ISS),并且于2011年完成。这一国际空间站在大约距离地球400公里高度的地球轨道上绕行,被用于科学实验和地球观测等。日本在其中承担被命名为"希望"的实验室建设。美国曾经试图将计划运转至2020年的这一国际空间站延长至2024年,但是如何筹措这笔巨额的费用,以及其他参与方是否愿意继续参与这一国际空间站,都是一些需要考虑的重大问题。

新的《国际空间站协议》的主要特点,可以大体上归纳为关于知识产权、管辖权和责任三个方面。关于知识产权,一方面坚持一般的"专利属地性"原则,但是同时按照《外层空间条约》第2条的规定,又否定对于外层空间所有权的占有。根据新的《国际空间站协议》第21条第2款的规定,国际空间站大致可以被视为一块"漂浮的领土",比如有关"希望"实验室的发明专利适用日本法律。此外,因为欧洲国家是以欧洲航天局的名义作为一个整体来参与国际空间站的活动,所以只要是以欧洲航天局名义登记的活动,都可以视为是在这些欧洲参与国家领土范围之内的活动。关于管辖权,根据新的《国际空间站协议》第5条第2款规定,国家对以本国名义登记的活动以及在国际空间站上工作的本国国民具有管辖权。有关刑事管辖权的问题,则是签订新的《国际空间站协议》时讨论最多的一个问题。在旧的《国际空间站协议》中,曾规定国家对以本国名义登记的活动以及在国际空间站上工作的本国国民具有刑事管辖权,但是对美国则规定了一些特殊规则,于是就形成了两种不同的制度。对此,新的《国际空间站协议》原则上采取了"属人主义"的原则,其第22条第1款规定:"对所有进行空间站活动的本国国民可以行使刑事裁判权。"当然,新协议第22条第2款也规定,在犯罪嫌疑人本国同意或不予起诉的情况下，受到影响的国家也可以对其行使刑事裁判权。而且，新协议采取"属人主义"原则，是在美国的强烈要求之下实现的。关于责任，新协议第16条规定"参与国就有关责任相互同意放弃"，以及如此规定是"为了通过国际空间站的活动进一步促进对外层空间的探索和开发利用"，而且"为了实现这一目标彼此之间对责任的相互放弃是一种广义上的放弃"，即相对于一般从狭义上对放弃范围的解释。对于新协议第16条规定以外的情况，则适用《责任公约》。

在日本和美国之间，对于训练宇航员以及在共同的外层空间活动中发生损害等情形，1995年两国之间签订了《日美相互放弃外层空间损害赔偿责任的协定》，就相互放弃赔偿责任达成了一致。

## 11.20 外层空间基本法和外层空间的"和平利用"问题

2008年，日本也制定通过了《外层空间基本法》。这一法律的基本理念，可以归纳为：外层空间的和平利用、国民生活水平的提高、产业的振兴、人类社会的发展、国际合作、保护环境。

有关外层空间的和平利用问题，基本法第2条规定："外层空间的开发利用，应该依照有关探索利用包括月球在内及其他天体等外层空间开发利用的条约或其他国际协定，以及立足于日本宪法的和平主义理念来进行。"此外，有关"和平利用"的解释，1969年5月日本众议院《关于开发利用外层空间的基本决议》中也指出："我国对外层空间及其天体的探索以及发射火箭的开发利用，仅限于和平目的，并为了学术进步、提高国民生活水平和人类福祉，在为产业技术发展作出贡献的同时，进一步为促进国际合作而展开。"在这里，对"和平利用"的解释，就是"非军事"，不过国际社会比较权威性的解释是"非侵略"，即满足自卫权要件为防卫目的的"军事利用"与"和平利用"并不矛盾。也就是说，日本1969年众议院决议中的"和平利用"与国际社会解释理解的"和平利用"含义并不相同。因此，日本2008年《外层空间基本法》的制定通过，表明日本对"和平利用"的解释理解也已经变为了"非侵略"的立场。

日本的外层空间开发一直以来几乎都是以专门性的研究开发为目的,不过《外层空间基本法》第3条规定:"外层空间的开发利用,一定要在确保国际社会的和平与安全以及我国安全保障的前提下进行。"第4条也规定:"外层空间的开发利用,一定要使我国的外层空间事业和其他产业技术力量及国际竞争力得到强化以及要对我国的产业振兴作出贡献。"也就是说,以安全保障为目的和以外层空间商业利用为目的的外层空间开发正在成为日本开发的新理念。

在《外层空间基本法》中,还规定要在内阁建立"外层空间开发战略总部"以及由该总部制定"外层空间基本计划"。这一计划在2009年6月形成,其主要的方向明确体现在了六个方面:有效利用外层空间建设安全、舒适和富裕的社会,有效利用外层空间强化安全保障,积极推进外层空间领域的外交,通过推进尖端研究开发来创造一个充满活力的未来,培育20世纪的战略性产业,保护环境。

### 11.21 近年来围绕安全保障的问题与外层空间法的关系

最后,围绕安全保障的问题以及同《外层空间法》的关系,可以提出两点看法。

第一,有关朝鲜发射导弹的问题。1998年8月31日,朝鲜发射的"大浦洞导弹"越过日本上空坠落在了三陆海域的公海上,对日本的安全造成了威胁。如果从国际航空法和外层空间法的角度来看,也会有一些新的问题。对此,朝鲜方面说发射的是人造卫星,但是即使真是人造卫星而不是导弹,那么未加通告就经过日本上空以及作为重要国际航空通道的三陆海域上空并坠落,已经违反了《芝加哥公约》附件11中的"国际标准2.17.1":"在实施对民航飞机具有潜在危险的活动时,必须要同该活动途径上空的国家有关航空当局进行协调,而且应当尽速实时地将有关这一协调的情况充分地公告。"而且,根据《芝加哥公约》第38条的规定,对于那些完全不顾及国际标准的国家,或者需要采用与国际标准不同规则或方式的国家,则应当将本国采取方式与国际标准方式的不同立即向国际民航组织(ICAO)报告。也就是说,为了避免受到国际标准的拘束,就必须按照规定的程序明确表示反对的意见,即提出反对公告,否则就会被视为默认。朝鲜是《芝加哥公约》的当事国,但是并没有按照公约附件11的规定提出任何反对公告,因此应该受到国际标准的拘束,所以朝鲜的发射不论是导弹还是人造卫星,至少都违反这一国际标准。2006年7月5日,朝鲜再次发射导弹,同样没有在事前向国际民航组织通报。对此,联合国安理会通过1695号决议,要求朝鲜停止有关弹道导弹的开发计划,并且要求各国不向朝鲜输入有可能用于其导弹及大规模毁灭性武器开发计划的物资和技术。2009年4月5日,朝鲜再次发射导弹,并且经过日本上空最终坠落在了太平洋。虽然朝鲜的这次发射事前通告了国际民航组织,而且朝鲜自己声称发射的是人造卫星,但即使真是人造卫星,也违反了联合国安理会2006年通过的1718号决议第5节有关要求朝鲜停止一切有关弹道导弹开发活动的规定。按照《联合国宪章》第103条的规定,基于安理会决议朝鲜所应该承担的义务要优先于《外层空间条约》第1条有关各国可自由探索和利用外层空间的权利。

第二,2002年6月,在日内瓦裁军会议上,俄罗斯和中国提出了一份有关防止在外层空间设置武器及对外空物体行使武力或武力威胁的条约草案。按照该条约草案的规定,缔约国被赋予了三项基本的义务,即禁止在环绕地球轨道的外空物体上设置任何种类的武器,禁止对其他外空物体行使武力或武力威胁,禁止其他国家及国际组织参加、援助或奖励本条约所禁止的活动。对此,美国提出反对意见,认为外层空间的和平利用并不排斥对国家安全保障目标的追求,自卫权的行使不仅仅限于地上,在外层空间同样可以行使这一权利,而且已经存在规范外层空间军事性利用的规则,因此没有必要签订新的外层空间军备管理协定。美国之所以反对俄罗斯和中国提出的条约草案,主要是担心其成为美国导弹防御计划的障碍,这一动机与美国2002年6月宣布退出1972年美苏之间签订的《关于限制反弹道导弹系统条约》(ABM)是完全一样的。

**参考文献**

青木節子『日本の宇宙戦略』(慶應義塾大学出版会,2006年)

国際法講义

池島大策『南極条約体制と国際法』(慶應義塾大学出版会, 2000 年)

城戸正彦『領空侵犯の国際法』(風間書房, 1990 年)

栗林忠男『航空犯罪と国際法』(三一書房, 1978 年)

栗林忠男編集代表『解説宇宙法資料集』(慶應通信, 1995 年)

国際高等研究所＝宇宙航空研究開発機構編『宇宙問題への人文・社会科学からのアプローチ』(国際高等研究所, 2009 年)

国際法学会編『日本と国際法の100年第 2 巻　陸・空・宇宙』(三省堂, 2001 年)

坂本昭雄『新しい国際航空法』(有信堂高文社, 1999 年)

坂本昭雄＝三好晋『新国際航空法』(有信堂高文社, 1999 年)

龍沢邦彦編『原典宇宙法』(丸善プラネット, 1999 年)

E. R. C. van ボガート, 栗林忠男訳『国際宇宙法』(信山社, 1993 年)

青木節子「宇宙法におけるソフトローの機能」小寺彰＝道垣内正人編『国際社会とソフトロー』(有斐閣, 2008 年)

青木節子「宇宙基本法」ジュリスト1363 号(2008 年)

筒井若水「ミグ25 戦闘機着陸事件」ジュリスト630 号(1977 年)

中谷和弘「宇宙ゴミ」石野耕也＝磯崎博司＝岩間徹＝臼杵知史編『国際環境事件案内』(信山社, 2001 年)

中谷和弘「日米航空紛争と国際法」空法 37 号(1996 年)

中谷和弘「米中軍用機接触事件と国際法」法学教室 252 号(2001 年)

中谷和弘「国際航空輸送の経済的側面に関する国際裁判」国際法外交雑誌 103 巻 2 号(2004 年)

中谷和弘「北朝鮮ミサイル発射」ジュリスト1321 号(2006 年)

中谷和弘「空域, 国際民間航空と国際法」藤田勝利編『新航空法講義』(信山社, 2007 年)

中谷和弘「国際法における『境界』の位相」塩川伸明＝中谷和弘編『法の再構築Ⅱ　国際化と法』(東京大学出版会, 2007 年)

中谷和弘「ロースクール国際法第 5 回　海外旅行と国際法」法学教室 335 号(2008 年)

中谷和弘「航空輸送と宇宙開発」村瀬信也編『地球的課題と法』(放送大学教育振興会, 2010 年)

山本草二「宇宙開発」『現代法学全集 54　未来社会と法』(筑摩書房, 1976 年)

# 第 12 章 个人的管辖

## 1 前言

在这一章里,将对国际法上"个人"的地位进行论述。首先,应该考虑的问题就是如何认识和看待这里的"个人"。

"个人"的概念,通常包含自然人和法人。所谓自然人,除去在国家机关中身居一定地位者或行使国家权力的人之外,实际上就是指"私人"。所谓法人,则是指按照一个国家的国内法所建立的具有一定权利能力的组织。不仅包括那些以营利为目的的法人机构,也包括那些以非营利为目的而建立的非政府间国际组织(NGO)。政府间国际组织一般是依照国际法建立的,而非政府间国际组织则一般是依照某一国的国内法建立并获得权利能力的。从这个意义上来说,政府间国际组织与非政府间国际组织二者的法律地位完全不同。

在今天的国际社会,形态如此多种多样的"个人"正在发挥着难以忽视的重要作用,其影响力也越来越大。本章中所涉及的"个人"主要是指自然人,不过在未来的国际社会,对于以自然人或法人的"个人"为对象的国际法规则将会进一步增加。

## 2 个人的法律主体性

> 要点:(1) 什么是国际法的法律主体?(2) 个人的国际法主体性在多大程度上被承认?

### 12.1 有关个人的国际法主体性的学说

所谓法律主体,即法律确定的权利与义务的承担者。而对于国际法来说,在格劳秀斯的时代,是将自然人也包括在其调整对象之内的,因此那时的国际法将国家和个人都视为调整对象。然而,随着绝对主义国家体制的确立,国际关系也逐渐成为主权者之间的一种关系,因此主流的看法也认为国际法的主体原则上只应该限定为主权国家。不过,少数学说认为,国际法的主体并非国家,而只有个人才是国际法的主体,比如乔治·塞尔(1878—1961)等国际法学者就持这种观点。

按照将国际法主体原则上只限定于主权国家的观点来看,个人完全属于国内法之下的法律主体,即使是通过国际法所赋予的权利和义务,也只有通过主权国家的国内法才能够对个人有效发挥作用。有关确定个人权利义务和为实现这些权利义务承认个人当事者能力以及确定追究个人责任程序的国际条约在不断地增加。鉴于这种情况,现在有越来越多的观点在承认国家主体地位的同时也开始承认个人的主体性。当然,即使是承认个人为国际法主体的观点之间也存在分歧,比如是否认为个人的法律主体性等同于国家,或者如果承认个人是不同于国家的有限法律主体,那么其决定条件又是什么。

## 12.2 国际社会中个人地位的发展

在今天的国际社会,当涉及个人法律主体性的时候,主要会围绕下面的四个问题来论述:个人是否能够直接承受国际法上的权利和义务;个人为了实现这样的权利和义务而具有什么样的请求权;在国际法上有无直接追究个人违反规定义务责任的程序;个人是否可以参与国际法规则的制定过程。

首先,我们来看个人是否能够直接承受国际法上的权利和义务。在今天,已经有很多条约或规则中有个人权利,比如很多人权公约中就有关于个人基本人权的规定。此外,在一些通商航海条约、投资条约、自由贸易协定和经济合作协定所规定的缔约国的义务中,也能看到很多保障个人自由进行经济活动及其待遇的条款。在国际法院的判例中,也可以看到依据条约给予个人权利的一些案例。例如,国际常设法院在"但泽市法院管辖权案咨询意见"中,基于但泽自由市与波兰之间签订的国际协定,认为转籍至波兰的铁路员工有权就向波兰铁道运营局提出金钱请求在但泽市法院提起诉讼。国际法院也在"拉古兰特案"和"阿韦纳和其他墨西哥国民案"的判决中,认为《维也纳领事关系公约》第36条第1款关于领事通告的规定是赋予个人的权利。

依据条约赋予个人义务的有关规定,主要体现在本章第6部分所涉及的有关个人国际犯罪的条约当中,即以国际法直接约束个人犯罪的相关规定。从这些规定来看,应该说在今天个人已经通过条约被赋予了一定的权利和义务。

关于国际法上的求偿权问题,或者说关于国际法上作为当事者的行为能力问题在不断增加。在20世纪初的1907年,就曾经出现过通过国家间协议建立的国际性法院,即中美洲法院和国际捕获法院。虽然后者并未生效实际运作,但其中已经有了承认个人在国际性活动中具有当事者行为能力的规定。此外,19世纪以来,通过国家间协定建立起来的众多混合仲裁法院,也承认个人在以国家为对象的仲裁裁判中的当事者地位。第一次世界大战之后,为了进行战后处理,这种个人针对国家的仲裁被作为一种制度建立了起来。甚至,在1923国际联盟理事会通过的《关于委任统治地区居民请愿的程序规则》中规定,委任统治地的居民有通过委任统治国进行请愿的权利。

第二次世界大战之后,个人在国际事务中被赋予当事者能力的情况得到了进一步的发展。在人权领域,欧洲人权法院赋予个人可以起诉国家的权利,并且已经有了多起诉讼。此外,根据《非洲人权和民族权宪章议定书》于2006年建立的非洲人权和民族权法院也承认个人对国家的诉讼权,当然其前提条件是需要有关国家公开声明承认这一规定(议定书第5条第3项,第34条第6项)。2008年初,该法院受理了以塞内加尔国家为对象的个人起诉案件,虽然法院最终在2009年的判决中认为对其无管辖权,但其后类似的个人起诉国家的案件在不断增加。此外,在各种各样的人权条约中,也都各自建立了"个人来文审查机制"。在仲裁领域,"国际投资争端解决中心"(ICSID)也建立了承认个人以国家为对象作为仲裁或调停当事者的制度,很多投资争端的解决也在利用这一点。对于争端解决之后的赔偿问题,处理和解决争端机构也在仲裁中承认了个人对国家的求偿权。这方面的案例有1981年为解决美国与伊朗之间绑架人质事件中的个人索赔问题建立了"美国-伊朗求偿法庭",以及海湾战争后为了对伊拉克入侵科威特时遭受的损害进行救济根据安理会第687号决议设立了"联合国赔偿委员会"。欧洲法院也在有限的情况下承认自然人或法人的当事者能力。此外,还有已经完成了其历史使命的联合国托管制度,根据《联合国宪章》第87条b款的规定,托管地区的居民有着不同于前述国际联盟请愿权而直接向联合国托管理事会进行请愿的权利。

对于被追究责任主体的个人,将在本章第6部分有所涉及,即为了在国际法上追究个人的刑事责任而规定了各种各样的国际性审判程序。

在国际法的制定方面,特别是在有关人权、环境和人道法等领域的条约制定过程中,有越来越多由非政府组织提出的提案或意见也得到了承认。例如,《关于禁止使用、储存、生产和转让杀伤人员地雷及销毁此种地雷的公约》即《渥太华禁雷公约》等条约的制定就是这方面的典型事例。而且,非政府组织还可以在监督条约履行状况等方面发挥各种各样的作用。

通过以上的事例可以看出，在目前的国际社会，应该说个人有时候可以成为国际法的主体，当然，从根本上来说，个人能够获得如此地位也需要通过国家间的条约来认可。因此，虽然个人还不能说已经是与国家具有相同意义的国际法主体，但可以说个人在国家同意或协议的范围内是有限的国际法主体。

## 3 国籍

> 要点：(1) 作为国内管辖事项的国籍赋予，对国家而言具有什么样的意义？
> (2) 无国籍与多重国籍问题应该如何解决？如何理解法人与国家基于国籍形成的关系所具有的意义？

### 12.3 个人的国籍

所谓国籍，即自然人或法人对特定国家的归属，也意味着服从该国属人管辖权的一条法律纽带。从赋予国籍的国家的角度来看，国籍是决定其国民的重要依据，而国民又是国家的重要构成要素之一。赋予国籍的条件与该国的人口政策、经济政策、社会构成、历史和文化等相对固定的要素有关。国家以国籍为纽带，对其国民进行统治并对其实施保护。对于国内政策来说，国籍在决定参政权、征兵制度、税制、社会保障制度的对象方面具有重要意义，国家通过颁发护照对居于外国的国民进行一定程度的管理和保护。因此，赋予个人国籍一直被作为国内管辖事项来看待。而且，这一原则已经多次被国际判例或条约所确认。最初的一个判例，是1923年国际常设法院在"突尼斯—摩洛哥国籍法令案"咨询意见中提出和强调了这一原则。1930年《关于国籍法冲突的若干问题的公约》第1条以及1955年国际法院对"诺特波姆案"的判决，也都再次确认了这一原则。

第二次世界大战之后,围绕被赋予国籍这一个人权利,国籍问题开始从人权的角度来论述。也就是说,国籍被认为是个人享受权利的依据,而且在不同情况下还常常关系到个人的认同问题。《世界人权宣言》第15条第1款"人人有权享有国籍"的表述不仅仅表明赋予国籍是国家的权利,而且表明取得国籍同样是国际法上对个人权利的保障。当然,目前对此仍然存在着各种各样的争论,比如取得国籍作为人权的一项权利是否能够在国际法上得到确立,即使能够确立那么应该具有哪些具体的内容,等等。不过,从国际社会的发展方向来看,强调在国籍问题上的个人权利在目前仍然具有重要的意义。因此,从现状来看,赋予国籍依然是一个国家的国内管辖事项,但是通过条约等国际法文件对其进行限制的情况也在出现,国家在国籍问题上进行任何政策决策时将必须更多地从人权的角度考虑。

### 12.4 个人国籍的确定

有关赋予国籍的原则,大体上可以分为所谓"血统主义"($jus\ sanguinis$)和"出生地主义"($jus\ soli$),前者是以父母的国籍为依据来确定一个人的国籍,后者是以一个人的出生地为依据来确定其国籍。原则上采取血统主义的国家有日本、法国、德国、沙特阿拉伯等国,采取出生地主义的国家则有美国、加拿大、肯尼亚等国。一般而言,通过移民建国的国家多采用出生地主义。不过,随着人员国际性流动的增加,越来越多的国家在原则上采取血统主义的同时也在其国籍法律中补充增加了出生地主义的一些规定。例如,按照法国、德国等一些国家的国籍法,仍然是采取血统主义的原则,但随着外国移民劳动者数量的大幅增加,这些人的第二代子女的国籍问题就成为一个严重的社会问题,因此这些国家对有关法律进行了修改,即承认在一定条件下基于出生地主义赋予某些人国籍。

日本最早是依据明治32年即1899年制定的旧国籍法来确定本国国民的国籍的,这一国籍法采取的是以父亲的国籍来确定一个人国籍的所谓"父系血统主义"原则。但是,日本在1979年签署和批准《消除对妇女一切形式歧视公约》时,修改了国籍法,即可以以父母任何一方的国籍为依据来确定和赋予国籍。

除去在出生时获得国籍之外,还可以通过所谓"归化"的方式获得国籍。这一方式的决定标准在原则上也被认为属于国内管辖事项。归化有非按照本人意愿的归化与按照本人意愿的归化。前者一般是指婚姻、领养过继等关系变动引起的国籍改变,或者是国家领土变更,尤其是"领土割让"引起的国籍改变;后者则是按照自己的意愿向某一国提出归化申请。

关于婚姻引起的身份改变,在过去曾经按照家庭一致性的原则,认为夫妻应该拥有同一国籍,所以有很多国家都通过国内法规定妻子由于婚姻关系要加入丈夫的国籍。不过,根据1957年签订的《已婚妇女国籍公约》规定,目前大部分国家都承认"夫妇国籍独立主义"原则,并通过法律作了规定,即婚姻并不影响国籍。关于领养过继的问题,在采取血统主义的国家,一般会规定被领养者自动获得养父母的国籍,或者需要提出申请但很容易取得国籍。在日本,根据其国籍法第3条第1款的规定,只承认通过合法婚姻所生或认领取得国籍。不过,这一规定在2008年6月4日最高法院法庭判决中却被认为违反了宪法第14条,因此在同年12月12日得以修正,即承认不论父母有无婚姻关系都可以通过认领取得日本国籍。

关于国家领土变更导致的国籍改变,特别是在领土割让的情况下,最大的问题是如何对待被割让土地上居民的意愿。一般情况下,根据领土割让时的条约都会给予居民对国籍的选择权,但是在没有特别条约规定的情况下,他们一般都会取得接受国的国籍。

## 12.5 无国籍与多重国籍

赋予国籍决定的依据在原则上被认为是国家的国内管辖事项,由各国按照自己独立的判断来设定,而并不由接受国籍的个人来决定,因此就有可能出现"多重国籍者"或"无国籍者"。前者被称为国籍的积极冲突现象,后者则被称为国籍的消极冲突现象。尤其在发生战争等重大政治变动的情况下,出现多重国籍者或无国籍者的现象都会引起国际性的问题。为了防止出生地主义和血统主义之间矛盾所导致的无国籍现象,1930年签订的《关于某种无国籍情况的议定书》第1条规定:"在不能仅因出生于其领土内的事实而取得其国籍的国家,出生于其领土内的人,如其母具有该国国籍,而其父无国籍或国籍无可考者,应具有该国的国籍。"此外,《关于国籍法冲突的若干问题的公约》第3条规定:"凡具有两个以上国籍的人,得被他所具有国籍的每一个国家视为各该国家的国民。"

如前所述,在第二次世界大战之后,人权观念被引入国籍问题领域,不被随意剥夺国籍的权利、取得国籍的权利和变更国籍的权利都被作为人权的内容来讨论。对于过去作为国内管辖事项一直由国家垄断性决定的取得国籍或归化的条件,为了保护个人的人权也应该在国际法上作出必要的规定。对于无国籍或多重国籍的问题也更多地从保护人权的角度来论述。在过去,各国国内法或条约中所看到的,大多是主张"单一国籍原则",即尽可能使每个人只具有单一国籍。但是,从目前国籍作为人权一部分权利的观点来看,虽然要努力消除无国籍现象,但是并不否定多重国籍现象,这将是未来发展的主要趋势。

根据日本国籍法第11条的规定,日本国民根据自己的意愿取得外国国籍,或者具有外国国籍的日本国民根据该外国法律选择了该外国国籍,即被视为丧失日本国籍。也就是说,日本法律的规定是为了防止出现日本国籍与外国国籍相冲突的现象,即日本采用的是单一国籍原则。

在欧洲,随着东欧社会主义国家体制的变化,这一地区的领土变更导致国籍丧失成为一个重大的问题。为了应对这一变化,欧洲国家在1997年签订了《欧洲国籍公约》。2000年,联合国大会也通过了《国家继承涉及的自然人国籍问题》决议,承认那些由于国家继承而失去国籍的自然人具有"国籍选择权"。关于多重国籍的问题,虽然欧洲国家在1963年签订的《关于减少多重国籍情况并在多重国籍情况下的兵役义务的公约》第1条第1款的规定,也同日本一样采取了单一国籍原则,但是在1993年签订的修改该公约的议定书中,并没有否定多重国籍。

## 12.6 实际有效的国籍

如果承认多重国籍,就会发生针对特定个人的国家之间权利的竞争和冲突。例如,在"诺特波姆案"中,国际法院认为,诺特波姆与其国籍国列支敦士登之间缺乏真正实际有效的联系,因此列支敦士登无权针对危地马拉对诺特波姆行使外交保护权,从而拒绝列支敦士登的请求。这一案例虽然并非主要围绕多重国籍问题而受到关注,而是主要涉及了通过归化被赋予国籍对他国的作用问题,不过从认定国家保护个人权利的意义上来说,这一案例也包含了多重国籍者与国家之间关系的问题。根据《关于国籍法冲突的若干问题的公约》第 4 条的规定,对于多重国籍者,由于国籍国相互之间的关系,不能行使外交保护权;而且同第三国之间的关系,根据该公约第 5 条的规定,实际上只承认事实上与其具有最亲密关系国家的国籍。此外,1930 年签订的《关于双重国籍某些情况下兵役义务的议定书》第 1 条也规定,对于多重国籍者的军事义务,只服从与其具有最亲密关系国家的义务。这些规定并没有否定个人可以具有多重国籍,但是它们表明,在某些情况下,可能有必要确定与自己具有最亲密关系的某一个国家的国籍。

**补充引申:确定多重国籍者实际有效国籍的现代必要性**

上述条约规定的都是行使外交保护或服兵役等在传统国际法下国家与国民的关系问题,但是除去这些问题之外仍然有一些容易引起争端的问题,比如个人的国籍有无必要确定在某一个特定国家,以及如何确定对其他国家可以发挥有效作用的国籍国等。例如,第二次世界大战之后,基于 1947 年对意大利的和平条约建立的"美国-意大利调停委员会"和"法国-意大利调停委员会"对于多重国籍者的求偿问题,基于实际有效的国籍原则,承认了其求偿权,如 1955 年的"默尔什案"和 1957 年的"兰巴尔迪索赔案"。此外,"美国-伊朗求偿法庭"也同样以国籍的实际有效性为依据来决定求偿者的当事者行为能力。

在目前存在强烈承认和肯定多重国籍的国际社会,上述案例中所涉及的确定"实际有效国籍"的原则能否成为国际习惯,以及如果能够成为国际习惯那么应该适用什么范围和具有什么意义,这些问题都有必要重新进行探讨。之所以如此,是因为随着多重国籍者的增加和人员国际性活动的增加,将不得不思考应该如何从多个侧面判断多重国籍者与国家之间的关系。也就是说,真正的联系与实际有效的国籍的判断依据的意义及适用范围,必须要在考虑确定国籍国的各个不同领域性质的基础上加以论述。

## 12.7 法人的国籍

国籍是个人与国家之间的联系纽带,也是国家对个人进行管理和保护的依据,在这一点上,法人也同样如此。法人的国籍,通常是根据其基于哪个国家的法律来获得其法律人格及展开其后活动来判断的,即根据该法人的"从属法"是哪个国家的法律来进行判断。与决定从属法有关的主要观点,有"准据法主义"和"法院地法主义"。前者即首先需要确定该法人是根据哪一个国家的法律所成立,即以该法人成立所依据的法律为依据来决定其从属法,这一观点主要被英美法系的国家所采用。后者则不仅仅依据成立时所依据法律之地,而且还要以经营管理地为依据来决定该法人的从属法,这一观点及其做法主要是大陆法系的国家所采用。

然而,不论是"准据法主义"还是"法院地法主义",历来决定法人从属法的观点对于法人经济活动的实际状态与决定其准据法或法院地法保持一致的时代具有充分的意义。不过,法人经营形态快速多样化导致的结果,使公司的出资方法或股份所有形态产生变化,法人所依据的从属法与其实际的经营活动发生分离。此外,伴随着企业活动的国际化,形式上具有独立人格而实际上受总公司控制的当地法人的情形越来越多。也就是说,很多公司法人是依据一些对公司成立条件及经营管理都不严格或税收很低的国家的法律成立的,但是其实际经营完全与其准据法的国家没有关系。例如,在"巴塞罗那电力公司案"中,公司成立的准据地是法国,而其公司所在地却在加拿大,但加拿大并未行使外交保护,所以该公司的股东国籍国比利时试图行使外交保护权,但国际法院并不承认比利时的这一外交保护权。这一案例表明,在考虑有关法人损害补偿时,法人的国籍与实际损害人的国籍有可能并不一致。如果考虑到目前法人的国际性经济活动的影响力,就不能仅仅从法人与国家的关系属于保护关系的角度去看,也有必要从法人活动管理的目的去探讨该法人作为实质性支配经济活动的实体与国家之间的关系。

法人国籍的判断依据,从另外一个角度来看也很重要,即在投资条约或自由贸易协定或经济合作协定下什么范围的法人可以得到作为缔约国法人的保护。这些条约的重要的目的之一是保护领土内的缔约国国民,因此对缔约国国民作了明确的定义。在众多的投资条约中,仍然采取传统的做法,即缔约国的法人被认为就是缔约国的国民。也就是说,基本上都是沿袭了每一个缔约国国内法所认为的关于外国法人的定义,采用了准据法主义或法院地法主义。"巴塞罗那电力公司案"中关于股东保护的问题,并非扩大缔约国法人的定义范围,而是采取比较灵活的形式实现了投资条约保护范围内的法人的活动。在公司破产案例的"西西里电子公司案"中,国际法院之所以承认了股东国籍国美国的求偿,是因为这一求偿是基于美国与意大利之间的《友好通商航海条约》中关于保护美国股东权利的有关规定。

### 12.8 船舶、航空器、外空物体与国家

对于像船舶、航空器和外空物体这些跨越领土的移动物体,也同样分别制定确立了自然人或法人以某种形式与特定国家联系的制度。作为各自不同的联系依据,特别是当这些物体居于超越特定国家管辖权的区域时,从国家具有行使属人管辖权的意义上来说,国家具有类似于国家与个人关系中保护与管理的权利。

在船舶的情形下,登记国即为船旗国。为了船舶的安全航行,船旗国具有行使保护和管理的权利。船旗国的这一权利,特别是对在公海上的船舶行使管辖

权,可以发挥重要的作用。不过,随着在所谓"方便旗国"登记的船舶的数量增加以及船舶航运体制的国际化,这一"船旗国主义"的实效性正在逐渐丧失,因此迫切需要对这一问题重新进行探讨。

对于民用航空器,也确立了登记制度。根据《芝加哥公约》第17条和第18条的规定,民用航空器具有接受其登记国家的国籍,禁止双重登记。而且,根据公约第29条以下各条规定,民用航空器必须携带与航运有关的文件,以此来证明和确保登记国与被登记航空器之间的实质性关系。通过这样的规则,就有可能形成民用航空器单一登记国以基于实质关系进行管理监督的制度。

对于外空物体,也存在着基于1974年《关于登记射入外层空间物体的公约》的登记制度。根据该公约第2条第1款的规定,当向地球轨道或地球轨道外发射外空物体时,发射国负有义务在本国内进行登记并向联合国秘书长进行通报。此外,根据公约第2条第2款的规定,在发射国为若干国家的情况下,即发射国或委托发射国以及被利用了领土或设施发射的国家,需要当事国共同决定在某一个国家进行登记。不过,这一登记国的权限仅仅限于对该外空物体及其乘坐人员进行管理的管辖权限,如果因为该项活动造成损害,根据《外空物体所造成损害之国际责任公约》第5条的规定,发射国都需要承担连带责任。在这一点上,外空物体不同于船舶与船旗国或者民用航空器与登记国之间的关系。

与船舶的船籍一样,航空器和外空物体也必须进行登记,以显示其与国家的联系。不论在什么情况下,登记国在原则上都发挥着相当于国籍国的作用。不过在今天,船舶与船籍国的关系或外空物体与登记国的关系常常比较松散而并不密切。

## 4 外国人

要点:(1) 外国人出入境有哪些限制?(2) 应该如何对待外国人?

### 12.9 外国人的出入境制度

国家一般对其领土内的人具有管理和保护的权利与义务。对于外国人是否可以入境,完全由领土国自己来判断。关于入境,在国际法上一般国家并无必须要接受外国人入境的义务。因此,当一个人进入外国领土时,必须要在国籍国颁发的护照上事先得到所前往国家给予的签证,到达该国后则必须得到该国的入境许可。当然,也有两国间签订"免除签证协定"的情形,即在短时间内停留不需要签证。此外,在通过通商航海条约或自由贸易协定等相互保障缔约国国民可自由入境、居住及开展一定活动的情况下,所给予的签证也有所不同。

每个人除了进入自己的国籍国之外,在进入其他国家时必须得到入境许可。不过,一般国家都会允许并未违反入境事由的外国人入境。

国家在允许外国人入境时,可以确定其停留的资格及其相应的停留时间。被允许停留的外国人如果希望超出被允许停留时间继续停留,则必须按照所在国法定程序取得延长停留时间的许可。对于长时间的停留者,对其停留期间的活动附加何种限制,也是由所在国来决定的。比如,按照日本的制度,除去出入境管理及难民认定法附表2的停留资格之外,禁止从事单纯的劳务活动。

对于外国人按照自己意愿自由出境,原则上并无限制。根据1966年签订的《公民权利和政治权利国际公约》第12条第2款和第3款的规定,国家除非以国家安全、公共秩序、公众卫生、犯罪嫌疑、刑罚执行等特别理由,否则不能阻止外国人出境。对于并非按照外国人本人意愿的出境,则适用于对其强制驱逐和引渡罪犯的情形。

## 12.10　外国人的法律地位

外国人有义务遵守停留所在国的法令。此外,外国人在原则上与所在国国民承担同样的义务,当然像服兵役和接受义务教育等以国籍为依据的义务原则上不需要承担。至于享受的权利,虽然国家必须给予外国人通常生活所必要的权利,但是各国根据自己的判断决定对外国人的参政权或某些公职进行限制,以及在社会保障权和取得财产等经济活动方面进行一定限制,这是国际法所承认的。

个人在外国进行经济活动以及取得财产,自古以来就已经存在,然而伴随着国际性经济活动的进一步活跃,也出现了很多基于上述裁量权的有关外国人待遇的争端。按照传统的国际法,在外国受到损害的个人的国籍国可以通过行使外交保护权来保护自己的国民。此外,通过缔结友好通商条约等方式,也可以在两国间建立相互保护本国国民的法律制度。

随着个人经济活动的进一步活跃以及个人经济能力的增强,个人国际性经济活动对国际性经济关系的发展起到了不可替代的促进作用。为了进一步促进个人的国际性经济活动,越来越多的国家已经建立起了多边投资保障制度或确立了争端解决程序。此外,受到一些双边或多边投资条约和自由贸易协定及经济合作协定的影响,经济合作与发展组织(OECD)也起草并组织谈判尝试缔结一份《多边投资协定》(MAI)以确立一项国际性制度,但从现实情况来看,除去《能源宪章条约》之外,有关投资的一般性多边条约体制还很难建立。

有关外国人的财产保护,请参照本书第15章。

## 12.11　外国人的待遇标准

一般认为,国家对于保护停留于本国的外国人,负有相当的注意义务。当然，长期以来也对此存在争论，即如果外国人权利受到任何形式的损害，这里所说的"相当"究竟是什么程度。关于领土国对外国人进行保护的标准，一直就存在着两种观点的争论，即究竟应该采用"国际标准主义"还是应该采用"国内标准主义"。根据19世纪以后混合仲裁法院的情况来看，发达国家多主张国际标准主义，即认为对于外国人的保护在国际法上有一定的标准，如果不能够满足这些标准，领土国对外国人造成损害就负有责任。不过，对于发展中国家来说，很难达到国际标准主义所要求的标准，因此这些国家就主张国内标准主义，即只要按照每个国家内部的标准尽到了相当注意的义务就足够了。

关于国际标准主义还是国内标准主义的问题，其实还涉及不同国籍的外国人之间的相互差别问题以及本国国民与外国人之间的差别问题。根据一些友好通商条约和投资条约或自由贸易协定的规定，可以通过承认条约当事国国民的最惠国待遇或国民待遇来消除外国人相互之间或外国人与本国国民之间的差别，并以此来提高保护外国人的标准。不过，随着地区性经济合作的发展，又出现了新的问题，即具有同一地区内国家国籍的外国人与具有该地区外国家国籍的外国人之间如何进行区别的问题。

## 5　罪犯的引渡和庇护

> **要点：**(1) 关于罪犯的引渡，国家在国际法上具有什么样的权利和义务？(2) 什么是政治犯不引渡原则？(3) 国际社会是如何应对难民问题和移民问题的？

### 12.12　关于引渡罪犯的国际法规则

所谓对罪犯的引渡，是指一个国家对在本国领土外犯罪而逃亡至本国的罪犯应他国请求将其逮捕并将其交给请求国的一种法律协助行为。不过一般从国际法上来说,国家并没有引渡罪犯的义务,而只有在两国或多国之间缔结有引渡罪犯条约或存在以确保相互主义为条件承认引渡的国内法以及出于国际礼让的情形之下,才会进行对罪犯的引渡。

日本在1978年与美国以及在2002年与韩国之间缔结了引渡罪犯条约,同时也有作为国内法的《逃犯引渡法》。根据日本《逃犯引渡法》的规定,除去引渡罪犯条约有特别规定之外,日本的引渡制度采取政治犯不引渡原则、重大犯罪和双重犯罪原则以及本国国民不引渡原则。不过,根据《日美罪犯引渡条约》第5条和《日韩罪犯引渡条约》第6条的规定,作为例外,经过被请求国的自由裁量,本国国民也有可能被引渡。此外,根据《日韩罪犯引渡条约》第6条第2款的规定,当被请求国仅仅以本国国民为由拒绝引渡而请求国具有这种要求时,被请求国则须向本国有关部门就该项事件提起诉讼。另外,在《日美罪犯引渡条约》等引渡条约中,还规定了特定犯罪原则,即只能按照请求引渡理由的犯罪行为对被引渡人进行处罚。在这些原则中,双重犯罪原则、除政治犯外重大犯罪的引渡原则以及特定犯罪原则,一般都是在各国国内法或条约中得到承认的原则,而本国国民不引渡的原则在各国的国内法制度和实践方面有很大的不同,还不能说已经成为一项国际习惯法的原则。

对于拒绝引渡罪犯的理由,除去上述的一些传统原则之外,近年来也有从人权保护的观点认为应该拒绝对罪犯的引渡。例如,在"瑟林案"中,已经废除死刑的英国收到引渡请求,被请求引渡在美国弗吉尼亚州犯罪的德国人瑟林,而美国弗吉尼亚州还在实行死刑制度,于是英国政府如何承担其《欧洲人权公约》上的义务,就成了一个问题。欧洲人权法院认为,虽然《欧洲人权公约》第3条并没有禁止死刑,但是如果该嫌疑人被引渡,那么实质上他就有面临拷问或其他非人道对待甚至受到刑罚的真实性危险,因此引渡就有可能违反公约的规定。英国在本案中也鉴于弗吉尼亚州的死刑制度实施状况以及嫌疑人瑟林犯罪时的年龄和精神状态,认为如果引渡瑟林将违反公约的规定。联合国"自由权规约委员会1993年的见解"中也采取了同样的立场。当然,在对可否引渡进行判断的时候,考虑嫌疑人的基本人权究竟是否是引渡被请求国在国际习惯法上的义务,仍然还需要进行讨论。不过,欧洲人权法院在"瑟林案"中的论述也必须引起足够的重视,即为了确保社会的普遍利益而应该对逃亡至外国的罪犯进行惩罚,但同时也应该保护该罪犯的基本人权,要能够公正地保持二者之间的平衡。也就是说,当一个国家在收到他国提出引渡罪犯的请求时,除去要考虑各种具体的情况之外,对于保护被引渡罪犯的基本人权,也应该给予一定的考虑。

### 12.13 政治犯不引渡原则

如上所述,作为引渡逃亡罪犯请求的例外,其中一个具有重要意义的原则就是政治犯不引渡原则。在国际社会,以前引渡政治犯的现象非常普遍,但是在法国大革命之后,政治犯不引渡的原则被广泛接受和采纳。也就是说,为了保障政治信仰自由这一基本人权以及避免引起与其他国家的政治性对抗,在国际习惯上就只将普通的刑事犯作为引渡的对象,而对政治犯则可以拒绝引渡。

然而,对于政治犯不引渡的原则,首先需要明确的是如何定义这里所说的政治犯,其次需要明确这一原则是否已经成为国际习惯法上确立的规则。进而,如果这一原则已经成为国际习惯法上确立的规则,那么国家是具有不引渡政治犯的权利,还是具有不引渡政治犯的义务?

第一个问题,即如何定义政治犯的问题。所谓政治犯罪,一般被认为是以危害一国政治秩序为目的的犯罪行为,这一行为一般又可以被区分为"绝对性政治犯罪"和"相对性政治犯罪"。所谓"绝对性政治犯罪",主要是指试图谋反、阴谋进行革命或政变以及成立被禁止的政治性团体等专门危害特定国家政治秩序的行为。而所谓"相对性政治犯罪",主要是指与危害特定国家政治秩序的行为有关的一些普通犯罪行为。一些符合相对性政治犯罪的行为,如以推翻君主制为目的而杀害君主的行为,以及以推翻君主制为目的而实施一些杀人放火的行为。对于前一种行为,一般认为可以适用政治犯不引渡的原则,但是对于后一种行为是否适用政治犯不引渡原则,则由于对其犯罪动机的政治性和一些具体情况的不同理解而存在不同意见。当然，逃亡罪犯是否是政治犯的首要判断权属于被请求国，不过这一判断也被要求要具备一定的客观性。

政治犯不引渡原则是否属于国际习惯法规则，以及这一规则究竟是国家的一项权利还是一项义务，对此仍然存在着不同的观点。在日本的判例中，比如在"尹秀吉案"第一审中，东京地方法院的判决认为，政治犯不引渡原则是国际习惯法上确立的一项国家的义务规则，但是在上诉的第二审判决中对此又进行了否认。不过，日本的多数人仍然支持第一审判决所持的观点。

政治犯不引渡原则的例外的重要性正在增加，比如在一些条约中可以看到，规定缔约国有义务将一些属于个人国际犯罪的行为视为可以引渡的犯罪行为。其实，在很久之前就已经存在通过将犯特定罪的犯罪人不视为政治犯的国内法或条约的例子，比如1856年制定的《比利时加害条款》和1957年制定的《欧洲引渡公约》中都规定，加害外国元首及其家属的行为人将不被视为政治犯。尤其在第二次世界大战之后，种族灭绝、劫机、刑讯逼供等一些行为虽然有可能属于具有政治性质的行为，但是在一些条约中都规定缔约国有义务将这些损害国际社会整体利益的犯罪行为视为可引渡犯罪行为。

### 12.14　领土庇护权与难民问题

国家以一定理由在本国领土上对外国流亡者进行保护的行为即"领土庇护"。在传统国际法里，这一权利是基于领土主权的一个国内问题，即国家给予个人以庇护的权利，而非个人接受庇护的权利。不过，《世界人权宣言》第14条规定："人人有权在其他国家寻求和享受庇护以避免迫害。"1967联合国大会通过的《领土庇护宣言》第3条也规定，对有权援用《世界人权宣言》第14条之人，包括反抗殖民主义之人"不得在边界予以拒斥，或于其已进入请求庇护之领土后予以驱逐或强迫遣返其可能受迫害之任何国家"。也就是说，围绕有关领土庇护问题的讨论，实际上越来越向着强调尊重人权的方向发展。但是，尊重个人接受庇护的权利并给予庇护是否作为国家的义务已经在国际习惯法上完全确立，对此还存在各种不同的看法。此外,在领土庇护之外还存在一个"外交庇护"的概念,即利用外交使领馆具有的外交特权与豁免来寻求这些驻外机构的庇护。虽然寻求庇护者可以利用外国机构的特权与豁免而免于被搜查或逮捕,但是在国际习惯法上国家并没有被赋予外交庇护的权利。例如,国际法院在"庇护权案"的判决中就认为,哥伦比亚关于给予庇护国家有权单方面决定犯罪性质的主张,在国际习惯法上并不能得到证明。

能够作为领土庇护对象的,不仅仅是一个人或少数人,由于各种不同的原因,也有可能出现多人请求领土庇护的情形。不过,一旦出现大规模的难民现象,一个国家的领土庇护也难以应对。例如,第一次世界大战之后,俄罗斯革命导致了大规模的政治、民族和宗教性的难民出现,而当时一些国家没有很好地基于领土庇护权对此加以应对,因此迫切需要通过国际性应对来对这些难民进行保护和救助。在这一领域的国际性应对,最早开始于1921年国际联盟任命南森为"难民救济高级专员"。南森逝世之后,1930年又成立了"南森国际难民办公室"。1933年,为了保护受到纳粹迫害而出现的众多难民,又成立了"德国难民高级专员公署"。1939年,二者合并成立了"国际联盟难民高级专员公署"。在第二次世界大战中,1943年又成立了"联合国善后救济总署"并一直存在到1947年,主要从事欧洲及远东地区的难民救济工作。第二次世界大战之后,根据1948年联合国大会的决议成立了"国际难民组织",到1951年为止进行了众多保护和救济难民的工作。在这些国际合作的基础之上,1951年又缔结了《关于难民地位的公约》,同一年还设立了"联合国难民事务高级专员公署"。根据《关于难民地位的公约》规定,将所谓"难民"仅仅限定于1951年1月1日前所发生事件造成的难民,不过在1967年缔结的《关于难民地位的议定书》中取消了这一限定。

根据《关于难民地位的公约》及其议定书第1条的规定,所谓"难民"是指有正当理由畏惧由于种族、宗教、国籍、属于某一社会团体或具有某种政治见解的原因留在其本国之外的人。至于受该公约保护的难民的地位,一般认为应该根据每个人的不同情况来作出具体判断。根据公约第33条的规定,只要是按照该公约规定标准所认定的难民,任何缔约国不得以任何方式将其驱逐或送回至其担心生命或自由受到威胁的国家的领土边界,而且庇护国家应该为其提供各项生活上权利。

日本在1982年也加入了《关于难民地位的公约》及其议定书,并且为了适应这些国际法文件而对过去的《出入境管理法令》进行了修改,改称为《出入境管理及难民认定法》,也开始有了认定难民的制度。不过,在这一制度之下,日本认定难民的具体案例与主要国家相比较少,因此为了适应变化了的国际形势,日本有必要建立一种通过更加公正的程序能够恰当迅速地保护难民的制度。2004年,日本又对《出入境管理及难民认定法》进行了修改,这次修改主要体现在下面四个方面:第一,废除了难民认定申请要从入境或知悉发生有关难民事宜之日起60日之内的限制;第二,新建立了临时滞留许可制度;第三,对于被认定为难民者,除一定情形外,一律都承认其"定居者"的滞留资格;第四,新建立了有难民审查员参与的异议申述制度。

**当今世界:难民公约的限制与国际社会的对应**

在当今国际社会,由于武装冲突、饥饿以及经济性贫困等原因,有很多人不得不离开自己的居住地,因而难民成为国际社会的一个重要问题。然而,这些人中的绝大多数却并非因为《关于难民地位的公约》中所规定的政治原因在本国受到迫害而离开本国领土,而是因为物质性的原因无法继续在本国居住所以不得不离开。而且,一旦发生大规模的人员流动,按照《关于难民地位的公约》所规定的那样对这些人进行个别的难民身份认定,实际上已不可能。这种跨越国界的大规模人员流动,不仅威胁到这些流动人员的生活,而且对流动目的地国家的国内经济及社会状况都会带来巨大影响,并会加重其经济负担。因此,这种大规模人员流动的问题,就不仅仅是从人道主义角度出发对流动人员的保护问题,而有必要将其纳入对接受这些人员的国家进行援助的问题来考虑。尤其对于那些武装冲突导致的难民或经济性难民,就不仅仅是接受国如何保护这些人的问题,而且还需要考虑如何恢复这些人原居住地的和平稳定及其"再居住化"的问题。按照《关于难民地位的公约》精神展开活动的"联合国难民事务高级专员公署"最初的工作也主要是以公约规定的难民为对象,但是随着武装冲突、饥饿以及经济性贫困导致难以继续居住在原住地人员的大量出现,联合国大会通过决议等方式,将这一活动范围加以扩大,即逐渐增加了对所谓"条约难民"以外人员的保护。如何应对这些人员的流动,应该说也是国际社会面临的课题之一。

### 12.15 移民问题

移民问题涉及跨越国界的人员流动,同时也是国际社会面临的一个重要问题。这里的移民,是指根据自己的意愿永久居住或以长期工作和居住为目的移居外国的人。正如前述的那样,对于外国人的入境管理及其待遇,国家具有广泛的自由裁量权,对于移民的入境管理及其待遇也不存在国际习惯法规。为此,除去一些双边或多边条约的特别规定之外,只能通过各国的国内法来对此作出规定。不过,国家之间的经济差距以及为了确保充足的劳动力而导致了移民大量增加,也出现了外国劳动者的差别待遇以及恶劣劳动条件等各种严重的问题。因此,从人权保护的观点来看,在这个问题上国际法有必要参与其中。例如,1977年欧洲一些国家间缔结的《关于移民劳工法律权利公约》和1990年联合国通过的《移民劳工保护公约》就显示了对这一领域国际合作必要性认识的提高。此外,1989年"国际移民组织"(IOM)也展开活动,开始应对和处理这一问题。在外国劳工的问题中,还有一些新出现的问题,比如跨国犯罪组织通过诱拐或欺诈将一些妇女或儿童强迫带出国外强制性卖淫等。对此,2000年通过《联合国打击跨国有组织犯罪公约关于防止、禁止和惩治贩运人口特别是妇女和儿童行为的补充议定书》,显示了一种新的国际性应对,即采取措施将这些跨国犯罪组织造成的非法移民送回其国内。

## 6　国际犯罪

> 要点：(1) 国际法对犯罪的搜查或处罚的规定适用于什么情况下？(2) 损害各个国家利益的犯罪有哪些？(3) 国际法直接约束的个人国际犯罪有哪些？(4) 要根除国际恐怖主义存在哪些困难？

### 12.16　犯罪的国际化与国际合作

对犯罪行为进行处罚，通常是基于各国的国内法来实施的，即世界各国都从维护本国社会秩序的角度出发，建立了适合其社会状况的刑事法律体系。而且，对于犯罪，原则上与犯罪行为者的国籍无关，而是按照行为地国的国内法来进行处罚。这一刑法的属地性原则，即使在今天也具有十分重要的意义。不过，仅仅依靠这一原则并不能够对所有的犯罪进行充分的处罚以及防止犯罪。比如，罪犯实施犯罪后逃匿至外国或证据证物处于外国的情形，或者导致犯罪的某一行为发生在外国等情形，仅仅适用一个国家的刑事法律体系和依靠一个国家的有关机构在本国国内搜查等，已经远远不够，将难以抑制犯罪。在这种情形之下，虽然有关犯罪的构成要件、起诉程序、处罚方式及量刑标准等仍然应该按照国内法体系来决定，但是在进行搜查或逮捕等阶段则有必要进行国际合作。如果进入外国领土进行搜查或逮捕，就会侵犯领土国的主权，因此需要按照外交上的程序请求领土国有关机构就搜查或逮捕罪犯及引渡进行合作，即所谓"共助搜查"。尽管在每一个刑事案件中，都可以请求这样的共助搜查，但是一般国际法上并没有明确国家必须给予共助搜查的义务。为了促进这一领域的国际合作，成立了"国际刑警组织"（ICPO），当然也有一些两国间所缔结的罪犯引渡条约或共助搜查条约。

## 12.17　关于个人犯罪行为的国际法规则

对于那些需要国际性共助搜查的犯罪,国际法规则所具有的意义就在于如何确保在这方面的国际合作。一般而言,对各种犯罪行使刑事管辖的权利是由特定国家的国内法来决定的,不过对于那些损害到国际社会整体利益的个人犯罪行为,目前国际法规则直接实施管辖的情况也越来越多。在国际法规范约束个人行为的情况下,首先需要制定有关犯罪定义及其构成要件的规则,其次还需要确立能够对这些犯罪行为切实行使刑事管辖权的制度。之所以需要制定有关规则,是为了对损害国际社会整体利益行为的内容有国际性的统一标准。确立有关制度,是为了应对不同性质的犯罪,国际法就可以发挥各种各样的作用,比如承认行为地国以外有关国家的刑事管辖权、防止罪犯在逃亡地国家不予起诉、就行使刑事管辖权调整有关国家的关系、对防止犯罪采取措施附加义务以及在必要时确立国际性裁判程序等等。由此看来,根据国际法对个人国际犯罪的有关规定,可以将个人国际犯罪分为"损害各国利益的犯罪"和"个人的国际犯罪"两种类型。

## 12.18　损害各国利益的犯罪

损害各国利益的犯罪,第一个重要的特点就是要根据国际条约来规定其犯罪的构成要件,而且各国国内法一般都会将已经被国际法规定了一定构成要件的犯罪行为也视为犯罪,并通过立法对这些犯罪行为进行惩罚。有关损害各国利益犯罪的国际条约的另外一个特点,就是承认了扩大对犯罪行使刑事管辖权,即对于这种类型的犯罪,任何有关国家都有可能行使刑事管辖权,也就是将通常限制在犯罪行为地国的刑事管辖权扩大至犯罪行为地国以外的国家。此外,为了使有关国家能够对这类犯罪行为行使管辖权,在对这种犯罪作出规定的众多条约中,对于罪犯的引渡也规定了特别的制度。也就是说,将各种条约上的犯罪行为视为可引渡犯罪行为,以及为了确保对罪犯的起诉和处罚,规定嫌疑人所在领土国有义务对其进行"引渡或起诉"(aut dedere, aut judecare)。当然,关于可对犯罪行使刑事管辖权的国家范围,根据不同的犯罪也有所不同。例如,对于海盗行为,世界上所有国家都可以行使刑事管辖权,即"普遍性管辖"。对于一些其他犯罪行为,虽然被限定于嫌疑人的国籍国、被害者的国籍国或嫌疑人的所在地国等与该行为存在各种关系的国家,但已经扩大至了犯罪行为地国以外的国家,即承认了更多国家的刑事管辖权。

传统上被视为损害各国利益的犯罪,有海盗、贩卖奴隶、毒品或精神药物交易等,《联合国海洋法公约》中也对这些犯罪行为作了规定。特别是海盗,被视为人类的共同敌人,根据《公海公约》第19条和《联合国海洋法公约》第105条的规定,所有国家都有权在公海上对海盗船舶进行拿捕、起诉和处罚。

第二次世界大战之后,又通过一系列有关制止恐怖活动的条约增加了一些损害各国利益的犯罪类型,比如有1970年和1971年签订的关于制止非法劫持民用航空器行为的《海牙公约》和《蒙特利尔公约》,1973年签订的《关于防止和惩处侵害应受国际保护人员包括外交代表的罪行的公约》,1979年签订的《反对劫持人质国际公约》,1984年签订的《禁止酷刑公约》和1994年签订的《联合国人员和有关人员安全公约》等。此外,随着科学技术的发展,还可以看到有关制止网络犯罪的条约。例如,2001年欧洲理事会开放签署《关于网络犯罪的公约》。日本在2001年末也签署了这一公约。

战争犯罪也被包括在损害各国共同利益的犯罪之中。所谓战争犯罪,是指在武装冲突中实施的违反国际人道法的行为。按照传统的国际法,当武装冲突当事国实施了战争犯罪行为时,可以基于本国的国内法对实施犯罪的行为者进行起诉和处罚。然而,根据1949年的《日内瓦公约》,如根据《日内瓦第一公约》第49条的规定,为了对重大违反公约的行为者进行处罚,包括抓捕、拘禁战争罪犯国家在内的所有缔约国都有义务通过立法对战争罪犯进行起诉或引渡。

**当今世界:损害各国利益的犯罪与为了根除恐怖主义的努力**

有关损害各国利益犯罪的条约,其目的是切实对条约所规定的罪犯进行处罚以及防止犯罪。由于这些条约的种类和适用范围的持续扩大,对威胁国际社会利益的重大犯罪切实进行处罚的国际体制正在逐渐形成。当然,仅仅依靠这些条约并不可能解决所有问题。比如,在1972年的"慕尼黑奥运会事件"和1985年的"阿基莱·劳罗号劫船事件"中,嫌疑人所在地国就拒绝对嫌疑人进行引渡。此外,还有像"洛克比空难"那样,作为嫌疑人所在地国的利比亚根据《蒙特利尔公约》第7条规定的引渡或起诉的选择权利,主张对嫌疑人行使起诉的权利,而作为受害国和犯罪行为地国的美国和英国却不承认利比亚的这一主张,一直要求引渡嫌疑人。而且,美国和英国将这一问题提交到了联合国安理会,并提出议案要求利比亚接受引渡要求,否则将对利比亚实施经济制裁。利比亚拒绝了这一提案,于是安理会通过了对利比亚实施经济制裁的决议。最终,利比亚与美国、英国、荷兰缔结协定,在荷兰依照苏格兰法律对两名嫌疑人进行了审判,在一审判决中两名嫌疑人中的一人被判无罪,另一人则被判实际上的终身监禁,该嫌疑人虽然按照苏格兰法律程序进行了上诉,但被驳回。该罪犯从2001年2月起在苏格兰监狱服刑,不过在2009年时以生病为由返回了利比亚。

大部分损害各国利益的犯罪都与恐怖主义有关。当然,要对恐怖主义本身进行综合性的定义是非常困难的,因此就需要签署制定有关条约,对用恐怖主义手段进行的个别行为进行个别禁止,以及能够切实行使对该项犯罪的刑事管辖权。不过,通过条约规定的国际犯罪行为在多大程度上能够成为国际习惯法,以及如何确保能够对各种各样形式的恐怖行为进行防备和处罚,等等,还有很多没有解决的问题。在前述的有关条约之后,以联合国为中心的国际社会继续为了根除恐怖主义而努力,在1999年又缔结了《制止向恐怖主义提供资助的国际公约》。当然,2001年9月11日在美国发生的恐怖行为再一次告诉国际社会,要完全根除恐怖主义是非常困难的。

## 12.19 个人的国际犯罪

个人的国际犯罪,从犯罪类型上来看,不但在国际法上被直接规定了犯罪的构成要件,而且也是最有可能在国际法上形成对实施犯罪者进行起诉和处罚的制度。从国际法直接规范个人犯罪这一意义上来说,这种犯罪又不同于损害各国利益的犯罪。

最初提议对国际法上的个人犯罪通过国际性程序进行裁决,是在第一次世界大战之后,即在《凡尔赛和约》中规定对德国皇帝的战争责任通过国际性程序进行追究。不过,由于当时接受德国皇帝流亡的荷兰拒绝对其进行引渡,所以实际上并没有进行审判。而在此之前,即使在发生战争的情形下,其责任也被认为应归属于国家,战后处理也是以国家的名义进行赔偿或割让领土,实施战争政策的责任人则无须承担刑事责任。《凡尔赛和约》则表明,不仅仅德国作为一个国家需要承担战争责任,而且与导致战争的国家政策有关的个人也必须承担责任,即以国家名义所实施的行为的责任也可以归个人身上。

真正实现对有关战争的个人责任通过国际性程序进行追究,是在第二次世界大战后的"远东国际军事法庭"与"纽伦堡国际军事法庭"。在这两个法庭上,就"破坏和平罪""战争罪"和"违反人道罪"对个人进行了追究。对于这两个军事法庭的审判,虽然也存在各种各样法律上的问题,并且有人批评将其称为"胜利者的审判",但其作为以国际法规定的程序对国际法规定的个人犯罪进行审判的最早案例,可以说对未来这一领域国际法的发展产生了巨大的影响。

### 12.20 联合国与有关个人国际犯罪的国际法的确立

在联合国建立之后,通过远东国际军事法庭和纽伦堡国际军事法庭两个国际军事法庭对战争罪犯的审判,有关国际法规则逐渐趋向完善。比如,联合国大会在1946年通过了确认纽伦堡审判各项原则的第95(Ⅰ)号决议,联合国国际法委员会(ILC)也开始了针对危害人类和平与安全的犯罪的法典化工作,以及开始筹建国际刑事法院。特别是针对纳粹德国的灭绝种族行为,为了以后不再发生类似的情况,在1946年联合国大会通过的第96(Ⅰ)号决议的基础之上,开始起草反对灭绝种族的公约。1948年,在联合国大会上通过了《防止及惩治灭绝种族罪公约》。该公约规定,不论在平时还是战时,灭绝种族均为国际法上的犯罪,而且每个国家对防止和处罚该项罪行都负有义务。

然而,不同于《防止及惩治灭绝种族罪公约》的通过,针对危害人类和平与安全的犯罪的法典化工作以及筹建国际刑事法院的工作却进展不大。本来,在《防止及惩治灭绝种族罪公约》第 6 条中,列举了对灭绝种族罪具有审判权法院之一的国际刑事法院,但是该法院一直未能建立。不过,在此期间,1973 年通过的《禁止并惩治种族隔离罪行国际公约》第 1 条又作出规定,种族隔离等有组织的种族差别政策也属于国际法上的犯罪。而且,对于损害各国利益的犯罪,也如同对战争犯罪一样为了能够切实得到履行而开始诉诸国际性程序。

### 12.21 对国际刑事程序必要性的新认识

在东欧社会主义政权发生崩溃之后的前南斯拉夫地区,由于种族之间的对立,国际社会再次迫切认识到设立对个人国际犯罪进行起诉和审判的国际法院的必要性。比如,根据 1993 年联合国安理会第 827 号决议设立的"前南斯拉夫国际刑事法庭"和根据 1994 年联合国安理会第 955 号决议设立的"卢旺达国际刑事法庭",就是针对这些地区有关灭绝种族或违反人道的犯罪,在所在国进行起诉和审判的权限都不充分的情况下,尤其鉴于当时的南斯拉夫的犯罪行为仍在继续,因此更加认识到为了追究这些行为人的个人责任而采取国际性程序的必要性,并且希望通过这些法庭的设置能够对这些犯罪发挥抑制的效果。

在这两个事例中,之所以选择通过联合国安理会决议来设立法庭的方式,是因为对这些严重的事态必须采取迅速的应对措施。而且,由于联合国安理会的决议可以为联合国成员国创设义务,所以一种在移交罪犯等方面获得成员国合作的方法是非常有效的。不过,这种方法只有在设立具有特定管辖权的特别法院的情况下才会有效。而且,通过作为政治性机构的安理会的决议来设立国际司法机构,在理论上来说也存在一些问题。尽管如此,通过这些经历可以明显地看到,在国内审判程序不能发挥有效作用的情况下,就有必要设法以联合国参与的形式确立特别刑事程序,而且毫无疑问这一程序具有十分重要的意义。

　　在这些事例之后,作为联合国在特定地区内战等动乱结束之后恢复和平与稳定的活动之一,在国际性援助下确立特别刑事程序越来越具有重要的意义。其中第一种类型,是根据当事国的请求,通过与联合国缔结协定来确立特别的国际性审判程序。例如,在塞拉利昂,联合国秘书长接受该国政府的请求并发出指示,在对联合国确立国际审判程序的可能性进行调查之后,基于2002年联合国与塞拉利昂缔结的协定设立了特别刑事法庭。同样基于当事国请求与联合国合作确立特别刑事程序的事例,还有柬埔寨和黎巴嫩。在柬埔寨问题上,2001年就柬埔寨问题国际会议通过了特别法庭设立法,2003年联合国大会又通过了类似内容的决议,随后联合国与柬埔寨也缔结了有关协定。在黎巴嫩,根据为了制裁2005年2月14日贝鲁特袭击事件犯罪嫌疑人而制定的程序,以及接受黎巴嫩政府的请求,联合国安理会又在2007年通过了1757号决议,并基于联合国与黎巴嫩之间缔结的协定设立了特别法庭。第二种类型,是在当事国的部分国内审判制度中增加一些国际性要素。这种类型的典型事例,有在"联合国科索沃临时行政当局特派团"(UNMIK)下在其国内审判制度中增加由国际社会指定法官的事例,以及在"联合国东帝汶过渡行政当局"下建立"重大犯罪特别委员会"的事例。

　　当然,在经历了悲惨状况的社会,仅仅通过对犯罪嫌疑人进行刑事裁判的国际性援助,并不能够实现社会秩序的恢复和稳定。在这种情况之下,不仅要能够确保通过刑事程序对犯罪进行惩罚,而且要通过国际性援助确立以社会和解与融合为目的的操作程序。这方面的例子有南非设立的"真相与和解委员会",有卢旺达的"民间裁判法庭"这一传统追究罪行的程序与国家统一和解委员会的并存,还有东帝汶的"宽容、真相及和解委员会",以及塞拉利昂的"真相与和解委员会"。

## 12.22　国际刑事法院(ICC)的设立

不论是按照联合国安理会决议,还是根据当事国的请求,设立特别刑事审判程序总是会受到一定限制。因此,在前南斯拉夫国际刑事法庭和卢旺达国际刑事法庭设立之后,人们再次开始认识到建立常设国际刑事法院的必要性。比如,联合国国际法委员会(ILC)加快了《惩治危害人类和平与安全罪法典草案》的起草工作,以及在国际外交会议上讨论有关建立国际刑事法院的条约的起草工作。

随着联合国国际法委员会《惩治危害人类和平与安全罪法典草案》在1996年被通过,有关建立能够对草案中所规定犯罪进行审判的国际刑事法院的议论成为国际社会的话题之一。1994年,联合国国际法委员会通过了《国际刑事法院规约草案》并将其提交至了联合国大会,联合国为此展开了外交谈判。最终,在1998年罗马举行的国际外交会议上通过了《国际刑事法院罗马规约》。对此,虽然也有美国等国家拒绝成为该规约的缔约国,但大部分国家都加入了这一规约。2002年7月1日,该规约生效,目前缔约国已经超过100个,而且还在继续增加。

关于国际刑事法院的管辖权问题,根据规约第5条的规定,国际刑事法院对犯有灭绝种族罪、危害人类罪、战争罪和侵略罪的个人具有管辖权。而且,规约第6条至第8条对于侵略罪以外的犯罪类型作了详细规定。对于侵略罪,虽然规约第5条第2款规定只有在其定义与行使管辖权的条件通过之后才能够具有管辖权,但是在2010年讨论规约的会议上通过了对规约的修正条款,为法院对侵略罪行使管辖权铺平了道路。关于国际刑事法院的属时管辖权,根据规约第11条的规定,仅对规约生效后实施的犯罪具有管辖权。此外,根据规约有关规定,法院还可以对国家的刑事管辖权起到补充作用,即在缔约国国内法院无意或没有能力对嫌疑人进行搜查或起诉时,国际刑事法院也具有管辖权。甚至还设计了一种被称为"触发机制"的制度,即根据规约第13条至第15条的规定,当缔约国向检察官提交一项或多项犯罪事实时,或联合国安理会根据《联合国宪章》

第7章行事及向检察官提交一项或多项犯罪事实时,以及检察官开始调查一项犯罪事实时,国际刑事法院具有管辖权。

在本书写作中的2012年12月,国际刑事法院正在同时审理七项有关案件。在2004年和2005年,乌干达及刚果民主共和国和中非共和国分别通过各自政府向国际法院的检察官提交了要求管辖的犯罪事实。苏丹和利比亚,则分别根据联合国安理会2005年有关苏丹问题的1593号决议和2011年有关利比亚问题的1970号决议,向国际刑事法院的检察官提交了要求管辖的犯罪事实。甚至,在2009年,肯尼亚就有关犯罪事项向国际刑事法院预审分庭提出请求,希望允许国际刑事法院的检察官有权进行基于其职务的搜查,并且得到了认可。同样,科特迪瓦也在2011年向国际刑事法院预审分庭提出希望检察官进行职务性搜查的请求,也得到了认可。

### 12.23　国际刑事法院与日本

日本在2007年10月1日成为《国际刑事法院罗马规约》的缔约国。同时,为了适应该规约在国内的实施,日本制定了《国际刑事法院合作法》。这一法律,既规定了为与国际刑事法院程序相协调日本国内必要的新的应对程序,又规定了妨碍国际刑事法院运作的犯罪行为。其中,同前者相对应的规定,主要有提供搜查与审判所必要的证据、采取有关审判证据调查和文件送达措施,以及采取移交服刑中证人措施等。作为与后者相对应的规定,主要有销毁与国际刑事法院具有管辖权案件有关的证据、胁迫或收买证人、向国际刑事法院提供伪证,以及妨碍或影响国际刑事法院职员的工作等等,并且将这些罪行视为国民的国外犯罪。而且,《国际刑事法院罗马规约》所规定的大部分犯罪类型,都可以用日本已有的刑法等法律进行处罚,即使在理论上出现日本法律难以进行处罚的犯罪,最终也有可能通过履行条约义务向国际刑事法院进行引渡,因此日本新制定的法律中并没有包括《国际刑事法院罗马规约》第5条第1款所规定的对三项犯罪行为的处罚规定。

### 当今世界:人类的安全保障与国际社会

正如在本章开头所叙述的那样,在传统国际法那里,是在以主权国家框架为前提的国际体系中来处理问题的,然而随着个人在国际社会中影响力的增强,迫切需要对个人在国际法规则中的应有地位重新进行探讨。在主权国家最重要职能之一的军事和安全问题上,绝不能再无视那些跨越国界的恐怖主义的存在。因此,仅仅以维护国家间和平与安全为目标的安全保障体系,在今天已经很难确保国际社会的和平与安全,必须要从国家框架中存在着的人的和平与安全的角度来考虑安全保障的问题。也就是说,从人的和平与安全的观点来看,如何改善或消除恐怖主义、大量经济难民以及国际有组织犯罪的社会土壤,变得越来越重要。应该说,为了实现和平生活意义上的"人类的安全保障",需要国际社会的共同努力,以便消除贫困以及不同种族之间或不同宗教信仰者之间或不同文化背景者之间的相互仇视。

### 参考文献

萩野芳夫『国籍・出入国と憲法』(勁草書房,1983年)

崔昌華『国籍と人権〔再増補版〕』(酒井書店,1989年)

島田征夫『庇護権の研究』(成文堂,1983年)

芹田健太郎『永住者の権利』(信山社,1991年)

田中宏『在日外国人〔新版〕』(岩波書店,1995年)

田畑茂二郎『国際化時代の人権問題』(岩波書店,1988年)

中川淳司『資源国有化紛争の法過程』(国際書院,1990年)

藤田久一『国際人道法〔新版(再増補)〕』(有信堂高文社,2003年)

本間浩『難民問題とは何か』(岩波書店,1990年)

村瀬信也=洪恵子共編『国際刑事裁判所——最も重大な国際犯罪を裁く』(東信堂,2008年)

山本草二『国際刑事法』(三省堂,1991年)

横川新『国際投資法序説』(千倉書房,1972年)

岩沢雄司「日本における国際難民法の解釈適用」ジュリスト1321号(2006年)

加藤信行「国際法と個人」『日本と国際法の100年第5巻 個人と家族』(三省堂,2001年)

国际法讲义

国友明彦「家族と国籍」『日本と国際法の100年第5巻　個人と家族』(三省堂, 2001年)

島田征夫「難民」『日本と国際法の100年第5巻　個人と家族』(三省堂, 2001年)

申惠丰「外国人の人権」『日本と国際法の100年第4巻　人権』(三省堂, 2001年)

初瀬龍平「人の国際移動」『日本と国際法の100年第5巻　個人と家族』(三省堂, 2001年)

村上正直「犯罪人引渡」『日本と国際法の100年第5巻　個人と家族』(三省堂, 2001年)

「特集『国際刑事裁判所』」国際法外交雑誌98巻5号(1999年)

「特集『国際制度と国内制度の交錯と相互浸透』」ジュリスト1299号(2005年)

「特集『日本と国際公秩序——集団的自衛権・国際刑事裁判所の原理的検討』」ジュリスト1343号(2007年)

「特集『国籍法違憲訴訟最高裁大法廷判決』」ジュリスト1366号(2008年)

# 第13章 人　　权

## 1　前言

有关人权问题的国际法,与国际法其他领域的法律有所不同,其具有独特的魅力,在实施上也具有一定的难度。

首先,国际人权法规不仅仅是国家的义务,更是关系到个人权利的法律规则,也是我们最容易感受到国际法是与我们每个人都具有密切关系的法律领域。国际法体系也是从人权法开始才真正地站在每一个具体的人的角度来运作实施。当然,国际人权法学也清楚地说明了人权这一概念的复杂性,即人权既是个人的权利,又同国家主权相互交错重叠。此外,在国际社会,存在着以联合国机构为主的众多实施和推进人权的国际性机构,因此必须要很好地协调这些机构,以及明确这些机构的各种各样的活动对整个国际人权法体系具有什么样的影响。甚至,近些年来突然明显地出现了一种趋势,即国际法上的人权概念已经超越了生命权与自由权这一狭义人权概念而意义更加宽泛,与国际人道法及国际安全保障法等法律领域都有了交集。也就是说,国际法体系正在出现多层次化的现象,国际人权法则处于其中最顶端的位置,因此国际人权法学也必须要顺应这一变化从多层次、综合性的角度进行研究。

在这一章里,将主要就人权法的吸引人之处及其难以实施之处进行论述,并为系统解释人权法提供最基本的研究视角。不过,限于篇幅,对国际人权法规以及为实施这一法律所需要的国际程序等内容就不能给予详细的介绍了。对于这些内容,有许多非常好的参考书可以去参考阅读。在这里,首先尝试就人权法的本质进行论述。

## 2 国际人权法的七个特征

> 要点：(1) 国际人权法与国际法其他领域内的法律有何不同？(2) 国际人权法的生命力或其存在不足的原因是什么？(3) 国际人权法中蕴含着什么样的理想与政治现实？

### 13.1 权利主体的非国家性

国际人权法规，正如其名称所表述的那样，是关于人类权利的规则。例如，1948 年联合国通过的《世界人权宣言》第 1 条规定："人人生而自由，在尊严和权利上一律平等。"1966 年联合国通过的《公民权利和政治权利国际公约》第 18 条第 1 款规定："人人有权享受思想、良心和宗教自由。"1989 年联合国通过的《儿童权利公约》第 7 条第 1 款规定："每个儿童都有自出生起即获得姓名和国籍的权利。"尽管这些规定都有些宏观和抽象，但毕竟规定了国家的权利和义务，而且与国际法其他领域有很大的不同。当然，因为是人权，所以理应如此。

不过，这一非国家性或个人性并非意味着完全与国家无关，不如说，为了切实保障人的权利，国际人权法规给国家规定了各种各样的义务。在《儿童权利公约》等条约中，绝大部分内容都是有关国家义务的规定，《儿童权利公约》第 7 条等有关权利的内容反而相对较少。看看该公约中有关生命权利规定的表述就更容易明白，对这一最基本权利的表述并非"儿童具有这一权利"，公约第 6 条第 1 款规定："缔约国确认每个儿童均有固有的生命权。"也就是说，对于儿童，尤其需要国家的保护。

如此看来，这些规定就与国家有了关联，当然也就会出现与国家主权相互重叠的极其微妙的问题,不过从根本上来说这些规定仍然是有关人的权利。正是由于国际人权法的产生,国际法出现了一场革命性的变化。

## 13.2 思想性

国际人权法既是实在法规范,同时也是包含有深厚政治价值的一种思想,即国际人权法具有思想性。这里的所谓思想性,主要有三点。第一,至少规定了确定具体权利内容的"实体",而且规定的内容也并非单纯技术性的内容。也就是说,这些规定不同于规定领海宽度或规定对条约的保留效果等,这里的"权利"本身就承担着某种政治性的价值或作用。例如,1966年联合国通过的《经济、社会及文化权利国际公约》与《公民权利和政治权利国际公约》共同序言中明确规定,"对人类家庭所有成员的固有尊严及其平等的不移的权利的承认,乃是世界自由、正义与和平的基础",以及1979年联合国通过的《消除对妇女一切形式歧视公约》序言中也明确规定,"确信一国的充分和完全的发展,世界的福利以及和平的事业,需要妇女与男子同样充分参加所有各方面的工作"。

第二,作为承担价值的结果,往往难以完全实现其法律目标,而如果是已经实现的稳定的价值,那么这些规则的思想性又会随之减弱。不过,也正是由于还有一些没有实现的价值,所以目前的这些规则才更有思想性。例如,《消除对妇女一切形式歧视公约》序言中所认为的"歧视妇女的现象仍然普遍存在",以及其第2条规定,"缔约各国谴责对妇女一切形式的歧视,协议立即用一切适当办法,推行政策,消除对妇女的歧视",就是这方面的典型事例。

第三,即使人权规则的内容并不一定能够使得世界上所有国家及其人民都能够共有,但国际人权法仍然具有其思想性。尽管在1993年世界人权大会上通过的《维也纳宣言和行动纲领》中已经在国际法上反映出了"权利及自由的普遍性",即"一切人权都是普遍的,不可分割、相互依存、相互联系的",然而实际上能够普遍被接受的人权规范并不是很多,至今在理论和国家实践上存在着各种不同的观点。比如,究竟是经济社会权利优先还是公民政治权利优先,对二者的先后顺序争论至今仍然难以取得一致,以及过去认为从根本上来说文化具有相对性,因此不可能存在超越文化的带有普遍性的东西,所谓"普遍的人权"实际上只不过是近代西欧的产物,等等。很难想象,完全不存在所谓"人所固有的权利",但是在国际人权法领域,普遍性还未成为现实的规则,因此在深刻体会这一法律的同时,显然还需要继续追求人权法律普遍化的目标。

### 13.3 地区性

与所谓普遍性还是特殊性有关的问题,目前国际人权法体系及其实施机构的发展主要体现在一些地区性的国家集团之间,如《欧洲人权公约》制度、《美洲人权公约》制度和在非洲联盟主持下建立的《非洲人权和民族权利宪章》制度(《班珠尔宪章》制度)等。

当然,即使存在这些地区性人权的国际法制度,但并不意味着全球性人权法规及其实施机构不起作用而地区性的条约制度及其实施机构已经非常完善。其实,全球性条约的数量相对更多,其实施机构也各式各样,比如这些条约有《消除一切形式种族歧视的国际公约》《联合国禁止酷刑公约》和《全面废除死刑议定书》等,其实施机构在"联合国人权委员会"之外,还有"联合国教科文组织"(UNESCO)和"国际劳工组织"(ILO)等。尽管这些机构在对侵犯人权行为进行审查方面的权限受到很大限制,但仍不断地尝试扩大这一权利,因此在构筑人权保障制度方面仍然有着巨大的意义。

不过,在实施机构的强制力方面,即如同全球性条约实施机构在行使权限时不能任由各缔约国"选择"方面,地区性人权保障仍然具有优势。特别是在欧洲理事会主持下形成的《欧洲人权公约》明显更加充实有效,其实施机构一直以来就在不断地充实和完善,从1998年11月开始,这一机构得到了进一步的整顿和强化,作为唯一实施机构的欧洲人权法院可以接受来自缔约国或个人对违反公约侵犯人权的申诉,也可以作出具有拘束力的判决,而且在受理申诉权限方面不承认选择制度。非洲联盟的制度还不是很完善,不过美洲机构的制度基本上是按照欧洲标准来发展的。

总之,这一地区化倾向意味着,在相对均质化程度高的国家之间及其范围内易于形成所谓的"普遍性",也更容易形成带有强制性的规则。也就是说,一般并非由某些特定国家的政治影响力或文化支配力为前提来确定其"普遍性",也并不担忧出现"单方面强迫的普遍性"。可见,国际人权法所具有的思想性,即包含有微妙不同的各种思想及其"普遍性"有可能首先在一些地区更容易形成。

## 13.4 适用的目标性

在国际法各领域中,国际人权法的适用也是经常被讨论的一个问题。比如,应该如何适用以及使用什么手段和通过什么机构来适用,或者实际上适用到了何种程度,等等。

当然,这并不意味着"在现实中可以适用于国际法的任何一个领域"。从根本上来说,不仅仅是国际法,所有法律的适用其意思本身就非常复杂。至少,毫无疑问的是,所谓法律的适用并不意味着仅仅适用于审判过程。根据不同的领域,有些领域的规则只要遵守以及保证每日平稳无事地"适用"就足够了,而不必要特意去论述其适用。例如,有关外交关系法等法律规则,如外交人员的人身和馆舍不受侵犯等规则,应该说这些规则占据了国际法规则的绝大部分。在这里的所谓"适用"就意味着必须遵守。

而国际人权法是针对有些国家并不充分尊重个人的权利和自由这一现实而制定的规则,比如有些国家甚至有可能大规模有组织地侵犯人权。因此,人们就不得不对于"能否遵守"意义上的"适用"给予严重关切。换言之,"如何让国家遵守""不遵守的法律后果"等意义上的"适用",更容易成为有关人权法规则及其体制本质的研究课题。

当然,对规则的遵守及其实际效果的关注,并不仅仅是国际人权法所特有的,甚至不如说这是所有法律规范体系的内在追求目标,只不过在国际人权法领域,条约的适用乃至实施不仅仅是用来解决缔约国之间的争端,反而更多的是

"促使遵守"或"避免违反"以及"对违反的制裁",甚至可以说这些作用才是其重点所在。

国际人权法真正地开始得到发展,是在第二次世界大战之后。作为其开端之一,1948年联合国通过的《防止及惩治灭绝种族罪公约》有关条款就规定,凡犯有灭绝种族罪或有关其他罪行的嫌疑人,应交由拟议中计划建立的"国际刑事法院"对其大规模侵犯人权的行为进行惩治,而当时国际刑事法院还没有建立。然而,这些规定已经显示了对国际人权法实施机构以及实施程序的强烈追求。

在此之后,又陆续出现了若干国际多边人权公约,关于建立人权法院的目标虽然未能实现,但是为了实施这些公约一般也存在着某些机构和程序。比如,在"联合国经济社会理事会"之下,设立有作为其"职能委员会"之一的"联合国人权委员会"(Commission on Human Rights),以及为了实施《公民权利和政治权利国际公约》这一历史上第一个有关公民政治权利的综合性条约而设立的"人权事务委员会"(Human Rights Committee)。对于《经济、社会及文化权利国际公约》,"联合国经济社会理事会"也在1985年设立了"经济、社会和文化权利委员会"(Committee on Economic, Social and Cultural Rights)以审查各国对公约的遵守情况。此外,在《消除一切形式种族歧视的国际公约》之下设立了"消除种族歧视委员会",在《消除对妇女一切形式歧视公约》之下设立了"消除对妇女歧视委员会",在《联合国禁止酷刑公约》之下设立了"禁止酷刑委员会",在《儿童权利公约》之下设立了"儿童权利委员会",等等。

当然,以上这些机构并非司法机构,其主要任务也并非判断特定缔约国是否违反了条约以及对其附加承担法律责任的义务,然而这些机构即使没有所谓"审判"的权利,却采取了各种措施促使缔约国尽可能地"遵守"条约。这些机构采取的主要措施有:① 促使缔约国提出人权实施状况报告;② 受理和研究来自缔约国或个人有关侵犯人权的申诉报告;③ 亲自进入拘禁场所或对被拘禁者进行调查等。第①项措施是上述各条约都在采取的措施,第②项措施最接近审判的功能,是"人权事务委员会"等机构所采取的措施,第③项措施则是《联合国禁止酷刑公约》所采取的比较有特点的措施。

在上述机构中,只有"儿童权利委员会"不具有第②项和第③项权限。此外,不论被赋予什么权限的委员会,在行使这些权限时,也只能对那些选择了条约中选择条款或在条约之外选择议定书的当事国行使。"联合国经济社会理事会"之下的"联合国人权委员会"过去也一直是按照一定审查的程序来行使权限,比如有 1967 年制定的"1235 程序"和 1970 年制定的"1503 程序"等,不过"联合国经济社会理事会"在 2000 年对这些程序进行重新整理之后,联合国大会又在 2006 年通过决议,设立了"人权理事会"(Human Rights Council),并且吸纳了这些功能。

人权理事会是联合国大会的下属机构,由大会选出的 47 个国家的代表组成。该理事会的权限除去设立了审查所有成员国人权保障状况的"普遍定期审查制度"(Universal Periodic Review,UPR)之外,还以继承前述通报制度的形式规定了"侵害申诉程序"(Complaints Procedure)。按照这一程序,受到严重且持续人权侵害的个人或集体受害者,在满足一定条件的情况下,可以向理事会提出侵害审查的申诉。

## 13.5　国内法属性

国际人权法一般都是采取国家间条约的形式,尽管这种形式并没有什么不妥,但是其内容大部分并非所谓"国家间契约"。也就是说,有关人权的内容通过条约或习惯法这些国际法的形式来表示,所以就可能只是被作为国家间的义务来看待,而实际上人权问题从根本上来说是国家对个人所承担的义务,比如承认思想自由、禁止使用酷刑等,或者也可以说是个人对国家所拥有的请求权,比如要求对参政权和教育权的保障等。从这个意义上而言,人权法本质上其实是国内法,即所谓"人权"的基础涉及了国内法上的"社会契约"问题,因此人权法首先是一个宪法上的问题,比如很多国家的宪法中都有关于人权的规定。不过尽管如此,人权规范还是必须要实现国际法化。

如果每个国家有关人权的国内性社会契约都能够得到履行,那么就没有必要再制定国际人权法。不过,有一些国家并不能很好地履行有关人权的义务,所以人权问题就必须进入国际法领域。当然,这样必然会出现宪法中的人权规定与国际人权法在内容上的重复,不过这恰恰就是实现人权规范国际法化的重要基础。

当然,二者的重复并非只是相互移植,在人权法领域,其实同时出现"宪法国际化"和"国际法宪法化"的现象。人权作为法律规范的最早出现,有1689年英国的《权利法案》、1776年美国的《独立宣言》和1789年法国的《人权与公民权宣言》等,而且这些法律文件首先都是以国内法的形式出现的。在此之后,大约从19世纪开始,人权逐渐作为国际法规范开始得到发展,比如出现了《取缔非洲奴隶贸易条约》和《保护少数者条约》等国际法规范。由这些断断续续的人权规范不断积累而成的国际人权法,终于在1948年迎来了一个新的发展,即《世界人权宣言》的出现。

所谓新的发展,当然并不意味着国际人权法体系在内容上已经彻底完成,或者人权法规范体系已经从国内法转移上升至了国际法领域。甚至还不如说,恰恰是以这一宣言为契机,国际人权法体系建设才真正开始展开,同时在国际法的刺激之下有关人权的国内法制建设也更加完备。因此,《世界人权宣言》的发表是国际法进入人权保障领域的普遍性宣言,即通过国际法的形式提出了人权保障的综合性内容,同时也真正表明了国内宪法的国际化与国际法的宪法化。

总之,国际人权法似乎正在不断地接近国内法,因而即使在国际法学中也占有一个独特的地位。在对国际法学的基本性质所进行的研究中,常常受到批评的有两种思考方法,即"国内法模式"和"审判模式"。前者是模仿国内法来进行国际法规则的制定、适用及发挥作用的一种思考方法,后者则是将法律的作用归纳为"判断合法或违法"的一种思考方法。不过有意思的是,这两种思考方法都适用于国际人权法。对于"审判模式"而言,像欧洲人权法院那样实际上存在审判机构的地方,其作用自然不言而喻,在一些设立了各种有关人权实施机构并发挥准司法作用的地方,以及在以强化这一适用体系为目标的地方,其国际人权法也更接近这一模式。不过,"国内法模式"也同样适用于国际人权法,即个人与国家一样作为法律适用对象的大规模出现,其实就类似于国内法一样的方式。也就是说,实际上是模仿国内法的结构并将其复制到了国际法的框架之中,因此其规范原理及内容与国内法在性质上是基本相同的。

尽管如此,国际人权法同其他国际法领域比较,还是存在差异,而且在上述的两个方面几乎都没有受到什么批评。之所以如此,其原因可能在于,人权法规范正如前述具有高度的思想性,以及"因为不遵守所以要制定规范"的紧迫性,也就具有了价值性和伦理性。正如《维也纳宣言和行动纲领》第Ⅰ-14段所言:"广泛存在的极度贫困阻碍了对人权完全和有效的享有,因此立即减轻和最终消除贫困仍然必须是国际社会的高度优先事项。"即制定更加完善的人权法规仍然是一项尚未完成的迫切性课题。如果人权法规范得不到遵守,其效果所及的是每一个具体的人,同时也意味着人权法规范体系的存在毫无意义。至于是否被称为"审判模式"其实都无关紧要,国际人权法的固有特性就是将遵守视为实际有效。如前所述,"国内法模式"也同样如此。

当然,国际人权法的这一固有特性是否就是提高其实际有效性的最好方法,这已经是另外一个问题了。尤其是在目前,应该遵守规范的主体主要是国家,因此在坚持"审判模式"的情况之下,大部分国家都担心被打上侵犯人权国家的烙印,当然也存在像欧洲那样的例外。国际人权法面临的一个重大问题就是,如何在披露侵犯人权事实与防止发生侵犯人权二者之间进行平衡。

### 13.6 错综复杂性

为了避免论述的复杂性,在前面的论述过程中只是简单地使用了"人权"的概念,但实际上人权是由各种相互不同的"权利"所构成。之所以这样说,当然并不单纯意味着权利种类的多种多样,而是意味着存在一种错综复杂的法律状况,即根据不同权利那些违反人权法规的主体会发生180度的改变。

如果按照这些违反人权法规的主体来对"人权"进行区分,大体上可以作出如下的区分。

第一,对于思想和人身的自由、参与政治的权利以及平等权利等所谓自由权利的核心部分,违反这些法规的主体大部分都是一些发展中国家。在其他一些条约所规定的权利中,也可以看到一些有关的规定,比如禁止酷刑等规定。这些规定不仅仅体现在联合国等机构主持下缔结的带有普遍性的一些条约中,而且在一些地区性条约中也同样如此,比如在"冷战"结束后中东欧国家大批要求加入《欧洲人权公约》时,作为该公约母体的欧洲理事会为这些国家参加和批准该公约附加了义务,即要求必须符合西欧的人权标准,尤其在1996年俄罗斯加入该公约时被附加了25项条件,同一年对克罗地亚则以其缺乏新闻报道自由等理由延缓其加入。

第二,有关劳动权、生活权、健康权及教育权等所谓社会权利,其情形却稍微有些不同。也就是说,过去主张这些权利并要求使其国际法规范化的大部分是一些发展中国家,但是恰恰这些国家的经济相对较弱,自身无法为其国民提供相应的权利。比如,《经济、社会及文化权利国际公约》第11条的规定:"缔约各国承认人人有权为他自己和家庭获得相当的生活水准,包括足够的食物、衣着和住房,并能不断改进生活条件",而且"各缔约国将采取适当步骤保证实现这一权利",但是如果要求将这些权利法律制度化的国家自身缺乏遵守这些规则的物质能力,那么这些权利应该规定为谁的义务呢。

第三,社会主义阵营的国家和发展中国家之所以要求经济社会性权利的法律制度化,是因为这些国家认为自己目前和未来都能够遵守这些规则,就像资本主义阵营的国家认为自己能够遵守自由权利规则的情形一样,因此就会出现资本主义阵营的国家要求社会主义阵营的国家和发展中国家保障这些权利的情形。实际上,在《经济、社会及文化权利国际公约》的规定中,就可以看到这方面的内容,比如在前述该公约第11条:"各缔约国将采取适当步骤保证实现这一权利"的后面,还有"并承认为此而实行基于自愿同意的国际合作的重要性。"

从某种意义上来说,这些权利都属于后面将要论述的被称为"第三代人权"范畴的权利,比如所谓的"发展权"。根据1986年联合国大会通过的《联合国发展权利宣言》有关规定,每个人和所有各国人民均有权参与、促进并享受经济、社会、文化和政治发展,为了实现这一目标国家之间应该相互合作与支持,以及各国应该采取步骤消除一切外国的统治和干涉等。

至于这些权利为什么被称为"第三代人权",目前仍然并不是完全明确。一般来说,自由权为第一代人权,社会权为第二代人权,而在此之后提出的所谓第三代人权,其实在社会科学上完全没有意义。前二者都是属于个人的权利,如果将后者作为所谓"集体的权利"即人民或国家等共同体的权利,那么就不是什么第三代而应该是第二代人权。尽管如此,开始出现这一被称为"不同于过去的人权",是因为明显地出现了从社会权规范中表现出的一种错综复杂的权利义务结构,即虽然这一保障的内容属于社会权利,但要求实现这一权利的主体主要是发达工业化国家,而受益者却是所有发展中国家。虽然这一权利并非突然出现的一种新型权利,却是必须正视一种新的形势,即如果一定要追求人权的国际性实现,那么就不得不面对存在不同体制的国家这一事实。

第四,当然,不符合国家体制不同或违反人权法规主体不同这种区别的人权规则也有所增加。比如消除种族歧视、消除对妇女的歧视以及保护儿童权利等,不论是资本主义国家还是社会主义国家,也不论是发达国家还是发展中国家,任何国家都有可能不遵守这些人权法规,因此也是被要求共同需要遵守的一些权利。从这个意义上来说,这些权利即可以被称为"普遍性"权利。所谓普遍性人权,不仅仅是每个人都承认为人权的权利,也许更应该指那些任何人都有可能侵犯的权利。

## 13.7 实现法律权益主体的非国家性

尽管人权从根本上来说是有关每个人的权利,但是国际人权法往往具有不同体制或不同政治派别之间相互争论的性质。"第三代人权"的概念,虽然表面上也反映了这一性质,但并不意味着超越这一性质的一种新权利的诞生。

对于超越作为既有权利的国家从属性质,应该说前述所谓"普遍性"权利的出现是一项创新。这里的普遍性,其实就是非国家性和非国际阶级属性。换言之,意味着"人权"回归为"每个具体人的权利",同时也可能意味着国际法上的人权通过回归至本来状态才能够出现创新性发展。

　　脱离国家性所获得的自由权利,为国际人权法带来了另外一个特性,即应该被称为"非政府组织性"的特性。从现象上而言,这一特性是指存在众多促进各种人权保障的国内和国际性非政府组织,然而更为重要的是这一特性也意味着国际人权法规则的一项进展。比如,不仅仅《维也纳宣言和行动纲领》第Ⅰ-38段表示"世界人权会议承认非政府团体在国内、地区以及国际性所有促进人权及人道性活动中的重要作用",而且在有关个人、集团等受害者向实施调查或调停的机构进行申诉的规定中,也增加了有关人权非政府组织参与的规定。在《欧洲人权公约》中,也明确增加"非政府团体或个人团体"可以成为向欧洲人权法院提起人权侵害申诉的主体。

　　这一进展变化不同于事件当事者个人有权在国际法院提出的控诉,其重要之处在于,授予一定团体以权利,即使不是当事者本人,也具有为其他人进行申诉的权利。这一制度性的进展变化,不仅仅说明了人权非政府组织的成长,同时也意味着人权的法律效果已经具有了普遍性,任何人都具有申诉的权利。甚至,每个人的人权都与其他人的权利相联系构成了国际人权法的特性,并且与人道性的救援活动具有了共同之处。也就是说,进行人道性救援活动的人具有亲自接触被救援者以及将人道性救援物资直接送达被救援者手中的权利,即"接近被救援者的权利"。例如,对于在伊拉克的库尔德人受到压制的问题,联合国安理会第688号决议强烈要求伊拉克政府"立即允许国际人道组织直接接触在伊拉克全境需要接受救援的人们"。

　　以上,就是国际人权法的七个特征。

## 3 人权法与人道法

要点:(1) 人权法与人道法是否相同? (2) 二者有什么不同以及在哪些方面具有共同性? (3) 与此相关的国际刑事裁判是如何展开的?

### 13.8 人权法与人道法的联系

在各种各样的人权之中,有一部分也可以被称为人道。或者准确地说,对某种人权的侵犯,就可以被视为"反人道行为"或"反人道罪"。也可以说,与人道有关的部分都是一些最根本的人权,比如生命权、人身自由及安全的权利、摆脱奴隶状态的自由权利、拒绝酷刑的自由权利以及享受作为人的尊严的自由权利等等。

当然,后面我们将会看到,人权法与人道法都是在各自不同的领域发展的,在这里所述的二者之间的重叠只不过是在最近比较受到关注的一些现象而已。人权法一般属于平时法,即关于非战时人们权利的法律,而人道法过去曾经有很多这方面的法律被称为战争法,即为了保护战时的人们而制定的法律。

不论这样的解释是否能够充分反映出二者之间的区别,但在国际人权法中对"人道"一词的使用是受到限制的,甚至可以说二者只是在某一点上具有共同性,比如《世界人权宣言》第5条、《公民权利和政治权利国际公约》第7条、《禁止酷刑公约》前言及第16条、《儿童权利公约》第37条(a)、《欧洲人权公约》第3条以及《班珠尔宪章》第5条等有关人权的国际法规则都"禁止不人道的或侮辱性的待遇或刑罚"。也就是说,仅仅在这种情形之下,"人道"才会成为"人权"的一部分。不过,按照最近出现的一些看法,比如《维也纳宣言和行动纲领》第Ⅰ-30段,不仅仅将非人道行为视为侵犯人权,而且更进一步将非人道行为归于"大规模有组织侵犯人权"的重大犯罪类型。

至于国际人道法,人道这一词汇很早就已经出现,而人权这一词汇却是在后来才出现的。比如,在1868年的《圣彼得堡宣言》中规定,使用特定给人带来痛苦的武器即"违反人道";在1907年《海牙陆战法规和惯例公约》前言中也规定,在战争法规得以完备之前,是否允许使用某一种武器,要由"按照人道法则要求所产生的国际法原则"来决定。而"人权"开始出现在有关的人道法中却是比较晚的事情,比如最早的例子应该是1977年《关于保护非国际性武装冲突受难者的附件议定书》前言中的表述——"有关人权的国际性文件为人们提供了基本的保护"。也就是说,在武装冲突中"人道意义上的各项原则构成了尊重人的基础",在人道法的框架之内"人道"与"人权"具有了大致相同的意义。

正是在这种意义上,"人道"与"人权"开始相互重合。尤其在眼下一些武装冲突中对人的"保护"以及对有关武装冲突中的犯罪进行"处罚"时,都可以看到二者的相互重合。

在第二次世界大战之后的战后法律处理中,产生了一种新的战争犯罪"反人道罪"。根据纽伦堡审判纳粹德国战争罪犯的《欧洲国际军事法庭宪章》第6条(a)规定,反人道罪指"在战前或战时,对平民施以谋杀、歼灭、奴役、放逐及其他任何非人道行为,或基于政治、种族或宗教的理由而作出的迫害行为"。对日本战争罪犯进行审判的《远东国际军事法庭宪章》第5条也作出了同样的规定。显而易见,上述的这些内容在今天都可以被视为有关"人权"的内容,而且上述有关谋杀、歼灭、奴役、放逐及其他非人道行为和各种迫害等反人道罪行也都被包括在了《公民权利和政治权利国际公约》之中。

因此,由过去的交战法规(jus in bello)发展而来的国际人道法渐渐地扩展成为将严重侵犯人权作为国际犯罪的法律体系。"冷战"结束之后设立的两个国际刑事法庭——"前南斯拉夫国际刑事法庭"和"卢旺达国际刑事法庭",以及根据1998通过的条约设立的"国际刑事法院"(ICC),都将反人道罪指定为裁判的对象,这些犯罪是对"人权"的严重侵犯。

对于国际人道法的这一发展变化,国际人权法如何应对呢?本来,由条约及国际习惯所构成的国际人权法很难将国际人道法的有关规定,特别是对一些以反人道罪进行处罚的对象纳入国际人权法的管辖范围,比如对战争犯罪的处罚这一特别行为,如果将其纳入通常的人权保障之中,只会在实施法律时造成不必要的更加复杂的状况。不过,确实应该认识到,国际人权法与国际人道法两个领域正在接近,或至少从理念上来说二者具有同质性。例如,《维也纳宣言和行动纲领》第Ⅰ-28段和29段清楚地表明:"世界人权会议对于大规模侵犯人权表示遗憾,特别是以种族灭绝、'种族净化'和战时有组织地强奸妇女等形式出现,造成了大批难民外逃和人民的流离失所。世界人权会议强烈谴责这些骇人听闻的行为,再次呼吁惩治罪犯,立即停止此类暴行。""世界人权会议对于世界各地继续发生无视国际人权文书所载标准、无视国际人道主义法的侵犯人权的事件,而且受害人得不到充分、有效的补救,表示严重关切。"这一宣言本身虽然并不是法律,但是其作为人权法发展的一项标志性文件,具有重大的意义。

### 13.9 国际刑事裁判

在人权法或人道法领域,常常会使用"非常""大规模""严重"等词汇来描述侵犯人权的情形。当然,这样的表述并非指那些一个国家内的大部分儿童连初等和中等教育都难以保证,以及不承认像警察那样具有特定职业的劳动者的罢工权利等等,而是指大规模或随意地剥夺生命等残暴行为和系统有组织地剥夺人身自由等侵犯和剥夺"和平生存权"的状态。或者,指严重损害所有人都应该具有的"生命、自由及人身安全等权利"的状态。

这种形式和规模对人权的侵犯,多发生在武装冲突之时,当然也并不一定仅限于这种情形,在军事独裁政权的国家也有可能发生这种情形,不过主要还是发生在武装冲突的时候,比如在武装冲突中攻击平民,或者在武装冲突中残暴虐待战斗人员,等等。这样的行为即被视为战争犯罪,会成为国际法"制裁"的对象。而对于那些独裁政权所实施的屠杀、酷刑、通过绑架或秘密处决造成的"强制性失踪"等行为,实质上与战争犯罪并无什么不同,但目前对一国国内平时所实施的侵犯人权行为进行"制裁"仍然有一定难度。也就是说,由于很难达到"强制遵守",所以也很难做到"对侵犯人权行为进行制裁"。对于战争犯罪,国际法实施机制中的权力已经可以发挥作用并实施制裁,比如"纽伦堡审判"和"东京审判"。

然而,在此之后很长一段时间内都没有再对有关战争犯罪进行审判的事例,直至20世纪90年代前南斯拉夫和卢旺达内战中大规模违反国际人道法现象的出现,才促使联合国安理会启动了基于《联合国宪章》第7章的行动,根据1993年和1994年通过的决议,决定设立"国际刑事法院"(ICC)并规定其管辖事项为:① 违反1949年各项《日内瓦公约》的重大违法行为;② 违反战争法规或惯例的行为;③ 灭绝种族行为;④ 反人道罪行。其中,除违反战争法规或惯例的行为外,其他三种行为都可以被理解为"人权"问题。只有违反战争法规或惯例的行为,比如使用违禁武器和任意毁坏都市村镇等传统人道法所禁止的行为,并不一定符合人权的概念。而违反各项《日内瓦公约》的行为,虽然也包括虐待俘虏等违反人道法的行为,但主要是指屠杀、酷刑等严重侵犯人权的行为。灭绝种族行为不言而喻属于非常严重的侵犯人权的行为。至于反人道罪行为,正如前述,也已经完全被"人权化"了。

1998年通过缔结条约并在2002年正式开始运作的"国际刑事法院"(ICC)也是上述这一发展变化的一部分。当然,国际刑事法院的运作也有其独特之处。第一,其管辖事项虽然规定为四项,但在针对前南斯拉夫问题时,将违反各项《日内瓦公约》的违法行为和违反战争法规或惯例的行为合并为"战争罪",并增加了一项"侵略罪"。第二,对于战争罪与反人道罪,进一步对其种类进行了细化,犯罪行为较之过去有所增加,比如增加了包括强迫怀孕或强迫绝育在内的各种性暴力行为等。第三,国际刑事法院的管辖权不仅限于武装冲突的情形。有关战争犯罪,当然与武装冲突有关,而反人道罪虽然有时作为对平民进行攻击的一部分也与武装冲突有关,但更多的行为并不一定发生在武装冲突的情形之下,比如种族隔离罪或强制性失踪等并非在武装冲突状态下发生的违法行为。关于种族灭绝,有关规定也并非以发生武装冲突状态为条件。实际上,《前南斯拉夫国际法庭规约》第1条有关该法庭管辖权的规定:"国际法庭有权根据本规约各条款起诉应对1991年以来前南斯拉夫境内所犯的严重违反国际人道主义法行为负责的人。"而《国际刑事法院规约》第1条却仅仅规定"有权就本规约所提到的、受到国际关注的最严重犯罪对个人行使其管辖权"以及在其前言中也并未涉及武装冲突,而仅仅表明了对"国际犯罪"的管辖裁判。不过,我们仔细想想,对这一罪行进行惩治,其实只是发端于1948年联合国通过的《防止及惩治灭绝种族罪公约》。该公约第1条规定:"缔约国确认灭绝种族行为,不论发生于平时或战时,均系国际法上的一种罪行。"

在纽伦堡审判及东京审判中,种族灭绝被规定为反人道罪,而且在审判战争罪的国际军事法庭得到适用,因此国际人道法也常常与武装冲突联系在一起,不过从根本上来说是因为反人道罪也是对人权的严重侵犯,比如《防止及惩治灭绝种族罪公约》就是在这一考虑的基础之上订立的。因此,完全可以说,该公约第一次公开宣称并通过立法作出了规定,不仅战争罪是一种国际犯罪,严重侵犯人权同样也是一种国际犯罪。其后,根据半个多世纪前通过的该公约第6条规定,希望国际社会设立的"国际刑事法院"也终于得以设立并同样继承了这一宗旨。国际刑事法院对于独裁政权即使不是在国内武装冲突状态下所发生的种族灭绝行为或其他非人道行为,也可以进行起诉,比如在对"卢旺达国际刑事法庭"(ICTR)所提起的诉讼中就有这方面的罪行,当然有些罪行主要是在其内战状态下发生的,所以对此会分别论述。但不管怎么说,这些现象都说明了一种趋势,即"人权的刑法化"。

### 13.10 普遍性管辖权

像国际刑事法院那样由国际司法机构对严重侵犯人权的行为进行制裁,也意味着世界范围内带有普遍性的机构所实施的制裁,即"普遍性管辖权"。也就是说,不论是哪个国家的国民犯罪,都由作为非本国机构的国际司法机构来进行裁判。

除此之外,在国际法上还有另外一种体现普遍性管辖权的方式,即对于一定的犯罪行为任何一个国家都有权管辖,比如很早就针对海盗所采取的措施,以及根据《联合国海洋法公约》等新近的规定,在严厉取缔海盗行为的基础之上对裁判权的方式也作了非常详细的规定。对劫机行为,国际法也作了规定,比如《制止非法劫持航空器的公约》第4条的规定。

  在上述两种管辖方式中,真正认为获得较大发展的,一般来说应该是第一种方式,因为在国际法领域,尤其在国际法学界,常常有一种强烈的要求集权性和非国家性的意向。不过,国际法院行使管辖权也会常常遇到障碍,因此从实际效果的观点来看,也许由范围更大的国家来行使审判权更为有效。

  实际上,有的国家也在尝试使用这种方式来对重大犯罪行为行使管辖权,比如1993年比利时制定了《关于对严重违反国际人道法罪行进行处罚的法律》。依据该项法律,对于由1949年《日内瓦四公约》及其1977年的《第二附加议定书》以及《国际刑事法院规约》所定义的种族灭绝和反人道罪,不论与比利时有无关系,比利时国内法院都可以行使管辖权。也就是说,不考虑加害者及被害者的国籍,不考虑犯罪行为地,也不考虑冲突起源究竟是国际冲突还是内战。甚至,在这些内容之上又增加了非冲突状态下的迫害或屠杀等罪行,尽管其后也曾经出现对该项规定的解释问题。

  而且,比利时依据该法也作出了一些判决,比如对于1994年发生在卢旺达的大屠杀事件,比利时重罪法院在2001年6月判决4名卢旺达人徒刑。此外,还有一些虽然还未进入审判程序但意味着非国家行为已经成为人权及国际人权法主体的象征性事件,即世界各地的人权组织对一些政治家提出控告,比如对智利前总统皮诺切特、柬埔寨前波尔布特派领导人、以色列前总理沙龙和巴勒斯坦自治政府主席阿拉法特等人提出控告。

  当然,这些控告起诉案例的增加,并不一定能够确保国际人权法的实际有效性,而且也缺乏现实性。例如,对于比利时以煽动种族屠杀为由对刚果民主共和国外长努多姆巴西所发出的逮捕令,国际法院在2002年2月以外交部长应享受特权与豁免为由判决比利时的逮捕令无效。对此,比利时国会在2003年8月作出追加性规定,即作为起诉的要件,需要加害者或受害者为比利时国民,或者原告在比利时居住一定时间以上。因此,实际上比利时废弃了所确定的所谓普遍性管辖权的法律。

## 4 人道性干预

> 要点:(1) 什么是人道性干预及其与人权保障之间是什么关系?(2) 不行使武力的原则在人道性干预中处于何种位置?(3) 国家实践是否认为人道性干预是合法的?

### 13.11 人权与武力行使

从国际法的角度对严重侵犯人权行为作出的反应,并非只是存在国际法院或各个国家对这些行为进行制裁的意愿,同时也存在着一些学说和国家实践,即在发生侵犯人权的情况下,或者在长期存在侵犯人权的情况下,允许国家使用武力去阻止这一侵犯人权的行为。允许国家所采取如此的措施,就被称为"人道性干预"。

总之,在这里也可以看到人权与人道的完全重合,即"为了制止严重侵犯人权而采取人道性措施"。对于所谓"人道性干预",围绕其合法性与正统性也一直存在着持续激烈的争论。不过,有很多争论者已经意识到,这个问题是一个非常重要的问题,对于可以被称为"人权至上主义"的这一干预方法,如果一旦大规模和大范围使用,就很容易带来国际法的结构性变化。对这一干预方式的正式运用,是1999年"北大西洋公约组织"(NATO)国家以南斯拉夫对其科索沃自治省实施种族迫害的严重侵犯人权为由,对以贝尔格莱德为中心的地区进行了大规模的空袭。

具体的事例在后面还会涉及,在这里争论的焦点,并非对南斯拉夫进行空袭这样的干预事例在政策上是否合适的问题。作为对政策进行讨论之外的问题，在国际法上首先应该探讨现代国际法是否简单地承认人权至上主义。

虽然人权这一概念来源于近代西欧，但人权已经成为国际法的根本价值，甚至可以说从19世纪开始直至20世纪已经占据了不可动摇的地位。尽管如此，"如果为了保障人权就允许一切"即"人权至上主义"的主张在今天仍然难以真正得到实施，因为这一规则与被称为20世纪国际法金字塔尖的"禁止行使武力规则"相对抗。

联合国机构是"欲免后世再遭近代人类两度身历惨不堪言之战祸"而建立的。为了实现这一宗旨，在《联合国宪章》中作为其法律原则制定了"禁止行使武力"和"禁止武力威胁"的原则，以及为了维持和平与安全作为其具体方式建立了"集体安全保障"制度。

关于禁止使用武力，在后面对这一原则的解释中也会不断地看到，这里所说的禁止就是无条件的或不承认有例外情形的。实际上也是如此，在制定《联合国宪章》的旧金山会议上，美国等国的代表就曾提出，这一原则是"绝对性和全面性的"，即不允许背离这一原则，也不承认存在例外。即使是集体安全保障制度，也在注重安全保障方式的同时，特别强调共同决定及共同行动的多边主义原则，即在《联合国宪章》第2条第4款规定之外按照第7章规定采取"强制行动"合法行使武力的情况下，也要在多边主义的基础之上进行。也就是说，强调除了自卫以外的武力行使必须要由成员国共同实施。

联合国作为维持国际和平与安全的机构，其宗旨中包含强制性禁止规范，同时也包含了有关人权保障的内容。不过，为了实现这一宗旨，应该由谁来做以及如何去做，《联合国宪章》并没有给予进一步的规定，而且对于宗旨所追求目标之间的优先顺序也没有给出规定。

因此，在这里就会出现一个问题，即由于宗旨所追求的目标之间缺乏优先顺序，所以维持国际和平与安全的宗旨就不是绝对的，也就是说禁止行使武力的原则并不是绝对的，而且这一原则也有可能凌驾于人权保障这一宗旨之上。特别是，虽然设计了"共同行使武力"的制度，但是在成员国难以取得一致而导致实际无法采取共同行动时,就应该允许每一成员国为了人权保障而行使武力。这种观点,其实就是人道性干预合法性主张的根据。

当然,这一合法性主张不论在理论上还是实践上都并不一定能够被多数国家所接受,因为禁止行使武力的原则已经历经各种困难被固定了下来,甚至有人认为这一原则已经成为一项"强制法规则",为了进行人道性干预而行使武力则与这一原则相对立。甚至,还有人担心在行使武力时很难排除个别国家任意判断的可能性,从而出现滥用武力的现象。因此,以人道性干预为名的武力行使,从实际政策实施的角度来看,有其必要性,但是从法律角度来看,还需要确定其合法性。

## 13.12 实际案例的模糊性

关于人道性干预的具体案例,可以举出的有1971年印度对巴基斯坦的武力攻击,1978年到1979年越南对柬埔寨的武力攻击,1979年坦桑尼亚对乌干达的武力攻击,1999年北约对南斯拉夫的武力攻击,等等。在这些案例中,一个不容否认的事实就是,受到武力攻击的一方都大规模地侵犯了人权。正是从这个意义上来说,这些案例中的武力行使一般被认为是合法的。

这些案例的一个共同之点还在于,进行武力攻击的理由并非单纯为了惩罚对人权的侵犯,而最根本的原因在于武力攻击一方与受到武力攻击一方之间长期以来就处于一种敌对关系,因此被攻击一方并不会接受攻击一方对其内战的调停方案,比如南斯拉夫的情况就是如此。这些案例中的武力攻击并没有明确地得到国际社会尤其是联合国大会或安理会的授权或支持。越南对柬埔寨的武力攻击,虽然得到国际社会一定的支持,但是其在推翻在柬埔寨实施大屠杀迫害的波尔布特政权之后近两年的时间里仍然继续驻留在柬埔寨,因此其行为的正当性受到质疑。对南斯拉夫的武力攻击,虽然只是空袭,但并未得到联合国安理会的赞同,因此这一单边行动受到指责,而且被认为在空袭中其实也存在着违反国际人道法的行为。

除此之外，还有一些有关的事例，不过暂且先叙述以上的这些，因为目前即使存在一些事例，大部分观点也几乎不会将这些事例视为人道性干预并对其进行积极性的肯定评价。当然，国际法学以及众多国家实践并没有执着于禁止行使武力规范的绝对性，大部分观点都认为保障人权是并不亚于消除战争的一项重要法律权益，而且认为对于那些严重侵犯人权的行为国际社会应该采取行动进行阻止或处罚。这里所说的国际社会采取的行动，并不包括一个国家或少数国家集团单方面的武力行使。总之，目前还不能肯定地说"对严重侵犯人权的行为可以行使武力"或"人权保障规范应该凌驾于不行使武力规则之上"。

### 13.13　本章结语

20世纪既被称为是一个"战争的世纪"，但同时也是一个"人权的世纪"。尤其是在联合国主持下缔结的一系列有关人权的公约及其各实施机构和实施方式的不断增加，不仅提高了人权的重要性，而且也使人权进入了国际法领域，这些内容都是20世纪被称为"人权的世纪"的明显特征。

也就是说，人权内容进入国际法领域，对国际法带来了巨大的影响。第一，通过有关人权的内容，国际法不再仅仅是所谓"国家间的法律"，而是越来越强烈地具有规范个人的法律的性质。第二，一部分国内法的内容被吸纳进了国际法领域，不论愿意与否，都意味着国家管辖权向国际社会的转移。第三，人权意识及人权规范的快速发展促进了国际人道法的发展，使人权法和人道法的相互融合，即从二者的内容来看，所谓人道就必须遵守人权规则，严重侵犯人权就意味着犯了反人道罪。第四，严重侵犯人权这一很难诉诸国际裁判的行为正在以反人道罪的名义越来越多地受到国际性裁判的管辖。尽管目前有关侵犯人权的国际性有罪判决并不多见，但是以反人道罪的名义作出有罪判决的可能性在增加。因此，对于人权刑法化的趋势必须予以特别的关注。

国际人权法也有令人担心和不尽如人意的地方。第一，有可能将某些特定的人权思想当作带有普遍性的内容强加给其他国家。因此，国际人权法学需要特意考虑的一个问题就是,如何能够在尊重世界上各个人类集团的文化传统的前提下找到其普遍性。第二,有可能成为那些以人权为由武力干涉他国的野蛮行为的借口。当然,对于那些极端严重的非人道状况绝不应该袖手旁观,不过如果任由一些国家通过行使武力去阻止这些非人道状况,那么就很容易造成国际法的不平等性。所谓不平等性,即弱小国家在面对强大国家侵犯人权时,不可能通过行使武力去制止或惩罚犯有罪行的国家,而且弱小国家一般也不会试图以强大国家或其盟国侵犯人权为由对其进行武力干预。因此,只有那些有意愿又有实力的国家才有可能通过行使武力去干预他国,而有些国家即使有意愿也缺乏进行干预的实力。由此看来,要对这些各种不同国家的各种不同行为进行规范,并非易事。

此外,国际人权法领域相对于其他国际法领域具有易变性,这也为国际人权法领域增添了独特的学术魅力。与此同时,这一领域还具有较高的价值性,当然也更容易受到主观性影响支配。在一个受主观性影响支配的领域,国家乃至民族间的实力差距会影响到法律的实施。因此,如何改变国际人权法的这一易变性和主观性,并建立起具有普遍性的法律规范及其实施方式,是未来国际人权法需要探讨的一个课题。

**参考文献**

阿部浩己＝今井直＝藤本俊明『テキストブック国際人権法〔第3版〕』(日本評論社,2009年)

大沼保昭『人権,国家,文明 普遍主義的人権観から文際的人権観へ』(筑摩書房,1998年)

国際法学会編『日本と国際法の100年第4巻 人権』(三省堂,2001年)

高野雄一『国際社会における人権』(岩波書店,1977年)

田畑茂二郎『国際化時代の人権問題』(岩波書店,1988年)

藤田久一『国際人道法〔新版(再増補)〕』(有信堂高文社,2003年)

藤田久一＝松井芳郎＝坂元茂樹編『人権法と人道法の新世紀』(東信堂,2001年)

最上敏樹編『岩波講座 現代の法2 国際社会と法』(岩波書店,1997年)

最上敏樹『人道的介入』(岩波書店,2001年)

最上敏樹「普遍的管轄権論序説——錯綜と革新の構造」坂元茂樹編『国際立法の最前線』(藤田久

一先生古稀記念)(有信堂高文社,2009 年)

Alston, Philip(ed.), *Human Rights Law* (Dartmouth, 1996)

Chesteman, Simon, *Just War or Just Peace?: Humanitarian Intervention and International Law* (Oxford University Press, 2001)

Gardam, Judith (ed.), *Humanitarian Law* (Dartmouth, 1999)

Wheeler, Nicholas J., *Saving Strangers: Humanitarian Intervention and International Society* (Oxford University Press, 2000)

# 第 14 章　国际环境法

## 1　国际环境法的历史演变

> 要点:(1) 国际社会中的环境问题是如何被认识的？(2) 国际环境法是以何种形式形成的？

### 14.1　环境保护与国际法

从 20 世纪 60 年代开始,环境保护的必要性开始被人们所认识和重视。在此之前,经济开发导致的环境破坏并没有引起太多的关注;同时在传统的国家关系中出于对主权的尊重而避免对其他国家的国内事务进行干涉。此外,也必须承认,当时的国际舆论对环境问题也缺乏充分的理解。

有关环境损害的国际法的发展,首先需要指出的是确立国际河流法律制度的"限制主权论"。也就是说,对于那些有若干沿岸国的国际河流,某个沿岸国在其领土范围内对国家主权的行使就有可能会损害其他沿岸国的利益,因此就有必要对有可能造成损害结果的主权行使进行限制。于是,"限制主权论"的主张在这里取代了过去一直存在着的"绝对领土主权论"主张。

1938 年和 1941 年两次裁决的"特莱尔冶炼厂仲裁案"被认为是有关国际环境问题最早的判例,不过在该案判决中所采取的方法仍然是传统国际法的方法,即基于传统的国家间关系利用法律来保护国家在国际法上有关环境的权益。同时,在该案例判决中,第一次明确提出了"使用领土的管理责任"原则,即"任何国家都无权使用或许可使用本国领土对其他国家的领土及其之上的财产或人员造成损害"。应该说,该案例为国际环境法的发展提供了一个重要的先例。

到了 20 世纪 50 年代后半期,人们开始逐渐认识到,自然资源的问题不仅仅是个别国家的事情,而是关系到占有该自然资源的所有国家的问题。例如,1957 年的"拉努湖仲裁案"就是这样的一个案例。在这一案例中,法国在其领土之内的拉努湖上进行拦湖筑坝工程,对此拉努湖下游国家的西班牙以法国违反有关条约为由向国际仲裁法庭提起诉讼。不过,在最终判决中,国际仲裁法庭认为法国的水力发电工程计划并不会对西班牙造成实际的损害。

20 世纪 60 年代之后,随着产业和技术的发展,也出现了一系列严重的环境损害事件。比如,在 1967 年的"托雷卡尼翁号"溢油污染事故中,利比里亚籍的油轮在英国附近的公海上触礁搁浅,造成了英国及法国沿岸的海洋污染。在 1978 年的"宇宙 954 号"事件中,苏联人造卫星坠落导致了加拿大的环境损害。在 1984 年的"印度博帕尔毒气泄漏案"中,位于印度中央邦博帕尔市的一所美国化学工厂发生爆炸事故,直接造成 2 500 多人的死亡。此外,还有 1986 年发生在苏联的"切尔诺贝利核电站事故"。正是以这些不同领域的国际性环境损害事件为契机,才开始逐渐形成为应对各种不同环境问题所需要的国际环境法。

在国际法院的判例中,迄今为止以环境损害本身为争端的案例并不多。不过,在国际法院对"核试验案""威胁使用或使用核武器的合法性咨询意见案""盖巴斯科夫-拉基玛洛工程案"和"乌拉圭河纸浆厂案"等案例的判决中其实已经包含有促进国际环境法发展的一些因素。

## 14.2 全球规模环境问题的应对

关于国际性的环境问题,目前的认识已经不仅仅只是停留在应对两国关系中有关环境损害的问题上,如何应对诸如保护臭氧层、全球变暖、保护生物多样性等所谓全球规模环境问题也变得越来越重要。

实际上,作为法律性的一般原则,为应对全球规模环境问题而确立的国际法,仍然还未完全确立。迄今为止,只是确立了一些一般性的原则,比如作为"使用领土的管理责任"义务,"国家有义务不在本国领土上或避免他人在其领土上从事损害其他国家的行为","有义务对于发生环境损害进行通告"和"有义务防止发生大规模环境破坏",等等。在国际习惯法方面,也同样只是在海洋污染的领域可以看到一些国际法规则。

在20世纪70年代,发展中国家对环境问题会导致全球性危机的认识仍然淡漠,反而担心国际性环境标准的确定会对发展中国家的产品进入国际市场造成阻碍。而发展中国家的人口增长、由于耕地开发带来的森林被破坏以及经济增长优先的开发政策等因素,是导致环境破坏的原因之一。因此,在考虑制定有关环境问题的国际性规则时最为困难的课题就是,在应对防止环境破坏这一紧迫课题的同时也必须要考虑到巨大的经济和社会成本,尤其是以经济发展为目标的发展中国家与发达国家之间极易产生对立。比如,在反映发展中国家立场有关建立国际经济新秩序(NIEO)的讨论中,开发问题和环境问题也被作为不同的问题来看待和应对。

正是由于在应对全球规模环境问题上各国之间存在着对立,所以一般来说只能通过不具有法律拘束力的决议或宣言这种"软法"的形式来规范和应对这一类问题。也就是说,国际环境法首先是通过在各种各样的论坛上通过有关的决议或宣言然后再在个别领域缔结条约的形式逐渐形成的。

作为对全球规模环境问题的国际性应对,主要有1972年在斯德哥尔摩召开的"联合国人类环境会议"(United Nations Conference on the Human Environment,UNCHE)。作为这次会议的成果,通过了《斯德哥尔摩人类环境宣言》及《人类环境行动计划》,决定建立"联合国环境规划署"(United Nations Environment Programme,UNEP)以及设立依靠自愿捐款的环境基金。

《斯德哥尔摩人类环境宣言》的第21共同原则指出:"按照联合国宪章和国际法原则,各国有按照自己的环境政策开发自己资源的主权;并且有责任保证在他们管辖或控制之内活动,不致损害其他国家的或在国家管辖范围以外地区的环境。"其中提到"其他国家的环境"是为了强调基于传统性相邻关系的国家责任,而提到"国家管辖范围以外地区的环境"则是为了强调国家在面对全球规模环境问题时的责任。

联合国1984年成立的"世界环境与发展委员会"(World Commission on Environment and Development, WCED,也称"布伦特兰委员会")在1987年发表了《我们共同的未来》(Our Common Future)报告书(也称《布伦特兰报告书》),其主题就是"可持续发展"(sustainable development)。

1992年,在巴西的里约热内卢召开了"联合国环境与发展大会"(United Nations Conference on Environment and Development, UNCED)。在当时,围绕环境与发展问题的南北对立仍然非常严重,因此在这次会议与会各方达成共识,决定放弃最初所构想的"通过地球宪章"的积极目标行动,最终通过了作为行动计划的《21世纪议程》和《里约环境与发展宣言》。此外,这次会议还通过了《联合国气候变化框架公约》和《生物多样性公约》。不过,有关森林问题,却仅仅通过了一份不具法律拘束力的原则声明。

《21世纪议程》是为了实现可持续发展而面向21世纪的具体行动计划。在该文件的序言中,特别强调建立"为实现可持续发展的全球伙伴关系"的必要性。而且,特别应该指出的是,在《21世纪议程》《里约环境与发展宣言》《联合国气候变化框架公约》和《生物多样性公约》中可以看到一个共同点,即千方百计地考虑要保护人类未来世代的利益。此外,2002年在南非的约翰内斯堡召开了有关可持续发展的世界首脑会议,2012年又在里约热内卢召开了联合国可持续发展会议。

**当今世界:致力于环境问题的联合国机构**

在联合国系统内部,环境问题是由经济及社会理事会来负责的。在经济及社会理事会之下设立的"联合国可持续发展委员会"(Commission on Sustainable Development, CSD)是为监督《21世纪议程》等文件实施情况而在1993年通过联合国大会和经济及社会理事会决议建立的辅助机构。

"全球环境基金"(Global Environment Facility, GEF)是1991年由世界银

行、联合国开发计划署(UNDP)及联合国环境规划署(UNEP)共同运营的基金。这一基金是以《布伦特兰报告书》为契机而构想建立的,在1992年"联合国环境与发展大会"之后,主要作为为发展中国家实施《21世纪议程》提供帮助的基金而发挥作用,该基金于1994年成为一个常设机构。

联合国环境规划署(UNEP)是协助联合国大会处理环境问题的主要辅助机构。该机构在1982年的"蒙得维的亚计划"中提出缔结关于保护臭氧层和关于有害废物越境转移及其处置条约的目标,从而对国际环境法的形成发展发挥了重要作用。而且,在《21世纪议程》中已经明确规定该机构的主要任务之一就是促进各国对国际环境法的发展作出进一步的贡献。

不过,对条约的执行主要是在主权国家之间,作为国际机构的联合国环境规划署并没有被赋予对国家发号施令的权力,而仅仅具有建议和劝告的权力。然而,即使存在这样的一些限制,联合国环境规划署仍然在缔结条约、促进国际性原则方针标准的发展以及在促进发展中国家制定国内环境法及其环境政策上进行合作等方面都作出了重大的贡献。当然,也有一些看法认为,作为专业辅助机构的联合国环境规划署应该与联合国可持续发展委员会和全球环境基金进行合并,并且重新组合成为主要进行协调环境条约秘书处工作的全球性环境机构。

## 2 环境损害的预防义务与赔偿责任

要点:(1) 以预防环境损害的观点来追究赔偿责任的意义何在? (2) 对环境损害承担国家责任的意义何在以及存在哪些限制? (3) 为什么主张适用无过失责任原则? (4) 对环境损害承担民事责任的意义何在以及存在哪些限制?

### 14.3 国际环境法上赔偿责任的意义与限制

在这里,如果将国际环境法上的赔偿责任概念定义为包含有"基于合法行为的责任""基于违法行为的责任""国家责任"和"民事责任"两方面的内容,那么就可以作出如下的解释。也就是说,国际环境法上的赔偿责任作为一种事后救济,具有恢复被损害的法律权益、对加害者给予相应制裁以及制止有害后果等效果。

另外,"国际法上的赔偿责任"也存在着一些限制性因素,即作为一种事后救济制度,其事前预防环境损害的作用相对较弱,以及为了应对全球规模环境问题就必须要保护"环境"这一国际社会的普遍利益,但是如何确定加害者和被害者并不容易,因此就会出现缺失原告的问题。

## 14.4  环境损害的国家责任的意义与限制

首先,我们来探讨环境损害的国家责任。国家责任的构成要件,主要有"国家行为"和"违反国际法义务"。对于"国家行为",问题在于如何辨别某些个人的行为。在遇到个人行为侵犯了国际法权益的情况下,当然原则上并不会将这一行为视为国家行为,但是如果将这一行为与"违反国际法义务"联系起来看,那么国家就会由于不作为而承担国家责任,因为国家没有为预防和消除个人侵犯国际法权益的行为给予必要的"充分注意"。目前,"充分注意义务"应该说已经被确立为国家在有关环境问题上的国际法义务。

作为解决环境问题争端手段对国家责任的追究,具有以下的一些意义。第一,从救济被害者的观点出发,提供民事责任制度以外追究国家赔偿责任的选择是非常重要的,同时从赔偿额来看其意义也非常巨大。第二,对于众多实际案例而言,在对国家强制实施有关国际环境法的国际习惯时,国家责任制度是唯一的手段。第三,有关国际性监督制度的体系并不一定能够发挥实际有效的作用,因此采用国家责任制度仍然具有重要的意义。

其次,作为解决环境问题争端手段的国家责任制度也存在着巨大的缺陷。第一,对国家责任进行追究并非由个人来实施,而是在国家裁量的基础之上实施的,因此未必一定能够对被害者有所救济。甚至,考虑到一些保护全球环境的案例,实际上很难想象国家会以保护环境本身为目的而诉诸国家责任制度。第二,缺失原告的问题,即对于那些围绕"保护环境本身"进行争论的案例,其实所有国家都是在围绕自己是否具有有关法律利益来争取原告资格的,而实际上在国际裁判中对此加以的可能性并不大。第三,在众多案例中,很难取得国家违法行为的证据,特别是要取得存在国家违反"充分注意义务"的证据就更加困难。第四,在强制实施保护环境的国际标准方面,国家责任制度并不是十分有效,因为这一制度的核心在于事后救济,事前预防的作用就受到了限制。也就是说,在极端情况下,如果已经做好事后支付赔偿金准备,那么损害环境的行为就仍然有可能继续。因此,对于那些有关环境问题的国家责任来说,其实更应该缔结一些有关保护环境国际监督制度的条约。

不过,在有关环境标准的综合性法典化与监督制度难以获得充分发展的情况下,要强制执行国际环境法规范,就只能依赖国家责任的制度。

在这种情形之下,仍然可以发现一些应该受到关注的事例,即在最近的国家实践中已经开始接受对个人或国家不同于经济性损害的环境损害赔偿。例如,在 1989 年意大利国内判例有关油污损害事故的"帕特莫斯号案"判决中,就承认了不同于经济性损害的环境损害赔偿。如果能够沿着这个方向继续发展的话,国家责任制度本身的目的也会发生一定的变化。也就是说,有可能向着国家责任制度直接为强化环境标准机制作出贡献的方向发展。

### 14.5 对环境损害的国家责任与无过失责任的原则

在有关环境损害的事例中,主要引起争论的一个问题是,作为国家责任的要件是否必须存在过失。如果认为要认定国家的国际违法行为就必须要存在国家违反"充分注意义务"的过失证据,那么在技术上要获得这样的证据实际上往往是非常困难的,因此追究国家责任实际上也会变得非常困难。而且,不但在那些有关全球规模环境问题事例中要取得国家违反"充分注意义务"的证据非常困难,而且在外层空间活动或原子能领域即具有高度危险性领域要取得这样的证据同样非常困难。因此,对于环境损害,自然就出现了应该遵从"无过失责任"

(absolute liability, liability without fault)的主张。

对于环境损害导致的国家责任,无过失责任原则已经被视为一般性的原则,比如《斯德哥尔摩人类环境宣言》的第21共同原则就没有主张将过失原则作为承担国家责任的要件,而且其实在"科孚海峡案"和"拉努湖仲裁案"的判例中就已经可以看到国际环境法适用无过失责任原则的端倪。不过,实际上从国际环境法领域有限的判例中还很难归纳引导出无过失责任原则。即使是"特莱尔冶炼厂仲裁案"的判决,也无法将其视为无过失责任原则被确认为一般原则的判例。从目前的情况来看,"将违反充分注意义务作为承担国家责任的要件"比较符合实际情况。

另外,作为个别领域的一些条约规定,比如在有关具有高度危险性活动的领域,也对国家附加了无过失责任的义务。例如,1972年签订的《空间物体损害赔偿责任公约》(简称《责任公约》)第2条规定:"发射国对其空间物体在地球表面,或给飞行中的飞机造成损害,应负有赔偿的绝对责任。"在"宇宙954号"事件中,加拿大根据《责任公约》主张无过失责任,要求苏联赔偿约604万加元,但苏联不承认国际法上的赔偿责任。最后双方交涉的结果,以所谓"完全最终的解决"方式,苏联向加拿大支付约300万加元,了结此事。

尽管一般都认为在环境损害的国家责任中有必要适用无过失责任,但是实际上也不过只是作为个别条约中的规定得到有限的承认而已。能够作为证明存在这一领域国际习惯法证据的国家习惯其实仍然支持将违反"充分注意义务"作为国家责任的要件,因为大部分国家对于将无过失责任确立为一般性原则都采取消极的态度,担心这一原则将束缚国家基于主权所开展的活动,而且未来也很难想象国家习惯会发生大的改变。目前,大部分国家的立场都是仅仅在核开发等"高度危险性活动"(ultra-hazardous activities)方面承认无过失责任的原则。

因此,在个别条约中适用无过失责任的时候,其赔偿责任也是有限的。在发生环境损害并认定需要承担国家责任的情况下,赔偿是最普遍性的一种救济措施。本来,赔偿应该是完全恢复至受害国受到损害之前的状态,但是适用无过失原则的结果是其赔偿范围受到了限制。也就是说,如果按照后面将要叙述的联合国国际法委员会的提案,最终的赔偿额要通过当事国之间的谈判以及考虑各种各样的因素来决定。

联合国国际法委员会一直在进行有关"国际法未加禁止行为所产生的损害性后果的国际赔偿责任"的法典化工作。对于这一工作所具有的意义,联合国国际法委员会委员们的看法并不一样,一些委员认为将无过失赔偿责任纳入法典的工作非常具有意义,因为"尽管国家在其领土范围内可自由活动并采取了一些预防措施,但是如果在此之后发现其采取了不恰当措施的情况下"那么就应该追究其不同于国家违法行为责任的无过失责任。而另一些委员则认为,在这个问题上并不存在国际习惯法,因此应该通过个别国家之间的谈判来解决,因此在这个问题上并不适合法典化以及确定标准。甚至有人提出疑问,从根本上来说,是否能够离开个别条约而将无过失责任原则作为一般性原则法典化。因此,联合国国际法委员会在1997年将这个问题分成了两个草案,分别在2001年和2006年通过了《防止有害活动导致的跨界损害》条款草案(draft articles)和《对有害活动导致跨界损害所造成损失的国际赔偿责任》原则草案(draft principles)。

## 14.6　环境损害的民事责任的意义与限制

对环境损害的民事责任制度,是对事后让实施环境污染者承担民事责任进行损害赔偿和恢复原状所附加的一种义务。在一些条约中对加害者规定了民事上的无过失责任。有关环境损害的民事责任制度,通过个别领域所缔结的条约一直在获得发展,而且也一直在追求尽可能多地给予被害者救济的目标。作为一种对受害者进行事后救济的赔偿责任制度,当然应该包含国家责任和民事责任,但是正如我们前面所说明的那样,要取得国家违反"充分注意义务"而承担国家责任的证据往往并不容易,因此就需要补充和完善有关救济被害者的制度。甚至,作为对被害者进行救济的经济性保障,在个别领域的条约中还规定和促成了保险制度和基金制度的发展。

这些有关民事责任的条约,在结构上有一些共同的特点:① 确定了加害者一方的无过失责任;② 条约设定了赔偿额度限制;③ 缔约国之间通过设立基金建立起了比较完善的赔偿机制。

当然,环境损害的民事责任制度也存在着一些不足。第一,必须指出的是,存在着众多难以确定加害者的环境问题。核开发造成的损害或油污损害,能够确定加害者,但是臭氧层的破坏和全球气候变暖等全球规模的环境问题,要确定加害者是非常困难的。甚至,在确定被害者方面最多也只能确定经济损失而难以确定对环境本身的损害。第二,民事责任制度是事后救济而非事前预防,因为这一制度很难发挥制裁的作用,所以效果受到限制。

在个别领域,对于核开发造成的损害,"经济合作与发展组织"(OECD)在1960年通过了《关于核能领域中第三方责任的巴黎公约》,"国际原子能机构"(IAEA)也在1963年提出草案并在1997年又提出了修正后的《关于核损害民事责任的维也纳公约》,该公约虽未生效,但国际原子能机构在1997年通过了《核损害补充赔偿公约》。这些公约对于裁判管辖权,都规定只有发生事故的设施所在地国具有裁判管辖权。

有关油污损害,由于受到"托利卡尼翁号事件"的影响,1969年通过了《国际油污损害民事责任公约》以及1971年通过了《关于设立国际油污损害赔偿基金国际公约》。关于裁判管辖权,同样承认各损害发生地国的管辖权。在1978年的"阿莫科·卡迪斯号油污诉讼案"中,利比里亚籍的油轮在法国附近海域触礁破损,对布列塔尼半岛海岸造成了严重污染。该油轮虽然在利比里亚注册,但是实际上为美国一家石油公司所有。法国与利比里亚都是《国际油污损害民事责任公约》的缔约国,如果依据该公约向法国法院提起诉讼,那么对造成油污损害的船舶所有者当然适用无过失责任这一有限责任,但是法国政府之外的一些原告考虑到责任上限额度更为有利而在并未批准该公约的美国法院提起诉讼,最终由美国伊利诺伊北部地区联邦地方法院进行了判决。该法院判决被告应该承担无限责任,命令其支付总额为2亿500万美元的赔偿。在该案中,适用的是美国法律,而且法院认为《国际油污损害民事责任公约》并非被害者可以适用的唯一救济方式。

## 3　污染物限制规则

> 要点：(1) 有关大气污染物的国际规则有哪些？(2) 有关有害废弃物的国际规则有哪些？(3) 有关放射性废弃物的国际规则有哪些？

### 14.7　有关污染物限制规则的共同特征

有关污染物限制规则的一些共同特征，首先应该特别提到的是，这一制度不同于以事后救济为宗旨的赔偿责任制度，而是在发挥预防性作用方面具有巨大的意义。也就是说，对于这一领域条约所约束对象的污染物，因为其污染源在一定程度上能够被确定，所以就可以通过缔约国相互之间的事前规则来防止出现环境损害现象。

为了防止或降低环境损害的风险，历史上最初的发展体现在了国际河流法领域，以及在"拉努湖仲裁案"等判决中，也提出并促进了"事前通告义务"（prior notification）与"事前协商义务"（prior consultation）等程序性义务的发展。此外，在《斯德哥尔摩人类环境宣言》第 24 原则中规定，为了有效约束和防止对环境的破坏性影响，有必要通过缔结条约等形式进行国际合作。其后，又有众多条约规定了事前通告、谈判与协商、环境影响评价等程序性义务。在《里约环境与发展宣言》第 18 和第 19 原则中分别规定了"紧急事态通告义务与援助"与"事前通告、提供情报及协商义务"。总之，目前有关污染物限制规则领域的制度性发展非常迅速。

所谓事前通告义务，即要求通告国在其实施危险活动前要及时发布通告，而并非在潜在被害国的要求下才进行通告。比如，《关于远距离跨境大气污染的日内瓦条约》第 8 条(b)和《联合国海洋法公约》第 198 条也都规定了事前通告义务的内容。

所谓事前协商义务，并非意味着要承担获得潜在的被害国同意的义务，不论协商的结果如何，即使在未获同意的情况下，其实施与否也仍然是由当事国自己来决定。有关事前协商义务，主要在《北欧环境保护条约》第 11 条和《关于远距离跨境大气污染的日内瓦条约》第 5 条中有所规定。

有效的事前通告或协商，对事前的环境影响评价而言非常重要。在 1991 年联合国欧洲经济委员会（ECE）通过的《越境环境影响评价条约》第 2 条第 3 款中，也能够看到类似《联合国海洋法公约》和《北欧环境保护条约》中的规定，比如各国在通过许可决定实施那些有可能引起重大跨境环境破坏影响的计划时，有义务确保进行环境影响评价。

有关"紧急事态通告义务与援助"的规定，是为了通过国际性合作来应对环境风险而制定的，即各国对环境事故及其紧急事态有义务进行通告及援助。这一内容已经被写入众多条约中，比如《防止倾倒废物及其他物质污染海洋的公约》第 5 条第 2 款等规定就反映了这一内容。

综上可见，在污染物限制规则领域的事前通告义务与事前协商义务，应该说已经在发挥着避免争端和作为预防性注意义务的作用。

污染物限制规则领域其他的一些共同特征，还可以指出以下几点。一般通过采用框架条约的方式来尽快确立有关限制规则的条约制度，然后再通过缔约国会议签订附加议定书或修订条约的形式来进一步制定关于限制规定措施的细节。也就是说，在框架性条约中存在继续通过协商形成协议的条款。此外，这一领域地区性的积极应对，也是共同特征之一，并且这些应对作为对普遍性多边条约制度进行补充的一种制度受到关注。最后的共同特征之一，就是为了实施条约而设立条约机构，这主要不是追究国家责任的一种方式，而是试图通过国际性监督的方式来实施条约。

## 14.8 有关大气污染物限制规则的地域性应对

"特莱尔冶炼厂仲裁案"虽然是有关跨境大气污染最初的国际判例,但是直到20世纪70年代后半期,有关大气污染跨境的影响,仍然受到国际社会的高度关注。在北美地区,美国的大气污染导致加拿大遭受酸雨侵害就是一个非常严重的问题。20世纪80年代,美国与加拿大开始进行谈判,1991年双方缔结了防止跨境大气污染的框架条约。美国与墨西哥之间也缔结了地区性条约《拉巴斯条约》。

20世纪70年代,在欧洲,尤其在斯堪的纳维亚各国,酸雨污染成为一个严重的问题,因此1979年联合国欧洲经济委员会制定通过了《关于远距离跨境大气污染的日内瓦条约》,该条约于1983年生效,但也仅仅是一部针对跨境大气污染的地区性框架条约,其后为了对该条约进行补充又签订了若干议定书。

总之,有关大气污染物的限制规则,通过一些地区性的积极对应以及框架条约的方式在不断得到发展。

**补充引申:《关于远距离跨境大气污染的日内瓦条约》**

《关于远距离跨境大气污染的日内瓦条约》是为了防止酸雨污染而签订的条约,其中规定了防止发生跨境污染损害的义务。根据该条约第9条的规定,要求有关国家参加欧洲大气污染物远距离移动观测体制的合作项目。同时,该条约还要求缔约国制定保护环境的国家战略。甚至,该条约第8条(b)还规定了发生跨境污染重大危险时的事前通告与协商制度。不过,该条约虽然规定了缔约国的报告义务,却没有有关国家责任的规定。

该条约还设立了作为条约实施机构的执行理事会和秘书处,其中执行理事会承担着有关实施条约的监督责任。

在有关减少排放硫氧化物的条约通过之后,又签订了两份议定书,即1985年的《赫尔辛基议定书》,确定硫氧化物的排放及跨境移动目标将从1980年的水准截止到1993年减少30%。还有1994年的《奥斯陆议定书》,其主要内容是对减少硫氧化物排放进行追加。

减少氮氧化物的排放是一个更为困难的问题。1988年签订的《索菲亚议定书》规定,以1987年为基准,截止到1994年,各缔约国都须承担减少排放氮氧化物的义务。

对于挥发性有机化合物,1991年也签订了有关减少排放的《日内瓦议定书》。

### 14.9 有害废弃物的国际性限制规则

在巴西里约热内卢召开"联合国环境与发展大会"之前,围绕有害废弃物跨境移动的国际性政策,发达国家与发展中国家之间存在着巨大的分歧。以"经济合作与发展组织"(OECD)为代表的发达国家虽然在原则上试图减少有害废弃物的出现和贸易量,以及规定在进行这方面的交易时要事前通告并考虑到环境问题,但是并没有考虑要杜绝有害废弃物的跨境移动。联合国环境规划署(UNEP)的政策,其前提也是要有效控制而非完全禁止有害废弃物的移动。不过,有一部分发展中国家,受到一家意大利企业在尼日利亚倾倒有害废弃物给当地居民造成损害的"科科港倾倒事件"的影响,对发达国家向发展中国家跨境转移有害废弃物的行为进行了严厉的指责。尤其是非洲的一些发展中国家,认为正是因为现有由有关有害废弃物跨境移动条约构成的国际规则并未考虑杜绝这些有害物的跨境移动,所以才形成了目前发达国家向发展中国家跨境转移有害废弃物的国际性习惯行为。

### 14.10 《巴塞尔公约》

1989年缔结的《控制危险废物越境转移及其处置的巴塞尔公约》并非要杜绝有害废弃物的跨境移动,其目的仅仅在于有效地对其控制。而1992年的《里约环境与发展宣言》第14原则表明"各国应有效合作阻碍或防止任何造成环境严重退化或证实有害人类健康的活动和物质迁移和转让到他国"。受其影响，在1994年的第二次《巴塞尔公约》缔约方会议上，决定将禁止经合组织（OECD）成员国向经合组织非成员国跨境转移有害废弃物，而且在第二年修改公约时也正式将这一内容写入了公约。不过，发达国家之间有害废弃物的跨境移动在目前并没有被禁止，发展中国家之间有害废弃物的跨境移动也没有被完全禁止。甚至作为例外，《巴塞尔公约》第11条规定，在满足其标准的前提下可以缔结地区性协定。对《巴塞尔公约》持否定性评价的一些人也指责该公约使有害废弃物的跨境移动合法化。尽管公约的修改就是考虑到这一点所以才全面禁止了经合组织成员国向其非成员国的有害废弃物跨境转移，但是实际效果并不十分明显。发展中国家仍然在遭受非法有害废弃物跨境转移的危险，甚至当时的联合国人权委员会将其视为"环境问题上的种族差别"问题来看待。

目前，在有害废弃物跨境移动问题上，一般认为存在着下列三点国际共识。第一，所有国家都具有禁止有害废弃物进入本国境内的主权权利。第二，只有在转移国缺乏足够处置能力的情况下才允许其跨境转移。第三，即"事前通告与同意原则"。关于"事前通告与同意原则"，在"拉努湖仲裁案"中并没有被作为国际法上的一项要求，但是在《巴塞尔公约》的第4条和第6条等条款中确认了这一原则，由此也可以证明在有害废弃物跨境移动领域这一原则已经成为国家习惯，并促进了国际习惯法化的发展。

关于确保履行《巴塞尔公约》的手段，可以举出的有国际监督制度。这一制度是为了实现公约的目的而在公约缔约国会议上确立的，同时也需要缔约国国内法相应地作出一些规定。

特别是，为了强化对有关有害废弃物跨境移动条约的实施，主要考虑可以采用下列两种方法。第一，在非法输出有害废弃物的情况下，输出国必须承担接受其返还的义务，《巴塞尔公约》第8条和第9条以及国家习惯已经证明了这一点。在非洲国家之间所缔结的《巴马科公约》对此有着要求更为严格的规定，也说明了对这一问题的地区性积极有效应对。第二，要确保国家对非法有害废弃物交易犯罪的处罚。《巴塞尔公约》第 4 条第 3 款和第 4 款等条款也对此作出了规定。

缔结《巴塞尔公约》后仍未解决及遗留下来的主要问题,就是要在责任与赔偿方面达成国际性协议。对此,在 1999 年的第五次缔约方会议上,通过了《巴塞尔责任与赔偿议定书》。该议定书是对有关海洋污染领域之外民事赔偿责任作出规定的第一个全球性环境条约的文件。在 2002 年的第六次缔约方会议上,又通过了建立遵守机制和设立遵守委员会的决定;在 2008 年的第九次缔约方会议上,则通过了《为人类健康生活对废弃物实施管理的巴黎宣言》。

### 14.11 放射性废弃物的管理

1986 年的"切尔诺贝利核电站事故"充分说明核事故跨越国界对其他国家所造成的巨大影响。因此,国际社会提高了对放射性废弃物导致核能泄漏对环境所造成的损害以及对向海洋倾倒造成环境污染的关注度。

1997 年,在国际原子能机构(IAEA)主持下通过了《乏燃料管理安全和放射性废物管理安全联合公约》。该公约是对使用后的燃料及放射性废弃物统一进行安全管理的国际法文件,虽然原则上只适用于民用设施所产生的废弃物,但是根据缔约国所发表的宣言来看,军事设施所产生的废弃物其实也被包括在内。对于废弃物处理设施,该公约对缔约方规定了在提高安全性及实施安全和环境评价等方面的义务。该公约的重要意义在于国家承诺为了保护环境要严格抑制和消除核能的危险性。也就是说,在过去有关核能的条约中,所谓的"损害"仅仅被限定在人的生命的丧失或对人的伤害以及财产的损失等方面,而缺乏对环境以及生态系统造成损害的内容。在该公约中却对缔约国提出要求:"要考虑到不要让未来的一代人承担不合理的负担。"该公约第 27 条也将《巴塞尔公约》中的"事前通告与同意原则"写入公约中。不过,关于这一原则对缔约方的约束性规定则仍然不是特别清楚。

关于放射性废弃物的海洋倾倒问题,1958 年的《公海公约》曾经规定了防止放射性废弃物倾倒造成海水污染的义务。其后,作为地区性的应对,北海周边各国在 1971 年通过了《防止船舶和飞机倾倒废物污染海洋的奥斯陆公约》。在联合国人类环境会议工作组主持下起草的《防止倾倒废物及其他物质污染海洋的公约》(即《伦敦公约》)在 1972 年获得通过。此外,还通过了若干有关海洋倾倒的地区性条约。《伦敦公约》第 10 条本来预定要制定有关国家责任的实施程序,但是目前缔约国会议仍然还未能讨论这一问题。

虽然《伦敦公约》全面禁止了高放射性物质及其废弃物向海洋的倾倒,但是国际舆论仍然认为该公约在保护海洋环境方面做得不够,于是在 1983 年又通过了有关禁止一切放射性废弃物向海洋倾倒的《莫拉特里姆暂停宣言》。在 1993 年的缔约方会议上,对公约附件进行了修改,原则上禁止放射性物质及其废弃物向海洋倾倒。1996 年通过的《伦敦公约议定书》原则上禁止向海洋倾倒废弃物,对于放射性物质及其废弃物,禁止倾倒超过国际原子能机构规定免除标准放射浓度的物质。该议定书所提出的"预防性措施"等内容为国际环境法注入了新的内容,提出了新的发展方向。

## 4 全球环境的保护

要点:(1) 为什么需要有保护全球环境公约及其特征是什么?(2) 保护全球环境公约的实体性义务有哪些?(3) 保护全球环境公约的程序有哪些特征?(4) 存在哪些保护地球环境的条约?

### 14.12 保护全球环境公约的必要性和特征

20 世纪 80 年代以后,对超越国家领土的国际公共区域的全球环境的保护即对全球公域(global commons)的保护成为一个重要的课题。也就是说,国际环境法所发挥的作用开始发生变化,法律开始越来越用来解决依靠国家权力难以解决的环境问题。

这些带有普遍性的问题有防止全球气候变暖、保护臭氧层及维护生物多样性等全球规模的环境问题,而且对于这些共同关心的问题,强调所有国家必须采取共同行动去应对。因此,对于全球规模的环境损害,也相应地提出了一种违反"公共义务"的概念。使用"公共义务"这一概念的好处就在于,对于关系到国家经济活动等国家主权的问题,就更容易以"对于全球规模环境问题的担忧超越了国家主权的藩篱"这一主张来应对。不过,国际法院对于在国际环境法领域使用"公共义务"这一概念并没有积极性。

如果在以上这些现象的基础之上来看保护全球环境公约的特征,那么第一就是公约采用了框架条约方式。也就是说,先起草一份有关条约内容的一般性框架文件,其后再通过缔约国会议在更为科学的基础上就具体义务和实施措施以议定书等方式作出规定。在这一点上,与前述"污染物限制规则"领域一样,可以不断地将协商形成的条款加入条约中。

第二,公约承认非政府组织(NGO)在缔结全球规模环境公约中可以参加缔约方会议,而且这些组织对公约的谈判过程也施加了巨大影响。

第三,公约写入了有关考虑发展中国家利益的一些规定,比如其中有关于对发展中国家给予技术或财政援助的规定,即对发展中国家进行技术转让以及通过发达国家的合作为发展中国家提供可能利用的资金支持。也就是说,在确定基本实体性义务的范围时主要体现了所谓"共同但有区别的责任"。

第四,对于不履行公约的行为,将通过国际性监督及防止机制进行应对处理,在若干条约制度中主要采用了"不遵守程序"制度。

第五,对于全球规模环境问题,由于基于国家责任的事后救济制度并不能提前防止那些对环境造成难以恢复的损害,所以公约采用了作为事前防止机制的"预防性措施"。

第六,虽然是有关保护全球环境的公约,但也对国家的自由经济活动制定了一些限制性的规则,即国际社会必须认识到国际环境法的要求应该高于基于国家主权的国家自由经济活动的要求。所谓国际环境法的要求,就是保护全球环境本身。

### 14.13 保护全球环境公约中的实体性义务

作为防止环境损害的实体性义务,一般可以举出"充分注意义务",然而在保护全球环境公约中的"充分注意义务"的内容不同于一般与国家责任相联系使用的"充分注意义务"。也就是说,公约中的"充分注意义务"概念发生了功能性的变化。

规定保护全球环境公约中实体性义务范围的第一个标准,是"可持续发展"。《里约环境与发展宣言》第 27 原则和《21 世纪议程》第 39 章特别要求促进国际法在"可持续发展"领域的发展。巴西里约热内卢"联合国环境与发展大会"之后,"可持续发展"也被纳入了众多国家政府的政策之中。在"盖巴斯科夫-拉基玛洛工程案"维拉曼托利法官的个别意见中,也可以看到其已经将"可持续发展"视为"公共义务"。

规定保护全球环境公约中实体性义务范围的第二个标准,是"共同但有区别的责任"。这一概念的提出,主要是考虑到了发展中国家与发达国家之间的不同。虽然从这个意义上来说《里约环境与发展宣言》第 7 原则还不能说已经成为国际习惯法,但是其法律意义非常重大。正是因为采取了这一原则,所以才可能有众多发展中国家也参加了"里约进程"。而且,这一原则不单纯只是一种所谓的"软法",而且也作为一个框架性原则受到极高评价。

规定保护全球环境公约中实体性义务范围的第三个标准,是所谓"预防性措施"(precautionary approach)或"预防性原则"(precautionary principle)。也就是说,对于那些对环境具有潜在性危险的活动,即使在这些活动被证实会引起重大损害之前,也严格受到限制或者被禁止。如果对那些给环境造成重大损害的活动在进行科学证实后才采取防止措施,就有可能导致难以挽回的损害。因此,为了切实保护环境,绝对不能以没有得到科学性证实为由延缓采取防止措施。

这一原则已经在 1990 年"欧洲经济委员会"(ECE)通过的《卑尔根宣言》中所采用,其后又通过《里约环境与发展宣言》被众多环境条约所采用。比如,《里约环境与发展宣言》第 15 原则即指出:"为了保护环境,各国应根据它们的能力广泛采取预防性措施。"此外,在后续将要论述的一些保护全球环境公约中也都采用了"预防性措施"的规定。不过,这一"预防性措施"或"预防性原则"是否已经成为国际习惯法的规则,在理论上仍然存在争论。

### 14.14 不遵守程序

作为保护全球环境公约的一项程序特征,主要有"不遵守程序"(Non-Compliance Procedure)。所谓"不遵守程序",是条约缔约国为了条约机制的稳定性而共同形成的一项程序。正如在国际环境法领域中已经解释过的那样,对国家责任的追究往往难度非常大,而且从保护全球环境的观点来看,对于实现作为事后救济的赔偿来说,应该说以一种方式要求能够履行条约义务其实更为重要。因此,"不遵守程序"这一新的程序就应运而生。

"不遵守程序"主要需要经过信息收集、监督控制、缔约国会议指导等程序,其结果有时会是停止利用基金或停止以完全遵守为条件所享受的条约上的权利及特权。"不遵守程序"的前提并非当事国之间的争端,即不同于争端解决程序,而是一种回避具有拘束力的第三方程序的程序。

1987 年的《关于耗损臭氧层物质的蒙特利尔议定书》,就是"不遵守程序"的代表性文件。根据该议定书的规定,当被认为出现有关遵守的问题时,由缔约方或议定书秘书处所实施的程序即开始运行,并且由按照地理性分配选出的十个国家组成的履行委员会展开调查。履行委员会通过秘书处进行信息收集,如果有必要还会进入当事国领土范围进行调查,形成报告后提交缔约方会议。为了使其完全遵守而决定采取什么必要的方法,也会决定为其提供适当的财政、技术、训练等援助。当这一程序难以发挥作用时,作为最后的手段,即停止当事国在条约上的权利及特权。

同样的规定,也可以在《联合国气候变化框架公约京都议定书》第 18 条中看到。关于议定书中"不遵守程序"的内容,2001 年《联合国气候变化框架公约》第七次缔约方会议上通过的《马拉喀什协定》在遵守委员会之下设立促进部与强制部两个机构。

"不遵守程序"的积极之处在于如果与作为解决争端程序的司法解决方式进行比较,可以有更多的缔约国或非政府组织加入这一程序之中。目前,在大部分的缔约方会议上,非政府组织都被赋予了观察员的资格,通过"不遵守程序"非政府组织也可以对缔约国施加影响。因此,在国际性监督与控制作为有效手段的国际环境争端中,应该说"不遵守程序"是具有实际效果的一项制度。

### 14.15 国际环境法与争端解决程序

关于解决争端程序的司法解决方式,在《联合国气候变化框架公约》第 14 条第 2 款、《生物多样性公约》第 27 条第 3 款和《保护臭氧层维也纳公约》第 11 条第 3 款等条款中以及一些缔约国的宣言,都规定了承认国际法院具有管辖义务。

不过,这里的问题在于,在保护全球环境领域,要确定原告和被告是非常困难的,因此就会出现究竟谁是当事者的问题。从根本上来说,国家究竟是应该以"与本国利益有关的解决争端程序"来诉诸司法解决,还是为了保护全球环境就必须承认"维护国际社会利益的解决争端程序",其实是存在争论的。也就是说,问题在于是否应该承认国际社会中的所谓"民众诉讼"(*actio popularis*)。同时,这一问题在"西南非洲案"和"巴塞罗那电力公司案"中也曾经争论过,在与环境问题有关的"核试验案"中,原告一方也有这样的观点,不过对此国际法院并没有作出结论。

作为司法解决之外的解决争端程序,当然还有作为外交解决争端程序的调停和斡旋等等。此外,还有一些条约规定可以利用具有强制性和拘束性的第三方机构来解决争端。在国际环境法领域,虽然很少使用这种方式来解决争端,但是在《联合国海洋法公约》和《关于环境保护的南极条约议定书》以及世界贸易组织争端解决机制的《关于争端解决规则和程序的谅解》等与国际环境法有关的解决争端机制中都存在这种方式。

### 14.16 《联合国气候变化框架公约》

全球气候变暖,其原因主要是二氧化碳等气体的大量排出。作为应对这一问题的措施,就是《联合国气候变化框架公约》的缔结,然而缔结这一公约的谈判是非常困难的,因为防止全球气候变暖的限制措施会对国家的产业政策造成巨大的影响。1992年"联合国环境与发展大会"虽然通过了该项公约,但是公约本身其实就反映了严重的对立。例如,一些担心全球气候变暖导致海平面上升而遭受淹没的岛屿国家强烈要求缔结公约,但发达国家特别是美国考虑到国内产业的需要而不接受具体的减排目标。

尽管如此,还是应该说《联合国气候变化框架公约》是一项有着实质性内容的框架公约。第一,要求发达国家到2000年其温室效应气体排放降低至1990年的水平;第二,发达国家承诺向发展中国家提供资金和技术合作;第三,要求缔约国促进保护温室效应气体的吸收源及储藏库。

该公约的主要特征之一,就是采用了框架条约的方式以及持续性协商形成条款的方式。比如,根据公约第4条第2款(a)(b)的规定,《联合国气候变化框架公约》附件Ⅰ的缔约方被要求其温室效应气体排出应降至1990年的水平,但是并没有明确规定有关义务的内容,因此公约第一次缔约方会议在1995年通过了《柏林协议》,开始了有关公约的议定书的谈判工作,并且在1997年日本京都举行的第三次缔约方会议上,通过了《联合国气候变化框架公约京都议定书》(即《京都议定书》),其中对发达国家规定了具有法律拘束力且数量化了的减排义务。

**补充引申:《京都议定书》**

按照《京都议定书》的规定,《联合国气候变化框架公约》附件Ⅰ的缔约方即发达国家与新兴市场经济国家,从2008年到2012年的约定期间,有义务将温室效应气体的整体数量较之1990年的水平至少减少5%,比如规定日本减少6%,美国减少7%,欧盟减少8%等,而对发展中国家则没有规定减排义务。

为了对《京都议定书》规定减排义务的遵守能够具有灵活性,确立了"减排量单位国际转移机制",被称为"京都机制"。也就是说,在该议定书第6条中有关于"共同实施"的规定,即在发达国家间要强化实施减少温室效应气体排放及通过吸收源减少这些气体,而且承认可以取得据此所产生的减排单位并进行转移。该议定书第12条还规定了所谓的"清洁开发机制",即发达国家援助发展中国家减排所产生的减排量的一部分也可以转让给援助国使用。甚至,该议定书第17条规定了发达国家之间的"排放量交易",即承认部分承诺排放量的转移和取得。

《京都议定书》的实施规则是在2001年作为法律文件通过的《马拉喀什协定》中通过的,其中对有关援助发展中国家的基金设置、为灵活运用"京都机制"在国内对策上应该补充的地方以及承认已有的森林管理所带来的吸收部分等都作出了规定。《京都议定书》在2005年开始生效,根据其第3条第9款的规定,在2008年至2012年的第一承诺期结束后的减排义务,将通过缔约方会议重新确定。

《联合国气候变化框架公约》的第二个主要特征,是发达国家和发展中国家具有两个不同的时间表,即根据"共同但有区别的责任"原则来决定各自承担的责任。对于缔约方在条约上的义务,公约明确规定了"共同但有区别的责任"原则,并且在其附件中对缔约方进行了分类。附件Ⅰ的缔约方是"经济合作与发展组织"(OECD)成员和一部分过去的东欧国家,附件Ⅱ的缔约方全部是OECD的成员,除此之外就是发展中国家的成员。公约第4条第1款所规定的义务为所有缔约方的共同义务,公约第4条第1款(a)及第12条所规定的提出实施状况报告也是所有缔约方需要共同承担的义务。不过,如果根据公约第12条第5款的规定,作为最不发达国家成员的缔约方,在递交最初有关信息时具有自由裁量权。有关技术转让,虽然公约第4条第5款作出了规定,但是也仅仅表述为"采取一切实际可行的步骤",而并没有非常严格的承诺。有关"资金机制",公约第21条第3款规定将"全球环境基金"(GEF)作为临时性的资金机制国际实体。

根据公约第 11 条第 1 款的规定,资金机制应在缔约方会议的指导下行使职能并向其负责。根据公约第 4 条第 3 款的规定,公约附件Ⅱ的缔约方应提供新的和额外的资金以支付经议定的发展中国家缔约方为履行提供信息义务所需要的全部费用。此外,公约第 4 条第 4 款及第 8 款还规定,公约附件Ⅱ的缔约方应帮助特别易受气候变化不利影响的发展中国家缔约方支付适应这些不利影响的费用,不过其实施细节则委托缔约方会议具体实施。

公约的第三个主要特征,是采用了"预防性措施"。如公约第 3 条第 3 款规定"当存在造成严重或不可逆转的损害的威胁时,不应当以科学上没有完全的确定性为理由推迟采取这类措施"。

公约的第四个主要特征,是采用了"综合性措施"。在刚刚开始围绕公约进行谈判的时候,只是对二氧化碳进行限制和规范,但是后来根据美国的提案,将整个温室效应气体都作为了谈判的对象。比如,公约第 4 条第 2 款(a)(b)(c)的规定,就采用了这一综合性措施。支持采取这一措施的人认为这一措施既有利于发挥经济效用同时也有利于优化环境。不过,对于二氧化碳之外的温室效应气体,对其科学性认知还不是很充分,因此也有人批评采取这一措施会对环境带来负面的效果。在 2005 年的第十一次公约缔约方会议之后,围绕《京都议定书》第一承诺期结束后的未来框架,展开了正式的谈判。在 2009 年哥本哈根举行的第十五次缔约方会议上,本来其目标是要通过《后京都议定书》,即达成确立 2013 年之后框架的"政治协议",但是在会议将要结束时约有 30 个国家代表参加的首脑会议上,只是将会议所提出的发达国家的减排目标以及发展中国家的减排行动写入了《哥本哈根协议》,并经全体会议决定对该协议给予所谓的"充分注意"。这一结果,只能被评价为是为了避免谈判决裂而达成的所谓"成果"。直到 2011 年在南非德班举行的第十七次缔约方会议上,才就确立未来框架取得成果,即就《京都议定书》第二承诺期等内容达成了协议。

### 14.17 《保护臭氧层维也纳公约》

从 20 世纪 70 年代后半期开始,国际社会开始高度关注氟利昂等物质对地球臭氧层的破坏,联合国环境规划署(UNEP)也从 1981 年开始了缔结有关保护臭氧层公约的谈判。为了取得有关限制规则的国际性协议,调整发展中国家与发达国家之间的利害关系就成为一个重要的课题,因为发展中国家担心为了保护环境所制定的限制规则有可能会妨碍其经济发展。

1985 年缔结的《保护臭氧层维也纳公约》的最主要的特征即它是一个典型的框架公约。该公约就为防止臭氧层破坏而有关国家的一般性义务以及缔约方会议等组织方面的规定达成了协议,但是并没有规定具体的义务,当然在 1985 年当时各缔约方还不可能达成更为详细的协议。按照该公约第 6 条规定,设立了缔约方会议;按照该公约第 9 条规定,缔约方会议将进行公约的修订等工作并继续形成协议。正是在这一努力之下,1987 年终于签订了《关于耗损臭氧层物质的蒙特利尔议定书》。该议定书明确地设定了减少破坏臭氧层物质的生产和使用的目标,不过也为了强化限制规则而多次进行了修订。

《保护臭氧层维也纳公约》的第二个特征,是在其前言中同样可以看到写入了"预防性措施"的内容。这一措施在《蒙特利尔议定书》中也可以看到。

作为对《保护臭氧层维也纳公约》进行补充的《蒙特利尔议定书》,其特点主要在于其规定显示了对发展中国家利益的考虑。该议定书第 5 条规定,对发展中国家实施限制规则的时间延后 10 年,第 10 条规定还要给予发展中国家以资金合作与技术合作。甚至,该议定书第 8 条还规定了"不遵守程序",这一规定在多边条约中出现还是第一次,因此具有非常重要的意义。此外,在 1990 年的议定书第二次缔约方会议上,就援助发展中国家的"保护臭氧层基金"达成协议,该基金于 1993 年正式开始运作。

### 14.18 《生物多样性公约》

《生物多样性公约》是在1992年"联合国环境与发展大会"上开放签字并于1993年生效的保护全球环境公约,其三个主要目标是"保护生物多样性""生物多样性组成成分的可持续利用"和"以公平合理的方式共享遗传资源的商业利益和其他形式的利用"。

该公约的第一个主要特征,同样也是它是一个典型的框架条约,即写入了众多有关最终目标的条款,但是并没有规定详细的义务。该公约第6条至第20条,主要规定了公约的主要目标以及要求缔约方作出具有拘束力的实际承诺,不过虽然公约第8条(h)规定要"防止引进、控制或消除那些威胁到生态系统、生息地或物种的外来物种",但是具体如何确定这些威胁的发生,公约并没有给各缔约方提供明确的指导。因此,公约的缔约方会议要求其科学技术委员会制定有关指导方针,即有必要缔结有关这个问题的议定书。此外,公约第8条(g)对由于生物技术而改变的生物有可能给环境所产生的危险或不利影响作了规定,公约第19条第4款也对各缔约方附加了提供有关信息的义务,不过直到2000年通过的《卡塔赫纳生物安全议定书》里才对此作了详细的规定。

《生物多样性公约》的第二个主要特征,是在存在着发展中国家与发达国家之间严重利益对立的背景下对发展中国家利益的考虑,也就是说,在公约的谈判过程中,发展中国家提出了各种各样的要求,比如有关知识产权的特别体系,对提供有关生物多样性资源的补偿机制,对有关生物技术的获得,实施公约所需的资金机制,等等,这些要求都最终反映在了公约的规定中。对此,美国却提出批评,认为公约未能有效保护知识产权,而且阻碍了生物技术的发展,所以没有加入该公约。因此,实际上存在对该公约实际有效性的不同评价。不过,正如公约第15条第7款所表示的那样,虽然"公正与平等的分享"是公约的主要目标,但是为了让发展中国家和发达国家都能够遵守公约而同时又提供了奖励制度。公约第 16 条第 3 款关于技术转让的规定,以及第 19 条第 1 款和第 2 款有关生物技术的使用及利益分配的规定中,根据其上下文表述都可以作如此的理解。此外,公约第 16 条第 4 款还规定,每一缔约国应酌情采取立法、行政或政策措施,以便为私营部门取得技术、共同开发和转让提供便利,以惠益于发展中国家的政府机构和私营部门。甚至,更为重要的是,由于发展中国家为实施公约而需要资金援助,所以公约第 20 条规定了资金机制的设立,尤其是第 20 条第 2 款规定:"发达国家缔约国应提供新的额外的资金,以使发展中国家缔约国能支付它们因执行那些履行本公约义务的措施而承负的议定的全部增加费用,并使它们能享受到本公约条款产生的惠益。"

《生物多样性公约》的第三个主要特征,即写入了"预防性措施"。例如,在公约序言中就指出:"生物多样性遭受严重减少或损失的威胁时,不应以缺乏充分的科学定论为理由,而推迟采取旨在避免或尽量减轻此种威胁的措施。"

《生物多样性公约》的第四个主要特征,是解决争端和确保遵守的机制。比如,公约第 27 条规定,当缔约方之间发生争端时首先应通过谈判方式寻求解决,如果无法以谈判方式达成协议,则可以联合要求第三方进行斡旋或调停。此外,缔约方也可以声明承诺愿意接受仲裁或国际法院管辖。如果不同意这些处理程序,那么还可以根据公约附件Ⅱ第 2 部分的规定委托进行调解。

在 2010 年第十次公约缔约方会议上,对于"截止到 2010 年缔约方要实现显著降低生物多样性损失速度的目标"的实现状况也进行了检查落实。

**补充引申:有关保护生态系统的公约**

有关保护生态系统的公约,首先可以列举出 1971 年通过的《关于特别是水禽生境的国际重要湿地公约》(《拉姆萨尔湿地公约》)。该公约虽然只是一项以保护湿地以及合理利用为目的的公约,但是应该说是有关保护生态系统最早的国际公约之一。1973 年起草制定的《濒危野生动植物种国际贸易公约》(《华盛顿公约》),为了限制规范缔约方对濒危野生动植物的交易,要求各缔约方建立有关"科学机构"和"管理机构"并规定了各缔约方向公约秘书处提出报告的义务。此外,"联合国环境与发展大会"虽然并没有将有关保护生态系统的特别条款写入《里约环境与发展宣言》中,但是在作为行动计划通过的《21 世纪议程》第 15

章中也包括了有关保护生物多样性的内容。

**当今世界：贸易与环境**

　　国际经济法的要求与国际环境法的要求，即自由贸易与环境保护二者之间的利益冲突，以 1991 年"美国对金枪鱼限制进口案"中"关贸总协定"(GATT)专家组的裁定为契机，持续成为直至今天仍在争论的一个重要问题。由于关贸总协定的一般性例外中并不包括"环境保护"，所以围绕有关同贸易有关的环境措施是否适合世界贸易组织法进行解释，自然就会非常困难。因此，世界贸易组织的"贸易与环境委员会"(CTE)对多边条约中的贸易限制措施与多边贸易体系的关系等问题进行了探讨。不过，在世界贸易组织的解决争端程序中，仍然存在着以保护环境与健康为目标的国内限制管理与世界贸易体制对立的问题，比如在欧共体"牛肉荷尔蒙案""转基因产品限制案"，"美国对虾和虾产品进口限制案"以及"巴西翻新轮胎案"中都可以看到这种对立。

**参考文献**

磯崎博司『国際環境法——持続可能な地球社会の国際法』(信山社,2000 年)

一之瀬高博『国際環境法における通報協議義務』(国際書院,2008 年)

イーディス・B・ワイス著・岩間徹訳『将来世代に公正な地球環境を——国際法,共同遺産,世代間衡平』(日本評論社,1992 年)

国際法学会編『日本と国際法の100 年第 6 巻　開発と環境』(三省堂,2001 年)

児矢野マリ『国際環境法における事前協議制度——執行手段としての機能の展開』(有信堂高文社,2006 年)

高村ゆかり＝亀山康子編『京都議定書の国際制度——地球温暖化交渉の到達点』(信山社,2002 年)

水上千之＝西井正弘＝臼杵知史編『国際環境法』(有信堂,2001 年)

Birmie, P., Boyle, A., and Redgwell, C., *International Law & The Environment*, Third Edition, (Oxford University Press, 2009)

Sands, P., *Principles of International Environmental Law*, Second Edition, (Cambridge University Press, 2003)

Murase, Shinya., "Perspectives from International Economic Law on Transnational Environmental Issues", *Recueil des cours*, tome 253, 1995.

# 第15章 国际经济法

## 1 国际经济法的意义

> 要点:(1) 国际经济秩序与国内经济秩序有什么不同?(2) 国际经济法发挥着什么样的作用?

### 15.1 国际经济秩序与国际经济法的作用

在跨国经济活动中,存在着各种各样的阻碍因素。在这些阻碍因素中,虽然有很多缺乏经济学上依据的因素,但是也有一些即使从保护消费者安全角度看具有合理性但其实起到了阻碍贸易效果的因素。比如,国家一般会为了保护国内产业或从国民安全、卫生等社会政策的角度采取各种限制措施。不过在目前,很多国家会与其他国家或地区以各种各样的形式结成密切的通商或金融关系。因此,为了能够使跨国经济活动正常顺利地进行,就需要有能够消除各种阻碍因素、合理预测未来贸易状况和持续保障贸易稳定性的"国际经济秩序"。所谓"国际经济法"就是构成维持国际经济秩序法律框架所有内容的法律,比如国际法、国内法及习惯商法。

经济秩序并非自然赏赐物,而是必须由一定的法律制度来维持。在国内社会,经济秩序是由国家基于自由主义经济或计划经济或混合经济这三种经济模式中的某种经济模式的指导原则或规则及制度来确定和维持的。而在国际社会,并不存在类似于国内社会的政府那样的中央权力机构,而是由二百多个国家及地区的经济主权构成了一种分权式结构,因此不仅难以基于某种特定的经济模式来构建国际经济秩序,而且与国内社会相比较也更加脆弱和不完善。不过,仍然存在着国际经济秩序,国际经济法的目标就是为了维持这一秩序。

目前的国际经济秩序,是第二次世界大战之后在接受战争时期教训的基础上由美国主导并在西欧各国的协助下确立的。这一秩序可以被称为"定向新自由主义秩序"(directed and neo-liberal order)。

也就是说,目前的国际经济秩序是基于国家间的协议有意识地确立起来的一种国际经济秩序,即资本主义经济已经不再仅依靠一国经济的国家主义立场所构成的国内经济秩序来维持,而必须要认识到需要从国际性的角度通过国家对经济的介入来进行对外的整合。

新自由主义国际经济秩序,是在面对进入20世纪之后由于"国家社会化"即大众的政治参与所带来的福利国家化而国家作用的增大,以及由于"经济国际化"即国家与社会间经济相互依存的深化而需要一种国际合作框架这两种要求的情况下,以通过国家力量来实现国际合作框架的形式来确立的。因此,第二次世界大战后的国际经济秩序,基本上是一种自由主义的秩序,不过并不同于19世纪后半叶为了要求对外均衡而牺牲国内稳定的自由放任经济秩序,而是植根于作为各国政治基础即国家经济稳定与保障国民福利基础之上的一种秩序。在这一秩序之下,虽然每个国家都在追求福利国家的目标,不过对于跨国经济活动政府要尽可能少干预的所谓"自由贸易"(liberal trade)概念,已经成为国际经济关系的基本理念前提。

当然,尽管国际经济的秩序化已经取得巨大进展,但是目前的国际社会还难以从综合性的角度对其进行整合,还难以将国际经济视为一个综合性的实体来对待,即还不存在能够普遍统一规范每一经济体的综合性国际协定。如果同国内经济秩序相比较,国际经济秩序虽然已经确立了市场经济的基本框架,但是现实状况仍然是难以控制经济体对其经济能力的滥用以及经济差距的扩大和财富的再分配。20世纪80年代以后,随着新古典经济学抬头而出现的小政府论的影响以及 90 年代初"华盛顿共识"(Washington Consensus,由美国国际经济研究所经济学家约翰·威廉姆森在 1989 年提出)的出现,重视市场作用的理念支配了国际经济秩序,但是随着 2007 年发端于美国房地产泡沫崩溃的世界金融危机的爆发,导致了目前国际经济秩序的严峻局面。

国际经济法的主要作用,在于消除对国际社会私有经济活动的自由开展具有阻碍作用的因素,换言之,就是追求实现跨国经济活动的自由化,包括通商、资本和金融的自由化。国际经济法虽然也反映了公平竞争的理念,但是仍然存在相对较弱的一面,其中所谓"公平"(fairness)的标准并不像国内经济法那样是对包括消费者在内的"竞争"本身的保护,而仅仅是为"生产者"提供了一个意味着竞争条件相类似的"公平竞争环境"。在对国际社会成员之间经济差距的担忧以及财富的再分配方面,也是如此。诚然,国际社会并非完全没有考虑去帮助那些在经济上弱小的国家,比如 WTO 各项规定中包含有众多承认发展中国家成员延缓实施义务或适用例外等"特别且不同待遇"的条款,不过这些条款也只是一些暂时性措施,在一定时间之后这些国家仍然需要承担与其他成员相同的权利和义务,即最终是基于权利与义务相对应的考虑。

## 2 关于国际贸易的规则

> 要点:(1) 国际贸易规则在历史上是如何演进变化的? (2) 如何看 WTO 在目标、作用及规范对象与 GATT 的比较? (3) 如何看 WTO 多边规则的特征与其内容?

### 15.2 贸易的定义

国际贸易(commerce)与对外贸易(trade)几乎是同一个意思,一般指国家之间货物或服务的交易,有时也泛指所有的跨国经济活动。这一领域是国际经济法中最古老的部分,同时也是国际法规则中发展最为充分的一个领域。在过去众多双边"友好通商航海条约"(Treaty of Friendship, Commerce and Navigation, FCN)中,通常不仅仅会包括原产于对象国的货物,还包括有关对象国的国民出入境、停留、旅行及居住等各项权利以及财产权和法院的起诉权等内容,甚至还包括有关在对象国注册登记船舶上的待遇等海上航行的权利等内容。目前,由于服务业及信息革命所带来的信息产业的发展,过去作为限制产业而被"友好通商航海条约"规定排除在外的众多服务部门也开始正式被纳入一些多边性规则之中,同时贸易与知识产权以及贸易与投资的壁垒正在被打破,贸易概念的外延也正在逐渐扩大至与贸易有关的知识产权或投资领域。比如,目前已经存在 WTO 的《服务贸易总协定》《与贸易有关的知识产权协定》和《与贸易有关的投资措施协定》。另外,在条约中有关居住停留权利的部分,从 20 世纪 50 年代末开始缔结的大部分"双边投资保护条约"(Bilateral Investment Treaty, BIT)都将投资领域作为一个特别领域来对待。因此,"友好通商航海条约"的范围和作用就被分散和替代,20 世纪 70 年代之后几乎就没有再缔结类似的条约。

### 15.3 贸易规则的历史性演变

国际贸易规则虽然可以说在 17 至 18 世纪期间随着"友好通商航海条约"的出现就开始出现了,不过目前 WTO 体制的历史性起源,应该是美国在 1934 年制定的《互惠贸易协定法》以及依据该法律与 30 多个国家缔结的"双边贸易协定"(trade agreement)。这些协定与确定综合长期经济关系的"通商条约"(commercial treaty)相比,特点在于只是以确定特定领域中短期关系为目标,且属于不需要国会批准的行政协定。美国在基于《互惠贸易协定法》所缔结的一系列双边贸易协定中,普遍提出了贸易的自由化,比如通过谈判相互降低关税以及无条件地将最惠国待遇条款给予第三国。而且,第二次世界大战之后,在谈判建立"国际贸易组织"(ITO)过程中的 1947 年,美国又向 23 个国家建议进行多边性关税谈判,最终将国际贸易组织宪章草案中的贸易政策一章归纳成为一项协定,即"关税及贸易总协定"(GATT),开始谋求国际贸易的多边化。

美国拒绝批准导致"国际贸易组织"流产的"历史性偶然"使 GATT 出现了。其实质内容基本上继承了美国与其他国家缔结的"双边贸易协定",由于其偶然诞生所以存在很多缺陷,比如在其《临时适用议定书》中规定各成员现行国内法即使与 GATT 的规定相冲突,仍然可以优先适用,即所谓"祖父条款",以及缺乏组织性要素,等等。尽管如此,作为基于多边协定建立起来的国际组织,GATT 也发挥了一些动态性的作用,比如在削减关税方面取得了较大成果,通过组织决定或所谓"事后习惯"也实现了很好的自我变革,比如完成了贸易政策条款的进一步细化以及规定了没有先例的解决争端程序。当然,经过 1986 年至 1994 年的"乌拉圭回合"谈判,GATT 事实上被于 1995 年开始运作的"世界贸易组织"(World Trade Organization, WTO)所吸收。正是由于这一变化,在此之前的 GATT 被称为《GATT 1947》,而作为 WTO 多边贸易协定之一而被纳入的部分则被称为《GATT 1994》。WTO 的规定不仅涉及货物,也不仅扩大至服务业与知识产权,而且其规定的内容进一步被细化并得到进一步强化,目前已经完全成为进行国际贸易时的国际性规则。

## 15.4 世界贸易组织(WTO)概述

"WTO 协定"由《WTO 建立协定》(即《建立世界贸易组织的马拉喀什协定》)、4 个附件以及 30 多份部长会议决定及宣言所组成。《WTO 建立协定》由 16 条条文所构成,可以说就是一份微型宪章,其中规定了 WTO 体制的基本组织架构及其运作程序。附件 1 又可以分为《货物贸易协定》(附件 1A)、《服务贸易总协定》及其附件(GATS,附件 1B)和《与贸易有关的知识产权协定》(TIRPS,附件 1C)三部分。其中,附件 1A 又由《GATT 1994》、《农业协定》、《实施卫生与植物卫生措施协定》(SPS 协定)、《纤维协定》、《技术性贸易障碍协定》(TBT 协定)、《与贸易有关的投资措施协定》(TRIMS 协定)、《反倾销协定》、《海关估价协定》《装运前检验协定》《原产地规则协定》《进口许可程序协定》《补贴与反补贴措施协定》《保障措施协定》等构成。附件 2 和附件 3 分别是有关解决成员之间争端的规则和有关"贸易政策审议机制"（Trade Policy Review Mechanism，TPRM）的规则。

附件 1、2、3 也被称为"多边贸易协定"，构成了《WTO 建立协定》不可分离的一部分，成员在加入 WTO 时必须一次全部接受。最后，附件 4 中所包括的协定及有关文件被称为"若干国家间贸易协定"，构成了接受该附件成员协定的一部分，而且只能够拘束参加该附件的成员。

在 WTO 法律规则之间，存在着一定的等级制度。《WTO 建立协定》第 16 条第 3 款的规定："在本协定的条款与任何多边贸易协定的条款产生抵触时，应以本协定的条款为准。"而且，附件 1A 中的多边贸易协定又优先于《GATT 1994》。《GATT 1994》之外有关货物贸易的多边协定之间虽然没有哪个优先的问题，但是在个别的多边贸易协定中也有一些调整与其他多边贸易协定相抵触的特别规定，比如《技术性贸易障碍协定》第 1 条第 4 款与《政府采购协定》的相互调整，第 1 条第 5 款与《实施卫生与植物卫生措施协定》的相互调整，以及《补贴与反补贴措施协定》第 3 条第 1 款和第 7 条第 1 款与《农业协定》的相互调整。

根据《WTO 建立协定》第 3 条的规定，WTO 的职能主要有下列四项：① 为 WTO 各协定的实施、管理和运用提供制度性框架；② 为成员间的谈判提供场所；③ 为解决争端及讨论贸易政策提供场所；④ 为实现全球经济决策的更大一致性，与国际货币基金组织和世界银行及其附属机构进行合作。此外，WTO 各协定的实体性和程序性规则也为规范各成员间的贸易关系提供了法律框架。

## 15.5　WTO 的组织结构

在 WTO 内，有作为最高决策机构的"部长级会议"，由所有成员的代表组成，应至少每两年召开一次会议，主要就履行 WTO 的职能和采取必要行动以及有关多边贸易协定的所有事项作出决定。此外，还有同样由所有成员代表组成的"总理事会",每年约召开六次会议,主要承担行使协定职能以及部长级会议休会期间WTO日常工作运行的责任。根据《WTO建立协定》第9条第2款的规定,部长级会议及总理事会具有解释WTO各项协定的解释权。除此之外,总理事会还具有两种职能,即履行作为"争端解决机构"(Dispute Settlement Body, DSB)的职责和履行"贸易政策审议机制"的职责,不过在这种情况下两个机构都应该有自己的主席。此外,还设有"货物贸易理事会""服务贸易理事会"和"与贸易有关的知识产权理事会",按照总理事会的总体指导运作,负责各自领域贸易协定的实施。在部长级会议设置的一些特别委员会及上述的3个理事会下设的一些辅助机构之外,还有以总干事为首长的秘书处。

需要加以注意的是,WTO并未设置为了履行特定职能而由少数成员组成的"非全会型"(non-plenary)机构,反而是存在着"由所有成员代表组成"或"向所有成员代表开放"的若干重叠的"全会型"(plenary)机构。不过,这些机构之间的关系并非金字塔式的组织结构,而是一种矩阵型的组织结构。WTO的决策方式,除了一些特殊情况之外,比如在通过WTO协定的解释和豁免义务的决定时应该由成员的四分之三多数作出,一般情况下原则上采取"协商一致方式",即在没有成员正式明确表示反对的情况下不经投票通过的决策方式。不过实际上,在进行一些重大的决策时,往往会是一些主要国家在WTO之外通过一些非正式的协议来影响决策。

### 15.6 谈判场所

WTO还是讨论贸易问题并取得协议的永久性谈判场所。作为谈判场所,主要发挥两种职能:一是根据《WTO建立协定》第3条第2款前半段规定,为现行WTO协定所列协定处理事项提供谈判场所(the forum);二是根据《WTO建立协定》第3条第2款后半段规定,按部长级会议可能作出的决定,为其成员间就它们多边贸易关系的进一步发展提供谈判场所(a forum)。后一种谈判场所的提供,是因为在"乌拉圭回合谈判"中当涉及GATT并未涉及的服务贸易时,一些发展中国家成员提出反对,所以在接受教训后设计了这一新的制度。

WTO的谈判,主要是定期由特别委员会主持的各次"回合谈判"即"多边贸易谈判",但除此之外有一些重要的谈判也属于WTO应尽的职责,比如为了有成员加入进行的谈判,或者围绕援引例外条款或作为解决争端的结果在争端当事国之间进行赔偿的谈判等。特别是在"乌拉圭回合谈判"中,引入了就谈判中遗留问题继续进行谈判的"既定议程"制度,增加了作为平时谈判场所的重要性。经过包括GATT时代至今的八次回合谈判,不仅仅在减免关税方面,在减少非关税壁垒方面也取得了巨大的成果。

回合谈判,是以一定谈判目标和规定谈判期限所进行的多边贸易谈判,这一谈判,是为了形成基于现行法律框架的规则以便适应现实需要。也就是说,回合谈判是WTO形成主要规则的场所。回合谈判进行的方式,一般在谈判开始时就已经确定议题,并设立不同议题的谈判小组,WTO的干事长担任整个谈判的主席。谈判的基本主题是实现相互主义的目标和防止出现"搭便车"现象。当各个领域的谈判完成后,则以最终议定书的形式就谈判结果达成协议。通过这些回合谈判,虽然说明WTO是只有通过各成员间的协议才能够创设彼此权利义务以及对此进行修正的所谓"为了合作而建立的国际组织",但是这些谈判并非日常性的谈判,其特征在于通过集中谈判的方式解决问题。

在2001年11月的第九次"多哈回合谈判"中,除了农业、非农产品市场准入(NAMA)、服务业和反倾销四个部门之外,也开始涉及了所谓"新加坡议题"(贸易便利化、投资、竞争和政府采购透明性)以及环境与发展中国家问题等广泛部门的一些综合性内容。在2004年7月达成的框架协议中,除了上述的四个部门之外,还新增加了贸易便利化为谈判对象,其后谈判范围也不断扩大。不过,涉及众多的部门,成员之间特别是发达国家与发展中国家之间的对立并没有消除,因此谈判想要达成的目标仍未达成。与此同时,与WTO所代表的多边主义受到挫折形成鲜明对照的,却是地区主义的合作方兴未艾,即在一些国家之间缔结了众多"自由贸易协定"(FTA)或"经济合作协定"(EPA)。这些现象,恰恰就表明了目前的国际贸易秩序。

## 15.7　WTO多边规则(法律框架)概述

尽管WTO的多边贸易协定所应对处理的事项内容复杂且在很多方面存在着各种不同的理解,不过在这些协定或文件中仍然可以归纳出若干基本原则。

**(1) 非歧视原则**。由最惠国待遇与国民待遇两部分构成。最惠国待遇与国民待遇二者虽然具体的内容或范围并不相同,但是存在于《GATT 1994》《货物贸易协定》《服务贸易总协定》及《与贸易有关的知识产权协定》等所有协定中,形成了WTO的一些主要规则。作为最惠国待遇应该承担的义务,就是承诺对某一国家的原产地产品或者服务和国民所给予的利益、优惠、特权或豁免,要立即无条件地同样给予其他成员的同样产品或者服务和国民。当然,最惠国待遇也存在着各种各样的例外。所谓国民待遇,就是对进口产品所适用的国内税或国内规则,其待遇不能低于同种国内产品所享有的待遇。在GATT的时代,所谓国民待遇并非仅仅限于某些减让品种,而是适用于所有的产品,而在目前的《服务贸易总协定》中仅仅适用于某些已经承诺自由化的部门。

**(2) 市场开放原则**。WTO的理念,用一句话来表达,就是为了使跨国贸易更加便利而实现政府干预的最小化。因此,WTO要区别关税与其他保护手段,后者在原则上被禁止或冻结,尤其是原则上禁止数量限制,只有前者被认为属于正当的保护手段,可以通过谈判逐渐消除。为了降低关税,需要成员间签订被称为"关税减让"(tariff concession)的特别协议。被降低的关税,只要不是按照特别的程序则不可变更,这样才能够给成员间贸易关系带来稳定性和可预测性。有关《服务贸易总协定》的内容,其基本结构及其运作也大体相同。

**(3) 相互主义**。在WTO协定中其实并未对这一概念进行定义,不过对于视成员间相互让步以及维持利益与义务之间的平衡为其最大目标的WTO而言,相互主义是一个非常重要的概念。WTO中的相互主义,主要有两种意义,即"在谈判中进行相同利益交换意义上的相互主义(first-difference reciprocity)",比如回合谈判或有成员加入进行谈判时的"减让交换均衡"等,以及"全体成员间利益及权利义务关系平等意义上的相互主义(full-reciprocity)"。在WTO中,已经彻底没有了GATT时代对适用规则的"缓慢""搭便车"等宽松气氛,但是GATT规则中的相互主义得到了极大的强化,比如一次全部接受方式的适用和新兴发展中国家减让率的增加,以及对于强化解决争端程序带来的缺乏相互性事态的允许迅速报复机制的建立等。

**(4) 透明性原则**。缔约成员不仅仅对已经承诺自由化的领域,而且对所有领域都负有公开发表其贸易规则的义务。并且,在"贸易政策审议机制"之下,要定期就自己的贸易政策进行"自我申报"。通过这一透明性的原则,就比较容易把握WTO协定的实施情况,从而就有可能确保对贸易活动进行预测。

**(5) 作为安全阀的例外条款**。WTO是贸易自由化的体制,但是也包含在一定情况下允许成员不履行协定义务的各种各样的例外条款。例外条款的存在,表明必须要接受目前福利国家有关确保完全雇佣和保障国民福利的国内制度,否则就不可能实现贸易的自由化。例外条款的种类,在发生事前所确定状况的情况下,可分为承认临时提高进口壁垒的条款、反倾销和反补贴税、为保障国际收支而实施的限制、保护幼稚产业条款、义务免除、允许永久免除一般性义务条款、安全例外和再谈判程序。特别是其中承认临时提高进口壁垒的条款、反倾销和反补贴税的例外,被称为"贸易救济措施"。

## 15.8 关于货物贸易的规则

作为边境措施规则的关税,通常是指对进口货物所征收的进口税,不过经过第八次的"乌拉圭回合谈判",主要成员的平均关税率已经降至了5%左右。当然,还存在着一些令人担忧的问题,比如作为避免关税减让迂回替代手段对进口征收的其他租税或费用,如汇率交易手续费、特别进口费用等,以及存在着"关税升级"的问题,即伴随加工部分的税率提高造成了以出口原材料为主的发展中国家的产业结构固定化问题。

此外,作为判定国际性交易货物的所谓"国籍"所用到的"原产地规则",如果随意制定和运用,也往往可以起到贸易保护的效果。因此,在"乌拉圭回合谈判"中缔结了《原产地规则协定》,围绕非特惠领域原产地规则的协调工作正在进行。

《海关估价协定》是为了确保海关估价方法和程序在关税减让或禁止数量限制等方面的效果而制定的。而且,在"乌拉圭回合谈判"中,为了防止部分成员通过对货物价格过高或过低的估价来进行欺诈,以及为了确保由民间专业公司进行的装运前检验习惯不对贸易造成不必要的阻碍,特别制定了《装运前检验协定》。

在 WTO,原则上禁止使用数量限制,不过为了确保在承认例外使用这一限制时的进口许可程序不会构成贸易限制,也特别制定了《进口许可程序协定》。

至于非关税措施规则,则是为了避免成员将有关产品标准、规格或卫生植物检验措施作为对外国随意或不恰当采取的差别手段,并以确保国际贸易不会受到任何限制为目的而制定的,构成这些规则的主要有《技术性贸易障碍协定》和《实施卫生与植物卫生措施协定》。这两个协定,承认了成员在一定正当性目的之下可以制定产品的标准和规格并将其适用于进口产品之上的主权性权利,但同时也要求不得利用这些权利来限制贸易,在采取比国际标准更高保护水平的措施时须提出科学性证明等。总之,这些规则对 GATT 第 3 条有关国民待遇的内容以及第 20 条有关正当性要件的内容,作了进一步的细化。

有关贸易救济措施的规则。所谓贸易救济措施,即在进口增加导致国内产业遭受损失的情况下,通过有关产业的申请或利用国内当局的职权,在满足一定条件的情况下,可以不履行协定义务以保护国内产业而采取的措施。贸易救济措施,可以具体分为下面两种应对方法:为了应对公平贸易导致进口增加的过渡性保障措施和为了对抗倾销或补贴出口等不公平贸易习惯的反倾销或反补贴税。《保障措施协定》规定,当成员准备采取保障措施时,需要提出有关由于"不可预见的情况发展变化"及"接受 GATT 义务"而造成的进口增加带来重大损失的证据,而且除了一定的例外比如允许一定情况下进行数量限制的"配额调整条款"外,该义务无差别地适用于所有成员。《反倾销协定》和《补贴与反补贴措施协定》也各自规定了实施反倾销和反补贴税的要件,即证明存在倾销和出口补贴及造成实质性损害。不过,对于贸易救济措施究竟是成员不可让渡的"权利"还是规则的"例外"措施,存在着不同的观点。

有关贸易的投资措施规则,主要体现在《与贸易有关的投资措施协定》(TRIMS 协定)中。该协定规定,禁止部分限制贸易以及对贸易带来阻碍影响的投资方式,比如禁止违反 GATT 第 3 条规定的国民待遇条款及第 11 条规定的不允许实施数量限制条款,尤其是禁止强制要求采购当地产品、要求进出口平衡、外汇管制及出口限制等。在作为禁止对象的投资措施中,除了通过法律等手段强制实施者外,还包含那些得到其他优惠待遇的措施如补贴或免税等优惠条件。其实,该协定并未特别给成员附加新的义务,而只是将 GATT 的义务更加明确化,不过从一直作为接受投资的发展中国家保护和培育本国产业及防止外汇流出的观点来看,该协定所涉及的各种各样有关投资措施规定,都会迫使发展中国家一直以来的经济政策发生巨大的转变。

### 15.9 《服务贸易总协定》(GATS)

《服务贸易总协定》虽然是以货物贸易自由化的原则和结构为样本制定的,不过服务及其供给形式的多样性以及服务贸易的特点比如生产与消费的同时性和生产者与消费者必须具有物理性接近等特点,使得服务贸易的壁垒并非像关税那样的边境措施,而主要是国内限制,而且这些限制的目的也不仅仅是保护和培育国内产业,一般的解释是为了作为公共政策对消费者进行保护,由此可以看出二者在规则结构上有很大的不同,比如提供国民待遇与自由化承诺如何相互关联等问题。

服务贸易的形式,可以分成四种类型:① 跨境交易,即从某一成员领土向另一成员领土提供服务;② 国外消费,即对在某一成员领土上的其他成员消费者提供服务;③ 国外业务点,即某一成员的服务提供者通过其他成员领土上的业务点提供服务;④ 人员流动,即某一成员的服务提供者通过其他成员领土上的自然人提供服务。特别是在③的情况下,必须要考虑到生产者和消费者物理性接近的服务特点,其结果也使得《服务贸易总协定》具有了投资协定的性质。

《服务贸易总协定》的实体条款部分,除了第一部分的适用范围和定义外,被分成了三部分。首先,第二部分为在所有领域都一般必须要遵守的"一般义务和纪律"。根据协定第 2 条有关最惠国待遇的规定,成员必须给予所有其他成员的服务或提供服务者同等待遇,以及根据第 3 条有关透明度的规定,各成员都负有公开发布有关服务的法律规则的义务。不过,最惠国待遇也存在各种各样的例外,如根据协定第 29 条规定的某些成员在协定生效时的豁免例外,以及根据协定第 5 条规定对经济一体化及劳动力市场一体化协议的参加等。关于透明性义务,其实还包括要迅速回应其他成员要求提供信息的请求以及向服务贸易理事会进行通报。

其次,是成员应该有义务遵守在有关特定部门所作出的承诺。一般来说,服务贸易的自由化需要通过谈判来确定自由化的部门以及通过写明其条件的承诺表这一"正面清单方式"来进行。比如,协定第 6 条第 1 款规定:"在已作出具体承诺的部门,每个成员应确保所有普通适用的影响服务贸易的措施,以合理、客观和公正的方式予以实施。"根据协定第 16 条和第 17 条的规定,每一成员按照承诺条件及限制,负有义务保证对其他成员的市场准入和国民待遇或保证其中一项。此外,根据协定第 16 条第 2 款的规定,在承担市场准入承诺的部门中,除非在其承诺表中明确规定,否则在其国内限制规则中不得主要以经济性理由维持和采取数量、方式及对外资的限制,当然质量上的限制不在此列。而且,协定第 17 条第 1 款规定:"在列入其承诺表的部门中,在遵照其中所列条件和资格的前提下,每个成员在所有影响服务提供的措施方面,给予任何其他成员的服务和服务提供者的待遇不得低于其给予本国相同服务和服务提供者的待遇。"

最后,是总协定第四部分的"逐步自由化"的部分。根据协定第 19 条第 1 款的规定,为了逐步实现服务贸易更高水平的自由化,各成员应该在总协定之下基于"正面清单方式"进行定期连续回合的谈判。实际上,在金融、电气通信等特定领域,已经以附件的形式制定了特定的规则,其集中性的自由化正在实现过程中。当然,同样根据协定第 19 条第 2 款的规定,自由化也必须要在充分考虑到每个成员国家政策目标及其整体和个别部门发展水平的前提下积极推进实现。

### 15.10 《与贸易有关的知识产权协定》(TRIPS)

对知识产权进行国际性保护的历史比较悠久,最早可以追溯至 1883 年的《保护工业产权巴黎公约》和 1886 年的《保护文学和艺术作品伯尔尼公约》。不过,这些公约以属地主义和国民待遇为其主要内容,因此其权利保护本身并不是很充分,在确保遵守公约规定的实际有效性方面也存在问题。

《与贸易有关的知识产权协定》针对整体上的知识产权,以现有条约的保护水平为标准,确定了保护的最低标准。① 作为基本原则,在现有条约规定的国民待遇基础上又增加了最惠国待遇的规定,而且规定通过两国间协议所承诺的超出本协定的保护水平要同时给予其他所有成员的国民。② 即使不是上述《巴黎公约》和《伯尔尼公约》缔约国的 WTO 成员也必须遵守这些公约。在协定的第二部分中,规定了对各自不同知识产权的保护标准,也可以说规定了按照"现有条约+α"方式构成的国际最低标准。③ 成员方应使权利所有人可以利用其国内公平、公正、合理的民事及行政上的行使权利程序。此外,由于 WTO 争端解决程序的适用,确保遵守义务的实际有效性获得了极大提高。不过,这一协定是在并未达成有关"权利用尽"协议情况下开始实施的(所谓"权利用尽"即附着在商品上的知识产权随着商品的出售也同时丧失且不需要知识产权权利者的同意也可以转移销售),因此对货物专利的承认,带来了高昂的医药品价格,于是就出现了发展中国家限制国民所需医药品进入市场的问题,其后的对应也仅仅是谋求暂时的妥协。也就是说,2003 年 8 月,WTO 理事会接受了 2001 年 11 月第四次部长级会议上通过的《多哈宣言》第 6 段,决定将在强制实施权之下进行非专利药制造和出口的成员列为协定第 31 条(f)的适用例外,以便为那些被有效使用协定上的强制实施权限制而缺乏或没有制造医药品能力的成员提供这些药品。而且,2005年12月,通过了修改《与贸易有关的知识产权协定》议定书,将理事会的这一决定写入了其中,并开放至2011年末接受协定成员的批准,不过至今未生效。

### 15.11 争端解决与确保履行

WTO的争端解决程序被规定在了WTO附件2的《关于争端解决规则与程序的谅解》(DSU)中,其中最主要的是基于《关贸总协定》(GATT)第22条和第23条的协定以及"专家组程序"。虽然GATT第22条和第23条并未明确写明解决争端的具体性程序,但也不过是就磋商、请求原因、作为成员集体义务的调查及劝告或决定、经成员允许其他义务的中止即允许报复等程序作出规定。不过,通过GATT成员的"后来习惯"试图逐渐使以"专家组程序"为主要方式的争端解决程序更加细化。因此,争端解决程序作为司法性解决方式的色彩正在逐渐得到强化,其目标也正在从平衡成员间利益向着维持权利义务的平衡发展。

成员为了援引争端解决程序,即提出请求原因,根据GATT第23条第1款的规定,须具备一定条件:"(a) 作为其他成员未履行基于该协定义务的结果,(b) 其他成员不论是否违反了该协定的规定,但作为采取了某种措施的结果,或者(c) 作为其他存在某种状态的结果"以及"(A) 基于该协定直接或间接给予本国的利益归于无效或受到侵害,或者(B) 实现该协定的目标受到妨碍"。在解决争端的实践中,主要是围绕(a)(b)两种结果导致(A)情形的发生,并且逐渐走上了"从(a)至(A)"的特别路径。

存在其他成员采取某些措施造成了后果及其所导致的利益无效或被侵害,因此WTO解决争端的核心要素就是"利益的无效或损害"(nullification or impairment of benefits)。单纯违反义务并非援引GATT第23条的充分条件,还需要存在一定程度的利益无效或损害。不过,通过其后的习惯做法来看,所谓"初步证明"(*prima facie*)的无效或损害的概念得到重视,违反义务即被推定为利益无效化或受到损害,被请求方必须提出自己并未违反义务及造成任何利益无效化或构成损害的反证。针对这种情形,如果某一成员通过采取不违反其他成员一般协定规定的措施来主张基于一般协定自己应该得到的利益处于无效状态及受到侵害,即提出"无违反请求",那么事态就会发生逆转,即将举证责任转移到了请求一方。当然,要对所谓"无违反请求"无效化或侵害举证在实际上是非常困难的,在 GATT 中的请求中,绝大多数的请求都是以违反义务为理由的"违反请求"。

在无法按照成员间协议调和彼此的矛盾时,可以根据请求国的要求设立"专家组"。专家组在所确定期间内就有关事项进行讨论并向理事会提出报告,当这一报告被通过后即成为正式的劝告。在"乌拉圭回合谈判"中,引入了专家组程序的自动化和快速化以及上诉程序。也就是说,首先采纳了根据成员需要设立专家组的要求,以及在通过专家组报告时采用了"反向协商一致"的方式,即只要不是所有国家一致反对其程序即可继续进行,争端当事方也就难以阻碍程序的进行。并且,对于程序的各个阶段也规定了详细的时间表,从决定设立专家组到通过专家组报告,原则上须在 9 个月之内完成。其次,为了避免程序自动化可能导致出现"错误案例"(比如"美国国际销售公司税收案"就是一个典型的"错误案例",其专家组报告内容所依据的材料存在众多不确实的地方),以及为了确保对争端解决程序的信赖,还设立了"上诉机构"(Appellate Body),这一机构有权对专家组的法律认定及其结论给予支持或进行修正或给予取消。

对《关于争端解决规则与程序的谅解》(DSU)应该关注的另外一个原因,是因为该谅解第 23 条明确规定,当成员寻求纠正违反义务情形或寻求纠正其他造成适用协定项下利益丧失或减损的情形时,应援用并遵守本谅解的规则和程序,即确保争端的内部解决。在 GATT 时代,特别是在 20 世纪 80 年代,曾经出现了以美国贸易法中的"特别 301 条款"为代表的滥用单方面措施的现象,但是实施这一单方面措施的成员也付出了代价,即引入了自动承认被请求国提出报复请求的"交叉报复"制度。

**补充引申:解决争端与确保遵守**

通过程序的自动化、二审制的建立以及禁止单方面措施等做法,DSU 的"司法化"程度和实际效果得到了显著提高。因此,DSU 已经在国际社会得到广泛利用,也有助于确保成员对协定的遵守。而在 WTO 中,确保履行解决争端之外义务的机制并不完善,虽然有"贸易政策评审机制"(TPRM)在发挥一定的监督职能,但是其主要目标在于通过成员间定期考察各成员的贸易政策及贸易习惯来确保其透明性。其结果,只能谋求确保在 WTO 中通过解决成员间的争端来使其义务得到基本的遵守。

## 3 关于国际投资的规则

> **要点:**(1) 各国采用的有关投资管制的做法有哪些?(2) 目前发达国家与发展中国家围绕投资保护的对立呈现一种什么样的状态?(3) 请思考投资自由化的方式和现状。

### 15.12 国际投资的定义

国际投资(international investment),由于一般是指外国人进行的投资,因此也被称为"外国投资"(foreign investment)。从国际经济学的角度来看,所谓国际投资,即资本从一个国家向其他国家的移动,也就是资本从输出国或投资国向输入国或接受国的移动。外国投资,一般又可以分为直接投资与间接投资,前者为以直接支配或参加投资地实际经营活动为目的的投资,后者为并不直接参加经营活动而仅以获得利润或利息为目的的投资。不过,国际投资法关注与规范的对象主要是前者。

投资不同于贸易,在外国投资的情况下,投资接受国与投资国之间并不存在会给各自国家的国民经济带来何种利益的协议。而且,投资接受国往往将跨国企业视为威胁自己主权权利的政治性存在,或者将其视为投资国试图对自己进行经济性支配的先锋,因此投资行为也常常会由于各种不同立场的意识形态对立而受到影响。

国际投资法最早是由与外国人遭受损害的国家责任法即外交保护权法理有关的一部分国际习惯所构成,但以1959年德国与巴基斯坦之间的双边投资保护条约(Bilateral Investment Treaty,BIT)为开端,目前已经可以看到由多达2800个双边投资协定(BITs)所构成的网络,而且自从1987年最初出现国家与投资者之间基于BITs的仲裁请求以来,仲裁请求的数量急速增加,这一制度获得了巨大的发展。在这一背景之下,过去国际投资主要是发达国家向发展中国家所进行的单方面行为,然而随着进入20世纪80年代后自由主义取得主导地位以及冷战的结束,世界对发展中国家以及经济转型国家的跨国公司与外国投资的认识和态度也发生了变化,同时随着国际经济相互依存程度的加深,出现了过去的投资国同时也成为投资接受国的投资相互流动的现象。因此,有关投资的问题就不仅仅只是涉及接受投资后应该如何给予保护的"投资保护"问题,而且也涉及了废除接受投资限制和确保国民待遇的问题。

### 15.13　国际投资的构成与投资管制方式

所谓投资,即作为自然人或法人的投资者及其资本与带有收益性的某项企业活动之间的长久性结合,而外国投资的活动,当然就包括要保障某国的投资者进入或停留居住在其他国家、建立企业和进行可持续性的企业活动,以及要求对其活动和财产能够持续合理地予以保护。也就是说,外国投资包括:① 接受投资(admission),即有关投资者出入境、允许其建立企业进行经营活动以及为吸引投资而采取的优待措施;② 投资待遇(treatment),即如何对待有关企业建立之后的经营活动,比如经营干部的入境、经营会计的公开及其责任、劳务管理、企业并购(M&A)、课税、技术转移等;③ 投资保护(protection),即对经营活动的收益及其财产权的保护,比如自由汇款权和对征用或国有化的补偿等;④ 解决投资争端(dispute settlement),即解决有关经营活动或财产权的争端。在以上这四项内容中，都包含了各种各样的法律问题。

国家一般都会围绕上述的四个方面来对投资进行各种各样的管制，不过大体上可以区分为以下几种情形：① 全面或部分地排斥外国投资；② 以本土化法律（indigenization law）的形式将外国出资限制在 49％ 以内；③ 制定试图直接控制外国投资者的"合资企业法"（equity joint venture law），要求外国投资者参加合资公司的经营活动，比如前社会主义体制的经济转型国家采取的重视直接经营活动的主要政策手段；④ 制定"外国投资审查法"（screening law），对外国投资，特别是对跨国公司的进入进行管制；⑤ 作为接受投资及建立企业前提条件所提出的"性能要求"，即要求使用国内产品、要求出口及限制国内销售、要求外汇均衡、要求国内雇佣、要求研究开发等；⑥ 涉及有关根本利益等跨境汇款的外汇限制；⑦ 征用或国有化。

## 15.14　根据国际习惯法的投资保护

保护投资的问题，从 19 世纪下半叶开始就成为资本输出国与资本输入国之间长期不断争论的对象。争论的焦点，是 19 世纪以来欧美各国的自然人及法人在对拉丁美洲、亚洲及非洲等非欧美世界不断扩大的经济活动中出现的与外国人及其财产遭受损害时的国家责任有关的国际习惯法的内容。一直到第二次世界大战为止，欧美各国一直在提倡所谓的"国际标准主义"，即认为所有国家不论其给予本国国民何种待遇和保障，都应该按照国际法上的最低标准给予居留本国的外国人一定标准的待遇，而且众多的国际判例也支持这种观点。与此相反，20 世纪初期以来，拉美各国和苏联等社会主义国家以及 20 世纪 60 年代以后从殖民地获得独立的发展中国家却对这一"国际标准主义"提出了激烈反对，并且提出相反观点的"国内标准主义"或"内外平等主义"，主张居留地国只需要给予居留的外国人与本国国民相同的待遇即可。

上述的对立，以最为极端对立形式表现出来的，是在对外国人财产进行征用和国有化的领域。所谓征用（expropriation），即由国家机构进行的对财产权的剥夺或者使管理及支配权的永久性转移。一般来说，征用应该给予补偿，而没有补偿的征用或者不顾补偿与否通过非法律程序取得财产则被称为没收（confiscation），比如针对所有外国国民的征用或者违反国际协定的征用。在传统的国际法理论中，虽然并没有对征用和国有化进行区分，但是在目前作为社会经济改革计划的一部分所进行的对国家主要资源的征用即被称为"国有化"（nationalization）。伴随着发展中国家投资环境的变化，在几乎已经看不到国有化现象的今天，令人关注的是所谓"静悄悄征用"或"间接性征用"，如国家对财产的使用、收益及处分进行的强制性干预。

在传统国际法之下，对外国人财产的征用，在原则上属于侵犯既有权利的国际违法行为，而作为符合法律的要件，则要求这一征用必须是基于公共目的及无差别进行，以及要符合充分（adequate）、有效（effective）、迅速（prompt）和补偿的原则。所谓充分，即要以征用时被征用财产的市场价格为标准，再加上延期支付的利息；所谓有效，即要以具有国际交换性的货币或被征用者本国的法定货币进行支付；所谓迅速，即作为支付原则，即使在确定按年支付的情况下也须立即确定支付总额及其利息；所谓补偿，即按照"巴尔方式"实施，也就是完全补偿。

以新兴独立国家为中心，提出了作为经济自决权的"对自然资源的永久主权"这一国际法上的新概念，即包括自然资源开发在内的对本国国内所有救济活动进行管制的权利，并且通过一系列联合国大会决议，迫使传统国际法在保护外国人及其财产特别是补偿规则方面进行了修正。比如，1962年联合国大会通过的《关于自然资源之永久主权宣言》中所提到"适当的"（appropriate）补偿部分并不同于"巴尔方式"，不过同时也明确表示出于对公益的考虑，国际法对于补偿支付或争端解决都存在干预的空间，因此在当时受到很高的评价，大部分西欧国家也对此表示了赞成。不过，1974年联合国大会通过的《各国经济权利和义务宪章》第2条第2款(c)规定，征用国"应当考虑本国的有关法律、条例以及本国认为有关的一切情况，给予适当的赔偿"。有关国有化所引起的争端，则"应当根据采取国有化措施国家的国内法，由该国法院进行审理"。也就是说，并未涉及国际法。20世纪80年代以后，发达国家转而采用灵活运用BITs的各个击破战术,但是有关外国人待遇,特别是有关征用、国有化等围绕国际习惯法内容的南北对立,却依然存在。

不同于国际法上的征用在什么样的条件下被允许这一问题,一个国家的征用是否有效也是一个问题。一般而言,当征用对象财产位于征用国时,其征用可以得到其他国家的承认,而且征用对象在征用后即使被运往国外时也同样如此,但是如果在违反国际法的情况下征用,那么是否承认这一征用则需要得到征用国以外国家的判断。

### 15.15 从国际习惯法到双边投资协定(BITs)

围绕外国投资保护的法律状况,国际习惯法的法律效力仍然被束之高阁,而正在越来越多地通过条约法的形式来体现。比如,双边投资协定(BITs)的优点就在于对所有国家都有利,对发达国家来说,可以通过这种条约形式为身处外国的本国国民投资活动提供明确的国际保护规则以及实际有效的执行机制,而对发展中国家来说,也可以在面临对外国投资与跨国企业作用的认识变化及发达国家援助减少的情况下,通过这种条约形式确立的有效投资保护机制来吸引外国投资。

当然,每一份双边投资协定的条文内容并不相同,不过其中也有一些共同的地方,比如一般都包括:① 投资及投资者的定义;② 有关外国投资者的接受和居留居住(admission and establishment)的规定;③ 以"公正公平待遇"(fair and equitable treatment)为原则的待遇标准;④ 有关征用或国有化的实施条件及其补偿水平的规定;⑤ 有关解决争端的规定。大部分双边投资协定都将投资广泛地定义为"所有形态的资产",并且会提出示例清单目录。投资者虽然为具有缔约国国籍的自然人或法人,不过大部分情况下都会改变为由缔约国国民直接或间接支配的法人。值得注意的是,在以美国的双边投资协定为代表的几乎所有的双边投资协定中,都附有对投资财产要给予"公正公平待遇"及"充分保护与保障"的要求,并规定其投资待遇在任何情况下都不能低于国际法所要求的待遇,即试图通过协定及基于协定的仲裁裁判明确地确立其实体国际投资法体系。关于征用或国有化,几乎都采用了"巴尔方式"中的公共利益性、无差别适用及补偿等内容。关于补偿,尽管表述各有不同,但一般都规定了:① 以公开发布采取措施时投资财产及其收益的通常市场价格计算;② 毫不迟疑地;③ 必须以可以兑换的货币进行支付。另外,作为双边投资协定的一个主要内容,就是有关解决争端条款,即当在外国投资者与所在国之间发生争端时,可以利用为解决外国投资者与这些国家之间投资争端而设置的诸如"解决投资争端国际中心"(ICSID)等国际仲裁裁判。通常情况下,一方缔约国的国民或公司被赋予各种自由选择的权利,即依靠国内裁判程序、事前与所在国通过协议所确定的争端解决程序和ICSID裁判程序解决。

### 15.16　国家契约及其国际化效用

一个国家与其他国家包括自然人和法人在内的国民所签订的契约可以包括有关特许权合同、合资企业、生产分工协议、管理契约及国际贷款协定等很多种类。其中,给予外国人在一国领土范围内一定期间对特定资源进行开发或进行某项公益事业特别许可或与其签订契约的特许权合同,虽然从传统上来说,在国家契约理论与实践方面都占有最主要的位置,不过近来鉴于外国公司在发展中国家经济开发中所发挥的重要作用,这一形式已经被称为"经济开发协定"。围绕国家契约的法律性质及其拘束力的基础,虽然一直就存在着"国内法说"和"国际法说"以及以当事者间协议本身构成独特法律秩序的"第三法律说"之间的争论,不过其背后却是一些实际的动机在发挥作用,即确定国家契约的研究对象本身就具有一定难度,以及从保护外国人及其财产的观点来看,在什么样的情况下作为一方当事者的国家单方面撕毁契约应该受到限制。

按照一般的观点,目前的国家契约是受签订及履行国的国内法制约。不过,契约的双方当事者基于国际私法上的"当事者自治原则",可以自由指定规范契约的法律即准据法,其结果就会出现该契约不受其中一方当事者国家国内法排他性管辖的现象。因此，主要在发达国家的学说或一部分仲裁裁判中，就出现了一种观点，即在下列之一的情况下，契约即被"国际化"(internationalized)即适合于国际法，一方当事者国家对契约的单方面撕毁被视为国际法上的违法行为，从而会发生国家责任的问题。这些情况指：① 作为契约准据法指定为国际法或"法律一般原则"的情况；② 预定以一方当事者国内救济以外的仲裁手段解决争端的情况；③ 该契约像经济开发协定一样，具有长期性和综合性的内容，因此要求法律稳定性的情况。例如，在"TOPCO/Libya案"中，杜普伊法官就作出了如此裁定。不过，一般的看法，认为一方当事者国家单方面撕毁契约并不会立即构成对国际法的违反，而是应该按照有关对待外国人的一般国际法原则来进行判断。此外，还有一些国家契约中常常规定有所谓"稳定条款"(stabilization clause)，即一方当事者的政府通过立法或其他措施约定不撕毁契约的条款，在这种情况下也同样如此，通过条款的存在本身该契约并不会"被国际化"，而是要在上述一般国际法原则之下具体作出判断。

在最近的一些双边投资协定中，包含由"解决投资争端国际中心"(ICSID)命名为"保护伞条款"(umbrella clause)的内容，即对基于契约的所有外国投资活动给予全面保护的条款，比如瑞士与巴基斯坦之间的双边投资协定就规定"缔约国必须保证遵守同其他缔约国投资者投资有关的相互协议"，以及如果违反同外国投资者签订的契约会立即构成对协定的违反，比如由"瑞士通用公证行"(SGS)对菲律宾所作出的仲裁判决。不过，这样的结论虽然是根据当事者之间的协定作出的，但是其仍然不同于国家违反契约并不会立即发生国家责任的一般国际法原则，甚至也不同于ICSID仲裁中对有关"保护伞条款"的解释，比如同样由上述SGS对巴基斯坦所作出的仲裁判决，却认为违反与外国投资者间签订的契约并不立即构成对协定的违反。

### 15.17 投资争端的解决

通过建立特别请求委员会在国际层面解决外国投资者与接受投资国之间的

争端,可以追溯至19世纪中期。第二次世界大战之后,以拉美各国为主的众多发展中国家一直采取投资争端应该由投资接受国国内法院来解决的立场,不过1965年在"世界银行"主持下缔结了《关于解决国家与其他国家国民之间投资争端公约》(即《1965年华盛顿公约》),出现了解决国家与外国投资者之间争端的常设仲裁机构。

《1965年华盛顿公约》千方百计使其对国家和外国投资者双方都有利。根据公约第25条第1款的规定,"解决投资争端国际中心"(ICSID)的争端管辖适用于:① 缔约国与其他缔约国国民之间,即对人的管辖;② 由投资直接产生的法律上的争端,即对事项的管辖;③ 双方争端当事者须书面同意提交中心进行仲裁,即同意原则。此外,根据公约第27条第1款规定,缔约国对于其国民和另一缔约国已同意交付或已交付仲裁的争端,不得给予外交保护或提出国际要求,除非该另一缔约国未能遵守和履行对此项争端所作出的裁决,即国际投资争端的"非政治化"。关于作为当事者提交仲裁前提的"同意原则",主要是考虑到了接受投资国的主权,因此争端当事国的同意被严格地解释。此外,根据公约第25条第4款的规定,广泛承认了争端当事国的裁量权,即缔约国可以在批准、接受或核准本公约时,或在此后任何时候,把它将考虑或不考虑提交给中心管辖的一类或几类争端通知中心。

除此之外,为了实现争端的"非国家化"(delocalization),公约第26条规定:"除非另有规定,双方同意根据本公约交付仲裁,应视为同意排除任何其他救济方法而交付上述仲裁。"不过同时也规定:"缔约国可以要求以用尽该国行政或司法救济作为其同意根据本公约交付仲裁的条件。"而且,基于当事者自治的原则,公约第42条第1款规定:"仲裁庭应依照双方可能同意的法律规则对争端作出裁决。"即可以自由选择仲裁的准据法,但"如无此种协议,仲裁庭应适用作为争端一方的缔约国的法律以及可能适用的国际法规则"。也就是说,公约虽然考虑到了争端当事国的主权,但规定中"可能适用的国际法规则"其实就表明了对前半部分适用国内法的做法可以发挥一定程度的抑制作用。

《1965年华盛顿公约》的"非政治化"功能,使得外国投资者与投资接受国之间的争端不再适用外交保护,可以说为投资关系的国际化作出了贡献。不过,这一"非国家化"功能也常常会受到批评,即认为这一功能成了排斥资本输入国对投资争端排他性管辖权的手段。比如,绝大部分的拉美国家直到1981年都没有加入"解决投资争端国际中心"(ICSID)就说明了这一点。不过,20世纪80年代以后,随着发展中国家尤其是拉美各国对国际投资及其投资争端的看法发生变化,出现了很多双边投资协定,其中都规定了将缔约国与其他缔约国国民或公司之间的投资争端提交给国际仲裁特别是提交给 ICSID 进行仲裁的条款。而且,尤其值得关注的是,甚至在很多类似于《北美自由贸易协定》(NAFTA)那样包含发达国家的自由贸易协定中也有了有关国际仲裁的内容。从1987年第一次基于双边投资协定提出仲裁裁判请求以来,以 ICSID 为中心的仲裁裁判案例在不断增加,目前已经构成了国际投资法的主要部分。不过,正像2007年玻利维亚退出 ICSID 所显示的那样,在仲裁裁判中如何保持投资者个体利益与接受投资国公共利益之间的平衡,将是一个受到关注的课题。

### 15.18 投资自由化的现状

进入20世纪80年代之后,随着一些发展中国家和经济转型国家通过门户开放和民营化政策放弃了过去那种限制接受投资或对接受后投资管制严厉的政策,投资自由化的进程有所推进,即在单边、双边或地区性水平上废除对接受投资的限制或谋求在接受后的平等待遇。虽然在推进的过程中也遭遇失败,但正像近来的《多边投资协定》(Multilateral Agreement on Investment, MAI)所显示的那样,这是建立多边性投资框架的一种尝试。

有关投资自由化的动因及其方式之所以受到关注,并非像贸易问题那样直接,主要是因为受到了美国的巨大影响。从20世纪80年代初开始,美国缔结的一系列双边投资协定,在其作为保护投资条约的同时,也促进了投资的自由化。比如欧洲型的双边投资协定,基本上主要着眼于"通过保护投资来促进投资",而美国的双边投资协定中所采用的却是"负面清单方式"这一投资自由化的方式,即除去预先指定的一些部门外,原则上废除对于接受投资及其待遇方面的差别。而且,这一方式不仅仅通过截止到 1999 年 3 月美国同 44 个国家缔结的双边投资协定以及美国缔结的类似于 NAFTA 那样的自由贸易协定广泛传播,而且已经成为目前国际性投资自由化方式的主流做法。

如果来看美国缔结的双边投资协定中有关投资自由化的条款,主要内容包括:① 不区分接受投资与接受投资后的不同阶段,而是谋求通过确保基于国民待遇或最惠国待遇的待遇平等的自由化;② 各缔约国在条约附件中可明确规定对前项的例外部门,即提出负面清单,根据这一清单内容的多少来规定其自由化对象的范围;③ 对于投资对象应该给予"公正公平待遇"及"充分保护与保障",其投资待遇在任何情况下都不能低于国际法所要求的待遇;④ 各缔约国负有义务就有关投资对象的请求或执行提供有效手段,以及负有义务对其有关投资对象的法令、规则及行政程序等进行公告,即要确保透明性;⑤ 就作为投资对象确立、取得、扩大、管理、运用的条件,禁止提出所谓的"性能要求"。

有关地区性的投资自由化,除了欧盟内部以及欧盟同发展中国家之间缔结的《洛美协定》之外,基本上都集中在美洲地区。在整个 20 世纪 90 年代,美洲地区内部缔结了超过 70 份的双边投资协定,还有《北美自由贸易协定》(NAFTA),哥伦比亚、墨西哥和委内瑞拉缔结的《三国集团自由贸易协定》,巴西、阿根廷等国建立的"南方共同市场",哥伦比亚、秘鲁等国建立的"安第斯共同体"等地区协定或组织,而且目前《美洲自由贸易地区协定》(FTAA)的谈判也正在进行。这些地区性协定,除了少数的例外,基本上都模仿了美国缔结的双边投资协定,或者较之美国缔结的双边投资协定更为详细,规定了有关投资保护和投资自由化的内容。

对于多边性协定应该加以关注的,主要是《WTO 协定》中的《服务贸易总协定》(GATS)及《与贸易有关的投资措施协定》(TRIMS)。GATS 同时具有作为投资自由化协定的性质,其最大的意义就在于这一协定涉及了投资的"确立权利"。也就是说,GATS 中对服务贸易定义的第三项表达是"一成员的服务提供者在任何其他成员境内以商业存在提供服务",其中的所谓"商业存在",根据

GATS 第 28 条(d)的定义,"商业存在指任何形式的商业或专业机构,在这些机构中,以提供服务为目的,为了在缔约国领土内所进行的下列任何行为而设立,即(ⅰ)组建、获得或维持一个法人;(ⅱ)创立或维持一分支机构或代表处,以在一成员境内提供服务"。确切而言,这里对投资的定义,同双边投资协定中以资产为基础的广义投资定义相比较,其实只是以企业为基础的狭义投资定义,而且缔约国必须要基于 GATS 第 16 条规定就市场准入作出特别承诺,不过这一定义为概念清晰的直接投资,因此只要缔约国具有承诺,那么就不论在投资确立的前后,也不论投资的新旧,均可以成为为保护的对象。

目前的投资自由化,确实改变了整体的投资环境,不过需要注意的是,从根本的发展趋势而言,这一过程仍然处于变动之中。根据"经济合作与发展组织"(OECD)从 1995 年开始对《多边投资协定》的推进来看,说明由于参与国家之间的意见对立,以及一些非政府组织的反对等原因,而招致了谈判的失败。对国际投资的法律及政策应对,同过去一样,目前仍然还难以简单明确并具有普遍性地被重视。国际投资法仍然是由少部分国际习惯法和一些双边、地区或多边协定,以及一些限定领域或没有法律拘束力的多边性协议所构成,即仍然处于一种所谓"拼图工作状态"。

## 4 关于国际货币和金融的规则

要点:(1) 作为跨国经济活动的前提条件,需要什么样的国际货币制度及其协议? (2) 请思考布雷顿森林体系的内容与其崩溃后的货币体系。

### 15.19 国际货币制度及其法律意义

为了能够顺利地进行跨国性经济活动,其前提条件就是要建立稳定的汇率制度(即汇率市场的稳定及竞争性货币贬值机制),和自由的多边国际结算制度(即确保货币的可兑换、经常性交易的外汇限制以及差别性货币协议的规定),以及稳定的国际金融秩序(即自由的资本流动、顺畅有效的金融市场作用)。由国家间有关这些问题的正式与非正式的规则或行为及习惯所构成的国际货币制度,从19世纪末建立"金本位制"以来,经过历次战争期间不断地尝试修复和失败,又经历了第二次世界大战之后的"布雷顿森林体系",发展至目前的浮动性汇率机制。目前,"国际货币基金组织"(IMF)作为实施国际货币制度的普遍性国际组织在发挥作用,迄今为止已经进行过三次修订的《国际货币基金组织协定》及IMF所通过的决议可以说构成了"国际货币法"的核心内容。

在国际货币和金融领域,尽管存在着 IMF 这一多边框架,然而以此为核心的国际货币法仅仅是一个所谓软法支配下的领域,而真正能够规范国家货币主权的所谓硬法却极其薄弱。而且,随着金融市场的全球化,特别是一些主要国家为了确保战略性行动的灵活性,作为国际货币金融领域进行国际合作的方式,这些国家更多地喜欢选择非正式比较缓和的规则形式,因此使得这种倾向越发强烈。

### 15.20 布雷顿森林体系与国际货币基金组织(IMF)

被称为"布雷顿森林体系"的国际货币制度的理念,是从战争期间的教训中产生的,即在优先考虑同盟国国内均衡与稳定的同时,又重建了稳定汇率及自由的多边国际结算制度。因此,在同盟国内,采用了"可调整的固定汇率制"(fixed but adjustable exchange rate system, FBAR),并为重建多边结算制度为各国规定了各项义务,同时为了不牺牲同盟国的国内经济利益,还设计实施了两个"安全阀"。并且,成立了发挥监督和援助同盟国作用的新的国际货币体制的守护者 IMF。

IMF 成员国在可调整的固定汇率制下,设定本国货币的平价价格,而且负有义务将外汇市场的浮动维持在该平价价格上下 1% 的范围之内。在进行平价价格的确定时，根据旧的 IMF 协定第 4 条的规定，要求以"黄金或者拥有 1944 年 7 月 1 日时的分量及纯度的美元"来表示。一旦以这种方式所确定的平价价格，除非被 IMF 否认，否则不能变更。此外，为了重建自由多边的国际结算制度，对成员国附加了以下三项义务：① 不得限制经常性外汇支付；② 在双边协定或易货交易中不得施行歧视性货币措施或多种货币汇率制；③ 兑付外国持有的本国货币。这三项义务都涉及有关"货币可兑换"的内容，而且履行这些义务国家的货币被作为可兑换货币。不过，出于对战争期间投机性热钱泛滥导致外汇市场混乱的记忆，以及考虑到隔离国内资本市场对确保宏观政策自律性的重要性，IMF 协定第 6 条第 3 款也规定了对资本转移的必要管制。而且，由于大部分成员国当时刚刚经历过战争而处于疲弱状态，还难以立即履行货币可兑换的义务，因此也可以根据 IMF 协定第 14 条规定的"过渡性办法"逐步地履行义务。

关于为保障成员国国内经济而设计的两个"安全阀"。当成员国的国际收支陷入"暂时性不平衡"(temporary imbalances)状态时，IMF 就有可能向该国提供短期资金以进行调整。为此，建立了由各成员国出资的基金(fund)以供利用。也就是说，成员国须基于本国经济地位等因素所设定的"出资额"(quota)进行交纳，当其国际收支遇到困难时，即可以本国货币进行交换购买 IMF 持有外币或"特别提款权"(SDR)方式获得融资。受援国的出资，原则上 25% 为黄金、SDR 或其他储备资产，75% 为本国货币，其融资额度最多不能超过其"出资额"的 200%。当融资期限结束之后，融资国应该用外汇或 SDR 从 IMF 买回本国货币。不过，在成员国的国际收支不平衡并非暂时性的情况下，即如果判断为已经陷入了"基础性不平衡"(fundamental imbalances)的情况下，该成员国即可以在与 IMF 协商的基础上进行汇率的贬值性调整，从而摆脱维持外汇市场汇率的义务。

### 15.21 布雷顿森林体系的崩溃与 IMF 的变化

布雷顿森林体系在经历了四分之一个世纪之后终于在 1973 年落下了帷幕。

以美国为首的一些主要国家都开始实行"浮动汇率制",并且经过 1976 年在牙买加举行的 IMF 临时委员会会议上通过的协议,对 IMF 协定进行了第二次修改,并于 1978 年生效。在牙买加会议上,作出了新的决定:① 完全停止以黄金为决定平价价格的标准,以及废除 IMF 与其成员国之间的黄金支付义务;② 承认成员国对汇率制度的自由选择,即承认了浮动汇率制;③ 增加部分"石油输出国组织"(OPEC)国家的出资额;④ 增加发展中国家借贷资金额度。本来,根据 IMF 协定的规定,在未来世界经济重新趋于稳定的时候,IMF 可以通过 85% 多数决的方式决定向"可调整的稳定平价"制度转变,即仍然留有重新恢复建立固定汇率制的余地。不过,由于已经承认了成员国对汇率制度的自由选择,可以说已经是一种"没有制度的制度"(non-system system)。因此,作为国际货币制度守护者的 IMF 的作用也不得不说已经发生了巨大的变化。

当然,在 IMF 协定修改之后,成员国也仍然负有一般性的义务,即继续维持汇率制度的稳定,并且根据协定第 4 条的规定,各成员国的汇率政策要接受 IMF 的监督。不过,相对于布雷顿森林体系为成员国所附加的维持单一"可调整的固定汇率制"的义务以及制度的确立与变更都需要得到 IMF 的承认,目前的监督机制则是在成员国发表选择汇率制度的通告之后才实施。成员国对 IMF 的合作义务,只有提供其有关汇率政策信息的义务,以及定期或者被提出要求时按照相互协商事宜所规定的义务,当然在进行协商后的三个月之内执行董事会必须提出"结论"。此外,虽然 IMF 的监督机制一律适用于所有成员国,不过如果考虑到在国际收支方面赤字国家与盈余国家的非对称性,那么这种没有拘束力的软性监督机制其实际效用自然是很有限的。这里的所谓非对称性,即尽管成员国利用 IMF 资金时的融资条件非常严格,但有些发达国家有可能利用国际资本市场上筹措资金来弥补暂时的国际收支赤字,所以实际上这些国家对 IMF 的依存度并不高。

与布雷顿森林体系的崩溃几乎在同一个时期,IMF 以进行结构调整为条件创设了面对低收入成员国的低息融资中期贷款,曾用于 20 世纪 80 年代以后发展中国家累积债务的处理,以及对经济转型国家的援助。IMF 对发展中国家的融资，被规定了非常严格的限制性条件，不过其中期贷款却因为是按照 IMF 同利用国之间的贷款协议来实施的，所以并不能直接适用一般融资情况下有关这些限制性条件的规定，而必须根据 IMF 协定的目的或一般性政策来决定是否能够适用这些限制性条件及其规定。总之，IMF 的作用已经有所扩大，即从当初主要为了稳定成员国的国际收支而进行短期性帮助的任务，正在向着通过结构调整促进发展中成员国经济增长的方向转变，以及尽可能地为成员国创造满足限制性融资的条件。不过，IMF 这一作用的扩大也会产生国际机构的"越权"等法律问题。

2007 年，以美国的房地产泡沫崩溃为开端，爆发了世界性的金融危机，导致了被称为百年一遇危机程度的全球性长期萧条及混乱，因此 20 世纪 80 年代开始盛极一时的所谓"盎格鲁-撒克逊型"金融资本主义不得不进行大幅度的修正。以美国为首的各个国家一方面通过采取稳定金融市场等措施来加强对金融机构的管制以及为刺激景气而采取扩张性的财政政策，另一方面也加强了对各国保护主义抬头的警惕。与此同时，目前 IMF 体制的局限性也再次暴露在世人面前，于是有一些议论认为应该建立具备作为"最后贷款人"（lender of last resort）作用的新的国际金融机构（new international finance architecture），不过目前这一目标还难以实现。

**参考文献**

岩沢雄司『WTO の紛争処理』（三省堂，1995 年）

金澤良雄『国際経済法序説』（有斐閣，1979 年）

経済産業省通商政策局編『2003 年版　不公正貿易報告書』（経済産業調査会，2003 年）

小寺彰『WTO 体制の法構造』（東京大学出版会，2000 年）

櫻井雅夫『新国際投資法』（有信堂，2000 年）

丹宗暁信ほか編『新版　国際経済法』（青林書院，1993 年）

中川淳司＝清水章雄＝平覚＝間宮勇『国際経済法〔第 2 版〕』（有斐閣，2012 年）

秦忠夫＝本田敬吉＝西村陽造『国際金融のしくみ〔第 4 版〕』（有斐閣，2012 年）

マティアス・ヘァデゲン（楢崎みどり監訳）『国際経済法〔第 2 版〕』（中央大学出版部，1999 年）

松下満雄『国際経済法〔第3版〕』(有斐閣,2001年)

柳赫秀『ガット19条と国際経済法の機能』(東京大学出版会,1994年)

山本草二「国際経済法」内田久司＝山本草二編『国際法を学ぶ』(有斐閣,1977年)

柳赫秀「基礎法・特別法講義 X——国際経済法第1回〜第4回」法学教室 275 号, 276 号, 279 号(2003 年), 280 号(2004 年)

Carreau, D./Juillard P., *Droit International Economique*, 4th ed., (L. G. D. J, 1998)

Folsom, R. H., Gordon, M. W. & Spanogle, Jr, J. A., *International Trade and Investment in a Nutshell* (St. Paul, West Publishing Co., 1996)

Gold, J., "Development in the International Monetary System, the International Monetary Fund, and International Monetary Law since 1971", 174R. C. A. D. I. (1982)

Jackson, J. H., *World Trading System: Law and Policy of International Economic Relations*, 2nd ed. (The MIT Press, 1997)

Mann, F. A., *The Legal Aspect of Money*, 5th de. (Oxford University Press, 1992)

Muchlinski, P. T., *Multinational Enterprises and the Law* (Blackwell, 1999)

Qureshi, A. H., *International Economic Law* (Sweet & Maxwell, 1999)

Subedi, Surya P., *International Investment Law: Reconciling Policy and Principle* (Hart Publishing, 2008)

Trebilkock, M. J. & Howse, R., *The Regulation of International Trade*, 2nd ed. (Routledge, 1999)

Van den Bossche, Peter, *The Law and Policy of the World Trade Organization*, 2nd ed. (Cambridge University Press, 2008)

# 第 16 章 和平解决国际争端

## 1 解决争端的国际机制

> 要点:(1)什么是国际争端?(2)如何解决国际社会的争端及其与解决国内社会的争端有何不同?(3)国际争端的和平解决与强制性解决是一种什么关系?(4)和平解决程序如何分类以及解决程序与争端性质是一种什么关系?

### 16.1 什么是国际争端

朝鲜的核开发问题、伊拉克战争、日本与俄罗斯的北方领土问题、日美经济摩擦等等,国际社会中国家之间的各种争端事例举不胜举。国际法就是通过规范国家行使权力的空间范围或行使方式,即对国家管辖权的分配或调整,以及为实现共同利益积极推进国际合作,来为防止国际争端提供一定的标准。不过,即使各国在主观上是按照国际法在行动,但也会发生国家围绕某项事实或对某项国际法规的解释而引起其他国家异议,这时就会发生"国际争端"(international dispute)。也就是说,争端的存在,是社会共有的现象,而并非国际法发展还不成熟的国际社会的特有现象。

要解决国际争端,仅仅依靠单方面的力量很难解决,如果要想和平解决国际争端,那么前提条件是双方当事者要相互承认存在着围绕特定矛盾的争端。比如,围绕"北方四岛"的归属问题,过去苏联曾经主张"苏日关系中不存在领土问题",即国际争端本身的存在都难以确认,在这种情况下,自然就不存在继续解决问题的前提条件。在国际裁判中,也常常出现一方当事者否认争端存在并不接受法院管辖权的现象。关于"争端"(dispute)的概念,国际常设法院曾在 1924 年的"马弗罗玛提斯巴勒斯坦特许权案"中将其定义为"两主体间有关法律或事实上的分歧,或者法律见解或利益的对立"。在此基础之上,对于是否存在国际争端,国际法院在 1950 年的"和平条约解释案"中认为,这是一个应该由法院来客观认定的问题。这样的认识,其后已经被广泛接受。

## 16.2 国际社会解决争端的特征

在国内社会,比如围绕土地所有权邻居之间也会产生争端。在这种情况下,通常首先会通过当事者之间的协商来解决。当双方协商也难以解决时,有可能会依靠非官方的第三方来裁定。或者作为例外,如果一方当事者是一位具有暴力倾向者,那么也许就会凭借自己或暴力团体的力量将对方赶走。不过,暴力性的方式是法律所禁止的,如果对方表示不服并诉诸公权力的法律救济,那么暴力的方式也无济于事。在争端当事者之间或包括非官方第三方在内的裁定方式都难以解决的情况下,只要一方当事者有意求助于法院裁判,即使另一方不同意,法院也仍然可以对争端进行正式裁判处理。而且,法院的判决对当事者具有法律拘束力,也可以得到最终的强制执行。如此,争端得以解决,而且是依靠法律保障来实现的。

此外,还有一些双方当事者围绕既有法律而产生的争端,即一方当事者主张既有法律难以作为权利确立的单纯利益,而另一方当事者却依据既有法律对此予以否认。在这种情况之下,主张利益的一方如果想要将自己的利益作为法律权利确立,那么就需要展开一场通过立法过程寻求制定新的法律的政治运动。当然,在这一过程中,也可以尝试让法院承认这一利益为法律权利。不过,在这种情况下,就必须对既有法律作出各种合理的解释,并努力将还未成熟的权利充实进法律之中。而且,在这种情况下,即使法院的判决不承认其作为法律权利,但争端的存在也会通过裁判被公众所知晓,因此会刺激起新的运动,结果就会出现新的法律。从这个意义上而言,裁判中胜诉有时候也并非最为重要的目的。

在国际社会出现争端时,也同国内社会一样,基本上也是首先依靠争端当事国之间协商解决。当然,国际社会也存在依靠第三国或国际机构等各种形式介入当事国之间促进解决争端的制度,不过这些制度从根本上来说前提都是争端当事国愿意主动接受通过第三方的介入性解决,而却缺乏对争端当事国的法律拘束力效果。

当然,在国际社会,对于围绕法律权利义务的争端,也存在着有权作出具有法律拘束力决定的"国际裁判"。不过,这种国际裁判,与国内裁判比较,存在着两点不同:第一,法院一般没有"强制管辖权"。也就是说,只有争端当事国在事前或事后表示同意或取得协议,法院才能够对该事件具有管辖权。在这一点上,国内裁判则只要根据争端一方当事者的意思而不考虑另一方当事者的意思,就可以确定法院的管辖权。第二,即使确定了法院的管辖权并进行了判决,也缺乏依靠足够实力来保证执行的制度性保障。

此外,关于通过既有法律将难以充分包括的新的利益成为法律权利的立法过程,国际社会与国内社会也有着显著的不同。在国内社会,新的利益的法律权利化需要社会多数的赞同,并通过统一的立法机关制定新的法律,即使并不同意该法律的国民也同样受其拘束。而在国际社会,在缔结条约的情况下,是以个别国家的同意为前提,因此并不能拘束反对该条约的国家。而且,即使一般情况下可以拘束国家的国际习惯法,其确立的过程往往也需要很长的时间。

## 16.3 和平解决与强制性解决

在国际社会,不同于国内社会,对于所出现的争端,并不存在通过国际社会最终一定能够解决的保障。因此,在过去,当某一国家认为自己在国际关系中的权利受到侵害的时候,一般都是依靠自己的实力即通过自我救济来实现自己的权利,或者通过改变既有法律的新的立法来实施"争端的强制性解决",而且这些做法在法律上都被广泛承认。也就是说,解决争端主要依靠复仇、干涉或者战争的方式。

然而,这种依靠自我救济或者新的立法行为,并未经过公平的第三方机构的判断,因此往往极易被所谓主观性的权利和利益所滥用。而且,即使这些行为具有客观性和正当性,那么就会出现只有那些具备强大军事能力的大国才有可能实现的"强者的权利"。甚至,近代科学技术的飞速发展进步,不论是为了权利的扩大还是为了权利的实现,都使得争端的强制性解决对人类来说需要付出巨大的成本。正因如此,所以在第一次世界大战之后,国际社会特别对使用武力强制性解决争端的做法开始逐步地限制。

《国际联盟盟约》第12条第1款的规定对会员国附加了义务,即会员国间如发生争端,应将其提交国际仲裁或司法解决,或交行政院审查,而不得使用强制性解决争端的手段诉诸战争。不过,根据盟约第15条第7款的规定,当和平解决的尝试失败之后,承认各会员国作为最后的手段仍然具有诉诸战争的权利。而《联合国宪章》的第2条第4款则规定,各会员国在其国际关系上不得使用威胁或武力,宪章第2条第3款更是同时规定"各会员国应以和平方法解决其国际争端,避免危及国际和平、安全及正义"。即明确提出了"和平解决国际争端"的原则。这一原则的确立,也可以反过来说明强制性解决争端的方法已经不可避免地被和平解决争端的程序所取代,因为从理论上来说,如果对强制性解决争端的限制并不能保障争端的和平解决,那么就有可能阻碍正当权利的确立和实现。

### 16.4 和平解决程序的分类

如果对和平解决国际争端的程序进行大致的分类,可以有"非裁判性程序"和"裁判性程序"。前者也可以被称为"外交性程序",是一种依靠争端当事国直接解决争端的方式,即谋求通过争端当事国之间的直接协商对话解决争端而进行的谈判,或第三方通过某种方式参与以促进解决的斡旋、调解、调查和调停等方式。即使有第三方参与,其提出的解决方案也只具有劝告性质,对争端当事国并没有法律拘束力。对第三方的裁决是否接受,最终要取决于争端当事国的意志。而后者则是第三方机构对争端当事国附加解决争端义务的方式,即使一方当事国对第三方机构提出的解决方案不满,也具有在法律上遵守的义务,在这一点上与前者不同。

一般而言,在国际社会,想要诉诸何种程序解决争端,应该交由争端当事国自由选择。不过,也有一些条约对一些特定种类的争端规定了缔约国按照特定程序解决的义务。也就是说,围绕争端的性质与解决程序的关系,其实一直就存在着争论。在传统上,将争端分为围绕对实在国际法的解释及适用的不同见解所产生的"法律性争端"(legal dispute)和伴随利益关系对立或实在国际法改变而出现的"政治性争端"(political dispute)。裁判性程序是适合于前者的争端解决方式,非裁判性程序则是适合于后者的争端解决方式。因此,首要的问题就是如何区别法律性争端与政治性争端。

那些规定了依靠裁判性程序义务的条约,大部分都将其裁判对象限定为法律性争端,不过其决定的方式和标准各式各样。例如,既有1903年《英法仲裁裁判条约》第1条规定和1928年《和平解决国际争端总议定书》第17条规定那样的一般性表述,即认为法律性争端就是"法律性质的争端或者有关对两缔约国间存在的条约解释问题的争端,不过这一争端以并不影响两缔约国的生存利益及独立或名誉为条件"以及"当事国相互争夺权利的所有争端";也有像《国际法院规约》第36条第2款那样对属于法律性争端事项的具体列举:"(a) 条约之解释;(b) 国际法之任何问题;(c) 任何事实之存在,如经确定即属违反国际义务者;(d) 因违反国际义务而应予赔偿之性质及其范围。"

此外,围绕法律性争端,在理论上存在着下面三种观点:① 无关国家重大利益和在政治上不重要的争端;② 存在可适用的国际法规的争端;③ 争端当事国以争论国际法上权利义务的形式将问题固定化的争端。这些观点上的对立,既是对个别条约中有关应交付裁判的争端的范围所作出的解释,同时也是围绕如何区别适合一般性裁判程序的争端与不适合这一程序的争端而制定合理性标准的一场争论。实际的国际争端,其实很难严格客观地区别其法律性的一面和政治性的一面,至于是否存在可适用的国际法规,也只有在进行裁判的时候才能够决定,因此在目前看来,第三种观点比较有说服力。

当然,不论争端当事国的双方是将争端视为法律性争端还是政治性争端,作如此的区别在实际上就是对法院管辖权以及是否能够受理的争论,即一方当事国将争端视为法律性争端,因而向法院提起诉讼,而另一方当事国却认为该争端并非法律性争端,因此会不接受该诉讼。对此,国际法院在"美国驻伊朗大使馆人质案"中明确指出,对那些提交法院的法律性争端,即使其中存在着政治性争端的因素,但不论在《联合国宪章》还是在《国际法院规约》中,都没有任何限制国际法院审理该项争端法律性内容管辖权的规定。此外,在"尼加拉瓜诉美国案"中,国际法院也表示,迄今为止的实践表明,并不能因为所提交案件具有一定政治性且包含有行使武力的重大要素而法院就放弃其司法判决,因此拒绝了美国认为法院无权受理该项争端的主张。由此看来,国际法院从来都并不承认一方当事国以争端的政治性为由所提出的抗辩。当然,同时也存在着对国际法院这种做法是否合适的批评声音,即如此的判决是否能够得到执行的问题,以及与其他争端解决程序比如非裁判性程序相比较是否合适的问题等。

即使在有关传统上认为适合于解决政治性争端的非裁判性程序方面,比如在其主要的方式谈判中,如何解释实在的国际法规往往成为争论的主要焦点,比如在"北方领土问题"中所显示的那样。此外如同后面将要论述的那样,在谈判中也常常可以看到所谓"司法性调停"的案例,通过类似裁判的程序提出调停方案,因此认为法律性争端就应该通过裁判性程序解决而政治性争端就应该通过非裁判性程序解决这一简单的二分论在今天已经难以维持。更加需要注意的是,在解决具体的争端时,实际上往往是非裁判性程序与裁判性程序二者并用,以及非裁判性程序中的谈判与调停二者并用,即各种不同程序都不可能作为完全独立的一项制度适用始终。

**补充引申:解决争端与国际控制**

在国际组织的设立条约或一些多边公约所设计确立的程序中,为了能够使缔约国遵守条约义务及确保公正状态,常常需要确定与义务或状态有关的事实,解释适用该条约义务，必要时提出各种改正的措施，比如一般在有关人权的公约、裁军条约和国际环境公约中可以看到这些内容。这些内容一般被称为"国际控制"，用以区别解决争端的程序。传统的解决争端程序，一般是以特定国家之间的争端为对象，其目的在于确保争端当事国的个别利益，而国际控制程序与解决争端程序最基本的不同点，则并非以这些特定的争端存在为对象，其目的也是为了确保和增进条约所确定的一般利益或共同利益。

## 2　非裁判性程序

要点：(1) 非裁判性程序有哪些种类？(2) 各种不同的程序具有什么样的特征与作用？

### 16.5　谈判

所谓谈判(negotiation)，即争端当事国谋求通过一般的外交渠道比如常驻外交使馆或临时外交使团直接对话解决争端，这也是解决国际争端最基本的一种方式。在缔结条约时所进行的谈判，也是一种广义上的谈判，不过其目的与作用同这里所说的谈判并不相同。一般而言，大部分的国际争端都是通过谈判来解决的。当然，有时也存在并无特别确定程序和解决标准等而只是以国际法作为解决标准的情形，但这种情形往往是因为有其他的政治性考虑。从这个意义上来说，以既有的国际法为基础的静态性(static)解决方法，远远不及谈判这一并不局限于既有国际法上权利义务的灵活简便的动态性(dynamic)解决方法。当然，谈判也存在着不足，如果当事国间难以达成协议，争端就难以解决，而且在解决过程中直接反映的其实是当事国之间的力量对比关系，而并非法律与正义。

谈判作为解决国际争端的基本手段，同样也适用于下面将要叙述的有第三方参与解决的情形。也就是说,即使在有第三方参与解决争端的情况下,也希望预先通过当事者间的谈判使其争论焦点清晰化。也有很多条约规定将穷尽谈判作为其转向其他解决争端程序的前提条件,比如有 1907 年《和平解决国际争端公约》的第 9 条和第 38 条,以及 1928 年《和平解决国际争端总议定书》的第 1 条。而且,即使通过第三方提出解决争端的方案,对于当事国而言也不过只是具有劝告的意义,最终仍然需要在此基础上当事者之间再次进行谈判。甚至在最近,即使在有权作出具有法律拘束力判决的国际裁判中,也可以看到法院的一些新式判决,即仅仅明确提出解决争端的法律标准及其框架而对作出最终的具体判决有所保留,同时要求当事者要尽"诚实谈判的义务",即命令谈判的判决。

**补充引申:命令谈判判决**

最早作出"命令谈判判决"的,是 1969 年国际法院在有关联邦德国与丹麦和荷兰之间围绕大陆架划界的"北海大陆架案"判决。在该案中,争论的焦点是对当时《大陆架公约》第 6 条规定的"等距离原则"是否适用于不是该公约缔约国的联邦德国。国际法院在最终判决中否定了"等距离原则"为国际习惯法,认为应该通过诚实的谈判解决争端,即在考虑当事者所有情况的前提下实现一个"公平"的结果。

这一判决之所以受到关注,就在于它显示了一种新的争端解决方式,即不同于过去法院确定最终性权利义务的判决,而是在提供一定法律框架的基础上通过当事者之间的对话协商解决争端。这种"命令谈判判决"其后又在 1974 年的"冰岛渔业管辖权案"和 1985 年的"突尼斯-利比亚大陆架案请求再审及解释案"中被采用,并且被评价为解决国际争端的一种有效方式。

此外,谈判还具有事前防止争端的作用,不过在这种情况下的谈判一般被称为"协商"(consultation)。具有这种事前防止争端作用的协商,特别在一些担心会给其他国家的权利和利益带来难以弥补的损害的领域,比如像外层空间活动、核能开发活动、环境保护、安全保障等领域,都已经实现了制度化的安排。也就是说,对于这些活动的谈判,应该不同于那些在争端发生后作为事后解决程序的谈判,而是在开展这些活动之前,通过活动计划的事前公告或通报,或者通过与有关国家的事前协商,尽可能在事前就防止出现争端。

## 16.6 斡旋与调解

斡旋与调解都是包括国家、国际组织及其机构、罗马教皇等个人在内的第三方介入争端当事国之间从侧面促进当事国间和解的争端解决方式。斡旋与调解的区别一般在于第三方介入的程度有所不同,但常常以斡旋开始的活动最后却发展成为调解,或者实际上第三方的活动究竟属于哪一个往往并不容易判别。

斡旋(good-offices)是由第三方介入争端当事国之间向其提供联系手段或会议设施等条件并使当事国能够坐在谈判桌前的一种争端解决方式。这种方式的特点在于,第三方并不介入谈判的内容,自始至终都只是为当事者的谈判提供各种便利。这种方式尤其在当事国之间没有正式外交渠道的情况下更为有效,比如为日朝谈判提供条件的中国。

调解(mediation)[①]也被称为居中调解,是一种第三方自己也参与谈判并提出具体解决方案促使当事国接受以及要求其和平解决争端的方式。这一方式的优点在于,可以发现由于争端当事国位于争端旋涡中而遗漏看不到的解决方法并引起其注意,以及可以通过调解者的政治、经济影响力改变当事国之间的谈判状况。不过,这种方式下第三方的参与从根本上来说也只能起到劝告的作用,提出的解决方案对当事国而言并无法律拘束力。而且,是否接受这种方式,最终也要依靠当事国的意志。

以条约形式确定斡旋与调解的代表性文件中,有 1907 年《和平解决国际争端公约》的第 2 章。确定和平解决国际争端义务的《联合国宪章》第 33 条,虽然并没有具体提到到斡旋,不过一般被认为其实已经被包括在了其规定的"当事者自行选择的其他和平方法"之中。作为斡旋或调解实际发挥作用的一个案例,有

---

① 在《联合国宪章》中文版里,将"mediation"翻译为"调停",与日文翻译有所区别。——译者注

1905年为结束"日俄战争"美国总统西奥多·罗斯福所进行的斡旋,以及1981年为解决"美国驻伊朗大使馆人质案"阿尔及利亚所发挥的重要调解作用。另外,以失败告终的案例,有1991年"海湾战争"爆发前瑞士为美国与伊拉克外长会谈提供会场的斡旋,以及有法国、苏联及联合国秘书长对此提出具体解决方案的调解。

## 16.7 调查

所谓调查(inquiry),即通过设立国际调查委员会客观上弄清楚争端中的事实并促进当事国间解决争端的一种制度。这一制度的优点在于,当争端当事国对争端的主要事实看法不同时,通过公平的第三方机构弄清楚事实真相,就比较容易解决争端。

调查这一解决争端的制度,在1899年的《和平解决国际争端公约》中最早被制度。在1904年"日俄战争"期间,俄罗斯波罗的海舰队误以为日本水雷艇炮击英国渔船而引发英国与俄罗斯争端的"多革滩事件",该公约为此事件的和平解决作出了贡献。而且,受到这一成功处理的影响,在1907年重新修订后的《和平解决国际争端公约》第3章中,就国际调查委员会的构成方式及调查程序作了详细的规定,其中第9条和第35条规定"凡属既不涉及荣誉,也不影响基本利益,而仅属对于事实问题意见分歧的国际性争端"均可成为调查的对象,以及"委员会的报告限于对事实的确认,绝对没有仲裁裁决的性质。对此项确认的效力全由各方自由决定"。

当然,国际调查委员会实际提出的报告,有的并非单纯只是对事实的认定,比如对于1962年英国和丹麦之间由于丹麦警备舰怀疑英国渔船在其专属渔区捕鱼而在追捕过程中进行炮击的"红十字军号事件",调查报告就涉及了该事件中的责任问题以及对事件进行了法律评价。

此外,作为一份最近的国际法律文件,1977年通过的《日内瓦公约第一附加议定书》第90条规定,为了调查被指称严重破坏或其他严重违反1949年《日内瓦公约》和《第一议定书》的事实,决定成立"国际实况调查委员会",所有缔约国都应承认该委员会的权限。而且,该委员会在调查事实之外,有权要求违反公约和议定书的国家重新采取尊重公约及议定书的态度。

### 16.8 调停

所谓调停(conciliation)①,即通过设立公平的国际调停委员会在调查、明确事实的同时从法律角度对争端进行全面探讨并向当事国提出解决方案的一种制度。或者也可以说,调停是结合了前述调查与调解两种方式所发挥作用的一种方式。作为非裁判性程序,这种方式应该说较前已经是一种巨大的进步,但是对于是否接受在调停中所提出的解决方案仍然最终要由当事国的意志来决定,其实与后面将要论述的裁判性程序还是有所区别的。

调停制度最早出现在 1911 年美国同英国以及美国同法国之间缔结的《诺克斯条约》中,尽管这些条约由于美国参议院未批准而最终未能生效,还有 1913 年至 1914 年期间美国与 30 多个国家之间缔结的被称为《布赖恩条约》的一系列双边条约,这些条约中虽然有 19 份条约已被批准,但后来由于第一次世界大战的爆发而失去了意义。不过,国际联盟成立以后,又有一些双边条约中规定了这一制度,比如有 1921 年德国与瑞士、1925 年法国与瑞士以及 1933 年日本与荷兰之间的双边条约。甚至,还有作为多边条约的 1928 年《和平解决国际争端总议定书》中也规定了调停制度,该议定书在 1949 年 4 月 28 日通过联合国大会决议得以重新修订,其中第 1 章详细规定了调停与裁判性程序之间的联合运用以及调停委员会的构成与运作程序。

调停方式,既可以通过争端当事国之间的协议自由地加以利用,也可以通过缔结条约事先就一定性质的争端承担提交调停的义务。在同时既规定承担调停义务又规定承担裁判义务的情况下,一般法律性争端要提交裁判性程序,除此之

---

① 在《联合国宪章》中文版里,将"conciliation"翻译为"合解",与日文翻译有所区别。——译者注

外的争端则提交调停,如当事国拒绝调停委员会的劝告时仍然有义务将其提交裁判性程序。调停委员会的构成,虽然根据不同的条约而有所不同,但为了确保其公正,根据《和平解决国际争端总议定书》第 4 条规定,应该由 5 人组成,其中具有争端当事国国籍的人员各 1 名,其余 3 名由争端当事国同意的第三国国民担任。有关实际利用调停解决争端的案例并不是很多,不过在第二次世界大战之后,也有 1981 年冰岛与挪威之间有关"格陵兰-扬马延海洋划界案"中调停委员会的案例。

作为最近的一种发展趋势,在很多并非为解决争端而缔结的带有一般性质的多边条约中,也作为围绕解释和适用条约规定的争端解决程序,规定了调停制度。例如,基于《公民及政治权利国际公约》第 42 条设立的特别调停委员会,《维也纳条约法公约》第 66 条(b)及公约附件规定的解决程序,《联合国海洋法公约》第 284 条关于自由选择调停及第 297 条第 2 款(b)第 3 款(b)、第 298 条第 1 款(a)和公约附件五等关于义务性调停的规定。

**补充引申:"司法性调停"与"政治性调停"**

虽然调停的目的是根据提交争端的性质依据法律标准来解决争端,但也不能排除会有其他的政治性考虑。此外,调停提出的解决方案缺乏法律拘束力这一点,也不同于下面将要看到的裁判性程序。不过,在条约中已经被制度化的调停中,调停委员会的设立程序与仲裁裁判已经几乎没有什么不同,比如听取争端当事国的意见和对不同主张及其意见的审理,采取与裁判一样争端当事国可以对簿公堂相互辩论的方式,在报告中也对审理结果进行评价,等等,其实都已经具有了类似裁判的性质。因此在最近,有一种非常流行的看法,即将具有如此性质的调停称为"司法性调停",以便与后面将要看到的一些通过国际组织等政治性机构所进行的具有代表性的"政治性调停"有所区别。

## 3 裁判性程序

> **要点:**(1) 裁判性程序具有哪些种类以及各自具有什么样的特征?(2) 国际法院为了进行裁判需要具备什么样的条件?(3) 法院的判决具有什么样的意义?(4) 所谓咨询意见是一种什么样的制度?

### 16.9 仲裁裁判

所谓同非裁判性程序相区别的裁判性程序,即由第三方机构对争端当事国附加义务的一种解决争端方式。这一程序又可以分为"仲裁裁判"(arbitration)[①]和"司法裁判"(judicial settlement)[②]两种。其中的仲裁裁判,是在每次发生事件时根据争端当事国的协议来组成仲裁法庭处理争端,与通过常设性的法院来进行的司法裁判有所区别。

一般认为,仲裁裁判的起源可以追溯至古希腊时代,不过适用于国家间争端的近代意义上的仲裁裁判的发展,却是在18世纪以后的事情。最早关于仲裁的规定出现在1794年英国和美国之间缔结的《杰伊条约》中,即两国在条约中相互约定,对于媾和之后的边界划定及请求权问题,将通过由两国任命的仲裁委员会组成的混合委员会的裁判来解决。其后,仲裁裁判通过对1872年美国南北战争中围绕英国违反其中立义务的"阿拉巴马号案"的解决,被认为是解决国际争端的一种有效方式。

---

[①] 在《联合国宪章》中文版中,"arbitration"被翻译为"公断",与日文翻译有所区别。——译者注

[②] 在《联合国宪章》中文版中,"judicial settlement"被翻译为"司法解决",与日文翻译有所区别。——译者注

仲裁法庭的构成，一般是在每次发生事件时根据争端当事国的协议来组成的，不过在1899年的《和平解决国际争端公约》中，为了更容易选定仲裁法庭的法官，确立了"常设仲裁法院"的制度。这一制度设计是首先由缔约国任命4名以内的法官并将其名簿提交位于荷兰海牙的国际事务局保存，当实际需要进行仲裁裁判时，争端当事国即可从法官名簿中选定仲裁法官。因此，从这个意义上来说，虽然被称为"常设"，但其实与事前就存在着常设法庭的司法裁判还是有所不同，仍然没有改变仲裁裁判这种每次发生事件由当事者选定仲裁法官的本质特性。仲裁法庭的构成方式，即在选定法官问题上可以最大限度地反映本国意志的方式，对争端当事国而言，在将争端提交给法庭时可以发挥一种"心理性安全阀"的作用。

争端当事国之间为了将争端事项提交仲裁法庭而达成的协议文件，被称为"仲裁契约"（compromise），其中包括争端范围、法官的选定方法、裁判程序、裁判标准、费用分担等所有需要认定的事项都由当事国自己来决定。只要当事国达成协议，那么就不能对基于实在国际法以外的标准比如基于"公允及善良"原则所进行的裁判有所妨碍。不过，通常情况下，尽管是以实在国际法为标准来进行裁判，但是根据实际的情况其适用并不是很严格。根据《和平解决国际争端公约》第37条的规定，在进行仲裁裁判时要按照"以尊重法律为基础"的宗旨来进行。当然，仲裁裁判的判决在对当事国的法律拘束力这一点上，不同于司法裁判。

总之，仲裁裁判与司法裁判相比较，其特点在于在法庭的构成及裁判标准上更为灵活，可以最大限度地尊重争端当事国的意志。不过，在最近出现了一种倾向，在进行仲裁裁判时也严格地适用实在国际法，即仲裁裁决也越来越依靠国际法。当然，在依靠常设法院的司法裁判已日益发展的今天，仍然有很多类似于边界争端或划界争端等特定领域的争端案例提交仲裁裁判，《联合国海洋法公约》第287条也就当事国在选择解决程序时难以取得一致情况下有义务承担仲裁裁判作出了规定。此外，虽然不同于国家间的争端，但是在解决有关个人请求权的处理或投资争端等个人与国家间的争端中也越来越多地采用仲裁裁判。

**当今世界：日本与仲裁裁判**

日本曾经经历过与秘鲁之间就1875年的"玛利亚·路斯号案"以及与英国、法国和德国之间就1905年的"房产税案"的两次仲裁裁判。然而，由于在后一个案例中的败诉，其后日本对仲裁裁判一直采取了比较消极的态度。直到最近的1999年的"南方蓝鳍金枪鱼案"，日本有近100年的时间没有再经历过仲裁裁判。

日本与澳大利亚和新西兰三国之间，在1993年为防止在南太平洋对南方蓝鳍金枪鱼的过度捕捞，缔结了《南方蓝鳍金枪鱼养护公约》。其后，日本以可见资源恢复为由要求扩大其捕获量，但是澳大利亚和新西兰不予承认，并且单方面进行了超额捕获量的调查。同时，澳大利亚和新西兰两国以日本违反《联合国海洋法公约》关于保护渔业资源义务为由，基于该公约第286条和第287条第3款有关仲裁义务的规定，将争端提交仲裁裁判。对此，日本提出了初步反对意见，认为本案争端并非《联合国海洋法公约》规定的争端，而只是属于《南方蓝鳍金枪鱼养护公约》的争端，并以此否定仲裁法庭的管辖权。仲裁法庭认为，争端也可视为《联合国海洋法公约》规定的争端，不过《南方蓝鳍金枪鱼养护公约》有关以任意性程序解决争端的条款，排除了《联合国海洋法公约》上的义务性解决条款，因此最终放弃了管辖权。

## 16.10 司法裁判

**(1) 国际法院的成立与发展**。国际社会设立独立于争端当事国意志的常设性国际法院，是在进入20世纪后才开始的，最早有1907年建立的地区性国际法院"中美洲法院"，不过该法院仅仅受理过10起案件，并且在1918年宣布解散。其后，在经历了第一次世界大战之后的1921年，根据《国际联盟盟约》第14条规定，建立了"国际常设法院"（Permanent Court of International Justice，PCIJ）。该法院是真正意义上第一个具有全球性和普遍性的国际法院，存在期间先后进行了23项判决及提出了27项咨询意见。第二次世界大战之后，与联合国一同建立的，就是在继承 PCIJ 的基础之上建立起来的目前的"国际法院"（International Court of Justice，ICJ）。

在国际社会，除了国际法院之外，还有一些地区性的法院如"欧洲法院""欧洲人权法院""美洲人权法院""非洲人权法院"等，有具有应对特定领域案件作用的法院，有联合国与"国际劳工组织"（ILO）处理国际组织与其职员之间争端的"行政法院"，还有"国际海洋法法庭"（ITLOS），等等。此外，最近又设立了可以制裁个人国际犯罪的常设"国际刑事法院"（ICC）。这些法院都是依据各自不同的条约为基础设立的，其应对的争端也具有各自的特点，比如国际法院与国际海洋法法庭都具有有关海洋争端的竞争性管辖权，实际上同一项争端有可能在不同法院以不同的争端形式提起诉讼。当然，这种裁判机构的"多元化"现象，可以给争端当事国提供多样性的裁判机会，但国际社会难以保证能够像国内社会那样对法院的解释具有最终集中统一的机制，因此有可能会造成相互矛盾的判决，导致一般国际法的碎片化（fragmentation）。下面，将围绕具有一般普遍性的最重要的司法机构国际法院来进行说明。

**（2）国际法院的地位及其构成。** 相对于国际常设法院与国际联盟分别作为不同组织而设立，根据《联合国宪章》第 7 条和第 92 条的规定，国际法院则是作为联合国的一个机构而设立，即其地位被确定为"主要司法机关"，以及规定法院构成及其任务的《国际法院规约》也为"联合国宪章之构成部分"。此外，根据宪章第 93 条规定，"联合国各会员国为国际法院规约之当然当事国"，非联合国会员国在经联合国安理会建议及大会决定的条件下也可以成为规约的当事国。当然，随着联合国本身已经具有广泛的普遍性，目前这一规定的意义已经不大。

根据《国际法院规约》第 2 条和第 3 条的规定，国际法院由选举产生的 15 名独立法官所组成，虽然对法官的国籍并没有限制，但是其中不得有 2 人为同一国家的国民。为了确保法官的独立性，根据规约第 16 条和第 17 条的规定，法官不得接受本国政府的指示，并禁止担任任何政治或行政职务，或执行任何其他职业性质的任务。根据规约第 13 条的规定，法官的任期为 9 年，每 3 年改选其中的 5 名，可连选连任。

根据规约第 4 条和第 5 条的规定,选举法官的程序,首先由常设仲裁法庭各国团体各提出 4 名以内的候选人。按照规约第 2 条的规定,这些候选人须在本国具有最高司法职位的资格或者为公认的国际法学家。根据规约第 8 条和第 10 条的规定,选举须在联合国大会和安全理事会分别举行,并且在两者都获得绝对多数票者当选。而且,根据规约第 9 条的规定,在选举时对法官的构成要考虑确能代表"世界各大文化及各主要法系"。不过,在实际的选举中,习惯上则是按照"地理性分配"来实施的,比如亚洲 3 名、非洲 3 名、中南美洲 2 名、东欧 2 名、西欧及其他地区 5 名。而且,对于联合国这一政治性机构具有最终决定权的选举方式,也存在着批评的声音,即候选人本国政府政治实力的大小可以左右选举,甚至有可能影响当选法官实际上的独立性。

在实际进行裁判的时候,根据规约第 31 条的规定,具有争端当事国国籍的法官也具有参与的权利,如没有本国国籍法官的当事国则有权选派指定"特别法官"(judge ad hoc)参与案件裁判。这一特别法官制度看起来是为了确保当事国之间诉讼的平等性,但如果从适用于任何没有本国国籍法官的争端当事国的情况来看,比如在这种情况下实际上就会有 17 名法官进行裁判,应该说一定要包括 1 名本国国籍法官的做法其实就是一般的仲裁裁判制度所留下的痕迹与影响。当然,同一般由 3 到 5 名法官构成的仲裁裁判相比较,在全体法官都参与裁判的国际法院,具有争端国国籍法官的意见影响判决的可能性很小,因此仅以这一点来质疑国际法院的独立性遭到损害是不恰当的。

根据规约第 25 条第 1 款的规定,在原则上应由法院全体法官开庭,不过也可以由一定数量的法官组成以下各类分庭:① 处理特种案件的分庭,可由法官 3 人或 3 人以上组成,处理诸如劳工案件及关于过境与交通案件等,比如 1993 年第一次设立了"环境问题分庭";② 为处理特定案件并基于争端当事国请求设立的"特别分庭";③ 为迅速处理事务通过简易程序审理裁判案件的"简易程序分庭",可由 5 名法官每年组织一分庭。其中,在 1981 年美国同加拿大之间的"缅因湾海域划界案"审判中就曾经设立过特别分庭,在最近 2005 年的"贝宁-尼日尔边界争端案"审判中也同样采用了这一方式。当然,对此也存在批评的声音,即认为分庭的组成常常反映当事国的意向,这样一来就同仲裁裁判其实没什么区别。不过也有人认为,从另一方面看这种方式也具有优点,即对当事国来说,甚至比仲裁裁判还要节省经费和时间。

**(3) 裁判管辖权。**根据《国际法院规约》第34条第1款的规定,能够成为国际法院诉讼当事者的只有国家,即国际组织或个人都不能成为当事者。在这一点上,国际法院不同于欧洲法院或国际海洋法法庭等司法机构,而仅仅是处理国家间争端的传统性法院。根据规约第35条的规定,国际法院应无条件地受理各规约当事国的诉讼,即使非规约当事国也可以在联合国安理会决定的条件之下提起诉讼。当然,在进行国际裁判时,即使争端当事国能够满足这些诉讼条件,也并不意味着法院就可以自动行使其管辖权,即对提交的争端案件进行审理及判决的权力。也就是说,法院管辖权的前提是还需要得到争端当事国的同意或协议。

如果对确定国际法院管辖权的方式大致进行分类,可以分为争端发生后的实施方式和事前的实施方式两种。甚至,前者又可以分为两种情况:① 争端当事国之间通过特别的提交协议将争端案件提交给国际法院,即所谓"协议提交";② 一方当事国提起诉讼之后,另一方当事国明示或默示承认国际法院的管辖权,即所谓"应诉管辖"。在①的情况下,对于将争端提交国际法院因为有当事国之间的协议,所以不会发生对法院管辖权的争论。作为这种方式代表性的案例,有"北海大陆架案""突尼斯-利比亚大陆架案""布基纳法索-马里边界争端案"等。对于②这种情况,虽然规约并没有明确规定,但是通过从国际常设法院时代以来的判例已经得以确立,国际法院也在1948年的"科孚海峡案"和2008年的"吉布提诉法国刑事事项互助的若干问题案"中对此进行了确认。

作为事前确定国际法院管辖权的方式,则有三种情况:① 在双边或多边处理争端的条约中事前承认对某些特定争端可单方面提起诉讼的情况;② 在个别条约的裁判条款或任择议定书中承认有关围绕该条约解释和适用的争端可单方面提起诉讼的情况;③ 基于规约的任择性条款的情况。作为①这种情况的代表性条约,有《和平解决国际争端总议定书》,在希腊诉土耳其的"爱琴海大陆架案"

中该议定书即作为管辖权的依据之一被援引。作为②这种情况的条约,则有《维也纳条约法公约》以及《维也纳外交关系公约》和《维也纳领事关系公约》的任择议定书等。比如,《维也纳外交关系公约》和《维也纳领事关系公约》的任择议定书就曾在"美国驻伊朗大使馆人质案"中被作为管辖权的依据。

作为③的任择性条款,是在国际常设法院的时代就已经被采纳使用的一种方式,即认为应该将以争端当事国的任意提交作为原则的国际裁判也视为接近于法院具有一般性强制管辖权的国内裁判。《国际法院规约》的当事国,对于在这里所确定的"法律性争端",任何时候都可以声明接受国际法院的强制管辖权。声明接受法院管辖权的国家之间,在承诺接受同一义务的范围之内,将自动地确定法院的管辖权。如果所有规约当事国都声明接受法院管辖,那么当法院接受一方当事国的起诉时,其他当事国即使不同意,法院也可以行使管辖权,那么就如同国内裁判一样。但是实际上,接受任择性条款的国家,仅仅有大约不过规约当事国的三分之一,而且还有一些当初曾声明接受法院管辖权的国家,在本国受到单方面起诉时,即以此为理由又声明放弃的案例,比如"核试验案"中的法国和"尼加拉瓜案"中的美国。

此外,即使在发表接受法院管辖权的声明中,其实也有很多附有各种保留条件。作为保留的种类,有"时间性保留",即在声明中附有有效期,有效期过后即可随时放弃,或者将作为管辖对象的争端限定在声明接受日以后所发生的争端,还有"事项性保留",即规定某些特定事项除外。其中,甚至还有一些保留规定本国认为本质上属于国内管辖事项的争端除外,即所谓"自动性保留"(automatic reservation),国家可以自己主观上决定排除国际法院管辖权事项的范围。对此,当然也存在激烈的批评声音,认为这样做违反规约第 36 条第 6 款关于管辖权由法院裁决的规定并导致其无效。此外,由于接受法院管辖权声明中附带的保留适用于"相互主义"原则,所以法院管辖权的范围会进一步受到限制。比如,在"挪威公债案"中,挪威反过来援引法国在其接受法院管辖权声明中的"自动性保留"而反对国际法院的管辖权,最终国际法院承认了这一援引并放弃了管辖权。

日本为了防备应对所谓"突如其来的诉讼",在2007年发表了附有新的保留条件的声明以取代1958年发表的接受国际法院管辖权的声明,即仅以提交某项争端为目的而发表接受国际法院管辖权声明的争端或从声明发表之日起未满12个月所提交的争端,将被排除在外。有关所谓"突如其来的诉讼",比如在1999年北约盟国对南斯拉夫空袭的合法性问题所涉及的行使武力的合法性案例中,南斯拉夫就曾援引本国在空袭开始后才发表的接受国际法院强制管辖权声明以作为管辖权的依据。

**(4) 裁判程序**。与按照当事国协议可决定程序的仲裁裁判不同,国际法院的裁判程序是严格按照法院规约和法院规则来确定的。根据规约第38条和第40条第1款的规定,裁判程序开始于争端当事国向法院提出写明当事者、争端主要问题、作为管辖权基础的法律根据和请求原因等内容的特别协定或争端一方当事国的书面请求书。案件的审理,根据规约第43条的规定,则通过对诉状、辩诉状等文件进行审查的"书面程序"和询问听取证人、鉴定人、代理人、律师及辅佐人的证词或辩护词的"口述程序"逐渐推进。根据规约第53条的规定,在争端一方当事国不出庭或不辩护的情况下,裁判程序也不会中断,不过其前提是法院必须要确认对该案件具有管辖权以及提出的请求具有充分的事实和法律根据。

在争端双方提交协定的情况下,在管辖权方面一般不会出现问题,不过在争端当事国一方基于裁判条约及其条款或任择条款提起诉讼时,被诉当事国为了阻止该案的审理,有时也会提出"初步反对"(preliminary objection),即反对法院的"管辖权"(jurisdiction)或"请求的可受理性"(admissibility)。

有关对管辖权的反对,即全面否认包括本案及其请求可受理性问题在内的法院的裁判权,具体可区分为:① 有关"属人管辖权"(jurisdiction *ratione personae*)的反对,即当事国间缺乏有关法院管辖权的协定;② 有关"属地管辖权"(jurisdiction *ratione materiae*)的反对,即符合不存在具有现实性和国际性法律争端的保留及其他排除管辖权事由的争端;③ 有关"属时管辖权"(jurisdiction *ration temporae*)的反对,即构成管辖权基础的事前协定有效期终了,或者争端事实为协定生效之前所发生。

有关对请求可受理性的反对,即最终要以本案以外的理由要求法院裁定不予受理,这些反对的理由有涉及与请求有关的"国内救济原则"的反对,如"国际工商业投资公司案"和"西西里电子公司案",还有涉及原告的"诉讼利益"乃至"当事者资格"(*jus standi*)的反对,如"西南非洲案",以及涉及"政治问题"的反对,即否认该案的"可裁判性"(justiciability),如"美国驻伊朗大使馆人质案"和"尼加拉瓜案"中围绕有关管辖权与可受理性等理由的反对。

此外,作为不属于上述情况中任何一种情况的反对,还有以司法功能的内在性制约为根据的诉讼被提起后诉讼理由消失之后的所谓"无意义"(mootness)的反对,如"北喀麦隆案"等案例中所显示的那样。

如果遇到初步反对主张时,首先要对其内容进行审理,因此对案件的审理会被停止。法院如果承认这一反对主张,案件的审理随即停止,如果驳回这一反对主张则继续审理案件。当然,对此也存在着争论,即当声明这一反对并非仅有初步的性质时,能否承认为本案的一部分。

根据规约第41条的规定,当法院根据情况认为有必要时,有权指示争端当事国应行遵守以保全彼此权利的"临时措施"(provisional measure),或也可称"临时保全措施"。临时措施本来是担心在等待对管辖权及其案件判决过程中构成争端主要内容的当事国的权利受到难以恢复的损害而规定的,即与案件程序联系在一起的"当事者的权利保全",不过由于以担心受到难以恢复的法律权益侵害这一情况的紧急性为由,比如"爱琴海大陆架案"中所显示的那样,所以即使还未确定对案件的管辖权,那么也可以推定存在初步的(*prima facie*)管辖权。对于临时措施是否具有法律拘束力的问题,虽然存在着各种不同的议论,不过在2001年的"拉古兰特案"中,国际法院对这一问题进行了肯定的回答。

不过在最近,不仅仅向国际法院请求采取临时措施的数量在增加,而且请求的目的也不仅仅在于保全当事者的权利这一本来的目的,而是有向着防止争端持续恶化、人权与人道保护等目的扩大的倾向,比如在1986年"布基纳法索-马里边界争端案"和1996年"喀麦隆-尼日利亚领土争端案"以及1998年"维也纳领事关系公约案"和 2000 年刚果诉乌干达"关于在刚果境内的军事行动案"等案例中国际法院提出的临时措施命令。当然,对于这些脱离案件程序的临时措施的"独立程序化"倾向,也有批评的声音认为助长了争端当事者对国际法院的政治利用。

**(5) 判决**。按照规约第 55 条的规定,判决结果需要参与审判法官的过半数来决定,在同意与否决票数相同的情况下则审判长具有决定权。另外,根据规约第 56 条和第 57 条的规定,判决必须要说明其理由,同时还可以附上反对判决书的法官的反对意见以及反对判决理由的法官的个别意见,尤其是那些并未陈述理由而只是表明同意或反对的法官所作出的声明。根据《联合国宪章》第 94 条第 1 款规定,国际法院的判决具有法律拘束力,不过按照《国际法院规约》第 59 条的规定,其效果仅仅及于争端当事国及判决的案件。也就是说,判决并不承认所谓的"判例拘束力",不过实际上法院在其判决理由中常常会涉及已有的判例,而且不容否定,通过这些判例的不断积累也对国际法的进一步发展作出了贡献。

根据《联合国宪章》第 94 条第 2 款规定,当一方当事国不履行判决时,另一方当事国可以向联合国安理会提出申诉,安理会可以提出建议或采取必要措施以执行判决。不过,问题在于,对于如此做的程序或可以采取措施的内容却并没有特别的规定,《联合国宪章》第 7 章之下的所谓"强制措施"也只限于当不履行判决的行为对国际和平与安全构成威胁的情况下才能够实施。此外,根据宪章第 27 条第 3 款规定,对安理会的决议五大常任理事国都具有否决权,所以对于不服从判决的常任理事国来说,根本就不可能采取强制性措施。当然在实际上,判决得不到履行的情况也并不多见,在大部分情况下,判决都会自觉地得以履行。

**补充引申:不履行判决与法院的作用**

判决得不到履行的一个例外案例,就是"尼加拉瓜案"。在该案中,国际法院几乎完全认可原告尼加拉瓜的主张,认定美国违反了国际法,并判决要求美国向尼加拉瓜支付损害赔偿,但是美国拒不履行这一判决,于是尼加拉瓜向安理会提出申诉,同样被美国动用否决权所拒绝,从而难以采取任何行动,最后只能通过联合国大会提出建议。

对于这一案件,有批评的声音认为,从国际法院本来应该所具有的"解决争端功能"的观点来看,这次的裁判是失败的,即美国从一开始就不承认法院的管辖权,其后也拒不出庭,而在争端当事国间没有达成真正协定的情况下法院继续进行审理,最终导致了美国不履行判决的结果。不过另一方面,如果从国际法院的另一项"宣示法律功能"的观点来看,对这次裁判也存在着肯定性的评价,即认为虽然判决没有得到履行,但是对于尼加拉瓜来说,具有权威地位的国际法院认定美国违反了国际法本身就具有重要的政治意味,而且有关行使武力的国际法内容第一次真正地显示在了法院的判决中。

**(6) 咨询意见**。国际法院在对国家间诉讼案件进行裁判之外,根据《联合国宪章》第96条和《国际法院规约》第65条第1款的规定,还可以基于国际机构的请求就任何法律问题发表"咨询意见"(advisory opinion),而能够向国际法院提出请求的,可以是联合国大会或安理会以及得到大会授权的联合国其他机关及不包括"万国邮政联盟"的各种专门机关,这些机关一般会事前获得联合国大会的授权。国家或个人虽然并没有这种请求权,但是实际上国家之间对有关争论中的法律问题的探寻,也常常会通过各种国际机关向国际法院提出请求。在国际常设法院时代的"东卡累利阿案"中,有关芬兰与俄罗斯间发生争端的一些法律问题,就曾通过国际联盟行政院向国际常设法院提出请求,不过当时国际常设法院却以未获俄罗斯同意为由拒绝了这一请求。而国际法院在围绕战后和平条约解决争端条款的解释等法律问题接受联合国大会请求的"和平条约解释案"中,尽管遭到东欧三国的反对,但是仍然认为作出咨询意见更有利于请求机关实施和完成其职能,因此接受了这一咨询请求。

联合国大会或安理会对于"任何法律问题"都可以向国际法院提出咨询意见的请求,但是联合国其他机关或专门机关提出请求却仅限于"其职权范围内所产生的法律问题"。国际法院在1975年关于"西撒哈拉案"发表的咨询意见中将所谓"法律问题"定义为"以法律语言所表述并引起国际法问题的问题",并且其一贯的立场认为请求咨询意见中的政治性动机或咨询意见可能具有的政治性影响并不会剥夺这些问题作为"法律性问题"的性质，比如国际法院在 1996 年对"威胁使用或使用核武器的合法性咨询意见案"中所表示的那样。另一方面，对于"世界卫生组织"（WHO）1993 年提出请求的"国家在战争或武装冲突中使用核武器的合法性问题咨询意见案"，国际法院在对使用核武器的原因行为及其效果影响进行区别的基础上，对于使用核武器的合法性问题，认为这一问题并不属于 WHO"职权范围内所产生的法律问题"，因此最终驳回了其请求。

根据《国际法院规约》第 65 条第 1 款的规定，国际法院具有同咨询意见的请求相适应的管辖权，但是也有可能行使其裁量权拒绝这一请求。当然在实际上，出于《联合国宪章》第 92 条规定的法院作为"联合国主要司法机关"的一种责任，国际法院自从上述的"和平条约解释案"以来，一贯坚持只要没有"令人信服的理由"（compelling reasons）就必须接受有关机关请求的立场。

**补充引申：咨询意见与其"适用性"**

在"威胁使用或使用核武器的合法性咨询意见案"中，有不同的意见认为，被咨询的问题都是一些具有带有普遍性和抽象性的问题，因此国际法院就不能够行使裁量权以所谓"令人信服的理由"拒绝请求。对于这个问题，大多数意见认为，为解决国家间争端的"争端诉讼程序"与只是为请求意见机关提供法律建议的"咨询意见"当然具有不同的功能，而且国际法院一直以来都将"国际法院无权调查那些表达抽象的问题"这一主张视为一种"毫无正当性的完全专断"而予以拒绝，比如在 1948 年"接纳一国加入联合国的条件案"咨询意见中所表示的那样，而且认为这并不能成为"令人信服的理由"。

对此，国际法院的小田滋法官认为，即使迄今为止法院一直在应对一些具有一般性质的问题是事实，那么其背后也存在着应该解决的"实际必要性"，因此反对法院为不具有这一性质的案件请求提供咨询意见。虽然也有批评的声音认为，在联合国大会上核国家与非核国家围绕使用核武器合法性问题的长期争执恰恰就是应该解决的"实际必要性"，不过这一争执确实提出了一个同咨询意见这一制度本质有关的重要问题。

咨询意见,如同其名称一样,通常并无法律拘束力。当然,作为权威性的法律判断,请求意见机关对国际法院提出的咨询意见都会给予尊重,因此这一制度也为国际法内容的进一步发展作出了贡献。从这个意义上来说,提出咨询意见同裁判诉讼案件并无什么不同。而且,如果在条约中事前规定咨询意见具有法律拘束力,那么同样可以对有关当事者具有法律拘束力,比如《联合国特权和豁免公约》与《国际劳工组织行政法庭规约》所规定的那样。

## 4 通过国际组织解决争端

> 要点:(1) 通过国际组织解决争端具有什么样的特征?(2) 联合国安理会、大会和秘书长各自具有什么样解决争端的权限以及具有什么不同?

### 16.11 国际组织解决争端的特征

随着国际社会组织化程度的提高,国际组织在解决国际争端方面所发挥的重要作用也在日益增加。通过国际组织解决争端,如果将其职能分解成不同的方式来看,存在如前所述的斡旋、调解、调查、调停等"非裁判性程序",其普遍性的特征在于,在根据不同组织目标和建立条约赋予组织权限的范围内将这些不同程序根据实际情况有机地加以组织化。不过另一方面,也存在政治性色彩强的一些特征,比如成员国之间的实力对比关系很容易影响组织内的决策,争端当事国能否接受组织提出的解决方案也在很大程度上取决于主导提出该解决方案国家与争端当事国之间的实力对比关系。需要注意的是,世界贸易组织(WTO)的争端解决程序具有完全不同的性质,不过在此将不涉及这一问题。

根据《国际联盟盟约》第11条第2款及第12条和第15条的规定,对于影响国际关系之任何情势,国际联盟可接受任何会员国的提请注意并采取调查、斡旋、调解、调停等非裁判性程序,对于那些有可能导致断绝外交关系的争端,即使争端当事国不愿意将争端提交裁判程序,也同样可以强制介入争端并行使调查、调解和调停的权限。通过联合国政治性机关所实施的解决争端程序也基本上同国际联盟一样,当然应该说这一解决过程更加精确细致。

此外,"美洲国家组织"(OAS)"欧洲安全与合作组织"(OSCE)"非洲联盟"(AU)等各种地区性国际组织也建立有和平解决地区性争端的制度,并且《联合国宪章》也对此给予了支持。下面,就通过联合国安理会、大会与秘书长解决国际争端的程序进行说明。

### 16.12 联合国安全理事会

根据《联合国宪章》第24条第1款及6章的有关规定,安理会作为对维持国际和平与安全负有"主要责任"的机关,有权通过调解、调查和调停等各种各样的方式介入国际争端。根据宪章第33条第1款和第37条第1款的规定,争端当事国"于争端之继续存在足以危及国际和平与和平之维持时"首先应自行选择和平方法求得解决,如果据此仍然未能得到解决,即应将该项争端提交安理会。根据宪章第36条和第37条第2款的规定,接受委托的安理会如果认为该项争端继续存在将在事实上足以危及国际和平与安全的维持时,可以在考虑当事国为解决争端已经采取程序和原则上具有法律性质的争端应该提交国际法院的基础之上,提出"适当程序或调整方法的建议"以及安理会所认为的适当解决条件建议。甚至,根据宪章第38条的规定,如经所有争端当事国的请求,安理会可以就有关争端向各当事国提出建议。

此外,根据宪章第34条的规定,安理会对于那些"可能引起国际摩擦或引起争端之任何情势"有权进行调查,"以断定该项争端或情势之继续存在是否足以危及国际和平与安全之维持"。在这里,虽然对这一条款中的所谓"争端"(dispute)和"情势"(situation)进行区别的具体标准并不是很明确,不过将某个问题如何分类在提出议题的时候即可决定,而且是否认可对此提出的异议并改变这些分类的决定权也在安理会,比如在"纳米比亚案"中所显现的那样。当调查的结果认为争端或情势"足以危及国际和平与安全之维持"时,安理会可促请各当事国以自行选择的和平方法解决争端,或者提出"适当程序或调整方法的建议"。

问题在于,在宪章第6章下所实施的程序和方法的建议或解决条件的建议,其本身并无拘束力,因此如果当事国不听从这些建议时,安理会该如何行事呢。一直以来,就存在着《联合国宪章》第6章功能与第7章功能的不同,即前者的功能在于按照"正义及国际法原则"解决或调整国际争端及其情势,而后者的功能在于对那些威胁与破坏和平的当事者不论其主张如何均给予武力制裁,即发挥着一种警察的功能,而且一般认为如果目标是按照第6章的规定强制实施建议,那么就不可能实施第7章所规定的强制措施。不过在最近,也可以看到一些为了强制实施安理会提出的解决条件而使用第7章强制措施的事例,当然围绕这一问题也存在着争论。

**补充引申:安理会的司法调查**

有关1988年在英国苏格兰的洛克比上空美国民航飞机爆炸事件,即"洛克比空难",联合国安理会在1992年1月应美国和英国的请求,通过了要求利比亚引渡2名利比亚嫌疑人的第731号决议。同年3月,安理会再次通过第748号决议,认为利比亚未接受第731号决议的行为已经构成"对国际和平与安全的威胁",因此决定实施宪章第7章规定的强制措施。对此,利比亚主张根据制止危害民用航空安全非法行为的《蒙特利尔公约》规定的解决争端条款,将争端提交国际法院,并同时申请实施临时保全措施。

在采取临时措施阶段,国际法院并未对安理会决议进行内容审查,在推定其有效性的基础上,依据《联合国宪章》103条有关宪章义务优先于其他条约义务的规定,驳回了利比亚的申请。在本案中,提出了一些新的问题,比如安理会与国际法院应该如何分别承担解决国际争端的作用,以及是否需要对安理会决议的有效性、比如安理会是否有权实施宪章第7章下强制解决国际争端的问题进行司法审查。

### 16.13 联合国大会

虽然担负和平解决国际争端主要责任的是安理会,不过联合国大会其实也具有一定的权限。根据《联合国宪章》第 10 条的规定,联合国大会有权讨论"本宪章范围内之任何问题或事项"以及向联合国会员国或安理会提出建议。此外,根据宪章第 11 条第 2 款和第 35 条第 2 款的规定,大会还有权讨论联合国任何会员国或安理会或非会员国所提交的"关于维持国际和平及安全之任何问题"并向有关国家或安理会提出建议。以及根据宪章第 14 条的规定,大会对于"其所认为足以妨害国际公共福利或友好关系之任何情势",也有权提出和平调整办法的建议。因此,联合国大会解决争端的权限甚至比安理会还要更加普遍和广泛。

当然在另一方面,联合国大会的权限也由于同安理会的关系而受到一定限制。首先,按照宪章第 11 条第 2 款的规定,在有关维持国际和平与安全的问题上"凡对于需要行动之各该项问题,应由大会于讨论前或讨论后提交安全理事会"。其次,按照宪章第 12 条第 1 款的规定:"当安全理事会对于任何争端或情势,正在执行本宪章所授予该会之职务时,大会非经安全理事会请求,对于该项争端或情势,不得提出任何建议。"在"冷战"期间,由于安理会常任理事国滥用否决权,以至于安理会常常陷入难以发挥作用的状态,那时联合国大会在解决国际争端方面所发挥的作用相对较大,不过在"冷战"结束之后,由于安理会内部达成协议的情形较之以前相对容易,而且大会提出的建议虽然能够反映国际社会更为广泛的意见但在实际效果方面仍然不及具有大国实力背景的安理会所提出的建议,因此大会所发挥的作用有所降低。

### 16.14 联合国秘书长

按照《联合国宪章》第 99 条和第 98 条的规定,联合国秘书长在"将其所认为可能威胁国际和平及安全之任何事件,提请安全理事会注意"的同时,还应执行大会或安理会所托付的其他任务。根据宪章第 97 条的规定,秘书长仅为联合国的行政首长,虽然其完全可以接受大会或安理会等政治性机关的委托并作为其代理人进行斡旋或调解等活动,但是应该同这些政治性机关拉开距离,以保持公平公正的立场,因此其是否能够按照自己的提议开展活动,仍然存在着不同的意见。在这个问题上,1988 年联合国大会通过的《关于预防和消除可能威胁国际和平与安全的争端和局势以及关于联合国在该领域的作用的宣言》赋予了秘书长若干权利,比如在争端当事国的请求下,可以要求当事国以自己选择的和平方式解决争端,也可以自主进行斡旋等其他活动,或者在得到当事国同意的前提下设立事实调查委员会等,总之秘书长在解决国际争端方面应该发挥的作用有所增强。

**补充引申:联合国秘书长裁定的性质**

联合国秘书长在解决国际争端中发挥重要作用的案例并不少见,具有代表性的一个案例就是"彩虹勇士号仲裁案"。在这一案例中,停泊在新西兰港口抗议法国核试验的绿色和平组织"彩虹勇士号"机帆船被法国情报部门人员安放炸弹爆炸沉没,事件发生后引起新西兰和法国之间的争端,两国共同请求由联合国秘书长裁定。秘书长对此的裁定为,将 2 名实施犯罪的情报人员送至南太平洋孤岛上的法军基地监禁 3 年,法国向新西兰支付金钱赔偿,等等,使事件得以和平解决。不过,2 名罪犯在刑期未满就返回了法国本土而导致争端再起,双方按照当时裁定时达成的仲裁裁判协定,将这一案件交给了仲裁裁判。

联合国秘书长在裁定解决这一案件过程中,虽然基于政治考虑的因素要多于法律标准,但是由于其法律拘束力也得到了承认,因此这一裁定究竟属于调解还是仲裁裁判,仍然存在不同的理解。

**参考文献**

大沼保昭编『資料で読み解く国際法・下〔第 2 版〕』(東信堂,2002 年)第 10 章(薬師寺公夫執筆部分)

奥脇直也=小寺彰编『国際法キーワード〔第 2 版〕』(有斐閣,2006 年)第Ⅷ章(高田映執筆部分)

小寺彰『パラダイム国際法』(有斐閣,2004年)第13章,第14章
杉原高嶺『国際司法裁判制度』(有斐閣,1996年)
杉原高嶺『国際法学講義』(有斐閣,2008年)第20章
杉原高嶺他『現代国際法講義〔第5版〕』(有斐閣,2012年)第13章(高田映執筆部分)
田岡良一『国際法Ⅲ〔新版〕』(有斐閣,1973年)
松井芳郎他『国際法〔第5版〕』(有斐閣,2007年)第16章(松井芳郎執筆部分)
村瀬信也他『現代国際法の指標』(有斐閣,1994年)第3部(古川照美執筆部分)
J. G. メリルス(長谷川正国訳)『国際紛争処理概論』(成文堂,2002年)
山本草二『国際法〔新版〕』(有斐閣,1994年)第3部第4章
小田滋著,酒井啓亘＝田中清久補訂『国際司法裁判所〔増補版〕』(日本評論社,2011年)
玉田大『国際裁判の判決効論』(有斐閣,2012年)
奥脇直也「国際調停制度の現代的展開」立教法学50号(1998年)
奥脇直也「現代国際法と国際裁判の法機能——国際社会の法制度化と国際法の断片化」法学教室281号(2004年)
小松一郎「紛争処理と外交実務」ジュリスト1387号(2009年)
酒井啓亘「国際司法裁判所仮保全命令の機能(一)(二・完)」法学論叢163巻3号(2008年),165巻1号(2009年)
坂元茂樹「国際司法裁判所における『交渉命令判決』の再評価(一)(二・完)」国際法外交雑誌96巻3号(1997年),98巻6号(2000年)
廣瀬和子「冷戦後世界における紛争の多様化と秩序形成のメカニズム」国際法学会編『日本と国際法の100年第9巻 紛争の解決』(三省堂,2001年)
宮野洋一「国際法学と紛争処理の体系」国際法学会編『日本と国際法の100年第9巻 紛争の解決』(三省堂,2001年)
森川幸一「国際紛争の平和的処理と強制的処理との関係」世界法年報20号(2001年)

# 第 17 章　使用武力的规则与国际安全保障

## 1　禁止战争及行使武力

> 要点：(1) 不使用武力原则是在何时以及如何确立的？(2) 不使用武力原则具有什么样的结构与范围？

如何限制国家使用武力，是国际法学产生的动机之一，也一直是国际法学的历史上重要的内容之一。当然，这一历史过程并非一帆风顺，即使是现在要完全限制国家使用武力仍然存在着难度。

### 17.1　历史

**(1) 到 20 世纪初期为止的理论发展**。从古罗马时代到欧洲的中世纪，诉诸战争权（*jus ad bellum*）的问题一直围绕基督徒是否可以挥舞武器进行战争的问题在进行争论，主要有斯科拉的"正义战争论"。沿袭这一传统，到了 17 至 18 世纪，终于出现了具有法学意义的"正义战争论"。作为 17 世纪前半期代表性的国际法学家格劳秀斯，在当时不断爆发宗教战争的过程中，曾提出了有关战争的法律规则，其中重要的一部分，即提出诉诸战争必须要有正当原因，比如防卫等。

不过，格劳秀斯本身以及后来的一些学者也都渐渐开始强调，在国际社会其实很难有人能够判断正当原因的存在，最终战争对双方来说都会被认为是正义的，于是"正义战争论"逐渐不再被人们所信奉。

紧接着进入19世纪后的理论状况则混乱不堪。有认为只有在作为自助或解决争端的手段时诉诸战争才具有正当性的观点；也有观点认为，国家的自我保存或独立、自治、安全、名誉等等，几乎都可以毫无限制地成为战争正当性的理由；还有观点认为，只要战争一经爆发，就不再是国际法评价的对象（extra-legal），战争作为国家的权利乃至自由，论及其正当性理由本身就是无意义的。不过，上述这些观点在对于已经爆发的战争不再分辨是否正义这一点上并没有什么不同，而且也都认为"战争法"（*jus in bello*）可平等适用于当事国双方。

**（2）实在法上禁止使用武力规则的发展。**在《联合国宪章》之前，有关禁止使用武力规则实在法的发展，是以1907年第二次海牙和平会议上通过的《限制使用武力索偿契约债务公约》（即《波特公约》或《1907年海牙第2公约》）为开端的。按照该公约的规定，各缔约国不得因他国拖欠其国民的契约债务而诉诸武力，当然其条件是要将争端提交仲裁裁判。此外，1913年至1914年期间，美国与一些国家缔结了一系列总称为《布赖恩条约》的双边条约，其中规定在调停委员会为解决国际争端提出报告之前禁止宣战及诉诸任何敌对行为，即"战争暂缓期"制度。

第一次世界大战之后，在国际联盟的设立条约《国际联盟盟约》前言中规定"缔约各国特承诺不从事战争之义务"。具体而言，根据盟约第12条、第13条和第15条有关条款，在将战争规定为解决争端最终手段的基础之上，又规定了"战争暂缓期"制度，以及在通过仲裁裁判、司法解决或交行政院及大会审查等和平方法解决争端的情况下禁止诉诸战争。

不过另一方面，作为对这些条款的相反性解释，当争端当事国拒不服从仲裁法庭及常设国际法院的判决或经过一定程序通过的行政院或大会报告书所提出的意见时，并不禁止其在3个月的"战争暂缓期"后诉诸战争。甚至，当行政院的报告书不能在除争端当事国外的全体理事国会议上取得一致时，联盟会员国可以采取包含诉诸战争在内的各种措施和行动。

由此看来，如果从全面禁止战争的观点来看，《国际联盟盟约》中有关禁止战争的规定，仍然存在着一些不足，因此在两次世界大战期间对战争违法化的探索就是在努力弥补这些不足。这方面的尝试,就是缔结了一系列有关的条约,比如1923年的《相互援助条约草案》,1924年的《日内瓦议定书》,1925年的《洛迦诺公约》,以及1928年的《巴黎非战公约》。

《巴黎非战公约》第1条规定,缔约各国谴责用战争解决国际争端,并废弃以战争作为在其相互关系中实施国家政策的工具;第2条又规定,缔约国之间的一切争端或冲突,不论性质和起因如何,只能用和平方法解决。也就是说,公约规定全面禁止一定意义上的战争,而不同于《国际联盟盟约》等文件中只是将运用和平方式解决国际争端作为禁止战争的条件来看待。

不过,公约第2条关于和平解决国际争端的规定并没有被视为当事国的义务,因此很难保证所有争端都能够通过和平方式解决。尽管如此,还是有人对于禁止通过战争解决争端方式的实际有效性提出了强烈的疑问。此外,由于公约中用到了"战争"这一用语,因此对于如何就此作出解释,比如围绕仅仅禁止形式意义上的战争还是也禁止还未达至战争的使用武力等,也存在着激烈的争论。

第二次世界大战之后,在1945年的《联合国宪章》中,其第2条第3款和第4款规定,作为联合国组织及其会员国应该遵行的原则,具有"和平解决国际争端的义务",同时禁止"使用武力或武力威胁"。在这些条款中,并没有使用"战争"一词,而使用了"武力"一词,因此《巴黎非战公约》中所存在的模糊甚至对立得以澄清和消除。

联合国其后在1970年《关于各国依联合国宪章建立友好关系及合作的国际法原则宣言》、1982年《关于和平解决国际争端的马尼拉宣言》以及1987年《加强在国际关系上不使用武力或进行武力威胁原则的效力宣言》等联合国大会决议中,对不使用武力原则都进行了确认。国际法院也在"尼加拉瓜案"的判决中,以国家对联合国大会这些决议的态度等为依据,认为不使用武力原则已经成为国际习惯法上的一项原则。

## 17.2 不使用武力原则的基本构成

《联合国宪章》第 2 条第 4 款规定："各会员国在其国际关系上不得使用威胁或武力,或以与联合国宗旨不符之任何其他方法,侵害任何会员国或国家之领土完整或政治独立。"对于这一条款所规定的不使用武力原则,并不存在任何争论,即不仅仅意味着不能从事吞并他国领土那样典型性的侵略战争,而且也不能在解决争端中使用武力或进行武力威胁。甚至,被禁止的使用武力,不仅仅指向他国领土派遣正规军队这种典型的直接使用武力方式,而且也包括为他国使用武力允许其使用本国领土或者援助其非正规军队或叛军等有时被称为"间接侵略"的间接使用武力方式。对于这样的解释,《关于各国依联合国宪章建立友好关系及合作的国际法原则宣言》等上述一系列联合国大会的决议以及国际法院在"尼加拉瓜案"的判决中都已经确认。应该说,这样的解释就是不使用武力的核心内容。

对于不使用武力原则,《联合国宪章》规定了三种例外情形,即根据宪章第 53 条第 1 款和第 107 条规定对旧时敌国所采取的措施,根据宪章第 7 章规定安理会所采取的强制行动,以及根据宪章第 51 条规定的自卫权。对于这里的所谓"旧敌国条款",尽管有人认为在法律上仍然有效,但随着所有的旧时敌国已经成为联合国会员国而在事实上已经失去了意义。

也就是说,上述明确列举的例外情形,一般认为依据宪章第 2 条第 4 款"不得以与联合国宗旨不符之任何其他方法"的表述,除了安理会的强制行动和遭到武力攻击时行使自卫权之外,不能够使用武力。不过,也有的观点认为,宪章第 2 条第 4 款的规定只是"法律原则",其自身也并没有规定为"法律规则",因此在决定具体事例或制定新的规则时应该作出灵活的解释。此外,即使在《联合国宪章》的起草过程中,除了安理会的强制行动和遭受武力攻击时可行使自卫权之外,对于允许在符合联合国宗旨的情形下使用武力的表述也受到了关注。当然,在这种情况之下,对武力的使用是否符合联合国的宗旨,应当由安理会来作出判断。

无论如何,这些观点其实都说明了不使用武力原则的重大意义。或者正如前述,应该说这些观点中都包括了不使用武力原则明确的核心内容,对于明显违反这一原则使用武力,不但有安理会的判断,世界各国也提供了违法和作出判断的标准。甚至,国家和国际组织的实践以及国际法院的判决和提出咨询意见等方式,也使得这一原则更加明确化和趋于完善。总之,如果将这一原则置于禁止战争及使用武力的历史当中,其巨大意义就更加容易被理解。

## 17.3 不使用武力原则的范围

更为具体地说,不使用武力原则是要禁止什么行为呢?第一,是否包括使用武力之外的力量,比如是否包括禁止使用政治或经济性的强制手段。认为应该包括禁止这些手段在内的看法主要是一些发展中国家或前社会主义国家,不过从《联合国宪章》的起草过程来看,一般并不接受这种解释,比如当时巴西就曾提出包括经济性强制手段的提案,但遭到了否决,在其后的《关于各国依联合国宪章建立友好关系及合作的国际法原则宣言》中也同样如此。

第二,被禁止使用武力,是在国际关系中而言。因此,并不包括禁止在国内使用武力,比如一国政府对叛军使用武力并不受不使用武力原则的制约。不过,这里的问题在于,如何对民族解放战争进行定位以及如何看待第三国参与一国的内战。对于所谓民族解放战争,即殖民地或附属地人民为争取自决而开展的武装斗争,西方国家与前社会主义国家及发展中国家之间存在着争论,前者认为这类战争属于单纯的内战,而后者则将这类战争视为国际性战争。而且,西方国家虽然也不可能认为民族解放战争属于违法,但也只是认为这种现象是由于现行国际法上缺乏禁止这一行为的法律规则。而前社会主义国家认为民族解放战争完全符合联合国的宗旨,并不违反不使用武力原则,而且援引《联合国宪章》第51条的自卫权作为民族解放战争的国际法依据,认为这是强烈反对殖民主义而产生的一项特殊(*sui generis*)权利。当然,在这个问题上,其实也有不同的看法。一般来说,在摆脱殖民地的过程中,民族解放战争会得到国际社会的承认,但是如果为了从一个已经独立的国家分离获得独立而使用武力,则一般不会得到承认。

另外,有关内战的国际法规则并不是很明确。一般来说,第三国对一国内战中的叛军给予支援是被禁止的,国际法院也在"尼加拉瓜案"的判决中认为,通过正规军队跨界攻击行为对叛军的实质性支援属于《联合国宪章》第51条所规定的"武力攻击",对叛军提供武器或兵站等其他方面的支援则属于宪章第2条第4款所规定的"使用武力或威胁"。如果只是为叛军提供资金支持,则不属于使用武力,但也违反了"不干涉内政"的义务。不过,这些规定的边界其实并不是非常明确。

也有的看法认为,如果某国政府接受了第三国的支援,那么就允许对叛军也进行支援,即反干涉行为。当然,大部分看法都会认为对一国政府的支持是合法的,但是问题在于该政府是否能够真正代表国家,比如1979年苏联入侵阿富汗时的情形。因此,有人主张,对内战中的任何一方当事者都不应该给予支援。不过,国家实践并非一贯如此,在这个问题上国际法规则实际上也并不明确。

第三,因为禁止使用武力是在国际关系中而言的,因此一般认为非国家行为体对国家的攻击并不符合《联合国宪章》第2条第4款规定所禁止的使用武力。在发生这种武力攻击的情形下,通常只会成为被攻击国家国内刑法上的问题,不过近年来对这一问题也多有议论,即遭受攻击的国家能否行使自卫权。

此外,禁止使用武力是针对一国包括国家机关或国民在内的他国而言的,因此还有人认为,即使跨越国界进行武力攻击,如果只是行使执行管辖权而纯粹针对个人或叛军的军事行动(military operations),那么也不属于宪章第2条第4款规定所禁止的使用武力,而应该作为侵犯他国领土或他国管辖权以及消除其违法性的问题来对待。后面将要论述的"治安措施型自卫权"或"保护海外本国国民"等问题,也应该同这一看法联系起来进行讨论。

另外一个问题,即当一国警察在海上执行任务时对外国船舶使用武力的情形,究竟属于宪章第2条第4款规定所禁止的使用武力,还是属于《联合国公海渔业协定》第 22 条第 1 款规定的所谓"运用实力"。虽然在这一问题上存在争议，但通过近年来的一些国际判例解决了这一问题，即只是将这一问题视为执行国内法令的问题，并将其确定为不同于"使用武力"的"运用实力"问题。例如，这些国际判例有国际法院 1998 年对"西班牙诉加拿大渔业管辖权案"以及国际海洋法法庭分别在 1999 年和 2008 年对"塞加号案"和"圭亚那与苏里南仲裁案"的判决。

第四，对于《联合国宪章》第 2 条第 4 款中有关"不得使用威胁或武力……侵害任何会员国或国家之领土完整或政治独立"的部分，也有人主张应该允许在不损害"领土完整或政治独立"的情形下使用武力。不过，从通过宪章的"旧金山会议"上写入这段文字的过程来看，已经清楚地表明其本身并没有包含想要限定禁止使用武力范围的意图。

## 2　国际和平及安全的维护与恢复

要点：(1) 国际联盟和联合国的集体安全保障体制分别是一种什么样的体制？
(2) 联合国安理会最近为维持或恢复国际和平与安全的活动是如何展开的？

### 17.4　从势力均衡到集体安全保障

在第一次世界大战之前的欧洲，一直存在着作为各国谋求安全框架的所谓势力均衡体系。在当时战争至少在事实上被允许的情况下，这一体系是通过谋求对立国家或具有同盟关系的国家集团之间的力量均衡来造成一种任何国家都难以攻击对方的状况，并以此来保障安全稳定的一种方式。势力均衡体系在 18 世纪至 19 世纪的欧洲曾经发挥了比较有效的作用，但是其缺点在于容易引起扩张势力之间的竞争，因此在面对由于这一均衡遭到破坏之后爆发的第一次世界大战所造成的巨大惨烈损失,战后安全保障的目标开始转向了建立集体安全保障体系。

作为理念型的"集体安全保障",其基本含义为,包括存在对立关系的国家在内的多数国家相互承诺不使用武力,如果其中有任何国家违背这一承诺对他国进行侵略,那么其他所有国家都要集中力量共同对其作战,通过这种方式来制止侵略行为并保障安全。这一保障安全的方式与支撑势力均衡体系的同盟政策相比较,同盟是认为在其外部存在敌国并以此来进行对抗的一种结构,即具有"外向性"的特征,因此容易诱发战争并扩大事态,而集体安全保障是为了对付集团内部潜在侵略者的一种结构,因此具有"内向性"的特征,因此一般认为具有抑制战争的作用。而且,在集体安全保障体系内,对于如何认定侵略行为以及应该采取的任何行动,都是通过组织来决定的。

当然,现实中的集体安全保障体系并不一定能够按照理想的理念建立起来。在被称为最初集体安全保障体系的国际联盟,根据《国际联盟盟约》第16条第1款的规定,其内向性非常明确,但是其组织化程度非常低。联合国则虽然在宪章上的组织化程度得到了加强,但是实际上也并未实现当初预定的目标,集体安全保障措施与禁止使用武力之间的相关性也并不明确,而且根据《联合国宪章》第39条的规定,其实施强制措施的对象并不限于会员国,因此其内向性其实也并非贯彻始终。

## 17.5 国际联盟的集体安全保障体系

《国际联盟盟约》在其第11条和第16条中对集体安全体系作出了规定,即"战争或战争威胁为关系到联盟全体会员国利害关系之事项",对于违反禁止战争规定诉诸战争的会员国,则"当然被视为是对全体会员国的战争行为",因此全体会员国可立即断绝与其一切通商及金融关系。

不过,对于违反盟约诉诸战争的会员国"当然"或自动地采取上述措施,对大部分会员国而言,都需要承担巨大的负担。而且,早在1921年国联第二次大会上通过的《关于经济性武器的决议》中就已经确认,对于是否违反盟约以及采取何种措施,要由各会员国自己作出判断。甚至,尽管盟约第 16 条第 2 款规定了有关的军事性措施,但也仅仅是对由行政院提出的各国军事性负担提案作出决定,各会员国对此并不需要承担义务。因此,国际联盟的集体安全保障体系是一个严重分权式的体系。

国际联盟历史上唯一一次由成员国按照盟约第 16 条采取措施的,是在 1935 年至 1936 年意大利对埃塞俄比亚的战争中,不过这些措施的效果并不明显,甚至在意大利吞并埃塞俄比亚后就逐渐被解除了。

### 17.6 联合国的集体安全保障体系

在联合国,接受国际联盟分权式集体安全保障体系失败的教训,建立起了更为集权式强有力的集体安全保障体系。根据《联合国宪章》第 2 条第 4 款的规定,各国在其国际关系上不得使用武力,根据宪章第 39 条及 41 条和 42 条的规定,联合国安理会有权判断是否存在任何威胁和破坏和平或侵略行为,并且可根据需要采取非军事性措施以及军事性措施来制止这些行为。而且,根据宪章第 25 条和第 48 条的规定,会员国必须接受并履行安理会的决议及其实施措施,以及根据宪章第 43 条的规定,会员国应在安理会的要求之下与安理会之间预先就提供维持国际和平与安全的军队等事项缔结《特别协定》。

不过实际上,在当时东西方"冷战"的状态下,并没有缔结任何《特别协定》,而且由于在安理会内大国不断使用"否决权",安理会常常难以作出任何决定,即出现了"安理会瘫痪"的状态。而"冷战"结束之后,安理会内动用否决权的现象大为减少,因此通过了很多决议,即出现了"安理会复活"的状态。另外,也可以看到个别国家采取"绕开安理会"使用武力的现象,即这些国家预料到自己的行为会遭到安理会的否决因此就不将问题提交安理会或者不顾及安理会的决议而使用武力。直到今天,安理会也仍然没有与任何国家缔结《特别协定》,甚至也没有这方面的可能性。

**(1) 对于"对和平的威胁""破坏和平"及"侵略行为"的判断**。作为联合国实施强制措施的前提,根据宪章第 39 条的规定,须由安理会判断是否存在"对和平的威胁""破坏和平"及"侵略行为"。于是,这一判断就成为决定如何采取强制措施和启动集体安全保障体系的"导火索"。对于这一判断,一般都承认安理会具有广泛的裁量权,不过对此也存在批评的声音,即认为对于同样的行为或情势有时会作出不同的判断,也就是说常常使用的是双重标准。

在所谓"对和平的威胁""破坏和平"及"侵略行为"这些现象中,判断存在最多的是"对和平的威胁"。之所以如此,是因为这种现象是三种现象中程度最低的一种,而且这一现象表明了一种边界并不明确的概念。本来,在最初规定这些现象时是想象会出现国际性的"破坏和平"或"侵略行为",特别是在 20 世纪 90 年代之后,"对和平的威胁"现象其实在逐渐扩大。

"破坏和平"是指典型意义上国家军队之间的敌对行为。实际上,即使在被认为符合"侵略行为"的情形下,也常常在不特别指定侵略国的同时将其判断为"破坏和平"。被判断为"破坏和平"的案例,主要有 1950 年安理会针对"朝鲜战争"通过的第 82 号决议,1982 年安理会针对"马尔维纳斯群岛(英称福克兰群岛)争端"通过的第 502 号决议,1987 年安理会针对"两伊战争"通过的第 598 号决议,以及 1990 年安理会针对"伊拉克入侵科威特"通过的第 660 号决议。

"侵略行为"在以存在使用武力为前提的同时也伴随着对一方当事国的谴责。因此,安理会一般会尽可能避免使用对"侵略行为"的判断。例如,在 1985 年安理会针对以色列对位于突尼斯的"巴勒斯坦解放组织"(PLO)总部进行袭击通过的第 573 号决议,以及同样在 1985 年安理会针对南非对博茨瓦纳境内的入侵及其攻击通过的 568 号决议中,虽然都可以看到有关"侵略行为"的表述,但是这一表述究竟是否是对宪章第 39 条所规定的"侵略行为"的判断,围绕这一问题的看法其实并不一致。

此外,在第二次世界大战期间及其结束之后,还曾想要对有关侵略的定义作出明确的规定,但是因为存在着列举行为方式和抽象定义方式之间的对立,所以屡次遭受挫折而难以实现。其后,直至 1974 年联合国大会通过了第 3314 号决议,即《关于侵略定义的决议》。联合国大会通过该项决议的目的就在于为安理会判断侵略提供一定的指南作用,不过同时该决议第4条又规定,安理会的判断权并不受该决议限制。

**(2) 安理会的行动**。根据《联合国宪章》第39条的规定,安理会在判断存在"对和平的威胁"等危险的基础之上,为了防止事态的恶化,根据宪章第40条的规定,可要求当事国采取立即停战或撤退军队等临时措施,以及为了维持或恢复国际和平与安全,可决定采取建议或者宪章第41条规定的非军事措施及第42条规定的军事措施等应该采取的措施。不过,根据宪章第43条的规定,有关军事措施的决定如果要拘束会员国,其前提条件需要预先在会员国与安理会之间缔结《特别协定》。

作为宪章第41条规定的非军事性措施,可以是断绝经济关系或外交关系等,但是这一规定只是作了主要的列举,其实为了维持或恢复国际和平与安全,安理会可以建议或决定采取任何认为有必要采取的措施。特别是适应20世纪90年代以后"对和平的威胁"概念的扩大,安理会采取措施的范围也在扩大。

不过,尊重人权等联合国的目标及原则,除了要遵循其均衡性原则之外,一般被认为不能够采取义务性解决争端的措施,所采取的措施可以通过宪章的第6章和第7章的区别来决定,当然二者之间的界限并不明确。

这些非军事性措施的实施,由于要依赖各会员国的意志及其能力,因此其实际有效性常常会受到质疑。不过近年来,在这方面其组织化的倾向也正在得到加强。此外,在日本,当被要求或决定限制或断绝同某国的经济关系时,是基于国内法上的《外汇及外贸法》来应对的。

**当今世界:朝鲜的核试验和安理会的非军事性强制措施**

对于2009年5月朝鲜进行的核试验,安理会在同年6月通过了1874号决议。该项决议明确地涉及《联合国宪章》的第7章和第41条,对朝鲜强行进行的核试验"表示最强烈的谴责",并要求朝鲜"不得再次进行核试验及使用弹道导弹技术进行发射",同时要求会员国禁止与朝鲜之间就有关核及导弹技术开发的人员、物质和资金等广泛领域进行交流,以及要求会员国在相信某艘船舶装载有被禁止货物并有合理性证据的情况下有权对该船舶进行检查并有权对发现的被禁止货物进行扣押和处理。

日本在实施安理会该项决议时需要有新的法律,因此在2009年的第171次通常国会上提出了有关法案,但没有通过成为废案。其后经过政权更迭,在同年的第173次临时国会上提出了《关于按照联合国安理会第1874号决议我国①实施货物检查的特别措施法案》,并在2010年的第174次通常国会上获得通过,同年7月开始实施。

根据《联合国宪章》第42条的规定,在非军事性措施不能发挥效用的情况下,就可以采用军事性措施。根据宪章第43条、第46条和第47条的规定,这一军事性措施由会员国基于《特别协定》所提供的兵力即所谓计划建立的"联合国军"来承担,并在安理会的控制下以及在拟设立的"军事参谋团"的建议及协助下实施。不过实际上,直至今天也没有能够缔结任何《特别协定》,计划中的联合国军也并不存在,因此根据宪章所预定的军事性措施的集权性实施仍然难以实现。

**(3) 集体安全保障体系的补充**。在整个"冷战"期间,安理会常任理事国之间的对立导致了安理会的"瘫痪",集体安全保障体系也未能按照当初所预想的形式发挥作用。不过,联合国针对这种情况也尽可能地进行了各种形式的补充完善。

(a) 强化联合国大会的作用。在认为出现了对和平的威胁、破坏和平或侵略行为的情况下,根据宪章第24条第1款规定被赋予承担维持国际和平与安全主要责任的安理会却由于内部行使否决权达不成一致难以承担这一责任时,联合国大会就可以通过大会决议对会员国提出建议以采取必要措施,比如1950年联合国大会通过的第377号决议,即所谓"为和平而团结"(Uniting for peace)。

不过,对于这种强化联合国大会作用的做法,也存在着强烈的反对声音,即担心会影响安理会的权力。实际上,迄今为止联合国大会从未向会员国建议采取集体性措施,上述决议也只是作为召开紧急特别会议时的依据被援引。

---

① 此指日本。——译者注

## 第 17 章　使用武力的规则与国际安全保障

(b) 军事性措施的建议及其授权。即使安理会作出了破坏和平的判断,但是宪章上本来计划的联合国军并不存在。不过,在实践中有若干通过安理会建议或授权采取的军事性措施。作为这方面代表性的案例,主要有 1950 年朝鲜战争时的安理会在苏联缺席的情况下连续通过了第 82 号、第 83 号和第 84 号决议,判断朝鲜对韩国的武力攻击为"破坏和平",并建议会员国"给予大韩民国以击退武装攻击及恢复该区内国际和平所需之援助"。还有 1990 年伊拉克入侵科威特时的安理会通过第 678 号决议,授权(authorize)会员国"完全执行上述各有关决议,为了恢复该地区的国际和平与安全,可以使用一切必要手段"。据此,所谓的多国部队将伊拉克军队驱逐出了科威特。除此之外,针对索马里、波斯尼亚、海地、卢旺达、刚果民主共和国、阿尔巴尼亚、中非共和国、科索沃、东帝汶、阿富汗等国,也曾组成过多国部队。

当然,对于这些朝鲜战争中的所谓联合国军或海湾战争中的多国部队的行动,是否具有《联合国宪章》上的依据,也存在着争论。对立双方主要的争论点在于这些行动的依据应该是宪章第 42 条还是宪章第 51 条。认为应该依据第 42 条规定的观点主张,该条所规定的军事性措施即使在没有缔结基于第 43 条的《特别协定》的情况下也可以实施,而且在安理会第 678 号决议中所确认的"恢复国际和平与安全"这一目标已经超越了集体自卫权的目标,因此第 51 条不能被作为采取行动的依据。而认为应该以第 51 条有关集体自卫权为依据的观点,其关注点却主要在于有关朝鲜战争中联合国军的安理会第 82 号决议中的"击退武装攻击"目标和有关海湾战争中多国部队的安理会第 661 号决议中的"确认个别或集体自卫的固有权利"。而且,由于并不存在《特别协定》,安理会也难以控制其使用兵力计划及指挥权,因此这些军事行动并不符合基于宪章第 42 条规定的军事性措施。当然,对于这些争论,也有观点认为,基于宪章第 42 条的措施与依据宪章第 51 条行使集体自卫权二者并不矛盾,完全可以并行不悖。甚至,还有观点认为,宪章第 39 条的建议就可以作为上述安理会第 678 号决议对使用武力进行授权的依据,正是该条所规定的安理会的建议权,即可消除多国部队使用武力的违法性。

正如这些观点所表明的那样,虽然这些行动并非完全按照宪章所规定的条款文字实施,但如果将集体安全保障体系的核心视为有关如何判断发生侵略行为等事项以及应该采取何种行动的决策组织化过程,那么在朝鲜战争中的联合国军以及海湾战争中的多国部队就都是在安理会判断存在"破坏和平"但对于应该采取的行动仍然极其模糊不清的情况下决定的。应该说,安理会的这些决定,至少都没有脱离集体安全保障的本来宗旨。

**当今世界:进攻伊拉克与安理会决议的解释**

2003年3月开始以美国和英国为中心的盟军对伊拉克的进攻,引发了国际法上的一个问题,即在没有安理会明确授权的情况下使用武力是否合法以及在安理会并没有明确进行解释情况下对安理会决议的解释问题。其实,在1998年12月美国和英国对伊拉克进行轰炸时也产生了同样的问题。

在盟军对伊拉克使用武力的问题上,美英两国及日本等国家认为是按照安理会第678号、第687号和第1441号决议实施的。也就是说,这些国家认为,根据第1441号决议的认定,伊拉克严重违反了第687号决议,因此第687号决议中的停战条件已经不再存在,反而又恢复至了根据第678号决议授权对伊拉克使用武力的状态。对此,德国、法国和俄罗斯等一些国家却否认这样的解释并同美英等国家处于对立状态。当然,也有一些指责的声音认为,第1441号决议的适用范围模糊化,其实是安理会常任理事国之间相互同意的结果,即所谓"没有协议的协议"。

从理论上来说,一般都认为,未得到安理会明确授权而使用武力为违法。对不使用武力原则的例外,应该尽可能在严格解释的基础上加以理解,安理会的决议也应该尽可能以不损害对象国主权的角度去加以解释。当然另一方面,也有人认为,在对安理会决议进行解释时,应该重视安理会的意图。对安理会决议的解释之所以成为问题,是因为安理会的意图不明确的,只有在这种情况下各国才可以在一定范围内作出自己的解释。

### 17.7　从集体安全保障到和平及安全的维护与恢复

如前所述,集体安全保障最初的定位就是作为反对他国侵略及保障国家安全的一项措施而存在的。然而,20世纪90年代以后,和平的概念已经超越了制止国家间的侵略这一内涵而有所扩大,其结果同样导致了维持或恢复国际和平与安全的概念也超越了狭义的国家安全保障内涵而有所扩大。

同和平概念相关联,安理会将内战、对人权的侵犯或违反人道法、损害民主主义原则、恐怖主义等行为也认定为"对和平的威胁"。比如,有前南斯拉夫、索马里、利比里亚、卢旺达、塞拉利昂、东帝汶等内战;有对伊拉克北部库尔德民族的压迫、对内战中的卢旺达和扎伊尔等侵犯人权和违反人道法的行为;有海地和塞拉利昂等损害民主主义原则的事例;有利比亚、苏丹和阿富汗等处的恐怖主义活动;等等。

伴随着"对和平的威胁"这一概念的扩大,安理会所实施的非军事性措施也发生了巨大的变化。在非军事性措施之外,还有一些基于安理会决议组建多国部队的事例,以及维持和平行动也为了适应这一对象的扩大而发生了变化。

作为特别受到关注的倾向,首先是对全体会员国附加了一些不限定特定状态的义务,比如有安理会2001年《关于防止国际恐怖活动的第1373号决议》以及2004年《关于限制大规模毁灭性武器及其运载工具的第1540号决议》。安理会的这些措施,也被认为是安理会在发挥国际立法的作用。

其次,是更加关注个人。比如,根据1993年安理会第827号决议设立"前南斯拉夫国际刑事法庭"对"塔蒂奇案"等进行了审判,以及根据1994年安理会第955号决议设立了"卢旺达国际刑事法庭",而且设立这些特设国际刑事法庭的目的就是追究个人的责任。或者还有一些将实施《国际刑事法院规约》所确定的犯罪或涉嫌犯罪问题提交给该法院检察官的事例,比如2005年安理会《关于苏丹达尔富尔地区形势的第1593号决议》决定将达尔富尔局势问题移交国际刑事法院的检察官。甚至,还有为了制裁国内刑事法上的犯罪而设立了特别法庭,比如根据2007年安理会第1757号决议设立了审判暗杀黎巴嫩前总理哈里里案的"黎巴嫩特别法庭",并且要求会员国承担义务,针对特定责任人采取所谓"灵活制裁"方式,即采取冻结个人资产、禁止其汇款和进行国际旅行等措施。

最后,试图强化非军事性措施的实际有效性。特别是根据1999年安理会1267号决议设立的"制裁基地组织和塔利班委员会"以及根据2001年安理会1373号决议设立的"反恐委员会",都受到了人们的关注。

对于安理会所采取的这些措施的进一步扩大,有人评价是为了实现国际社会的共同利益而必需的,但是也有人认为对于从来没有采取过措施的内容、程序以及安理会的构成等,必须要确保其正当性。

## 3 联合国维持和平行动(PKO)

要点:(1) 什么是联合国维持和平行动?(2) 日本是如何参加联合国的维持和平行动的?

### 17.8 PKO的定义

联合国维持和平行动(Peacekeeping Operations,PKO)在传统上是指主要以国家为主的争端当事者之间达成停战协议后,基于联合国安理会或大会的决议由各会员国提供的军事人员在联合国的权威及其指挥下所进行的停战或撤军等监督活动。这一活动主要包括由非武装或携带轻武器的军官组成的"军事观察团"对停战或休战协定的监督活动,或者由配备防御用轻武器的军队组成的"维持和平部队"维护停战或休战状态以防止再次发生敌对行为。其中,涉及有关法律性质等问题的主要是"维和部队"的问题,下面有关传统PKO的论述也是以这一问题为中心。

进入 20 世纪 90 年代后,为了应对国内冲突或国际、国内冲突并存的混合型冲突,PKO 的任务也越来越多样化。也就是说,出现了被称为"第二代 PKO"的"复合化现象"和被称为"第三代 PKO"的"强制和平现象"。前者指除去军事部门以外还包括了各种文职民事部门的任务,比如增加了文职民事警察、行政、选举、修建、人权保护及难民返回家园等任务,后者则指在《联合国宪章》第 7 章之下不经过接受国的同意也可以派遣维持和平部队,而且被授权可以超过自卫限度地使用武器。第二代 PKO 和第三代 PKO,有时也被统称为"多层面 PKO"(multi-dimensional PKO)。

不过,PKO 的这种扩展和变化并非时代不同而变化递进的结果,传统的 PKO 及第二代 PKO 在今天也仍在持续实施,或者其中又规定了新的规则。此外,第二代 PKO 中的部分任务同时也已经被置于《联合国宪章》第 7 章之下来实施。

### 17.9 PKO 的变迁

**(1) 传统的 PKO**。首先,是 PKO 的形成及其基本原则。联合国维持和平行动在《联合国宪章》中并没有明文规定,而是在"冷战"时期通过联合国的习惯逐步形成与发展起来的。最初的 PKO 可以追溯至在联合国建立之后不久向巴勒斯坦派遣的"军事观察团",即 1948 年的"联合国停战监督组织"(UNTSO),1956 年苏伊士运河地区发生冲突时联合国再次派遣"维持和平部队"(UNEF)后,PKO 开始受到国际社会关注。传统 PKO 的任务及基本原则就是通过这些实践的不断积累逐步形成的。

传统的 PKO,一般主要包括:① 同意原则,即实施的前提是不但需要得到派遣国的同意而且还需要得到接受国及其他争端当事者的同意;② 中立公平原则,即实施的行动并非对特定当事者的强制性行动,以及特别强调独立于特定国家的政策,因此派遣的维持和平部队从常任理事国以外的会员国抽调;③ 不使用超过自卫程度武力的原则,即仅仅承认为了自卫而使用武器。所谓自卫原则,不仅仅是以保护 PKO 人员生命和身体为直接目的以及以存在紧急迫切例外状况为前提的"狭义的自卫",同时也包含有对试图通过武力妨碍实施该项活动任务的企图进行抵抗的"广义的自卫",比如为了确保部队的自由移动等。因此,即使是按照自卫的原则,随着任务的扩大,其使用武力的可能性也在增大,比如冷战时期实际的一个案例,就是 1960 年至 1964 年的"联合国刚果行动"(ONUN)。

如此看来,传统的 PKO 与按照《联合国宪章》第 7 章规定的强制性行动明显不同,是介入已处于停战状态的争端当事者之间防止其再次发生争端的行动。尽管人们常常认为"冷战"时期的联合国集体安全保障体系是在其功能并不完善的情况下开始出现,因此"冷战"状态对其出现及其性质都造成了巨大影响,但是传统 PKO 与宪章第 7 章的强制行动,二者的功能完全不同。

其次,是 PKO 的法律依据。如前所述,PKO 在《联合国宪章》中并无明文规定的依据。因此,特别是维持和平部队出现之后,PKO 是否符合宪章,就成为一个问题。在这个问题被具体提出的"联合国经费案"中,国际法院重视该次 PKO 是得到有关国家的"同意"才加以实施的事实,强调了该次行动与宪章第 7 章规定的安理会采取的强制行动的不同。也就是说,根据联合国大会决定实施的此次 PKO 的维持和平部队,并非按照宪章第 11 条第 2 款规定必须提交安理会的"行动",而只是将其视为按照宪章第 14 条规定可以通过大会提出建议的"措施"。同样,由安理会所实施的"联合国刚果行动"(ONUN)也并非被视为按照宪章第 11 条所规定的"行动",而是作为基于维持国际和平与安全这一联合国普遍性基本目标引申而来的权限而展开的一项行动,被认为是符合宪章的,尽管宪章中对此并没有明确的规定。

其后,安理会基本上就一直在实施 PKO,在今天已经没有人对其是否符合宪章而提出疑问了。

**(2) 第二代 PKO**。"冷战"结束之后,PKO 被赋予了另外一项任务,即推动有关国家的国内冲突在争端当事者之间达成协议后实现"争端的综合性解决"。这一做法相对于传统 PKO 不参与解决争端本身而仅以防止再次发生敌对行为为目的的做法,其特点在于参与争端的最终解决,因此被称为第二代 PKO。此外，新一代的PKO还导致了"任务的显著扩大"，比如在从事过去传统的监督停战或解除武装的任务之外，还新增加了监督居民投票、准备和监督选举、临时行政事务、人权保护、训练当地警察、促进和帮助难民返回家园安居、销毁地雷、修复道路和水上通道等经济社会基础设施建设等任务。例如，1992年至1993年的"联合国柬埔寨临时权力机构"（UNTAC）所从事的任务。

关于第二代PKO的基本原则及实施依据，基本上同传统的PKO并没有什么不同。不过，如前所述，任务的扩大同时也带来了使用武力机会的增加。

**(3) 第三代PKO**。"冷战"结束之后，国际社会对联合国在维持国际和平与安全方面的期待有所提高，于是联合国实施的PKO数量也在增加。其中，为了使PKO能够更有效地发挥作用，有观点认为在实施过程中有必要使用强制力。

这一观点是在1992年当时的联合国秘书长布特罗斯·加利在其发表的《和平纲领》（Agenda for Peace）报告中提倡的，而且在1993年至1995年"联合国第二次索马里行动"（UNOSOM Ⅱ）和1992年至1995年针对前南斯拉夫的"联合国保护部队"（UNPROFOR）介入时实际实施了。不过，伴随着这些行动以失败告终，加利在1995年的《和平纲领补编》报告中，强调了向各项传统原则的回归。当然，经过后来在2000年由"联合国维持和平行动特别委员会"发表的《卜拉希米报告书》的重新探讨，比如在确认各项传统原则仍然为PKO基本原则的同时，也指出对内战情况下适用相同原则的难度，从而要求在适用这些原则时要更加灵活和富有弹性，所以20世纪90年代以后的PKO几乎都是在按照安理会承认基于宪章第7章行动的决议来展开行动。

了解了这一发展过程，应该就能够理解，第三代PKO是被置于《联合国宪章》第7章之下，通过包含使用武力在内的各种手段，目的在于引导争端当事者一方或多方遵守达成的和平协议。而且，同第二代PKO一样，第三代PKO也被定位为是为了对争端进行综合性的解决。

关于第三代PKO的性质，前述的传统性基本原则正在经受一定的修正，比如在2008年联合国秘书处发表的《联合国维持和平行动：原则与准则》，即也被称为《顶点理论》（Capstone Doctrine）的报告中就可以看到这一变化。也就是说，相对于传统PKO所承担发挥的作用是中立性观察员的作用，而第三代PKO已经开始显著地在发挥作为和平协议实施机构的作用。

第一，对于当事国的同意，在国内冲突中争端当事者众多，而且作为争端当事者集团的凝聚力常常比较弱，实际上协议的形成及其维持都比较困难，因此并不需要得到全体当事者的同意，重要的是要得到主要争端当事者的同意。

第二，当出现违反和平协议的情况时，就会面临一个问题，即不管事实如何对于该违反协议当事者应该同其他当事者同样对待呢，还是应该要说服违反者遵守协议以及必要时对其实施强制行动呢。对于这个问题，第三代PKO一般会持后一种立场。而且，由于在面对这种情况时常常需要强化行动的强制力，因此一般也会有安理会常任理事国的参加。这些做法都已经不属于传统PKO中所包含的中立公平原则以及不介入的中立性立场，而是作为对所谓"为解决争端而公平对待各争端当事者"目标追求后的一种修正。

第三，被最低限度地授权"使用超越狭义自卫的武力"，在希望维持和平部队发挥威慑力的同时，实际上也开始使用武力。当然，虽然这一变化被认为同强制和平有关，但正如《卜拉希米报告书》所说"联合国并非实施战争者"，因此使用武力既不会形成宪章第7章当初所预想的联合国军，也不可能实施当初预定的大规模强制性行动，而使用武力的目的只是引导争端当事者遵守和平协议。也就是说，相对于"完全的第7章行动"，这些行动也被称为"有限的第7章行动"。此外，作为超过自卫的使用武力，也曾经被授权"使用必要的所有措施"，如"联合国第二次索马里行动"，不过近年来出现一种趋向，即基于宪章第7章，通过强化维持和平部队的自卫能力来实质上强化其实际有效性，如1999年至2005年的"联合国塞拉利昂特别行动"(UNAMSIL)等。

关于第三代PKO的法律依据，虽然使用了强制和平的手段，但因为被置于宪章第7章之下，所以在法律依据方面不会出现什么问题。当然，虽然在制定规则时增加了对宪章第7章的援引，但是援引的意思各式各样，并非全部都同强制和平有关。尽管任务的内容本身被限定在了传统性的维持和平行动范围之内，但是因为不需要接受国的同意，所以除去像1991年至2003年的"联合国伊拉克、科威特观察团"(UNIKOM)等那样援引宪章第 7 章之外,在必要的情况下有时也会按照任务规定明确地传递使用武力的信息,如"联合国塞拉利昂特别行动"(UNAMSIL)等。此外,关于援引宪章第 7 章的意义,有时安理会并不会明确地表示,所以对此的解释也会常常有所不同。

关于第三代 PKO 的定位问题,如前所述,第三代 PKO 也并非宪章第 7 章所预想采取的那种大规模强制性行动,这些行动一般是在存在承担行动的国家或机构的情况下由得到使用武力授权的多国部队加以实施。另一方面,多国部队也并非经常承担大规模强制性行动,也会在接受国同意的前提下派遣去承担传统的维持和平行动,即多国部队的 PKO 化,这方面的例子有 1999 年至 2000 年的"东帝汶国际维和部队"(INTERFET)。

由此看来,采取什么样的方式,比如是 PKO 还是多国部队,发挥什么样的作用,比如是传统 PKO 还是"有限的第 7 章行动"或"完全的第 7 章行动"基本上是一个政策性选择的问题,一般需要在考虑争端状况以及有无派遣国家等实现的可能性的基础上作出决定。

## 17.10　日本对 PKO 的参与——国际和平合作法

日本最初对 PKO 的参加,即人员方面的合作参与,是在 1988 年至 1989 年期间参加了从 1988 年至 1990 年期间存在的"联合国驻阿富汗和巴基斯坦办事处"(UNGOMAP),不过正式的参加,应该是 1992 年《国际和平合作法》(即《协助联合国维持和平活动法案》,PKO 法)通过之后。基于该项法律的第一次参与,是 1992 年向"第二次联合国安哥拉检验使团"(UNAVEM Ⅱ)派遣人员。这项法律后来又经过数次修改,一直沿用至今。

在《国际和平合作法》中,日本提出了"参与 PKO 五原则":① 争端当事方之间达成停战协议;② 争端当事方同意实施 PKO 和日本参与;③ 严守 PKO 的中立立场;④ 如无法满足上述三项条件则必须撤出;⑤ 武器的使用必须以保护人员的生命为最低限度。关于武器的使用,在该法在当初制定的时候,仅仅承认为了保护自己或在一起队员的生命而允许使用武器,但是经过2001年12月的修订,在允许使用武器保护为行使职务在自己管理之下人员的生命之外,比如为保护其他国家的PKO人员或国际机构及非政府组织的人员,还承认了为保护武器等设备而使用武器的权利。该法将日本可以参加的PKO限定在了传统PKO和第二代PKO上,如果再考虑到"参与PKO五原则"中须得到接受国及争端当事国同意和只有在"狭义的自卫"情况下才能够使用武器等限制性条件,日本参与PKO就受到了进一步的限制。

到2012年为止,日本已经派遣自卫队等各类人员参与了多次联合国PKO,比如有在戈兰高地部署的"联合国脱离接触观察员部队"(UNDOF),日本从1996年开始参加,不过在2012年12月决定提前撤出;还有从2010年开始参加的"联合国海地稳定特派团"(MINUSTAH),不过在2013年3月31日到期后已经撤出;以及从2011年开始参加的"联合国南苏丹特派团"(UNMISS)等。

## 4 自卫权

> 要点:(1) 在什么情况下允许行使单独或集体的自卫权?(2) 集体自卫权同集体安全保障体系是一种什么样的关系?

在《联合国宪章》中,虽然确立了不使用武力的原则并建立了集体安全保障体系,但是并不意味着完全不存在个别国家使用武力的必要性。实际上,宪章第51条规定:"任何会员国受到武力攻击时……本宪章不得认为禁止行使单独或集体自卫之自然权利。"明确地承认了不使用武力原则的例外。同时,这一规定也是对试图以集权方式使用武力的集体安全保障体系的例外。

那么,行使单独或集体自卫权,是否仅限于"发生武力攻击"的情形呢。如果行使自卫权得到广泛承认,不使用武力原则的意义就会受到更多的质疑,所以这个问题是有关国家使用武力法律规则最为重要的问题之一。

### 17.11 单独自卫权

围绕行使单独自卫权是否仅限于"发生武力攻击"的情形,从《联合国宪章》产生之后直至现在,在国家实践以及理论上都存在着激烈的争论。这个问题又可以分为行使自卫权是否限于"武力攻击"的问题和是否限于"发生",即是否允许"先发制人的自卫权"的问题。对于后面这个问题,虽然也存在着是否承认"先发制人的自卫权"这一概念的争论,不过在武力攻击确实迫在眉睫的情况下国家可以行使自卫权这一点上看法基本一致,而且也符合联合国大会《关于侵略定义的决议》第 2 条的规定。

**(1) 问题所在**。对有关行使自卫权是否仅限于"武力攻击"问题上的争论,存在着两种观点,一种是"有限性解释说",即认为只有在遭受国家领土完整和政治独立受到侵犯等现实发生的武力攻击时才可以行使自卫权,另外一种是"宽容性解释说",即认为行使自卫权不限于现实发生的武力攻击,直接武力攻击以外的间接侵略也应该包括在内,以及国家的所谓"实质性利益"比如海外国民的生命财产或国家海外权益也应该作为国家保护的法律权益而得到承认。

"有限性解释说"重视《联合国宪章》第 51 条中"受到武力攻击时"的表述,否认除此之外情况下对自卫权的行使,而"宽容性解释说"则重视宪章第 51 条中"自然权利"的表述,认为行使自卫权并不仅仅限于"受到武力攻击时"。甚至,对于前者认为在制定《联合国宪章》时作为习惯法上的自卫权就只有在现实受到武力攻击时才能够行使的强有力观点,后者则从更为广泛的角度来进行解释。而且,二者的对立不仅仅体现在对宪章规定的不同解释上,而且还围绕如何理解《联合国宪章》之前的自卫权内容、宪章对自卫权的确认及其限制、在宪章下的实践以及如何变化等不同问题进行了争论。当然,"有限性解释说"在一般情况下被大部分人所接受,但是如果从其结论来看,其实二者的解释都存在问题。

**(2) 自卫权概念的演变**。《联合国宪章》之前的自卫权概念起源于 19 世纪,在其演变发展过程中主要形成了两种类型的自卫权,即"治安措施型自卫权"和

"防卫战争型自卫权"。前者是将侵害领土或侵害船旗国管辖权作为是否具有法律正当性的根据来理解自卫权的,即当本国遭到来自个人的迫在眉睫的重大侵害而又无法期待领土国或船旗国制止这一侵害时,就可以自己来制止和消除这一侵害。而后者的理解则主要是在《国际联盟盟约》制定之后随着战争非法化的进展,将禁止侵略战争及侵略行为作为一种例外,并将抵抗侵略的防卫战争或使用武力作为法律正当性的根据。

"治安措施型自卫权"的行使对象是个人而非国家,其法律正当性的理由是对领土或船旗国管辖权的侵害而非战争或使用武力,这些特性同战争相比较,即使在事实上战争被允许的战争非法化之前,也具有明显的意义。作为这方面的案例,有1837年至1842年的"卡罗林号案"和1871年的"弗吉尼厄斯号事件"。而"防卫战争型自卫权"虽然主要是考虑到战争这种严重状况而提出的,不过在1925年"希腊和保加利亚边界争端事件"这样的所谓"边界冲突事件"中也得到了适用。甚至,这两种类型的自卫权即使在战争期间也同时存在。

《联合国宪章》之前的这种"自卫权"概念,在起草宪章的过程中,即在1944年的"敦巴顿橡树园会议"和1945年的"旧金山会议"上都被继承了下来。

有关"防卫战争型自卫权",宪章第51条对于自卫权的行使,列举了"受到武力攻击"作为其要件,不过也可以理解为这是按照行使集体自卫权的考虑规定的要件,而对于单独自卫权而言其要件应该更为广泛,比如对"侵略"也可以行使自卫权。在宪章第2条第4款中,虽然规定会员国不得使用武力或与联合国宗旨不符之任何其他方法侵害任何会员国或其他国家的领土完整和政治独立,但是防止侵略恰恰就是联合国的宗旨之一,因此为了防止侵略而使用武力是符合联合国宗旨的,从根本上来说根据这一条款不可能禁止使用武力。不过,在采取有关具体行动时需要特别加以注意的是,如果提出不同于防止侵略及符合联合国宗旨的主张时,应该由联合国对此作出判断。

此外,《联合国宪章》的目标是对国家间使用武力进行管理限制,因此在宪章起草过程中几乎没有讨论直接规范个人军事行动的"治安措施型自卫权",不过需要注意的是,在美国国务院宪章草案的准备过程中,这一自卫权得到了明确的承认。

有关自卫权的这一框架结构,在《联合国宪章》下的国家实践和国际法院的判决中得到了确认。比如,关于"防卫战争型自卫权",国际法院在"尼加拉瓜案"的判决中,对宪章第 2 条第 4 款规定的禁止使用武力同宪章第 51 条规定的"武力攻击"和"还未达至武力攻击的使用武力"进行了区别,认为能够行使的宪章上所包括的单独或集体自卫权仅仅指前者,同时对于"还未达至武力攻击的使用武力",也承认了受害国有权采取"均衡性对抗措施",不过明确地否认了被害国以外国家采取的集体性对抗措施。在这里,虽然使用了"均衡性对抗措施"的概念,但是集体自卫权同单独自卫权还是应该有所区别,对行使集体自卫权有着更为严格的要件要求。这一切,都说明在《联合国宪章》起草过程中所承认的有关自卫权的框架结构得以存续。

此外,关于"治安措施型自卫权",也存在很多国家实践。近年来也可以举出若干这方面的案例,比如有 1995 年泰国军队追击游击队入侵缅甸境内,1992 年和 1995 年塞内加尔为了对建立在几内亚比绍境内据点的叛乱团体采取作战行动而入侵几内亚比绍境内,20 世纪 90 年代塔吉克斯坦内战中其政府军对从阿富汗境内活动的反政府军采取越界军事行动,以及 90 年代后土耳其以及伊朗对于在伊拉克北部建立据点的库尔德游击队采取越界军事行动,等等。关于这些案例,从理论上来说常常被认为符合"紧急状态",但是这一概念就像这一理论自身所认为的那样,实际上国家所主张的法律正当性根据并不清晰,很多情况下其实就是自卫权的问题。因此,这些行为应该被包括在自卫权中还是应该作为"紧急状态"来理解并不重要,重要的是确认了存在着将这种情况下的军事行动作为法律正当性的框架结构。

**(3) 自卫权概念的重新构成**。总之,如果从历史性演变的角度来看,自卫权可以包括有分别为"治安措施型自卫权"和"防卫战争型自卫权"两种不同作用的概念,而且二者都可以被解释为《联合国宪章》第 51 条所规定的"自然权利"。在这种情况下,"治安措施型自卫权"不言而喻,即使"防卫战争型自卫权"的实施要件也并不受限于"受到武力攻击",当然集体自卫权仍然要受此条件限制。不过,也并非不受任何限制,即实施前者的限制性条件为,由个人对本国造成了紧迫且重大侵害以及得不到领土国或船旗国制止的情况,而实施后者的限制性条件就是使用武力。因此,从这一意义上来说,对自卫权的"有限性解释说"太过于狭隘严厉,而"宽容性解释说"又太过于宽泛。

另外,如果从自卫权概念的区别上来看,作为"防卫战争型自卫权"得到承认的自卫权,只有在受到武力攻击时所实施的才被视为"宪章第51条规定的自卫权",从而被视为一种"均衡性对抗措施"。不过,在利用宪章对此进行解释时,将"宪章第51条规定的自卫权"解释为限定性条件,而将"均衡性对抗措施"则解释为宪章第2条第4款的例外。从这一观点来看,"治安措施型自卫权"也同样并不包括在"宪章第51条规定的自卫权"概念中,即使是军事行动也并没有将其视为宪章第2条第4款所禁止的使用武力范畴,对于侵犯领土也只是作为紧急状态来阻止其非法性行为。

对于自卫权的概念应该按照什么发展方向来重新建构,有必要等待未来国家实践及法院判例等实际的积累来确定。对于这个问题,国际法院在"尼加拉瓜案"的判决中认为只有在受到武力攻击时才能够行使自卫权,而且在2003年的"石油平台案"和2004年的"巴勒斯坦隔离墙咨询意见案"等判决中也延续维持了这一看法。此外,2006年"厄立特里亚-埃塞俄比亚请求权委员会"在"使用武力合法性案"判决中也采取了同样的立场。不过,在2005年刚果起诉乌干达的"关于在刚果境内的军事行动案"判决中,一般认为国际法院的立场却并不明确,而且国际法院对"治安措施型自卫权"的看法也模糊不清。

**当今世界:针对非国家行为体实施攻击的自卫权**

以2001年9月11日的所谓"连环恐怖袭击"为理由,美国等国家发动了对阿富汗的战争,其时美国等国所主张的就是在"行使单独及集体自卫的自然权利",而且因为在此之前于2001年通过的安理会1368号决议及1373号决议中都涉及了自卫权问题,所以自卫权的实施要件再一次引起了人们的关注。

对于美国等国家的这一主张,特别在日本国内出现了一些站在"有限性解释说"立场上所进行的激烈批评。这些批评认为,《联合国宪章》宪章第51条规定的"武力攻击"被限定为国家行为,虽然恐怖集团对他国的攻击确实造成了巨大损害,但是其行为并不符合宪章所规定的"武力攻击",或者为了将阿富汗塔利班对恐怖行为的支持视为"武力攻击",那么就应该适用联合国大会通过的《关于侵略定义的决议》第3条(g)规定的"实际卷入",而在此次事件中其实并不存在塔利班的"实际卷入"。

在此需要加以注意的是,尽管遭到了这样的批评,但是包括日本在内的很多国家都承认或默认了美国等国的主张。对此,似乎可以做这样的理解,即这些国家基本上都认为美国起初采取的行动至少与联合国的目标是一致的。不过,对于安理会1368号决议及1373号决议是否表明了安理会同意美国等国使用武力,仍然还存在着不同的看法。

在"9·11恐怖袭击"之后,国际法院又连续不断地遇到若干遭遇非国家行为体攻击后被攻击国家是否可以行使自卫权的问题,比如有"巴勒斯坦隔离墙咨询意见案"和"关于在刚果境内的军事行动案"。在这些案件中,国际法院的着眼点都在于判断这些由非国家行为体实施的攻击行为是否归属于国家,如果可以归属于国家那么就认为该国在使用武力,其武力攻击的合法性就会成为问题。

在"巴勒斯坦隔离墙咨询意见案"中,国际法院在"承认宪章第51条关于一国在受到他国武力攻击时所行使的自卫之自然权利"的基础之上,又认为恐怖主义对以色列的攻击并不能归属于任何国家的行为,因此否定了以色列所主张的自卫权的正当性。不过另一方面,国际法院在对于该案中以色列的自卫权主张同上述安理会1368号决议及1373号决议之间的关系,却并没有明确给予论述,而只是认为该案中对以色列的威胁来自本国领土范围之内,与安理会这些决议所认定的来自国外的威胁情况完全不同。

此外,在"关于在刚果境内的军事行动案"中,对于位于刚果境内的非国家行为体对乌干达的攻击是否应该归属于刚果,也同样成为一个问题。而且,正是因为自认为是实施自卫权而具有法律正当性,所以受到非国家行为体攻击的乌干达对刚果进行了攻击。而另一方面,对于乌干达对刚果境内的非国家行为体实施的军事行动本身是否作为自卫权而具有正当性,国际法院只是认为"没有必要回答关于针对非正规军队的大规模攻击是否拥有自卫权的问题",因此一般认为其实国际法院并没有对此作出判断。

### 17.12 集体自卫权

**(1) 定义与要件**。所谓集体自卫权,即当一国受到攻击时其他并未直接受到攻击的国家为了也能够参加共同反击而具有的法律根据。也就是说,一国受到武力攻击是行使集体自卫权的要件。除此之外,在"尼加拉瓜案"的判决中,将被攻击国公开宣告受到武力攻击并请求其他国家给予援助也作为了要件。不过,这些要件在国家实践上是否能够被接受,还存在很多不同的看法。

**(2) 演变过程**。集体自卫权这一用语最早出现在《联合国宪章》中,不过应该被称为集体自卫权先行者的国家实践在战争期间就已经出现了。有关包括单独或集体都在内的自卫权的规定,其实并没有被包含在 1944 年"敦巴顿橡树园会议"上制定的《联合国宪章草案》中,而且在该草案中目前宪章的第 53 条的表述为"根据地区性协定或地区性机构所采取的任何强制性行动,都必须得到安全保障理事会的许可"。不过,在"敦巴顿橡树园会议"后于 1945 年 2 月举行的"雅尔塔会议"上,承认了赋予安理会常任理事国的否决权,结果就会导致根据地区性协定实施的强制性行动难以真正实施的情形。对此,在 1945 年 3 月已经就有关共同防御缔结了《查普尔特佩克公约》的美洲大陆各国,为了避免基于该公约的行动自由受到限制,所以在"旧金山会议"上要求对否决权限制的例外,结果就是增加了宪章第 51 条的内容。不过,尽管有这样的过程,但是存在地区性协定并非行使集体自卫权的要件。

**(3) 法律性质**。围绕集体自卫权的法律性质,历来就存在着两种对立的观点。也就是说,一种观点将其基本上视为"他国的防卫"即"援助说",另一种观点则将其在一定意义上视为"本国的防卫"即"本国防卫说"。实际上,如果简单地看两种观点的对立,似乎并非截然不同,不过在目前的国家实践中一般都是主要以"援助说"作为根据,在大部分情况下都是通过相互援助条约来实施的,比如在

"尼加拉瓜案"判决中也将行使集体自卫权的国家同武力攻击的受害国相区别,即被认为采取的是"援助说"。

**(4) 同集体安全保障的关系**。尽管"援助说"已经得到了一般的承认,但现在仍然有人在主张"本国防卫说"。之所以会出现这种情形,除去担心在理解为"他国的防卫"情况下滥用这一权利之外,还有就是在这种情况下对是否发生武力攻击他国行为则不是由安理会而是由个别国家来作出判断,这样就会损害联合国集权化的集体安全保障体系。对于这个问题,在前述"尼加拉瓜案"判决中,就将受到武力攻击的国家要为此发表声明并请求援助作为行使集体自卫权的要件,即通过这种方法来对其增加一定的限制。

由此看来,"本国防卫说"是将集体自卫权作为同集体安全保障体系相矛盾或对立的一种权利来看待的。而"援助说"则被定位为是将集体自卫权作为对集体安全保障体系功能瘫痪时的一种补充或替代。

实际上,集体自卫权是作为集体安全保障体系发挥作用之前的一种保全性措施以及对其进行补充而构想出来的。不过,同时也有人指责集体自卫权也具有导致同盟体系复活的危险性。而且,在战争期间一些先贤们在构想集体自卫权时,是将其同单独自卫权一样作为针对侵略而行使的一项权利,但是同时也已经明确地意识到如果考虑到定义和认定侵略的难度,那么这一权利就具有引发和扩大战争的危险性,甚至有导致集体安全保障体系解体的危险性,因此同集体安全保障体系存在着内在的矛盾和对立。

不过,集体自卫权的这一内在矛盾,会随着严格规定其实施要件以及对侵略定义和认定的越来越清晰而得以克服,并同集体安全保障体系也具有了相容性。在起草《联合国宪章》的过程中,美国最初的方案在将"侵略"作为行使单独自卫权要件的同时,也将"明确存在侵略情形"的"武力攻击"作为行使集体自卫权的要件,其实也是试图使个别国家在对是否发生侵略进行认定时尽可能地客观化。

当然,尽管对武力攻击要件作了如此的定位,但是如果扩大解释,那么克服矛盾的作用就很容易丧失。此外,对集体自卫权作为集体安全保障体系的保全性措施的定位,也正如常常被指责的那样,如果安理会由于否决权的使用而不能够采取宪章第51条规定的"维护国际和平与安全的必要性措施",那么无疑就会动摇其实际的基础。

### 17.13 行使自卫权的其他要件

单独自卫权以及集体自卫权共同的要件,虽然在《联合国宪章》第51条中并没有明确规定,不过一般认为有"必要性"和"有限性"的要件,此外还有宪章第51条明确规定的向安理会报告的义务。

关于"必要性"和"有限性"要件,常常作为依据所引用的,是在"卡罗林号案"中美国国务卿韦伯斯特写给英国驻美大使的信函中的表述:"应限定在自卫的需要是刻不容缓的、压倒一切的和没有其他手段可以选择以及没有时间考虑的。自卫行动应该不包含任何不合理或过分行为。"国际法院也在"尼加拉瓜案"及"石油平台案"的判决中强调了必要性和有限性的要件。对于宪章第51条所规定的武力攻击要件与必要性和有限性要件之间的关系,国际法院在"石油平台案"及"关于在刚果境内的军事行动案"中,都明确要求在满足武力攻击要件的基础之上,在采取具体措施时要注意必要性和有限性。

此外,根据宪章第51条的规定,行使自卫权的联合国会员国要立即向安理会报告,而且这是为保证安理会进行事后判断而应尽的义务。当然,对此也存在着争论,即这一报告的义务只是一项程序性义务,在不满足这一条件的情况下是否能够直接行使自卫权。不过,国际法院在"尼加拉瓜案"判决中所提出证据之一,就是认为报告义务虽然在国际习惯法上并非行使自卫权的要件之一,但如果不满足这个条件当事国本身就不应该考虑行使自卫权。

正如宪章第51条明确规定的那样,自卫权是"在安全理事会采取必要办法,以维持国际和平及安全以前"可以采取的保全性措施,在安理会采取措施之时也必须结束。不过,对于如何判断安理会是否采取了"必要办法",在国家实践和理论上都存在着各种争论。

## 5　其他例外主张

> 要点：(1) 在联合国安理会强制行动及自卫权之外所主张的不使用武力原则的例外有哪些？(2) 这些主张是否得到了承认？

作为联合国安理会强制行动及自卫权之外所主张的不使用武力原则的例外，其代表性的事项就是保护海外国民和人道性干涉。

### 17.14　本国国民的海外保护

所谓对海外国民的保护，是指当身居海外的本国国民的生命财产由于所在国发生暴行、监禁、骚乱等而遭到侵害或担心其受到侵害时所进行的保护。为了进行这种保护而使用军事力量的事例在19世纪90年代之后就不断地可以看到，在20世纪10年代之后更是频繁出现。在两次世界大战期间，不但仍然继续有类似的事例，而且已经被视为是一项"国际法的原则"。

不过，对于在《联合国宪章》之下是否允许通过军事行动保护海外本国国民，不论在理论上还是国家实践上，都存在着争论。尽管主张保护海外本国国民的声音并不罕见，但一般都是连同其他依据一起加以主张，真正纯粹以保护本国国民为目的的事例其实并不多见。作为这方面的事例，主要有1976年以色列出动特种部队解救人质的"恩德培机场事件"和1980年美国特种部队试图解救伊朗人质的军事行动。

主张为保护海外本国国民而允许采取的军事行动是对身处其他国家领土内的本国国民所采取的救助行动，而非针对领土国本身。对于这个问题，一般认为可以将其归于前述的"治安措施型自卫权"，比如发生"恩德培机场事件"时美国将其定位为"来自自卫权的权利"，应该说是比较合适的表述和评价。作为采取如此行动的要件,一般来说应该包括① 有可能对本国国民构成紧迫且重大的危害;② 领土国并无意愿或缺乏能力保护作为外国人的本国国民;③ 所实施的行动只限定于保护本国国民的目的。

### 17.15 人道性干涉

所谓"人道性干涉"或"人道性介入"是指为防止或制止其他国家对本国国民实施大规模侵犯人权行为而使用武力。

关于人道性干涉的合法性问题,20世纪60年代之后在理论上就一直存在着激烈的争论。其实,在第一次世界大战之前的很多理论都承认人道性干涉的合法性,不过对于现代意义上的人道性干涉的权利是否已经在当时的习惯法上确立,仍然存在不同看法。在"冷战"时期,即使有一些被作为人道性干涉案例来讨论的案例,也几乎看不到当事国以人道性干涉作为法律正当性的依据来援引。仅仅将人道性干涉作为附带性主张而提出的一个案例,就是1971年印度对东巴基斯坦即现在的孟加拉国的军事干涉。

人道性干涉重新受到世界关注,与1999年北大西洋公约组织(NATO)对南斯拉夫即现在的塞尔维亚进行空袭有关。不过实际上,即使在进行空袭的北约国家中,也有的国家主张作为人道性干涉的法律正当性,比如英国和比利时,而还有些国家是以南斯拉夫违反了安理会有关决议为依据,比如美国、法国和荷兰。

关于这一案例,究竟是违反了不使用武力原则,还是根据人道性干涉这一习惯法上已经承认的权利完全合法,对此已经有各种评价。从理论上来说,很多支持的观点认为,北约的行动虽然从国际法上而言违反了法律,但是从道义上而言具有正当性。这种观点主要是强调了这一案例的例外性质,同时仍然试图维护不使用武力的原则。不过,在这里需要注意的是,这种观点不仅仅反映了合法性与正当性之间的紧张关系,而且也显示出即使主张此次行动合法性的北约各国的立场也并不一致。

实际上，虽然南斯拉夫、俄罗斯和中国等一些国家主张北约的行动违反了不使用武力的原则，但是指责北约使用武力违反了国际法的安理会决议草案以12比3的多数遭到否决。这一结果明确地说明安理会并没有将北约的此次行动视为违法。当然，这一结果也并不意味着安理会认为北约的此次行动是合法的。此外，安理会正是在考虑到此次使用武力所造成的复杂局势所以才在1999年建立了"联合国科索沃临时行政当局特派团"（UNMIK），当然此举也并非认为北约此次使用武力为合法，而只是意味着回避了对此的法律评价。对于这一事件，南斯拉夫也曾向国际法院提起诉讼要追究北约各国使用武力的违法性，但国际法院在2004年12月否定了对全部诉讼的管辖权，仍然没有对该案中北约使用武力的合法性问题作出判断。

由此看来，安理会对人道性干涉不予明示承认的这一法律定位，直到目前也仍然并不明确。对于这个问题，还需要通过一些实践从中归纳出人道性干涉法律正当性的标准并注视今后的发展变化。对于这些标准，其实已经有人在提出各种具体内容，比如至少是存在严重的大规模侵犯人权的现象、必须使用武力及其有限性等，以及必须由安理会事前认定某一状况构成了对国际和平与安全的威胁。

**参考文献**

香西茂『国連の平和維持活動』(三省堂,1991年)

田岡良一『国際法上の自衛権〔補訂版〕』(勁草書房,1981年)

筒井若水『自衛権』(有斐閣,1983年)

松井芳郎『湾岸戦争と国際連合』(日本評論社,1993年)

村瀬信也編『国連安保理の機能変化』(東信堂,2009年)

森肇志『自衛権の基層』(東京大学出版会,2009年)

浅田正彦「日本と自衛権」国際法学会編『日本と国際法の100年第10巻　安全保障』(三省堂,2001年)

川上隆久「国連平和維持活動再考」日本国際連合学会編『人道的介入と国連』(国際書院,2001年)

酒井啓亘「国連平和維持活動(PKO)の新たな展開と日本」国際法外交雑誌105巻2号(2006年)

東北大学国際判例研究会「コンゴ領域における軍事活動事件(コンゴ民主共和国対ウガンダ)国際司法裁判所本案判決」法学 70 巻 6 号(2007 年)

根本和幸「エリトリア・エチオピア武力行使の合法性に関する事件」上智法学論集 51 巻 2 号(2007 年)

濱本正太郎「パレスティナの『壁』事件」神戸法学年報 20 号(2004 年)

松井芳郎「NATOによるユーゴ空爆と国際法」国際問題 493 号(2001 年)

森肇志「国際法における集団的自衛権の位置」ジュリスト 1343 号(2007 年)

森川幸一「国際連合の強制措置と法の支配(一)(二・完)」国際法外交雑誌 93 巻 2 号(1994 年),94 巻 4 号(1995 年)

森川幸一「武力行使とは何か」法学セミナー 661 号(2010 年)

森田章夫「国際テロと武力行使」国際問題 516 号(2003 年)

柳原正治「戦争の違法化と日本」国際法学会編『日本と国際法の100 年第 10 巻　安全保障』(三省堂,2001 年)

Brownlie, Ian, *International Law and the Use of Force by States* (Oxford University Press, 1963)

Bowett, D. W., *Self-Defence in International Law* (Manchester University Press, 1958)

Gray, Christine, *International Law and the Use of Force* (3rd ed.) (Oxford University Press, 2008)

Franck, Thomas M., *Recourse to Force* (Cambridge University Press, 2002)

Findlay, Trevor, *The Use of Force in UN Peace Operations* (Oxford University Press, 2003)

Byers, Michael, "Agreeing to Disagree", *Global Governance*, vol. 10 (2004)

Strmoseth, Jane, "Rethinking Humanitarian Intervention", Holzgrefe, J. L. and Keohane, Robert O. eds., *Humanitarian Intervention* (Cambridge University Press, 2003)

# 第18章　武装冲突法与军备管理及裁军

## 1　武装冲突法与军备管理及裁军的意义

所谓武装冲突法,从内容上来说,是与传统国际法中的战争法相对应的。在传统国际法上,采取二元体制,相对于平时法(Law of Peace),战时法或战争法(Law of War: *jus in bello*)体系也得到显著发展。这一发展的重要成果,即在1899年和1907年两次海牙国际和平会议上通过的各项条约所构成的法典化。正因如此,所以有关作战手段或中立法等直接规范战斗行为的法规也被称为"海牙法"(the law of The Hague)。因此,广义上的战争法由规范交战国之间敌对行为的交战法规和处理交战国与武力冲突非当事国之间关系的中立法所构成。

目前,随着战争被视为非法,这些法规都已经被称为"武装冲突法"(law of armed conflicts)或"国际人道法"(International Humanitarian Law)。作为战后有关这些法规的特别重要的成果,有1949年签订的四项《日内瓦公约》及1977年签订的两项《附加议定书》所构成的法典化。由于这些公约是以位于日内瓦的"红十字国际委员会"为中心签订的,所以有关保护战俘和平民等战争牺牲者的法规也被称为"日内瓦法"(the law of Geneva)。不过,从内容来看,其实两项《附加议定书》包括了"海牙法"和"日内瓦法"二者的内容。

在此,我们主要就与交战法规相对应的武装冲突法进行说明,同时也会涉及一些有关处理交战国与武力冲突非当事国之间关系的法律问题。

而与此相对,在武装冲突发生之前的所谓"平时"对武装冲突中使用的战争手段进行法律性的管理与限制,则是军备管理与裁军。从这个意义上而言,有关武装冲突的法律规则与有关战争手段的法律规则有着特别密切的关系,因此在本章的论述中也会一并涉及。

## 2 交战法规

> **要点:**(1) 在武装冲突法中,特别是在各项交战法规中是如何谋求军事性考虑与人道性考虑的? (2) 各项交战法规是为了保护基于相互主义的武装冲突当事国的法律权益还是为了保护国际社会整体的法律权益? (3) 交战法规中,诉诸使用武力本身的法律规则($jus\ ad\ bellum$)与武装冲突法规则($jus\ in\ bello$)是一种什么样的关系?

交战法规的法律基础是"军事性考虑"与"人道性考虑"。在双方交战的时候,一方面,为了击败对方都会进行各种战斗;另一方面,对这些交战活动也存在着各种法律限制。也就是说,一般认为历来存在着"军事必要性"(military necessity)和"人道性考虑"之间的对立,不过严格来说,"军事必要性"有时是指上述战争中的各种战斗,而有时是指作为"军事性考虑"的交战法规的法律基础。这些作为法律基础的所谓"军事性考虑"与"人道性考虑",具体而言,包括下面的一些内容。首先,所谓"军事性考虑",要求将那些为了在尽可能短的时间内获得胜利所必需的资源集中在一些有效的手段之上,即战斗资源的有效利用,或可称为"集中资源原则",以将对方的抵抗降低至最低为目的。其次,所谓"人道性考虑",是基于人类本来的情感,要求避免那些不必要的伤害与破坏。这二者结合在一起,就构成了交战法规的法律基础。

此外,传统交战法规的基础,在于根据相互主义的原则保护和调整武装冲突当事国的法律权益,然而在目前,就像处罚严重违反《日内瓦公约》行为所看到的那样,超越武装冲突当事国法律权益而保护国际社会整体法律权益也正在成为一个重要的课题。在这个问题上,国际法院 2004 年"巴勒斯坦隔离墙咨询意见案"中的意见值得关注,即该咨询意见认为大部分的"国际人道法"具有普遍性义务的性质,因此对于以色列违反义务的行为,所有国家都有不承认这一违法状态的义务。

### 18.1 适用对象

关于交战法规,首要的问题是有关适用对象的问题。

**(1) 时间的适用范围**。根据《日内瓦公约》总则第 2 条第 1 段及其《第一附加议定书》第 1 条第 3 款和第 4 款以及第 3 条(a)的规定,目前的国际武装冲突法将存在武装冲突作为"开始"适用法规的要件。这样做的主要目的在于适用武装冲突法,而不论技术意义上的战争状态是否成立。不过,对于在什么情况下可以说存在武装冲突,目前还有各种争论。至于国际武装冲突法适用的"结束"时间,根据《第一附加议定书》第 3 条(b)的规定,应该是在争端当事国领土范围内的军事行动全部结束之时,或者在占领地区内占领的结束之时。

**(2) 主体的适用范围**。适用武装冲突法的主体,原则上应该是承认该法规的武装冲突当事国。不过,目前的武装冲突法,对于适用这一法规的交战当事者来说,已经不同于适用传统意义上的战争法。

作为扩大适用范围的一个重要例子,根据《日内瓦公约》总则第 2 条第 3 段及其《第一附加议定书》第 96 条第 2 款的规定,有"排除总加入条款"。所谓"总加入条款",即规定只有在同一场战争中的所有交战国都为缔约国的情况下才能够适用该公约的条款。之所以要排除这一条款,就是因为随着交战国的增多,"总加入条款"会减少适用公约的机会,阻碍实现公约的目的。当然,已经作为国际习惯法确立的法规,即使存在"总加入条款",也不能被排除适用,比如"纽伦堡审判"和 20 世纪 50 年代初日本的"水交社案"。

而与此相反,非国际性武装冲突中的所谓"反叛者"则不被视为主体,即"法律主体性的否定"。

关于与联合国有关的交战当事者,仍存在很多不明确的地方,不过暂且可以认为是按照如下的方式来考虑处理的。对于那些与联合国缺乏密切联系而国家性很强的战争行动,比如基于《联合国宪章》第 7 章安理会的授权(authorize)在国家作战指挥控制下作为战斗人员所进行的交战行动,一直以来都适用交战法规。而对于那些因为联合国具有作战指挥控制权所以国家色彩淡薄的行动,则会成为维持和平行动的问题。其中,对于那些没有授权使用武力的传统行动,可以发现联合国一般会坚持以下原则立场,即在这种情况下从根本上来说不会作为战斗人员进行活动,而成为同平民一样受到保护的对象,或者说不适用适用于敌对行为的交战法规。对此,还可以参阅 1994 年通过的《联合国人员和有关人员安全公约》,以及 1999 年联合国秘书长发布的《联合国维持和平部队应遵守国际人道法》公告第 1 条也规定了该公约的优先性。此外,在这一基础之上,根据不同情况,比如采取自卫行动时,也会在事实上遵守"国际人道法的基本原则及规则"。

**(3) 事项的适用范围**。或者也可以称为争端性质与类型的适用范围。目前的武装冲突法,被全面适用于对武装冲突进行分类,即不但适用于"国际性武装冲突",而且也在一定范围内适用于过去被称为"内战"因此只能成为国内法适用对象的"非国际性武装冲突"。不过,暴动、孤立或零星发生的暴力行为等国内性骚乱及其紧急状态则一般不能被作为武装冲突而适用武装冲突法。

其中,不同于国家之间的战争,在"非国际性武装冲突"中存在着相互对立的两种要求,如何协调这两种要求之间的关系也是一个非常困难的问题。也就是说,一方面存在着中央政府希望维持国内法秩序的要求,另一方面客观上又要求确保对战争受害者的人道性对待。具体而言,如果能够满足"非国际性武装冲突"的基本要件,那么就适用《日内瓦公约》总则第 3 条的规定,即有义务给予战争受害者最低限度的人道性保护,或者就像"尼加拉瓜案"判决中所显示的那样,也可以称为遵守"人道法上最基本的一般性原则"。甚至,如果能够进一步满足"存在指挥系统""反叛者的组织性"和"军事行动长时间的持续性及事实上的领土性支配"等更为严格的要件,那么就可以适用《第二附加议定书》的第 1 条第 1 款的规定,即有义务对战争之外的所有人给予保护。

不过，无论如何，上述的各种规则一直以来都只是对缔约国政府附加了义务，而对作为冲突当事者的反叛者的法律地位则没有影响。其结果就会导致反叛者与中央政府其实并没有处于对等的法律地位上，政府就有可能基于国内法对反叛者进行处罚。这种情况如果从管束限制反叛者行为的观点来看，是非常不充分的，而只不过是重视缔约国可能实现承诺的一个结果。不过，"前南斯拉夫国际刑事法庭"或"国际刑事法院"等一些国际性刑事法院的适用对象中也包括反叛者，至少在其适用范围内，反叛者也必须服从法律的管束和限制。不过，如果对上述实体法上的法律管束限制也及于反叛者进行法律解释，也关系到反叛者的法律地位问题，因此未来有必要对此进行进一步的理论性解释。

**(4) 对侵略者的适用问题**。或也可称为"差别适用论"。目前的国际社会，已经将使用武力违法化与交战法规进行分离，基本上采取的是违反前者并不影响适用后者的所谓"平等适用"的立场。也就是说，即使冲突一方首先违反武装冲突法挑起冲突，交战法规也可以通过构成其基础的战争行为的合理性和人道性要求平等地适用于双方当事国。

而与此相对，由于违反禁止使用武力原则，至少有一方争端当事国会被视为非法使用了武力，因此就会出现不承认这些交战国在交战法规上权利的"差别适用论"。不过，在目前国际社会的现实状况之下，甚至有可能出现更为严重的情况。比如，有可能会出现否认侵略国战斗人员的被俘者资格并进行处罚，以及剥夺对侵略国非武装人员进行保护的权利等问题，而该侵略国也有可能不会轻易投降，甚至有可能对对方国家的战斗人员和非武装人员采取同样的方式进行处罚。因此，在现实的国际社会，"差别适用论"很难从"军事性考虑"与"人道性考虑"两个方面来适用。

**当今世界：21 世纪的战争与武装冲突法**

即使在最近的战争中，也屡屡出现违反武装冲突法以及合法性的问题。比如，在 2001 年美国"9·11 系列恐怖袭击"后发生的"阿富汗战争"中，美国不承认塔利班政权及基地组织成员的被俘者资格以及这些人在"美军关塔那摩基地监狱"的待遇问题。甚至，还有在 2003 年的伊拉克战争中美军是否遵守了军事目标主义的问题,以及"阿布格莱布监狱"虐囚事件,还有伊拉克以平民作"人肉盾牌",公开美军战俘的影像,甚至伪装成平民举着白旗诈降而进行攻击等背信弃义的问题。

### 18.2 敌对行为的限制规则

**(1) 交战者即战斗人员资格。**在对敌对行为进行法律管束限制时,首先必须决定"交战者资格",不过这里所要论述的交战主要是指陆战。即使从历史上来看,这个问题也常常是武装冲突法走向法典化过程中最重要的问题。也就是说,所谓交战者必须具备以下的一些特征,或作为交战者会产生以下的一些法律效果:① 具有合法持有武器从事战斗资格的人员,即所谓主动性交战资格者;② 从交战对手角度来看,交战对手属于正当的攻击对象,即所谓被动性交战资格者或由人构成的军事目标;③ 如果战败被敌国抓捕则会成为战俘,即所谓战俘资格。或者,也可以反过来看那些没有交战者资格的非武装人员:① 不能直接参加敌对行动;② 享受作为不受攻击的非武装人员的保护;③ 如果直接参加了敌对行动,那么将丧失被保护资格,并且将成为敌对国家攻击或处罚的对象。尤其是,当交战者不能满足战斗人员的资格或非武装人员直接参加敌对行动时,交战国是否可以以"非法战斗人员"(unprivileged belligerents, unlawful combatants)的另一方式来应对,以及需要具备哪些具体要件和会发生哪些法律效果等,这些问题不论从解释论或立法论的角度最近都在不断地被议论。

在规定交战者资格的具体法典化过程中,存在着下表中所示的两个系谱。因此,在各自不同的条约缔约国与非缔约国之间,就会出现一般依据哪一个法律的问题。甚至,特别是《第一附加议定书》的规定也会引起一些问题,即是否能够充分地达到游击部队一方的军事性要求与针对游击部队一方的军事性要求之间的平衡,以及游击部队与平民之间缺乏明确的区别反而会导致平民本该受到保护却面临更大的危险。日本对《第一附加议定书》第44条作出限制性解释的声明就是基于这种考虑而发表的。

**交战者资格表**

| 法律依据 | 主体的类别 | | 民兵即战时政府征召国民并加以组织的团体。志愿部队即自愿参战的国民组织起来的团体。有组织抵抗运动团体成员即为抵抗占领军由被占领地居民组织起来的武装团体,为抵抗组织或游击队。 | 民兵集团即抵抗入侵军队的团体。 |
|---|---|---|---|---|
| 《海牙陆战法规和惯例公约》第1~3条 《日内瓦第三公约》第4条A | | 武装部队人员和构成此种武装部队一部分之民兵与志愿部队人员 | | |
| | 每个类别的要件 | 无条件 | ① 由对部下承担责任的1人进行指挥;② 具有从远处可识别的固定特殊标志;③ 公开携带武器;④ 按照战争法规及惯例采取行动(关于被占领土上的民兵、志愿部队及有组织抵抗运动团体成员,根据《日内瓦公约》获得战俘资格)。 | 未被占领地区的居民在面临敌人接近时,一时难以形成军队或者能够满足前述四项条件的有组织抵抗运动,也可公开携带武器并按照战争法规及惯例采取行动。 |

↕

| 法律依据 | | | 内容 |
|---|---|---|---|
| 《第一附加议定书》第43条第1款、第2款及第44条第3款 | | 主体 | 所有处于对其部下行动承担责任的争端当事者司令部之下被组织和武装起来的所有兵力、集团及部队的成员。 |
| | | 要件 | 在为了攻击或准备攻击而采取军事行动期间,负有将自己与作为平民的居民相区别的义务,在采取敌对行为时无法区别自己与平民的武装战斗人员,在(a)交战期间或(b)自己参加攻击前的军事行动展开过程中被敌方人员所见期间,要公开携带武器。 |

**(2) 攻敌手段**。武装冲突是交战国集结其所有力量所进行的战斗,不过在战斗过程中所选定的包括作战手段或方法在内的攻敌手段却并非不受限制,而是要受到条约以及习惯、人道法则或公共良心要求所产生的国际法原则拘束,比如这些规范性规则有《陆战法规和惯例公约》序言的所谓"马顿斯条款"及公约第22条和《日内瓦公约第一附加议定书》的第35条第1款。

国际法院也在"威胁使用或使用核武器的合法性咨询意见案"中涉及了一些

受到重视的原则：第一，以保护作为平民的居民及其民用物品为目的，对战斗人员与非战斗人员进行区别的原则；第二，减少战斗人员不必要痛苦原则。

此外，目前进一步受到关注的还有环境问题，《日内瓦公约第一附加议定书》第35条第3款及第55条的规定："禁止使用旨在或可能对自然环境引起广泛、长期而严重损害的作战方法或手段。"在这里，可以看到超越争端当事国法律权益的内容，同时也有应对武装冲突法功能变化的思考方法，比如在"威胁使用或使用核武器的合法性咨询意见案"中就可以看到将保护自然环境作为一般性义务的具体化。

下面，将攻敌手段的具体规则进一步区分为作战手段和作战方法来进行说明。

（a）作战手段。作为有关被禁止战斗手段的一般性重要原则，主要有将上述一般原则具体化为作战手段的规则：① 根据《日内瓦公约第一附加议定书》第51条第4款(b)(c)的规定，禁止使用不能以特定军事目标为对象的作战方法或手段，即禁止无差别使用武器；② 根据《陆战法规和惯例公约》第23条和《日内瓦公约第一附加议定书》第35条第2款的规定，禁止使用属于引起过分伤害和不必要痛苦性质的武器、投射物和物质及作战方法。因此，如果基于"军事性考虑"与"人道性考虑"来进行解释，比较有说服力的解释就应该是，这里的"不必要痛苦"与该种武器所带来的效果进行比较，其给予的伤害乃至痛苦的程度远远超过了实际需要，即突破了有限性乃至比例性的原则。

不过，上述的一般原则，还存在着一些不明确的地方，因此有时也常常采取一些特别措施进一步对被禁止武器的种类和性质作出规定。在这里，分别就大规模毁灭性武器与常规武器的禁止使用状况进行探讨。

对作为典型大规模毁灭性武器的核武器、生物武器、化学武器进行禁止的情况，有以下的历史发展过程。

关于核武器，对其使用的合法性存在众多议论。由于核武器具有巨大的军事性效果，所以除了一些"无核地区条约"及其附件的规定之外，并没有通过普遍性形式明文规定的禁止规则，在国家主张乃至理论上也存在着众多分歧，不过同时也存在着以下一些重要判例。

在"威胁使用或使用核武器的合法性咨询意见案"中,国际法院对于主要与禁止作战手段有关的部分提出了如下的咨询意见:① 不存在特别允许使用或威胁使用核武器和全面普遍禁止使用核武器的国际习惯法和条约;② 使用或威胁使用核武器是有可能适用于武装冲突的国际法要件,特别是会成为适用国际人道法各项原则或规则的要件,以及必须要符合明示性涉及核武器的条约或其他承诺下所特定的义务;③ 使用或威胁使用核武器违反了有可能适用于武装冲突的国际法各项规则,特别是违反了普遍性的人道法各项原则或规则;④ 在国家面临生死存亡自卫处于极端困难的情况下,使用或威胁使用核武器是否合法,国际法院并没有给出最终结论。这里的问题在于,有关③的法律推论并不充分,④也同样在回避判断的同时并没有就有关武装冲突法规作出判断,以及也没有对引入诉诸"自卫"这一使用武力的法律制约要素进行令人信服的理由说明。

而围绕原子弹爆炸判决的"下田案",即作为原子弹爆炸受害者的下田及其他4人以日本国家为对象要求国家赔偿的案件。由于原告的请求本身最终被驳回,因此严格地说并非判决理由或内容,不过在这一过程中对向广岛、长崎投放原子弹这些具体事件的合法性问题展开了详细的讨论。最终的判决虽然并没有明文规定禁止核武器,却认为可以按照既存的国际法规进行解释或类推适用,以及根据实在国际法规基础之上的国际法各原则来进行判断。在此基础之上,就可以判断对广岛、长崎投放原子弹为违法,其理由为:① 从原子弹的巨大破坏力来看,对无防守城市的无差别轰炸是违法的;② 违反了禁止使用给予"不必要痛苦"的非人道攻敌手段的规则。对此,特别是附加了第②项理由的缘故,这两项理由开始被重视了起来。

对于化学武器,特别是深刻意识到使用化学武器问题的严重性,是在第一次世界大战中的事情。鉴于战争中使用这一武器的教训,在1925年通过《禁止在战争中使用窒息性、毒性或其他气体和细菌作战方法的议定书》,窒息性、毒性气体以及类似物的使用被禁止,但是在"武装冲突法"中,带有这类性质的武器作为战时的一种复仇手段仍然没有被禁止使用,尤其是一些大国在这个问题上作了保留。直到1993年,国际社会签订了《关于禁止发展、生产、储存和使用化学武器及销毁此种武器的公约》即《化学武器公约》(CWC),根据其第1条第1款(b)的规定,将全面禁止使用化学武器,当然也包括战时的复仇行为在内。不过,是否能够实际有效地做到最终的完全销毁,仍然是今后的一个课题。

关于生物武器,上述1925年通过的有关禁止使用毒气作战的议定书中,也包括了对使用细菌手段的禁止,不过其后则没有任何进展。

作为有关禁止使用常规武器的条约,主要有:1868年的《圣彼得堡宣言》,规定放弃使用任何轻于400克的爆炸性弹丸或有爆炸性和易燃物质的弹丸;1899年的《禁用人身变形枪弹的声明》即所谓《禁用达姆弹声明》,规定禁止使用进入人体后易于膨胀或变扁的弹头;1907年的《关于敷设自动触发水雷公约》;1977年的《禁止为军事或任何其他敌对目的使用环境改变技术公约》;1980年的《禁止或限制使用特定常规武器公约》及其第一至第五议定书;1997年的《渥太华禁雷公约》;2008年的《国际禁用集束炸弹公约》;等等。

(b)作战方法。作为作战方法的规则,在这里将对作战对象和禁止背信弃义进行说明。日本的《自卫队法》第88条第2款也规定,在使用武力时应该遵守"国际法规及惯例",即特别强调直接依据国际法规则的重要性。

对于作战对象,根据交战法规,只能够限定于一定的攻击目标,即适用"目标区别原则"。在选定攻击目标时,过去一般都使用防守城市和军事目标两个标准来确定。不过,在近代战争中,有一种主张认为,由于一方的战略轰炸等军事行为会对平民及其财产带来众多损害,虽然这一损害只是附带性的损害,但另一方就可以以全面战争为由扩大其军事目标。因此,为了强化对平民及其财产的保护,《日内瓦公约第一附加议定书》并没有规定防守城市的标准,而只是规定和强调了所谓"军事目标主义"。在目前,大部分观点都已经将这一标准理解为一般性法律规则。

所谓"军事目标主义",根据《日内瓦公约第一附加议定书》第48条关于禁止无差别攻击的规定,以及第51条第4款和第5款的规定,即仅限定攻击军事目标的原则。因为对非军事目标的攻击不但所获得的军事上的价值极低,而且会违反人道主义的原则。

军事目标又可以分为"人的军事目标"和"物的军事目标",前者是指敌对行为的直接参加者,即如前所述主要由作战人员组成。后者则根据《日内瓦公约第一附加议定书》第52条第2款的规定,被定义为:"就物体而言,军事目标只限于由于其性质、位置、目的或用途对军事行动有实际贡献,而且在当时情况下其全部或部分毁坏、缴获或失去效用可提供明确的军事利益的物体。"

根据《陆战法规和惯例公约》第23条第2款及《日内瓦公约第一附加议定书》第37条第1款的规定,禁止诉诸背信弃义行为以杀死、伤害或俘获敌人。所谓背信弃义行为,是指通过故意背弃交战双方都遵守法规所形成的信任,伪装为受武装冲突法所保护者的地位。武装冲突法本来是以相互的信任为基础,并以保护战斗人员为目的。作为背信弃义的表现,根据《陆战法规和惯例公约》第23条第6款及《日内瓦公约第一附加议定书》第37条第1款和第38条、第39条的规定:① 伪装进行停战谈判或投降;② 伪装由于伤病而丧失作战能力;③ 伪装平民或非战斗人员的地位;④ 使用联合国或中立国或非争端当事国的标志或制服,或者使用红十字会及其他特殊标志或保护标志,伪装成被保护的地位。

而根据《陆战法规和惯例公约》第24条及《日内瓦公约第一附加议定书》第37条第2款的规定,使用战争诈术被认为是合法的。所谓战争诈术,是指那些"旨在迷惑敌人或诱使敌人作出轻率行动"的战时谋略行为,比如通过使用伪装、假目标、假行动和假情报取得战争胜利。这些行为并不会损害武装冲突法的任何规则,也不会误导敌方相信自己为武装冲突法所确定的保护对象。

不过,在很多情况下,对违法的背信弃义行为与合法的战争诈术二者之间进行区分是非常困难的。

## 18.3 对战争受害者的保护

下面,将对战争受害者的保护分为战斗人员和平民两部分来说明。

**(1) 战斗人员**。根据《日内瓦公约第一附加议定书》第41条第1款和第2

款的规定,失去战斗力的敌人也应该成为保护的对象,即失去战斗力的人不应成为攻击的对象。其中,首先是具有战斗人员资格者也同样有作为战俘的资格,即如果处于敌方权力之下即可成为战俘(POW：prisoners of war)。甚至,根据《日内瓦第三公约》第 4 条 A(4)(5),附属于武装部队的非战斗人员有时在一定条件下也具有战俘的资格。作为获得战俘资格有效性的"战俘待遇"基本原则,不能够以其曾参加敌对行动为由进行处罚,而且必须对其给予人道性的对待,即《日内瓦第三公约》第 13 条所说的"人道之待遇"。在日本,则以《应对武力攻击事态法》来应对。

根据《日内瓦第一公约》第 12 条和《日内瓦第二公约》第 12 条的规定,对于武装部队中的伤病员,冲突各方对于在其权力下之此等人员应该予以人道待遇与照顾,不得对其生命进行任何危害或对其人身实施暴行,尤其不得谋杀和消灭、施以酷刑或供生物学实验。同时还规定,在海战的情况之下,除了伤病员,遇难船只上的人员也属于保护对象。

根据《日内瓦公约第一附加议定书》第 8 条第 1 款、第 10 条和第 11 条的规定,必须对那些具有创伤、疾病等需要医疗救助或照顾的军人或平民进行救助或照顾,而不得对其采取任何敌对行为,即应在最大实际可能范围内对这些人给予保护和照顾。

**(2) 平民**。根据《日内瓦公约第一附加议定书》第 50 条第 1 款的规定,所谓平民即不具有交战者资格的非战斗人员。作为平民,应该享受下列的一些保护。

首先,根据该议定书第 51 条第 1 款的规定,平民应享受免受军事行动所产生危险的"一般保护"。而且,根据该议定书第 48 条和第 51 条第 2 款的规定,在战斗或其他作战行动中,交战国负有区分战斗人员与平民的"区别义务",并应该对平民进行保护与尊重,不能将其作为直接或有意攻击的对象。

其次,作为关于战时保护平民的《日内瓦第四公约》保护对象的平民,还享有一些特别的保护。不过,构成这一保护对象的平民所需的要件,除了其第二部之"居民之一般保护以防战争之若干影响"外,根据其第 4 条对其范围进行了限定,即位于交战国内及占领地的敌国国民或第三国国民不能享有本国外交上的保护。根据该公约第 27 条的规定,作为被保护人的平民之人身、荣誉、家庭权利、宗教信仰与仪式、风俗与习惯,在一切情形下均应予以尊重,无论何时均应该受到人道待遇,并应受到保护,特别使其免受一切暴行或暴行的威胁及侮辱,尤其妇女应受到特别的保护。

此外,根据《日内瓦公约第一附加议定书》第 72 条至第 78 条的规定,进一步强化这些保护措施,甚至将保护对象的要件扩大至难民与无国籍者。

## 18.4 确保武装冲突法的履行

确保武装冲突法能够得到履行的手段,是一项极其重要的制度,因为其主要作用就在于要防止乃至制止在充满对敌仇恨的非常状况中具有高度危险性的侵犯行为。此外,国家的国际责任制度虽然在实际适用时须考虑到战斗胜败在事实上的巨大影响,但也很重要。对于这个问题,可以参考《陆战法规和惯例公约》第 3 条和《日内瓦公约第一附加议定书》第 91 条以及日本在第二次世界大战后的赔偿实践。不过,在理论上国家责任的一般原则和规则已经得到适用,因此下面就国家责任之外的情形加以说明。

**战时报复**。所谓"战时报复"即为了迫使敌方停止违反交战法规行为并使其遵守该法规而自己也诉诸违反交战法规的行为以阻止敌方的违法性。不过,要注意禁止使用武力原则规范的对象与使用武力所进行的报复有所不同。构成"战时报复"的要件,必须是在没有其他手段的情况下以及采取的手段要同对方先有的违法行为相对均衡,即"必要性"和"有限性"。"战时报复"虽然是确保履行武装冲突法的主要手段,但因为是在交战状态下实施,所以容易被滥用,而且还有可能招致主张先有行为合法性的对方的反报复。甚至,还有观点认为有可能对《日内瓦公约》及其附加议定书规定所保护的并无违法责任的战俘或平民等对象进行报复。当然,也有一些观点认为,这些规定有可能超越了作为遵守交战法规传统基础的相互主义原则而扩大保护对象,因此就会导致更多的国家会将对方交战国家的遵守作为其保留的条件。

**处罚战争罪犯**。对战争罪犯进行处罚,也具有确保履行武装冲突法的作用。在这方面,我们可以看到已经有了明显的发展,即基于国内法"战争犯罪"的传统性对战争罪犯进行处罚之外,作为国际法上对战争罪犯的处罚,国内法院对于严重违反《日内瓦公约》的行为也进行处罚,如日本刑法第4条之2规定以"关于处罚严重违反国际人道法行为的法律"进行处理,同时也有通过国际刑事法院对战争罪犯进行的处罚。

**利益保护国**。所谓利益保护国,是指负责保护交战国利益的中立国家。《日内瓦公约》赋予了这些国家适用和监督该公约的任务,尤其是《日内瓦公约第一附加议定书》确立了有关指定、接受利益保护国的详细程序。在不存在利益保护国的情况下,冲突当事国必须接受"红十字国际委员会"及其他团体作为代理采取行动所提出的建议。

《日内瓦公约第一附加议定书》所规定的"国际实况调查委员会"以调查严重或明显违反公约及其议定书的实况以及进行斡旋为主要任务,共由15名委员组成。该委员会所进行的实况调查以及斡旋,仅限于发表承认该委员会权限声明的当事国之间。日本也为发表该项声明的国家之一。

## 3 非武装冲突当事国的法律地位

> 要点:在与非武装冲突当事国法律地位的关系中,对诉诸使用武力本身的法律规则(*jus ad bellum*)与武装冲突法规则(*jus in bello*)是一种什么样的关系?

### 18.5 传统国际法中的中立法内容

在传统国际法中,当发生国际法上的战争状态时,没有参与该战争的国家对交战国而言所具有的地位即"中立",具有如此地位的国家即被称为"中立国"。

中立法是用来调整交战国与中立国之间相互对立利益的一项制度,即交战国试图顺利达致战争目标的利益与中立国为避免交战国战争带来各种利益损害的利益之间的对立,比如确保中立国国民的通商自由或中立国的领土完整等。在此意义上规范中立地位的中立法,随着"正义战争论"的衰退及19世纪一些强国通过采取中立谋求利益现象的出现,在19世纪末到20世纪初其法典化以中立利益备受尊崇的方式得以实现。比如,有1907年的《中立国和人民在陆战中的权利和义务公约》和《关于中立国在海战中权利和义务公约》以及1909年的《伦敦海战法规宣言》。不过,也有人提出疑问,这些公约是否是对过去的"国际习惯法"的法典化。在目前,即使使用武力已属违法以及处于集体安全保障体系之下,是否能够继续维持这一中立概念也是一个重要的问题。

如果按照上述的法典化公约,在选择中立的情况下,中立国与交战国之间的关系即受中立法的约束,即中立国不同于平时,对交战国而言负有以下的中立义务。这一中立义务,由默认、回避和防止三种义务构成,其中回避和防止合起来也常常被称为"公平义务"。所谓"默认义务",是指中立国及其国民即使由于交战国实施的战争法所承认的行为而受到损害也必须默认。所谓"回避义务",是指中立国不能为交战国提供任何军事上的便利,当然这只是意味着不能以国家的名义为交战国提供援助,如果中立国的国民以个人名义进行军需品的生产并出口至交战国的行为并不受限制,中立国的国民作为志愿军参加交战国一方军队作战的行为,在原则上也不违反该项义务。所谓"防止义务",是指中立国必须要防止本国领土被交战国进行军事性利用,不过这一防止义务的程度,在其港湾或领海范围内要弱于其陆地领土。

## 18.6 禁止使用武力和集体安全保障体系下非武装冲突当事国的地位

关于在武装冲突中非武装冲突当事国的法律地位,由于目前存在着集体安全保障体系以及使用武力为非法,因此其法律定位并不是特别明确。具体而言,《联合国宪章》第7章就集体安全保障体系作了规定,如果安理会决定"采取强制措施",尤其是采取按照宪章第41条规定的非军事性措施,根据宪章第25条和第2条第5款的规定,这些措施具有法律拘束力,而且会员国负有给予合作的义务。因此,如果安理会采取了这一强制措施,会员国就会对某一方交战国实施差别对待,上述的中立义务就难以保持,所以从根本上来说,这一意义上的中立制度是否能够在法律上维持本身就不是很明确。不过,在"威胁使用或使用核武器的合法性咨询意见案"中,还是作为一般性论述,以服从《联合国宪章》有关条款为条件,涉及了适用这一制度的可能性。

然而,安理会即使认定某项使用武力行为为非法,也并非在所有情况下都会采取强制措施,因为如何考虑这一情况下的管理与规范是一个极其重要的理论和实践问题。在会员国与联合国的关系上,只要没有对本国采取义务性的强制措施,会员国至少在事实上就可以选择类似于中立的立场,也就可以被视为并未违反上述的合作义务。而武装冲突当事国与非当事国之间的关系则更为复杂。对此,有一种主流性的观点认为,除了按照联合国安理会或大会等《联合国宪章》程序认定一方交战国使用武力为非法的情况,如果武装冲突非当事国判断某一方交战国的使用武力明显违法,那么即使从存在中立制度的立场出发也可以不再承担作为中立国的公平义务。不过,更为根本性的问题,即发生武装冲突时处于局外的非当事国从根本上来说具有什么样的法律地位,以及在与交战国的关系上应该援引什么样的法律规则等一些重要的问题,仍然没有得到解决。另外一个在理论上需要加以关注的问题是,日本的《关于武力攻击事态时对外国军用品等海上运输实施管制的法律》虽然是一部可以在日本领海或周边公海上对外国军用品海上运输进行管理限制的法律,但是其国际法上的依据并非中立法而是自卫权。

甚至,同一般国际法上的中立制度一样,通过条约等方式被附加了中立义务的"永久中立国"的义务与其对联合国的合作义务也存在着相互抵触的问题。在《联合国宪章》体制中,其第103条明文规定会员国在宪章上的义务与其他国际协定所负义务比较具有优先地位,因此一个重要的问题就是是否会存在具体义务之间的抵触。实际上,在难以采取军事性强制措施的眼下,有一种倾向性的解释,即只要遵守非军事性强制措施,就不会与对联合国的合作义务相抵触。目前,已经有很多作为中立国加入联合国的事例,比如奥地利,以及还有作为永久中立国的瑞士也于最近在维持其地位的同时加入了联合国。此外,如果从这些国家的永久中立义务的观点来看,随着联合国会员国的普遍化,由于这些国家之间各自不同的各种利害关系,从而目前的义务内容已不同于上述严格意义上的中立义务内容,即永久中立义务的内容也已经发生了变化。

## 4 军备管理及裁军

> 要点:有关军备管理及裁军的各项条约是对该军备哪些方面进行管理与限制,以及在实施管理与限制时是如何调整其具体的利害对立关系的?

### 18.7 军备管理及裁军的意义

军备管理与裁军可以包含各种不同的意义,不过这里所说的军备管理是指为了军事战略的稳定化而对军备的质与量及配备地区进行限制或进行情报交换的制度设计,裁军是指对一定范围的军备的完全废除。

在国际联盟时期,和平解决争端、集体安全保障、裁军及军备管理三者的相互关系开始得到强调。不过,即使在今天,从理论上来说仍然存在问题,即军备的存在是否等同于《联合国宪章》第2条第4款所指的武力威胁及第39条所指的对和平的威胁。当然,从法律角度来看,军备管理及裁军与武装冲突法有着非常密切的关系。首先,军备管理及裁军从本质上来说就是在假定未来发生战争状态下对武器的种类、数量、配备地区等加以限制。因此,军备管理及裁军不但具有防止突发性武装冲突的固有作用,比如缓和紧张局势和建立信任等,而且具有在发生武装冲突时对冲突进行控制的作用。在这一点上,军备管理及裁军与武装冲突法具有共同的基础。其次,对作战手段的管理及限制与军备管理及裁军相互构成了冲突双方共同遵守规则的基础,就相关内容形成共同条约的情况也会持续增加,比如像《关于禁止发展、生产、储存和使用化学武器及销毁此种武器的公约》《渥太华禁雷公约》《国际禁用集束炸弹公约》等就是这样的一些条约。

联合国在建立之时,接受了国际联盟的教训,将主要目标放在了强化集体安全保障体系上,对军备管理及裁军显示出了比较消极的姿态,仅仅在宪章第11条和第26条作出了一部分规定。不过,随着核武器的出现与集体安全保障体系作用的瘫痪,作为现实性对策的军备管理及裁军在国际社会的作用实际上也在逐渐扩大。

经过这些发展,形成了以下将要叙述的一些分门别类的制度,这些制度一方面通过禁止和限制使得国家获得了军事战略的稳定等个别或一般性的利益,另一方面通过保持军备也获得了安全保障上的利益,从而形成了平衡相互对立利害关系的基础。

### 18.8 有关条约的特征

**(1) 实体法上的义务**。首先,就各国所承担的实体法上的义务进行说明。

(a) 分类武器。特别是核武器、生物武器和化学武器作为"大规模毁灭性武器"成为被管理限制的重要对象。

对核武器的军备管理及裁军,第二次世界大战末期原子弹的投放使人们认识到了这种武器的巨大威力,因此在第二次世界大战之后,这一问题成为一个重要的课题。

关于拥有核武器的问题,第二次世界大战之后虽然很快在联合国内就对此进行管理及限制的问题进行了讨论,但随着冷战的爆发及其深化,在这一问题上没有取得任何成果。不过,随着冷战的相对缓和,从20世纪60年代后半期开始这一问题有所进展,即签署了下列一些条约。

作为一般性的条约,1968年由美、英、苏等国签署的《防止核扩散条约》

(NPT)是在面对拥有核武器国家增加形势下而创设的一项防止核扩散的体制。也就是说,该条约的主要目的在于防止随着拥有核武器国家的增加和扩散而带来的国际安全保障的动荡不安。因此,有核武器国家与无核武器国家具有不同的义务。这里的所谓有核武器国家,根据《防止核扩散条约》第9条第3款的规定,是指在1967年1月1日前制造并爆炸核武器或其他核爆炸装置的国家,具体而言其实就是指美、俄、英、法、中五国。根据该条约第1条和第2条的规定,有核武器国家负有不向其他国家转让核武器的义务,无核武器国家则被禁止接受、制造或取得核武器。不过,还有一些仍然在进行核试验的非缔约国家,比如印度和巴基斯坦,以及还有被怀疑拥有核武器的非缔约国以色列。当然,2007年美国与印度之间签订了《美印民用核能合作协定》,美国承诺将向印度提供民用核技术与核原料等广泛的援助,而且也得到了"国际原子能机构"(IAEA)和"核供应国集团"(NSG)的承认。此外,还有一些缔约国也会违反条约进行核开发,比如朝鲜就在违法进行核开发并公开表明要进行核试验后宣布退出该条约,以及同样作为缔约国的伊朗也进行大规模核开发而导致各国对其开发核武器的怀疑。1995年,在联合国主持下召开的审议《防止核扩散条约》会议上,决定无限期延长该条约,不过目前有关核扩散的问题正处于一个极其重要的十字路口。

作为地区性条约,则有一些所谓"非核武器区条约",这些条约的缔约国也同《防止核扩散条约》的缔约国一样,负有不拥有核武器的义务。

双边条约,则主要是在过去的美国和苏联之间为了实现其核战略的"稳定化"而缔结了一系列有关的条约。这些条约主要有20世纪70年代双方签署的《美苏关于限制进攻性战略武器的某些措施的临时协定》(SALT-Ⅰ)及《限制反弹道导弹系统条约》(ABM)和《美苏限制进攻性战略武器条约》(SALT-Ⅱ)。不过,这些条约的主要内容仅仅在于对军备的固定化乃至确定未来的界限。而1987年双方签署的《美苏消除两国中程和中短程导弹条约》(INF)才实际上是对核武器的削减,因此受到世界关注。甚至,随着冷战结束之后美苏关系的改善,双方曾达成共识,即两国的核武器实质上已达到大致均衡,大幅度的削减在战略上的意义已经不大,于是在苏联解体前后,双方又缔结了《第一阶段削减战略武器条约》(START-Ⅰ)。不过,《第二阶段削减战略武器条约》(START-Ⅱ)以后的条约,由于美俄之间的关系再度恶化而没有生效,甚至美国为了推进其"导弹防御计划"(MD)而退出了《限制反弹道导弹系统条约》。尽管如此,2002年美俄两国又签署了《战略攻击武器裁军条约》,对两国核弹头数量的上限作了灵活的规定。2009年,《第一阶段削减战略武器条约》到期失效,美俄两国在2010年又缔结了所谓该条约的后继条约,其中规定了配备战略核弹头的数量上限以及削减核弹头运载工具,但是该条约何时生效仍然难以预测。

有关核裁军义务,《防止核扩散条约》第6条规定了每个缔约国具有进行核裁军谈判的义务,而国际法院在"威胁使用或使用核武器的合法性咨询意见案"中对这一条款作了超出其语言所表达意思的解释,并因此而受到关注,即"各缔约国有义务在严格且具有实际效果的国际管理之下,诚实地进行和完成达致全面性核裁军的谈判"。

禁止核武器试验,其主要目的是防止试验造成的环境污染,特别是对无核武器国家而言是为了防止核武器的扩散,对有核武器国家而言也是为了遏制伴随着核武器技术提高所引起的军备竞赛。1963年签署的所谓《部分禁止核试验条约》(PTBT)即《禁止在大气层、外层空间和水下进行核武器试验条约》虽然禁止了在大气层、外层空间和水下进行核试验,但是原则上并不禁止地下核试验,因此对于那些拥有先进核武器技术的国家而言,这些规则的意义并不大。而1996年签署的《全面禁止核试验条约》(CTBT)则是一项包括了地下核试验在内的全面性禁止核试验的条约。不过,该条约也存在着两个问题:① 该条约第14条规定,条约生效要件包括有核嫌疑国家,比如印度、巴基斯坦和以色列等国的批准,因此在近期生效是非常困难的;② 由于有核武器国家的未临界试验而降低了条约的重要性,所谓"未临界试验"即在达到核分裂连锁反应开始临界点前的试验。

此外,近来国际社会正在进行的一个重要课题,是有关《禁止生产裂变材料条约》(FMCT)的谈判。这一条约是以冻结有核武器国家及《防止核扩散条约》非缔约国的核能力为目的,其内容为禁止生产为研究、制造和使用核爆炸装置而需要的高浓缩铀及钚等材料。不过,这一谈判进展缓慢,其前景仍然难以预测。

关于生物武器，1972年签署的《禁止发展、生产、储存细菌及毒素武器和销毁此种武器公约》即《禁止生物武器公约》(BWC)第1、2、3条分别规定，禁止开发、生产、储存和取得细菌及毒素武器，销毁现存此种武器以及专用于和平目的，以及禁止向其他国家进行转让。由于生物武器具有无差别效果的特性，以及很难控制使用后的后果，在安全保障方面利益甚少，因此达成禁止这类武器的协议较为容易。

有关化学武器的裁军条约，由于有很多国家认为拥有化学武器具有军事上的利益，因此长期以来没有取得任何进展。直至1993年，国际社会才签署了《关于禁止发展、生产、储存和使用化学武器及销毁此种武器的公约》即《禁止化学武器公约》(CWC)，该公约以完全禁止化学武器为目标，其中也包括禁止作为战时报复使用。该公约第1条规定，缔约国有义务禁止开发、生产、取得、储存、拥有及转让化学武器，以及有义务销毁所有化学武器。该公约的签署，主要是因为在20世纪80年代的"两伊战争"中曾使用化学武器，以及在其后的"海湾战争"中也由于有可能使用而出现双方对峙，迫使国际社会强烈地意识到了化学武器扩散和使用的危险性。

作为有关常规武器一般性条约而受到关注的，主要有1997年签署并生效的《渥太华禁雷公约》。该公约虽然军事性利益非常有限，但是长期以来地雷对一般平民带来了巨大的伤害，因此国际社会出于人道性考虑开始重视这一问题并签署了这项公约。此外，2008年签署并生效的《国际禁用集束炸弹公约》也同样受到关注。作为地区性的条约，则有1990年作为"欧洲安全与合作会议"(CSCE)进程的一环以及为达致欧洲东西方军事平衡而签署的《欧洲常规武装力量条约》(CFE)。

(b) 特定区域的非军事化。在一定的区域范围内禁止和限制配备某种特定的军事装备，也会有助于战略性的稳定。比如，对于一些所谓"国际化区域"，有《南极条约》《外层空间条约》《月球协定》和《禁止在海底试验核武器条约》等。然而，对于在所谓"国家领土"范围内限制和禁止某些特定的军备，除了通过战后和平条约所附加的限制之外，一般很难进行限制。对于这个问题，更多情况下是强调国家领土内军备配置的自由性，有关对主权国家军备水平的限制，就像在"尼加拉瓜案"判决中所显示的那样，一般只能通过条约或其他一些方式被有关国家所接受，除此之外并不存在其他规则，不过该判决只是从国家责任法的角度来着眼和探讨禁止规则，而并不意味着没有禁止规则的内容就是被允许的。

作为受到关注的地区性条约，有一些建立"无核武器区"（NWFZ）的条约。这些条约的目的在于将核武器排除出特定区域，其最低限度的共同点是禁止区域内国家拥有核武器及禁止在区域内配置第三国的核武器。此外，对于作为第三国的有核武器国家，则要求其尊重条约并通过加入条约附件的形式承担对缔约国不使用核武器的义务。建立这些"无核武器区"的目的主要是：① 防止及缓和区域内各国家间的军事性对立；② 通过排除核战略意义上的"军事目标"来保障区域内各国的安全。这些条约，主要有1967年拉丁美洲地区的《特拉特罗尔科条约》、1985年南太平洋地区的《拉罗汤加条约》、1995年东南亚地区的《曼谷条约》、1996年非洲地区的《佩林达巴条约》和2006年中亚地区的《塞米帕拉钦斯克条约》。

(c) 按照国际性指导方针的出口管理。在军备管理领域，拥有先进核技术的国家能够基于国际性指导方针或建立在此基础之上的国内法来对有关物资进行出口管理，这也是一个非常重要的问题。比如，这些国际性指导方针有分别管理核器材和一般用品的《核供应国集团（NSG）指导方针》第一部分与第二部分，还有管理生化武器有关物资的《澳大利亚集团（AG）指导方针》以及《导弹及其技术控制制度（MTCR）指导方针》和《关于常规武器和两用物品及技术的出口控制的瓦森纳协定（WA）指导方针》等。这些指导方针实际上构成了极其重要的国际合作体制，不过有关这方面的法律理论分析仍然是今后的课题之一。

**(2) 验证和监察**。由于军备管理及裁军领域具有关系到各国安全保障的微妙性质，因此作为确保履行条约义务手段的验证和监察措施就受到了各国的极度重视。作为单独的措施，在大部分情况下都会特别建立验证制度，即就缔约国的行为是否符合其义务进行探讨并采取措施的制度，甚至有时还会进行现场监察，即赴现场在确认有关履行情况事实的基础上采取措施。下面，分别就多边条约和双边条约的不同情况进行说明。

关于不拥有核武器的义务，"国际原子能机构"（IAEA）为了确保核物质的和平利用而采取的保障措施，依据《防止核扩散条约》及有关"核能相互协定"和"无核武器区条约"，具有强制作用。不过，目前 IAEA 采取的保障措施，由于在"海湾战争"发现伊拉克的核武器开发，和围绕朝鲜核武器开发以及怀疑伊朗进行核武器开发所形成的对峙，而面临极其困难的状况，即如何构筑更加有效的验证体制。作为 IAEA 应对这些问题时所采取的重要措施即通过了一项包括有关保障措施义务、更加范围广泛申报义务和接受监察内容的《追加议定书》，并要求各国予以接受。

对于化学武器，也以 IAEA 为样板建立了"禁止化学武器组织"（OPCW）并引入了验证和监察方式。特别受到关注的是，该组织为了应对广泛的现场监察制度与存在嫌疑的申述，还引入了"申述监察"或称"挑战性监察"的制度。

对于生物武器，由于在当时缔结条约时存在着有可能开发的疑问，所以并没有规定验证措施，不过由于曾出现了怀疑违反条约开发生物武器的国家，所以开始探讨通过另外签署一项议定书来强化确保履行上述《禁止生物武器公约》的措施，但是由于存在着对内容的争议，这方面的工作几乎没有进展。

在一些国际化程度相对高的区域，可以看到一些特别的发展，而且也正在试图引入法律乃至事实上的监察制度，比如《南极条约》的第 7 条、《外层空间条约》的第 12 条、《月球协定》的第 15 条第 1 款以及《禁止在海底试验核武器条约》的第 3 条。这些制度一般都被认为适用于一些难以完全主张领土主权排他性的特殊区域，不过大部分情况下仍然依靠缔约国的监督能力，其组织化程度仍然很低。

特别是在美国和苏联之间，长期围绕现场监察存在着原则性的对立，而且通过采用依靠人造卫星的所谓"本国技术手段"（national technical means，NTM）实质上在阻挠建立国际性验证和监察机构。不过，在《美苏消除两国中程和中短程导弹条约》（INF）以及《美苏关于限制进攻性战略武器的某些措施的临时协定》（SALT-Ⅰ）中，特别受到关注的其实就是确立了现场监察制度。SALT-Ⅰ在 2009 年到期失效，所谓 SALT-Ⅰ 的后续条约虽还未生效但也同样承认现场监察制度。

## 参考文献

浅田正彦編『兵器の拡散防止と輸出管理——制度と実践』(有信堂,2004年)

浅田正彦＝戸崎洋史編『核軍縮不拡散の法と政治』(信山社,2008年)

石本泰雄『中立制度の史的研究』(有斐閣,1958年)

城戸正彦『戦争と国際法〔改訂版〕』(嵯峨野書院,1996年)

黒沢満『軍縮国際法の新しい視座』(有信堂,1986年)

黒沢満『核軍縮と国際法』(有信堂,1992年)

黒沢満『軍縮国際法』(信山社,2003年)

黒沢満編『大量破壊兵器の軍縮論』(信山社,2004年)

黒沢満編『軍縮問題入門〔第4版〕』(東信堂,2012年)

国際法学会編『国際法講座第3巻』(有斐閣,1954年)

国際法学会編『日本と国際法の100年第10巻　安全保障』(三省堂,2001年)

ジョゼフ・ゴールドブラット(浅田正彦訳)『軍縮条約ハンドブック』(日本評論社,1999年)

赤十字国際委員会(榎本重治＝足立純夫訳)『ジュネーヴ条約解説Ⅰ－Ⅳ』(朝雲新聞社,1973－1976年)

田岡良一『国際法学大綱下巻』(厳松堂書店,増補9版,1947年)

田岡良一『国際法Ⅲ〔新版〕』(有斐閣,1973年)

竹本正幸『国際人道法の再確認と発展』(東信堂,1996年)

竹本正幸監訳(人道法国際研究所編)『海上武力紛争法——サンレモ・マニュアル解説書』(東信堂,1997年)

立作太郎『戦時国際法論〔改訂増補〕』(日本評論社,1944年)

筒井若水『現代国際法論——国際法における第三状態』(東京大学出版会,1972年)

筒井若水『戦争と法〔第2版〕』(東京大学出版会,1976年)

モーリス・トレッリ(斎藤恵彦訳)『国際人道法』(白水社,1988年)

広瀬善男『捕虜の国際法上の地位』(日本評論社,1990年)

藤田久一『軍縮の国際法』(日本評論社,1985年)

藤田久一『国際人道法〔新版(再増補)〕』(有信堂,2003年)

藤田久一＝松井芳郎＝坂元茂樹編『人権法と人道法の新世紀』(東信堂,2001年)

防衛法学会編『平和・安全保障と法——防衛・安保・国連協力関係法概説』(内外出版,1996年)

前原光雄『捕獲法の研究』(慶應通信,1967年)

宮崎繁樹『戦争と人権』(学陽書房,1976年)

村瀬信也＝真山全編『武力紛争の国際法』(東信堂,2004年)

和仁健太郎『伝統的中立制度の法的性格』(東京大学出版会,2010年)